Gerhard Raab/Fritz Unger

Marktpsychologie

Grundlagen und Anwendung

Die Deutsche Bibliothek – CIP-Einheitsaufnahme
Ein Titeldatensatz für diese Publikation ist bei
Der Deutschen Bibliothek erhältlich

Prof. Dr. Gerhard Raab lehrt Marketing und Psychologie an der Fachhochschule Ludwigshafen am Rhein.

Prof. Dr. Fritz Unger lehrt dort Betriebswirtschaftslehre und Marketing im Berufsintegrierenden Studiengang (BIS).

1. Auflage Oktober 2001

Alle Rechte vorbehalten
© Betriebswirtschaftlicher Verlag Dr. Th. Gabler GmbH, Wiesbaden 2001

Lektorat: Jutta Hauser-Fahr / Karin Janssen

Der Gabler Verlag ist ein Unternehmen der Fachverlagsgruppe BertelsmannSpringer.
www.gabler.de

Das Werk einschließlich aller seiner Teile ist urheberrechtlich geschützt. Jede Verwertung außerhalb der engen Grenzen des Urheberrechtsgesetzes ist ohne Zustimmung des Verlages unzulässig und strafbar. Das gilt insbesondere für Vervielfältigungen, Übersetzungen, Mikroverfilmungen und die Einspeicherung und Verarbeitung in elektronischen Systemen.

Die Wiedergabe von Gebrauchsnamen, Handelsnamen, Warenbezeichnungen usw. in diesem Werk berechtigt auch ohne besondere Kennzeichnung nicht zu der Annahme, dass solche Namen im Sinne der Warenzeichen- und Markenschutz-Gesetzgebung als frei zu betrachten wären und daher von jedermann benutzt werden dürften.

Umschlaggestaltung: Ulrike Weigel, www.CorporateDesignGroup.de
Druck und buchbinderische Verarbeitung: Lengericher Handelsdruckerei, Lengerich/Westf.
Gedruckt auf säurefreiem und chlorfrei gebleichtem Papier
Printed in Germany

ISBN 3-409-11596-X

Vorwort

Das folgende Lehrbuch wendet sich an alle Studierenden, die einen Überblick über diejenigen psychologischen Theorien erhalten wollen, die für die Marktpsychologie als relevant angesehen werden können. Es wird jeweils eine Theorie in ihren Kernaussagen dargestellt. Anschließend werden mögliche Anwendungen aufgezeigt. Am Anfang steht ein einführendes Kapitel zur Thematik der Marktpsychologie und ihrer wissenschaftstheoretischen Einordnung. Dann beginnen wir mit der Behandlung von an Kognitionen ausgerichteten Theorien. Kognitionen sind alle gedanklichen Elemente, die ein Mensch über sich selbst und seine Umwelt empfinden kann: Meinungen, Erkenntnisse, Hoffnungen, Erwartungen, Gedächtnisinhalte. Alle diese Kognitionstheorien haben eines gemeinsam: Sie zeigen, wie Menschen mit Informationen (also möglichen neuen Kognitionen) umgehen und sie dabei verändern. Menschen nehmen die Welt nicht so wahr wie sie wirklich ist, sondern verzerrt. Sie gehen von vorhandenen Annahmen aus, suchen Vergleiche, die ihrem Weltbild entsprechen, passen Informationen ihren Erwartungen an, empfinden manche Informationen als freiheitseinengend und bedrohlich, erklären sich die Welt, verarbeiten Informationen mehr oder weniger intensiv, verwenden vorgefertigte Konzepte der Informationsverarbeitung. Hinter allen diesen Aussagen steht eine oder stehen mehrere der im folgenden zu behandelnden Kognitionstheorien.

Der anschließende Block (Kapitel 10 bis 13) thematisiert die Entwicklung des Menschen, daraus resultierend seine Persönlichkeit und die Fähigkeit zum Lernen, der Wahrnehmung und des Denkens, ein Resultat daraus sind Gedächtnisinhalte und -strukturen.

Es folgen Emotions- und Motivationstheorien, die vielfach als Gegenstück zu den Kognitionstheorien verstanden werden. Man kann sagen, daß es in der Psychologie eine Kognitionsschule einerseits und eine Emotions-/Motivationsschule andererseits gibt. Dem schließen wir uns nicht an. Wir sehen eher Überlappungen und Ergänzungen.

Die Theorien zu „Macht, Kontrolle und Austausch" sind in besonderem Maße für eine **Markt**psychologie relevant. Macht ist jedes Einflußpotential einer Person oder Instanz auf das Verhalten anderer Personen. In Märkten wird in besonderem Maße Einfluß auf das Verhalten anderer Marktteilnehmer und -teilnehmerinnen genommen. Andererseits suchen alle Menschen Kontrolle über sich selber, sie suchen Fremdsteuerung zu vermeiden. Die Relevanz von Austauschtheorien wiederum ergibt sich direkt aus dem Wesen von Märkten. Märkte sind am Austausch ausgerichtet. Märkte sind dabei durch Machtstrukturen beschreibbar.

Das Schlußkapitel ist insbes. für angehende Managerinnen und Manager von Interesse. Alle mit Marketing oder anderen Führungsaufgaben betraute Personen im Management aller möglicher Organisationen versuchen Einfluß auf das Verhalten von Personen zu nehmen. Sie haben diesbezüglich Annahmen über die Möglichkeiten der Einflußnahme gebildet. Sie haben auch Hypothesen über die Psychologie der zu beeinflussenden Personen. Diese aber sind in höchstem Maße laienhaft. Im psychologischen Sinne betreiben diese Managerinnen und Manager laienhafte Erkenntnissuche über die Psychologie der anderen Marktteilnehmer und -teilnehmerinnen. Sie sind „kleine Psychologen". Genau das ist der Gegenstand der Theorie der Laienepistemologie. Hier wird sozusagen Führungskräften im Management der Spiegel vorgehalten.

Die Autoren bedanken sich herzlich bei Frau Marion Werner für die Durchsicht vieler Literaturquellen, bei Frau Regina Kalteis für die redaktionellen Arbeiten, bei Frau Karin Zettler, Herrn Georg Emunds und Frau Angelika Unger für viele stilistische Verbesserungen.

Ludwigshafen im Sommer 2001	Gerhard Raab Fritz Unger

Inhaltsverzeichnis

Vorwort	V
1. Marktpsychologie im Rahmen wissenschaftlicher Systematik	1
1.1 Gegenstand der Marktpsychologie	1
1.2 Marktpsychologie als angewandte Wissenschaft	3
1.3 Wissenschaftstheoretische Grundlagen	6
Literatur	14

Kognitionstheorien

2. Theorien sozialer Wahrnehmung und sozialer Urteilsbildung als Ausgangspunkte	15
2.1 Hypothesen, Einstellungen und verwandte psychologische Konstrukte	15
2.2 Hypothesentheorie sozialer Wahrnehmung	20
2.3 Theorie sozialer Urteilsbildung	22
2.4 Anwendungen	25
Literatur	28
3. Theorie sozialer Vergleiche	30
3.1 Theorie	30
3.2 Anwendungen	34
3.2.1 Personalpolitik	34
3.2.2 Konsum und Marktkommunikation	36
3.2.3 Der Einsatz von Personen in der Marktkommunikation	38
3.2.4 Zusammenfassende Bemerkungen	39
Literatur	40
4. Die Theorie kognitiver Dissonanz	42
4.1 Theorie	42
4.1.1 Der Ansatz von *Festinger* (1957)	42
4.1.2 Die Reformulierung von *Irle* (1975, 1978)	50
4.1.3 Die Balance-Theorie nach *Heider* (1958)	55
4.2 Anwendungen	57
4.2.1 Marketing	57
4.2.2 Personalführung	58
4.2.3 Kognitive Dissonanz und Suche nach Erkenntnis	60
Literatur	62
5. Die Theorie psychologischer Reaktanz	65
5.1 Theorie	65
5.2 Die Ambivalenz von Beeinflussungs- und Reaktanzeffekten	70
5.3 Anwendungen	72
5.3.1 Marketing	72
5.3.1.1 Marktkommunikation	72
5.3.1.2 Produktwahl	74
5.3.1.3 Persönlicher Verkauf	74
5.3.2 Personalpolitik	75
Literatur	76

6. Attributionstheorien ... 77
6.1 Theorien ... 77
    6.1.1 Naive Psychologie ... 77
    6.1.2 Person und Umwelt als erklärende Faktorengruppen ... 77
    6.1.3 Auf der Suche nach den Motiven ... 80
    6.1.4 Attributionsunterschiede nach einmaliger oder mehrmaliger Beobachtung: Das Konfigurationsprinzip und das Kovariationsprinzip ... 83
    6.1.5 Was können wir über unsere eigenen Motive wissen? ... 87
6.2 Anwendungen ... 87
Literatur ... 94

7. Cognitive Response ... 97
7.1 Theorie ... 97
    7.1.1 Überblick ... 97
    7.1.2 Das Modell ... 97
7.2 Anwendungen ... 102
    7.2.1 Marketing-Kommunikation ... 102
    7.2.2 Marktforschung ... 103
Literatur ... 106

8. Theorien zur Informationsverarbeitung ... 107
8.1 Verarbeitung und Speicherung von Marktinformationen ... 107
    8.1.1 Begriffe und Relevanz ... 107
    8.1.2 Behalten und Vergessen ... 109
    8.1.3 Messungen des Gedächtnisses ... 112
    8.1.4 Innere Bilder und Gedächtnisleistung ... 113
8.2 Determinanten der Informationsverarbeitung und Kaufentscheidung ... 114
8.3 Zusammenfassung ... 117
Literatur ... 118

9. Urteilsheuristiken ... 120
9.1 Die allzu menschlichen Fehler ökonomischer Entscheidungen ... 120
    9.1.1 Begriff und Relevanz von Urteilsheuristiken ... 120
    9.1.2 Formen von Urteilsheuristiken ... 121
        9.1.2.1 Verfügbarkeitsheuristik ... 121
        9.1.2.2 Abrufbarkeit und Verfügbarkeitsheuristik ... 121
        9.1.2.3 Generierbarkeit und Verfügbarkeitsheuristik ... 123
        9.1.2.4 Verankerungs- und Anpassungsheuristik ... 124
9.2 Zusammenfassung ... 129
Literatur ... 130

Von der Entwicklung der Persönlichkeit über die Wahrnehmung zum Gedächtnis

10. Entwicklungspsychologie ... 132
10.1 Kundenverhalten als lebenslanger Entwicklungsprozeß ... 132
    10.1.1 Begriff und Relevanz ... 132
    10.1.2 Theorie und Ansätze ... 133
        10.1.2.1 Die Theorie der kognitiven Entwicklung von *Piaget* ... 133
        10.1.2.2 Der Zusammenhang zwischen Sensation Seeking und Alter ... 136
10.2 Familienzyklus und Konsumverhalten ... 137
10.3 Kinder und Jugendliche als Konsumenten ... 140

  10.3.1 Kinder und Jugendliche als Zielgruppe des Marketing 140
    10.3.1.1 Kinder und Jugendliche als Kunden............................ 140
    10.3.1.2 Kinder und Markenbewußtsein 141
  10.3.2 Bank und Jugend im Dialog - Ein institutioneller Ansatz zur
    Verbrauchererziehung 143
    10.3.2.1 Konzeptioneller Rahmen des Ansatzes 143
    10.3.2.2 Umsetzung und Phasen des Ansatzes 144
 10.4 Zusammenfassung 145
 Literatur 146

11. Persönlichkeitstheorien 149
 11.1 Marktverhalten ist eine Funktion von Person und Umwelt 149
  11.1.1 Begriff und Relevanz 149
  11.1.2 Grundlegende persönlichkeitstheoretische Ansätze 151
    11.1.2.1 Die Theorie von *Catell* (1943) 151
    11.1.2.2 Die Theorie von *Eysenck* (1970, 1990) 153
    11.1.2.3 Die Big Five von *Costa* und *McCrae* (1985) 154
 11.2 Biopsychologisch begründete Persönlichkeitsmerkmale und Kunden-
  beziehung 156
  11.2.1 Sensation Seeking 156
  11.2.2 Variety Seeking 158
 11.3 Persönlichkeitseigenschaften von Unternehmensgründern 161
  11.3.1 Einflußfaktoren erfolgreicher Unternehmensgründungen 161
  11.3.2 Relevante Persönlichkeitseigenschaften von
    Unternehmensgründern 162
 11.4 Zusammenfassung 164
 Literatur 165

12. Wahrnehmungspsychologie... 169
 12.1 Wahrnehmung als Grundlage ökonomischen Handelns.................... 169
  12.1.1 Begriff und Relevanz 169
  12.1.2 Aktivierung und Einflußfaktoren der Wahrnehmung 170
    12.1.2.1 Wirkungen der Aktivierung 170
    12.1.2.2 Einflußfaktoren der Wahrnehmung 171
  12.1.3 Organisation der Wahrnehmung 173
    12.1.3.1 Gesetze der Wahrnehmung 173
    12.1.3.2 Wahrnehmungskonstanzen 175
 12.2 Praktische Anwendung 176
  12.2.1 Gestaltung von Verkaufsräumen 176
  12.2.2 Wahrnehmung von Produkten in der Werbung 178
  12.2.3 Preiswahrnehmung und Preisbeurteilung 179
 12.3 Zusammenfassung 181
 Literatur 182

13. Lerntheorien 184
 13.1 Theorien 184
  13.1.1 Reiz – Reaktionstheorien 184
  13.1.2 Kognitive Lerntheorien 187
  13.1.3 Wahrnehmung als Folge gelernter Gewohnheit 192
  13.1.4 Soziale Lerntheorien 193
 13.2 Anwendungen 195

Literatur 198

Motivation und Emotion

14. Motivation **200**
    14.1 Theorie 200
    14.2 Der Zusammenhang von Leistung und Zufriedenheit 212
    14.3 Anwendungen 216
        14.3.1 Käuferverhalten 216
        14.3.2 Arbeitsverhalten 217
    Literatur 221

15. Emotionen **224**
    15.1 Theorie 224
    15.2 Anwendungen 231
        15.2.1 Absatz-Marketing 231
        15.2.2 Personalführung 237
    Literatur 239

Macht, Kontrolle, Austausch

16. Macht **244**
    16.1 Theorie 244
        16.1.1 Begriffliche Grundlagen 244
        16.1.2 Ressourcen der Macht (*Cartwright*, 1959) 245
        16.1.3 Macht und Kommunikation (*Luhmann*, insbes. 1988) 249
        16.1.4 Beiträge der Motivationspsychologie zur Theorie der Macht 251
    16.2 Anwendungen 252
        16.2.1 *Luhmann* (insbes. 1988) 252
        16.2.2 „Macht und Entscheidungen in Organisationen" (*Irle*, 1971) 255
        16.2.3 Das Funktionieren der Märkte 260
        16.2.4 Macht in und durch Gruppen 263
    Literatur 265

17. Kontrolltheorien – Die Sehnsucht der Kunden nach Kontrolle **268**
    17.1 Psychologisches Konzept der Kontrolle 268
    17.2 Interaktion von Person und Umwelt 269
        17.2.1 Kontrolle als individuelles Merkmal 269
        17.2.2 Kontrollierbarkeit als Merkmal der Umwelt 270
    17.3 Fähigkeit zur Selbstkontrolle 272
        17.3.1 Theoretische Grundlagen 272
        17.3.2 Illusion von Kontrolle 274
        17.3.3 Selbstkontrolle und Verschuldung 275
    17.4 Zusammenfassung 278
    Literatur 279

18. Austauschtheorien – Gerechtigkeit als Voraussetzung dauerhafter Kundenbeziehungen **284**
    18.1 Begriff und Relevanz 284
    18.2 Ansätze verschiedener Vertreter der Austauschtheorien 285
        18.2.1 Die Austauschtheorie von *Homans* (1958, 1961) 285

18.2.2 Die Austauschtheorie von *Thibaut* und *Kelley* (1959) 286
18.2.3 Die Austauschtheorie von *Walster*, *Berscheid* und *Walster* (1973) 289
18.2.4 Die Austauschtheorie von *Rusbult* (1980): Das Investmentmodell 289
18.3 Anwendungsbeispiele der Austauschtheorie 290
    18.3.1 Gerechtigkeit und Zufriedenheit in sozialen Beziehungen 290
    18.3.2 Gerechtigkeit im leistungsbezogenen Austausch 292
    18.3.3 Gerechtigkeit beim Eingehen von Kundenbeziehungen 293
    18.3.4 Gerechtigkeitsempfindung und die Einstellung zum Euro 295
18.4 Zusammenfassung 296
Literatur 297

Laien als Psychologen und die Suche nach Erkenntnis

19. Laienepistemologie **300**
    19.1 Theorie 300
    19.2 Anwendungen 307
        19.2.1 Personalführung 307
        19.2.2 Marketing und Unternehmungsführung 307
        19.2.3 Schlußbemerkung 311
    Literatur 312

Stichwortverzeichnis **314**

> *„Many psychologists working today in an applied field are keenly aware of the need for close cooperation between theoretical and applied psychology. This can be accomplished in psychology, as it has been accomplished in physics, if the theorist does not look toward applied problems with high eyebrow aversion or with a fear of social problems, and if the applied psychologist realizes that there is nothing so practical as a good theory"*
> *(Lewin, 1944)*

1. Marktpsychologie im Rahmen wissenschaftlicher Systematik

1.1 Gegenstand der Marktpsychologie

Marktpsychologie als Wissenschaft erklärt und prognostiziert menschliches Verhalten auf Märkten. Von einem Markt wollen wir immer dann sprechen, wenn irgend etwas von Wert für irgend jemanden regelmäßig getauscht wird.

Der populärste Markt ist der Gütermarkt auf dem Güter materieller oder immaterieller Art gegen Geld getauscht werden. Auf diesen Märkten ist das Streben nach finanziellem Gewinn für das Verhalten der Anbieter maßgeblich. Käufer suchen Nutzen (Käufer von Produktivgütern) oder Bedürfnisbefriedigung (Käufer von Konsumgütern). Regelmäßiger Tausch findet auch dann statt, wenn Gewinnstreben nicht das wesentliche Ziel ist. Wenn ein Ministerium eine Kommunikationskampagne gegen das Auto fahren unter Alkoholeinfluß startet, dann bietet es etwas (Sicherheit, Gesundheit) und verlangt als Gegenleistung den Verzicht auf Alkoholgenuß. Das ist ein Beispiel für Nonprofit-Marketing und gleichzeitig für Social-Marketing. Auch dann, wenn Parteien in Wahlkämpfen um Stimmen kämpfen, geht es um einen Markt, auf dem Vertrauen in ein Wahlprogramm gegen Wahlstimmen getauscht werden. Ein weiteres Beispiel für einen Markt, ist der Finanzmarkt, einschließlich des Marktes für Aktien. Alle diese Beispiele sind unstrittig relevant für eine Disziplin, die unter der Bezeichnung „Marktpsychologie" stehen kann.

Wiswede (1995, S. 14-18) behandelt wesentlich umfassender den Bereich der Wirtschaftspsychologie. Dieser umfaßt weitere, von *Wiswede* (1995, S. 17 f.) als „spezielle Wirtschaftspsychologien" bezeichnete Themenbereiche, wie Arbeits- und Organisationspsychologie, letzteres mit der Teildisziplin der Führungspsychologie. Auch Sparverhalten, Wahrnehmung und Reaktion bezogen auf Inflation, Besteuerung und Wohlstand/Armut zählt *Wiswede* zur Wirtschaftspsychologie. Es ist selbstverständlich einfach, auch für diese Bereiche Tauschvorgänge zu postulieren: Im Führungsverhalten wird durch Anreize (materieller oder immaterieller Art) ein bestimmtes Arbeitsverhalten eingetauscht; ähnliches gilt auch für den Bereich des Personalwesens oder der Organisationspsychologie.

Sparen bedeutet nichts anderes als augenblicklichen Konsumverzicht gegen Entgelt (Zins). Reaktion auf Inflation ist jederzeit in den Bereich des eingangs beschriebenen Bereiches der Gütermärkte einzuordnen, geht es doch um die Reaktion auf Preisveränderungen. Auch Steuern sind nichts anderes als Entgelt für eine Gegenleistung. Es fehlt jedoch die Möglichkeit der Wahlfreiheit. So gesehen zählt der Aspekt der Besteuerung ganz sicher nicht zur Marktpsychologie.

Es scheint uns allerdings ziemlich willkürlich, von einem Bereich der Marktpsychologie einerseits und einem Bereich der Arbeits- und Organisationspsychologie andererseits auszugehen, also bestimmte Tauschvorgänge aus dem Bereich der Marktpsychologie auszugrenzen und diese neben der Marktpsychologie einem übergeordnetem Bereich der Wirtschaftspsychologie zuzuordnen. *Kieser* und *Kubicek* (1992, S. 10) sehen durchaus die Möglichkeit, Kunden bzw. Klienten von Organisationen als deren Mitglieder aufzufassen, da diese Einfluß Entscheidungen der Organisation nehmen. Aus dieser Sicht kommt *Irle* (1983, S. 4) zu der Schlußfolgerung, die Konsumentenpsychologie als ein „spezielles Feld der Organisationspsychologie" aufzufassen. Nach *Wiswede* stellt sich die Wirtschaftspsychologie entsprechend Abb. 1-1 dar.

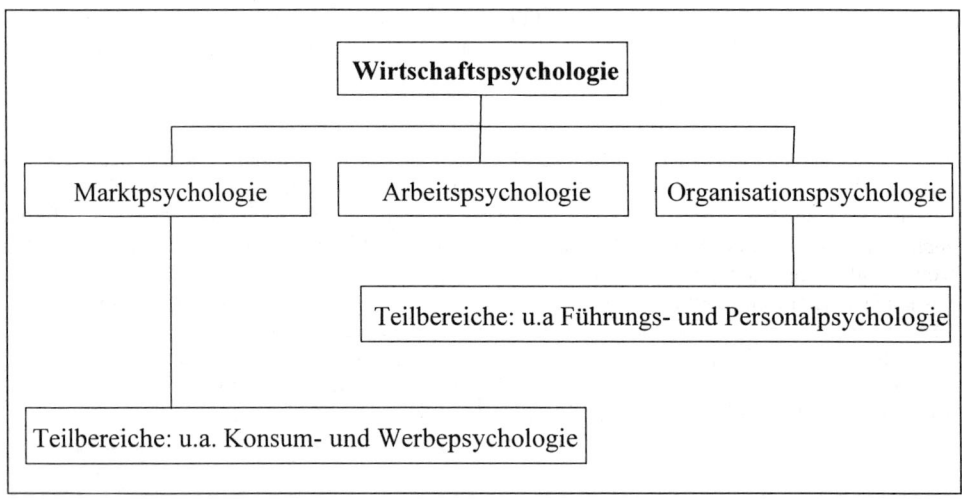

Abb. 1-1: Teilbereiche einer Wirtschaftspsychologie (nach *Wiswede*, 1995, S. 17).

Da wir von einem umfassenderem Marktbegriff ausgehen, können wir ebenso von einer umfassenden Marktpsychologie ausgehen, die sich in beliebig viele Teildisziplinen gliedern läßt. Welche Teildisziplinen dabei gebildet und wie diese weiter unterteilt werden, hängt u.a. vom Interesse des/der jeweiligen Forschers/Forscherin ab. Die Sinnhaftigkeit der jeweils gewählten Unterteilung oder Revierbildung hat sich dann im weiteren Forschungsprozeß als Hypothese zu bewähren.

Wir sehen in der Marktpsychologie diejenige Wissenschaftsdisziplin, die das Verhalten auf allen Märkten erklärt: Konsumpsychologie, Arbeitspsychologie, Organisationspsychologie, Führungspsychologie, Kommunikationspsychologie, Medienpsychologie, Psychologie der Entscheidungsfindung sind spezielle Disziplinen, die sich durchaus überlappen können. Selbst Teilbereiche einer Gesundheitspsychologie können zur Marktpsychologie zählen, da es einen Markt für Gesundheitsprodukte und geforderte für die Gesundheit relevante Verhaltensweisen gibt.

1.2 Marktpsychologie als angewandte Wissenschaft

Wir können drei Ebenen der Erkenntnisfindung unterscheiden: Die Ebene der Grundlagenforschung, die der angewandten Forschung und die der Verwertung wissenschaftlicher Erkenntnisse in der Praxis.

Grundlagenforschung ist an Theorien ausgerichtet. Sie sucht Erkenntnisgewinn um seiner selbst willen. Sie ist ständige, nie endende Suche nach immer besseren Erklärungen aller denkbaren Phänomene. Es wäre töricht, Grundlagenforschung an ihrem späteren „Nutzen" (was immer darunter verstanden werden möge) messen zu wollen. Auf dem Wege zu immer neuer Erkenntnis kann niemals gesagt werden, zu welchen Anwendungen Erkenntnis einmal nützlich sein kann. Andererseits benötigen Praktiker/innen als Verwerter/innen von Erkenntnis immer wieder ein Arsenal bewährter theoretischer Erkenntnisse, ebenso wie Vertreter/innen angewandter Forschung. Im übrigen wäre es unökonomisch, bei Auftreten neuer Probleme jedesmal von neuem beginnend nach Problemlösungen zu suchen. Der Wert wissenschaftlicher Erkenntnis beruht gerade im Vorhandensein allgemeingültiger theoretischer Aussagen, die in beliebig vielen Problemfeldern genutzt werden können oder einfach dem Erkenntnisfortschritt dienlich sind. Beispiele für Bereiche der Grundlagenforschung sind: Psychologie, Sozialpsychologie, Soziologie, reine Ökonomie, Biologie, Chemie, Physik. Allen diesen Bereichen ist eine Vorgehensweise gemeinsam: Ausgehend von spezifischen theoretischen Konzepten wird nach neuen Erkenntnissen gesucht. Die Anwendungsfelder sind beliebig.

Angewandte Forschung ist dagegen an bestimmten Problemfeldern menschlicher Existenz ausgerichtet, die erklärt werden sollen. Beispiele dafür sind: Pädagogik, Verkehrspsychologie, Marktpsychologie, Marketing, Medizin, Friedensforschung. Der Problembereich ist gegeben, es kann versucht werden aus beliebig vielen Bereichen der Grundlagenforschung Erkenntnisse zur Lösung bestehender Problem heranzuziehen. Dabei besteht zugegebenermaßen die Gefahr der Willkür. Da das Arsenal theoretischer Aussagen aus dem Bereich der Grundlagenforschung unüberschaubar groß geworden ist, kann durchaus die Möglichkeit gesehen werden, beliebige Theorien in der angewandten Wissenschaft zu konstruieren und durch ebenso beliebig ausgewählte Bereiche aus der Grundlagenforschung plausibel zu begründen. Das ist aber wissenschaftstheoretisch vollkommen unproblematisch. Durch den induktiven Transfer theoretischer und durchaus bewährter Aussagen in neue Bereiche wird noch keine neue Erkenntnis geschaffen. Erkenntnisgewinn ist erst durch empirische Überprüfung von Theorien möglich. Die Konstruktion von Theorien in der angewandten Wissenschaft unter kreativer Nutzung bewährter Theorien der Grundlagenwissenschaft ist als Phase der Hypothesenformulierung zu sehen. In diesem Bereich besteht keinerlei Methodenzwang. Hier, aber wirklich nur hier, können wir *Feyerabend*'s Plädoyer gegen den Methodenzwang folgen (*Feyerabend*, 1993). Ansonsten vertreten wir einen streng deduktiven wissenschaftlichen Ansatz, der darauf hinausläuft, überprüfbare Hypothesen zu formulieren und diese dem Scheitern auszusetzen um ihren Wahrheitsgehalt zu überprüfen. Es folgt die Phase der Deduktion: der kritischen Überprüfung anhand der Empirie. Es spielt keine Rolle, wie systematisch oder willkürlich, plausibel oder nicht plausibel die Theorien vorher konstruiert wurden; wenn sie sich jetzt bewähren, können wir sie beibehalten, scheitern sie, so stellen wir sie zurück, überprüfen die Gründe des Scheiterns, korrigieren sie um sie erneut zu überprüfen oder aber verwerfen sie vorläufig (ebenso wenig, wie es keine endgültigen Beweise für die Richtigkeit von Hypothesen gibt, gibt es die Möglichkeit, das Scheitern einer Hypothese als endgültig anzusehen). Die Untersuchung des Marktgeschehens ist ein Beispiel angewandter Wissenschaft. Wenn wir dann von Marktpsychologie sprechen, dann wird damit ausgesagt, daß wir das Marktgeschehen unter Nutzung psychologischer Theorien erklären wollen.

Eingangs wurde gesagt, daß Problemfelder menschlicher Existenz **erklärt** werden sollen. Eng damit verbunden, und für die spätere Verwertung in der Praxis von großer Bedeutung, ist die Prognose.

a) Erklärung

Wer aus Fehlern lernen will, muß die Dinge erklären können, sollte also begründete Vermutungen darüber besitzen, warum ein Effekt oder Tatbestand eingetreten ist oder warum nicht.

1) Zur Erklärung ist die genaue Beschreibung eines **Problems** erforderlich, des Ist-Zustandes (z. B. rückläufiger Marktanteil).

2) Dann suchen wir **Theorien** (wissenschaftlicher Art, oder aus eigener Erfahrungen resultierend), die sich möglicherweise auf unser Problem anwenden lassen (z.B. „wenn unsere relative Qualität – im Konkurrenzvergleich – nachläßt, verlieren wir Marktanteile").

3) Schließlich prüfen wir, ob die **Voraussetzungen zur Anwendbarkeit** der jeweiligen Theorie auf unser Problem und sein Umfeld zutreffen (wir stellen fest, daß der Wettbewerber seine Qualität verbessert hat, was einer relativen Verschlechterung unserer Qualität entspricht).

4) Haben wir eine Theorie gefunden und treffen die Anwendbarkeits-Voraussetzungen zu, dann haben wir eine mögliche **Erklärung** gefunden, es lohnt sich normalerweise nach alternativen Erklärungen zu suchen (der Wettbewerber könnte gleichzeitig das Sortiment erweitert und die Marktkommunikation verbessert haben).

b) Prognose

Die Prognose ist eine Erklärung „im voraus".

1) Wir realisieren eine **Maßnahme** (z.B. Verbesserung der eigenen Qualität) im allgemeinen verbunden mit einem bestimmten Ziel.

2) Wenn wir deren Wirkung prognostizieren wollen, also begründete Vermutungen darüber besitzen wollen, ob wir unser Ziel erreichen können, benötigen wir eine **Theorie** zur Wirkung dieser Maßnahme (siehe oben). Normalerweise haben wir die obige Maßnahme aufgrund einer bekannten Theorie realisiert.

3) Wir können mit steigenden Marktanteilen rechnen, so sich nicht weitere, uns nicht bekannte Faktoren auswirken (**zukünftiger Zustand**).

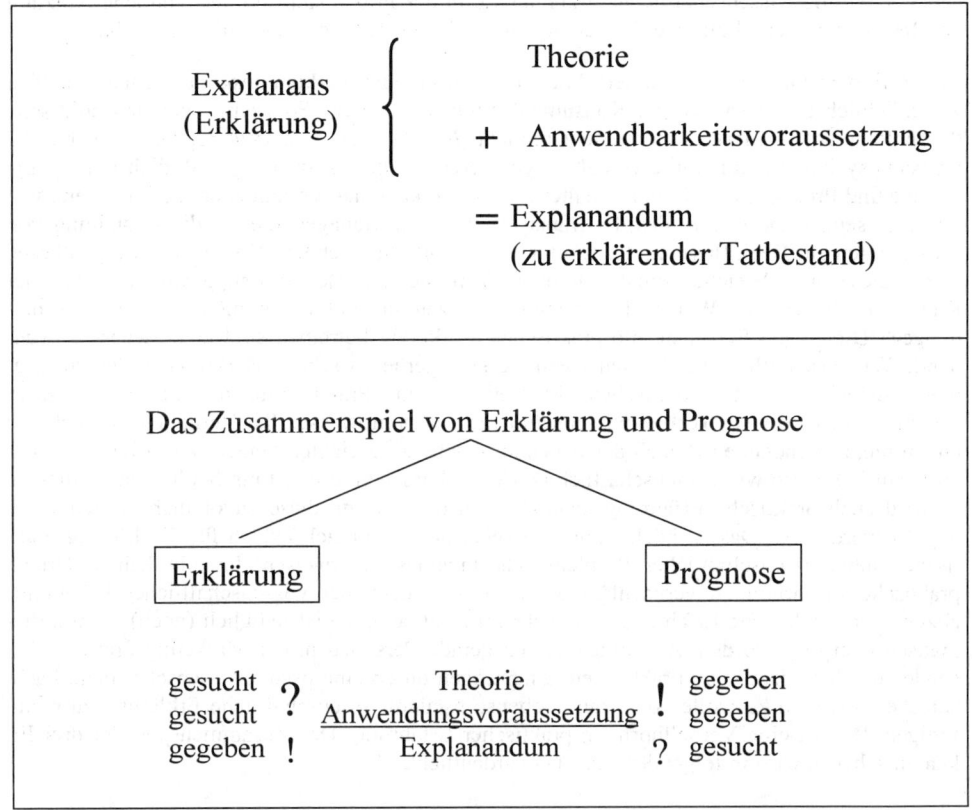

Abb. 1-2: Das Zusammenspiel von Erklärung und Prognose (vgl. *Raffée*, 1995, S. 34).

Es gibt noch ein zweites Feld der Anwendung wissenschaftlicher Erkenntnisse, nämlich im Rahmen der empirischen Überprüfung. Daher ist jede empirische Forschung als Beispiel angewandte Forschung anzusehen (*Irle*, 1983, S. 25). Diese kann der Überprüfung einer Theorie, der Erklärung und/oder Prognose eines problematischen Sachverhaltes und der Entwicklung weiterer Theorien dienen.

Zur wissenschaftlichen Erklärung reicht es aber noch nicht aus, daß eine bestimmte Menge von Umfeldfaktoren relativ häufig (überzufällig) in Übereinstimmung mit einer Theorie vorzufinden ist, um den betreffenden Tatbestand damit zu erklären, diese Vorgehensweise hat lediglich deutenden Charakter (*Irle*, 1983, S. 18). Es ist wenigstens systematisch die mögliche Wirkung anderer Kräfte auszuschließen, die statt der in Betracht kommenden Theorie ebenfalls für das

Auftreten der genannten Umfeldfaktoren verantwortlich sein könnten. Auch experimentell oder feldexperimentelle Forschung kommt wissenschaftlich in Frage. Für die Praxis können gelegentlich plausible Deutungsmuster ausreichen.

Die Verwertung wissenschaftlicher Erkenntnisse in der Praxis stellt die letztendliche Nutzung der Resultate wissenschaftlicher Forschung dar, meistens der angewandten Wissenschaft.

Die Marktpsychologie ist in starkem Maße an Konsumgütermärkten ausgerichtet und dort fast ausschließlich am Verhalten der Konsumenten/innen orientiert. So wenig, wie sich politische Psychologie auf Wählerverhalten reduzieren läßt (*Irle*, 1983, S. 12), so wenig läßt sich aber die Konsumpsychologie auf Käuferverhalten reduzieren. Es geht keineswegs lediglich um die Erklärung und Prognose des Käuferverhaltens. Genauso kann das Verhalten der Anbieterseite von Interesse sein, insbesondere das der Managerinnen und Manager, die für die Gestaltung von Programmen zur Beeinflussung der Käufer verantwortlich zeichnen. Von welchen Hypothesen gehen diese aus? Welche Annahmen über Wünsche und Beeinflussungsmöglichkeiten der Käuferseite hegen sie? Welche Informationen nutzen sie und wie kommen sie zu Entscheidungen? Diejenigen Personen, die praktisches Marketing betreiben sind keineswegs „anwendende Wissenschaftler/innen", auch wenn sie sich gerne so sehen. Marktforscher/innen, Medienforscher/innen im praktischen Marketing sind Praktiker/innen, niemals Wissenschaftler/innen. **Sie verwerten wissenschaftliche Erkenntnisse.** Ihr Verhalten ist nicht an einem niemals endenden Prozeß der Erkenntnissuche ausgerichtet sondern an effizienter Zielerreichung. Ebenso wie wissenschaftlich bewährte Aussagen in ihre Entscheidungen einfließen, so wird auch praktische Erfahrung genutzt, auch dann, wenn diese zuvor nicht systematisch geprüft worden ist. Das ist höchst unwissenschaftlich, kann sich jedoch für die Lösung praktischer außerwissenschaftlicher Probleme als angemessen erweisen. Es gibt keinen Grund, praktische Erfahrung zu vernachlässigen oder gar gegenüber wissenschaftlicher Erkenntnis abzuwerten. Praktische Erfahrung kann sehr effizient sein, sie ist lediglich (noch) nicht systematisch überprüft worden. Allerdings neigen gerade Personen in der Marketing-Praxis in besonderem Maße dazu, ihre praktischen Erfahrungen durch eine pseudowissenschaftliche Fachsprache aufwerten zu wollen oder durch ebenso pseudowisssenschaftliche Erklärung zu rechtfertigen. Das ist eine Verballhornung praktischer Erfahrung. Das Zusammenspiel der drei Erkenntnisebenen wird in folgender Abb. 1-3 verdeutlicht.

Wir behandeln im folgenden eine Auswahl von Theorien, die sich im wesentlichen in der Grundlagenforschung aber ebenfalls in der angewandten Forschung bewährt haben, die wir als geeignet ansehen, marktwirtschaftlich relevante Phänomene zu erklären. Entsprechend unserer weiten Auffassung über den Relevanzbereich der Marktpsychologie werden die theoretischen Darstellung um Beispiele aus vielen Teildisziplinen der Marktpsychologie ergänzt.

1.3 Wissenschaftstheoretische Grundlagen

Es wird in der Lehre der Ökonomie kaum Zweifel gezogen, daß Wirtschaften als zielorientierter Umgang mit knappen Ressourcen verstanden werden kann, in dessen Prozeß Entscheidungen über den Einsatz der knappen Ressourcen zu treffen sind. Letztendlich dient Wirtschaften damit der Bedürfnisbefriedigung. Bedürfnisse sind subjektiv empfundene Mangelzustände, verbunden mit dem Wunsch der Beseitigung. Verbunden mit Kaufkraft werden Bedürfnisse zu Bedarfen.

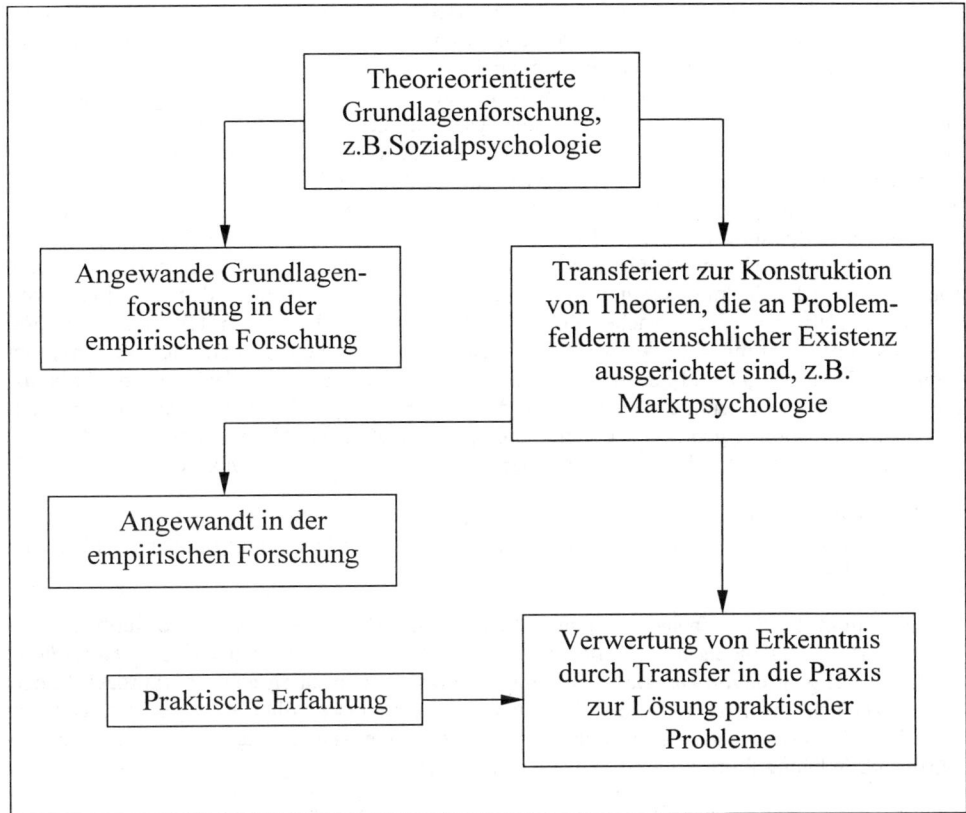

Abb. 1-3: Das Zusammenspiel von Grundlagenforschung, angewandter Forschung und der Lösung praktischer Probleme als Erkenntnisverwertung.

Entgegen in manchen wissenschaftlichen Schulen vertretener Standpunkte, sind Bedürfnisse aber nicht gegeben. Sie resultieren aus einem Zusammenspiel von Angebot und Nachfrage einerseits sowie aus sich ständig in Bewegung befindlichen sozialen Beziehungsnetzen andererseits, welche ebenfalls nicht unabhängig vom Güterangebot sind. „Einstellungen, Wertorientierungen, Überzeugungen und Verhaltensweisen sind daher weitgehend in sozialen Beziehungen und sozialen Gebilden verankert" (*Albert*, 1998, S. 214). Sie sind in ihrer Stabilität oder Variabilität von der Struktur der sie umfassenden Sozialmilieus abhängig.

Außerdem gehen wir nicht davon aus, daß Konsumenten über eine klar strukturierte Präferenzordnung von Bedürfnissen verfügen, sich also „rational" verhalten können. Wir unterstellen ferner, daß diese Präferenzordnungen wiederum nicht unabhängig vom Güterangebot sind und gleichermaßen durch Sozialmilieus beeinflußt werden. Konsumenten sind sich nicht darüber im Klaren, in wie weit ihre Bedürfnisse intrinsisch ausgelöst werden, durch soziale Netzwerke oder durch Marketing-Maßnahmen der anbietenden Seite.

Wir gehen außerdem nicht davon aus, daß die Bedürfnisse der Menschen „von Natur aus" unbegrenzt seien. Diese These ist anthropologisch widerlegt. Einige Völker Nordamerikas verfügten (wenigstens bis zu ihrer „Entdeckung") beispielsweise nicht über ein ständig ansteigendes Bedürfnisniveau. „Die Unendlichkeit der auf Güter gerichteten Bedürfnisse ist keine Gesetzmäßigkeit, sie liegt nicht in der Natur des Menschen sondern wird produziert" (*Scherhorn*, 1992, S. 27). „Es ist schon oft darauf hingewiesen worden, daß in der modernen Wirtschaft die eine Abteilung einer Unternehmung die Bedürfnisse produziert, die zum Absatz der Produkte einer anderen Abteilung notwendig sind" (*Albert*, 1972, S. 64). Ein früher Vertreter dieser Auffassung war *Marx* (1953, S. 14), dessen These, wonach die Produktion die zur Konsumtion erforderlichen Bedürfnisse auslöse, sicherlich nicht vollständig zutrifft, dennoch aber die Nicht-Unabhängigkeit der Bedürfnisse vom Angebot zutreffend beschreibt. *Albert* (1998, S. 218) sieht die Ursache für die verkürzte Sicht der reinen Ökonomie in ihrer theoretischen Isolierung, d.h. der Nicht-Berücksichtigung psychologischer, eher sozialpsychologischer Theorien: „Die ad-hoc-Annahme der Existenz einer individuellen Bedürfnisordnung, die unmittelbar in eindeutigem Zusammenhang mit der Menge aller möglichen Konsumgütermengenkombinationen gebracht werden kann, ist,..., ein Artefakt des ökonomischen Denkens, dessen Funktion vor allem in der theoretischen Isolierung der reinen Ökonomie zu sehen ist".

Marktverhalten der Konsumenten ist ein Spezialfall „individuellen Verhalten(s) im sozialen Kontext" (*Albert*, 1998, S. 212). Es bedarf daher zu seiner Erklärung unabdingbar sozialpsychologischer Theorien.

Häufig erfolgt die Bedürfnisbefriedigung anhand relativ stabiler Muster im Konsumverhalten. Aber auch das hat nichts mit stabilen oder klaren Präferenzordnungen zu tun. *Duesenberry* (1949, S. 24) geht davon aus, daß sich Konsumgewohnheiten durch einen Lernprozeß bilden. Durch Versuch und Irrtum erleben Verbraucher/innen unterschiedlich erfolgreiches Konsumverhalten. Konsumverhalten ist erfolgreich, wenn es zu einer subjektiv angemessen erlebten Bedürfnisbefriedigung führt. Entsprechende Konsummuster werden habitualisiert.

Mit diesen einführenden Darlegungen zeigt sich, daß eine Lehre vom Markt als Sozialwissenschaft in einer klaren Gegenposition zu einer reinen Ökonomie als Formalwissenschaft stehen muß, für die es geradezu charakteristisch ist, den Bedarf als unabhängige Größe zu betrachten und seine Entstehung irgendwelchen Realwissenschaften zuordnet (vgl. *Albert*, 1972, S. 29). Während die reine Ökonomie von einem vollkommenen Markt ausgeht, sind alle Anstrengungen im Marketing der Realität daran ausgerichtet, die Unvollkommenheit der Märkte zu etablieren, das geschieht insbesondere im Konsumgüterbereich dadurch, daß permanent versucht wird, die Vergleichbarkeit von Angeboten durch zunehmende Produktvielfalt und –differenzierung zu verhindern. Dies in Verbindung mit nicht zu überschätzender Informationsüberlastung führt dazu, daß wir vielmehr davon auszugehen haben, **daß alle Wirtschaftsentscheidungen auf der Basis unvollständiger, unsicherer und vermutlich fehlerhafter Informationsgrundlage getroffen werden.** Das trifft selbstverständlich auf alle Entscheidungen menschlicher Existenz zu.

Unsere Entscheidung für eine Marktlehre als Sozialwissenschaft läßt sich auch wissenschaftstheoretisch begründen. Erkenntnisfortschritt erlangen wir durch das Erkennen unserer Irrtümer. Irrtümer erkennen wir, indem wir unsere Annahmen (Hypothesen) formulieren und in der Realität (Experiment oder faktische Realität) überprüfen. Wenn unsere Hypothesen sich dort bewähren, dann können wir sie vorläufig beibehalten, wenn nicht, dann müssen wir sie vorläufig ablehnen. In beiden Fällen wird eine vorläufige Entscheidung getroffen, weil die Bewährung einer Hypothese sich später immer wieder als Irrtum herausstellen kann, genauso wie die Ablehnung einer Hypothese. Die Folgen davon sind:

- Alle unseren Erkenntnisse sind nichts anderes als ein Gebäude von mehr oder weniger gut bewährten Hypothesen. Sicherheit gibt es niemals. Wir können von der Existenz absolut wahrer, mit der Realität übereinstimmender Aussagen ausgehen, wir können uns aber niemals sicher sein, daß unsere Aussagen absolut wahr sind, auch wenn sie sich noch so häufig bewährt haben.

- Wir müssen unsere Annahmen so formulieren, daß sie sich in der Realität bewähren können oder dort scheitern können. Wirklichkeitsferne Annahmen, können nicht überprüft werden, sie können also auch keinen Erkenntnisfortschritt bewirken.

Die Praxis wissenschaftlicher Erkenntnissuche besteht in einem fortwährenden Prozeß des Aufstellens, Überprüfen und der Verbesserung von Hypothesen. Diese werden anschließend in künstlichen Welten (in Studios oder im Labor) oder in der natürlichen Welt (im Feld) überprüft. Treffen die hypothetischen Aussagen dann nicht ein, ist die Hypothese falsifiziert; treten die Annahmen ein, gilt sie als vorläufig verifiziert, sie hat sich zunächst bewährt. Eine endgültige Verifikation ist ausgeschlossen, wir können niemals sicher sein, ob nicht schon bei der Formulierung der Hypothese, bei der Testdurchführung oder in der Auswertung Fehler aufgetreten sind. Auch wenn eine Hypothese sich immer wieder zu bewähren scheint, ist das kein sicherer Beleg für ihre Richtigkeit. Die oben beschriebenen Fehlermöglichkeiten können systematischer Natur sein und daher immer wiederkehren.

Wissenschaft ist die Suche nach Wahrheit, d.h. nach Aussagen, die der Realität immer näher kommen. Wir können unserer Aussagen aber niemals sicher sein. Die Suche nach Sicherheit ist sinnlos, weil Sicherheit nicht möglich ist.

Die Aufgabe der Annahme, daß eine Aussage endgültig auf Wahrheit oder Irrtum hin überprüfbar ist, ist eines der wesentlichen Resultate der von *Popper* und *Albert* geprägten Wissenschaftslehre des kritischen Rationalismus. Damit sind zwei weitere Thesen verbunden:

a) Die Induktion ist als Instrument der Erkenntnisgewinnung ausgeschlossen. Induktives Schlußfolgern kann nur helfen, neue Hypothesen zu formulieren, nicht aber zum Erkenntnisgewinn führen (vgl. *Popper*, 1979, Einleitung, S. XXX bis XXXIII). Es bleibt das Verfahren der Deduktion, des Aufstellens und des Versuches der Überprüfung, die ggf. zur Falsifikation, nie jedoch zur endgültigen Verifikation führt (*Popper*, 1979, S. 6-9).

b) Die Forderung nach wertfreier Wissenschaft. Das läßt sich damit begründen, daß Werturteile niemals auf einen Wahrheitsgehalt hin überprüfbar sind. Eine Aussage wie: „Malerei von XYZ ist von künstlerischem Wert" oder „Du sollst...." könnte niemals empirisch überprüft werden. Wir können lediglich Aussagen darüber treffen, welche Folgen das Befolgen oder Nicht- Befolgen bestimmter normativer Aussagen hat. Das wäre eine wissenschaftlich überprüfbare Hypothese. Ob wir diese Folgen wünschen oder nicht, ist wiederum eine normative Aussage menschlicher Praxis. Die Forderung nach wertfreier Wissenschaft bezieht sich aber nur auf die eigentlichen wissenschaftlichen Aussagen. Die Auswahl wissenschaftlicher Programme ist nur normativ möglich. Auch die Aussage, daß Wissenschaft dem

Erkenntnisgewinn dienen soll (!) ist normativ. Derartige sog. Basiswerturteile sind unumgängliche Bestandteile jeder menschlicher Praxis, wie auch der Wissenschaft. Auch Werturteile selber können Gegenstand wissenschaftlicher Analyse sein: Es kann untersucht werden, welchen Ursprungs bestimmte Werturteile sind, welche Funktion sie haben (dienen sie vielleicht dem Machterhalt bestimmter sozialer Gruppierungen?), welche Folgen ihre Einhaltung oder Nicht-Einhaltung hat.

Es gibt also drei Aspekte der Werturteile:

a) Werturteile im Basisbereich der Wissenschaft, diese sind unumgänglich. Sie betreffen Ziele, Aufgaben der Wissenschaft und das Auswahlproblem.

b) Werturteile als Objekt wissenschaftlicher Arbeit.

c) Werturteile im Aussagebereich, diese sind mit einer am Erkenntnisfortschritt orientierten Wissenschaft unvereinbar. Nur hierauf bezieht sich die Forderung nach Wertfreiheit der Wissenschaft.

Marktpsychologische Aussagen sind in ihren Aussagen wertfrei (wenn sie dem hier vertretendem Wissenschaftskonzept entsprechen sollen). Die Auswahl der Hypothesen und Teildisziplinen erfolgt normativ. Werden Hypothesen geprüft, die dazu dienen können, Konsumenten im Sinne von Marketing-Konzepten effizienter zu beeinflussen, oder werden Hypothesen geprüft, die der Aufklärung von Marktmechanismen dienen können oder der Emanzipation von Konsumenten/innen?

Es soll an dieser Stelle erwähnt werden, daß auch eine an der Rationalität orientierte Praxis vor strukturell ähnlichen Problemen steht.

a) Rationale Praxis benötigt Ziele, diese Ziele lassen sich niemals endgültig rational begründen, sie beinhalten immer eine normative Basis.

b) Die Auswahl von Instrumenten zur Zielerreichung kann ausschließlich unter wertfreien Aspekten erfolgen. Es ist allerdings möglich, daß bestimmte Instrumente zur Effizienzerreichung aus normativen (z.B. moralischen) Gründen nicht eingesetzt werden sollen.

c) Diese unter b) genannten Aspekte lassen sich aber offenlegen und so der wertfreien, rationalen Diskussion zugänglich machen.

Wir haben hier extrem verkürzt den Wissenschaftsstandpunkt des kritischen Rationalismus dargestellt, wie er von *Albert* und *Popper* vertreten wird (*Albert*, 1960, 2000; *Popper*, 1979, 1982, 1989), dem wir uns anschließen. Eine Marktlehre als Sozialwissenschaft beinhaltet Aussagen, die überprüfbar sind, weil von real existierenden Verhaltensweisen (als Hypothesen) ausgegangen wird. Marktpsychologie ist eine empirische Sozialwissenschaft, die in jeder Beziehung den Anforderungen einer Wissenschaftskonzeption wie der des kritischen Rationalismus gerecht werden kann.

Nunmehr können marktpsychologische Aussagen in ein System von Kategorien von Aussagen eingeordnet werden. Zuerst unterscheiden wir sog. wahrheitsfähige und nicht wahrheitsfähige Aussagen. Wahrheitsfähige Aussagen sind solche Aussagen, die aufgrund der Möglichkeit des

Scheiterns auf ihren Wahrheitsgehalt hin überprüft werden können. Die Aussage: „Morgen wird es regnen" ist überprüfbar, Aussagen, die den Sinn des Lebens zum Gegenstand haben sind es nicht. Auch Werturteile (normative Aussagen) sind nicht auf ihren Wahrheitsgehalt hin überprüfbar. Wissenschaft kann niemandem sagen, was er/sie tun soll, nur was er/sie tun kann, und vielleicht mit welchen Konsequenzen. Wahrheitsfähige Aussagen können entweder empirisch oder logisch überprüft werden. Allerdings belegt weder die erfolgreiche empirische noch logische Überprüfung einer Aussage irgend eine Sicherheit in die Wahrheit einer Aussage. Beide Überprüfungsmöglichkeiten können nur Instrumente der Kritik von Aussagen sein, nicht ihrer positiven Begründung. Empirische Aussagen können beschreibenden oder erklärenden Charakter aufweisen. Erklärungen können deterministischer („Immer und überall wenn, dann folgt Tatbestand y."), stochastischer („Immer und überall wenn, dann folgt Tatbestand y mit X % Wahrscheinlichkeit.") oder tendenzieller („Immer und überall wenn, dann folgtTatbestand y tendenziell.")Art sein. Die meisten Aussagen der Marktpsychologie sind eher tendenzieller Natur. Marktpsychologische Aussagen sind a) empirisch, b) deskriptiv oder explikativ, c) deterministisch, stochastisch oder tendenziell und sie sind d) nicht normativ (vgl. Abb. 1-4).

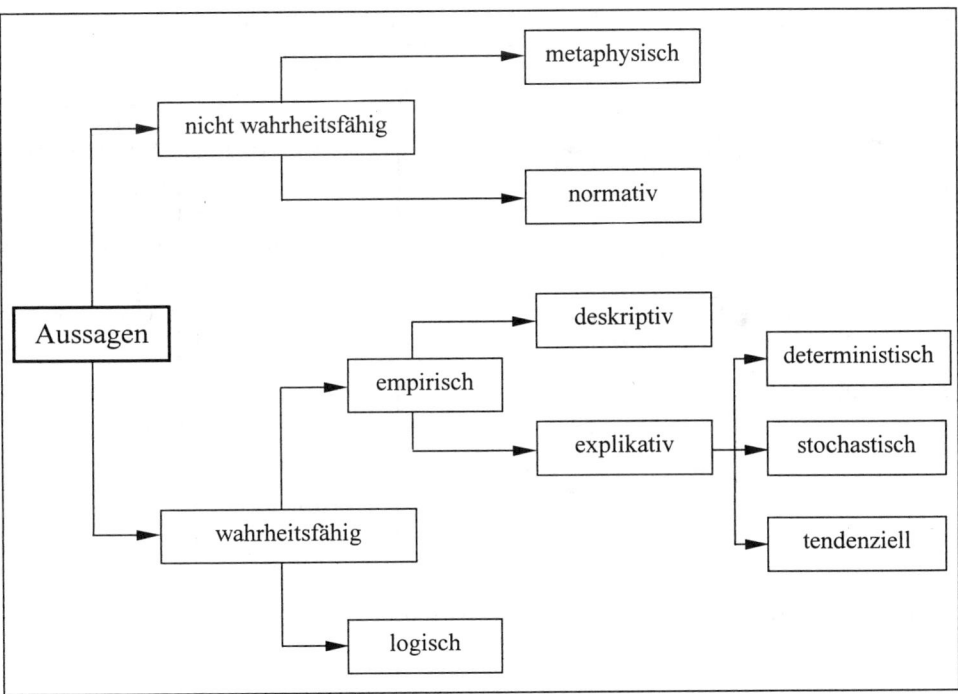

Abb. 1-4: Struktur möglicher Aussagen (vgl. *Raffée*, 1995, S. 23).

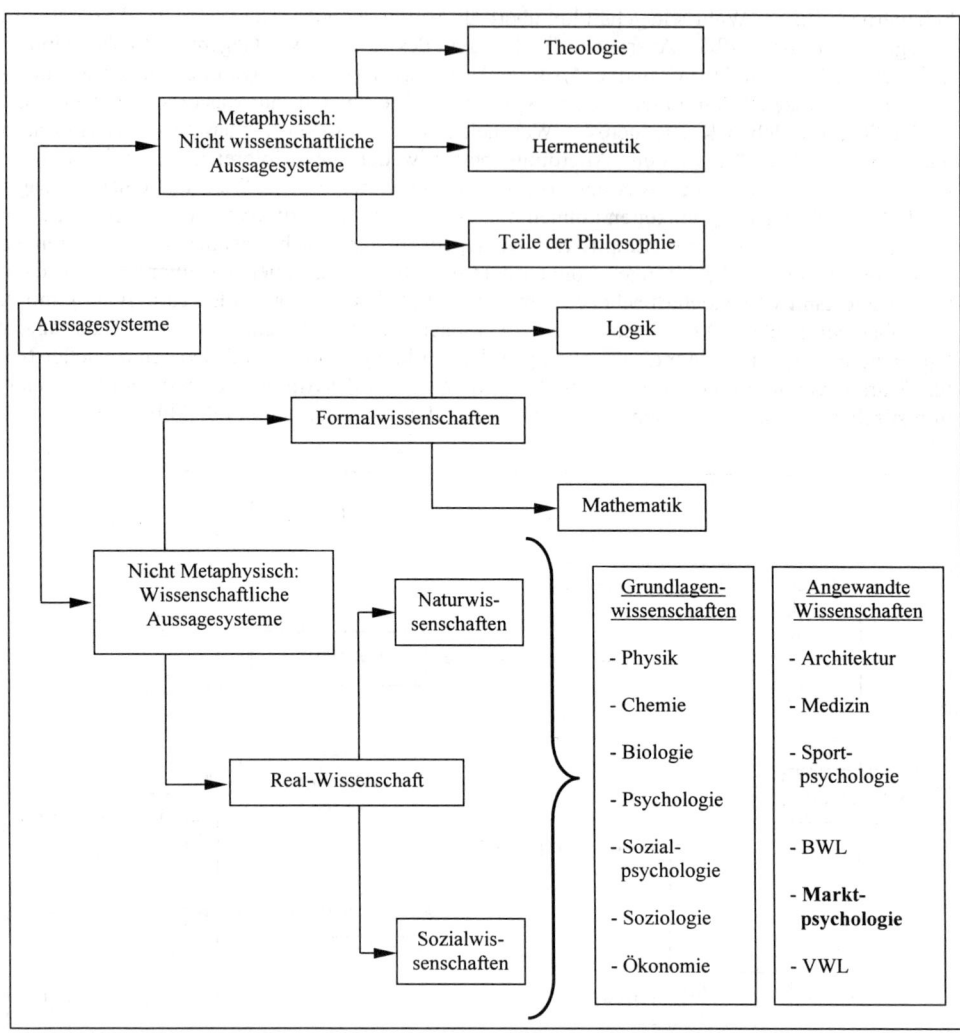

Abb. 1-5: Marktpsychologie im System wissenschaftlichen Aussagesystemen
(vgl. *Raffée*, 1995, S. 23 und 37).

Analog wollen wir jetzt die Marktpsychologie in ein System von Wissenschaften einordnen: es gibt Aussagensysteme, diese können methaphysischer Natur oder nicht-methaphysischer Natur sein. Metaphysische Aussagen sind nicht auf ihren Wahrheitsgehalt überprüfbar, sie sind daher nicht als Wissenschaft zu verstehen, wenn Wissenschaft dem Erkenntnisgewinn dienen soll. Nicht-metaphysische Ausagensysteme, also Wissenschaften können Formal- oder Realwissenschaften sein. Realwissenschaften sind Natur- oder Sozialwissenschaften. Die Sozialwissenschaften, ebenso wie die Naturwissenschaften wiederum können wir in zwei Stufen einteilen: Grundlagenforschung und Angewandte Forschung. Marktpsychologie ist also eine angewandte Sozialwissenschaft.

Aufmerksame Leser/innen mögen bemerken, daß die Hermeneutik in Abb. 1.4 unter den metaphysischen, nicht-wissenschaftlichen Aussagen zu finden ist, was angesichts der neueren Popularität dieser Denkrichtung, als deren Hauptvertreter derzeit wohl *Hans-Georg Gadamer* anzusehen ist, verwundern mag. Angesichts der Argumente von *Albert* (2000, 1994 und 1991, S. 156-188) erscheint die Einordnung der Hermeneutik in der hier gewählten Form allerdings nur konsequent. Damit scheiden auch hermeneutisch durchdrungene psychologische Denkansätze aus unseren Betrachtungen aus.

Literatur

Albert, H.: Der kritische Rationalismus Karl Raimund Poppers. Archiv für Rechts- und Sozialphilosophie: 1960, 391- 415.

Albert, H.: Ökonomische Ideologie und politische Theorie (2. Aufl.). Göttingen: 1972.

Albert, H.: Traktat über kritische Vernunft (5. Aufl.). Tübingen: 1991.

Albert, H.: Kritik der reinen Hermeneutik. Tübingen: 1994.

Albert, H.: Marktsoziologie und Entscheidungslogik. Tübingen: 1998.

Albert, H.: Kritischer Rationalismus. Tübingen: 2000.

Duesenberry, J. S.: Income, saving, and the theory of consumer behaviour. Cambridge: 1949.

Feyerabend, P.: Wider den Methodenzwang (4. Aufl.). Frankfurt am Main: 1993.

Irle, M.: Forschungsprogramme in der Marktpsychologie. In: Irle, M. (Hrsg.): Marktpsychologie, 1. Halbband: Marktpsychologie als Sozialwissenschaft. Göttingen, Toronto, Zürich: 1983, 1- 44.

Kieser, A. & Kubicek, H.: Organisation (3. Aufl.). Berlin, New York: 1992.

Lewin, K.: Constructs in psychology and psychological ecology. University of Iowa Studies in Child Welfare. 1944, 20, 23-27.

Marx, K.: Kritik der politischen Ökonomie. Berlin: 1953.

Popper, K. R.: Die beiden Grundprobleme der Erkenntnistheorie. Tübingen: 1979.

Popper, K. R.: Logik der Forschung (7. Aufl.). Tübingen: 1982.

Popper, K. R.: Conjectures and refutations – The growth of scientific knowledge (5th ed.). London: 1989.

Raffée, H.: Grundprobleme der Betriebswirtschaftslehre (2. Aufl.). Göttingen: 1995.

Scherhorn, G.: Die Funktionsfähigkeit von Konsumgütermärkten. In Irle, M. (Hrsg.): Marktpsychologie, 1. Halbband: Marktpsychologie als Sozialwissenschaft. Göttingen, Toronto, Zürich: 1983, 45-150.

Scherhorn, G.: Kritik des Zusatznutzens. Thexis: 1992, **9**, 2, 24-28.

Wiswede, G.: Einführung in die Wirtschaftspsychologie (2. Aufl.). München, Basel: 1995.

Kognitionstheorien

2. Theorien sozialer Wahrnehmung und sozialer Urteilsbildung als Ausgangspunkte

2.1 Hypothesen, Einstellungen und verwandte psychologische Konstrukte

Hypothesen sind alle Annahmen oder Vermutungen, die eine Person über sich und ihre Umwelt aufrecht hält. Wenn wir die Aussage akzeptieren, daß Menschen nichts mit Sicherheit wissen können, sondern daß unsere ganze Erkenntnis nichts anderes ist, als ein System mehr oder weniger gut bewährter Vermutungen, dann können wir auch sagen, daß Hypothesen unser gesamtes Wissen umfassen.

Unser gesamtes Vermutungswissen beeinflußt ständig unsere Wahrnehmung. Personen können nichts unvoreingenommen wahrnehmen. Alles, was wahrgenommen wird, wird in seiner Wahrnehmung beeinflußt durch das, was die wahrnehmende Person bereits zu wissen glaubt.

> Hypothesen beeinflussen die Wahrnehmung.

Nun ist es sicherlich nicht so, daß Personen durch Wahrnehmung nicht auch etwas Neues lernen oder ihr Wissen nach einer Wahrnehmung umstrukturieren. Also gilt auch:

> Wahrnehmung führt zur Bildung von Hypothesen.

Somit wird deutlich, daß Wahrnehmung und vorhandenes Wissen (Wenn wir im folgenden den Begriff „Wissen" benutzen, dann ist immer „Vermutungswissen" im Sinne von Hypothese gemeint.) in einer ständigen wechselseitigen Beziehung zueinander stehen. Das eine ohne das andere ist undenkbar. Jegliche Wahrnehmung kann als ein ständiger Prozeß des Aufstellens und Formulierens von Hypothesen aufgefaßt werden.

Einstellungen sind sehr eng mit Hypothesen verwandt, eine genaue Trennung scheint kaum möglich. Oft wird das Einstellungskonstrukt synonym mit dem des Attitüdenkonstruktes verwandt (Konstrukte sind gedankliche Konstruktionen, gedankliche Gebilde). Wir wollen beide Konstrukte inhaltlich in Anlehnung an *Irle* (1967, S. 195-197) unterscheiden. **Einstellungen** werden danach als eine Erwartungshaltung in der Wahrnehmung verstanden. Das wiederum führt dazu, daß wir dazu neigen, durch Wahrgenommenes unsere Erwartungen tendenziell bestätigt zu sehen. Wir glauben das wahrzunehmen, was wir erwartet haben. Solange das Wahrgenommene nicht zu sehr von den Erwartungen abweicht, gilt das fast uneingeschränkt. Erst bei starken Abweichungen wird die Situation komplizierter. Das ist Gegenstand der Theorie der kognitiven Dissonanz (siehe Kapitel 4).

Die Annahme, daß Einstellungen Erwartungen ausdrücken, ist der Kern des Einstellungsmodells nach *Fishbein* (1966, zu neueren Darstellungen vgl. *Assael*, 1992, S. 208, ff., *Unger*, 1997, S. 83 ff.). Die Einstellung gegenüber einem Produkt drückt sich durch die Summe der Erwartungen aus, mit welcher Wahrscheinlichkeit ein Produkt bestimmte Eigenschaften aufweist, jeweils mit der subjektiv empfundenen Bedeutung dieser Eigenschaft multipliziert.

Formal ergibt sich:

$$E_{ij} = \sum_{k=1}^{n} B_{ijk} \times a_{ijk}$$

Es gilt:

E_{ij} : Die Einstellung einer Person i zur Marke j

B_{ijk} : Die subjektiv empfundene Wahrscheinlichkeit der Person i, daß die Marke, das Produkt j eine bestimmte Eigenschaft k aufweist;

a_{ijk} : Die subjektive Bedeutung des Vorhandenseins der Eigenschaft k bei dem Produkt j für die Person i.

Es geht also um die Vermutung über das Vorhandensein einer Eigenschaft.

In der praktischen Marktforschung wird oft statt nach der Wahrscheinlichkeit des Vorhandenseins einer Eigenschaft nach der vermuteten Ausprägung einer Eigenschaft gefragt. Das folgende Beispiel entstammt *Fischbein* und *Ajzen* (1980, S. 154):

Es geht um die Beurteilung von Farbfernsehgeräten, u.a. anhand der vermuteten „Natürlichkeit von Farben". Die Bedeutung dieser Eigenschaft wird auf einer 7er-Skala von 0 bis 6 und die Ausprägung jeweils auf eine 7er-Skala von –3 bis +3 gemessen. Es wurden diesbezüglich folgende Fragen gestellt:

1. Für die Beurteilung eines Farbfernsehgerätes ist die Natürlichkeit der Farben

vollkommen unwichtig :__:__:__:__:__:__:__: extrem wichtig
                                   0 1 2 3 4 5 6

2. Hinsichtlich der Natürlichkeit der Farben ist ein Sony-Farbfernsehgerät

nicht zufriedenstellend :__:__:__:__:__:__:__: sehr zufriedenstellend
                      –3 –2 –3 0 +1 +2 +3

(Die Zahlenangaben sind in den eigentlichen Fragebögen nicht enthalten, sie dienen lediglich der späteren Auswertung)

Der Gesamtwert ergibt sich möglicherweise wie folgt (im Original nach *Fishbein & Ajzen*, 1980, S. 154):

Evaluative criterion	=	Satisfaction with Sony vis-a-vis criterion	=	Importance of criterion	=	Satisfaction importance
Natural colors		+2		6		12
Price		–3		3		–9
Reliability		+1		2		2
Appearance		+1		1		1
Overall satisfaction:						+6

Der Gesamtwert gibt danach im Vergleich zu Konkurrenzprodukten eine relativ gute Annäherung an die Kaufpräferenz, ebenfalls im Vergleich zu Konkurrenzprodukten an. Da nach *Fishbein* und *Ajzen* (1980, S. 67 und 68) Versuchspersonen dazu neigen, die Ausprägungen wahrgenommenen Eigenschaftsausprägungen bei als wichtig angesehenen Eigenschaften extremer anzugeben, führt diese Meßmethode zu extremeren Resultaten, als es der Realität entspricht. Daher wird vorgezogen, die Einstellung wie zuerst dargestellt, anhand der vermuteten Wahrscheinlichkeit des Vorhandenseins einer Eigenschaft zu messen. Es wird also nicht gefragt, „wie verbrauchsarm ist ein Skoda TDI" sondern: „Wie überzeugt sind Sie davon, daß ein Skoda TDI verbrauchsarm ist?". Beides kann dann anhand der oben dargestellten Skalen gemessen werden.

Einstellungen sind also nach diesem Modell die Erwartungen der Verbraucher hinsichtlich des Vorhandenseins von Eigenschaften. Das tatsächliche Kaufverhalten wird neben der Überzeugung gegenüber Marken oder Produkten noch durch soziale Normen und die Motivation diesen Normen zu entsprechen ausgeprägt.

Die in Abb. 2-1 dargestellten Zusammenhänge werden als das Modell begründeten Verhaltens bezeichnet („Theory-of-reasoned-action-modell; *Wells & Prensky*, 1996, S. 324).

Anhand eines anderen Modells wird die Einstellung anhand der vermuteten Ausprägungen verschiedener Eigenschaften im Vergleich zu Idealausprägungen gemessen.

Dieses sog. Ideal-Punkt-Modell hat folgende Struktur (*Ginter*, 1974, *Trommsdorff*, 1975):

$$E_{ij} = \sum_{k=1}^{n} |B_{ijk} - I_{ik}|$$

Es gilt:

E_{ij} : Einstellung der Person *i* zu Produkt oder Marke *j*

B_{ijk} : Von der Person *i* wahrgenommene Ausprägung des Merkmals *k* bei Produkt oder Marke *j*

I_{ik} : Von der Person *i* eingeschätzte ideale Ausprägung des Merkmals *k* bei dieser Objektklasse

$|B_{ijk} - I_{ik}|$: Eindruckswert der Person *i* bei Merkmal *k* des Produktes oder der Marke *j*

In diesem Fall werden die Einschätzungen von Merkmalsausprägungen direkt abgefragt und der ideal empfundenen Ausprägung gegenübergestellt. Es gilt die Einstellung als am günstigsten ausgeprägt, die (im Gegensatz zum obigen Modell), den geringsten Wert im Konkurrenzvergleich erzielt. Gewichtungsfaktoren sind nicht erforderlich, weil bei als besonders wichtig empfundenen Eigenschaften die Abweichungen von der als ideal empfundenen Ausprägung von vornherein stärker angegeben als empfunden werden. Gewichtungsfaktoren würden diesen Effekt lediglich intensivieren.

Es dürfte nicht schwer fallen, ähnliche Einstellungskonstrukte für ganz andere Bereiche des Wirtschaftslebens abzuleiten:

Unternehmungen als Arbeitgeber weisen bestimmte Eigenschaften mit unterschiedlicher Wahrscheinlichkeit und Bedeutung auf, ebenso Führungskräfte aus Sicht der Mitarbeiter/innen und Mitarbeiter/innen aus Sicht von Führungskräften. Wertpapiere an der Börse können ähnlich beurteilt werden: Ertragskraft der Unternehmung, augenblicklicher Kurs, Wachstumserwartungen etc. fließen in die Beurteilung der Spekulanten ein.

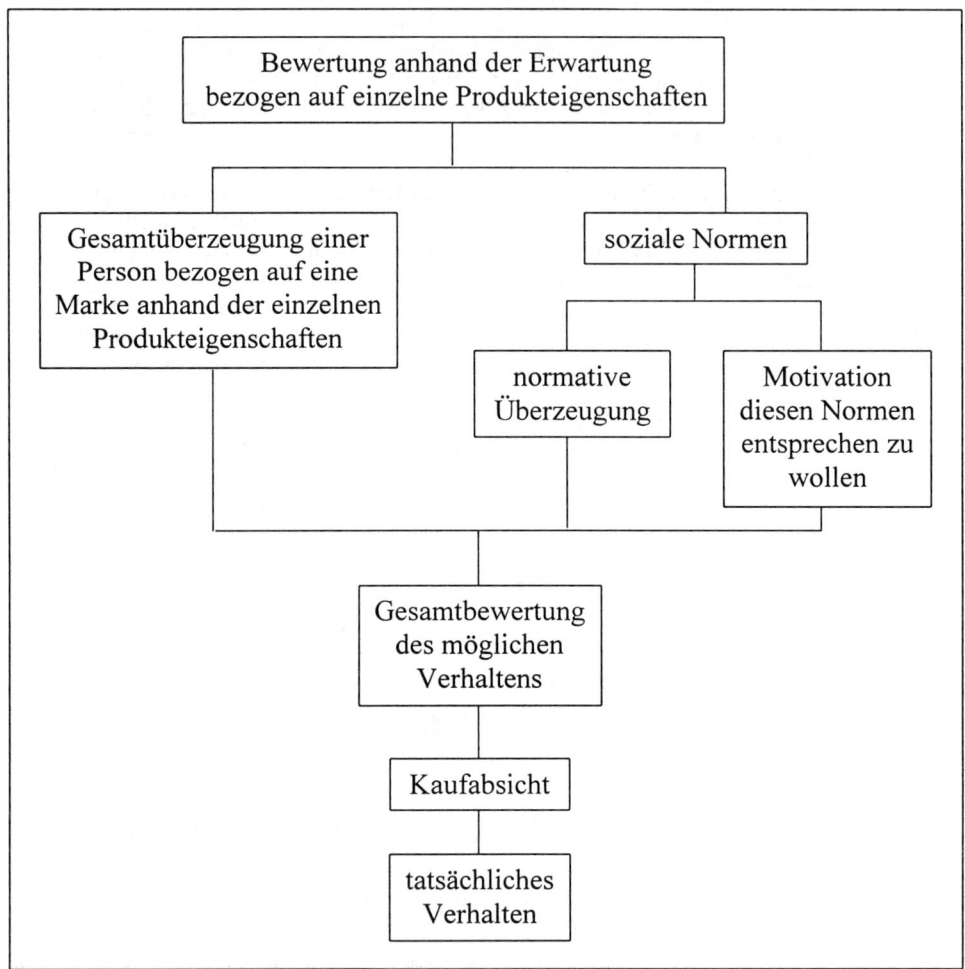

Abb. 2-1: Von Erwartungen zu Verhaltensweisen (*Assael*, 1992, S. 213, vgl. auch *Wells & Prensky*, 1996, S. 324).

Attitüden gehen darüber hinaus. Sie beinhalten Tendenzen, die Urteile über Stimulus-Komplexe beeinflussen, ferner beinhalten sie Verhaltensbereitschaften (bezogen auf das wahrgenommene Objekt). Attitüden stehen für ein System aus drei Komponenten:

- eine erkennende, die **kognitive** Komponente,

- eine bewertende, die **evaluative** Komponente,

- eine das Verhalten auslösende, die **konative** Komponente.

Die erkennende, kognitive Komponente bezieht sich auf Einstellungen, die anderen beiden Komponenten gehen offensichtlich über das Einstellungskonzept hinaus. Abb. 2-2 zeigt das Attitüdenkonzept in seiner Struktur.

Wir können die „bewertende/evaluative" Komponente als kognitiv-emotionale Basis des Verhaltens verstehen. Die „erkennende/wahrnehmende" Komponente entspricht eindeutig einer kognitiven Verhaltensbasis (beispielsweise im Sinne „Sozialer Wahrnehmung"). Die Verhaltensbereitschaft hat einen engen Bezug zur motivationalen Basis menschlichen Verhaltens.

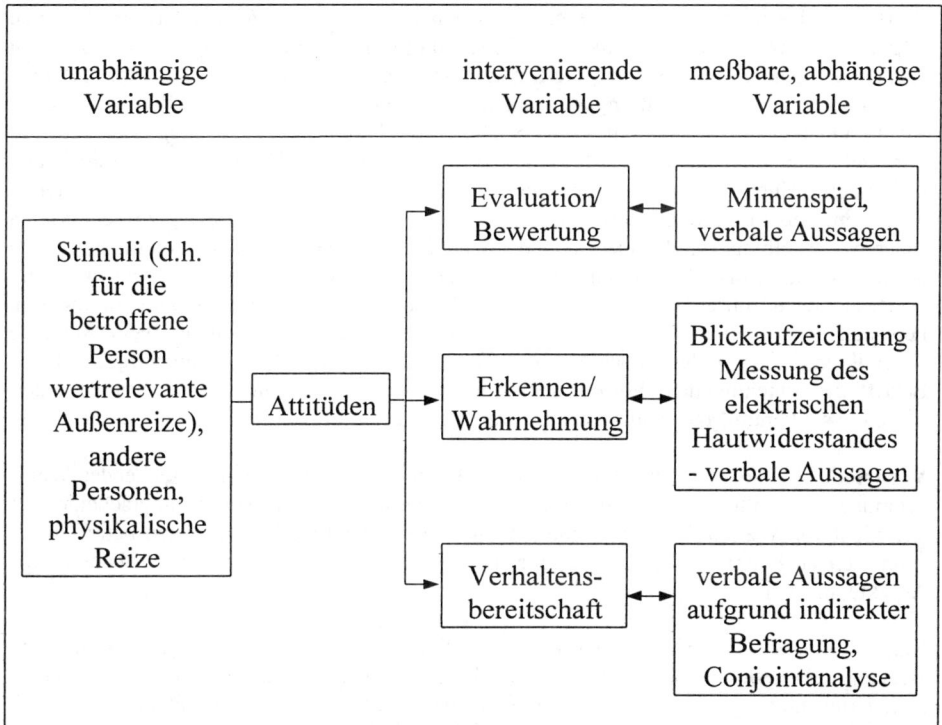

Abb. 2-2: Schematische Darstellung von Attitüden nach *Rosenberg* und *Hovland* (1980, S. 3), zu den Verfahren der Blickaufzeichnung, Messung des elektrischen Hautwiderstandes und der Conjointanalyse vgl. Literatur zur Marktforschung (*Unger*, 1997, S. 104-114 und 250-290; *Unger & Fuchs*, 1999, S. 509-574).

Wir können diese Einführung mit der Erläuterung dreier eng mit Einstellungen und Attitüden verwandten Konzepten abschließen: Image Wert und Vorurteil.

Unter einem **Image** verstehen wir die Einstellungen vieler Personen bezogen auf ein bestimmtes Objekt. Es werden bestimmte Personen über ihre Meinung (und damit ihre

Erwartungen) bezogen auf irgend ein Objekt befragt. Die Gesamtstruktur der Resultate dieser Befragung beschreibt das Image dieses Objektes bei den befragten Personen. Meinungen sind tatsächlich nichts anderes als Erwartungshaltungen. Wenn wir irgend eine Meinung bezogen auf irgend etwas hegen, dann **erwarten** wir irgend etwas von dem relevanten Objekt. Person X sei der Meinung, daß ein Fahrzeug der Marke Y besonders sicher, wirtschaftlich usw. ist. Das sind **Erwartungen** bezogen auf Fahrzeuge dieser Marke. Wenn von einem Image gesprochen wird, dann müssen wir uns verdeutlichen, daß es nicht einfach **das** Image eines Objektes gibt. Es kann a) nur das als Image ausgedrückt werden, was Inhalt der zugrunde liegenden Befragung ist (Image ist das, was die jeweilige Befragung erfaßt; das ist allerdings ein sehr allgemeines wissenschaftstheoretisches Problem jeder Messung) und b) bezieht sich das gemessene Image nur auf die Grundgesamtheit, die der befragten Stichprobe zugrunde liegt.

Werte sind besonders zentrale Einstellungen einer Person. Jede Person verfügt über eine sehr große Anzahl von Einstellungen. Einige dieser Einstellungen stehen in Beziehung zueinander, andere nicht. So mag die Einstellung zu einer „gesunden Lebensführung" eine enge Beziehung zu der ernährungsrelevanten Einstellung und zu den Einstellungen bezogen auf die Qualität des Wohnraumes haben. Die Einstellung zum Urlaub mag auch relevant sein, jedoch nicht in gleichem Maße und Einstellungen zum TV-Abendprogramm haben vermutlich keinen Bezug zur „gesunden Lebensführung". Nun können wir uns leicht vorstellen, daß manche Einstellungen einen stark beeinflussenden Bezug zu sehr vielen anderen Einstellungen aufweisen, andere nicht. Die zentralen, viele andere Einstellungen beeinflussenden Einstellungen sind Werte. Sie sind besonders änderungsresistent, weil ihre Änderung dazu führen würde, viele andere Einstellungen ebenfalls ändern zu müssen. Personen ändern leichter solche Einstellungen, deren Änderung weniger weiterführende Veränderungen zur Folge haben würden. Der in den späten 80er Jahren aufgekommene Begriff des zunehmenden Wertewandels drückt lediglich aus, daß sich zentrale Einstellungen in stärkerem Maße ändern als in vorangegangenen Jahrzehnten.

Vorurteile sind solche Einstellungen, die auch bei offensichtlich widersprechender Wahrnehmung beibehalten werden. Sie sind extrem änderungsresistent. Hierin unterscheiden sie sich nicht von Werten. Vorurteile müssen jedoch keine zentrale Einstellungen betreffen. Es kann sich auch um eher periphere, für die betroffene Person also weniger bedeutsame Aspekte, handeln.

Nun sind die wichtigsten Elemente kognitiver Systeme erläutert. Wir wollen anschließend zwei eng verwandte grundlegende Theorien darlegen, welche soziale Wahrnehmung und soziale Urteilsbildung erklären. Der Begriff „sozial" drückt aus, daß beide Phänomene durch Beziehungen von Personen untereinander mit beeinflußt werden. Soziales Verhalten ist ein Verhalten das (auch) durch Beziehungen der sich verhaltenden Person zu anderen Personen beeinflußt wird.

2.2 Hypothesentheorie sozialer Wahrnehmung

Bedürfnisse, Motive, Werte und Wünsche beeinflussen die Wahrnehmung. Diese Annahme ist der Kern des sog. „directive state"-Konzeptes, dessen empirische Basis allerdings noch Schwächen aufweist (vgl. *Lilli & Frey*, 1993, S. 51). Immerhin läßt sich schon hieraus die Annahme rechtfertigen, daß dasjenige, was Bedürfnissen, Motiven oder Wünschen einer Person entspricht bevorzugt wahrgenommen wird. Das ist angesichts der Informationsüberlastung (was dazu führt, daß nur ein Bruchteil aller vorhandener Signale von einer

Person wahrgenommen und ein noch geringerer Teil davon verarbeitet wird) in praktisch allen entwickelten Gesellschaften von erheblicher Bedeutung für die Marketing-Kommunikation. Auch Werte mögen einen ähnlichen Effekt haben, allerdings ist auch zu vermuten, daß solche Dinge bevorzugt wahrgenommen werden, die bestehenden Werten extrem entgegenstehen. Schon das „directive state"-Konzept beseitigt grundlegend die Annahme, daß es eine reine, unvoreingenommene Wahrnehmung gibt. Es gibt keine passiven oder ausschließlich reagierende Informations-Empfänger. Jede menschliche Wahrnehmung beginnt mit einer Hypothese. Hypothesen sind alle Annahmen einer Person über sich selbst und ihre Umwelt. Wahrnehmung ist ein Produkt vorhandener Annahmen über die Realität (also von Hypothesen) und der tatsächlich vorhandenen, wahrnehmbaren Realität.

Die Hypothesentheorie sozialer Wahrnehmung (zurückgehend auf *Allport*, 1955; *Bruner*, 1951 und 1957, *Postman*, 1951) ist eine Weiterentwicklung des „directive state"-Konzeptes, welches sich im wesentlichen auf drei zentrale Aussagen reduzieren läßt (*Lilli & Frey*, 1993, S. 56):

- Je stärker eine Hypothese ist, desto größer ist die Wahrscheinlichkeit, daß sie erregt wird, d.h. eine Person glaubt, eine Bestätigung für ihre Hypothese zu finden.

- Je stärker eine Hypothese ist, desto geringer ist die Menge der unterstützenden Reizinformationen (oder Signale), die zu ihrer Bestätigung (aus psychologischer Sicht der betroffenen Person) nötig ist. Eine Person, die beispielsweise sehr stark an etwas glaubt, benötigt nur sehr wenige diesen Glauben unterstützende Hinweise, um verstärkt von der Richtigkeit ihres Glaubens auszugehen.

- Je stärker eine Hypothese ist, desto größer muß die Menge widersprechender Informationen sein, um zu bewirken, daß die betroffene Person dazu bereit ist, ihre Annahme aufzugeben. Wer also sehr stark an etwas glaubt, benötigt besonders viel gegenteilige Informationen, um seine Annahme aufzugeben.

Die Theorie besagt nicht, daß vorhandene Hypothesen immer dazu führen, die Realität im Sinne dieser Hypothesen wahrzunehmen. Bei extrem widersprechenden Informationen sind Personen auch bereit vorhandene Hypothesen zu verwerfen. Es sind aber, bei gleicher Hypothesenstärke weit weniger Informationen zur Hypothesenbestätigung erforderlich und weit mehr Informationen zur Aufgabe einer Hypothese notwendig. Daraus ergibt sich der Satz (*Irle*, 1975, S. 85):

„Hypothesen machen Wahrnehmung, und Wahrnehmungen machen Hypothesen."

In welchem Maße Hypothesen nun die Wahrnehmung beeinflussen oder aber Hypothesen durch Wahrnehmungen verändert werden, hängt offensichtlich in starkem Maße von der **Hypothesenstärke** ab. Diese wird durch folgende Faktoren bestimmt (vgl. *Irle*, 1975, S. 86-88):

- Häufigkeit der Bestätigung in der Vergangenheit

Je häufiger beispielsweise eine bestimmte Handlungsweise zum Erfolg geführt hat, in um so stärkerem Maße dürfte die betroffene Person die Überzeugung/Hypothese bilden, das Richtige getan zu haben und selber für den Erfolg verantwortlich zu sein.

- Anzahl verfügbarer Alternativhypothesen

Je weniger Alternativen eine Person zur Lösung eines Problems zur Verfügung hat, um so sicherer ist sich die Person, daß diese Alternativen das Problem lösen.

- Stärke motivationaler Unterstützung

Je mehr eine Person eine bestimmte Sache wahrnehmen will, um so eher wird sie diese wahrnehmen. Wer einer Person gegenüber negativ eingestellt ist, mag dazu motiviert sein, bei dieser Person Negatives wahrzunehmen.

- Verbindung einer Hypothese mit anderen Hypothesen

Wir können davon ausgehen, daß Personen über ein extrem komplexes System von Hypothesen verfügen. Zwischen einigen dieser Hypothesen bestehen Verbindungen, zwischen anderen nicht. Einige Hypothesen haben zu sehr vielen anderen Hypothesen Beziehungen, andere stehen isoliert. Die Änderung einer Hypothese, die zu vielen anderen in Beziehung steht, fällt der betroffenen Person sehr schwer, da dies häufig auch Änderungen anderer Hypothesen nach sich ziehen wird. Daraus läßt sich ableiten, daß eine Hypothese um so resistenter gegen Änderungen ist, um so stärker ist, je mehr sie mit anderen in Verbindung steht.

2.3 Theorie sozialer Urteilsbildung

Einen ähnlichen Ansatz wie die Hypothesentheorie sozialer Wahrnehmung liegt auch der Theorie sozialer Urteilsbildung zugrunde. Es wird angenommen, daß vorhandene Einstellungen bezogen auf einen Tatbestand diesbezügliche Wahrnehmungen beeinflussen. Diese Theorie geht auf *Sherif* und *Hovland* (1961) und *Sherif*, *Sherif* und *Nebergall* (1965) zurück, als **„Social Judgement"**-Theorie. Sie ist auch als **„Assimilation-Kontrast"**-Theorie bekannt

Um diese Theorie verstehen zu können müssen wir uns zuerst verdeutlichen, daß sich Einstellungen auf Skalen darstellen lassen, welche jeweils von einem Extrempunkt über einen neutralen Bereich zu einem anderen entgegengesetzten Extrempunkt reichen. Wir nehmen dazu folgendes Beispiel:

Ich vermute, daß die Partei XYZ in Arbeitsmarktfragen: __:__:__:__:__:__:__:__:__:__:__:__:__:__:__:	Ich vermute, daß die Partei XYZ in Arbeitsmarktfragen extrem inkompetent ist.
extrem kompetent ist.	

Auf solchen Skalen lassen sich sowohl die Standpunkte der Empfänger von Botschaften als auch die Standpunkte, der wahrzunehmenden Botschaften selber darstellen. Die These ist, daß die Empfänger die Botschaften nicht objektiv, sondern in Abhängigkeit vom eigenen Standpunkt aus wahrnehmen und beurteilen.

Die Theorie sozialer Urteilsbildung besteht aus folgenden Kernaussagen:

- In einem sehr engen um die eigene Einstellung liegenden Bereich werden andere Aussagen als mit der eigenen Einstellung identisch wahrgenommen. Sie werden assimiliert (Assimilationsbereich).

- In einem darum liegenden Bereich werden die anderen Aussagen zwar als von der eigenen Einstellung abweichend wahrgenommen, aber doch als ähnlicher als sie es in Wirklichkeit sind. Diese Aussagen werden akzeptiert, sie können auch zu einer Beeinflussung der wahrnehmenden Person führen. Die Person ändert ihre Einstellung in Richtung der Botschaft. Dieser Bereich wird als Akzeptanzbereich bezeichnet.

- Darum gelegen finden wir einen weiteren Bereich, in dem andere Botschaften weder akzeptiert, noch abgelehnt werden, also einen neutralen Bereich, in welchem der Standpunkt anderer Botschaften mehr oder weniger objektiv wahrgenommen wird.

- Noch weiter vom eigenen Standpunkt der wahrnehmenden Person finden wir den Ablehnungsbereich, den Kontrastbereich. Die dort wahrgenommenen Aussagen werden hinsichtlich ihres Standpunktes als noch weiter vom eigenen Standpunkt wahrgenommen, als sie es in Wirklichkeit sind. Sie werden „kontrastiert", und sie werden abgelehnt. Eine Einstellungsänderung in Richtung des Standpunktes der Botschaft ist nicht zu erwarten. Bei extremer Abweichung der Standpunkte (welche noch extremer wahrgenommen wird, als sie es objektiv ist), ist viel eher ein Bumerang-Effekt (*von Cranach, Irle & Vetter*, 1965) zu erwarten, d.h. eine Einstellungsänderung weg vom Standpunkt der in der Botschaft vertreten wird. Die Person ändert ihre Einstellung in die entgegengesetzte Richtung.

Die Tatsache, daß von der ursprünglichen Einstellung der wahrnehmenden Person entfernt liegende Botschaften aus dem Ablehnungsbereich (oder Kontrastbereich) zunehmender Entfernung als noch weiter entfernt liegend wahrgenommen werden, als sie es tatsächlich sind, wird als Kontrast-Effekt bezeichnet. Als Assimilations-Effekt wird der Effekt bezeichnet, wonach im Akzeptanzbereich (oder Assimilationsbereich) liegende Botschaften mit zunehmender Ähnlichkeit zunehmend noch ähnlicher wahrgenommen werden, und bei extremer Ähnlichkeit die Botschaft als völlig identisch mit dem eigenen Standpunkt beurteilt wird.

Häufig werden Personen mit Botschaften konfrontiert, um diese zu beeinflussen. Die beeinflussende Wirkung hängt auch davon ab, wie der Standpunkt der Botschaft von der betroffenen Person wahrgenommen wird.

Botschaften aus dem Assimilationsbereich erzielen keine beeinflussende Wirkung, da sie bekanntlich als mit der eigenen Einstellung identisch wahrgenonmmen werden.

Botschaften aus dem Akzeptanzbereich erzielen eine um so größere Wirkung, je größer der wahrgenommene Abstand von der Einstellung der zu beeinflussenden Person ist. Botschaften aus dem neutralen Bereich erzielen keine Wirkung. Botschaften aus dem Kontrastbereich können einen Bumerang-Effekt bewirken, der um so größer ist, als je weiter die beeinflussende Botschaft vom Standpunkt des Botschaftsempfängers (der zu beeinflussenden Person) entfernt wahrgenommen wird.

Um als Kommunikator die beeinflussenden Wirkungen voraussagen zu können, müßten Informationen über das ungefähre Ausmaß des Akzeptanz- und Ablehnungsbereiches vorliegen. Das Ausmaß dieser Bereiche wird von zwei Faktoren beeinflußt:

a) je extremer der eigene Standpunkt ist, um so enger ist in aller Regel der Akzeptanzbereich und um so größer ist der Ablehnungsbereich.

b) je größer die persönliche Relevanz (synonym „Ich-Beteiligung" oder „Involvement") des Meinungsgegenstandes für die betroffene Person ist, je enger ist der Akzeptanzbereich und je größer ist der Ablehnungsbereich. Oft besteht zwischen diesen beiden Aspekten ein enger Zusammenhang. Bei extremen Standpunkten ist in alle Regel auch eine starke persönliche Relevanz vorhanden. Daher können wir allgemein sagen: Je stärker die persönliche Relevanz ausgeprägt ist, um so enger ist Akzeptanzbereich; „die Weite des Spielraumes der Akzeptanz ist eine negative Funktion der Stärke der Ich-Beteiligung" (*Irle*, 1975, S. 291).

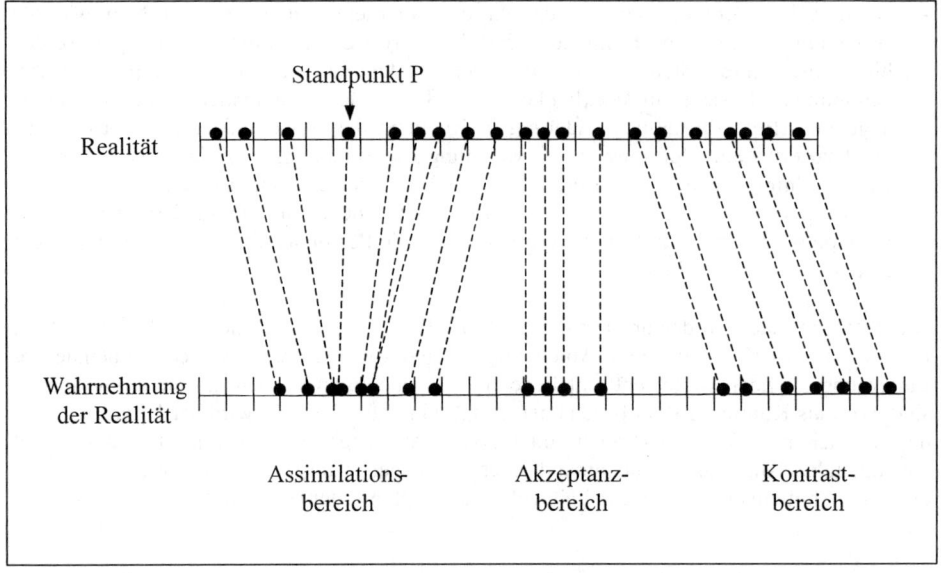

Abb. 2-3: Soziale Urteilsbildung im Assimilations-, Akzeptanz- und Kontrastbereich.

In der Einführung der Variablen **„Ich-Beteiligung"/"Involvement"** ist eine besondere Bedeutung der Theorie sozialer Urteilsbildung zu sehen. Involvement hängt von zwei Faktoren ab: Wert-Wichtigkeit und Wert-Instrumentalität. Wert-Wichtigkeit meint ganz einfach die Bedeutung eines Wertes für eine Person. Wert-Instrumentalität beschreibt die Instrumentalität eines beliebigen Gegenstandes zur Realisation eines Wertes. Für jede Person läßt sich zunächst einmal eine Rangreihe von Werten nach unterschiedlicher Wichtigkeit bilden. Die Objekten (z.B. Produkten) zuzuschreibende Instrumentalität bezeichnet das Ausmaß, in welchem diese Produkte Ziele der Person unterstützen können. Beide Faktoren gemeinsam bestimmen das Involvement bezogen auf ein Produkt. Daher kommt die im Marketing so weit verbreitete Unterscheidung von Produkten in die Klassen „High Involvement" und „Low Involvement" (im Marketing recht ungenau oft als „High" oder „Low Interest" bezeichnet). Nehmen wir an, einer Person sei Prestige sehr wichtig (hohe Wert-Wichtigkeit); nehmen wir ferner an, das Tragen bestimmter Markenkleidung wird von dieser Person als sehr nützlich angesehen, um Prestige zu erlangen (hohe Wert-Instrumentalität). Dann weisen die betroffenen Bekleidungsmarken hohes Produkt-Involvement auf. Dabei geht es allerdings in Wirklichkeit nicht um eine dichotome Unterscheidung sondern um die Frage eines mehr oder weniger stark ausgeprägten Involvements bezogen auf unterschiedliche Produkte, welches zudem bezogen auf verschiedene Qualitätsdimensionen unterschiedlich stark ausgeprägt sein kann und so ein wichtiger Ansatz zur Marktsegmentierung ist. Wir können davon ausgehen, daß das Involvement gegenüber Mineralwasser bei den meisten Personen gering ausgeprägt ist. Es gibt aber ein Marktsegment von Personen, die gegenüber den Natriumgehalt von Mineralwasser extrem stark involviert sind.

2.4 Anwendungen

Die Hypothesentheorie sozialer Wahrnehmung erklärt beispielsweise Verhaltensbereiche im Rahmen der Personalführung. Führungskräfte, die ganz bestimmte Erwartungen an das Verhalten einer Person richten, neigen dazu, sich in der Leistungswahrnehmung in ihren Erwartungen bestätigt zu sehen. Werden im Rahmen von Personalbeurteilungen Führungskräfte über das Verhalten, die Leistungsbereitschaft, Fähigkeit oder Persönlichkeitseigenschaften befragt, so erhalten wir Antworten, die in mehr oder weniger starkem Maße durch die Erwartungen der Führungskräfte beeinflußt werden. Die Tatsache, daß es keine unvoreingenommene Wahrnehmung gibt, ist Führungskräften oder Lehrkräften in Schulen, Ausbildung oder Hochschulen oft nicht oder doch zu wenig bewußt.

Im Marketing spielt die Hypothesentheorie im Rahmen der Produktwahrnehmung eine große Rolle. Viele Verbraucher vermuten beispielsweise, daß koffeinfreier Kaffee weniger „aromatisch" schmeckt. Diese Hypothese mag dazu führen, den Geschmack der Marke Haag von vornherein zu unterschätzen und eher als einen Kaffee für "gesundheitlich Angeschlagene" aufzufassen. In einer TV-Kampagne wurde daraufhin gezielt mit sportlich dynamischen Personen in einem Restaurant geworben, wobei eine Person, die sich gerade gewundert hat, daß ihr Gegenüber Kaffee Haag bestellt, gar nicht bemerkt, daß sie selber Kaffee Haag trinkt sagt „So muß Kaffee schmecken". Diese Kampagne hat in besonders starkem Maße die Aufgabe Erwartungshaltungen bezogen auf das Produkt und zu verändern und Vorurteile bezogen auf die Verwender/innen abzubauen. Durch letzteres soll die soziale Akzeptanz des Produktes gesteigert werden

Es gibt Produktbereiche, in denen die Verbraucher oder die Mehrheit der Verbraucher konkurrierende Marken praktisch nicht unterscheiden können: Bier, Mineralwasser, Zigaretten, Kaffee, Weinbrand. In Blindtests (Produkttest ohne Markenkenntnis der Versuchspersonen) empfinden die Versuchspersonen keine oder deutlich weniger Unterschiede als in solchen Tests, in denen die Marken den Versuchspersonen bekannt sind (vgl. *Moser*, 1990, S. 68). Die Wahrnehmung der Marke führt zu einer Hypothese, welche anschließend die Geschmackswahrnehmung beeinflußt.

Die Assimilation-Kontrast-Theorie findet im Rahmen jeglicher Beeinflussung Anwendung. So ist es beispielsweise kaum denkbar, in Wahlkämpfen Anhänger aus dem (sagen wir) rechten Wählerlager zu Wähler/innen linker Parteien zu machen. Botschaften aus dem rechten Lager kommen für sie aus dem Ablehnungsbereich und werden entweder ignoriert oder führen zu Bumerangeffekten. In Wahlkämpfen geht es darum, die eigenen Anhänger zur Stimmabgabe zu motivieren („diesmal kommt es darauf an"); oder Anhänger des anderen Lagers zu demotivieren oder zu verunsichern und so von der Wahl abzuhalten.

Wenn es im Social-Marketing darum gehen mag, Vorurteile abzubauen, stehen wir vor einem ähnlichen Problem. Wir können nicht erwarten, in einer einzigen Kommunikationskampagne eine verfestigte Anti- oder Pro-Einstellung umzukehren. Extreme Einstellung, in der Regel zusätzlich mit hohem Involvement verbunden, stehen dem entgegen. Im Social-Marketing müssen wir akzeptieren, daß sich Einstellungen oft nur in kleinen Schritten verändern lassen. Würden wir extremen Einstellungen mit extrem konträren Einstellungen entgegentreten, so ist eher mit Bumerang-Effekten zu rechnen.

Im Konsumgütersektor kann die Assimilation-Kontrast-Theorie ebenfalls erklären, warum Beeinflussungen schwierig sind. Bei High Involvement-Produkten ist der Akzeptanzbereich relativ klein und der Ablehnungsbereich relativ groß. Botschaften für andere als das derzeit präferierte Produkt stammen mit großer Wahrscheinlichkeit aus dem Ablehnungsbereich. Bei „Low Involvement"-Produkten sind Beeinflussungen leichter, was daran liegen kann, daß der Akzeptanzbereich größer und der Ablehnungsbereich kleiner ist. Für diesen Aspekt aus dem Konsumgütersektor gibt es allerdings noch andere Erklärungen (insbes. die Cognitive Response-Theorie, Kapitel 7). Bei Low Involvement erfolgt die Informationsaufnahme eher zufällig, werden Bilder eher als Textbotschaften aufgenommen, erfolgt die Beeinflussung eher über die Vermittlung emotionaler, bildbetonter, farbiger Darstellungen als über die Qualität und Struktur von Argumenten. Allerdings muß auch bei „High Involvement"-Produkten bedacht werden, in welchem Maße Zielgruppen gegenüber Werbebotschaften involviert sind. Es ist durchaus mit geringem Involvement gegenüber der Werbung bei höher ausgeprägtem Involvement gegenüber den Produkten zu rechnen. Das hat zur Folge, daß über emotionale, das geringe Involvement berücksichtigende Werbung Markensympathie aufgebaut wird, die dazu führt, sich anschließend über andere Informationskanäle intensiver mit dem Produkt und den entsprechenden Argumenten zu beschäftigen.

Laczniak und *Muehling* (1993) untersuchen die Faktoren Überzeugungsstärke und Überzeugungssicherheit (belief certainty) in Bezug auf Low Involvement oder High Involvement. Es zeigt sich, daß die Überzeugungsstärke hinsichtlich des Vorhandenseins bestimmter Produkteigenschaften oder der Tauglichkeit zur Befriedigung bestimmter Bedürfnisse nicht vom Involvement abhängt, wohl aber die Überzeugungssicherheit. Bei „High Involvement"-Produkten sind sich Verbraucher/innen sicherer in ihren Überzeugungen als bei Low Involvement. Die Erklärung für diesen Effekt, die *Laczniak* und *Muehling* (1993, S. 314) liefern überzeugt allerdings nicht ganz: „This may be the case since more involved receivers ad evaluations are likely to be based on more criteria and a more meaningful analysis than those of less involved persons". Wir können eher davon ausgehen, daß auch bei „High Involvement"-Produkten Anzeigen eher kurz, bildbetont betrachtet werden, daß Bilder den Texten gegenüber bevorzugt werden und von Bildelementen emotionale Bildelemente mehr Beachtung erzielen. Vermutlich sind wesentlich subtilere kognitive Prozesse für den gefundenen Effekt größerer Sicherheit bei High Involvement verantwortlich, die im Bereich kognitiver Konsistenztheorien zu suchen sein werden. Menschen ertragen Unsicherheit bei wichtigen Dingen weniger als bei unwichtigen Dingen. Der durch Unsicherheit ausgelöste innere psychologische Spannungszustand ist vermutlich noch um so stärker, je wichtiger der jeweilige Tatbestand empfunden wird.

Einstellungen und Attitüden spielen zur Erklärung des Konsumgüter-Kaufverhaltens eine zentrale Rolle. Marketing-Kommunikation schafft Produkt- und/oder Markenerwartungen. Wir kaufen ein Konsumgut eigentlich grundsätzlich auf der Basis von Erwartungen, diese sind nach häufigem Wiederholungskauf lediglich mehr verfestigt, als nach einmaligem Kauf aufgrund werblicher oder anderer Beeinflussung. Auch nach dem x-ten Kauf wissen wir nichts über das zu kaufende einzelne Produkt, wir hegen lediglich Erwartungen. Diese zu beeinflussen ist Aufgabe des gesamten Marketing-Mix, einschließlich der Preispolitik. Auch Preise schaffen bestimmte Leistungserwartungen. Oft ist der Preis ein Qualitätsindikator.

Eine Kernaufgabe des Marketing ist die Positionierung. Die Positionierung einer Marke meint die Bildung einer Erwartung bezogen auf ganz bestimmte Produktmerkmale im Bezug auf die gleichen Erwartungen bezogen auf Konkurrenzmarken. Wir wollen das an einem einfachen Beispiel illustrieren: KFZ-Marken möge man danach beurteilen wollen, ob sie hinsichtlich der Käufererwartungen als mehr oder weniger sportlich, prestigeträchtig, wirtschaftlich oder sicher empfunden werden. Für das Marketing kommt es dann darauf an, a) festzustellen, welche Käufersegmente welche Idealvorstellungen haben und b) wie sich die eigene Marke innerhalb eines solchen Marktsegmentes im Konkurrenzvergleich eigenständig und vorteilhaft darstellen kann. Eine eigenständige Positionierung ist in vielen Bereichen des Konsumgüter-Marketing infolge der technischen Austauschbarkeit der Produkte durch eigenständige Kommunikation möglich. Wenn Produkte hinsichtlich der Sachaussagen austauschbar geworden sind, dann bedarf es eigenständiger emotionaler Kommunikation, die auf ungewöhnliche Darstellungen und Bildreize zurückgreifen kann (vgl. *Kroeber-Riel & Esch*, 2000, S. 47 ff.; sehr viele Beispiele liefert *Kroeber-Riel* 1993).

Literatur

Ajzen, I. & Fishbein, M. (eds.): Understanding attitudes and predicting social behavior. Englewood Cliffs: 1980.

Allport, F. H.: Theories of perception and the concept of structure. New York: 1955.

Assael, H.: Consumer behavior & marketing action (4th ed.). Boston: 1992.

Blake, R. R. & Ramsey, G. B. (eds.): Perception, an approach to personality. New York: 1951.

Bruner, J. S.: Personality dynamics and the process of perceiving. In Blake, R. R. & Ramsey, G. B. (eds.): Perception, an approach to personality. New York: 1951, 121-147.

Bruner, J. S.: On perceptual readiness. Psychological Review, 1957, **64**, 123-152.

Feldman, S. (ed.): Cognitive consistency. New York: 1966.

Fishbein, M.: The relationship between beliefs, attitudes, and behavior. In: Feldman, S. (ed.), Cognitive consistency. New York: 1966, 199 -223.

Fishbein, M. & Ajzen, I.: Predicting and understanding consumer behavior: Attitude-behavior correspondence. In: Ajzen, I. & Fishbein, M. (eds.): Understanding attitudes and predicting social behavior. Englewood Cliffs: 1980, 48-172.

Frey, D. & Irle, M. (Hrsg.): Theorien der Sozialpsychologie, Band I: Kognitive Theorien (2. Aufl.). Bern: 1993.

Ginter, J. L.: An experimental investigation of attitude change and choice of a new brand. Journal of Marketing Research: 1974, **11**, 30-40.

Hovland, C. I. & Rosenberg, M. J. (eds.): Attitude organization and change. Westport: 1980.

Irle, M.: Entstehung und Änderung von sozialen Einstellungen (Attitüden). In: Merz, F. (Hrsg.): Bericht über den 25. Kongreß der Deutschen Gesellschaft für Psychologie. Münster, 1966. Göttingen: 1967, 194-221.

Irle, M.: Lehrbuch der Sozialpsychologie. Göttingen, Toronto, Zürich: 1975.

Kroeber-Riel, W.: Bildkommunikation. München: 1993.

Kroeber-Riel, W. & Esch, F. R.: Strategie und Technik der Werbung (5. Aufl.). Stuttgart, Berlin, Köln: 2000.

Laczniak, R. N. & Muehling, D. D.: Toward a better understanding of the role of advertising message involvement in ad processing. Psychology & Marketing: 1993, **10**, 301-319.

Lilli, W. & Frey, D.: Die Hypothesentheorie der sozialen Wahrnehmung. In: Frey, D. & Irle, M. (Hrsg.): Theorien der Sozialpsychologie, Band I: Kognitive Theorien (2. Aufl.). Bern, Göttingen, Toronto, Seattle: 1993, 49-78.

Merz, F. (Hrsg.): Bericht über den 25. Kongreß der Deutschen Gesellschaft für Psychologie. Münster, 1966. Göttingen: 1967.

Moser, K.: Werbepsychologie. München: 1990.

Postman, L.: Toward a general theory of cognition. In: Rohrer, J. H. & Sherif, M. (eds.): Social psychology at the crossroads. New York: 1951, 242-272.

Rohrer, J. H. & Sherif, M. (eds.): Social psychology at the crossroads. New York: 1951.

Rosenberg, M. J. & Hovland, C. I.: Cognitive, affective, and behavioral components of attitudes. In Hovland, C. I. & Rosenberg, M. J. (eds.): Attitude organization and change. Westport: 1980, 1-14.

Sherif, M. & Hovland, C. I.: Social judgement. New Haven: 1961.

Sherif, C. W., Sherif, M. & Nebergall, R.: Attitude and attitude change. The social judgement-involvement approach. Philadelphia: 1965.

Trommsdorff, V.: Die Messung von Produktimages für das Marketing. Grundlagen und Operationalisierung. Köln: 1975.

Unger, F.: Marktforschung (2. Aufl.). Heidelberg: 1997.

Unger, F. & Fuchs, W.: Management der Marktkommunikation (2. Aufl.). Heidelberg: 1999.

von Cranach, M., Irle, M. & Vetter, M.: Zur Analyse des Bumerang-Effektes, Größe und Richtung der Änderung sozialer Einstellungen als Funktion ihrer Verankerung in Wertsystemen. Psychologische Forschung, 1965, **28**, 535-561.

Wells, W. D. & Prensky, D.: Consumer behavior. New York, Chichester, Brisbane: 1996.

3. Theorie sozialer Vergleiche

3.1 Theorie

Personen wären sich als isolierte Wesen hinsichtlich der Bewertung ihrer eigenen Leistungen, Fähigkeiten oder Überzeugungen extrem unsicher. Woran erkennen wir, ob unsere Fähigkeit, 100 m in 24,5 Sekunden zu laufen ziemlich gut oder ziemlich schlecht zu bewerten ist? Woran erkennen Studierende, ob die Bewertung ihrer Klausur in Psychologie mit 2,7 eine ordentliche Leistung dokumentiert oder nicht? Das Nächstliegende könnte darin gesehen werden, daß Personen das anhand ihrer eigenen Ziele entscheiden. Ziele wiederum sind der Ausdruck eines individuellen Anspruchsniveaus. Dann stellt sich aber die Frage, woraus das jeweilige Anspruchsniveau resultiert. Wann bewerten Personen welches individuelle Anspruchsniveau als angemessen? Das Bedürfnis der Menschen, eigene Fähigkeiten, Leistungen oder Überzeugungen und die damit im Zusammenhang bestehenden Anspruchsniveaus bewerten zu wollen, ist Gegenstand der Theorie soziale Vergleiche von *Festinger* (1954), einer Theorie, die trotz ihres Alters nichts an Aktualität verloren hat (vgl. *Frey, Dauenheimer, Parge & Haisch*, 1993). Diese Theorie beschreibt, welchen Mechanismen diese sozialen Vergleiche unterliegen.

Personen sind dazu motiviert, ihre eigenen Fähigkeiten und Urteile zu bewerten, dazu vergleichen sie sich mit anderen Personen. Die Motivation ergibt sich aus der realen Notwendigkeit angemessen auf Umweltsituationen und andere Personen reagieren zu können. Daraus folgt das Bedürfnis, „subjektive Gewißheit über die Korrektheit der eigenen Einschätzungen über Meinungen und Fähigkeiten zu erlangen und falsche Informationen und Kognitionen zu vermeiden. Dem Bedürfnis entspringt das Motiv, die eigenen Einschätzungen an möglichst zuverlässigen Kriterien zu überprüfen" (*Frey, Dauenheimer, Parge & Haisch*, 1993, S. 87). Personen erhalten Informationen über sich selber, indem sie ihre eigenen Leistungen, Meinungen, Einstellungen und Anspruchsniveaus mit denen anderer Personen vergleichen. Personen glauben im Recht zu sein, wenn sie feststellen, daß möglichst viele andere Personen gleich denken. *Festinger* (1954) nahm noch an, daß Personen den sozialen Vergleich insbes. dann vorziehen, wenn objektive Kriterien (also intersubjektiv nachvollziehbare Maßstäbe) nicht vorlägen. Diese Annahme wird heute nicht mehr aufrecht gehalten. Insbes. bei Attraktivität und Bedeutung von Bezugspersonen- oder Gruppen können sogar soziale Vergleiche den Vergleichen anhand sog. objektiver Kriterien vorgezogen werden (*Miller*, 1977). Während Personen beim Vergleich von Meinungen versuchen „richtige" Meinungen zu entwickeln, dient der Vergleich von Fähigkeiten mit denen anderer Personen nach Meinung von *Festinger* (1954) der Motivation zur Verbesserung der eigenen Leistungen.

Eine wesentliche Frage ist, welche Personen bzw. die Leistungen und Anspruchsniveaus welcher Personen als Maßstab herangezogen werden. Nach *Festinger* (1954) werden solche Personen als Vergleichsmaßstab herangezogen die als relevant angesehen werden und die Relevanz wiederum ergibt sich aus Ähnlichkeiten auf bestimmten Dimensionen: Alter, Berufserfahrung, Geschlecht, Herkunft, Leistungsniveau usw. Eine Person oder eine Personengruppe dient um so eher als Vergleichsmaßstab, je größer die wahrgenommene Ähnlichkeit auf den relevanten Dimensionen empfunden wird. Das gilt sowohl für den Leistungs- als auch den Meinungsvergleich. Ursprünglich wurde Ähnlichkeit beim Leistungsvergleich noch auf die Leistung selber reduziert. Danach verglichen sich Personen hinsichtlich ihrer eigenen Leistung mit solchen Personen, die ein ähnliches Leistungsniveau aufweisen wie sie selber. Spätere Untersuchungen (*Goethals & Darley*, 1977) zeigen, daß Personen weitere Eigenschaften der potentiell als Vergleichspersonen zur Verfügung stehenden Personen heranziehen, um daran zu erkennen, welche Personen als Vergleichspersonen relevant sind, natürlich aus subjektiver Sicht der betroffenen Person. Ein einfaches Beispiel demonstriert das: Scheinbar nehmen viele Menschen an, daß das Geschlecht eine solche relevante Eigenschaft ist. *Zanna, Goethals* und *Hill* (1975) zeigen, daß Personen gleichgeschlechtliche andere Personen als Vergleichsmaßstab eigener Leistung vorzogen.

Die eigene positive oder negative Selbstbeurteilung hängt davon ab, ob die Standards der Vergleichspersonen über- oder unterboten werden. Hieraus ergibt sich dann Zufriedenheit oder Unzufriedenheit. Zufriedenheit resultiert aus einer Übereinstimmung eigener Leistungen oder Überzeugungen mit den Vergleichsmaßstäben bzw. dann, wenn der Vergleichsmaßstab durch eigene Leistungen überschritten wird. Nach *Festinger* (1942) führt ein Überschreiten des Vergleichs- oder eigenen Anspruchsniveaus zu einem Anstieg und ein Unterschreiten zu einer Reduktion des eigenen Anspruchsniveaus. Extreme Abweichungen führen zu einer Suche nach anderen Vergleichspersonen oder zu einer Änderung der Vergleichsmaßstäbe.

Die möglichen Reaktionen als Folge wahrgenommener Meinungsabweichungen hängen davon ab, ob die betroffene Person sich in einer Minderheits- oder Mehrheitsposition wahrnimmt. Glaubt sich die betroffene Person selber in einer Mehrheitsposition, so wird sie versuchen durch Kommunikation abweichende Personen zu einer Meinungsänderung zu bewegen. Nimmt sie sich selber in einer Minderheitsposition wahr, so ist eher mit einer Meinungsänderung in Richtung der wahrgenommenen Mehrheitsposition zu rechnen. Beides (Kommunikation mit „Abweichern" oder Meinungsänderung in Richtung der Mehrheitsposition) wird um so intensiver erfolgen, je attraktiver eine Gruppe (innerhalb derer der Vergleich stattfindet) und/ oder je relevanter der Meinungsgegenstand wahrgenommen wird (diese und weitere Aussagen finden sich bei *Irle*, 1993, S. 42-46).

a) Gruppenvergleiche

Vergleiche finden innerhalb von Gruppen statt (Intragruppenvergleich) oder zwischen Gruppen (Intergruppenvergleich). Bezugsgruppen sind die für den Vergleich relevanten Gruppen. Bezugspersonen oder -gruppen sind um so wichtiger und der Vergleich mit anderen Personen wird um so eher gesucht, je weniger Personen die Möglichkeit haben, andere als soziale Kriterien heranzuziehen, sog. „objektive" Kriterien. Dann liefern soziale Vergleiche Standards für das eigene Verhalten, eigene Meinungen, Einstellungen oder Werte. Auch die Wahl von Bezugsgruppen erfolgt aufgrund ähnlich normativer Auffassungen, Einstellungen, Fähigkeiten oder Kaufkraft. Bezugsgruppen werden, wie Einzelpersonen, durch wahrgenommene Ähnlichkeit attraktiv. Attraktive Bezugsgruppen weisen möglicherweise ein wünschenswertes Maß an Erfahrung, an Glaubwürdigkeit, Macht oder Statussymbolen auf. Ähnlichkeit bedeutet nicht, daß Mitglieder/innen von Bezugsgruppen generell ein hohes Ähnlichkeitsmaß aufweisen. Entscheidend ist Ähnlichkeit mit als relevant eingestuften Vergleichsdimensionen.

Es gibt auch negative Bezugsgruppen. Das sind solche Gruppen, deren jeweils beachtete Standards abgelehnt werden. Sie setzen ebenso Normen wie attraktive, positive Bezugsgruppen, jedoch in die umgekehrte Richtung. Es ist auch denkbar, daß Gruppen, deren Mitglied die jeweilige Person ist als negative Bezugsgruppe fungieren, nämlich dann, wenn die Mitgliedsgruppe negativ beurteilt wird. Normalerweise wird eine Person allerdings versuchen, dann aus der Gruppe auszuscheiden. Nicht immer ist das möglich, denken wir beispielsweise an jugendliche Konsumenten, die sich im Konsum bewußt von den Normen ihrer Familie abheben wollen. Dann kann die Möglichkeit, im Konsum abweichendes Verhalten zu zeigen sogar den Konflikt ungewünschter Mitgliedschaft mildern. Jugendliche Konsumenten/innen heben sich sehr häufig bewußt von den Konsumgewohnheiten der Eltern ab.

Wir können diese Aussagen danach systematisieren, ob eine Person Mitglied einer Gruppe ist oder nicht, ob sie die Mitgliedschaft akzeptiert oder nicht, bzw. ob sie gerne Mitglied wäre oder nicht. Mitgliedschaftsgruppen können anhand folgender Merkmale beschrieben werden: Kontaktintensität (wir unterscheiden Sekundärgruppen mit geringer Kontaktintensität und Primärgruppen mit starker Kontaktintensität), Bedeutung der Mitgliedschaft für die jeweilige Person. Ferner unterscheiden wir formale und informale Gruppen. Das läßt sich anhand der Darstellung 3-1 von *Assael* (1992, S. 404) darstellen.

Symbolische Mitgliedsgruppen sind solche Gruppen, deren Mitglied die Person niemals werden wird und das auch nicht anstrebt, die aber in bestimmter Hinsicht als Vorbild dienen können. Hier sind in besonderem Maße Leitfiguren aus Sport, Kultur und Unterhaltung relevant.

Ferner wird zwischen „komparativen" und „normativen" Bezugsgruppen unterschieden (*Kelley*, 1952). Komparative Gruppen dienen lediglich dem persönlichen Vergleich. Normative Gruppen können anhand der erfolgten Vergleiche auch das Wertesystem der Person verändern und haben damit stärkeren Einfluß auf die Verhaltensweisen der Person.

b) Folgen wahrgenommener Leistungs- und Meinungsdiskrepanzen

Personen können ihre Meinung der Mehrheit anpassen oder versuchen, ihr Leistungsniveau dem der Vergleichspersonen anzupassen. Sie können aber auch die Vergleichspersonen wechseln, sie können Vergleichsdimensionen verändern, den Vergleich vermeiden oder die Vergleichspersonen abwerten bzw. als nicht relevant einstufen. Sie werden dabei diejenige Strategie wählen, die ihnen kognitiv am leichtesten fällt.

In Arbeitsgruppen können „Abweichler" aus der Gruppe ausgeschlossen werden (wenigstens emotional), bzw. können die Gruppe selber verlassen. Ein Ausschluß durch die Gruppe ist um so eher zu erwarten, um so größer die Diskrepanz zum Gruppenstandard ist, je weniger attraktiv die in Betracht kommende Person für die Gruppe ist und in um so stärkerem Maße sich die Gruppe durch die abweichende Person in ihrer Identität bedroht fühlt (*Frey, Dauenheimer, Parge & Haisch*, 1993, S. 115). Die Gruppe kann sich bei „nach unten" abweichendem Leistungsniveau dadurch bedroht sehen, daß ihr Ansehen in der Organisation sinkt und Gruppenziele nicht erreicht werden. Bei „nach oben" abweichender Leistung kann die Gruppe das Gruppenklima bedroht sehen. Eine abweichende Person wird sich um so eher bemühen, den Gruppenstandards gerecht zu werden, um so attraktiver für sie die Gruppenmitgliedschaft ist, um so schwerer andere Alternativen zur Verfügung stehen und um so eher sie sich dem Gruppenstandard anpassen kann, ohne ihr eigenes Selbstwertgefühl in Frage stellen zu müssen.

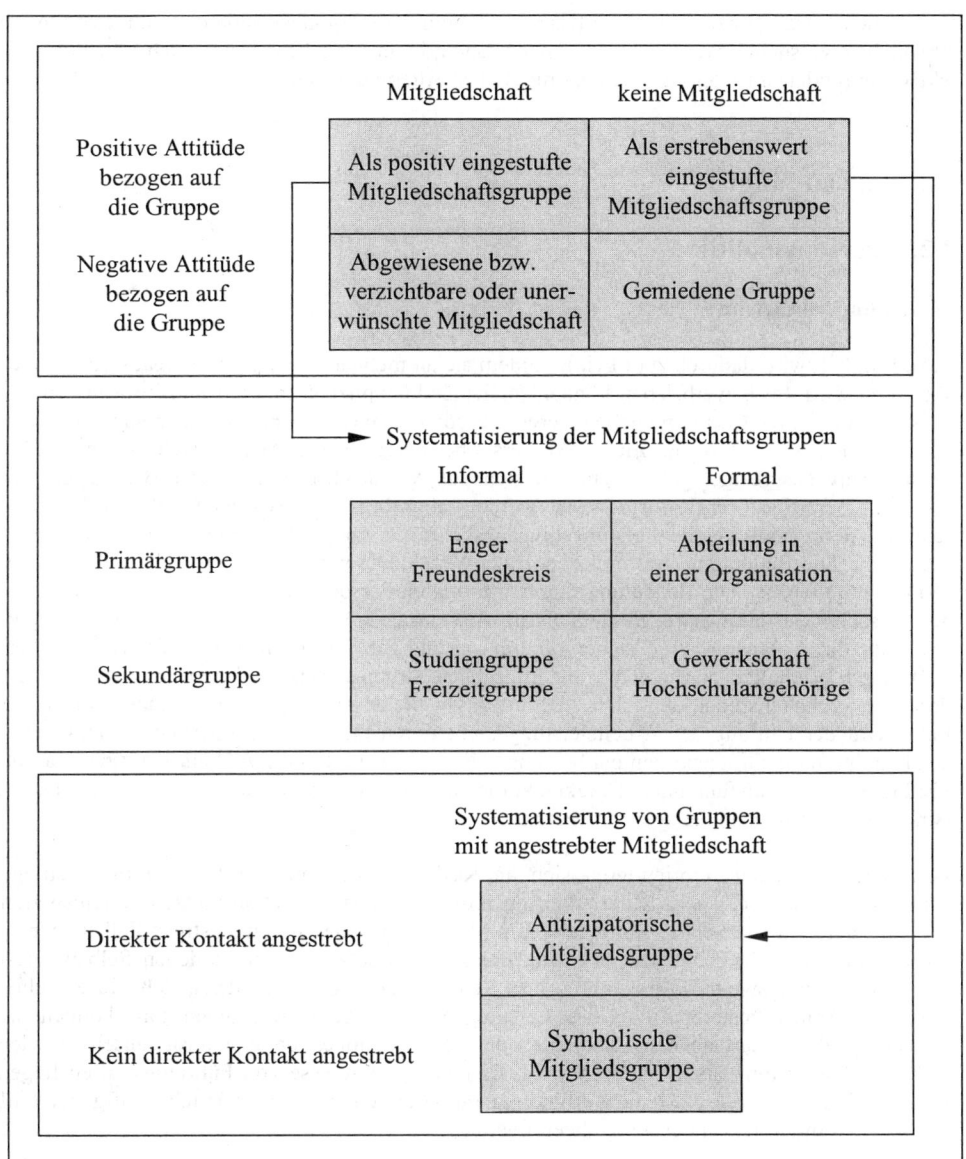

Abb. 3-1: Systematisierung von Bezugsgruppen (*Assael*, 1992, S. 404).

Ob versucht wird, Abweichler durch Kommunikation dem Gruppenstandard zu unterwerfen, ob Abweichler versuchen werden, die Gruppenstandards zu erreichen, hängt auch von den subjektiv empfundenen Erfolgschancen der möglichen Alternativen ab.

3.2 Anwendungen

3.2.1 Personalpolitik

a) Leistungsvergleiche

Eine Tätigkeit wird dadurch zum Erfolg, indem sie an meßbaren Anspruchsniveaus oder Zielen gemessen wird. Im Erwerbsleben können solche Ziele explizit formuliert und im Rahmen von Leistungsanreizsystemen vorgegeben werden. Wenn dies nicht der Fall ist, dann suchen Arbeitnehmer/innen selber solche Ziele. Als erstrebenswert anzustrebende Ziele können dann Leistungsniveaus festgelegt werden, die sich aus Vergleichsprozessen mit Bezugspersonen ergeben. Derartige Vergleichsprozesse werden allerdings nur zwischen solchen Personen relevant, deren individuelle Leistungsniveaus keine als zu groß empfundenen Unterschiede aufweisen. Die Bedeutung informaler, sozialer Vergleiche wurde schon von *Kosiol* (1966, S. 99) hervorgehoben: „Die Bedeutung dieser informalen Personenzusammenhänge für den organisatorischen Gestaltungsprozeß liegt darin, daß das Handeln der einzelnen Aufgabenträger nicht nur durch Anweisungen seiner für ihn zuständigen Instanzen beeinflußt wird, sondern auch durch Verhaltensnormen, die die informalen Gruppen setzen, denen er angehört. Eine derartige Verhaltensregel kann sich z.B. auf das tägliche Arbeitspensum beziehen. In diesem Falle wird der Umfang der Arbeitsleistung nicht durch die geistig-körperlichen Fähigkeiten, sondern durch die Gruppenmeinung bestimmt. Es wird weiterhin die Ansicht vertreten, daß bei der Mehrzahl der ausführenden Tätigkeiten die Bindung an Gruppennormen stärker ist, als die Bindung an die Weisungen des Vorgesetzten."

Das bedeutet, Personen orientieren sich an Kollegen/innen mit vergleichbarem Leistungsstandard. Leistungsschwache Mitarbeiter/innen orientieren sich nicht an Spitzenkräften sondern im günstigen Fall an leicht leistungsstärkeren Mitarbeiter/innen, im ungünstigen Fall suchen sie sogar noch schwächere Mitarbeiter/innen, um so ihren subjektiv empfundenen Selbstwert zu erhalten. Leistungswettbewerbe führen also keineswegs automatisch dazu, daß die einzelnen Mitarbeiter/innen bestrebt sind, ihre Leistungen zu steigern. Auf jeden Fall können wir annehmen, daß innerhalb der Mitarbeiterschaft Informationen darüber ausgetauscht werden, was einzelne zu tun haben und was nicht. Es kann im Interesse von Führungskräften liegen, durch „offizielle" Ziele, z.B. in Verbindung mit Prämien (wie im Vertrieb häufig der Fall) derartige Normierungstendenzen zu beeinflussen.

Insbes. bei den im Vertrieb häufig vorzufindenden Provisionssystemen spielen soziale Vergleiche eine wesentliche Rolle. Die Praktikerannahme, daß Provisionssteuerung den Vorteil eines „nach oben unbegrenzten" Leistungsanreizes aufweise und sich dadurch positiv von der Prämie unterscheide, die eine durch die Prämienziele ausgelöste Leistungsobergrenze beinhalte, wird so widerlegt. Bei Provision gibt es zwar keine explizit dargelegten Leistungsziele. Diese entstehen aber durch das Bedürfnis der Menschen, die eigene Leistung zu beurteilen. Ferner erlangen Menschen Zufriedenheit durch eigenes, erfolgreiches Tun (*Scherhorn*, 1992, S. 27). Leistungsbeurteilung und Erfolgswahrnehmung setzen Ziele voraus, die wenn nicht explizit vorgegeben, durch soziale Vergleiche gebildet werden. Gerade im Verkauf, wo eine starke Unsicherheit besteht bezüglich dessen, was zu leisten ist, wird der einzelne darauf angewiesen sein, seine individuelle Unsicherheit zu beseitigen. Das geschieht durch besagte (soziale) Leistungsvergleiche. Die so entstehenden Ziele dürften wenigstens so verbindlich sein, wie „offiziell" vorgegebenen Ziele. Die so entstehenden Leistungsgrenzen haben jedoch aus der Sicht des Managements den Nachteil, daß sie die Folge von nicht immer vorherzusehenden sozialen Mechanismen sind, die im Resultat nur zufällig mit den strategischen Zielen übereinstimmen werden. Aus Marketing-strategischen Gründen scheint es daher effektiv, Ziele explizit vorzugeben.

Auch Arbeitsgruppen stellen naheliegende Anwendungsbeispiele für die Theorie sozialer Vergleichsprozesse dar. Wir können dabei an Verkaufsteams im Vertrieb denken, wobei mehrere Vertriebskräfte in einem gemeinsamen Verkaufsgebiet tätig sind. Auch in der Produktion sind solche Arbeitsgruppen denkbar. In Gruppen bei denen die Mitgliedschaft und Akzeptanz für die einzelnen Mitglieder von hoher Bedeutung ist, besteht ein relativ hoher Druck zu konformen Urteilen bzw. zu übereinstimmenden Leistungsniveaus. Hohe Gruppenkohäsion führt zur Minimierung der Leistungsunterschiede innerhalb der Gruppe. Auf welchem Niveau diese Leistungsniveaus liegen, hängt von den Leistungszielen der Mehrheit der Gruppenmitglieder oder von den Leistungszielen der Personen ab, die als Vergleichspersonen von der Mehrheit der Mitglieder herangezogen werden. Wenn sich in Gruppen mit hohem Konformitätsdruck die Meinungen der Personen angleichen, dann ist damit noch keineswegs gesagt, daß sich tatsächlich die Meinungen ändern. Es ist durchaus denkbar, und experimentell gezeigt, daß sich lediglich die geäußerten Urteile, nicht aber die tatsächlichen Urteile der vorherrschenden Gruppenmeinung anpassen. Das wurde von *Upmeyer* (1971) mit Hilfe der Signal-Entdeckungs-Theory gezeigt (vgl. zu dieser Theorie beispielsweise *Zimbardo* und *Gerrig*, 1999, S. 105 u. 106).

Im Vertrieb werden oft Leistungswettbewerbe zwischen den Verkaufsgruppen veranstaltet. Dabei überschätzen die Führungskräfte im Vertrieb jedoch oft die motivierende Wirkung der Gruppen mit höchstem Leistungsniveau. Leistungsschwächere Gruppen werden sich bestenfalls mit denjenigen Gruppen vergleichen, die nicht zu weit oberhalb des eigenen Leistungsniveaus liegen, keinesfalls an den Gruppen mit höchstem Leistungsniveau. Gleiches gilt, wenn derartige Wettbewerbe zwischen einzelnen Personen im Vertrieb durchgeführt werden.

Es ist wenig erfolgversprechend, Spitzenleistungen von Gruppen oder Einzelpersonen als Vorbildleistung für alle anderen Personen herauszustellen. Das notwendige Eingeständnis der leistungsschwächeren Personen, mögliche Leistungsstandards nicht realisiert zu haben, führt zu erheblicher Bedrohung des Selbstwertes. Dem kann dadurch entgegengetreten werden, daß die Spitzenleistung als nicht relevant empfunden wird. Besonderheiten im dortigen Verkaufsgebiet, besondere Kundenstrukturen, geringere Konkurrenz etc. werden von leistungsschwächeren Personen als Erklärung für die offensichtlichen Leistungsdefizite herangezogen. Derartiges ist insbes. bei leistungsorientierten Personen zu erwarten, da deren Selbstwert bei wahrgenommenen Leistungsdefiziten stärker gefährdet sein dürfte, als es bei weniger leistungsorientierten Personen der Fall ist. Alleine schon der Versuch, das herausgestellte hohe Leistungsniveau in Zukunft doch zu realisieren, ist mit der Einsicht verbunden, in der Vergangenheit versagt zu haben, mit allen negativen Folgen für das Selbstwertempfinden. Psychologisch ist es leichter, den Vergleich als nicht relevant einzustufen, was aber dazu führen muß, die „Vorbildfunktion" zu verhindern. Danach dürften nur solche Leistungen als Vorbild vorgestellt werden, die sich nicht zu sehr von dem Leistungsniveau der Personen unterscheiden, die zu höherer Leistung motiviert werden sollen.

Einen anderen Weg zeigt die Theorie über Konvergenz und Divergenz in Gruppen auf (*Irle*, 1993, S. 42-45). Danach kann versucht werden, zu verdeutlichen, daß die Mehrheit relevanter Vergleichspersonen bereits das gewünschte Leistungsverhalten zeigt oder bestimmte Leistungsziele bereits erreicht hat. Dann fällt es den Leistungsschwächeren schwerer, den Leistungsvergleich zu vermeiden.

Es läßt sich zusammenfassend festhalten, daß die Mitarbeiter/innen in Vertrieb oder Produktion durch Vergleichsprozesse Verhaltensnormen entwickeln. Diese Normen dienen dazu, Leistungsstandards festzulegen. So reduzieren Mitarbeiter/innen bestehende Unsicherheiten über zu erreichende Leistungsresultate.

b) Einkommensvergleiche

Wenn wir Leistungsniveaus als Anwendungsbeispiele darstellen, dann ist der Schritt zu Einkommensniveaus naheliegend. Es ist nicht die objektive Gehaltshöhe als absolute Größe verhaltensrelevant, sondern die subjektiv wahrgenommene Einkommenshöhe in Relation zu den Einkommen von Bezugspersonen, die entsprechend der Theorie sozialer Vergleichsprozesse ausgewählt werden. Bei Einkommensvergleichen werden Berufserfahrung, Alter, Vorbildung und wahrgenommenes Leistungsniveau herangezogen. Wir können davon ausgehen, daß Personen dann mit ihrer Einkommenssituation zufrieden sind, wenn sie mit Personen, die auf diesen Dimensionen als ähnlich eingestuft werden, auch ein ähnliches Einkommensniveau teilen.

Wenn eine Person bei anderen Personen, die aufgrund obiger Dimensionen als Vergleichsmaßstab herangezogen werden, ein höheres Einkommen feststellt, so kann das nicht nur Unzufriedenheit auslösen, sondern auch das Selbstwertgefühl der betroffenen Person bedrohen. Da Selbstwertbedrohungen immer als unangenehm empfunden werden, wäre die Person zunächst dazu veranlaßt, die Vergleichsmaßstäbe umzubewerten, möglicherweise doch andere Vergleichspersonen heranzuziehen, vielleicht das Leistungsniveau „nach unten anzupassen". Diese Strategien sind dazu geeignet, wahrgenommene „Ungerechtigkeiten" in beschränktem Maße zu verarbeiten. Darüber hinaus ist aber mit permanenter Unzufriedenheit zu rechnen.

3.2.2 Konsum und Marktkommunikation

Einzelne Konsumenten sind in vielerlei Aspekten als Individuen unsicher: Geschmackliche, mengenmäßige, wertmäßige, qualitative und sachliche Komponenten des Konsums sind Ursachen individueller Unsicherheit. Welches sind „schöne" Produkte, welche Menge an Konsum ist angemessen, was ist das „richtige" Maß an Konsum in mengenmäßiger Hinsicht, welches sind angemessene Qualitätsmaßstäbe und welche Produkte sind überhaupt angemessen? Die

Antworten auf diese Fragen liefert häufig der Vergleich mit anderen Personen, Gruppen oder Konsumschichten.

In diesem Zusammenhang spielen Gruppen eine große Rolle. Konsumrelevante Gruppen können Familien, Freundschaftsgruppen, formale soziale Gruppen wie Vereine oder Arbeitsgruppen sein. Einzelne Personen sind Mitglieder verschiedener Gruppen und vergleichen sich mit Mitgliedern verschiedener Gruppen, auch solche Gruppen, deren Mitglieder sie nicht selber sind (Bezugsgruppen). Eine Bezugsgruppe ist eine jede Gruppe, die als Vergleichsmaßstab einer Person bei der Bildung spezifischer oder allgemeiner Werte, Einstellungen oder Verhaltensweisen dient.

Bezugsgruppeneinfluß ist für den Konsum besonders dann von Bedeutung, wenn dieser nach außen sichtbar ist, und für die Beurteilung einer Person besonders relevant ist. Das gilt z.B. für Luxusgüter, Modeprodukte, PKW`s oder Kosmetikprodukte aber auch für Genußprodukte. Andererseits können auch beim Konsum anderer Produkte individuell große Unsicherheiten bestehen, die durch den Vergleich des Konsums anderer Personen, so erkennbar, gemildert werden können. In solchen Fällen kann es möglicherweise die Aufgabe der Marktkommunikation sein, derartige Vergleiche zu ermöglichen.

Beispiele dafür liefern Produkte im Zusammenhang mit Altersinkontinenz, oder sozial nicht stark akzeptierte Produkte wie alkoholfreies Bier oder koffeinfreier Kaffee. Die Durchsetzung von Produkten, die bei Altersinkontinenz angewandt werden können, erfolgt u. a. dadurch, daß diese Produkte als eine Selbstverständlichkeit innerhalb einer bestimmten Altersgruppe dargestellt wurden. Koffeinfreier Kaffee (Haag) wird beworben, indem ein attraktives relativ junges Paar Kaffee trinkt. Dadurch sollen einmal Erwartungshaltungen geändert werden (vgl. Kap. 2.4). Ebenso wichtig ist aber auch die Darstellung von relativ jungen, sportlichen, attraktiven Personen, die Kaffee Haag trinken. Auch alkoholfreies Bier muß zunächst sozial akzeptiert werden. Die Werbung für den Marktführer bei alkoholfreien Bieren Clausthaler setzt allerdings mehr bei der Aussage an, daß Clausthaler „alles hat, was ein Bier braucht", also mehr an den Produkteigenschaften selber. Der Werbespot im TV ist eher als Situationskomik aufgebaut.

In der Marktkommunikation kann versucht werden, bestehende Rollenstrukturen zu berücksichtigen, die in den Gruppen existieren, deren Mitglied die Personen der Zielgruppe sind. Rollen sind die Erwartungen von denen eine Person glaubt, daß sie von ihrer relevanten Umwelt an sie gerichtet werden. Personen versuchen diesen Erwartungen gerecht zu werden. Das sind die Rollen, die eine Person in der Gesellschaft einnimmt. Es kann nun versucht werden, den Konsum bestimmter Produkte in diese Erwartungen einfließen zu lassen. Personen sollen annehmen, daß ihre relevante Umwelt von ihnen den Konsum bestimmter Produkte erwartet. Produkte sollen so in bestimmten Konsummilieus selbstverständlich gemacht werden.

Ferner besteht die Möglichkeit, in der Marktkommunikation Hinweise auf das Verhalten von Bezugsgruppen aufzunehmen. Die Werbung mit Stars aus Sport und Show dient dazu symbolische Mitgliedsgruppen zu nutzen.

Sollen Produkte „etwas ganz besonderes sein", dann kann es vorteilhaft sein, sie als Konsumartikel in symbolischen Mitgliedsgruppen herauszustellen. Durch den Konsum derartiger

Produkte wird die Erwartung genährt, „symbolisch" dazuzugehören. Entscheidend für den Erfolg derartiger Vorgehensweisen ist, mit wem sich die Personen der Zielgruppe vergleichen, bzw. welche Personen aus den symbolischen Mitgliedschaftsgruppen als Leitfiguren verwendet werden können. In diesem Zusammenhang spielt das „Product Placement", also die Plazierung von Markenartikel in Spielfilmen, Serien, Videoclips, etc. eine große Rolle.

Marktkommunikation kann Erwartungen an das Verhalten innerhalb von Gruppen realisieren, Produkte innerhalb ausgewählter Konsummillieus zur Selbstverständlichkeit avancieren lassen, Hinweise auf soziale Akzeptanz, Belohnung oder Bestrafung innerhalb von Gruppen liefern. Ferner kann die Bedeutung normengerechten Verhaltens hervorgehoben werden.

Soll eine Verhaltensänderung ausgelöst werden, so ist es möglich unter Anwendung gruppentheoretischer Aussagen (*Irle*, 1993, S. 42-45), den Eindruck zu erwecken, daß die Mehrheit von Bezugspersonen das (aus Marketingsicht) gewünschte Verhalten bereits zeigt. Ferner müßte eine große Bedeutung des betreffenden Verhaltens suggeriert werden.

3.2.3 Der Einsatz von Personen in der Marktkommunikation

Personen gelten als attraktiv, wenn sie auf jeweils relevanten Beurteilungsdimensionen eine ausreichende Ähnlichkeit aufweisen.

In der Marktkommunikation spielen Personen als Kommunikatoren oder als Gestaltungselemente in der Werbung eine Rolle. Dabei können Personen entweder als Leitfiguren aus der Zielgruppe oder als „idealisierte" Personen eingesetzt werden. Wenn Personen die Zielgruppe darstellen sollen, dann ist eine ausreichende Ähnlichkeit selbstverständlich. Personen, die als Repräsentanten der Zielgruppe eingesetzt werden, dürfen sich zwar etwas „nach oben" als Leitfiguren von der Zielgruppe abheben, müssen aber noch als ähnlich oder erreichbar beurteilt werden.

Interessant ist der Einsatz von Stars aus Sport und Unterhaltung. Diese Personen unterscheiden sich in ihrem realen Konsumverhalten in der Regel stark von dem der jeweiligen Zielgruppe. Auch als Referenzpersonen dürfte dieser Personenkreis kaum geeignet sein, weil er sich auf den Einkommens- und Konsumniveaus üblicherweise zu stark von der Zielgruppe unterscheidet. Es kommt daher bei der Auswahl der Stars darauf an, daß diese - trotz bestehender Unterschiede - auf ganz bestimmten Persönlichkeitseigenschaften noch eine angemessene Nähe zur Zielgruppe aufweisen. Werbeerfolge mit Tennisstars wie Boris Becker oder Stephanie Graf waren vermutlich darauf zurückzuführen, daß beide von großen Teilen der Bevölkerung als relativ „volksnah" beurteilt worden sind. Einem vergleichbaren Sportstar scheint das nicht gelungen zu sein: Michael Schumacher weist als Werbefigur durchaus noch Popularitätsprobleme auf (2000). Immer dann, wenn es auf die Sympathie gegenüber Personen in der Werbung ankommt, und das ist insbes. bei weniger bedeutsamen Produkten des täglichen Bedarfs von sehr großer Bedeutung, ist Ähnlichkeit auf bestimmten Persönlichkeitsdimensionen wichtig. Soll Produktkompetenz kommuniziert werden, ist das weniger bedeutsam.

Unter den genannten Gesichtspunkten ist der Einsatz von optisch besonders auffälligen („schönen") Personen in der Kosmetik- oder Modebranche durchaus diskussionsfähig. Es kann darüber nachgedacht werden, solche Personen einzusetzen, die sich physiologisch weniger stark von der Zielgruppe unterscheiden, als es derzeit üblich ist.

3.2.4 Zusammenfassende Bemerkungen

Ganz allgemein ist festzuhalten, daß Versuche, Meinungen oder Verhaltensweisen zu ändern, unter Anwendung der Theorie sozialer Vergleichsprozesse so gestaltet sein können, daß sie die Anpassung von Meinungen oder Verhaltensweisen als die kognitiv am ehesten zu bewerkstelligende Strategie für die zu beeinflussenden Personen herausstellt. Die Relevanz der Bezugspersonen oder -gruppen kann als besonders gesellschaftlich üblich herausgestellt werden, so daß eine Abwertung der Bezugspersonen oder -gruppen schwer fällt, ebenso eine Vermeidung des Vergleichs oder ein Ausweichen auf andere Vergleichsdimensionen. Da die Wahl der Verhaltensstrategien bei wahrgenommenen Diskrepanzen auch von den subjektiv empfundenen Erfolgschancen abhängt, besteht auch die Möglichkeit im Rahmen von Marketingmaßnahmen oder von Maßnahmen im Rahmen der Personalpolitik, diese Erfolgswahrscheinlichkeiten wunschgemäß zu kommunizieren.

Ganz allgemein kann davon ausgegangen werden, daß Personen tendenziell diejenige Verhaltensstrategie bevorzugen werden, die es ihnen erlaubt, ihr Selbstwertgefühl zu wahren oder zu steigern (vgl. *Stahlberg, Osnabrügge & Frey*, 1993. Entsprechendes kann in Konzepten des Marketing oder der Personalführung berücksichtigt werden.

Personen suchen ferner nach Informationen, die sie annehmen lassen können, ihre Umwelt vorhersagen und strukturieren zu können und sich selber dazu als hinreichend kompetent einschätzen zu können (vgl. *Osnabrügge, Stahlberg & Frey*, 1993; *White*, 1959). Aussagen bekannter und akzeptierter Persönlichkeiten des öffentlichen Lebens können dazu in der Marktkommunikation entsprechende Beiträge leisten.

Literatur

Assael, H.: Consumer behavior and marketing action (4th ed.). Boston: 1992.

Festinger, L.: Wish, expectation, and group standards as factors influencing level of aspiration. Journal of Abnormal and Social Psychology, 1942, **37**, 184-200.

Festinger, L.: A theory of social comparison processes. Human Relations, 1954, **7**, 117-140.

Frey, D., Dauenheimer, D., Parge, O. & Haisch, J.: Die Theorie sozialer Vergleichsprozesse. In: Frey, D. & Irle, M. (Hrsg.): Theorien der Sozialpsychologie, Band I: Kognitive Theorien (2. Aufl.). Bern: 1993, 81-121.

Frey, D. & Irle, M. (Hrsg.): Theorien der Sozialpsychologie, Band I: Kognitive Theorien (2. Aufl.). Bern: 1993.

Frey, D. & Irle, M. (Hrsg.): Theorien der Sozialpsychologie, Band II: Gruppen- und Lerntheorien (2. Aufl.). Bern, Göttingen, Toronto, Seattle: 1993.

Goethals, G. R. & Darley, J. M.: Social comparison theory: An attributional approach. In: Suls, J. M. & Miller, R. L. (eds.): Social comparison processes: Theoretical and empirical perspectives. Washington: 1977, 259-278.

Irle, M.: Konvergenz und Divergenz in Gruppen. In Frey, D. & Irle, M. (Hrsg.): Theorien der Sozialpsychologie, Band II: Gruppen- und Lerntheorien (2 Aufl.). Bern, Göttingen, Toronto, Seattle: 1993, 39-64.

Kelley, H. H.: Two functions of reference groups. In: Swanson, G. E., Newcomb, T. M. & Hartley, E. L. (eds.): Readings in social psychology (2nd ed.). New York: 1952, 410-414.

Kosiol, E.: Die Unternehmung als wirtschaftliches Aktionszentrum. Reinbek bei Hamburg: 1966.

Miller, R. L.: Preference for social vs. non-social comparison as a means of self-evaluation. Journal of Personality, 1977, **45**, 343-355.

Osnabrügge, G.; Stahlberg, D. & Frey, D.: Die Theorie der kognitiven Kontrolle. In: Frey, D. & Irle, M. (Hrsg.): Theorien der Sozialpsychologien, III: Motivations- und Informationsverarbeitungstheorien (2. Aufl.). Bern, Göttingen, Toronto, Seattle: 1993, 127-172.

Scherhorn, G.: Kritik des Zusatznutzens. Thexis, 1992, **9**, 2, 24-28.

Stahlberg; D., Osnabrügge, G. & Frey, D.: Die Theorie des Selbstwertschutzes und der Selbstwertkontrolle. In: Frey, D. & Irle, M. (Hrsg.): Theorien der Sozialpsychologien, III: Motivations- und Informationsverarbeitungstheorien (2. Aufl.). Bern, Göttingen, Toronto, Seattle: 1993, 79-124.

Suls, J. M. & Miller, R. L. (eds.): Social comparison processes: Theoretical and empirical perspectives. Washington: 1977.

Swanson, G. E., Newcomb, T. M. & Hartley, E. L. (eds.): Readings in social psychology (2nd ed.). New York: 1952.

Upmeyer, A.: Social perception and signal detectability theory: Group influence on discrimination and usage of scale. Psychologische Forschung, 1971, **34**, 283-294.

White, R. W.: Motivation reconsidered. The concept of competence. Psychological Review, 1959, **66**, 297-333.

Zanna, M., Goethals, G. & Hill, J: Evaluating a sex-related ability: Social comparison with similar others and standard setters. Journal of Experimental Social Psychology, 1975, **11**, 86-93.

Zimbardo, P. G. & Gerrig, R. J.: Psychology and life (15th ed.). New York, Reading, Menlo Park: 1999.

4. Die Theorie kognitiver Dissonanz

4.1 Theorie

4.1.1 Der Ansatz von *Festinger* (1957)

Die Theorie der kognitiven Dissonanz ist eine Konsistenztheorie. Darunter wird eine Klasse von Theorien verstanden die das Streben der Menschen nach Widerspruchsfreiheit erklären. Menschen empfinden Spannungen unterschiedlichster Art als unangenehm, verbunden mit dem Bedürfnis diese Spannung abzubauen. Die Theorie kognitiver Dissonanz ist eine „kognitive Konsistenztheorie", da es hier um Widersprüche zwischen Kognitionen geht und das Bedürfnis, kognitive Konsistenz herzustellen. Diese Theorie geht ursprünglich auf *Festinger* (1957) zurück, der Kognitionen als Ausgangspunkt der Dissonanztheorie wie folgt definiert: „By the term cognition ... I mean any knowledge, opinion, or belief about the environment, about onself, or about one`s behavior" (ebenda, S. 3). Kognitionen sind also alle Wünsche, Annahmen, Kenntnisse, Erinnerungen, wahrgenommenes eigenes Verhalten und die wahrgenommenen Folgen eigener Verhaltensweisen, ebenso aber auch Annahmen über andere Personen und deren Verhaltensweisen sowie empfundene Beziehungen zu anderen Personen. Die Menge aller Kognitionen einer Person bildet ihr kognitives System. Das bedeutet, daß zwischen vielen Kognitionen mehr oder weniger vielfältige und intensive Beziehungen bestehen. So besteht beispielsweise eine enge Beziehung zwischen möglichen Kognitionen, die das Streben nach Gesundheit betreffen und der Einnahme bestimmter Medikamente. Keine kognitive Beziehung besteht hingegen zwischen Präferenz gegenüber bestimmten Weinsorten und der soeben erfahrenen Lufttemperatur in Moskau. Empfundene kognitive Dissonanz führt zu Aktivitäten, die dahin gerichtet sind, Dissonanz zu reduzieren, ebenso, wie Menschen das Bedürfnis haben, empfundenen Hunger zu reduzieren.

Kognitive Dissonanz entsteht immer dann, wenn eine Person zwischen zwei wahrgenommenen Kognitionen einen Widerspruch empfindet, d.h. wenn psychologisch aus den Annahmen einer Kognition das Gegenteil einer anderen Kognition folgt. Eine Voraussetzung zur Wahrnehmung kognitiver Dissonanz ist eine empfundene Relevanzbeziehung zwischen den beteiligten Kognitionen, denn nicht zwischen allen Kognitionen bestehen Beziehungen, wie obiges Beispiel zeigt. Das vielleicht bekannteste Beispiel für das Entstehen kognitiver Dissonanz ist ein Raucher, der die Information erhält, daß das Rauchen gesundheitsschädliche Folgen hat, dieser jedoch gleichzeitig den Wunsch nach persönlicher Gesundheit verfolgt.

Kognitive Dissonanz nach Handlungen

Die Theorie kognitiver Dissonanz nach *Festinger* (1957) bezieht sich auf das Entstehen kognitiver Dissonanz nach Handlungen und dem anschließenden Informationsbeschaffungs- und verarbeitungsverhalten, das durch die Motivation zum Abbau dieser Dissonanz gekennzeichnet ist. Nach *Festinger* (1957) **befindet sich eine Person vor einer Entscheidung bzw. Handlung in einem Konflikt** (zwischen Alternativen wählen zu müssen), **danach im Zustand kognitiver Dissonanz** (die gewählte Alternative rechtfertigen zu müssen). Alle Entscheidungen (und daraus folgende Handlungen, z.B. dem Kauf eines Produktes, dem Abschluß eines Vertrages) haben neben den erwünschten, beabsichtigten Folgen auch unerwünschte Folgen. Die Aussage, daß wirklich alle Entscheidungen und Handlungen auch negative Aspekte aufweisen mag nicht sofort einleuchten. Diese unerwünschten Folgen stehen auf jeden Fall im Widerspruch zur Entscheidung und zur entsprechenden Handlung. Deren Wahrnehmung löst also kognitive Dissonanz aus.

Es sei im folgenden erläutert, warum wirklich alle Entscheidungen und die daraus folgenden Handlungen neben erwünschten auch unerwünschten Folgen aufweisen. Nehmen wir an, daß eine Person zwischen zwei Alternativen zu wählen habe. Beide Alternativen mögen spezifische Vor- und Nachteile aufweisen. Die spezifischen Nachteile und die entgangenen spezifischen Vorteile der abgelehnten Alternative sind die Nachteile der gewählten Alternative. Nehmen wir an, daß eine Alternative alle Vorteile einer anderen auch aufweise und/ oder einige Nachteile weniger, aber alle Vorteile und daß dazu einige spezifische Vorteile kommen. Wo liegen dann die unerwünschten Folgen? Zumindest wird durch eine Entscheidung ein vorher noch vorhandener Entscheidungsspielraum eingeengt. Mögliche andere Entscheidungen sind nicht mehr ohne weiteres möglich, wenigstens wäre die vorangegangene Entscheidung rückgängig zu machen. So wird die Aussage, daß alle Entscheidungen auch unerwünschte Folgen aufweisen, untermauert. Bisher haben wir lediglich die erwarteten Folgen von Handlungen bedacht. Dazu kommen auch unerwartete Folgen. Soweit diese unerwünscht sind, kann bei deren Auftreten mit zusätzlicher Wahrnehmung kognitiver Dissonanz gerechnet werden. In der Phase direkt nach der Handlung nehmen Personen offensichtlich die negativen Aspekte dieser Handlung besonders intensiv wahr und bewerten sie höher. Gleichzeitig können die erwünschten Aspekte sogar kurzfristig abgewertet werden. Kurz nach der Handlung (als Vollzug der vorangegangenen Entscheidung) empfinden Personen eine solche Phase des Bedauerns nach Entscheidung (postdecision regret, *Festinger*, 1964, S. 99). Die wahrgenommenen negativen Aspekte einer Handlung stehen im Widerspruch zu der Wahlentscheidung und lösen damit kognitive Dissonanz aus. Personen werden sich kurz nach dem Treffen einer Entscheidung bzw. einer Handlung der auftretenden Dissonanz bewußt und bedauert tendenziell diese Entscheidung bzw. Handlung. „In der Regel besteht die Phase des Bedauerns nur sehr kurze Zeit und wird dann von der Dissonanzreduktions-Phase abgelöst"; kann aber auch zur Handlungsrevision führen (*Möntmann*, 1978, S. 310; vgl. ferner *Festinger*, 1964, S. 99 und 100; *Festinger & Walster*, 1964 105-111, *Walster*, 1964). In der Phase des Bedauerns wird die ursprüngliche Handlung noch einmal in Frage gestellt, das führt dazu, daß im wesentlichen versucht wird die Informationssuche und -verarbeitung so zu gestalten, daß die ursprüngliche Handlung nachträglich gerechtfertigt wird.

Die Wahrnehmung von Kognitionen, die mit der Handlung im Widerspruch stehen, also die Wahrnehmung handlungsdissonanter Kognitionen und der daraus resultierende als unangenehm empfundene Spannungszustand ist die kognitive Dissonanz. Dieser führt zu Aktivitäten der Person, die Dissonanz zu reduzieren oder möglichst vollständig abzubauen. Kognitive Dissonanz steuert das Wahrnehmungs- und Informationsverarbeitungsverhalten. Je stärker die kognitive Dissonanz empfunden wird, um so stärker ist die Motivation, diese zu beseitigen, und je stärker ist vermutlich die Tendenz, erhaltene Informationen selektiv wahrzunehmen und dissonanzreduzierend zu verarbeiten.

Kognitive Dissonanz empfindende Personen haben ganz allgemein folgende Möglichkeiten des Abbaues oder der Vermeidung kognitiver Dissonanz. Dabei gehen wir von einem System von Kognitionen aus, zwischen denen jeweils konsonante oder dissonante Beziehungen bestehen können.

Ganz allgemein haben Personen folgende Möglichkeiten, kognitive Dissonanz nach Handlungen abzubauen:

- **Elimination**: Es werden solche Kognitionen eliminiert, die Dissonanz auslösen. Das geschieht in erster Linie dadurch, daß Informationen, die im Widerspruch zu vorangegangenen Handlungen stehen gemieden werden, es kann aber auch die Quelle hinsichtlich Kompetenz und Glaubwürdigkeit abgewertet werden. Dissonanz auslösende Informationen können außerdem als für die betroffene Person nicht relevant eingestuft werden.

- **Addition**: Addition konsonanter Kognitionen geschieht insbes. durch die Suche nach Informationen, die voraussichtlich die vorangegangenen Handlungen unterstützen und durch Aufwertung der Quellen dieser Informationen hinsichtlich Glaubwürdigkeit, Kompetenz und Relevanz.

- **Substitution**: Häufig werden Addition konsonanter und Elimination dissonanter Kognitionen kombiniert: Es werden also dissonante durch konsonante Kognitionen substituiert.

- **Zieländerung**: Bei wahrgenommenen dissonanten Informationen können auch die ursprünglichen Ziele uminterpretiert und umgewichtet werden. Wer nachträglich feststellt, daß das neue Fahrzeug zwar nicht so sportlich ist wie gewünscht, ändert seine Meinung dahingehend, „eigentlich schon immer ein bequemes und sicheres Fahrzeug fahren zu wollen". Zieländerung kann als eine Form der Substitution von Kognitionen aufgefaßt werden (ein Ziel wird durch ein anderes ersetzt).

- **Handlung leugnen**: Nachträglich kann auch die Dissonanz auslösende Handlung geleugnet werden, man wurde von anderen Personen stark beeinflußt, ist eigentlich gar nicht für die Handlung verantwortlich. Das Leugnen einer Handlung oder der Verantwortlichkeit für eine Handlung kann als eine Form der Elimination von Kognitionen verstanden werden.

- **Handlung revidieren**: Schließlich ist es auch möglich, die Handlung selber zu revidieren. Auch die Revidierung einer Handlung kann eine Form der Eliminierung oder Substitution von Kognitionen darstellen.

- **Kombination**: Oft werden diese Möglichkeiten kombiniert eingesetzt.

Wir können zusammenfassen: Addition, Subtraktion oder Substitution von Kognitionen als Techniken des Abbauens kognitiver Dissonanz festhalten (vgl. *Frey & Gaska*, 1993, S. 277).

Eine der grundlegenden Untersuchungen zu dieser Thematik stammt von *Ehrlich, Guttmann, Schönbach* und *Mills* (1957). Sie fanden, daß Käufer einer Automarke nach dem Kauf bevorzugt Anzeigen der soeben erworbenen Automarke beachteten. Diese Beobachtung alleine reicht allerdings noch nicht aus, um Dissonanzeffekte zu untermauern, weil sich dafür auch andere Erklärungen anbieten: Alleine die Tatsache, ein Auto einer bestimmten Marke zu besitzen mag ebenso dazu führen, Werbeaussagen dieser Marke größere Aufmerksamkeit zukommen zu lassen. Aus einer Vielzahl empirischer Untersuchungen wird jedoch allgemein abgeleitet, daß Personen nach Handlungen handlungskonforme Informationen bevorzugen und handlungswidersprechende Informationen zu vermeiden versuchen. Besonders interessant sind Untersuchungen von *Mills* (1965, a und 1965 b). Danach ist das Interesse für Werbung der gewählten Marke gegenüber einer nicht gewählten Marke dann besonders groß, wenn sich beide Marken ähneln. Das Interesse für gewählte Marken kann als Effekt der Dissonanzvermeidung interpretiert werden.

Nehmen wir an, daß eine Person einen bestimmten Typ der „BMW 3er Klasse" als sehr ähnlich mit einem bestimmten Typ der „Mercedes C-Klasse" auffaßt. Dann wird sie, nachdem sie sich für den BMW entschieden hat, Werbung für diesen Fahrzeugtyp gegenüber dem Mercedes-Typ eindeutig bevorzugen, ihr Interesse gegenüber der Werbung eines Fiat Punto wird durch die Kaufentscheidung nicht beeinflußt, weil dieser Fahrzeugtyp mit seiner Entscheidung nichts zu tun hat.

Andererseits konnte *Mills* nicht durchgängig in allen durchgeführten Experimenten nachweisen, daß Werbung der nicht gewählten Alternative selektiv vermieden wurde. Unterstützende Informationen wurden somit vorgezogen, nicht unterstützendes allerdings nicht eindeutig vermieden. Der Effekt der Vermeidung Dissonanz erzeugender Informationen ist auch in anderen Untersuchungen nicht immer bestätigt worden (*Feather*, 1962 und *Brock*, 1965). Damit sind wir bei dem Problem, daß tatsächlich eine Vielzahl der durchgeführten Untersuchungen Effekte der Dissonanzreduktion nach Handlungen aufzeigen, aber nicht einheitlich. *Festinger* (1957, S. 130) geht aufgrund theoretischer Überlegungen und bis dahin vorliegender empirischer Resultate davon aus, daß mit zunehmender kognitiver Dissonanz zunächst zunehmend unterstützende Informationen gesucht und widersprechende Informationen vermieden werden. Bei sehr starker kognitiver Dissonanz reduzieren sich beide Effekte sehr schnell und schlagen bei höchst möglicher zu ertragender Information in das Gegenteil um. Am Ende werden sogar widersprechende Informationen gesucht und unterstützende vermieden, weil gedanklich schon eine Handlungsrevision als intensivste Form des Abbaues kognitiver Dissonanz gedanklich vollzogen wird.

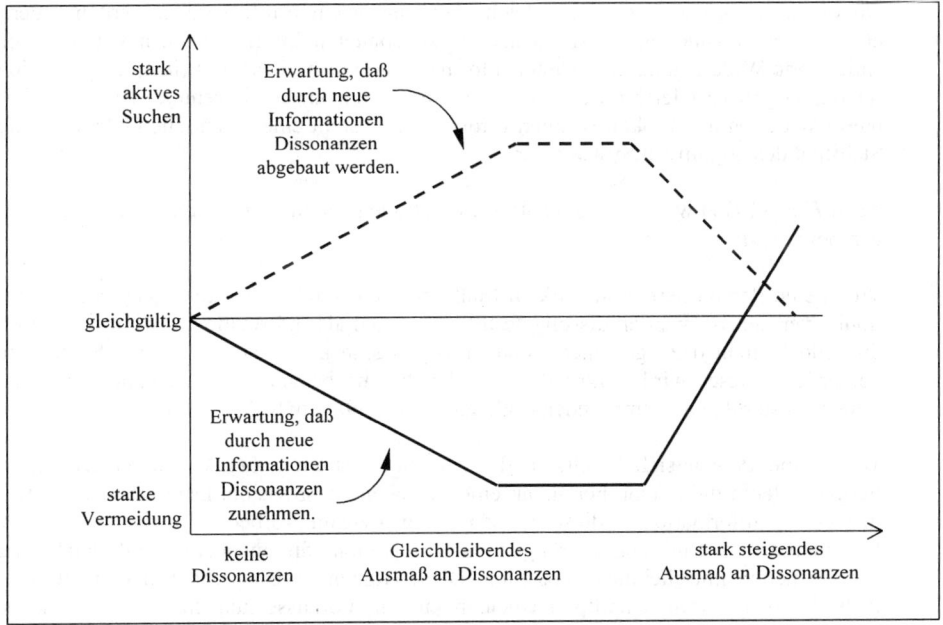

Abb. 4-1: Ausmaß kognitiver Dissonanz und selektive Informationssuche nach Entscheidungen (*Festinger*, 1957, S. 130).

Festinger (1964, S. 82) weist darauf hin, daß unter bestimmten Bedingungen allerdings auch dissonante gegenüber konsonanten Informationen bevorzugt werden. *Frey* (1979 und 1981, a), sowie *Frey* und *Benning* (1984) präzisieren diese Bedingungen.

a) Die Frage, welche Art von Informationen hängt davon ab, wie schwer Informationen zu widerlegen sind (*Frey & Benning*, 1984):

- Konsonante Informationen, die wahrscheinlich schwer zu widerlegen sind, werden gegenüber konsonanten Informationen, die vermutlich leicht zu widerlegen sind, bevorzugt. Die schwer zu widerlegenden konsonanten Informationen sind für die Stabilität des kognitiven Systems nützlicher.

- Dissonante Informationen, die wahrscheinlich leicht zu widerlegen sind, werden gegenüber dissonanten Informationen, die wahrscheinlich schwer zu widerlegen sind, bevorzugt. Die mögliche Widerlegung dissonanter Informationen führt ebenfalls zu einer Stabilisierung des eigenen kognitiven Systems, während schwer zu widerlegende dissonante Informationen die Stabilität des kognitiven Systems gefährden. Sie können kognitive Dissonanz auslösen, die schwer abbaubar ist.

- Konsonante Informationen, die vermutlich schwer zu widerlegen sind, werden gegenüber dissonanten Informationen, die ebenfalls als schwer widerlegbar eingestuft werden, bevorzugt. Dieser Effekt ist einfach mit dem Streben von Personen nach der Vermeidung kognitiver Dissonanz und dem Erhalt kognitiver Konsonanz vereinbar.

- Dissonante Informationen, die als leicht widerlegbar eingestuft werden, werden gegenüber als leicht widerlegbar eingeschätzten konsonanten Informationen bevorzugt. Die antizipierte Widerlegung dissonanter Informationen macht diese im Prinzip ungefährlich für das kognitive Gleichgewicht der betroffenen Person, demgegenüber ist die antizipierte Widerlegung der konsonanten Informationen stellt eine potentielle Gefahr für die Stabilität des kognitiven Systems dar.

b) Nach *Frey* (1979) werden dissonante Informationen zudem unter folgenden Bedingungen bevorzugt:

- Wenn eine Person bereits in starkem Maße mit genügend vielen konsonanten Informationen vertraut ist, werden dissonante Informationen als Informationsgewinn eingestuft, die jedoch nicht dazu geeignet scheinen, das eigene konsonante kognitive System zu gefährden. Dieses wird aufgrund der vielen bereits bekannten konsonanten Informationen als stabil genug empfunden (vgl. auch *Frey*, 1981, b, S. 166-177).

- Wenn eine Person sich bereits in der Situation extrem hoher kognitiver Dissonanz befindet, denkt die Person bereits an eine Entscheidungsrevision. Dann können weitere dissonante Informationen diese Entscheidungsrevision vorbereiten oder erleichtern. Informationen, die mit der ursprünglichen Entscheidung dissonant sind, sind gleichzeitig mit der neuen Entscheidung konsonant. Diese Annahmen entsprechen der Situation in Abb. 4-1 rechts vom Schnittpunkt beider Kurven. Voraussetzung für diesen Effekt ist eine Situation, in der die Person eine Handlungsrevision für möglich hält. Scheint eine Revision nicht mehr möglich, so wird trotz zunehmender extremer Dissonanz weiter versucht, durch die Suche nach konsonanten Informationen die kognitive Dissonanz abzubauen. Der hier behandelte Aspekt ist mit der Annahme nach dem Streben nach Konsonanz ohne weiteres vereinbar.

Frey et al. (1982) fassen die Theorie selektiver Informationssuche im Zusammenhang mit der Theorie kognitiver Dissonanz dahingehend zusammen, daß die grundsätzliche Annahme der Theorie von *Festinger* (1957) unter folgenden Bedingungen zu modifizieren ist.

- Bei genügend intensiver Vertrautheit mit konsonanten Informationen fühlen sich Personen sicher und stark genug, dissonante Informationen verarbeiten zu können.

- Bei erwarteter Widerlegbarkeit dissonanter Informationen sind diese durchaus mit dem Konsonanzstreben vereinbar.

- Bei hoher empfundener Nützlichkeit kann der Informationsgewinn höher bewertet werden als die ausgelöste Dissonanz, Voraussetzung dazu ist eine hohe Glaubwürdigkeit der dissonanten Informationen.

- Bei extrem hoher kognitiver Dissonanz und möglicher Handlungsrevision sind dissonante Informationen mit der Handlungsrevision konsonant und können eine solche auslösen.

Die hier geschilderten Mechanismen sind mit den ursprünglichen Konsistenzannahmen vereinbar. Sie dienen dem Streben von Personen nach kognitivem Gleichgewicht. Im wesentlichen haben wir es in allen Fällen mit zwei Mechanismen der Informationsaufnahme und -verarbeitung zu tun:

Bevorzugung solcher Informationen, die dazu geeignet sind, kognitive Dissonanz abzubauen oder das vorhandene kognitive System ins Gleichgewicht zu bringen bzw. im Gleichgewicht zu halten. Vermeidung von Informationen, die als dazu geeignet eingeschätzt werden, das kognitive System ins Ungleichgewicht zu bringen oder ein bestehendes Ungleichgewicht zu verstärken.

Kognitive Dissonanz nach forcierter Einwilligung

Gelegentlich gibt es Situationen, in denen Personen einer Aussage unter mehr oder weniger sozialem Druck zustimmen, die eigentlich nicht ihren wirklichen Auffassungen entspricht. Die Person erlebt einerseits in ihrem Selbst Kognitionen (Meinungen, Auffassungen) und andererseits die Selbstbeobachtung ihres Verhaltens, das im Widerspruch zu den Meinungen oder Auffassungen steht. Beide Arten von Kognitionen stehen ganz offensichtlich in dissonanter Beziehung zueinander. Wie Personen auf diese Situation kognitiv reagieren, ist Gegenstand des „Forced Compliance"-Paradigmas (*Festinger*, 1957, S. 84 ff.). Unsere Person kann zur dissonanten Meinungsäußerung durch Androhung von Strafen gezwungen worden sein oder aber durch Anbieten von Belohnungen veranlaßt worden sein.

Die empfundene Dissonanzstärke hängt erstens von der Wichtigkeit der betroffenen Meinung ab, zweitens von der Höhe der Belohnung oder Bestrafung. Diese Zusammenhänge ergeben sich entsprechend Abb. 4-2.

Im links ansteigenden Bereich der drei Kurven findet noch keine meinungsdiskrepante Äußerung statt. Die Belohnung oder mögliche Bestrafung ist nicht hoch genug, um das auszulösen. Da damit aber eine Belohnung ausgeschlagen oder eine Bestrafung in Kauf genommen wird, entsteht kognitive Dissonanz. Diese kann abgebaut werden, in dem die eigene Meinung noch stärker vertreten wird als vorher, und zwar in um so stärkerem Maße, je höher die ausgeschlagene Belohnung ist oder die in Kauf genommene Bestrafung. In dem

Augenblick, in dem das geforderte Verhalten gezeigt wird, „kippt die Situation um". Jetzt hat unsere Person nicht die Folgen der Verweigerung des geforderten Verhaltens vor sich selber zu rechtfertigen, sondern die meinungsdiskrepante Verhaltensweise. Ist die Belohnung sehr hoch, oder die angedrohte Bestrafung, so hat es unsere Person leicht ihr eigenes meinungsdiskrepantes Verhalten durch die Höhe der Folgen des geforderten Verhaltens zu rechtfertigen. Unsere Person mag einen Vortrag gehalten haben, der ihrer eigenen Meinung entgegensteht, tat dies aber für ein hohes Honorar. Ist das Honorar sehr hoch, so hat unsere Person kaum einen Rechtfertigungsdruck. Sie befindet sich am rechten Ende der Kurve.

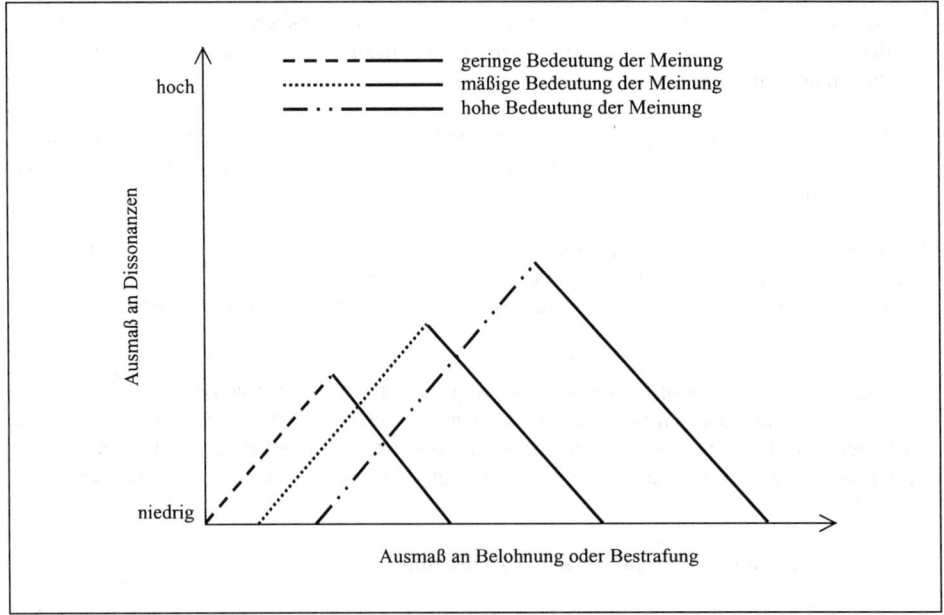

Abb. 4-2: Kognitive Dissonanz nach forcierter Einwilligung (*Festinger*, 1957, S. 93).

Von rechts betrachtet steigt die Kurve bis zum Punkt höchster Dissonanz, was durch die abnehmende Belohnung oder Strafandrohung ausgelöst wird. Unsere Person hat zwar das meinungsdiskrepante Verhalten gezeigt, aber dafür eine immer geringere Belohnung erhalten oder Strafe vermieden, jedoch in beiden Fällen noch hoch genug, um das meinungsdiskrepante Verhalten auszulösen. Von rechts her betrachtet, befindet sich die Person kurz vor dem Höhepunkt in der Situation höchster Dissonanz, jetzt aber muß sie vor sich selber rechtfertigen, das meinungsdiskrepante Verhalten für eine relativ geringe Belohnung oder Strafvermeidung gezeigt zu haben. Das läßt sich dadurch abbauen, indem jetzt die eigene Meinung der nach außen gezeigten Meinung angepaßt wird. Mit dem Ausmaß der Dissonanzstärke steigt das Ausmaß der Meinungsanpassung (von rechts her gesehen) Im Gegensatz dazu steigt das Ausmaß der Verfestigung der eigenen Meinung und der Ablehnung der geforderten Meinungsäußerung (von links her gesehen).

Die Tatsache, daß die drei Kurven mit zunehmender Wichtigkeit der betroffenen Meinung nach rechts verschoben sind, erklärt sich dadurch, daß mit zunehmender Wichtigkeit die Belohnung oder angedrohte Bestrafung ansteigen müssen, um überhaupt das meinungsdiskrepante Verhalten auszulösen. Außerdem ist nach Auffassung von *Festinger* die empfundene kognitive Dissonanz höher, was dazu führt, daß der Scheitelpunkt bei wichtigeren Meinungen jeweils höher liegt und damit auch das mögliche Ausmaß empfundener kognitiver Dissonanz.

Kognitive Dissonanz und die Suche nach sozialer Unterstützung

Menschen glauben im Recht zu sein, je mehr andere Personen der gleichen Meinung sind. Die Wahrnehmung einer anderen Meinung bei einer anderen Person kann kognitive Dissonanz auslösen, also suchen Personen soziale Unterstützung für ihre Meinungen (*Festinger*, 1957, S. 177 ff.). Festinger sieht allerdings noch ein Übergewicht möglicher objektiver Tatbestände: „To the extent that objective, nonsocial, cognitive elements exist which are consonant with a given opinion, belief, or knowledge, the expression of disagreement will produce a lesser magnitude of dissonance" (*Festinger*, 1957, S. 179). Nach der anschließend dargestellten Reformulierung nach *Irle* (1975, 1978) kann diese These nicht beibehalten werden. Dissonanzstärke und die Frage, welche Kognitionen daraufhin angepaßt werden, hat nichts mit der Frage sog. objektiver oder sozialer Tatbestände zu tun.

Die Frage, welches Ausmaß kognitiver Dissonanz entsteht, hängt davon ab, wie relevant, die jeweiligen Personen oder Gruppen für die in Betracht kommende Meinung ist. Das Ausmaß kognitiver Dissonanz wird durch wahrgenommene Kompetenz, Attraktivität und die empfundene Bedeutung von Übereinstimmung in den Meinungen mit diesen Personen bestimmt. Wird eine abweichende Meinung durch Experten (Kompetenz), gute Freunde (Attraktivität) vertreten, so ist die empfundene Dissonanz relativ groß. Ob innerhalb von Gruppen ein hohes Maß an Dissonanz bei Meinungsdiskrepanzen auftritt, hängt von der Gruppenkohäsion und der Wichtigkeit der Meinung für die Gruppe ab.

Kognitive Dissonanz kann dadurch abgebaut werden, indem die eigene Meinung den abweichenden Meinungen anderer angepaßt wird oder indem versucht wird, andere Personen von der eigenen Meinung zu überzeugen. Ferner können die abweichende Meinungen vertretenden Personen abgewertet werden, es kann auch der Meinungsgegenstand in seiner Bedeutung abgewertet werden. Der Meinungsgegenstand wird abgewertet, wenn Meinungsabweichler voraussichtlich nicht zu überzeugen, aber ein hohes Maß an Attraktivität aufweisen. Meinungsabweichler werden abgewertet, wenn sie voraussichtlich nicht zu überzeugen und kein hohes Maß an Attraktivität aufweisen. Bei hoher Bedeutung des Meinungsgegenstandes und Attraktivität des/der Abweichler ist eine Meinungsanpassung als Reaktion auf eigene empfundene kognitive Dissonanz wahrscheinlich. Ferner läßt sich in diesem Zusammenhang Dissonanz abbauen oder vermeiden, in dem bevorzugt mit den Personen kommuniziert wird, die mit der eigenen Meinung übereinstimmen. Letzteres ergibt sich auch aus den obigen Ausführungen zur selektiven Informationsaufnahme (Vermeidung dissonanter und Suche konsonanter Informationen).

Auch Kommunikation innerhalb von Gruppen läßt sich durch das Streben nach sozialer Unterstützung erklären: Eine Person wird daher um so eher mit anderen Gruppenmitgliedern (die abweichende Meinungen äußern) kommunizieren, um so eher sie erwartet, diese der Gruppenmeinung anpassen zu können, um so erwünschter oder wichtiger die Person als Mitglied der Gruppe ist, je größer die empfundene Meinungsdiskrepanz ist je wichtiger die betreffende Meinung für die Gruppe ist und je wichtiger die Gruppe oder die Gruppenkohäsion für die Beteiligten ist (*Irle*, 1993).

Wir können also ganz allgemein festhalten, daß Personen für ihre Meinungen nach sozialer Unterstützung suchen, tendenziell werden Abweichler zu überzeugen versucht. Man kann auch versuchen Personen zu überzeugen, für die der anstehende Meinungsgegenstand in keiner Weise relevant ist, hier wird es nämlich relativ leicht fallen, Zustimmung zu erhalten (*Festinger*, 1957, S. 191)

Mit dem Tatbestand, soziale Unterstützung zu suchen, um kognitive Dissonanz abzubauen, lassen sich nach *Festinger* (1957, S. 196-204) auch Massenphänomene erklären. Voraussetzung dazu ist, daß sich genügend Menschen in gleicher psychische Situation befinden und die gleiche kognitive Dissonanz erfahren: Gerüchte, Massenhysterie, Massenbekehrungen, gleichzeitige gravierende Fehlwahrnehmungen vieler Personen werden so erklärt, ebenso die gleichzeitige Angst vieler Menschen einer Region vor bevorstehenden Katastrophen, selbst dann, wenn es dafür keine objektiv nachvollziehbaren Gründe gibt (ebenda, S. 238).

4.1.2 Die Reformulierung von *Irle* (1975, 1978)

Der Ansatz von *Festinger* ist ausdrücklich auf Phasen nach Handlungen bezogen. Nach der Reformulierung der Theorie durch *Irle* (1975, S. 310-346 bzw. 1978, S. 298-303) sind Handlungen jedoch nur eine hinreichende, keineswegs notwendige Bedingung für das Auftreten kognitiver Dissonanz. *Irle* unterscheidet nicht grundsätzlich zwischen Handlungsentscheidungen und kognitiven Entscheidungen.

Ähnlich, wie schon in der Hypothesentheorie der sozialen Wahrnehmung wird auch in der reformulierten Theorie kognitiver Dissonanz nach *Irle* davon ausgegangen, daß die Realität ausgehend von vorhandenen Annahmen, Wertesystemen, Erfahrungen, also vorhandener Kognitionen aller Art wahrgenommen wird. Wir können diese auch als Hypothesen einer Person bezeichnen. Die gesamte Wahrnehmung von Personen kann als ein ständiger Prozeß des Aufstellens, Prüfens und der Veränderung von Hypothesen verstanden werden, durchaus isomorph mit dem Prozeß wissenschaftlicher Erkenntnissuche.

Alle Menschen verfügen danach über subjektive Hypothesen, die einerseits die Beziehungen zwischen zwei Kognitionen erklären, andererseits sind aber auch einzelne Kognitionen subjektive Hypothesen. a) Beziehungen zwischen zwei Kognitionen mögen lauten: „Wenn jemand sich anstrengt, wird er auch sein Ziel erreichen". Es wird also eine Zusammenhangshypothese zwischen Anstrengung und Erfolg aufgestellt. b) Eine einzelne subjektive Hypothese (als Kognition) möge lauten: „Alle Schwäne sind weiß". Unsere Person erleidet also kognitive Dissonanz, wenn sie erleben muß, daß sie selbst oder eine andere Person sich anstrengt und ihr Ziel nicht erreicht; oder dann, wenn unsere Person ihren ersten schwarzen Schwan erblickt. Es sind folgende Mechanismen zum Abbau der kognitiven Dissonanz denkbar (ohne Anspruch auf Vollständigkeit):

a) Die Anstrengung wird heruntergespielt.
   Es wird nachträglich ein neues Ziel formuliert.
   Es wird angenommen, daß man das Ziel „eigentlich" gar nicht erreichen wollte.
   Es werden Störfaktoren angenommen, die den Zusammenhang zwischen Anstrengung und Zielerreichung in diesem Fall erklären.
   Es wird eine der dümmsten möglichen Aussagen angenommen, nämlich die, daß „die Ausnahme die Regel bestätigt".

b) Unsere Person nimmt eine Fehlwahrnehmung an.

Es wird entschieden, daß dieses Tier kein Schwan sein kann, weil er ja nicht weiß sei.

Wir können jegliches Wahrnehmungsverhalten von Personen als einen Vorgang subjektiver Hypothesenprüfung verstehen. Die Aussagen, daß alles was Personen wahrnehmen, einen Vorgang der Hypothesenprüfung darstellt, entspricht der Denkweise des kritischen Rationalismus in der Wissenschaftslehre. Das bedeutet keinesfalls, daß Personen ihr Wahrnehmungsverhalten tatsächlich selber als einen solchen Vorgang der Hypothesenprüfung empfinden, mit der Konsequenz, letztlich lediglich über Vermutungswissen zu verfügen. In der Realität gehen Privatpersonen, Wissenschaftler/innen, Politiker/innen, Manager/innen vielfach von gesicherten Erkenntnissen auf der Basis ihrer Wahrnehmung aus. Daß diese Annahme logisch und empirisch keinesfalls mit der Realität vereinbar sein dürfte, ist zwar eine bis heute kaum zu widerlegende Meta-Aussage, wird aber von den meisten Personen selber kaum nachvollzogen.

Kognitive Dissonanz tritt nach *Irle* immer dann auf, wenn für eine Person zwei Kognitionen auftreten, die logisch miteinander unvereinbar sind, zwischen denen aber ein Zusammenhang empfunden wird. Dieser empfundene Zusammenhang ist eine notwendige dritte Kognition zur Entstehung kognitiver Dissonanz. Die psychologische Unvereinbarkeit von Kognitionen, die miteinander im Zusammenhang gesehen werden (jedoch nicht notwendigeweise logisch in einem Zusammenhang stehen müssen), kann sich auf Fakten oder Werte beziehen: Kognitive Dissonanz tritt immer dann auf, wenn eine Person einen Sachverhalt wahrnimmt, der aufgrund ihrer Hypothesen, „welche die Person in ihrem Selbst lokalisiert, nicht sein kann und/oder nicht sein darf" (*Irle*, 1978, S. 300).

Formal stellt sich das wie folgt dar: Personen haben die Hypothese gebildet, daß immer dann, wenn ein bestimmter Tatbestand X (als erste Kognition) auftritt, auch ein anderer Tatbestand Y auftritt (als zweite Kognition) und dabei eine dritte Kognition hinsichtlich des Zusammenhanges von X und Y aufrecht gehalten wird. Diese wird als Kognition Z bezeichnet. Studierende mögen die Kognition X aufrecht halten: „Ich bereite mich gut auf die Prüfung vor", dann (als Folge von X) „bestehe ich die Prüfung auch gut" (Kognition Y). Der angenommene Zusammenhang zwischen Anstrengung und Resultat ist die Kognition Z. Professoren/innen mögen dem entsprechend die Kognition X aufrecht halten: „Ich halte gute Lehrveranstaltungen ab" und dann (als Folge von X) „bestehen gute Studierende auch die Prüfungen" (Kognition Y). Daß gute Prüfungsresultate guter Studierender als Folge eigener „genialer" Lehrveranstaltungen gesehen werden, ist die Zusammenhangshypothese Z. Diese kognitiven Minisysteme sind ebenso konsonant wie die, daß Studierende annehmen, daß sie in Prüfungen schlecht abschneiden, wenn sie sich schlecht vorbereiten (Formal: NON-X ist konsonant mit NON-Y). Die Zusammenhangshypothese Z bezieht sich auf die schlechte Vorbereitung als Ursache für das schlechte Abschneiden in Prüfungen. Professoren/innen mögen annehmen, daß schlechte Studierende in Prüfungen schlecht abschneiden (Formal wiederum NON-X ist konsonant mit NON-Y). Die Zusammenhangshypothese Z besteht hier in der Annahme „schlechte" Studierende als Ursache für schlechte Prüfungsleistungen, „schlecht" im Sinne von Motiviertheit oder Fähigkeiten.

Die exakte Aussage bei *Irle* (1975, S. 312) lautet: „Wenn immer das Auftreten von je zwei Kognitionen X und Y an demselben Ort in Raum und Zeit für eine betroffene Person P durch eine Hypothese von P erklärt werden kann, ergibt sich eine Beziehung kognitiver Konsonanz. Wenn immer das Auftreten von je zwei Kognitionen X und NON-Y (oder NON-X und Y) an demselben Ort in Raum und Zeit für eine betroffene Person einer Hypothese ... widerspricht, tritt kognitive Dissonanz auf:

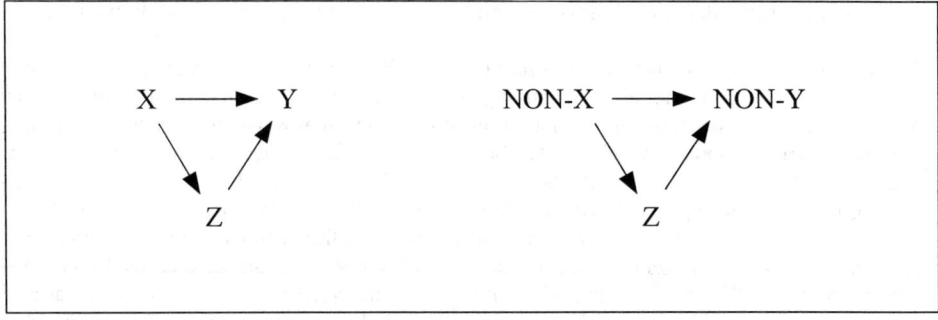

Abb. 4-3: Konsonante kognitive Systeme entsprechend der Theorie kognitiver Dissonanz nach *Irle* (1975, 1978).

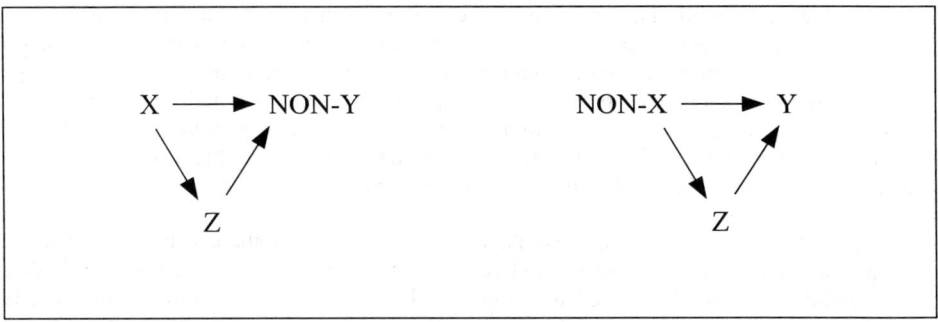

Abb. 4-4: Dissonante kognitive Systeme entsprechend der Theorie kognitiver Dissonanz nach *Irle* (1975, 1978).

Bis hierher ist die Theorie kognitiver Dissonanz nach Irle als eine Erweiterung der Theorie von Festinger aufzufassen. Es geht nicht nur darum, daß Informationsbeschaffungs- und verarbeitungsverhalten nach Handlungen zu erklären. Eine Person, die eine Entscheidung fällt, befindet sich ständig gleichzeitig in einer Vor- und einer Nachentscheidungsphase. Um uns dieses zu verdeutlichen gehen wir von einem einfachen Entscheidungsprozeß aus.

Die Formulierung eines Problems ist eine erste Entscheidung, die Frage, welche Informationen beschafft werden sollen, eine weitere. Auch die Auswahl der zu konstruierenden Alternativen unterliegt Entscheidungen. Die Bewertung von Alternativen setzt voraus, daß vorab über die Bewertungskriterien entschieden worden ist. Es dürfte unstrittig sein, daß die Auswahlentscheidung ebenfalls weiteren Entscheidungen unterliegt: wann soll entschieden werden, über was wird entschieden (die Auswahl der Alternativen, ob weitere Informationen beschafft werden sollen, ob das Problem noch einmal hinterfragt werden, wer die Durchführung übernehmen soll). Gleiches gilt für die Phase der Realisation. Auch die Kontrolle beinhaltet viele Detailentscheidungen: Wann soll kontrolliert werden, anhand welcher Maßstäbe, wie oft, mit welchen Methoden? Jedes einzelne Element innerhalb des Entscheidungsprozesses stellt einen eigenen Entscheidungsprozeß dar, der wiederum in einem nie endenden Prozeß in weitere Entscheidungsprozesse zu gliedern ist. *Festinger* bezieht sich lediglich auf die Phase nach der Auswahlentscheidung. *Irle* zeigt, daß wir uns ständig in der

Phase vor und nach Entscheidungen befinden, also ständig damit beschäftigt sind, kognitive Dissonanz zu verarbeiten, zu vermeiden oder abzubauen. **Damit wird die reformulierte Theorie der kognitiven Dissonanz zu einer sehr umfassenden allgemeinen Theorie der Informationsverarbeitung.**

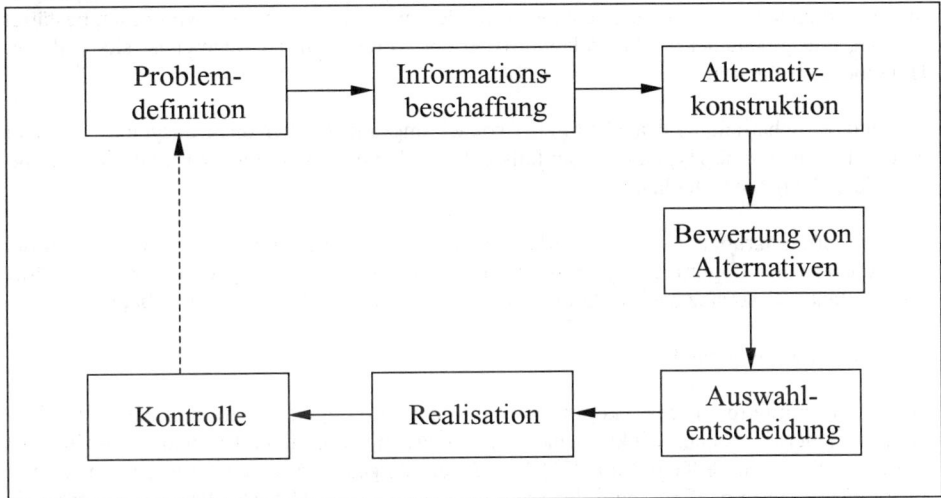

Abb. 4-5: Entscheidungsprozeß.

Neben der Erweiterung des Geltungsbereiches der Theorie kognitiver Dissonanz beinhaltet der Ansatz nach *Irle* gleichzeitig eine Präzisierung der Aussagen. Es werden Thesen zur Dissonanzstärke und zum Änderungswiderstand der beteiligten Kognitionen aufgestellt.

- Dissonanzstärke

Wie schon von *Festinger* aufgezeigt, determiniert die Dissonanzstärke die Intensität der Versuche, die Dissonanz zu beseitigen oder wenigstens zu reduzieren.

Nach Festinger (1957, S. 38) hängt die Dissonanzstärke von zwei Faktorengruppen ab:

a) der Wichtigkeit der getroffenen Entscheidung; je wichtiger eine Entscheidung ist, um so stärker ist die anschließend zu erwartende Dissonanz.

b) der relativen Attraktivität der nicht gewählten Alternative ab, je mehr attraktive Eigenschaften diese aufweist, um so größer ist die Dissonanzstärke. Ebenso kann angenommen werden, daß die Dissonanz um so stärker ist, je mehr (möglicherweise unvermeidbare) Schwächen die gewählte Alternative aufweist (was ebenfalls die Attraktivität der nicht gewählten Alternative erhöht, daher relative Attraktivität).

Die Dissonanzstärke wird nach *Irle* (1975, S. 13, 1978, S. 300) sowie *Frey* et al. (1982, S. 309) von der subjektiven Sicherheit bestimmt, mit der die betroffene Person annimmt, daß ihre Hypothesen hinsichtlich des Zusammenhanges von X mit Y (und des Nichtauftretens von X mit NON-Y oder NON-X mit Y) wahr ist. **Die Stärke empfundener Dissonanz ist eine Funktion empfundener Hypothesensicherheit. Desto stärker die Dissonanz empfunden wird, desto stärker ist auch die Motivation zur Dissonanzreduktion.**

Die subjektive Sicherheit hängt einmal von der Häufigkeit der Bestätigung einer Hypothese in der Vergangenheit ab. Je öfter eine Person erlebt hat, daß bestimmte Hypothesen bestätigt wurden, und je seltener sie Widerlegungen erlebt wurden, um so sicherer ist sie, daß ihre Hypothesen wahr sind.

Subjektive Sicherheit wird auch durch Beobachtung anderer Personen ausgelöst. Je mehr andere Personen eine Hypothese ebenfalls aufrecht halten, um so eher wird an die Richtigkeit dieser Hypothese geglaubt.

Es kann ferner darüber spekuliert werden, in wie weit subjektiv empfundene Wichtigkeit der Konsonanz eines kognitiven Systems (X, Y und Zusammenhangshypothese Z) die Stärke empfundener Dissonanz beeinflußt und damit die Motivation, Dissonanz abzubauen.

- Änderungswiderstand

In der reformulierten Theorie kognitive Dissonanz wird angenommen, daß betroffene Personen bei der Dissonanzreduktion nach einem Prinzip kognitiver Effizienz ausgehen. Es wird danach diejenige Kognition (X, NON-Y oder Z) geändert, deren Änderung am wenigsten weitere Störungen innerhalb des kognitiven Systems auslöst. Das Problem ist nämlich, daß die beteiligten Kognitionen (X; Y, oder Z) alle wiederum mit anderen Kognitionen verbunden sein können. Wenn also eine der beteiligten Kognitionen geändert wird, dann wäre diese sofort dissonant zu anderen Kognitionen.

Wie nehmen folgendes Beispiel:

Eine Person lebe mit folgenden Kognitionen: „Ich verstehe etwas von Kraftfahrzeugen" Kognition X) und daher (Kognition Z) „wird das PKW-Modell, daß ich kaufe gut sein" (Kognition Y).

Sie muß nun feststellen, daß das gekaufte Auto eine Reihe von Fehlern aufweist.

Sie könnte Kognition X ändern, das aber würde vielleicht ihr gesamtes Selbstwertkonzept in Frage stellen, sie würde ferner im Bekanntenkreis an Image verlieren (das mag sie jedenfalls befürchten), weil sie sich dort oft als KFZ-Experte dargestellt hat. Die Tatsache, daß sie selber das KFZ ausgesucht hat (Z) läßt sich vielleicht kaum leugnen. Möglicherweise hat eine andere Person in irgendeiner Form, wenn auch objektiv gesehen, in unerheblichem Maße, Einfluß genommen. Ob unsere Person damit die Z-Kognition aufgibt (und dieser anderen Person „die Schuld zuschreibt"), mag von der sonstigen Beziehung zwischen diesen Personen abhängen. Unsere Person kann allerdings die Qualitätsmerkmale des Autos nachträglich uminterpretieren (wenn das dazu geeignet ist, die wahrgenommenen Mängel in subjektive Sicht zu mildern). Vielleicht aber kommt ihr die Idee, daß es sich um eine Fehlproduktion kommt, wie sie bei allen Marken mit einer Wahrscheinlichkeit von 1:1000 vorkommt, man hat eben dieses eine Mal „Pech gehabt" und lobt anschließend die Art und Weise, wie die Vertragswerkstatt die Fehler immer wieder schnell beseitigt.

Eine Kognition ist um so resistenter gegen Änderungen, je mehr sie in Beziehung zu anderen Kognitionen der betroffenen Person steht (*Irle*, 1975, S. 316; 1978, S 302; *Frey* et al. 1982, S. 305 f.) Mit anderen Worten ist die Änderung einer in das übrige kognitive System stark eingebundenen, also stark vernetzten Kognition mit mehr Aufwand verbunden, wie die Änderung einer wenig vernetzten Kognition. Eine stark vernetzte Kognition ist z. B. ein Glaubensbekenntnis oder eine Ideologie, die eine zentrale Rolle im Leben einer Person spielen kann und an denen andere Handlungen, Bekenntnisse, Wünsche vieler Art ausgerichtet werden. Dagegen kann die Dissonanz beim Kauf minderwertige Konsumgüter möglicherweise relativ leicht durch Abwertung der Produkteigenschaften (Akzeptanz des Fehlkaufes) abgebaut werden. Derartige Kognitionen spielen nicht so eine zentrale Rolle im Leben einer Person, wie die voran genannten. Beim nächsten Mal wird ein Produkt einer anderen Marke erworben. Die gleiche Vorgehensweise ist beim Kauf hochwertiger Produkte nicht so leicht anzuwenden, weil die Rücknahme der Handlung mit größerem Aufwand verbunden ist.

„Wenn kognitive Dissonanz für eine kognitive Einheit gegeben ist, dann wird unabhängig von der Stärke kognitiver Dissonanz diejenige Kognition zur Reduktion kognitiver Dissonanz geändert, deren Änderung den relativ geringsten psychischen Aufwand erfordert" (Irle, 1975, S. 316). Eine Kognition wird also dann geändert, wenn die entstandene kognitive Dissonanz bei Beibehaltung der Kognition stärker wäre als der Widerstand zur Änderung der betreffenden Kognition. Ist das bei mehreren Kognitionen innerhalb der kognitiven Einheit (X, Y - oder Non-X, NON-Y - und Z) der Fall, so wird zuerst diejenige Kognition geändert, bei der diese Relation am günstigsten ist.

In diesem Zusammenhang wird das Konstrukt „Commitment" eingeführt. Damit wird angesprochen, daß Kognitionen um so resistenter gegen Änderungen sind, um so mehr die betroffene Person sich einer Kognition verbunden fühlt. Die Verbundenheit mit einer Angelegenheit, also auch einer Kognition, ist das Commitment. Hat sich eine Person beispielsweise in der Öffentlichkeit (Bekanntenkreis) sehr stark für eine bestimmte Konsumgütermarke ausgesprochen, fällt es erheblich schwerer, sich - auch bei stark empfundener - kognitiver Dissonanz davon loszusagen, insbes. dann, wenn der Konsum nicht ausschließlich im privaten, nicht öffentlichen Bereich erfolgt.

Nehmen wir an, ein Arzt habe sich innerlich nach eingehenden aber noch nicht abgeschlossenen Untersuchungen auf eine Diagnose festgelegt, wird er die folgenden Untersuchungen unvoreingenommen durchführen können? Er habe sich gegenüber einem/einer (!) befreundeten Kollegen/in vorsichtig (!) geäußert, anschließend gegenüber mehreren Kollegen festgelegt. Wir haben hier mehrere Stufen zunehmenden Commitments kennengelernt. Wie werden später eingehende, der ursprünglichen Diagnose widersprechende Befunde eingestuft?

4.1.3 Die Balance-Theorie nach *Heider* (1958)

Wir nehmen abschließend Bezug auf die Balance-Theorie von Heider (1958, 1977, 1988) was sich aufdrängt, obwohl diese Theorie nicht unbedingt im Bereich der Theorien kognitiver Dissonanz gesehen wird.

Warum entwickeln Menschen, die füreinander Sympathie, Liebe empfinden, ähnliche Vorlieben in musikalischer, modischer oder sonstiger Richtung? Warum beginnen wir eine Konsummarke zu mögen, wenn ein uns sympathischer Star diese Marke offensichtlich auch mag, auch wenn wir das „nur" durch die Werbung erfahren, oder durch Sponsoring-Aktivitäten? Warum, fällt es uns umgekehrt schwer, ein Produkt zu mögen, das eine uns unsympathische Person ebenfalls mag? In der Sprache der Dissonanztheorie erleben Personen kognitive Dissonanz, wenn sie erkennen, daß andere Personen Objekte, die sie selber nicht mögen sehr schätzen und umgekehrt, wenn sie feststellen, daß andere Personen Dinge nicht schätzen, die sie selber mögen. Die Situation wird verschärft, wenn wir die möglichen Beziehungen zwischen diesen Personen einbeziehen. Es scheint sicher gravierender, wenn P feststellt, daß eine andere Person, die P selber sehr schätzt ihre Ansichten über irgendein Objekt nicht teilt, als wenn die andere Person von P ebenfalls abgelehnt wird. Aus den möglichen Beziehungen zwischen zwei Personen und einem Objekt lassen sich 8 Beziehungsmuster entwickeln, von denen vier spannungsfrei sind, nach *Heider* sich im balancierten Zustand befinden und vier sind spannungsgeladen, sie befinden sich nach *Heider* in einem unbalancierten Zustand. Es scheint leicht einsehbar, daß der Meinungsgegenstand, das Objekt auch eine weitere Person sein kann.

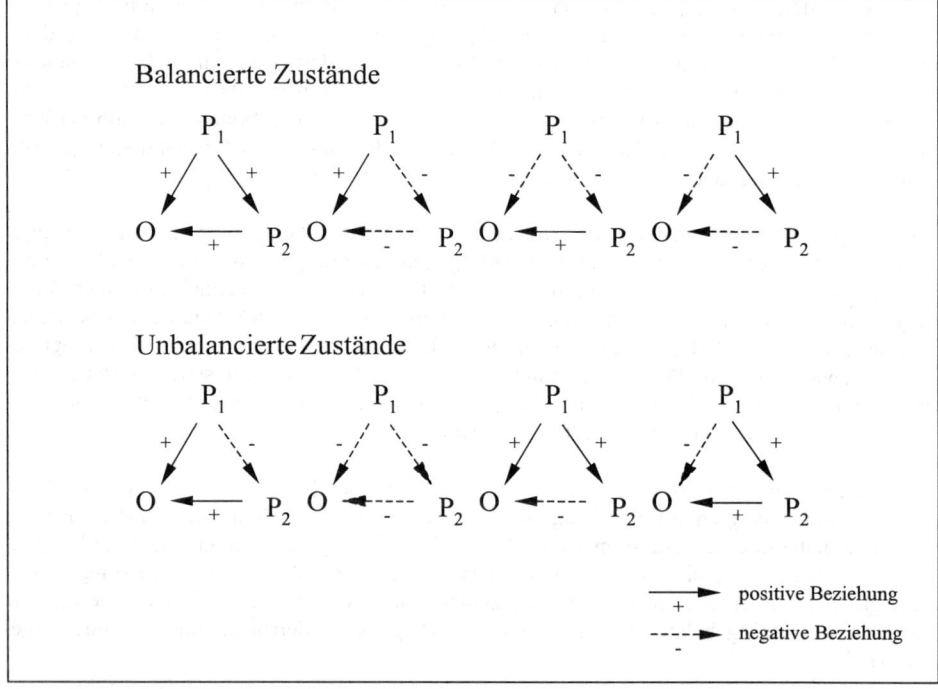

Abb. 4-6: Balancierte und unbalancierte Situationen nach *Heider* (1958, 1977, 1988).

Es scheint leicht einsehbar, daß ein Zustand, in dem P_1 feststellt, daß eine andere Person P_2 die gleichen Dinge schätzt. Es ist auch relativ unproblematisch, daß eine Person, die ein Objekt schätzt, feststellt, daß eine Person P_2 dies Objekt zwar nicht schätzt, diese Person aber von P_1 abgelehnt wird, vielleicht aus diesem Grunde als Folge einer Reduktion kognitiver Dissonanz. Die dritte Situation, in der P_1 eine Person P_2 ablehnt, ebenfalls das Objekt, den Meinungsgegenstand und gleichzeitig feststellt, daß P_2 das Objekt schätzt. Die vierte Situation zeigt zwei Personen P_1 und P_2 in positiver Beziehung, die gemeinsam ein Objekt ablehnen. Alle balancierten Zustände können im übrigen als Folge von Dissonanzabbau nach Erleben der folgenden unbalancierten Zustände eingetreten sein.

Eine Situation ist unbalanciert, wenn P_1 feststellt, daß eine abgelehnte Person P_1 mit ihr bestimmte Vorlieben teilt: die gleiche Musik schätzt, man findet sich im gleichen Verein wieder usw. Ebenfalls unbalanciert ist die Situation, wenn eine Person, die wir schätzen, eine Sache die wir ablehnen, sehr schätzt - und umgekehrt, wenn eine Person, die wir schätzen, ein Objekt, dem gegenüber wir positiv eingestellt sind, ablehnt. Der letzte unbalancierte Zustand tritt auf, wenn wir feststellen, daß eine Person, die wir ablehnen mit uns Abneigungen gegenüber eine Sache teilt.

Ganz allgemein: Immer dann, wenn wir Meinungsunterschiede gegenüber Personen wahrnehmen, denen gegenüber wir positiv eingestellt sind, ist der Zustand unbalanciert und ebenso, wenn wir feststellen, daß wir gleicher Meinung mit Personen sind, die wir ablehnen. Unproblematisch ist die Situation, wenn wir mit Personen, denen gegenüber wir positiv eingestellt sind, gleicher Meinung sind und wenn wir Meinungsunterschiede feststellen gegenüber Personen, die wir ablehnen.

Schlußbemerkung zu den Theorien

Die Theorie kognitiver Dissonanz wird als eine der bedeutendsten Theorien der Sozialpsychologie bezeichnet (*Aronson*, 1992), sie hat eine nicht mehr überschaubare Anzahl empirischer Untersuchungen ausgelöst und eine große Zahl von Reformulierungen erlebt, von denen wir hier nur eine sehr kleine Auswahl vorstellen konnten. Es soll aber auch nicht verschwiegen werden, daß *Joule* und *Beauvois* (1998) eine radikal andere Perspektive aufzeigen: Sie glauben alle (!) Reformulierungen ablehnen zu können und schlagen vor, wieder zur Originalversion von *Festinger* (1957) zurückzukehren. Allerdings ignorieren sie dabei sowohl die Theorie von *Heider* (1958, 1977 und 1988) als auch die Reformulierung von *Irle* (1978) und alle empirischen Arbeiten zur selektiven (und damit dissonanztheoretisch relevanten) Informationssuche von *Frey* (u.a. 1979, 1981 a und b).

Aronson (1994, S. 194) bezeichnet das Verhalten, „das auf Dissonanzreduktion abzielt, als irrational". Es sei fehlangepaßt, da es die jeweilige Person daran hindert, „wichtige Tatsachen in Erfahrung zu bringen oder eine wirkliche Lösung für seine Probleme zu finden". Im Prinzip erklären viele kognitive Theorien der Sozialpsychologie, wie Menschen Informationen ignorieren, anpassen, verzerren, also irrational verarbeiten. Das gilt für kognitive Emotionstheorien, für die Attributionstheorien, für Theorien sozialer Wahrnehmung, Theorie sozialer Vergleiche usw. Das bedeutet nicht, daß menschliches Verhalten grundsätzlich irrational abläuft, aber doch ein großer Teil davon.

4.2 Anwendungen

4.2.1 Marketing

Die Bedeutung der Theorie kognitiver Dissonanz wurde für das Marketing schon sehr früh in der Hervorhebung der Rolle der Nachkaufwerbung gesehen, bzw. allgemein in der Informationsverarbeitung der Kunden in der Nachkaufphase (vgl. *Raffée, Sauter & Silberer*, 1973, S. 75-79). Es geht also nicht nur darum, durch Werbung neue Kunden zu gewinnen, sondern auch darum, Personen, die das Produkt bereits gekauft haben in ihrem Vertrauen und in ihren Produkteinstellungen zu bestärken. Wir können davon ausgehen, daß Käufer einer bestimmten Marke sich eher Werbung dieser Marke aussetzen und Werbung anderer Marken tendenziell vermeiden (vgl. *Frey*, 1981, S. 284). Es geht dabei allerdings nicht nur um Werbung als Instrument der Marketing-Kommunikation. Kognitive Dissonanz kann in allen Bereichen der Marketing-Kommunikation eine Rolle spielen.

Ein weiterer wichtiger Anwendungsbereich ist das Social-Marketing. *Frey* (1981, S. 285) weist auf in diesem Zusammenhang auf Kommunikationsmaßnahmen im Rahmen des Gesundheitsmarketing hin. Viele Informationen zur Krebsvorsorge oder zu anderen Vorsorgemaßnahmen unterliegen bei den Zielgruppen Vermeidungsmechanismen. Unpassende Informationen über gesundheitliche Gefahren mögen abgewertet oder für die eigene Person als nicht relevant eingestuft werden. Bei der Gestaltung derartiger Informationen kann versucht werden die persönliche Relevanz so herauszustellen, daß ein Ausweichen unmöglich wird. Vermeidungsmechanismen kann vorgebeugt werden, indem die Nützlichkeit und Glaubwürdigkeit der dissonanten Information herausgestellt wird und die Vermeidung dieser Informationen schwerer fällt, als deren Befolgen. Auf jeden Fall können wir nicht davon ausgehen, daß nützliche Informationen automatisch sinnvoll verarbeitet werden, so plausibel sie auch sein mögen.

Für das Spenden-Marketing ist die „Foot in the door"-Technik relevant, die ebenfalls dissonanztheoretisch erklärbar ist. Wenn Personen zu Spenden veranlaßt werden sollen, so ist der Erfolg wesentlich größer, wenn die gleichen Personen vorher zu einer kleineren Gefälligkeit veranlaßt worden sind, beispielsweise eine Anstecknadel zu tragen oder eine Petition zu unterschreiben (vgl. *Aronson*, 1994, S. 201). Wer einen ersten kleineren Schritt getan hat, erleidet Dissonanz, wenn er einen zweiten größeren Schritt verweigert. Systematisches Spendenmarketing müßte also in einer ersten Stufe von der Zielgruppe ein leicht zu erlangende Leistung verlangen.

4.2.2 Personalführung

Neben dem Absatzmarketing kann ein weiteres Anwendungsfeld in der Personalführung gesehen werden. Personalentscheidungen und die anschließende Leistungsbeurteilung sind dissonanztheoretisch relevant. Bei Einstellungsgesprächen mag ein erster Eindruck dazu führen, daß anschließend leistungsrelevante Merkmale dazu passend wahrgenommen werden. *Frey* und *Irle* (1993, S. 306) weisen darauf hin, daß selbst die Frageauswahl in einem Einführungsinterview so ausfällt, daß konsonante Resultate erzielt werden. Vergleichbar ist die Situation in mündlichen Prüfungen in Hochschulen und anderen Bildungseinrichtungen.

Für die Personalpolitik ergeben sich Konsequenzen für die Wahrnehmung der Leistung anderer Personen. Diese Wahrnehmung wird beispielsweise dadurch beeinflußt, in welchem Maße Führungskräfte bereits eine „Diagnose" hinsichtlich der Leistungsfähigkeit einer Person erstellt haben oder noch nicht. Umgekehrt werden Mitarbeiter und Mitarbeiterinnen das Führungsverhalten in Abhängigkeit bereits erstellter Diagnosen wahrnehmen und bewerten. Ferner sollten Führungskräfte sich der Tatsache bewußt sein, daß sie nach allen personalpolitischen Entscheidungen Mechanismen im Sinne der Theorie kognitiver Dissonanz ausgesetzt sind. Warum fühlen sich Führungskräfte immer wieder in ihren Annahmen über die Leistungsmotivation einzelner Mitarbeiter/innen oder der Mitarbeiterschaft insgesamt bestätigt? Jede Wahrnehmung, die ihren Annahmen widerspricht, ist ein Fall des Empfindens kognitiver Dissonanz. Diese kann durch Uminterpretation des Wahrgenommenen relativ leicht abgebaut werden. Die Aussage „Die Ausnahme bestätigt die Regel" ist ein im

Alltagsleben häufig gehörter Beleg für den irrationalen Umgang mit Informationen, die den eigenen Annahmen entgegen stehen. In Wirklichkeit ist das nichts anderes als ein fast schon stereotyper Mechanismus zum Abbau kognitiver Dissonanz.

Auch in mit der Personalführung verwandten Bereichen finden wir dissonanztheoretisch relevante Tatbestände: Nehmen wir an, in einer Hochschule wird testhalber beschlossen (und genehmigt), einen Teil der Studierenden selber auszuwählen, einen anderen Teil per „numerus clausus". Anschließend wird tatsächlich festgestellt, daß die Studierenden, die von der Hochschule selber ausgewählt worden sind, die besseren Abschlüsse erzielen. Wenn selbst ausgewählte Studierende gut abschneiden, so ist das ein erstrebter konsonanter Zustand für die Professorenschaft, würden diese schlechter abschneiden, so wäre das ein dissonanter Zustand: das von der Hochschule angestrebte Verfahren hätte sich möglicherweise nicht bewährt, die Professoren/innen haben falsch ausgewählt etc. Diese Dissonanz läßt sich von vornherein vermeiden, indem die Studierenden gute Abschlüsse erzielen. Dazu kommt, daß die Professorenschaft diesen Studierenden aufgrund eigener Erwartungen (der Professorenschaft) mit positiverer Erwartung gegenübertritt. Diese Erwartung beeinflußt das Verhalten der Professorenschaft und darüber auch das der Studierenden. Menschen verhalten sich tendenziell so, wie sie glauben, daß es von ihnen erwartet wird. Beides, das etwas andere Verhalten der Professorenschaft (das durchaus als der Versuch einer Dissonanz-Vermeidung verstanden werden kann) als auch das in Folge davon leistungsorientierte Verhalten der Studierenden führt zu den gewünschten (konsonanten) Zuständen.

Das gesamte Feld der Leistungswahrnehmung von Personen höherer, gleicher oder unterer Hierarchie-Ebene läßt sich dissonanztheoretisch erklären: Personen nehmen Leistungen ausgehend von vorhandenen Hypothesen wahr, derartige vorhandene Hypothesen weisen also die Tendenz der Selbstbestätigung auf.

Die Tatsache, daß Führungskräfte, die aufgrund von scheinbaren Sachzwängen unangenehme Entscheidungen fällen müssen, z. B. Entlassungen oder die Verweigerung von Mitarbeiterwünschen nach Aufstieg und/oder Einkommen, kann ein Tatbestand sein, der durch das Paradigma der forcierten Einwilligung erklärbar ist. Im Laufe der Zeit passen solche Führungskräfte ihre inneren Einstellungen den getroffenen Entscheidungen an und glauben selber an derartige Sachzwänge. Oft verkennen sie im Laufe der Zeit, daß sie selber nach wie vor Arbeitnehmer/innen sind. Es kann nicht verkannt werden, „daß auch Status- und Rollenänderungen wie z. B. der Aufstieg in eine Führungsposition durch veränderte Aufgaben und neue Erwartungen an den Positionsinhaber häufig zunächst einstellungsdiskrepantes Verhalten erfordern. Hat eine Person vorher z. B bestimmte Entscheidungen des Vorgesetzten kritisiert, das Pesonalbeurteilungssystem als ungerecht betrachtet und den Unternehmenszielen eher gleichgültig gegenübergestanden, so sieht er jetzt möglicherweise die Notwendigkeit, selbst entsprechende Entscheidungen zu treffen, Personalbeurteilungen abzugeben oder die Unternehmensziele gegenüber den Untergebenen zu vertreten" (*Frey & Irle*, 1993, S. 3907). Führungskräfte nehmen ferner ihren eigenen Führungsstil oft als weit mitarbeiterorientierter oder dezentraler wahr, als er eigentlich ist, „Geführte" mögen dementsprechend den Führungsstil auch als weit weniger mitarbeiterorientiert und dezentral wahrnehmen als er es eigentlich ist. So erklärt die Theorie kognitiver Dissonanz letztendlich auch Prozesse innerorganisatorischer Sozialisation.

Außerdem wird angenommen, daß Mitarbeiter und Mitarbeiterinnen Gehaltshöhe und Leistungsniveau unter Dissonanzgesichtspunkten beurteilen. Ein zu hohes Einkommen würde demnach bei wahrgenommenem niedrigerem Leistungsniveau Streß auslösen und keineswegs automatisch zu einer Leistungssteigerung führen, auch nicht zur Absicht einer Leistungssteigerung. Ein zu niedriges Einkommen wird dazu führen die Leistung dem Einkommensniveau anzupassen und so Konsonanz herzustellen, bzw. Dissonanz abzubauen.

Ein weiteres relevantes Feld menschlichen Verhaltens sind in diesem Zusammenhang Entscheidungen im Management (nicht nur kommerziell ausgerichteter Organisationen). Ständig treffen wir Entscheidungen, ständig sind wir der Tendenz ausgesetzt, neue Informationen konform wahrzunehmen und zu verarbeiten. Das betrifft Personalentscheidungen, Einkaufsentscheidungen, Strategieentscheidungen und vieles mehr.

Ein Beispiel einer Einkaufsentscheidung mag das verdeutlichen: Eine Person P1 sei Einkäufer in einer Unternehmung und kaufe seit Jahren das Wettbewerbsprodukt X. Verkäufer P2 versuche seit Jahren an P1 das Produkt Y zu verkaufen. Je länger dieser Zustand anhält, um so unwahrscheinlicher wird es, daß P2 damit Erfolg hat, so plausibel und sogar nachvollziehbar die Argumente von P2 auch sein mögen: Y sei preiswerter, qualitativ überlegen. P1 müßte nämlich zugeben (und sei es nur vor sich selber) sich über einen langen Zeitraum inkompetent verhalten zu haben. Alle Argumente pro Y lösen bei P1 kognitive Dissonanz aus, die um so stärker wird, je länger der Zustand anhält. Weil dadurch die Motivation zur Dissonanzreduktion zunimmt, ist in immer stärkerem Maße zu erwarten, daß P1 seine kognitive Dissonanz dadurch abbaut, daß sie die Information von P2 abwertet. Das fällt relativ leicht, weil P2 als Verkäufer empfunden wird, der nur seinen eigenen Vorteil sucht.

P2 muß die Situation umstrukturieren, damit P1 ihr Verhalten ändern kann, ohne dadurch kognitive Dissonanz zu erleiden. B könnte beispielsweise wie folgt argumentieren: „Wir wissen, daß Sie schon lange das Produkt X erwerben, Sie werden dafür Ihre Gründe haben, aber jetzt haben wir die Qualität verändert, wir haben die Werbung von Zeitschriftenwerbung auf TV-Werbung umgestellt, und zur Einführung der neuen Qualität gibt es einen Sonderrabatt, außerdem bieten wir eine höhere Beteiligung an Ihren Werbeausgaben an." Jetzt kann P1 ihr Einkaufsverhalten ändern, ohne dadurch vor sich selber zugeben zu müssen, über Jahre das „falsche" Produkt eingekauft zu haben. Vielmehr wurde eine neue Chance genutzt.

Wir sehen daraus, daß Anbieter sich so früh wie möglich in einen Entscheidungsprozeß bei potentiellen Käufern einschalten müssen, idealerweise bereits zum Zeitpunkt der Problemdefinition. Ist erst einmal eine Vorentscheidung für den Gegner gefallen, oder haben bereits erste Einkaufsaktivitäten stattgefunden, wird es immer schwerer, Entscheidungen umzukehren. Ferner kann nach einer Kaufentscheidung die persönliche Entscheidungsverantwortung beim Kunden hervorgehoben werden, um so schwerer sollte es später fallen, eine Fehlentscheidung anzuerkennen, um so größer ist die Motivation, die eigene Einkaufsentscheidung zu rechtfertigen. Das zeigt natürlich auch, daß Personalwechsel bei Kunden immer ein Risiko für die Lieferanten darstellt, weil Entscheidungen jetzt viel leichter rückgängig gemacht werden können.

4.2.3 Kognitive Dissonanz und Suche nach Erkenntnis

Auch der wissenschaftliche Arbeitsbereich selber stellt ein umfassendes Anwendungsfeld der Theorie kognitiver Dissonanz dar. Die Vielfalt wissenschaftlicher Publikationen ist nicht mehr überschaubar und unterliegt selektiver Informationsaufnahme. Wissenschaftler/innen neigen ebenso wie andere Personen dazu, diejenigen Informationen bevorzugt wahrzunehmen, die ihre eigenen Hypothesen und Theorien unterstützen. Auch in der empirischen Forschung mögen Wissenschaftler/innen eher dazu neigen, bestätigende Resultate höher zu bewerten, als widerlegende Resultate. Personen (auch Nicht-Wissenschaftler/innen) neigen ganz allgemein dazu, den diagnostischen Wert von hypothesenkonformen Informationen zu überschätzen und den Wert hypothesenkonträrer Informationen zu unterschätzen (empirische Belege dafür liefern *Pitz* et al. 1967). Im Wissenschaftsbereich können wir uns dadurch vor solchen Effekten schützen (wenn auch niemals mit Sicherheit), indem wir grundsätzlich gegen unsere eigenen Hypothesen testen. Solange es uns nicht gelingt, unsere eigenen Hypothesen zu widerlegen, können wir die ursprünglichen Hypothesen beibehalten. Diese aus dem kritischen Rationalismus bekannte Methodologie ließe sich ebenso auf das Management i. S. eines kritisch rationalen Managements übertragen (vgl. Krasser, 1995). Auch in der nichtwissenschaftlichen Realität können Menschen ihr Wissen bewußt als Hypothesen erleben und Erkenntnisgewinn dadurch suchen, daß sie eher gegen ihre eigenen Hypothesen arbeiten als ständig darum bemüht zu sein, diese bestätigen zu wollen. Unsere Welt ist dermaßen komplex, daß es durchaus gelingen kann, auch für äußerst fragwürdige Annahmen irgendwo (möglicherweise nur scheinbare) Bestätigung zu finden. Rationale Personen akzeptieren, daß Erkenntnisfortschritt durch das Erkennen unserer Irrtümer möglich ist, nicht durch die Bestätigung unserer Annahmen. Diese Auffassung wird als konsequenter Fallibilismus bezeichnet und gilt für Wissenschaft und Praxis gleichermaßen (vgl. *Albert*,1978).

Eine Reihe anderer Theorien sozialpsychologischer Provenience erklärt Tatbestände, die durchaus auch dissonanztheoretisch erklärbar sind. Als ein Beispiel sei die Attributionstheorie erwähnt: Warum attribuieren Menschen eigenen Erfolg eher durch Persönlichkeitseigenschaft und eigenen Mißerfolg ehr durch äußere Umstände? Warum verhalten sie sich bei Erfolg und Mißerfolg anderer Personen genau umgekehrt? Erfolg wird dann eher externen Umständen, Mißerfolg durch Persönlichkeitsfaktoren, z. B. mangelnde Motivation erklärt? Eigener Mißerfolg steht in dissonanter Beziehung zum Selbstbild. Wer über ein einigermaßen erfolgsorientiertes Selbstbild verfügt, kann durch Wahrnehmung externer Einflüsse bei Mißerfolg das Problem mildern. Die Attributionstheorien sind teilweise Spezialfälle der Dissonanztheorie.

Im folgenden erklären wir die Theorie psychologischer Reaktanz. Dabei geht es um Reaktionen auf wahrgenommene Freiheitseinengung, beispielsweise durch Kommunikation Diese Theorie hat einen engen Bezug zur Theorie kognitiver Dissonanz. Ist nicht die Wahrnehmung von Freiheitseinengung dissonant zu dem vorhandenen Bestreben, Freiheitsräume zu bewahren? Ist damit das Bestreben, Freiheitsbedrohungen entgegen zu treten nicht auch als ein Prozeß des Abbaues kognitiver Dissonanz zu verstehen?

Literatur

Aronson, E.: The social animal. San Francisco: 1992.

Aronson, E.: Sozialpsychologie - Menschliches Verhalten und gesellschaftlicher Einfluß. Heidelberg, Berlin, Oxford: 1994.

Albert, H.: Traktat über rationale Praxis. Tübingen: 1978.

Brock, T. C.: Commitment to exposure as a determinant of information receptivity. Journal of Personality and Social Psychology, 1965, **2**, 10-19.

Eckensberger, L. H. (Hrsg.): Bericht über den 31. Kongreß der Deutschen Gesellschaft für Psychologie in Mannheim 1978, Bd. 1. Göttingen, Toronto, Zürich: 1979.

Ehrlich, D., Guttmann, I., Schönbach, P. & Mills, J.: Postdecision exposure to relevant information. Journal of Abnormal and Social Psychology, 1957, **54**, 98-102.

Feather, N. T.: Cigarette smoking and lung cancer: A study of cognitve dissonance. Australian Journal of Psychology, 1962, **14**, 55-64.

Festinger, L.: A theory of cognitive dissonance. Stanford: 1957.

Festinger, L.: Conflict, decision, and dissonance. Stanford: 1964.

Festinger, L. & Walster, E.: Post-decision regret and decision reversal. In: Festinger, L.: Conflict, decision, and dissonance. Stanford: 1964, 100-112.

Frey, D.: Zwei aktuelle Forschungsrichtungen in der Dissonanztheorie: „Selective exposure to information" und „Misattribution of arousal". In: Eckensberger, L. H. (Hrsg.): Bericht über den 31. Kongreß der Deutschen Gesellschaft für Psychologie in Mannheim 1978, Bd. 1. Göttingen, Toronto, Zürich: 1979, 362-364.

Frey, D.: Postdecisional preference for decision-relevant information as a function of the competence of its source and the degree of familiarity with this information. Journal of Experimental Social Psychology, 1981 (a), **17**, 51 – 67.

Frey, D.: Informationssuche und Informationsbewertung bei Entscheidungen. Bern, Stuttgart, Wien: 1981 (b).

Frey, D., Irle, M., Möntmann, V., Kumpf, M., Ochsmann, R. & Sauer, C.: Cognitive dissonance: Experiments and theory. In: Irle, M. (ed.): Studies in decision making - social psychological and socio-economic analyses. Berlin, New York: 1982, 281-310.

Frey, D. & Benning, E.: Informationssuche von Konsumenten nach Entscheidungen. Marketing, ZFP, 1984, **6**, 107 – 113.

Frey, D. & Gaska, A.: Die Theorie der kognitiven Dissonanz. In: Frey, D. & Irle, M. (Hrsg.): Theorien der Sozialpsychologie, Band I: Kognitive Theorien (2. Aufl.). Bern, Göttingen, Toronto, Seattle: 1993, 275-326.

Frey, D. & Irle, M. (Hrsg.): Theorien der Sozialpsychologie, Band I: Kognitive Theorien (2. Aufl.). Bern, Göttingen, Toronto, Seattle: 1993.

Frey, D. & Irle, M. (Hrsg.): Theorien der Sozialpsychologie, Band II: Gruppen- und Lerntheorien (2. Aufl.). Bern, Göttingen, Toronto, Seattle: 1993.

Heider, F.: The psychology of interpersonal relations. New York: 1958.

Heider, F.: Psychologie der interpersonellen Beziehungen. Stuttgart: 1977.

Heider, F.: The notebooks (edited by Marjiane Benesh-Weiner), Vol. 4. Balance theory. München, Weinheim: 1988.

Irle, M.: Lehrbuch der Sozialpsychologie. Göttingen, Toronto, Zürich: 1975.

Irle, M.: Die Theorie der kognitiven Dissonanz: Ein Resümee ihrer theoretischen Entwicklung und empirischen Ergebnisse, 1. Theorie. In: Irle, M. & Möntmann, V. (Hrsg.): Leon Festinger, Theorie der kognitiven Dissonanz. Bern, Stuttgart, Wien: 1978 274-303.

Irle, M. (ed.): Studies in decision making – social psychological and socio-economic analyses. Berlin, New York: 1982.

Irle, M.: Konvergenz und Divergenz in Gruppen. In: Frey, D. & Irle, M. (Hrsg.): Theorien der Sozialpsychologie, Band II: Gruppen- und Lerntheorien (2. Aufl.). Bern, Göttingen, Toronto, Seattle: 1993, 39-64.

Irle, M. & Möntmann, V. (Hrsg.): Leon Festinger, Theorie der kognitiven Dissonanz. Bern, Stuttgart, Wien: 1978.

Joule, R.-V. & Beauvois, J.-L.: Cognitive dissonance theory: A radical review. European Review of Social Psychology, 1998, 8, 1-32.

Krasser, N.: Kritisch-rationales Management. Wiesbaden: 1995.

Mills, J.: Avoidance of dissonant information. Journal of Personality and Social Psychology, 1965 (a), **2**, 589 – 593.

Mills, J.: Effect of certainty about a decision upon postdecision exposure to consonant and dissonant information. Journal of Personality and Social Psychology, 1965 (b), **2**, 749 -752.

Möntmann, V.: Die Theorie der kognitiven Dissonanz: Ein Resümee ihrer theoretischen Entwicklung und empirischen Ergebnisse 1957-1976, 2. Empirische Untersuchungen. In: Irle, M. & Möntmann, V. (Hrsg.): Leon Festinger, Theorie der kognitiven Dissonanz. Bern, Stuttgart, Wien: 1978, 303-363.

Pitz, G. F., Downing, L. & Reinhold, H.: Sequential effects in the revision of subjective probabilities. Canadian Journal of Psychology, 1967, **21**, 381-393.

Raffée, H., Sauter, B. & Silberer, G.: Theorie der kognitiven Dissonanz und Konsumgütermarketing. Wiesbaden: 1973.

Walster, E.: The temporal sequence of post-decision processes. In: Festinger, L.: Conflict, decision, and dissonance. Stanford: 1964, 112-128.

5. Die Theorie psychologischer Reaktanz

5.1 Theorie

Die Theorie der psychologischen Reaktanz ist eine Motivationstheorie, die beschreibt, wie Personen auf empfundene Einengung ihrer Freiheitsspielräume reagieren. Reaktanz ist die Motivation zur Wiederherstellung eingeengter oder eliminierter Freiheitsspielräume. Voraussetzung für das Entstehen psychologischer Reaktanz ist a) die Vorstellung zu besitzen, über einen Freiheitsspielraum zu verfügen, b) diesen Freiheitsspielraum für einigermaßen wichtig zu halten und c) eine Bedrohung oder Eliminierung dieses Freiheitsspielraumes wahrzunehmen. Die Theorie der psychologischen Reaktanz geht auf *Brehm* (1966) zurück, eine neuere Darstellung findet sich bei *Dickenberger, Gniech* und *Grabitz* (1993).

Der Freiheitsspielraum besteht aus allen subjektiv erwarteten Verhaltensalternativen, unabhängig davon, ob diese tatsächlich momentan und/oder zukünftig für die betroffene Person zur Verfügung stehen oder nicht. Der Freiheitsspielraum besteht also nicht nur aus der Freiheit, die eine Person tatsächlich besitzt, sondern zusätzlich aus dem Freiheitsspielraum, von dem eine Person glaubt, ihn zu besitzen. Freiheit bezieht sich nicht nur auf den Bereich des beobachtbaren Verhaltens. Auch die Freiheit, bestimmte Meinungen zu besitzen gehört dazu.

a) Möglichkeiten der Freiheitseinengung

Die Freiheit einer Person kann dadurch eingeengt werden, daß das Spektrum möglicher Verhaltens- oder Meinungsalternativen beschnitten wird, so daß einige Alternativen nicht mehr verfügbar sind. Es werden also Freiräume entfernt. Der andere Weg, Freiheit einzuengen besteht darin, daß der betroffenen Person Handlungsweisen oder Meinungen oktroyiert werden.

Um das zu realisieren gibt es drei Möglichkeiten der Freiheitsbedrohung oder -elimination unterscheiden:

a) sozialer Einfluß, der in erster Linie durch Kommunikation erfolgt,

b) umweltbedingte Gegebenheiten und/oder Entwicklungen, die nicht in direktem Zusammenhang mit Personen stehen,

c) eigenes Verhalten, und zwar Entscheidungen für eine und gegen andere Alternativen.

Sozialer Einfluß bzw. Kommunikation werden dann als einengend empfunden, wenn sie a) als einseitig und unfair empfunden werden, b) Botschaftsempfänger vermuten, daß die Kommunikation systematische Fehlinformationen zugunsten der durch Botschaftsabsender bevorzugten Position enthalten, c) Schlußfolgerungen enthalten sind, die aus Sicht der Empfänger nicht nachvollziehbar sind, d) die Beeinflußungsabsicht über ein von den Empfängern akzeptiertes Maß hinaus erkennbar wird und e) Botschaftsabsender ein hohes Maß an Eigennutzen aus der bevorzugten Position ziehen können (*Brehm*, 1966, S. 3-8). Jede Aussage, die Personen dazu bewegen soll, bestimmte Handlungen zu begehen, stellt den Versuch dar, den Entscheidungsspielraum der Gegenseite einzuschränken. Je intensiver die Wahrnehmung dieses Einflusses empfunden wird, um so stärker ist die Reaktanz, d.h. der Widerstand gegenüber der Beeinflussung.

Umweltbedingte Gegebenheiten, welche die Freiheit durch physische Unerreichbarkeit bestimmter Handlungen einengen, dürften für das Marketing weniger relevant sein. Es kann in diesem Zusammenhang aber auch an restriktive Gesetzgebung, Knappheit oder Hochpreisigkeit von Produkten gedacht werden.

Eigene Entscheidungen engen die Freiheit ein, weil bekanntlich durch eine Entscheidung auch die Anzahl der vorher noch existierenden Alternativen eingeengt wird. Manche Entscheidungsschwächen im Management lassen sich so erklären, aber auch Entscheidungsschwächen auf Kundenseite im Verkaufsgespräch.

b) Stärke empfundener psychologischer Reaktanz

Nunmehr ist zu erklären, wovon die Stärke der psychologischen Reaktanz abhängig ist und damit die Stärke der Motivation zur Wiederherstellung bedrohter oder eliminierter Freiheitsspielräume

Die Stärke der psychologischen Reaktanz ist abhängig von der Überzeugung einen Freiheitsspielraum zu besitzen, von der Wichtigkeit und vom Ausmaß des eingeengten Freiheitsspielraumes in Relation zu der Menge der zur Verfügung stehenden Alternativen (*Brehm & Brehm*, 1981, S. 37-56).

Ferner wird die Stärke der Reaktanz durch die von der beeinflußten Person selbst angenommene Sachkompetenz beeinflußt. Je mehr Kompetenz sich eine Person selber zuschreibt, um so sensibler reagiert sie auf Beeinflussungsversuche und mögliche Einengungen ihrer Entscheidungsfreiheit. Umgekehrt gilt: je ähnlicher von der beeinflußten Person mehrere Entscheidungsalternativen empfunden werden, um so weniger sensibel reagiert sie auf freiheitseinengende Beeinflussungsversuche. Bei als sehr ähnlich empfundenen Alternativen wird freiheitseinengende Kommunikation eher als Entscheidungshilfe verstanden (*Clee & Wicklund*, 1980).

c) Mögliche Reaktanzeffekte

Nun kommen wir zu den möglichen Reaktanzeffekten, also der Frage, auf welche Art und Weise Personen darum bemüht sind, Freiheitsspielräume wieder herzustellen (*Brehm & Brehm*, 1981, S. 98-117; *Dickenberger, Gniech & Grabitz*, 1993, S. 247-254). Psychologische Reaktanz ist eine Motivation zur Herstellung eliminierter oder bedrohter Freiheit und als solche der direkten Beobachtung entzogen. Wir können Motive nicht beobachten, sondern nur deren Folgen. Aus diesem Grunde muß klar zwischen der Existenz von Reaktanzeffekten und der Existenz von Reaktanz unterschieden werden. Wenn keine Reaktanzeffekte beobachtet werden können, dann bedeutet das noch nicht, daß keinerlei Reaktanz entstanden ist. Das ist betonenswert, weil Reaktanzeffekte auch später auftreten können als zu dem Zeitpunkt, an dem die Reaktanz ausgelöst wurde. Die Theorie spezifiziert nicht, welche Reaktanzeffekte entstehen können, sondern läßt alle Möglichkeiten offen. Das bedeutet, daß Reaktanzeffekte von offen gezeigter Aggression gegenüber anderen Personen, z.B. gegenüber Kommunikatoren, Führungskräften, Institutionen oder unbeteiligten Personen bis hin zu lediglich physiologischen Spannungen möglich sind, wobei sich letztere teilweise über erhöhten Pulsschlag messen lassen. Außerdem sind Einstellungsänderungen als Folge von Reaktanz denkbar. Die Voraussetzung für das Auftreten der im folgenden erklärten Reaktanzeffekte ist, daß die betroffene Person vorher gelernt hat, Freiheit zu besitzen. Konsumenten, die in der Vergangenheit nicht gelernt haben, zwischen bestimmten Konsumgütern zu wählen, werden auch keine Reaktanz empfinden, wenn sie bestimmte Artikel nicht bekommen. Das kann z. B. mangels Kaufkraft der Fall sein. *Brehm* und *Brehm* (1981, S. 98-117) bieten folgende Klassifikation möglicher Reaktanzeffekte an:

1. Direkte Wiederherstellung der Freiheit durch entsprechendes Verhalten

2. Indirekte Wiederherstellung der Freiheit (implizierte Freiheitswiederherstellung)

3. Subjektive Responses (Attraktivitätsveränderung, Meinungsänderung)

4. Versuch, die erfolgte Freiheitseinengung zu leugnen, sich selber nicht einzugestehen

5. Ausweichen auf andere Freiheitsspielräume, bzw. Erhalt derselben

ad 1) Dasjenige Verhalten trotz Freiheitseinengung, -bedrohung oder -abwertung durch andere Personen dennoch zu realisieren, scheint sicherlich der erfolgreichste Weg zu sein, Reaktanz abzubauen. Diese Alternative steht dann zur Verfügung, wenn die betroffene Person keiner oder nicht ausreichend hoher Sanktionsmacht ausgesetzt ist. Im letzten Fall vergleicht die Person die Attraktivität der bedrohten Verhaltensweise und die möglichen Sanktionen denen sie ausgesetzt ist, wenn sie das Verhalten dennoch realisiert. Insbes. im kommerziellen Marketing ist damit zu rechnen, wenn Reaktanz durch Maßnahmen der Marketing-Kommunikation ausgelöst wurde, weil Anbieter in aller Regel nicht über Sanktionsmacht verfügen.

ad 2) Oft ist eine direkte Wiederherstellung der Freiheit nicht möglich, oder die Kosten dafür werden als zu hoch angesehen. Dann kann die bedrohte Freiheit durch indirekte Handlungen wieder hergestellt werden: Die betroffene Person veranlaßt andere Personen das Verhalten durchzuführen.

Alternativ dazu kann die Annahme gebildet werden, in Zukunft in vergleichbaren Situationen Freiheit auszuüben. Das kann z.B. dann auftreten, wenn Käufer/innen wahrnehmen, durch eine Kaufentscheidung festgelegt zu sein. Die dadurch nicht mehr erreichbaren alternativen Produkte nehmen nach den Annahmen der Theorie psychologischer Reaktanz jetzt an Attraktivität zu. Nach den Annahmen der Theorie kognitiver Dissonanz müßte allerdings durch selektive Aufnahme und Verarbeitung von Informationen ein Zustand eintreten, in dem langfristig doch die gewählte Alternative an Attraktivität zunimmt und die ausgeschlossenen Alternativen an Attraktivität abnehmen.

Es gibt Tierfabeln von „Äsop" (einer Person aus einem frühgriechischen Volksbuch, unter dessen Namen in der Spätantike über 500 Fabeln gesammelt wurden). In einer dieser Fabeln taucht ein sehr hungriger Fuchs auf, der einen Hohlweg entlang läuft und dort auf einen Busch mit Trauben trifft, die er gerne essen würde (Füchse essen zur Not auch Trauben, Beeren etc.). Leider kommt er nicht an die Zweige heran, in der Äsop´schen Fabel denkt sich der Fuchs: „Die sind sowieso sauer" und geht schlecht gelaunt seines Weges. Das wäre eine Verhaltensweise, wie sie die Dissonanztheorie voraussagt. Dissonanztheoretisch „kann es nicht sein, daß ich an etwas, das ich haben möchte nicht herankomme. Die Dissonanz, die dadurch entsteht, daß ich etwas haben will, es aber nicht erhalte, läßt sich durch Abwertung des Gewünschten reduzieren. Reaktanztheoretisch müßten unserem Fuchs aber die nicht erreichbaren Trauben immer attraktiver erscheinen. Verbotene Freunde, Spielzeuge oder Früchte hatten schon immer die Tendenz an Attraktivität zu gewinnen. Ein sozialpsychologisches Experiment müßte viele Füchse dieser Situation aussetzen und sie später noch einmal den Weg entlang laufen lassen, der Busch ist gewachsen, die Trauben hängen auf den Weg herunter, sind jetzt erreichbar. Hat die Dissonaztheorie recht, müßten unsere Füchse (gleich hungrig wie beim ersten Mal) überwiegend die Trauben keines Blickes würdigen. Würden sie jetzt gegessen, müßte ja zugegeben werden, sie beim ersten Mal lediglich nicht erreicht zu haben. Diese Dissonanz ist durch Verachtung abbaubar. Hat die Reaktanztheorie Recht, müßten sich unsere Füchse überwiegend wütend auf die Trauben stürzen. In der experimentellen Sozialpsychologie wurden beide Theorien getestet. Die Resultate sind nicht eindeutig. Offensichtlich gibt es Persönlichkeits-faktoren. Wahrscheinlich gibt es sowohl Personen (vielleicht auch Füchse), welche mit Widersprüchen leichter leben können als andere, die also eine Dissonanz-Toleranz besitzen. Vielleicht gelten auch spezifische situative Bedingungen (Intensität des Hungers), und wahrscheinlich hängt der „Sieg der Dissonanztheorie oder der Reaktanztheorie" auch von den jeweiligen Objekten ab. Marketing-Praktiker/innen müßten also, ehe sie nicht über genauere Informationen über ihre Zielgruppe verfügen, beide Theorien berücksichtigen.

ad 3) Ein sehr häufiger Effekt ist eine Meinungsänderung im Gegensinn der Kommunikation: Als Folge der bestehenden Reaktanz steigt die Attraktivität verbotener oder abgewerteter Handlungsalternativen. Ferner besteht die Möglichkeit einer „indirekten Wiederherstellung der Freiheit". Das geschieht, indem Personen sich anderen Personen gegenüber abwertend hinsichtlich oktroyierter Verhaltensweisen äußern, also nicht nur die eigene Meinung im Gegensinn der Kommunikation ändern sondern auch bei anderen Personen entsprechende Beeinflussungsversuche unternehmen. Sie werden damit aus Sicht des Marketing zu „negativen Multiplikatoren".

Ferner ist mit Aggression gegenüber dem Kommunikator zu rechnen (für das Marketing weniger relevant).

ad 4) Ähnlich wie in dissonanztheoretischer Sichtweise können auch im Rahmen der Theorie psychologischer Reaktanz verzerrte Informationssuche und -verarbeitung auftreten. *Brehm* und *Brehm* (1981, S. 111 und 112) referieren Experimente, in denen Versuchspersonen die eingetretene Freiheitseinengung und/oder -bedrohung nicht wahrnahmen. Hier kommen also beide Theorien zu den gleichen Voraussagen.

ad 5) Reaktanz kann auch verarbeitet werden, indem die jeweilige Person andere als ursprünglich intendierte Verhaltensweisen ausübt. Daraus ergibt sich für das Marketing die Möglichkeit, ein Produkt als Alternative für andere ausgeschlossene Produkte darzustellen, also eine bestimmte Form der Reaktanzreduktion durch entsprechende Produktwahl anzubieten.

Die Konsequenzen für das Marketing finden sich in erster Linie in der Kommunikationspolitik. Werbung und Verkaufsgespräche sind von vornherein als gezielte Beeinflussung erkennbar. Grundsätzlich kann angenommen werden, daß um so eher Reaktanzeffekte auftreten, je intensiver die Beeinflussungsabsicht wahrgenommen wird und je intensiver bestimmte Verhaltensweisen ausgelobt werden. Besonders Reaktanz gefährdet sind offensichtlich solche Kommunikationsmaßnahmen, denen normalerweise eine gewisse Neutralität zuerkannt wird. Empirische Untersuchungen von *Bussmann, Schwarz & Kumpf* (1980) zeigen, daß Botschaften im Bereich der Öffentlichkeitsarbeit oder Presseberichte im Rahmen der Product Publicity besonders schnell zu Reaktanzeffekten führen, wenn sie zu deutlich eine bestimmte Beeinflussungsabsicht erkennen lassen. Für das Produktivgüter-Marketing ist diese Tatsache von großer Bedeutung, weil Fachbeiträge in Fachzeitschriften im technischen Sektor ein wichtiges Instrument der Marktkommunikation sein können, deren Gestaltung besonders unter Reaktanz-Gesichtspunkten große Bedeutung zukommen sollte.

Generell kann es für die Gestaltung von Kommunikationsmaßnahmen zweckmäßig sein, die mögliche Wahrnehmung des Drucks zur Meinungsänderung zu reduzieren. Für das Führen von Verkaufsgesprächen ergibt sich aus der Theorie der psychologischen Reaktanz sehr eindeutig die Überlegenheit sogenannter „soft-selling"-Methoden gegenüber dem „hard-selling"-Konzept. Mit Reaktanzeffekten ist in um so stärkerem Maße zu rechnen, je wichtiger ein Produktbereich ist („High Involvement") und um so kompetenter sich die Gesprächspartner/innen selber einschätzen. Das deckt sich im Übrigen mit den obigen Ausführungen zu den Empfängervariablen als Einflußfaktor auf Beeinflußbarkeit. Auch dort zeigt sich eine geringere Beeinflußbarkeit bei höherer Sachkompetenz. Aber gerade damit ist im Produktivgütersektor in hohem Maße zu rechnen. Reaktanzeffekte lassen sich immer reduzieren, wenn den Entscheidungsträgern/innen wenigstens eine beschränkte Anzahl von Alternativen zur eigenen Entscheidung offen bleibt. Idealerweise gelingt es daher beispielsweise in einem Verkaufsgespräch immer noch, mehrere Alternativen zur Entscheidung offen zu halten.

Auch vollständig fertige Problemlösungen (was üblicherweise nicht gerade als nachteilig empfunden wird) können Reaktanz auslösen, weil der/die Gegenüber keine Entscheidungen mehr treffen können als zuzustimmen oder abzulehnen. Unter Reaktanzgesichtspunkten kann es sinnvoll sein, im Produktivgütersektor der Kundenseite noch einen erkennbaren Gestaltungsspielraum nahezulegen oder wenigstens das Gefühl zu vermitteln, selber Entscheidungen getroffen zu haben.

Dickenberger (1979 a und 1979 b) schlägt eine Erweiterung der Reaktanztheorie vor. Wenn *Brehm* (1966) von bedrohter, antizipierter oder realer Freiheitseinengung ausgeht, so ist Freiheit oder Nicht-Freiheit dichotom operationalisiert. Entweder die Person fühlt sich frei oder nicht. Reaktanzstärke wird von der Wichtigkeit des bedrohten Freiheitsraumes determiniert. *Dickenberger* nimmt an, daß - isomorph zur Dissonanztheorie - die Person von der Hypothese ausgeht, Wahlfreiheit zwischen Alternativen zu besitzen. Hinsichtlich dieser Hypothese ist sich die Person mehr oder weniger sicher. Wird die Wahlfreiheit der Person nun in Richtung einer Alternative eingeschränkt, so stellt die Person fest, daß sie entgegen ihrer Anfangshypothese keine oder weniger Wahlfreiheit besitzt. Die beschriebenen Reaktanzeffekte sind dann nichts anderes als ein Vorgang der Dissonanzreduktion.

Reaktanzstärke ist nach dieser Theorie eine Funktion ursprünglicher subjektiver Sicherheit, die jetzt bedrohte Freiheit zu besitzen. Die Reaktanzstärke beeinflußt dann die Motivation zur Wiederherstellung der Freiheit.

Die Thesen von *Dickenberger* stehen nicht im Widerspruch zu der Auffassung von Reaktanzstärke nach *Brehm*. Beide Ansätze ergänzen sich. Sowohl die Bedeutung der bedrohten Freiheit als auch die subjektiv empfundene Sicherheit, Freiheit zu besitzen beeinflussen die Reaktanzstärke.

Reaktanzauslöser	Bestimmung der Reaktanzstärke	Reaktanzeffekte
1. Sozialer Einfluß 2. Umwelt 3. Eigene Entscheidung	1. Überzeugung, Freiheit zu besitzen 2. Wichtigkeit und Ausmaß eingeengter Freiheit 3. Eigene angenommene Sachkompetenz 4. Empfundene Ähnlichkeit der Alternativen	1. Personen tun das Gegenteil 2. Meinungsänderung im Gegensinn 3. Individuelle Wiederherstellung von Freiheit 4. Aggression

Abb. 5-1: Theorie psychologischer Reaktanz im Überblick.

5.2 Die Ambivalenz von Beeinflussungs- und Reaktanzeffekten

In der Kommunikation gibt es ein Ambivalenzproblem: Aus der Reaktanz-Theorie läßt sich ableiten: je stärker die wahrgenommene Beeinflussung, desto stärker ist die ausgelöste Reaktanz und je geringer damit auch die Wirksamkeit der Beeinflussung. Andererseits kann eine erkennbare Form der Beeinflussung notwendig sein, um überhaupt eine Wirkung zu erreichen. Das ist der Beeinflussungseffekt, der überzeugende Charakter der Botschaft, der die Wirkung dieser Botschaft, z.B. eine Einstellungsänderung oder Kaufabsicht in Richtung der Botschaft auslöst. Es ist also mit einem Beeinflussungseffekt in Richtung der Botschaft und einem Reaktanzeffekt im Gegensinn der Botschaft zu rechnen, beide können sich in ihrer Wirkung kompensieren. Eine Botschaft würde dann eine maximale Einstellungsänderung auslösen, wenn die Differenz zwischen Beeinflussungseffekt und Reaktanzeffekt maximal ist. Das ist in Abb. 5-2 dargestellt (vgl. *Dickenberger & Gniech*, 1982, S. 329). Die Ordinate zeigt die Intensität des wahrgenommenen Einflusses, die Abszisse zeigt die Folgen der Beeinflussung. Im positiven Bereich zeigt ein Anstieg des Wertes eine zunehmende Wirkung im Sinne der Kommunikation, beispielsweise ein Befolgen der geforderten Verhaltensweisen in Prozent der zu beeinflussenden Personen oder die Intensität der Motivation der beeinflußten Personen, das geforderte Verhalten zu zeigen. P_1 zeigt das Niveau an wahrgenommenem Beeinflussungsdruck, das wenigstens erreicht werden muß, um überhaupt eine Wirkung zu erreichen. P_2 zeigt das Niveau an wahrgenommener Beeinflussungsstärke, bei dem unter Berücksichtigung von Beeinflussungs- und Reaktanzeffekt die maximale Wirkung erzielt wird. Rechts vom Höchstwert der Beeinflussung nimmt die Wirkung wieder ab, hier beginnt ein Reaktanzeffekt zu wirken, der den

Beeinflussungseffekt zu kompensieren beginnt. Im negativen Bereich, ab P_3 zeigen zunehmende Werte eine zunehmende Bereitschaft gegenteiliges Verhalten zu zeigen oder einen zunehmenden Prozentsatz von Personen, die ein gegenteiliges Verhalten zeigen werden. Ab P_3 ist der Reaktanzeffekt stärker als der Beeinflussungseffekt. Werden Einstellungen im Gegensinn der Botschaft verändert, so wird von einem Bumerangeffekt gesprochen.

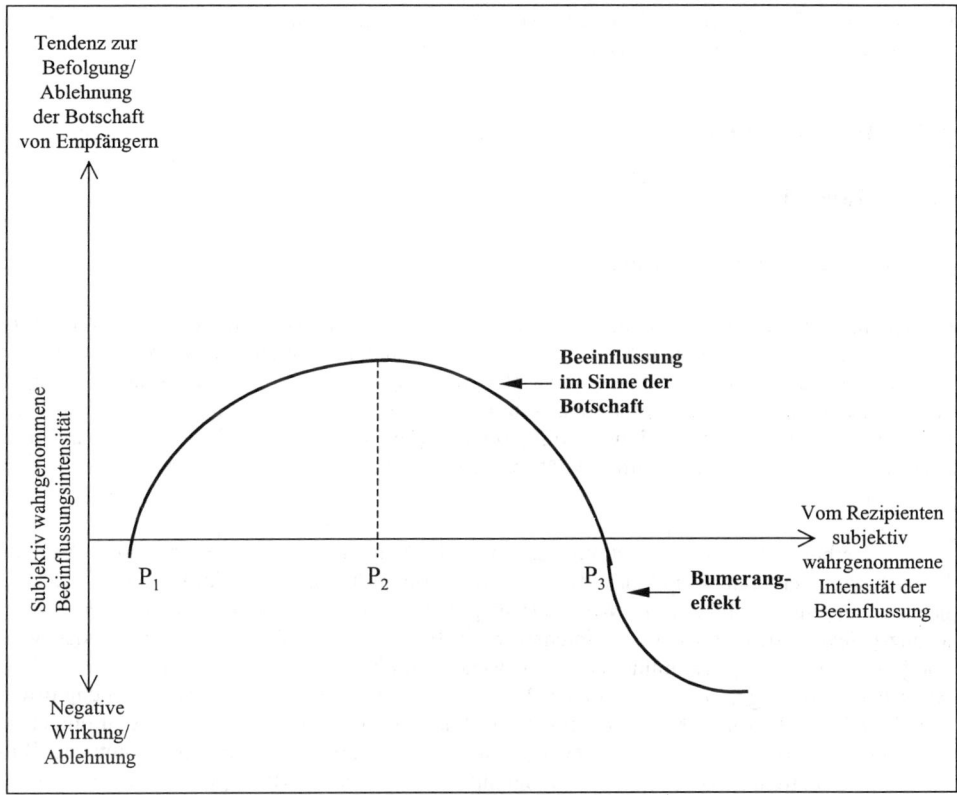

Abb. 5-2: Kommunikative Wirkung in Abhängigkeit wahrgenommener Beeinflussungsintensität (*Dickenberger & Gniech*, 1982, S. 329).

Neben der wahrgenommenen Beeinflussungsintensität wirkt sich vermutlich auch die wahrgenommene Diskrepanz zwischen Einstellung der Empfänger und angestrebter Einstellungsänderung aus."...since discrepant communications with increasing discrepancy will become more and more counterattitudinal, the greater the discrepancy between an initial attitude and the position being advocated, the greater reactance aroused"(*Brehm & Brehm*, 1981, S. 125).

Diese bestehende Ambivalenz macht es schwer, im Falle einer konkrekten Kommunikationsmaßnahme klare Voraussagen hinsichtlich des Auftretens und des Ausmaßes von Beeinflussungs- oder Reaktanzeffekten zu treffen. Bei zunehmender Wichtigkeit des jeweiligen Tatbestandes und/oder bei hoher angenommener Entscheidungskompetenz der Zielgruppe der Beeinflussung ist eher mit Reaktanzeffekten zu rechnen. Bei eher unwichtigen Produkten kann möglicherweise eher ein erkennbarer Beeinflussungsdruck auftreten, ohne daß mit schwerwiegenden Reaktanzeffekten zu rechnen ist.

Dennoch ist die Kenntnis über diese beiden gegenläufigen Effekte durchaus nützlich, immerhin kann daraufhin im konkreten Einzelfall systematisch Marktforschung betrieben werden, um wenigstens ungefähr den optimalen Beeinflussungsdruck zu realisieren.

5.3 Anwendungen

5.3.1 Marketing

5.3.1.1 Marktkommunikation

Gerade in der Marketing-Kommunikation hat die Einstellungsveränderung gegenüber Produkten einen besonders hohen Stellenwert. Die Konsumenten sollen das umworbene Produkt besonders attraktiv finden. Tritt nun diese Beeinflussungsabsicht zu deutlich zutage, so fühlen sich die Zielgruppen der Beeinflussung in ihrem Entscheidungsspielraum eingeengt. Das kann eine schwächere Kommunikationswirkung zur Folge haben, als möglich gewesen wäre, oder sogar eine Veränderung der Attraktivität in die entgegengesetzte Richtung, also einen Bumerangeffekt.

Insbes. Werbung als Kommunikations-Instrument im Marketing ist von vornherein als gezielte Beeinflussung erkennbar und das Ziel derartiger Beeinflussung ist relativ einfach wahrzunehmen. Grundsätzlich kann für Werbewirkung angenommen werden, daß um so eher mit Reaktanz-Effekten zu rechnen ist, je intensiver die Beeinflussungsabsicht wahrgenommen wird und je intensiver ganz bestimmte Verhaltensweisen durch die Botschaft hervorgehoben und als wünschenswert ausgelobt werden. In der Praxis wird häufig versucht die in der Werbung offensichtliche Beeinflussungsabsicht durch Product Publicity oder Product Placement zu umgehen. *Bussmann, Schwarz* und *Kumpf* (1980) prüften u.a. die Hypothese, ob gleichlautende Botschaften, einmal als Werbung und einmal als neutrale Information gekennzeichnet, unterschiedliche Einstellungsfolgen bewirken. Dabei wurden Werbebotschaften einmal in eher moderater Beeinflussungsstärke gestaltet, einmal in extrem hoher Beeinflussungsstärke. Außerdem wurde der gleiche Botschaftsinhalt in Form einer Produktbeschreibung in redaktioneller Form dargeboten, also ebenfalls einmal in moderater und einmal in extrem hoher Beeinflussungsstärke.

Offensichtlich wirkt sich die Beeinflussungsstärke bei Werbung anders aus als bei scheinbar neutralen Botschaften (in redaktioneller Form). Bei neutralen Botschaften ergeben sich bei unterschiedlicher Intensität der Beeinflussungsabsicht größere Unterschiede, als dies bei Werbebotschaften der Fall ist. Bei scheinbar neutralen Botschaften wie Product Publicity wirkt sich demnach eine erkennbar intensive Beeinflussungsabsicht negativer auf den Beeinflussungserfolg aus, als dies bei Werbung zu erwarten ist. Grob vereinfacht ist von Wirkungen entsprechend Abb. 5-3 auszugehen.

	Werbung	Product Publicity
hohe Beeinflussungsintensität	etwas niedrige mittlere Wirkung	sehr niedrige Wirkung
niedrige Beeinflussungsintensität	etwas höhere mittlere Wirkung	sehr hohe Wirkung

Abb. 5-3: Wirkung der Kommunikation in Abhängigkeit von Beeinflussungsintensität und Art der Kommunikationswirkung.

Das kann dadurch erklärt werden, daß bei erkennbarer Werbebotschaft von vornherein mit einer Beeinflussungsabsicht gerechnet wird, jedoch kann bei erkennbaren Werbebotschaften durch sehr starke Beeinflussungsversuche die Wirkung geschmälert werden. Neutrale Botschaften sind in ihren Beeinflussungsfolgen den reinen Werbebotschaften wohl überlegen. Das leitet sich aus den Reaktanzeffekten infolge offensichtlicher Beeinflussungsabsicht ab. Beinhaltet eine solche neutrale Botschaft jedoch intensive, offensichtliche Beeinflussungsversuche, dann reduziert sich der Beeinflussungserfolg bei neutralen Botschaften wesentlich stärker als dies bei Werbebotschaften der Fall ist.

Es gibt eine Anzahl von Techniken, um auch bei Werbebotschaften, um die Wahrnehmung von Beeinflussungsabsicht zu reduzieren:

Ein gewisses Maß an Ablenkung kann dazu führen, daß die Wirkung steigt, weil die Beeinflussung weniger als solche wahrgenommen und somit weniger Reaktanz ausgelöst wird. Empirische Arbeiten von *Festinger* und *Maccoby* (1964) belegen, daß dies möglich ist. So könnte die Tatsache, daß Personen bei der Wahrnehmung von TV- oder Funkwerbung häufig durch andere Tätigkeiten wie Essen, Unterhaltung etc. etwas abgelenkt sind, durchaus die Kommunikationswirkung begünstigen können, was allerdings voraussetzt, daß die Ablenkung nicht zu stark ist. Das wäre bei der Auswahl der Werbeträgergattungen zu berücksichtigen.

Gestalterische Möglichkeiten bieten Humor, Musik, bildbetonte Kommunikation. Alle sind dazu geeignet, die Beeinflussungsabsicht zu kaschieren, bergen aber gleichzeitig die Gefahr in sich, in zu starkem Maße von der eigentlichen Botschaft abzulenken. Dem kann dadurch entgegengewirkt werden Humor, Musik und Bildelemente gemeinsam mit der eigentlichen Botschaft eine gestalterische Einheit bilden (vgl. ausführlich *Unger & Fuchs*, 1999, S. 137 ff. und 453).

Kroeber-Riel und *Meyer-Hentschel* (1982, S. 104-113) schlagen unter reaktanztheoretischen Gesichtspunkten vor,

- darauf zu verzichten, auf Entscheidungsfreiheit hinzuweisen,

- die Bedeutung von Entscheidungsfreiheit herauszustellen,

- durch geschickte sprachliche Formulierungen die Illusion von Freiheit zu schaffen („Sie richten sich ein, wie es Ihnen paßt, ohne Klischees, ohne Konventionen, Sie leben wie Sie wollen....").

Allerdings birgt die Ansprache von Freiheit im Rahmen gezielt beeinflussender Kommunikation immer die Gefahr in sich, die Zielpersonen gerade dadurch zu sensibilisieren.

5.3.1.2 Produktwahl

Clee und *Wicklung* (1980, S. 394) sehen einen Zusammenhang zwischen Preisgestaltung und Produktwahl: „when a price increase constitutes a barrier to free choice and reactance is aroused, the threatened choice alternative (the product) tends to increase in attractiveness". Eine andere Möglichkeit, reaktanztheoretisch die Attraktivität von Produkten zu steigern liegt in einem restriktivem Vertrieb. Wenn ein Produkt nur „in ausgewählten Geschäften" erhältlich ist, steigert die schwierigere Erhältlichkeit die Attraktivität. Beide Effekte können aber auch auf vermutete höhere Qualität (durch höheren Preis oder durch exklusiven Vertrieb) ausgelöst werden.

Auch gesetzliche Maßnahmen können Reaktanz auslösen. Wenn bestimmte Produkte in ihrem Konsum durch Gesetze eingeschränkt werden, kann das deren Attraktivität erhöhen und damit den gewünschten Zielen (z.B. Umweltschutz) entgegenlaufen. Man denke nur an die geradezu irrationale Diskussion, die in regelmäßigen Abständen über Geschwindigkeitsbeschränkungen auf Straßen geführt wird. Auch dabei geht es um Freiheit und Einschränkung derselben im Konsum. Wir wollen die mögliche Wirksamkeit einmal dahingestellt sein lassen, aber würde angesichts des üblichen Verkehrsaufkommens eine Geschwindigkeitsbegrenzung tatsächlich die Freiheit in solchem Maße einschränken, welche derartige Debatten rechtfertigen würde? Wir sehen hier, daß es tatsächlich nicht um tatsächliche, sondern um empfundene Freiheit und deren empfundene Einschränkung geht.

Gelegentlich, seit einiger Zeit zunehmend, wird die Attraktivität von Produkten durch künstliche Verknappung erhöht. Sonderserien, oder Produkte, die nur zu bestimmten Zeiten (so lange Vorrat reicht) verkauft werden, scheinen an Attraktivität zu gewinnen.

5.3.1.3 Persönlicher Verkauf

Beeinflussung kann durch Kommunikations-Kampagnen stattfinden, ebenso findet sie aber auch bei allen Formen des persönlichen Verkaufs statt, sowohl im Vertrieb zwischen Einkäufern des Handels und den Mitarbeitern im Außendienst, als auch beim Verkauf an Konsumenten direkt. Die Problematik ist mit der Beeinflussung durch Werbekampagnen vergleichbar. Auch geht es darum, der gegenläufigen Tendenz von Beeinflussungseffekt einerseits und Reaktanzeffekt andererseits Rechnung zu tragen.

Zu dieser Thematik liegen einige Experimente vor (vgl. *Clee & Wicklund*, 1980 und *Brehm & Brehm*, 1981). Übereinstimmend zeigt sich, daß bei sog. „hard-sell"-Methoden eine größere Reaktanz entstand, als bei „soft-sell"Methoden. Innerhalb eines niedrigeren Niveaus an Beeinflussungsintensität befolgten die Versuchspersonen überwiegend die Beeinflussung. Mit zunehmend wahrgenommener Beeinflussungsstärke traten zunehmende Reaktanzeffekte auf, da sich die Versuchspersonen infolge der Beeinflussungsintensität zunehmend in ihrer Freiheit der Wahlentscheidung zwischen den Alternativen bedroht sahen (*Brehm & Brehm*, 1981, S 334-337; *Clee & Wicklund*, 1980, S. 391 und 392). *Reizenstein* (1971) variierte die Beeinflussungsintensität in einer Form die sehr gut mit einem Ladenverkaufsgespräch vergleichbar war. Hier sank die erfolgreiche Beeinflussung von 73 % ohne Reaktanz auf 13 % bei starker Reaktanz. Die Beeinflussungsintensität wurde dabei stufenweise gesteigert.

5.3.2 Personalpolitik

Es ist wichtig im Zusammenhang mit der Personalpolitik besonders wichtig, noch einmal darauf hinzuweisen, daß Reaktanzeffekte nichts damit zu tun haben,, ob die Freiheitseinengung in irgendeiner Form als legitim oder nicht eingestuft wird. Auch als legitim empfundene Freiheitseinengung kann Reaktanz auslösen.

Für die Personalpolitik ergeben sich naheliegende Konsequenzen: Personalführung, die mit empfundener Freiheitseinschränkung einhergeht, ist weniger erfolgreich als eine Personalführung, die ohne Freiheitseinschränkung auskommt. Das hat noch nicht einmal etwas damit zu tun, daß ein Führungsstil, der mit einem hohen Maß an Freiheitseinschränkung verbunden ist, Mitarbeiter und Mitarbeiterinnen in ihrer Persönlichkeit abwertet, entmündigt. Wer Freiheit einschränkt, hat nicht nur die Reaktanzeffekte in Kauf zu nehmen. Es sind ferner Ressourcen zur Durchsetzung der Freiheitseinschränkung erforderlich. Notwendige Freiheitseinschränkungen lassen sich begründen und werden dann normalerweise auch akzeptiert. Bei der Produktion von Dienstleistungen und anderen Gütern kann es entsprechende Sachzwänge geben, welche die Arbeitszeit betreffen. Dann empfiehlt es sich dafür anderweitigen Ausgleich zu schaffen.

Konkret ist die Reaktanztheorie relevant für Arbeitszeitregelungen und den Bereich der „Dienstanweisungen" und damit zusammenhängender Kontrollen. Reaktanztheoretische Effekte legen die Annahme der Ineffizienz freiheitseinengender Führungsstile sehr nahe.

Literatur

Brehm, J. W. A theory of psychological reactance. New York, San Francisco, London: 1966.

Brehm, S. S. & Brehm, J. W.: Psychological reactance: A theory of freedom and control. New York, London, Toronto: 1981.

Bussmann, W., Schwarz, N. & Kumpf, M.: Psychologische Reaktanz in der Anzeigenwerbung kein Problem? Vortrag auf der 22. Tagung der experimentell arbeitenden Psychologen. Tübingen: 1980.

Clee, M. A. & Wicklund, R. A.: Consumer behavior and psychological reactance. Journal of Consumer Research, 1980, **6**, 389-405.

Dickenberger, D.: Vergleich zweier Theorien: Reformulierte Theorie der kognitiven Dissonanz und erweiterte Theorie der psychologischen Reaktanz. In: Eckensberger, L. H. (Hrsg.): Bericht über den 31. Kongreß der Deutschen Gesellschaft für Psychologie in Mannheim: 1978. Göttingen, 1979 (a), 375-376.

Dickenberger, D.: Ein neues Konzept der Wichtigkeit von Freiheitskonsequenzen für die Theorie der Psychologischen Reaktanz. Weinheim: 1979 (b).

Dickenberger, D. & Gniech, G.: The theory of psychological reactance. In: Irle, M. (ed.): Studies in decision making – social psychological and socio-economic analyses. Berlin, New York: 1982, 311-341.

Dickenberger, D., Gniech, G. & Grabitz, H.-J.: Die Theorie der psychologischen Reaktanz. In: Frey, D. & Irle, M. (Hrsg.): Theorien der Sozialpsychologie, Band I: Kognitive Theorien. (2. Aufl.). Bern, Göttingen, Toronto, Seattle: 1993, 243 – 273.

Festinger, L. & Maccoby, N.: On resistance to persuasive communications. Journal of Abnormal and Social Psychology, **68**, 359-366.

Frey, D. & Irle, M. (Hrsg.): Theorien der Sozialpsychologie, Band I: Kognitive Theorien (2. Aufl.). Bern, Göttingen, Toronto, Seattle: 1993.

Irle, M. (ed.): Studies in decision making – social psychological and socio-economic analyses. Berlin, New York: 1982.

Kroeber-Riel, W. & Meyer-Hentschel, G.: Werbung – Steuerung des Konsumentenverhaltens. Heidelberg: 1982.

Reizenstein, R. C.: A dissonance approach to measuring the effectiveness of two personal selling techniques through decision reversal. Proceedings, American Marketing Association, 1971, 176-180.

Unger, F. & Fuchs, W.: Management der Marktkommunikation (2. Aufl.). Heidelberg: 1999.

6. Attributionstheorien

6.1 Theorien

6.1.1 Naive Psychologie

„Der *fundamentale Attributionsfehler* bezieht sich auf die allgemeine menschliche Tendenz, Persönlichkeits- und dispositionelle Faktoren im Vergleich zu situativen Einflüssen oder Umwelteinflüssen in ihrer Bedeutung zu überschätzen, wenn sie die Ursachen sozialen Verhaltens beschreiben und erklären" (*Aronson*, 1994, S. 170). Wir wollen das aber noch etwas genauer darstellen.

Personen versuchen, sich die Welt zu erklären. Sie fragen ständig nach den Ursachen für Ereignisse jeglicher Art. Die Motivation dazu begründet sich in der subjektiv empfundenen Notwendigkeit, angemessen auf die Umwelt reagieren zu können. Dabei geht es nicht um objektiv richtige, sondern um subjektiv für richtig angesehene Erklärungsversuche des Geschehens. Derartige Erklärungsversuche betreffen auch die Erklärung eigenen Verhaltens. Das dient auch dazu das eigene Selbstbild (die Vorstellungen, die eine Person über sich selber aufrecht hält und deren Bewertung) gegen Abwertungen zu verteidigen oder sogar zu steigern (sog. Selbstwerterhöhung). Dieses Feld behandelt eine Reihe von Attributionstheorien. Sie erklären das, was Laien als den „gesunden Menschenverstand" bezeichnen.

Die Attributionstheorien zeigen recht eindrucksvoll, daß dieser „gesunde Menschenverstand" keineswegs dazu geeignet sein muß, brauchbare Erklärungen aus dem täglichen Erleben heraus zu liefern. Damit wird auch Manager/innen als Entscheidungsträger/innen und Beobachter/innen der Spiegel vorgehalten. Im Alltagsleben sind wir alle „naive Wissenschaftler/innen", deren Erklärungsversuche sich von wissenschaftlichen Erklärungen durch eine weit geringere Systematik unterscheiden. *Heider* (1958) bezeichnet seine Theorie daher auch als „naive Psychologie". Im Alltagsleben geben sich Menschen mit weniger Informationen zufrieden und bevorzugen bestimmte Erklärungen (z.B.: Selbstwerterhöhung). Außerdem suchen „naive Wissenschaftler/ innen" Sicherheit, sie wollen, daß die Richtigkeit ihrer Annahmen bestätigt wird. In der Wissenschaft als Erkenntnissuche wird systematisch versucht, durch das Aufdecken von Fehlern, immer bessere Erklärungen zu finden. Im folgenden wollen wir einige der wichtigen Attributionstheorien vorstellen, es gibt nämlich nicht die eine vorherrschende Attributionstheorie sondern eine Reihe relativ unabhängig voneinander entwickelter Attributionstheorien, die sich jeweils spezielle Fragestellungen unterscheiden lassen (*Heider*, 1958, dt. 1977; *Jones & Davis*, 1965; *Kelley*, 1967, 1972, 1973 und *Bem*, 1967, 1972; neuere Ansätze liefert *Hewstone*, 1983 und 1989).

6.1.2 Person und Umwelt als erklärende Faktorengruppen

Wir wenden uns zuerst dem ältesten Ansatz zu: *Heider* (1958). Es wird gefragt, ob bestimmte Handlungsresultate X eher auf Faktoren zurückzuführen seien, die innerhalb der Person zu suchen seien oder in seiner Umwelt bzw. Situation der Handlung.

$$X = f(f\!f \text{ Person}; f\!f \text{ Umwelt}).$$

„$f\!f$ Person" bedeutet, daß es sich um eine Gruppe von Persönlichkeitsfaktoren handelt und „$f\!f$ Umwelt" bedeutet analog, daß es um eine Gruppe von Umweltfaktoren handelt, die das Handlungsresultat auslösen können (daher $X = f(....)$).

Es genügt, wenn Faktoren aus einer der beiden Faktorengruppen wirksam werden, d.h. daß das Handlungsresultat aus Sicht der attribuierenden Person auch ausschließlich auf Persönlichkeits- oder Umweltfaktoren zurückzuführen sein kann. Es ist also denkbar, daß eine Person meint, daß ein Handlungsresultat ausschließlich auf die Fähigkeiten der eigenen Person oder einer beobachteten Person zurückzuführen sei. Ebenso kann ein Handlungsresultat als vollkommen unabhängig von Fähigkeiten einer handelnden Person wahrgenommen und so ausschließlich auf die, vielleicht zufällig eintretende Wirksamkeit von Umweltfaktoren zurückgeführt werden. Die handelnde Person hat dann mit dem Ereignis nichts zu tun. Eigentlich verbietet es sich dann, von einem Handlungsresultat zu sprechen. Eine bestimmte Verhaltensweise und ein eintretendes Ereignis haben aus Sicht einer beobachtenden und attribuierenden Person nichts miteinander zu tun.

In der Arbeitspsychologie wird immer wieder betont, daß Leistungsresultate hinsichtlich der Persönlichkeitsfaktoren im wesentlichen auf Motivation und Fähigkeit zurückzuführen seien. Dem trägt *Heider* (1977, S. 103) Rechnung und teilt die Gruppe der Persönlichkeitsfaktoren in zwei Untergruppen auf: Fähigkeit und Motivation. So entsteht:

$$X = f(\text{Motivation, Fähigkeit, Umwelt}).$$

Motivation und Fähigkeit müssen nun allerdings multiplikativ miteinander verknüpft sein, wenn überhaupt die Gruppe der Persönlichkeitsfaktoren als Erklärung für Handlungsresultate herangezogen werden sollen. Ohne jede Fähigkeit ist Motivation nicht wirksam, ohne jegliche Motivation können Fähigkeiten nicht wirksam werden.

Einige Beispiele zur Illustration:

T. schlägt B., weil er leicht reizbar ist (P) oder weil Bernd ihn geärgert hat (U).

F. ist nett zu A, weil er ein freundlicher Mensch ist (P) oder weil er etwas von A will (U).

X bestand die Klausur, weil sie begabt ist (P) oder weil die Aufgaben besonders leicht waren (U).

Es wird davon ausgegangen, daß der Faktor „Fähigkeit" über viele Situationen und Raum und Zeit hinweg stabil ist. Der Faktor „Motivation" unterliegt größeren Schwankungen. Auch Umweltfaktoren lassen sich in eine stabile und eine instabile Faktorengruppe untergliedern. In der

Umwelt ist z.B. die Aufgabenschwierigkeit angesiedelt, diese gilt als stabil, dazu kommt der instabile Faktor „Zufall" (*Weiner*, 1972; *Weiner* et al. 1972).

Unter Selbstwertaspekten neigen Personen dazu, eigenen Erfolg eher der eigenen Person zuzuschreiben und eigenen Mißerfolg eher Umweltfaktoren, wie beispielsweise Aufgabenschwierigkeit. Bei anderen Personen neigen sie, ebenfalls unter Selbstwertaspekten zur umgekehrten Vorgehensweise: Erfolg anderer Personen wird eher der Umwelt zu geschrieben („Die Aufgabe war aber leicht, das hätte ich auch gekonnt"), Mißerfolg wird eher der handelnden Person zugeschrieben (vgl. unter arbeitsmotivationalen Aspekten *Vroom*, 1964, S. 129).

Die eingangs dargelegte These, Handlungsresultate auf Umwelt- oder Personenfaktoren zurückzuführen ($X = f$ (*ff* Person, *ff* Umwelt) hat zu weiterreichenden Annahmen geführt. Weit verbreitet ist die These von *Jones* und *Nisbett* (1972, S. 82), wonach Personen bei eigenem Verhalten den Einfluß von Umweltfaktoren überschätzen und den von Personenfaktoren unterschätzen, während bei der Beobachtung anderer Personen Umweltfaktoren unterschätzt und Personenfaktoren überschätzt werden. *Farr* und *Anderson* (1983, S. 47-55) kritisieren diese These heftig, sie ist empirisch nicht stark untermauert (vgl. auch *Hewstone & Antaki*, 1992, S. 129), wenn auch eine gewisse Plausibilität nicht von der Hand zu weisen ist. *Watson* (1982) schränkt die These von *Jones* und *Nisbett* (1972) insofern ein, als er lediglich zu dem Resultat kommt, daß Personen bei eigenem Verhalten situative Faktoren schwächer einschätzen als bei der Beobachtung anderer Personen. Das kann darauf zurückgeführt werden, daß wir bei eigenem Verhalten einfach mehr über unsere inneren Motive, Ängste, Ziele eigene Anstrengung, kurz über Persönlichkeitsfaktoren wissen, als über andere beobachtete Personen (*Hewstone & Antaki*, 1992, S. 130).

Das ist eine mögliche Erklärung für den „fundamentalen Attributionsfehler", den wir schon als „Einstieg" in dieses Kapitel dargestellt haben, nämlich die grundsätzliche Überschätzung von Verhaltensdispositionen und die Unterschätzung von Situationsfaktoren bezeichnet: „Our exploration of the intuitive psychologist's shortcomings must start with his general tendency to overestimate the importance of personal or dispositional factors relative to environmental influences" (*Ross*, 1977, S. 164).

Die differenziertere Art der Attribution, Erfolg und Mißerfolg unterschiedlich zu attribuieren, je nachdem, ob es sich um Erfolg/Mißerfolg der eigenen Person und einer anderen Person handelt, ist mit hoher Wahrscheinlichkeit Selbstwertschutz motiviert. Bei eigenem Erfolg sieht eine Person eher Personenfaktoren von stärkerem Einfluß und Situationsfaktoren von schwächerem Einfluß. Bei Mißerfolg wird der Einfluß situativer Faktoren über- und der persönlicher Faktoren unterbewertet. Genau umgekehrt verläuft der Attributionsprozeß dann, wenn fremdes Verhalten beobachtet und die Folgen des Verhaltens attribuiert werden. Jetzt wird Erfolg eher Umweltfaktoren zugeschrieben, Mißerfolg eher Personenfaktoren (*Snyder, Stephan & Rosenfield*, 1976). Weitere empirisch belegte Beispiele für unterschiedliche Attributionsmuster finden sich bei *Herkner* (1980, S. 43-45).

Kruglanski (1975) stellt die Hypothese auf, daß die Unterscheidung in externe und interne Attribution nur bei Erfolg/Mißerfolg (also einzelnen Folgen von Handlungen als Ereignissen) sinnvoll sei, nicht aber bei andauernden Verhaltensweisen, da diese immer durch die Person ausgelöst würden, also intern attribuiert würden. Das ist nicht folgerichtig. Auch eine Verhaltensweise, die lange andauert kann entweder durch innere Motivation ausgelöst werden oder durch äußere Faktoren, z.B. das Vorhandensein anderer Personen, externe Belohnungen oder Zwang (im Extrem: die handelnde Person wird erpreßt).

6.1.3 Auf der Suche nach den Motiven

Oft fragen Menschen differenzierter danach, warum eine Person eine bestimmte Handlung begeht, bzw. warum bestimmte Handlungsresultate aufgetreten sind. Wie sich Personen die Motivationsstrukturen anderer Personen zu erschließen glauben, erklärt die Attributionstheorie von *Jones* und *Davis* (1965). Es wird angenommen, daß beobachtetes Verhalten und die Absicht, die zu diesem Verhalten geführt hat, den Schluß auf stabile Persönlichkeitseigenschaften zulassen. Im Rahmen des Attributionsprozesses schlußfolgern Personen, daß beobachtbares Verhalten und die diesem Verhalten zugrunde liegenden Absichten mit stabilen Persönlichkeitseigenschaften der beobachteten Person korrespondieren, daher wird dies auch als die „Theorie der korrespondierenden Schlußfolgerungen bezeichnet" (*Hewstone, & Antaki*, 1992, S.114).

In einer sehr einfachen Vorgehensweise könnten beobachtende Personen von den eintretenden Folgen einer Handlung auf Fähigkeiten und Kenntnisse der handelnden Personen und von dort auf die Intensionen/Absichten der handelnden, beobachteten Person schlußfolgern. Beobachter müssen also annehmen, daß ein Akteur die Folgen seines Tuns kennt. Dieser Ablauf läßt sich entsprechend Abb. 6-1 darstellen:

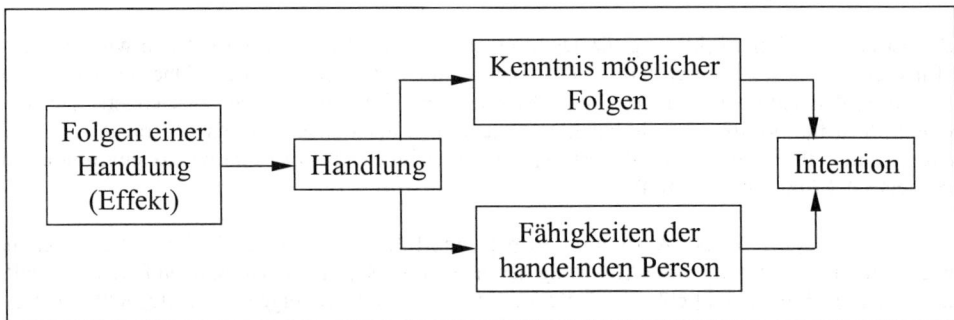

Abb. 6-1: Der Schluß von den Handlungsfolgen auf damit korrespondierende Intentionen.

Handlungseffekte sind aus Sicht der Beobachtenden beabsichtigt und nicht durch andere Faktoren ausgelöst worden. Aus beobachteten Handlungen und deren Folgen wird auf die Fähigkeit der handelnden Person geschlossen und auf ihre Kenntnis hinsichtlich der Folgen ihrer Verhaltensweisen. Daraus wird die Handlungsabsicht erschlossen (Intention).

Das alleine, die Vermutung über eine Handlungsabsicht, erlaubt aber noch keinen Schluß auf die sich hinter den Intentionen verbergenden Motiven, den „Dispositionen einer Person".

a) Wenn eine Handlung nur sehr wenige Folgen erwarten läßt, im Extremfall nur eine, dann scheinen Schlußfolgerungen auf die Motive der handelnden Person eher möglich, als wenn eine Handlung sehr viele unterschiedliche Folgen auslösen kann.

b) Wenn eine Handlung zu im üblichen Leben als sehr ungewöhnlich angesehenen Folgen führt (ein Verkäufer verärgert einen Kunden), dann ist der Schluß auf Motive dieser Person eher möglich, als wenn eine Handlung zu als sehr üblich angesehenen Schlußfolgerungen führt (Verkäufer ist freundlich zu Kunden). Das ist das Konzept der Theorie korrespondierender Schlußfolgerungen nach *Jones* und *Davis* (1965). In diesem Zusammenhang wird einmal die „soziale Erwünschtheit" der eintretenden Effekte und außerdem das Maß in dem diese als „allgemein üblich" angesehen werden, relevant:

Daß ein Kunde freundlich behandelt wird gilt als sozial erwünscht und üblich, läßt also kaum Rückschlüsse auf Motive des Verkaufspersonals zu. Wenn A durch B sehr gereizt wird und A am Ende gegenüber B tätlich wird, und B ein gebrochenes Nasenbein beklagt, dann ist das zwar nicht sozial erwünscht, wird aber je nach sonstigen Umständen (z.B. nächtliche Kneipentour) auch nicht als unüblich eingestuft. Es ist also aus dieser Situation heraus noch nicht möglich auf eine durch besondere Aggressivität gekennzeichnete Motivstruktur bei A zu schließen, ja nicht einmal auf eine solche Motivstruktur gegenüber B.

Der Informationsgehalt für eine beobachtende Person hinsichtlich der gesuchten Dispositionen der beobachteten Person ist hoch, wenn eine Handlung einer Person bezüglich der Folgen stark von den Handlungsfolgen der Durchschnittspersonen abweicht - und wenn außerdem noch die Anzahl der von der beobachteten Handlung zu erwartenden Effekte gering ist. Dann wird von den wenigen, exakt einer bestimmten, und zudem nicht allgemein üblichen Handlung zuzuschreibenden Effekte auf personenspezifische Motive geschlossen. Es liegt eine **hohe Korrespondenz** von Handlungsfolgen und Motiven vor.

Genau umgekehrt ist der Fall, wenn eine Handlung mehrere Effekte auslöst und diese Effekte auch noch als üblicherweise intendiert oder als allgemein sozial erwünscht angesehen werden. Es liegt eine sog. **triviale Mehrdeutigkeit** vor. Es sind aus dieser Situation heraus keine Informationen über spezifische Dispositionen bzw. Motive der handelnden Person erhältlich.

Jetzt kommen wir von den beiden extremen Möglichkeiten (hoher Informationsgehalt der Situation oder kein Informationsgehalt der Situation) zu zwei Zwischenformen.

Nehmen wir an, daß eine Verhaltensweise mehrere Effekte auslöst, die aber alle als nicht üblich und sozial als nicht erwünscht angesehen werden, dann ist die Situation zwar mehrdeutig, läßt aber doch einige Rückschlüsse auf möglicherweise vorhandene Motive der handelnden Person zu. Diese Situation wird als **interessante Mehrdeutigkeit** bezeichnet.

Treten wenige, oder idealerweise nur ein Effekt als Folge der Handlung einer Person auf, so kann zwar angenommen werden, daß dieser eine oder diese wenigen Effekte motivational begründet sind, es gibt aber dafür nicht die Sicherheit, die Menschen im Alltagsleben anstreben. Aus dem freundlichen Verhalten einer Verkäuferin gegenüber einem Kunden kann nicht auf personenspezifische Motive geschlossen werden, da es als allgemein üblich und sozial erwünscht angesehen wird, Kunden freundlich zu behandeln. Es liegt sog. **triviale Klarheit** vor, eine Begriffsbezeichnung, die durchaus zur Verwirrung beitragen kann, denn klar ist die Situation keinesfalls, sie ist so üblich, daß keine Schlußfolgerungen gezogen werden können und von beobachtenden Personen im allgemeinen auch nicht gezogen werden. Diese Zusammenhänge werden in Abb. 6-2 zusammengestellt.

Etwas mehr Informationen erhält eine beobachtende Person, wenn die handelnde Person vor mehreren Alternativen steht, die unterschiedliche Effekte zur Folge haben: Nehmen wir an, daß die Alternative X die Effekte a, b, c auslöst, die Alternative Y die Effekte a und b. Wenn eine Person sich in dieser Situation für X entscheidet, so ist sich die beobachtende Person sicher, daß c ein nicht unerwünschter, ja vielleicht sogar der eine erwünschte Effekt ist. So eindeutig diese Situation im Alltagsleben scheint, so unklar ist sie in Wirklichkeit, da wir nicht wissen können, ob sich ein Akteur der erwünschten und unerwünschten Folgen von Handlungen wirklich bewußt ist, welche Effekte auftreten, die wir nicht beobachten, ob der Akteur bewußt oder routinemäßig handelt, ohne die Folgen zu bedenken usw.

	Ausmaß sozialer Erwünschtheit der eingetretenen Effekte und Ausmaß, in dem diese als üblich angesehen werden	
	Niedrig	Hoch
Wenige bis nur ein Effekt als Folge der Handlung	Es tritt (im Extrem) nur ein Effekt auf, und dieser ist sozial nicht erwünscht und/oder unüblich: **Hohe Korrespondenz**	Es tritt (im Extrem) nur ein Effekt auf, und dieser ist sozial erwünscht und/oder üblich: **Triviale Klarheit**
Viele Effekte als Folge der Handlung	Es treten mehrere bis viele Effekte auf, und diese sind sozial nicht erwünscht und/ oder unüblich: **Interessante Mehrdeutigkeit**	Es treten mehrere bis viele Effekte auf, und diese sind sozial erwünscht und/oder allgemein üblich: **Triviale Mehrdeutigkeit**

Abb.: 6-2: Anzahl üblicher/sozial erwünschter bzw. unüblicher/sozial unerwünschter Effekte von Handlungen und Möglichkeiten der Schlußfolgerung auf Motivstrukturen handelnder Personen (in Anlehnung an *Jones & Davis*, 1965, S. 229).

Alle hier beschriebenen Attributionen sind an die Voraussetzung geknüpft, daß die attribuierenden Person bei der handelnden Person Handlungsfreiheit bzw. Wahlfreiheit zwischen vorliegenden Alternativen annimmt.

6.1.4 Attributionsunterschiede nach einmaliger oder mehrmaliger Beobachtung: Das Konfigurationsprinzip und das Kovariationsprinzip

Was glauben wir nach mehrmaliger Beobachtung einer Person über Motive oder andere Verhaltensbereitschaften zu wissen? Was kann dagegen aus einmaliger Beobachtung geschlossen werden?

Kelley erweitert die bis dahin vorliegenden Attributionstheorien dadurch, indem Attributionen, denen einmaligen Beobachtungen zugrunde liegen, solchen Attributionen gegenübergestellt werden, denen mehrmalige Beobachtungen zugrunde liegen. Bei mehrmaliger Beobachtung kommt das **Kovariationsprinzip** zum Tragen, bei einmaliger Beobachtung das **Konfigurationsprinzip**.

a) das Kovariationsprinzip

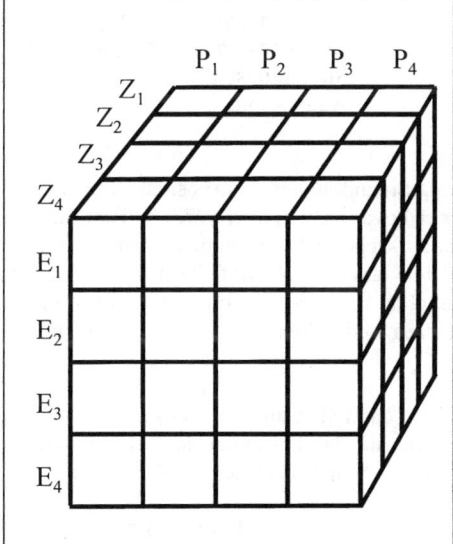

Abb. 6-3 a: Allgemeine Darstellung des Kovariationsprinzips (*Kelley*, 1973. S. 110).

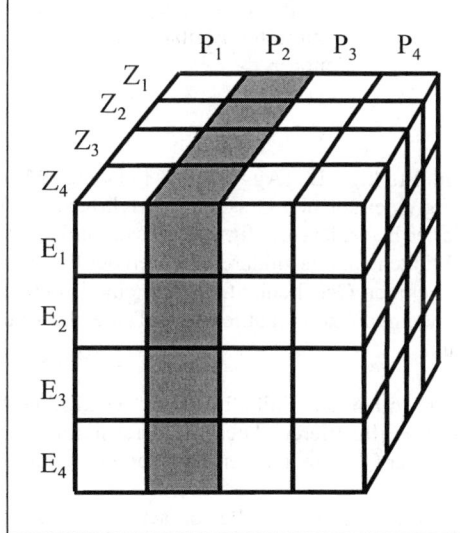

Abb. 6-3 b: Attribuierte allgemeine Verhaltensbereitschaft einer Person (P_2) zu allen Zeiten gegenüber gegenüber allen Entitäten (*Kelley*, 1973, S. 110).

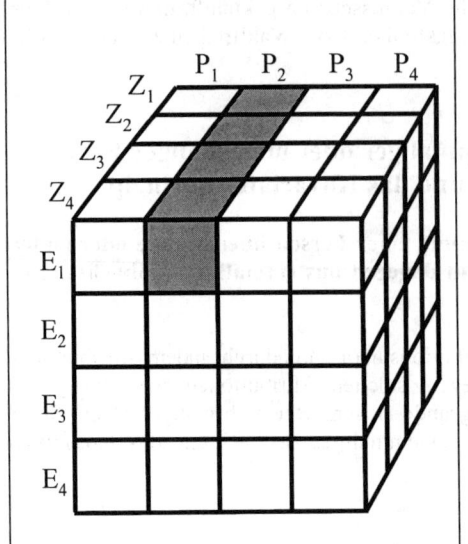 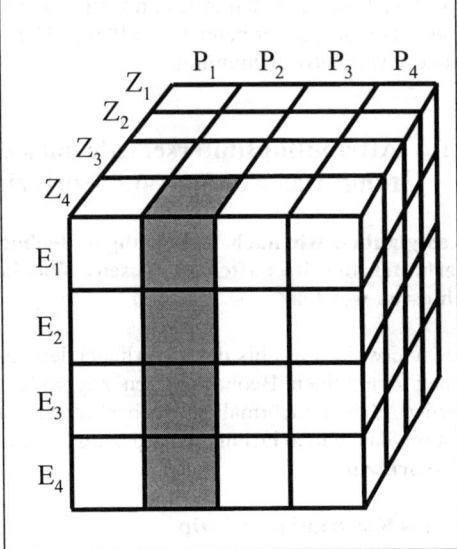

Abb. 6-3 c: Attribuierte Verhaltensbereitschaft einer Person (P_2) gegenüber einer bestimmten Entität (E_1) zu allen Zeiten.

Abb. 6-3 d: Attribuierte Verhaltensbereitschaft Gegenüber vielen Entitäten zu einem bestimmten Zeitpunkt. Die Situation ist also Ursache der Aggression.

Ein Effekt, z.B.: Aggression, Leistung, Mißerfolg, Freundlichkeit, Nervosität, Ängstlichkeit wird einer solchen Ursache zugeschrieben, mit der er kovariiert (*Kelley*, 1973, S. 108), d.h. mit der er besonders häufig gemeinsam auftritt. Solche Ursachen können sein: Personen, Zeit und Entitäten sind besondere Faktoren der Situation: „Die Klasse *Entität* umfaßt (stabile) Merkmale derjenigen Gegebenheit, auf die eine Handlung gerichtet ist". Dabei kann es sich um Produkte handeln, die zu verkaufen sind, Texte, die zu übersetzen sind, allgemein, Aufgaben, die zu lösen sind.

Wir wollen das bildhaft anhand des „Kelley-Würfels" darstellen und anhand aggressiven Verhaltens illustrieren. Dieser Würfel definiert sich durch die Dimensionen des/der Handelnden, des/ der Objekte und der Situation(en): Akteur x Objekt x Situation (*Ross*, 1977, S. 179):

Nehmen wir an, eine Person sei gegenüber vielen anderen Personen (Entitäten) zu vielen Zeitpunkten aggressiv. Dann können wir auf eine vorhandene Verhaltensbereitschaft schließen, aggressives Verhalten zu zeigen (Abb. 6-3b). Nehmen wir an, diese Person sei über alle Zeitpunkte hinweg lediglich gegenüber bestimmten Entitäten aggressiv. Dann scheint diese Person gegenüber bestimmten Personen besonders aggressiv ausgeprägte Verhaltensbereitschaften zu besitzen (Abb. 6-3c). Wenn eine Person lediglich zu einem bestimmten Zeitpunkt gegenüber anderen Personen (Entitäten) aggressiv reagiert, dann scheint der Zeitpunkt und die an diesem

Zeitpunkt beschreibbare Situation das auslösende Moment für das aggressive Verhalten zu sein (Abb. 6-3d). Wird hingegen das aggressive Verhalten von vielen Personen gegenüber einer Entität gezeigt, so läßt das aggressive Verhalten keine Rückschlüsse auf die Verhaltensbereitschaften der beobachteten Personen zu (Abb.6-3e), vielleicht ist die Entität die Ursache. Keinerlei Informationen über Verhaltensbereitschaften liefert die Situation in Abb. 6-3 f.

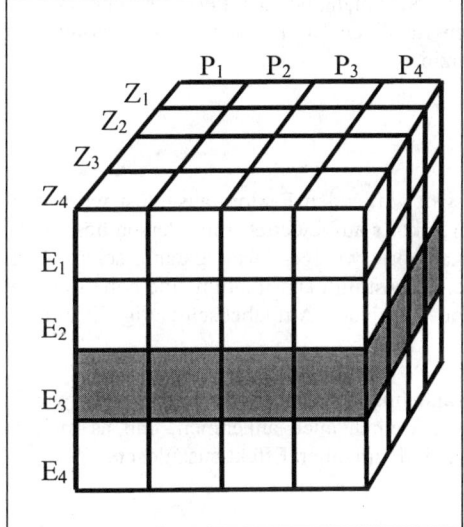

Abb. 6-3 e: Viele Personen sind zu allen Zeitpunkten aggressiv gegen eine Entität.

Abb. 6-3 f: Keine Möglichkeit, eine allgemeine Verhaltensbereitschaft zu attribuiren.

Abb. 6-3 e: Keine Möglichkeit, eine allgemeine Verhaltensbereitschaft zu attribuieren.

Da diese Vorgehensweise strukturmäßig an die wissenschaftliche Varianzanalyse erinnert, wird sie auch „naive Varianzanalyse" genannt: Die „naive Version ist zweifellos eine schwache Kopie der wissenschaftlichen (Version) - unvollständig, anfällig gegenüber Vorurteilen, bereit, auf unvollständiger Grundlage zu arbeiten, uns so weiter. Gleichwohl hat sie einige allgemeine Merkmale mit der Varianzanalyse gemeinsam, so wie wir Verhaltenswissenschaftler sie benutzen" (*Kelley*, 1973, S. 109).

b) das Konfigurationsprinzip

Was könnte ein Beobachter „wissen", wenn unsere Person nur zu einem Zeitpunkt gegenüber einer Person aggressives Verhalten zeigt, also nur eine Beobachtung zur Verfügung steht? Die Attribution bestimmter Effekte auf bestimmte Ursachen erfolgt nach der Konfiguration einer Situation, die aus dem Vorhandensein und den Beziehungen verschiedener Faktoren zueinander besteht. Das wird auch als „Gestalt" einer Situation bezeichnet. Personen entwickeln aus ihrer eigenen Alltagserfahrung heraus vorgefertigte Meinungen darüber, wie bestimmte Faktoren sich zueinander verhalten. Anstrengung, Ablenkung, private Probleme, Aufgabenschwierigkeit, Betriebsklima mögen solche Faktoren sein, die miteinander in einer Arbeitssituation gemeinsam wirksam werden, sich in irgendeiner Weise gegenseitig beeinflussen, und so nach Meinung einer Person ein Leistungsresultat einer anderen Person fördern oder behindern. Die Attribution erfolgt nach *Kelley* (1972) nach dem Prinzip kausaler Schemata, wonach Personen innerhalb der Gestalt der Situation nach hinreichenden Gründen für einen Effekt suchen. Das erfolgt nach dem Aufwertungs- oder nach dem Abwertungsprinzip.

ba) das Aufwertungsprinzip

Nehmen wir an, daß ein Effekt trotz eines entgegen wirkenden Faktors ausgelöst wird, dann wird die Bedeutung eines unterstützenden anderen Faktors aufgewertet: Eine Person besitze das Vorurteil, wonach Menschen einer bestimmten Kategorie weniger leistungsfähig seien. Wenn Sie nun bei einem Menschen dieser Kategorie in einer bestimmten Situation eine hohe Leistung beobachtet, so wird sie die Faktoren Glück und/oder fehlende Aufgabenschwierigkeit aufwerten.

Personen können nach dem Aufwertungsprinzip annehmen, daß mehrere Faktoren notwendig sind, um einen bestimmten Effekt auszulösen; sie können auch annehmen, daß es mehrere Faktoren gibt, die jeder für sich alleine hinreichend sind, um einen Effekt auszulösen.

bb) das Abwertungsprinzip

Dieses Prinzip ist zwingend an die Annahme geknüpft, daß eine Person annimmt, mehrere Faktoren gleichzeitig könnten einen bestimmten Effekt auslösen. Jeder einzelne der vorhandenen Faktoren wird als hinreichende mögliche Ursache für einen bestimmten Effekt angesehen. Dann wird derjenige Faktor abgewertet, der durch andere plausiblere Faktoren ersetzt werden kann. Was eine Person für plausiblere Faktoren hält, bestimmen ihre Meinungen, Vorurteile, Erfahrungen usw.

Eine Person möge annehmen, daß gute Beziehungen zu Vorgesetzten, Fähigkeit und Motivation der Karriere förderlich seien. Wenn sie jetzt beobachtet, daß ein „Karrierekonkurrent" eine höher dotierte Position erhält, so mag sie Fähigkeit und Motivation abwerten, weil für sie den Faktor „gute Beziehungen" für plausibler hält.

Das Prinzip kausaler Schemata ist nicht unumstritten. *Hewstone* und *Antaki* (1992, S. 119) kritisieren den bisher nicht ausreichenden Nachweis der tatsächlichen Existenz derartiger Schemata, was dazu veranlassen kann, derzeit davon auszugehen, daß „Menschen handeln, *als ob* sie Schemata verwenden würden".

6.1.5 Was können wir über unsere eigenen Motive wissen?

Woher kennen Menschen ihre eigenen Einstellungen, Motive, Emotionen? Personen lernen ihre eigenen Einstellungen, Emotionen und andere internen Zustände teilweise dadurch, daß sie ihr eigenes Verhalten beobachten, einschließlich der äußeren Umstände des betreffenden Verhaltens. Personen können sich ihre eigenen Motive nicht direkt erschließen, sie tun dies über die Beobachtung eigenen Verhaltens, so als ob sie andere Personen beobachten würden. Das ist der Ausgangspunkt der Theorie der Selbstwahrnehmung von *Bem* (1967, 1972).

Oft sind nämlich die internen Signale, aus denen heraus wir unsere eigenen Motive oder Gemütszustände erschließen schwach, mehrdeutig oder schwer interpretierbar. Aus diesem Grund nehmen Personen bei der Beobachtung und Interpretation eigenen Verhaltens die gleiche Position ein, wie ein externer Beobachter, der das Verhalten anderer Menschen beobachtet und erklärt (*Bem*, 1972, S. 2 ff.). Wir beobachten also unserer eigenes Verhalten und ziehen daraus Schlüsse, so ähnlich, wie es ein externer Beobachter ebenfalls tun würde. Dabei können dann ähnliche Attributionen erfolgen, wie sie bei den vorangehenden Attributionstheorien auftreten.

Die Schlußfolgerung auf internen Einstellungen, Motive, Emotionen erfolgt **nach** Handlungen. Dieser Mechanismus ist dem ähnlich, den die Theorie kognitiver Dissonanz erklärt. Nach Handlungen werden handlungskonforme Kognitionen gebildet. Die Theorie der Selbstwahrnehmung beansprucht eine Alternative zu einigen Aussagen der Theorie kognitiver Dissonanz zu liefern. Beide Theorien thematisieren das nachträgliche Interpretieren von Handlungen. Auch die Theorie der Selbstwahrnehmung nach *Bem* (1967, 1972) zeigt, wie Menschen nach Handlungen Interpretationen suchen, die mit ihrem Selbstkonzept vereinbar sind. Dabei suchen sie kognitive Konsonanz und versuchen kognitive Dissonanz zu vermeiden. *Irle* (1975) zeigt nach Prüfung einer Reihe (aus Platzgründen hier nicht einzeln aufführbarer) empirischer Arbeiten, daß der Anspruch der Theorie der Selbstwahrnehmung, eine eigenständige Alternative zur Dissonanztheorie zu sein nicht akzeptabel ist. Es finden sich keine Erklärungen menschlichen Verhaltens, die nicht auch von der Theorie kognitiver Dissonanz zu liefern sind. Damit wäre sie lediglich ein spezieller Anwendungsfall der Disonanztheorie. Dennoch sind die praktischen Schlußfolgerungen aus der Theorie der Selbstwahrnehmung brauchbar.

6.2 Anwendungen

Es ist leicht, aus der Attributionstheorie Anwendungsfelder abzuleiten, sowohl für Marketing als auch für die Personalführung. *Groß-Engelmann* und *Wiswede* (1999, S. 168 und 1969) beklagen dennoch, daß die Attributionstheorie, obwohl einen der wichtigsten Theorien der Sozialpsychologie darstellend, beispielsweise in der Konsumverhaltensforschung kaum Beachtung gefunden hat und nennen u.a. folgende mögliche Fragestellungen:

- In wieweit ist der erlebte Produktnutzen auf das Produkt zurückzuführen?

- Kann nur dieses Produkt den Produktnutzen stiften (Distinktheit)?

- In welchem Maße ist der wahrgenommene Produktnutzen durch die Person (oder das Produkt) ausgelöst?

- Wer hat für unerwünschte Ereignisse die Verantwortung (Produkt ist defekt, Wartezeiten)

- Warum kaufen bestimmte andere Personen das Produkt auch (oder nicht)?

- Wie erklärt sich die Person selber, aus welchem Grunde sie das Produkt gekauft hat?

Wiswede (1972, S. 2) zeigt, wie die Attributionstheorien anhand der Phasen des Konsumentenverhaltens angewandt werden kann:

- Phase vor der Entscheidung; hier spielen Bewertungen von Werbeaussagen oder den Inhalten von Beratungsgesprächen eine Rolle,

- Kauf selber, hier ist insbes. die Beurteilung des Verhaltens des Verkaufspersonals relevant,

- Phase nach dem Kauf, hier geht es um nachträgliche Erklärungen des eigenen Verhaltens, bis zur Rechtfertigung desselben.

a) bezogen auf *Heider* (1958)

Wenn wir ein Produkt erwerben, dann tun wir das in aller Regel, weil wir uns davon einen ganz bestimmten Nutzen versprechen. Wenn nun ein Produkt den gesetzten Erwartungen entspricht, dann stellt sich die Frage, ob sich Verbraucher/innen selber als die Ursache des erfolgreichen Tuns wahrnehmen, oder ob sie den Nutzen dem Produkt zuschreiben. Wir müssen davon ausgehen, daß Personen erfolgreiches Tun (also auch Konsumieren) eher den eigenen Fähigkeiten zuschreiben, im Falle von Mißerfolg werden sie diese Folgen eher der Umwelt also mangelhaften Produkteigenschaften zuschreiben. Es liegt im Interesse der Marketing betreibenden Unternehmung. Da Menschen Zufriedenheit durch eigenständiges erfolgreiches Tun erlangen, kann es nicht das Ziel sein, „erfolgreichen Konsum" ausschließlich dem Produkt zuzuschreiben. Das kann auch nicht im Marketing-Interesse liegen, weil ja eine gewisse Kundenzufriedenheit angestrebt wird, genauso wenig, wie es allerdings im Marketing-Interesse liegen kann, daß Erfolg ausschließlich der eigenen Person (also derjenigen, die hier konsumiert) und Mißerfolg dem Produkt zugeschrieben wird. Es dürfte sich als für das Marketing als sinnvoll erweisen, den Konsumenten/innen suggerieren, daß erfolgreicher Konsum auf ein Zusammenspiel von eigenen Fähigkeiten und Produkteigenschaften zurückzuführen sei: „XXX bringt Dein schönes Haar richtig zur Geltung"; „XXX ermöglicht es Dir, Deine Fähigkeiten zur Entfaltung zu bringen" usw. Unter attributionstheoretischen Gesichtspunkten kann es sich als zweckmäßig erweisen, Produkte als „ideale Ergänzung zu den eigenen Fähigkeiten" zu positionieren (vgl. *Schiffmann & Kanuk*, 1994, S. 276, bezogen auf Graphik-Programme für PCs).

Für die Personalpolitik hat die These unterschiedlicher Attribution von Erfolg und Mißerfolg Relevanz. Es ist möglich, daß Personen im Mißerfolgsfalle eher externe Faktoren als Ursache wahrnehmen, was auch dissonanztheoretisch erhärtet wird. Das bedeutet, daß Lernprozesse unterdrückt werden. Verhaltensänderungen scheinen nicht erforderlich oder nicht sinnvoll, wenn externe, nicht vorhersehbare oder nicht kontrollierbare Faktoren das Leistungsresultat beeinflussen. Es ist Aufgabe von Führungskräften derartigen Mechanismen entgegen zu wirken, um Lernprozesse auszulösen.

b) bezogen auf *Jones* und *Davis* (1965)

Unübliches Verhalten wird in der Marketing-Literatur insbes. hinsichtlicher der Marketing-Kommunikation behandelt (vgl. *Schiffman & Kanuk*, 1994, S. 276 oder *Sirgy*, 1982, S. 85-87). Wenn ein Kommunikator beispielsweise auch Nachteiliges über sein Produkt darlegt, dann wird das durchaus als unüblich empfunden und erhöht damit seine Glaubwürdigkeit als Berater. Die Tatsache, daß ein Verkäufer seine Produkte ausschließlich positiv darstellt, erscheint trivial und läßt keine Rückschlüsse auf seine wirkliche Motivation zu. Im ersten Fall nimmt der Verkäufer scheinbar in Kauf, daß ein potentieller Kunde das Produkt aufgrund der dargelegten Nachteile nicht kauft. Somit liegt ein Fall hoher Korrespondenz vor, man glaubt, in starkem Maße auf das Motiv schließen zu können, Produkte relativ unvoreingenommen zu beschreiben und wirklich beraten zu wollen. Dabei wird übersehen, daß Verkaufspersonal genau diese Technik einsetzen kann, um als Berater eingestuft zu werden und so um so leichter verkaufen zu können.

Wenn Verkaufspersonal relativ hohe Anstrengungen auf sich nimmt, um bestimmte Verkaufsziele zu realisieren, die mit Prämien verbunden sind, so mag eine Führungskraft triviale Klarheit annehmen: „Sie leisten etwas aus dem einen Grunde, weil am Ende eine Prämie zu verdienen ist." Möglicherweise fühlt sich unsere Führungskraft damit in seiner Annahme bestätigt, daß Mitarbeiter/innen lediglich über Geld motivierbar seien. Eine gleichermaßen vorhandene starke intrinsische Motivation, die sich nach außen nicht darstellt, wird so konsequent übersehen (vgl. Kapitel 16. Motivation in diesem Band).

Laienhafte Beobachter übersehen ganz allgemein zu schnell, daß Menschen sich im allgemeinen so verhalten, wie sie glauben, daß es von ihnen erwartet wird. In dem Augenblick, wo Personen Informationen zu besitzen glauben, aus denen sie zu erfahren glauben, was von ihnen erwartet wird, können wir aus einem Verhalten, daß diesen Vermutungen entspricht, nichts mehr über die diesem Verhalten zugrunde liegenden Motive sagen außer dem, daß die Person den an sie gerichteten Erwartungen gerecht werden möchte. Das ist im Marketing ein Problem für die Marktforschung. Versuchspersonen dürfen nichts über die Hintergründe einer Befragung wissen (welches Produkt - welches neben anderen präsentiert wird - das eigentliche Testprodukt ist, welcher TV-Spot, welche Anzeige zu testen ist). Immer dann, wenn Versuchspersonen darüber Informationen besitzen, sind positive Testresultate möglicherweise nichts anderes als der Beleg einer Motivation zu erwartungskonformem Verhalten. Marktforscher/innen werden hier zu laienhaften Beobachtern.

c) bezogen auf *Kelley* (1967, 1972, 1973)

Die Attributionstheorie nach *Kelley* ist überall da relevant, wo Menschen im täglichen Leben versuchen, sich die Dinge in ihrem Umfeld zu erklären: Wenn ein Produkt sich in vielen Situationen und von unterschiedlichsten Personen angewandt immer wieder bewährt, dann „muß" es wohl „gut sein". Das könnte in Werbestrategien verwertet werden (Wir denken an die alte Werbekampagne von Jägermeister: „Ich trinke Jägermeister, weil...", bei der unterschiedlichste Typen von Menschen in unterschiedlichsten Situationen Jägermeister genossen).

In der Personalpolitik können vielfältigste Interpretationen von Führungskräften über das Arbeitsverhalten ihrer Mitarbeiter/innen attributionstheoretisch nach *Kelley* erklärt werden. Nehmen wir an Führungskraft F beobachtet Mitarbeiter/in M, wie er/sie erstmals eine Aufgabe erfolgreich meistert. Das könnte von F als Zufall gesehen werden, wenn M bisher in ähnlichen Situationen keinen Erfolg gehabt hat. Die Anerkennung bleibt aus, M mag am Ende den Erfolg selber zufällig vorhandenen Situationsfaktoren zuschreiben und aufgrund eigener Mißerfolgserwartung in Zukunft weiterhin keinen Erfolg haben. Es leicht vorstellbar, wie F das Leistungsverhalten interpretiert, wenn er selber F vorher unterwiesen hat (der Erfolg wird auf die hervorragende Anleitung zurückzuführen sein) oder wenn F infolge Geschlecht, Alter oder anderer Personeneigenschaften gegenüber M Vorurteile hegt (negative wie positive). Es ist nur eine Frage der Kreativität, diese Liste fortzusetzen.

Für das Arbeitsverhalten ist auch die Theorie des Leistungsverhaltens nach *Weiner* (1972, 1992, S. 232 ff.) relevant. Nach *Weiner* attribuieren Personen Leistung nach „Ort der Kontrolle" (extern oder intern) und „Stabilität" von Einflußfaktoren. Leistungsresultate können durch die Person selber ausgelöst werden („Ort der Kontrolle" liegt intern) oder durch Situationsfaktoren „Ort der Kontrolle" liegt extern). Ferner können diese Einflußfaktoren im Falle interner Kontrolle (also Personeneinfluß) durch **„Fähigkeit"** (stabilere Faktor) oder **„Anstrengung/Motivation"** (variabler Faktor) ausgelöst werden. Im Falle externer Kontrolle lautet der stabile Faktor **„Aufgabenschwierigkeit"**, der variable Faktor **„Zufall"**.

Ferner geht es darum, ob die handelnde Person davon ausgeht, die Ursachen der Leistung kontrollieren zu können oder nicht. Begabung oder Ermüdung liegen nicht im Kontrollbereich der Person wohl aber langfristige oder zeitweilige Anstrengung.

	Intern	Extern		Stabil	Instabil
Stabil	Fähigkeit	Aufgabenschwierigkeit	Unkontrollierbar	Begabung	Ermüdung
Instabil	Anstrengung	Glück/Zufall	Kontrollierbar	Langfristige Anstrengung/Bequemlichkeit	Zeitweilige Anstrengung

Abb. 6-4: Attributionsmuster nach *Weiner* (1986, S. 46 und 49; 1992, S. 250 und 251).

Je nach Art der Leistungsattribution bei eigenem Erfolg/Mißerfolg ergeben sich Verhaltensbereitschaften für die Zukunft. Personen können infolge entsprechender Attribution lernen, durch Anstrengung zum Erfolg zu kommen, nämlich dann, wenn Erfolg auf Anstrengung zurückzuführen ist, ebenso können Personen lernen „selbstbewußt" Aufgaben zu bearbeiten, wenn sie gelernt haben, Leistungserfolge eigenen Fähigkeiten zuzuschreiben. Ebenso aber kann auch „gelernte Hilflosigkeit" (*Seligman*, 1975) die Folge von Attribution sein. Wenn Personen wahrzunehmen glauben, daß die Folgen ihrer Leistung vom Zufall, bzw. nicht kontrollierbaren externen Faktoren abhängig sind.

Menschen werden ihre eigenen Fähigkeiten auch über- oder unterschätzen. Eigener Erfolg oder Mißerfolg kann nach *Weiner* (1985) durch eine Vielzahl externer oder interner Variablen erklärt werden. Daher kann es von sehr individuellen Attributionstendenzen abhängen, ob sich das Selbstkonzept hinsichtlich der eigenen Leistungsfähigkeit den tatsächlichen (wie auch immer bestimmbaren) Leistungsfähigkeit anpaßt oder nicht(*Brandstätter*, H.1998, S. 220).

Ein Element der Attributionstheorie nach *Kelley* ist das Prinzip der Auf- oder Abwertung. Wenn Personen lernen, daß infolge angestrebter Erfolge regelmäßig externe Belohnungen auftreten, dann kann „ein Verhalten mit großer Auftrittswahrscheinlichkeit aufgebaut werden ... - aber es ist extrinsisch motiviert. Aus dem Abschwächungsprinzip folgt, daß durch Verstärkung bereits vorhandene intrinsische Motivation untergraben werden kann (*Herkner*, 1980, S. 72, 73). Das Verhalten wird immer stärker von der Aussicht auf externe Belohnung abhängig. Führungskonzepte in der Personalführung können eine Kombination externer und Betonung interner Belohnungen realisieren.

d) bezogen auf *Bem* (1967, 1972)

Die Theorie der Selbstwahrnehmung von *Bem* ist zwar umstritten und wahrscheinlich aufgrund der Aussagen und des Geltungsbereiches der Theorie kognitiver Dissonanz auch überflüssig. Dennoch lassen sich im Wirtschaftsleben Beispiele finden, die diese Theorie illustrieren (wenn sie dabei gleichzeitig die Theorie kognitive Dissonanz untermauern, so tut das für die praktische Anwendung nichts zur Sache). Ziel von Marketing-Maßnahmen jeder Art muß es danach sein, daß Konsumenten ihr Kaufverhalten möglichen Produkteigenschaften zuschreiben und weniger der Situation: Sonderpreis, Zeitdruck, Fehlen von Kaufalternativen. Dann ist mit einem Anstieg positiver Produkteinstellungen zu rechnen und somit auch mit zukünftig höherer Kaufwahrscheinlichkeit. Das hat insbes. für Maßnahmen der Verkaufsförderung Relevanz. Hier werden potentielle Kunden mit Sonderpreisen, Preisausschreiben, Sonderplazierungen beeinflußt. Die Theorie der Selbstwahrnehmung zeigt, daß es für langfristige Wirkungen wichtig ist, auch Produkteigenschaften in herausragender Position in ein Verkaufsförderungskonzept zu integrieren. Dann kann es gelingen, auch längerfristig Kaufpräferenzen zu etablieren.

Im Erwerbsleben ist es demnach für Führungskräfte sinnvoll, Mitarbeiter/innen die Möglichkeit zu geben, Leistung eigener Motivation zuzuschreiben und nicht äußerem Zwang. Um so eher ist mit länger anhaltender Motivation zu rechnen. Diese Aussage läßt sich allerdings ebenso aus der Theorie psychologischer Reaktanz ableiten und selbstverständlich auch aus der Dissonanztheorie.

Die oben dargestellte Abschwächung intrinsischer Motivation ist ebenfalls mit der *Bem*'schen Theorie vereinbar.

e) die Psychologie der Vorhersage

Bei *Ross* (1977, S. 197 ff.) finden wir zusammenfassend Darstellungen einiger attributionstheoretischer Arbeiten, die Vorhersagen thematisieren. Vorhersagen von Menschen unterliegen praktisch den gleichen Mechanismen, wie nachträgliche Erklärungen. Wenn wir glauben, daß eine zufälligerweise vorhandene leicht zu lösende Aufgabe die Ursache für den Erfolg war, dann wird für die Zukunft eher eine geringere Erfolgswahrscheinlichkeit vorhergesagt, als wenn wir annehmen, daß Fähigkeit als stabiler interner Faktor für einen Erfolg maßgeblich war. Die so entstehenden Erfolgserwartungen beeinflussen unbewußt mögliches Führungsverhalten und das wiederum (wenigstens tendenziell) das folgende Leistungsverhalten.

Ein anderer Vorhersagefehler beruht auf der Tatsache, daß beobachtende Menschen zu schnell infolge vorhandener Korrelationen auf Ursachen schließen (die Attributionstheorie nach *Kelley* beruht ja letztendlich auf nichts anderem als Korrelationen). Gefundene Korrelationen führen leicht dazu, entsprechende scheinbare Abhängigkeiten für die Zukunft fortzuschreiben.

f) „Common Sense", „Social Representations" und Attribution in einer Gesellschaft

Hewstone (1989, S. 205 ff.) liefert ausgehend von einer grundlegenden Darstellung das Kausalattribution Erklärungen für Massenphänomene. Als „Gesunder Menschenverstand" wird in einer Gesellschaft das verstanden, was die Mehrheit dafür hält. Eine Gesellschaft kann durch die Personen einer Nation, einer Region, einer Organisation gebildet werden. Bezogen auf *Fletcher* (1984, S. 204) „Common Sense" wird folgt definiert:

„Common Sense is a set of shared fundamental assumptions about the nature of the social and physical world."

„Common Sense is a set of cultural maxims and shared beliefs about the social and physical world."

„Common Sense is a shared way of thinking about the social and physical world."

„Common Sense" ist somit eine in einer Gesellschaft bestehende allgemein als üblich angesehene Form des Denkens, eine Art des „Gesunden Menschenverstandes" der innerhalb einer Gesellschaft allgemein geteilt wird. Aus dem „Common Sense" heraus entstehen bestimmte Inhalte des Denkens und deren Resultate (Ideen) sowie Zusammenhänge zwischen diesen Ideen, Religion beeinflußt beispielsweise die Politik und deren Programme. Wir können allerdings auch annehmen, daß eine Gesellschaft durch „Social representations" gekennzeichnet ist, die umgekehrt „Common Sense" beeinflussen.

„Social representations ... concern the contents of everyday thinking and the stock of ideas that gives coherence to our religious beliefs, political ideas and the connections we create ... They make it possible for us to classify persons and objects, to compare and explain behaviours and to objectify them as parts of our social setting" (*Moscovici*,1988, S. 214). „Social representations" manifestieren sich u. a. in Mode, Tradition oder Kultur.

Aus der Existenz von „Social representations" leitet *Hewstone* (1988, S. 211) die Möglichkeit ab, „Common Sense" als attributionstheoetisch zu erklären, weil „Social representations" die Kategorien liefern, welche die Wahrnehmung und Verarbeitung sozialer Informationen bestimmen. Wenn eine Gesellschaft bestimmte Kategorien des Denkens teilt, dann führt das auch zu interpersonell gleich ablaufenden Attributionen innerhalb dieser Gesellschaft. Das führt zu gleichen Annahmen über die Realität, die um so mehr für „wahr" gehalten werden, von um so mehr Personen sie geteilt werden. *Hewstone* (1988, S. 213) entwickelt darauf aufbauend den Gedanken einer „Attributing Society". Selbstverständlich soll das nicht bedeuten, daß es ein „Attribution einer Gesellschaft" gibt. Eine Gesellschaft kann nicht denken und somit auch nicht attribuieren. Es sind ganz sicher immer Einzelpersonen, die Attributionen vollziehen, sie tun dies innerhalb einer durch „Social represantations" gekennzeichneten Gesellschaft aber überwiegend in gleicher Weise. So entstehen innerhalb einer Gesellschaft allgemein akzeptierte Annahmen über die Ursachen von Arbeitslosigkeit, Reichtum, Armut, gesellschaftliche Unruhen, gesundheitliche Gefahren etc.

Diese Mechanismen haben für die Führungskräfte einer Organisation (bis hin zum Staat) Relevanz. Oft glauben Führungskräfte in Organisationen sich auf allgemein geteilte Meinungen innerhalb „ihrer" Organisation verlassen zu können. Das ist angesichts attributionstheoretischer Aussagen voreilig.

Ferner können wir an Entwicklungen auf Börsen denken. Wenn genügend Börsianer/innen von den gleichen Annahmen ausgehend zu gleichen Schlußfolgerungen kommen, dann werden diese Annahmen ein Teil der Marktrealität und lösen entsprechende Kursreaktionen aus. Das gilt auch für andere Preisreaktionen.

Es sei an dieser Stelle lediglich darauf hingewiesen, daß *Festinger* (1957, S. 200-202, 246 ff., 247 f., 250 f., 258 f.) Massenphänomene ähnlich erklärt: durch innerhalb einer Gesellschaft gleich empfundene kognitive Dissonanz und gleich ablaufende Mechanismen der Reduktion und Vermeidung kognitiver Dissonanz. Es ist sicher nicht irritierend, wenn verschiedene Theorien dazu in der Lage sind, irgend welche Phänomene zu erklären.

Literatur

Aronson, E.: Sozialpsychologie - Menschliches Verhalten und gesellschaftlicher Einfluß. Heidelberg, Berlin, Oxford: 1994.

Bem, D. J.: Self-perception: An alternative interpretation of a cognitive dissonance phenomena. Psychological Review, 1967, **74**, 183-200.

Bem, D. J.: Self-perception theory. In: Berkowitz, L. (ed.): Advances in experimental social Psychology, Vol. 6. New York: 1972, 1-62.

Brandstätter, H.: Persönliche Verhaltens- und Leistungsbedingungen. In: Schuler, H. (Hrsg.): Organisationspsychologie (3. Aufl.). Bern, Göttingen, Toronto, Seattle: 1998, 213-233.

Farr, R M. & Anderson, T.: Beyond actor-observer differences in perspective: extensions and applications. In: Hewstone, M. (ed.): Attribution theory – social and functional extensions. Oxford: 1983, 45-64.

Festinger, L.: A theory of cognitive dissonance. Stanford: 1957.

Fletcher, G. J. O.: Psychology and common sense. American Psychologist, 1984, **39**, 203-213.

Groß-Engelmann, M. & Wiswede, G.: Attribution und Kundenverhalten. Jahrbuch der Absatz- und Verbrauchsforschung, 1999, **45**, 168-194.

Heider, F.: The psychology of interpersonal relations. New York: 1958, dt. Psychologie der interpersonalen Beziehungen. Stuttgart: 1977.

Herkner, W.: Attribution – Psychologie der Kausalität. Bern, Stuttgart, Wien: 1980.

Hewstone, M. (ed.): Attribution theory – social and functional extensions. Oxford: 1983

Hewstone, M.: Causal attribution – from cognitive processes to collective beliefs. Oxford: 1989.

Hewstone, M. & Antaki, C.: Attributionstheorie und soziale Erklärung. In: Stroebe, W., Hewstone, M., Codol, J.-P. & Stephenson, G. M. (Hrsg.): Sozialpsychologie (2. Aufl.). Berlin, Heidelberg, New York: 1992, 112-143.

Irle, M.: Lehrbuch der Sozialpsychologie. Göttingen, Toronto, Zürich: 1975.

Jones, E. E. & Davis, K. E.: From acts to dispositions: The attribution process in person perception. In: Berkowitz, L. (ed.): Advances in experimental social psychology, Vol. 2. New York: 1965, 219-266.

Jones, E. E., Kanouse, D. E., Kelley, H. H., Nisbett, R. E., Valins, S. & Weiner B. (eds.): Attribution: Perceiving the cause of behavior. Morristown: 1972.

Jones, E. E. & Nisbett, R. E.: The actor and the observer: Divergent perceptions of the causes of behavior. In: Jones, E. E., Kanouse, D. E., Kelley, H. H., Nisbett, R. E., Valins, S. & Weiner, B.(eds.): Attribution: Perceiving the cause of behavior. Morristown: 1972, 79-94.

Kelley, H. H.: Attribution theory in social psychology. In: Levine, D. (ed.): Nebraska symposium on motivation (Vol. 15). Lincoln: 1967, 192-238.

Kelley, H. H.: Causal schemata and the attribution process. New York: 1972.

Kelley, H. H.: The process of causal attribution. American Psychologist, 1973, **28**, 107-128.

Kruglanski, A. W.: The endogenous-exogenous partition in attribution theory. Psychological Review, 1975, **82**, 387-406.

Levine, D. (ed.): Nebraska symposium on motivation (Vol. 15). Lincoln: 1967.

Moscovici, S.: Notes towards a description of social represenations. European Journal of Social Psychology, 1988, **18**, 211-250.

Ross, L. D.: The intuitive psychologist and his shortcomings: Distortions in the attribution process. In: Berkowitz, L (ed.): Advances in experimental social psychology, Vol 10. New York: 1977, 173-220.

Schiffman, L. G. & Kanuk, L. L.: Consumer behavior (5th ed.). Englewood Cliffs: 1994.

Seligman, M. E. P.: Helplessness: On depression, development, and death. San Francisco: 1975.

Schuler, H. (Hrsg.): Organisationspsychologie (3. Aufl.). Bern, Göttingen, Toronto, Seattle: 1998.

Snyder, M., Stephan, W. G. & Rosenfield, D.: Egotism and attribution. Journal of Personality and Social Psychology, 1976, **33**, 435-441.

Sirgy, M. J.: Social cognition and consumer behavior. New York: 1983.

Stroebe, W., Hewstone, M., Codol, S.-P. & Stephenson, G. M. (Hrsg.): Sozialpsychologie (2. Aufl.). Berlin, Heidelberg, New York: 1992.

Weiner, B.: Theories of motivation: From mechanism to cognition. Chicago: 1972.

Weiner, B. An attributional theory of motivation and emotion. New York, Berlin, Heidelberg: 1986.

Weiner, B.: Human motivation – metaphors, theories, and research. Newbury Park, London, New Delhi: 1992.

Weiner, B., Heckhausen, H., Meyer, W.-U. & Cook, R. E. Causal ascriptions and achievement behavior: A conceptual analysis of effort and reanalysis of locus of control. Journal of Personality and Social Psychology, 1972, **21**, 239-248.

Wiswede, G.: Soziologie des Verbraucherverhaltens. Stuttgart: 1972.

Vroom, V. H.: Work and motivation. New York: 1964.

7. Cognitive Response

7.1 Theorie

7.1.1 Überblick

Im Mittelpunkt des „Cognitive-Response"-Ansatzes stehen **Richtung** und **Intensität** der Verarbeitung von beeinflussenden Informationen. Mit „Richtung der Informationsverarbeitung" ist gemeint, in wie weit die Verarbeitung in Richtung der Beeinflussung erfolgt - was Voraussetzung für jeden Beeinflussungserfolg ist - oder ob die Beeinflussung in das Gegenteil von dem umschlägt, was durch die Beeinflussung erreicht werden sollte. Der zweite Fall wird als Bumerangeffekt bezeichnet. Die Intensität der Informationsverarbeitung ist für die Stabilität der Beeinflussung maßgeblich. Diese Thematik ist Gegenstand der „Cognitive Response"-Theorie (*Petty & Cacioppo*, 1984, 1986), wonach die Möglichkeiten der Infor-mationsverarbeitung in einem Modell dargestellt werden, dem „Elaboration Likelihood Model" (ELM). Dabei ist die Unterscheidung von zwei unterschiedlichen Arten der Informationsverarbeitung wesentlich: einem zentralen Weg der Beeinflussung („central route to persuasion") und einem oberflächlichen Weg der Beeinflussung („peripheral route to persuasion").

7.1.2 Das Modell

Der zentrale Weg kann zu stabiler, länger anhaltender Beeinflussung führen, der periphere Weg zu oberflächlicher, kurzfristiger Beeinflussung (vgl. Abb. 7-1).

Personen verarbeiten Informationen mehr oder weniger intensiv, mehr oder weniger sachbezogen. Im Mittelpunkt stehen die gedanklichen Reaktionen der Personen während der Darbietung einer Botschaft. Dabei kann es sich um gedanklich argumentative Auseinandersetzungen mit dem Botschaftsinhalt handeln, ablehnend oder unterstützend; es kann sich aber auch um sehr spontane Reaktionen handeln, Assoziationen, die in mehr oder weniger objektiv logischem Zusammenhang mit der Botschaft oder sogar in gar keinem sofort erkennbaren Zusammenhang dazu stehen. Solche Assoziationen können produktbezogene Erinnerungen an frühere Werbeaussagen sein. Werbung mit bestimmten Emotionen kann zu Assoziationen mit Werbung für andere Produkte führen, die jedoch ähnliche Emotionen verwendet. Aus der „Cognitive Response"-Forschung erkennen wir, daß nicht nur die wahrnehmbaren und wahrgenommenen Elemente einer Botschaft selbst für die Beeinflussung verantwortlich sein können, sondern alle weiterführenden gedanklichen Reaktionen, selbst dann wenn diese keinen direkten Bezug zur Botschaft erkennen lassen. So können auch scheinbar informationsarme, aber sehr eindrucksstarke Botschaften zu einer intensiven Beeinflussung führen, wenn sie genügend weiterführende gedankliche Aktivitäten auslösen.

Daß diese gedanklichen Reaktionen gleichzeitig emotionale Reaktionen sind, geht aus Kapitel 18. Macht hervor. Die Wirkungen beeinflussender Botschaften hängen nach diesem Modell im wesentlichen von zwei Faktoren ab: von der Intensität der „Cognitive Responses" und von deren Qualität, bzw. Richtung; also dem Prozeß der Informationsverarbeitung und der relativen Häufigkeit positiver (aus Sicht der Botschaft) oder emotional positiv empfundener Reaktionen einerseits und ablehnender oder emotional negativ empfundener Reaktionen andererseits.

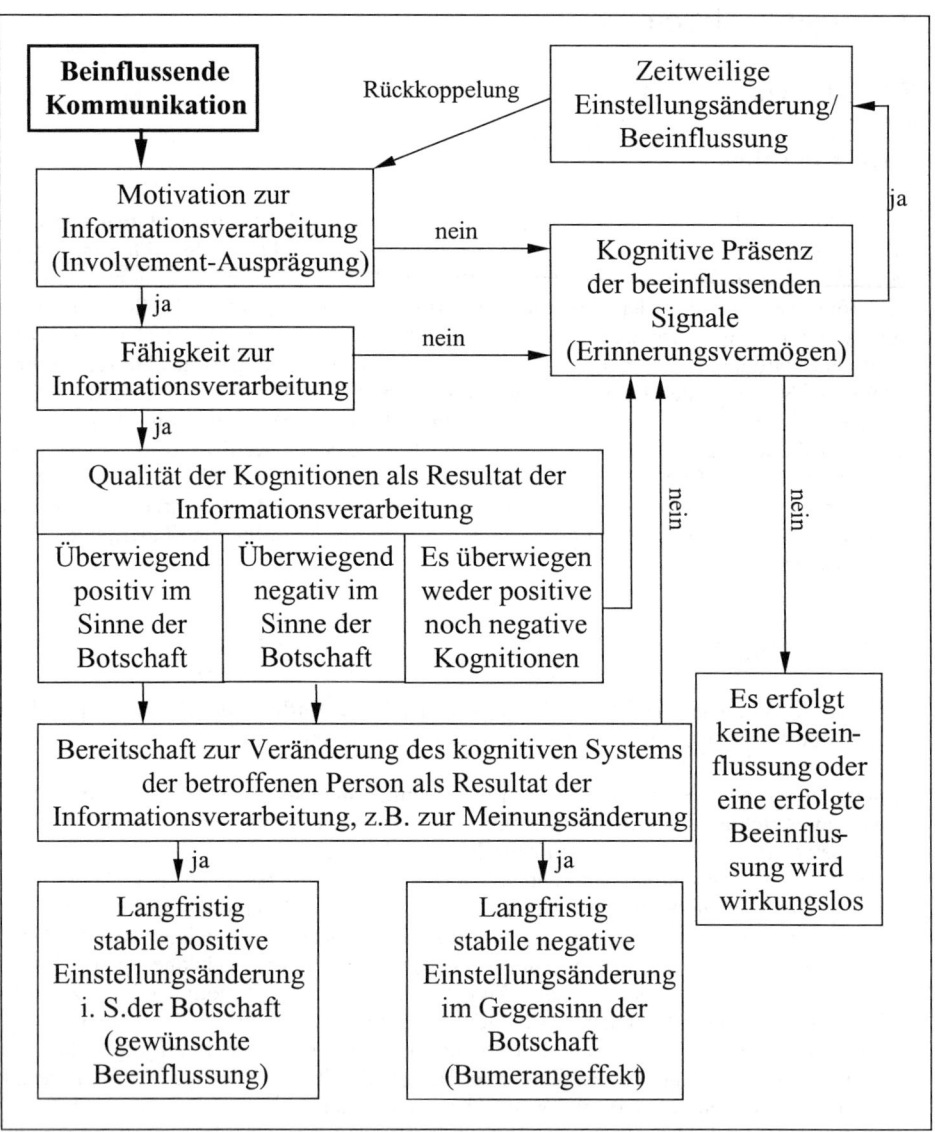

Abb. 7-1: Das „Cognitive Response"-Modell (*Petty & Cacioppo*, 1984, S. 6, 1986, S. 4).

Langfristig stabile Einstellungsänderungen erfolgen nur nach intensiver Informationsverarbeitung. Kommt es nur zu einer oberflächlichen Verarbeitung, dann ist nur eine kurzfristige und sehr instabile Beeinflussung zu erwarten. Der erste Fall wird als zentraler, der zweite als peripherer Weg der Beeinflussung bezeichnet. Das „Elaboration Likelihood Model" (ELM) von *Petty & Cacioppo* (1984; 1986, S. 4) zeigt, welche Faktoren für den einen oder anderen Weg ursächlich sind.

a) Fähigkeit und Motivation als erste Voraussetzung zur Informationsverarbeitung

Zwei Faktoren sind die ersten Voraussetzungen um es zu einer aktiven und intensiven Informationsverarbeitung zu kommen: Motivation und Fähigkeit. Die Motivation wird im wesentlichen durch das Interesse am Produkt und/oder der Botschaft bestimmt, also durch die Frage, ob „High Involvement" oder „Low Involvement" (vgl. Abschnitt 2.3) vorliegt. In einer „High Involvement"-Situation sind Menschen zu einer aktiven Suche nach Produkt- und Marktinformationen motiviert, während die Informationsbeschaffung bei „Low Involvement" stark begrenzt ist. Sollen Personen in einer „High Involvement"-Situation zu Meinungsänderungen und letztendlich zu Verhaltensänderungen gebracht werden, ist die intensive Auseinandersetzung mit der Botschaft erforderlich. Andererseits ist dann auch damit zu rechnen, daß die betroffenen Personen selber während der Darbietung der Botschaft Gegenargumente entwickeln, um ihren eigenen Standpunkt zu verteidigen, ihre bisherige Verhaltensweise - insbes. vor sich selber - zu rechtfertigen. In einer „Low Involvement"-Situation hingegen nehmen Personen meinungsdiskrepante Informationen eher passiv auf. Sie setzen sich selber damit nur wenig auseinander. Daher sind Beeinflussungen bei „High Involvement" schwerer zu realisieren als bei „Low Involvement". Ist bei „High Involvement" eine Beeinflussung jedoch einmal realisiert - sind also auch alle anderen Voraussetzungen für den zentralen Weg der Beeinflussung erfüllt -, dann ist diese wesentlich stabiler erfolgt, als es aufgrund der oberflächlichen Verarbeitung bei „Low Involvement" der Fall ist.

Ob daraus folgt, daß im „High Involvement"-Bereich argumentative und im „Low Involvement"-Bereich bildbetonte (visuell oder akustisch) Kommunikation einzusetzen sei, ist umstritten. Es gibt Untersuchungen, die auch bei „High Involvement" die Vorteilhaftigkeit bildbetonter Kommunikation untermauern (*Kroeber-Riel & Weinberg*, 1999, S. 342 ff.). *Jeck-Schlottmann* (1988) widerlegt die Thesen, daß bei geringem Involvement a) der Werbemittelkontakt früher abgebrochen wird, b) der Werbemittelkontakt allgemein kürzer ist, c) Bilder stärker bevorzugt werden, d) emotionale Bilder gegenüber Sachabbildungen stärker bevorzugt werden und e) der Werbetext oberflächlicher wahrgenommen wird, als das bei starkem Involvement der Fall ist. Auch starkes Involvement führt demnach zu frühem Kontaktabbruch, zu kurzem Werbemittelkontakt, zur Bevorzugung von Bildern generell und emotionaler Bilder im speziellen und zu oberflächlicher Textwahrnehmung.

Andererseits gibt es in der Praxis Belege, wie unzureichend eine ausschließlich auf emotionaler Bildkommunikation gebaute Kommunikationsstrategie im „High Involvement"-Bereich ist. Wenige, die bestehende Informationsüberlastung berücksichtigende, emotional-bildbetont gestaltete Argumente sind wohl im „High Involvement"-Bereich sinnvoll.

Die Fähigkeit zur aktiven Informationsverarbeitung wird durch Persönlichkeitsfaktoren und situative Faktoren, insbes. durch die Medienumwelt bestimmt. Werbung in Funk und TV birgt die Gefahr der Ablenkung in sich, verbunden mit der fehlenden Möglichkeit einer sofortigen Wiederholung der Wahrnehmung, selbst bei gewecktem Interesse. Bei gewecktem Interesse können Nutzer/innen von gedruckten Medien die Häufigkeit und die Dauer der Informationsaufnahme gedruckter Botschaften selber bestimmen. Wenn auf „den ersten Blick" Aufmerksamkeit erreicht wird, ist eine anschließend längere Betrachtung theoretisch möglich. Die Wahrscheinlichkeit dafür wird aber in der Marketing-Praxis bis heute überschätzt.

Damit sind die Voraussetzungen erörtert, die eingangs gegeben sein müssen, damit überhaupt eine intensive Informationsverarbeitung möglich wird, und in Folge davon auch eine langfristig stabile Beeinflussung. Sind diese Voraussetzungen nicht gegeben, so ist zwar auch eine Wirkung möglich, jedoch ist diese höchst instabiler Natur und nur solange wirksam, wie die Botschaft noch erinnert wird. Ist die Botschaft einmal von anderen Botschaften überlagert, so ist die Wirkung hinfällig. Biologisch gibt es jedoch kein Vergessen. Was einmal im Gedächtnis gespeichert ist, geht (außer krankheits- oder unfallbedingt) nicht mehr verloren. Lediglich die Abrufbarkeit kann durch Überlagerung verloren gehen. Die so „vergessenen" Botschaften können später durch andere Botschaften und entsprechende Assoziationen wieder aktiviert werden. Das ist für die Marktkommunikation ein keineswegs unwesentlicher Unterschied. Wenn eine Botschaft nicht ausgelöscht, sondern lediglich überlagert ist, so kann sie durch kurze prägnante neue Botschaften leichter wieder aktiviert werden, als wenn eine vollkommen ausgelöschte Botschaft neu im Gedächtnis implementiert werden müßte.

b) Die Qualität der Informationsverarbeitung

Im folgenden bestimmt die Art der Informationsverarbeitung die möglicherweise eintretenden Beeinflussungen. Diese „Cognitive Responses" können positiv oder negativ im Sinne der Botschaft ausfallen oder neutraler Natur sein. Es kann sich dabei um ein aktives Auseinandersetzen mit den Argumenten handeln oder um eine relativ kritiklose Wahrnehmung und Verarbeitung. Ebenso sind scheinbar nicht logisch passende Gedanken für die Beeinflussung relevant. Dabei können die Botschaft unterstützende oder ablehnende eigene Argumente entwickelt, Erinnerungen oder Stimmungen geweckt werden. Für die mögliche Beeinflussung sind die Anzahl und die Richtung aller gedanklicher Reaktionen (das sind die „Cognitive Responses") ausschlaggebend.

Überwiegen die positiven „Cognitive Responses", dann ist eine dauerhafte Wirkung im Sinne der Botschaft möglich; überwiegen die negativen „Cognititve Responses", dann ist ein Bumerangeffekt zu erwarten. Auch das Auslösen psychologischer Reaktanz (*Brehm*, 1966) kann als das Auftreten negativer „Cognitive Responses" aufgefaßt werden.

Überwiegen neutrale „Cognitive Responses" oder halten sich ablehnende und unterstützende Gedanken in einem gleichgewichtigen Verhältnis, dann ist eine Kommunikationswirkung höchst unsicher. Erfolgt sie trotzdem, dann nur mit kurzfristiger, instabiler Wirkung.

c) Bereitschaft zur Veränderung des kognitiven Systems

Ob eine positiv oder negativ verarbeitete Botschaft tatsächlich zu einer Einstellungsänderung führt, hängt vom gesamten kognitiven System einer Person ab. Entsprechend der Theorie kognitiver Dissonanz (*Festinger*, 1957) sind Personen bestrebt, ihr gesamtes kognitives System im Gleichgewicht zu halten. Dazu müssen alle Beziehungen zwischen Kognitionen widerspruchsfrei gestaltet werden, die eine Person subjektiv als relevant und miteinander in Beziehung stehend auffaßt. *Möntmann* (1985) zeigt in einer vergleichenden Analyse der Theorie kognitiver Dissonanz mit der Informationstheorie von *Rény* (1966), daß jede neue Information (die nach *Rény*, 1966, nur dann neu sein kann, wenn sie unser vorhandenes Wissen ergänzt oder uns bei Akzeptanz der Information dazu zwingt, vorhandenes Wissen zu revidieren) das kognitive System einer Person zunächst in einen Spannungszustand versetzt. Ob eine Person eine neue Information als einen Informationsgewinn versteht und in das eigene vorhandene kognitive System integriert, oder die neue Information verzerrt oder geleugnet wird, hängt von der Struktur des relevanten kognitiven Systems ab. Eine neue Information wird dann integriert, wenn der dazu subjektiv als notwendig empfundene kognitive Aufwand als geringer eingeschätzt wird als der ebenso subjektiv empfundene Informationsgewinn. Würde die Akzeptanz einer neuen Botschaft die Änderung von Einstellungen, Meinungen etc. erforderlich machen, die in erheblichem Maße in der Gesamtweltsicht der Person verankert sind, also wichtige Lebensbereiche betreffen, wird die Informationsgewinnung wahrscheinlich geringer bewertet als der Aufwand der Meinungsänderung. Infolge der zentralen Stellung im kognitiven System wird der kognitive Aufwand ihrer Änderung normalerweise als zu groß angesehen und die neue Information wird geleugnet oder passend uminterpretiert. Es bedarf einer Vielzahl oder weniger, dafür besonders gravierender nicht zu leugnender Informationen, bis derartige zentrale Einstellungen geändert werden. Dafür würde vermutlich eine ausschließlich Gefühle ansprechende, also eine affektbetonte Werbung alleine kaum ausreichen. Wenn Werbung, aus welchen Gründen auch immer, nicht dazu geeignet sein mag, informative Kommunikation zu vermitteln, dann können andere Instrumente im Kommunikations-Mix diese Funktion übernehmen. Dann mag Werbung nur dazu dienen, eine affektiv geprägte positive Einstellung zu schaffen oder Interesse zu wecken. Verkaufsgesprächen, die eher dazu geeignet sind, Informationen darzulegen, kann darauf aufbauend die Funktion zukommen, Verhaltensänderungen herbei zuführen.

d) Zusammenfassung

Wir fassen den „Cognitive Response"-Ansatz bzw. das „Elaboration Likelihood Model" (ELM) zusammen. Es gibt zwei Wege der Beeinflussung: einen zentralen und einen peripheren Weg. Der zentrale Weg führt unter bestimmten Voraussetzungen zu einer dauerhaften und stabilen Kommunikationswirkung. Der periphere Weg führt nur zu einer kurzfristigen und instabilen Wirkung. Die ersten Voraussetzungen für den zentralen Weg der Beeinflussung sind das Vorhandensein von Fähigkeit und Motivation zur aktiven und intensiven Informationsverarbeitung. Die Motivation wird stark durch das Involvement bestimmt. Die Fähigkeit hängt stark von situativen medienspezifischen Bedingungen ab. Die Art der Informationsverarbeitung läßt sich durch Intensität und Qualität auftretender „Cognitive Responses" beschreiben. Einstellungsänderungen treten nach Überwiegen positiver oder negativer „Cognitive Responses" auf. Voraussetzung dazu ist die Bereitschaft der Person, eine Beeinflussung zuzulassen. Dieser Aspekt ist sehr stark dissonanztheoretisch geprägt.

Abb. 7-1 verdeutlicht, daß auch bei dem „peripheren Weg der Beeinflussung" die Möglichkeit einer Beeinflussung besteht. Diese ist aber nur kurzfristig wirksam. Eine dauerhafte Beeinflussung erfordert eine ständige Wiederholung der Botschaft. Nachfolgende Botschaften müssen die Empfänger erreichen, solange die vorher erreichte kurzfristige, instabile Beeinflussung noch wirksam ist. So kann die Beeinflussung in kleinen Schritten intensiviert werden. Das ist die typische Situation für Werbung in den Massenmedien für die meisten Konsumgüter des täglichen Bedarfs.

Der beim zentralen Weg der Beeinflussung auch gegebene Fall eines Bumerangeffektes ist beim peripheren Weg aufgrund der nur oberflächlichen Verarbeitung der Informationen kaum zu erwarten.

7.2 Anwendungen

7.2.1 Marketing-Kommunikation

Die „Cognitive Response"-Forschung liefert insbes. unter dem Aspekt „High Involvement" versus „Low Involvement" Hinweise zur Gestaltung von Konzepten der Marktkommunikation. In „High Involvement"-Bedingungen können wir über ausreichend intensive und positive Assoziationen langfristig stabile Beeinflussungserfolge erzielen. Andererseits wird deutlich, daß die Voraussetzungen dazu eher seltener vorhanden sind.

Im Bereich des „Low Involvement" kommt es darauf an, möglichst ständig in ausreichend hoher Frequenz bei den Zielgruppen präsent zu sein. Werbepausen sind eher nicht anzuraten. Der Vorteil des gering ausgeprägten Involvements ist eine relativ geringe Bereitschaft, sich kritisch mit den Aussagen auseinanderzusetzen: „Werbung mit geringem Involvement erfordert zwar häufige Wiederholungen der Information, aber es unterläuft auch die gedankliche Kontrolle der Empfänger" (*Kroeber-Riel & Weinberg*, 1999, S 329). Ein dauerhafter, intensiver Kommunikationsdruck ist ein bedeutender Erfolgsfaktor. „Low Involvement" erfordert daher relativ hohe Kommunikationsbudgets.

Das wird durch die „Cognitive Response"-Forschung bestätigt. Affekte hervorrufende Bildbotschaften versprechen einen größeren Beeinflussungserfolg, als argumentative Gestaltung der Marktkommunikation, wenn keine Motivation zur Verarbeitung vorliegt. Komplexe Argumentationsketten sind dann bedeutungslos. Das führt ferner zu der Schlußfolgerung, daß bei „Low Involvement" die emotionale Alleinstellung von Marken von größerer Bedeutung ist, als die Kommunikation komplexer Qualitätsmuster.

Aus der Tatsache, daß auch Assoziationen entstehen, die nicht direkt aus der Botschaft abgerufen werden, läßt sich die Bedeutung einer Konzeption ableiten, in der die vielen unterschiedlichen Maßnahmen dennoch aufeinander abgestimmt werden. So führt die Assoziation zu anderen Aussagen, als sie in der gerade vorliegenden Botschaft enthalten sind, zu intensiverer Gesamtwirkung. Die Vielfalt aufeinander abgestimmter Botschaften führt zur Auslösung einer größeren Anzahl von Assoziationen. Die Inhalte aller Botschaften beeinflussen die Inhalte der Assoziationen. Die „Integrierte Kommunikation" (*Bruhn*, 1995) erfährt so eine kommunikationspsychologische Untermauerung.

Gleiches gilt für die von *Kroeber-Riel* (1993) und *Kroeber-Riel* und *Weinberg* (1999, S. 342 ff.) in ihrer Bedeutung betonten Bildkommunikation. Bilder werden im Zeitalter der Informationsüberlastung leichter wahrgenommen als umfassende Textbotschaften. Intensive Bilder können intensive Assoziationen auslösen. Bilder haben lediglich den Nachteil, daß die Interpretation nicht immer vorhergesagt werden kann. Das zu untersuchen kann Aufgabe der Werbewirkungsforschung sein. Ferner ist die Richtung der Bildverarbeitung durch passende Untertitelung zu steuern.

Die in der Marketing-Praxis nicht immer geteilte Forderung nach einer Vermeidung negativer Elemente (furchterregende Kommunikation, schockierende Werbung) erfährt gleichermaßen eine starke Bestätigung. Bekanntheit und Sympathie sind wichtige Voraussetzung zur Durchsetzung einer Marke in Form von Marktanteil. Ein oft gehörter Satz in der Werbeszene:

„Am wichtigsten ist es, daß man über uns spricht" ist falsch. Es kommt sehr wohl auch darauf an, daß gedankliche Verbindungen mit Marken und Marktkommunikation positiv ausfallen.

Hinweise für Kommunikationskonzepte im Zeitablauf

Aus der Erkenntnis, daß vorhandene kurzfristige, instabile Beeinflussungen die Verarbeitung später folgender Beeinflussungen steuern, läßt sich ableiten, daß Kommunikationskampagnen sowohl *vertikal* (im Augenblick über alle Kommunikationsmaßnahmen hinweg) als auch langfristig (im Zeitablauf) aufeinander abzustimmen sind und so eine Konzeption integrierter Marktkommunikation entsteht (*Bruhn*, 1995). Aus den Lerntheorien läßt sich ableiten, das Signale aus der Umwelt, und das gilt insbes. für symbolische Signale wie Marken, um so leichter wiedererkannt werden, um so vertrauter sie sind. Vertrauen schafft auch Wertrelevanz und erhöht so die Verarbeitungswahrscheinlichkeit. Die Wahrnehmung von Anzeigen in den Printmedien erfolgt in der Regel nur sehr kurz, in TV und Funk erfolgt die Wahrnehmung oft nur sehr oberflächlich. Daher ist die rasche und unzweideutige Wiedererkennung von unschätzbarer Bedeutung.

Einerseits führt die reine Wiederholung von Aussagen auch zu Redundanz und hat somit negative Wirkung. Es kommt bei langfristig angelegten Kommunikationskonzepten daher darauf an, den positiven Lerneffekt durch Gewöhnung zu nutzen. Andererseits ist der Redundanzeffekt durch Wiederholung zu vermeiden. Das gelingt durch das Einhalten einer langfristig und über alle Marketing-Funktionen hinweg einzuhaltenden Kommunikationsstrategie, die sich durch bestimmte leicht wahrnehmbare Schlüsselreize auszeichnet. Innerhalb dieser Kommunikationsstrategie ist durch ausreichende Variation in der Gestaltung auf die Vermeidung von Redundanz zu achten.

Unter diesen Gesichtspunkten wird man eher versuchen, bestimmte zentrale Gestaltungselemente möglichst lange beizubehalten und zwar zunächst ohne jede Veränderung. Im Rahmen einer langfristig gültigen Kommunikations-Leitstrategie (z.B. als „Integrierte Kommunikation") werden nach einiger Zeit notwendige Veränderungen in der Form realisiert, daß dennoch immer wieder systematisch auf vorhandene Lerneffekte aufgebaut werden kann. Dabei denken wir an erfolgreiche Konzepte der Marktkommunikation wie Marlboro und denken an die Probleme, die durch den Wechsel der Kommunikationsstrategie für die Marke Camel entstanden.

Aber wann ist es an der Zeit, eine Kampagne zu verändern, und in welchem Maße kann eine Folgekampagne verändert werden, um den gewünschten Lerneffekt oder die Wiedererkennung nicht zu gefährden? Selbstverständlich kann ein theoretisches Modell, und sei es noch so häufig empirisch überprüft, für eine konkrete Kommunikationsstrategie dafür keine ausreichend sichere Antwort liefern. Genau hierin liegt die Aufgabe der Marktforschung. Eine ständige Überprüfung der Wirkung der Marktkommunikation liefert die erforderlichen Informationen dafür, wann es an der Zeit ist, ein Kommunikationskonzept zu variieren.

7.2.2 Marktforschung

Die „Cognitive Response"-Forschung ist ein bewährtes Instrument im Rahmen der Kommunikationsforschung. Ihre Bedeutung zur Kontrolle des gesamten Marketing-Mix wird noch erheblich unterschätzt.

Untersuchungen von *Petty* und *Cacioppo* (1986, S. 131-133) zeigen, wie sich relative Häufigkeit positiver und negativer „Responses" nach mehrmaliger Wiederholung von Botschaften verändern.

Die praktische Erfahrung zeigt, daß Werbe- und andere Kommunikationsmaßnahmen in der Marketing-Praxis eher zu schnell als zu spät verändert werden. Aufgabe der Marktforschung kann es also sein, a) Werbemaßnahmen nicht mehr nur in einem Test vor ihrem Einsatz (Pretest) zu überprüfen, sondern permanent und b) ständig im Rahmen einer kampagnenbegleitenden Überprüfung die Menge und die Relation positiver zu negativen „Cognitive Responses" zu messen. So läßt sich zeigen, ob die Kommunikationsmaßnahmen noch ausreichend beachtet werden (Menge der „Cognitive Responses" als Indikator) und ob die Qualität der „Cognitive Responses" sich ausreichend positiv entwickelt (Relation der Menge positiver zur Menge negativer gedanklicher Reaktionen).

Gegenüber der Werbewirkungsforschung (vor Einsatz der Werbung auf dem Markt) wird in der Praxis oft das Argument verwendet, daß gerade kreative, neue Gestaltungselemente zunächst von den Testpersonen abgelehnt werden, weil sich diese erst an neue Werbeaussagen gewöhnen müßten. Gerade kreative Marktkommunikation würde darunter leiden. Das Problem ist nicht von der Hand zu weisen, läßt sich aber durch geeignete Verfahren der Werbewirkungsforschung mildern (vgl. *Unger & Fuchs*, 1999, S. 509 ff.). Außerdem liefert gerade die kampagnenbegleitende Werbewirkungsforschung auf der Basis der Messung auftretender „Cognitive Responses" die Möglichkeit zu überprüfen, ob kreative Werbung nach einiger Zeit an Sympathie gewinnt. In regelmäßigen Abständen kann gemessen werden, welche Assoziationen Markennennungen und die Konfrontation mit Kommunikationsmaßnahmen auslösen.

Schließlich liefert die „Cognitive Response"-Forschung auch Möglichkeiten weitergehender Pretests, insofern als nicht nur die Wahrnehmung oder die Intensität der Aufmerksamkeit gemessen wird, sondern auch Verarbeitungen, die über die Wahrnehmung hinausgehen, für den Kommunikationserfolg aber ebenso relevant sein können.

Auch **Personalanzeigen** können mit Hilfe freier Assoziationen überprüft werden. Die Resultate liefern einerseits Hinweise zur Optimierung dieser Anzeigen. Sie liefern aber auch Informationen über das Image einer Organisation als Arbeitgeber.

Die kampagnen-begleitende Kommunikationsforschung auf der Basis freier Assoziationen kann u.U. auch Informationen darüber liefern, welche Instrumente innerhalb der Kommunikationspolitik (Event-Marketing, Anzeigen, Sponsoring, Product Placement) einerseits und welche Instrumente im Marketing andererseits (Produktpolitik, Vertriebspolitik) für bestimmte Imagekomponenten ursächlich sind. Darüber kann die Art der Assoziationen Aufschluß geben. So liefert die „Cognitive Response"-Forschung Hinweise zur gezielten Optimierung vieler Marketing-Maßnahmen. Dazu ist allerdings eine Aufteilung der gefundenen Assoziationen (positiver wie negativer Art) auf die verschiedenen Marketing-Maßnahmen erforderlich. Es muß also entschieden werden, welche Aussagen vermutlich in bestimmten Aussagen im Rahmen der Marktkommunikation begründet sind, welche Aussagen ihre Ursache vermutlich in Produkteigenschaften oder Packungsaussagen haben, welche Aussagen möglicherweise durch Maßnahmen des Handels ausgelöst werden und letztendlich, welche Aussagen auf Maßnahmen der Wettbewerber zurückzuführen sind. Gerade Verfahren der freien Assoziation liefern hierzu wertvolle Informationen, weil die Antworten nicht durch die Gestaltung von Fragebögen oder anderen Testverfahren strukturiert worden sind. **Die**

Möglichkeiten der „Cognitive Response"-Forschung gehen also weit über die Kommunikationsforschung hinaus.

Die Methoden der „Cognitive Response"-Forschung sind einfach und in der Sozialforschung lange bewährt. Die Arbeit mit freier Assoziation oder mit Gedächtnisprotokollen geht schon auf *Otto Selz* zurück, wie aus einer Denkschrift zu seinem einhundertsten Geburtstag hervorgeht (*Frijda & de Groot*, 1981, vgl. auch *Selz*, 1991). *Petty* und *Cacioppo* (1986, S. 35-44) beschreiben einige derartige Techniken ausführlicher. Neben Denkprotokollen, die sowohl nach vorgegebenen Strukturen als auch frei erfolgen können, gab es auch Versuche auf der Basis elektro-physiologischer Methoden, die sich allerdings nicht bewährten.

Die Versuchsteilnehmer/innen erhalten Instruktionen darüber, ob sie über:

a) alle durch die Botschaft hervorgerufenen Gedanken,

b) über allgemeine Gedanken zum Gegenstand der Botschaft

c) oder über alle Gedanken, die während der Darbietung der Kommunikation entstehen, unabhängig, ob sie etwas mit der Botschaft zu tun haben oder nicht (vgl. *Six & Schäfer*, 1985, S. 51; vgl. ferner *Petty & Cacioppo*, 1986, S. 38),

berichten sollen.

Um die Anzahl der geäußerten Gedanken bei Gedächtnisprotokollen auf die tatsächlich durch die Botschaft ausgelösten zu begrenzen, kann ein Zeitlimit vorgegeben werden und/oder es werden strukturierte Protokollformulare eingesetzt, die lediglich eine beschränkte Anzahl von Feldern aufweisen, in welche die Versuchspersonen ihre Gedanken eintragen können. Bei Tonbandaufzeichnungen reicht die Angabe eines Zeitlimits.

Literatur

Brehm, J. W.: A theory of psychological reactance. New York, San Francisco, London: 1966.

Bruhn, M.: Integrierte Unternehmens-Kommunikation (2. Aufl.). Stuttgart: 1995.

Festinger, L.: A theory of cognitive dissonance. Stanford: 1957.

Frijda, N. H. & de Groot, A. D. (eds.): Otto Selz: His contribution to psychology. Paris, New York: 1981.

Jeck-Schlottmann, G.: Anzeigenbetrachtung bei geringem Involvement. Marketing ZFP, 1988, **8**, 33-43.

Kroeber-Riel, W.: Bildkommunikation. München: 1993.

Möntmann, V.: Kognitive Dissonanz und Gewinn von Information als Konsequenz eines kognitiven Hypothesentests. Pfaffenweiler: 1985.

Kroeber-Riel, W. & Weinberg, P.: Konsumentenverhalten (7. Aufl.). München: 1999.

Percy, L. & Woodside, A. G. (eds.): Advertising and consumer psychology. Lexington: 1984.

Petty, R. E. & Cacioppo, J. T.: Central and peripheral routes to persuasion: Appplicaton to advertising. In: Percy, L. & Woodside, A. G. (eds.): Advertising and consumer psychology. Lexington: 1984, 3-23.

Petty, R. E. & Cacioppo, J. T.: Communication and persuasion – central and peripheral routes to attitude change. New York, Berlin, Heidelberg: 1986.

Rény, A.: Wahrscheinlichkeitsrechnung. Berlin: 1966.

Selz, O.: Wahrnehmungsaufbau und Denkprozeß (hrsg. von Métraux, A. & Herrmann, T.). Bern, Stuttgart, Toronto: 1991.

Six, B. & Schäfer, B. Einstellungsänderung. Stuttgart, Berlin, Köln, Mainz: 1985.

Unger, F. & Fuchs, W.: Management der Marktkommunikation (2. Aufl.). Heidelberg: 1999.

8. Theorien zur Informationsverarbeitung

8.1 Verarbeitung und Speicherung von Marktinformationen

8.1.1 Begriffe und Relevanz

In diesem Kapitel wird das menschliche Gedächtnis aus der Perspektive des sogenannten Informationsverarbeitungsansatzes betrachtet. Diese Sichtweise definiert geistige (kognitive) Prozesse in erster Linie als spezielle Form der Transformation (Verarbeitung) von Informationen. Unter dem Begriff Gedächtnis bezeichnet dieser Ansatz die Fähigkeit eines Organismus, Informationen aufzunehmen, zu speichern und bei Bedarf wieder abzurufen. Diese Prozesse vollziehen sich, so wird angenommen, in einem Gedächtnissystem, welches aus Speichern besteht (*Zimbardo & Gerrig*, 1999, S. 234). Gegenwärtig werden in der Psychologie zwei Gedächtnismodelle unterschieden, das Mehr-Speicher-Modell und das Ein-Speicher-Modell, die aus verschiedenen Perspektiven die Informationsverarbeitung zu beleuchten versuchen.

Das Mehr-Speicher-Modell nimmt drei „Arten" von Gedächtnissen als separate Speicher an, zwischen denen Kontrollprozesse zur Regelung des Informationsflusses stattfinden (*Hobmaier*, 1994, S. 123; *Mayer & Illmann*, 2000, S. 182-184):

- **Das sensorische Gedächtnis**

    Informationen, denen ein Organismus ausgesetzt ist, werden zunächst vom sensorischen Gedächtnis (SG) registriert. Die Dauer der Speicherung beträgt hier nur einen Bruchteil von Sekunden (0,1 bis 1,0 Sekunden). Man spricht auch vom Ultrakurzzeitgedächtnis. Während dieser Zeitspanne wird über verschiedene Kontrollprozesse entschieden, ob eine Information weitergeleitet wird oder nicht. Aus der großen Menge von Informationen, die auf einen Organismus einwirken, können nur die zu dauerhaften Erinnerungen werden, die Aufmerksamkeit und Bedeutung erringen.

    Die Eigenarten des sensorischen Gedächtnisses werden sehr geschickt in der Kino- und Fernsehtechnik genutzt. Ein Film besteht aus einer Reihe von Einzelbildern, die in sehr schneller Abfolge (24 Bilder pro Sekunde) dargeboten werden. Während eines Bildwechsels ist objektiv nichts zu sehen. Das sensorische Gedächtnis gleicht aber die sehr kurzen Zeiträume zwischen den einzelnen Bildern aus, und es entsteht beim Betrachter der Eindruck eines ununterbrochenen Bewegungsablaufs.

- **Das Kurzzeitgedächtnis**

    Das Kurzzeitgedächtnis (KZG) greift auf das umfassende Reservoir der im sensorischen Speicher vorhandenen Sinneseindrücke zurück. Es handelt sich dabei allerdings nur um einen geringen Teil von dem, was das SG aufnimmt. Im Gegensatz zum SG reicht die Speicherung hier etwa bis zu einer Minute. Das KZG wird auch als Arbeitsgedächtnis bezeichnet. Auf der einen Seite bezieht es Informationen vom SG, wählt, interpretiert und verarbeitet die betreffenden Informationen, bevor sie in das Langzeitgedächtnis (LZG) weitergeleitet werden. Auf der anderen Seite ruft das KZG auch bereits vorhandene Informationen aus dem LZG ab. Es nimmt sozusagen eine mittlere Position zwischen den beiden Speichersystemen ein.

- **Das Langzeitgedächtnis**

  Nur sehr wenige Informationen des KZG werden in das Langzeitgedächtnis vorgelassen. Gelingt es jedoch einer bestimmten Information, in das LZG zu gelangen, so wird sie dort dauerhaft gespeichert. Das LZG verfügt über eine fast unbeschränkte Speicherkapazität und kann mit dem eigentlichen Gedächtnis des Menschen gleichgesetzt werden.

  Man unterscheidet üblicherweise grob zwischen einem expliziten (deklarativen) und einem impliziten (nondeklarativen) Gedächtnis (*www.morschitzky.at*):

- Das explizite Gedächtnis umfaßt das bewußte Gedächtnis, wie es in Form des freien Erinnerns, des Erinnerns mit Abrufhilfen oder des Wiedererkennens (Rekognition) im Rahmen der Diagnostik geprüft wird. Es handelt sich um die bewußte Erinnerung repräsentierter Informationen und umfaßt persönliche Erlebnisse, die räumlich und zeitlich determiniert sind sowie unser Wissen, das unabhängig von solchen räumlich oder zeitlichen Bezügen besteht (episodisches Gedächtnis).

- Beim impliziten Gedächtnis handelt es sich um unbewußte erfahrungsbedingte Verhaltensänderungen. Man versteht darunter eine sehr heterogene Gruppe von Leistungen, z.B. die Tendenz, Wortanfänge ohne entsprechende Erinnerungsinstruktion bevorzugt zu solchen Wörtern zu komplettieren, mit denen man sich zuvor beschäftigt hat sowie das schnellere Erkennen von Bildern, die man kurz vorher schon einmal gesehen hat (Priming-Phänomene).

Die folgende Abb. demonstriert die unterschiedliche Systemaufteilung des Gedächtnisses:

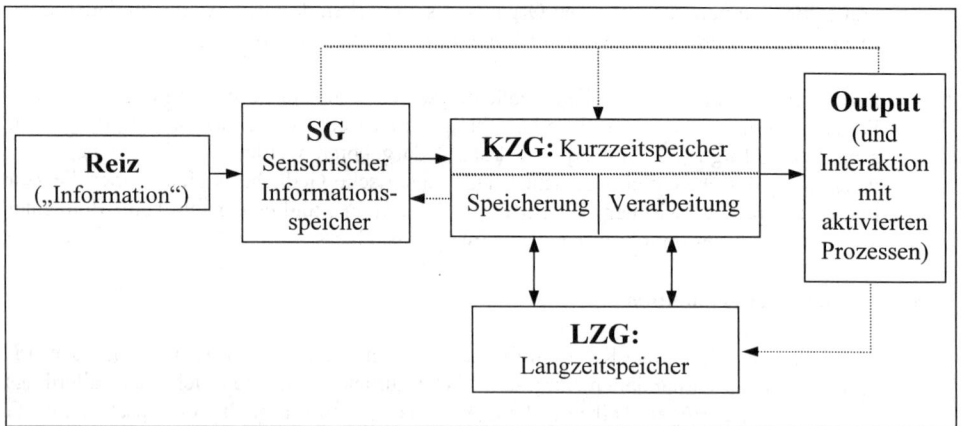

Abb. 8-1: Mehrspeichermodell des menschlichen Gedächtnisses (*Kroeber-Riel & Weinberg*, 1999, S. 225).

Im Laufe der letzten Jahre hat sich allerdings eine neue Sichtweise unter einigen Wissenschaftlern entwickelt. Hierbei handelt es sich um einen Ansatz, der ein einziges Gedächtnissystem postuliert. Dabei werden keine separaten Speicher wie beim Mehr-Speicher-Modell angenommen, sondern lediglich verschiedene Ebenen innerhalb einer einzigen großen Einheit, dem Langzeitgedächtnis. Zwischen diesen Ebenen werden neben automatischen Prozessen der Kodierung - ähnlich wie im Mehr-Speicher-Modell - Kontrollprozesse der Verarbeitung von Informationen bei Gedächtnisleistungen angenommen (*Kluwe*, 1990). Das System zeichnet sich durch absolute Flexibilität und Anpassung an kontextgebundene Sachverhalte aus. Die Flexibilität äußert sich dabei aber auch in dem produktiven Charakter des ganzen Systems, das immer neue Konstellationen bildet. Diese sind von der jeweiligen Interaktion eines Individuums mit dem Kontext des individuellen Systems abhängig. Die Bildung konzeptueller Prozesse wird dabei auch durch vergangene Erfahrungen sowie vorhandenem Wissen der jeweiligen Person beeinflußt (*Malter*, 1996, S. 273-274).

Gleichgültig mit welcher Art von Gedächtnissystem wir es zu tun haben, die Fähigkeit, Informationen zu einem späteren Zeitpunkt zu nutzen, setzt voraus, daß drei geistige Prozesse ablaufen: Enkodieren, Speichern und Abrufen (*Zimbardo & Gerrig*, 1999, S. 235).

- Enkodieren (Enkodierung) ist die erstmalige Verarbeitung von Informationen, die zu einer Repräsentation im Gedächtnis führt.

- Speichern (Speicherung) ist die Aufbewahrung des enkodierten Materials über die Zeit hinweg.

- Abrufen (Retrieval) ist das Wiederauffinden der gespeicherten Information zu einem späteren Zeitpunkt.

Die Relevanz des Themas Informationsverarbeitung ist durchaus auch auf wirtschaftliche Sachverhalte übertragbar. Der Erfolg von Unternehmen hängt heute in entscheidendem Maß vom Kunden ab. Diese selektieren permanent für sie interessante und wichtige Informationen, speichern sie ab und rufen sie zu gegebener Zeit wieder auf. Deshalb ist ein adäquates, auf den jeweiligen Kunden zugeschnittenes und großes Informationsangebot eine unabdingbare Voraussetzung, um das Entscheidungsverhalten des Kunden beeinflussen zu können. In diesem Zusammenhang muß jedoch darauf hingewiesen werden, daß das kognitive Verarbeitungssystem nur eine beschränkte Kapazität aufweist und demzufolge nicht alle wahrgenommenen Informationen verarbeitet werden können. Als Konsequenz sollten sich kundengerechte Informationen von seiten des Anbieters ergeben. Kunden orientieren sich in der Regel nur an solchen Informationen, die Aufmerksamkeit erregen und einen gewissen Reiz auf sie ausüben. Ein Schlüsselelement bezieht sich hierbei auf die gestalterische Darstellung von Werbemitteln, die in Form von praktischen Beispielen im folgenden Kapitel näher erläutert werden (*Mayer & Illmann*, 2000, S. 198-199).

8.1.2 Behalten und Vergessen

Wie bereits erwähnt, zeichnet sich das Langzeitgedächtnis durch eine sehr große Kapazität und Speicherdauer aus. Die Langzeitspeicherung von Informationen gelingt durch den Aufbau von materiellen Gedächtnisspuren bzw. durch die Herstellung von neuen Schaltungen. Eine Proteinsynthese scheint für die Bildung eines Langzeitspeichers notwendig zu sein (*Lindsay & Norman*, 1981, S. 326). Die für den Aufbau einer dauerhaften Gedächtnisspur benötigte Zeit - den Zeitraum vom ersten Einprägen bis zur dauerhaften Speicherung - nennt man Konsolidierungsphase. Erst nach Ablauf dieser Festigungsperiode ist es möglich, daß langfristige Gedächtnis zu messen. Vorher erfaßt man lediglich das Kurzzeitgedächtnis (*Kroeber-Riel & Weinberg*, 1999, S. 351).

Aus der obigen Beschreibung des Langzeitspeichers könnte man schließen, daß eine Information, der es gelingt, in das Langzeitgedächtnis vorzudringen, dort dauerhaft erhalten bleibt. Die Gedächtnisspur ist gelegt und wird nicht mehr ohne weiteres gelöscht. Aber wie schafft eine Information diesen Weg? (*Felser*, 1999, S. 59). Von großer praktischer Bedeutung ist hier die Frage, welche Faktoren die Kodierungsprozesse bzw. den Abruf von Informationen beeinflussen und hemmen.

Nach einer führenden Vergessenstheorie (Interferenztheorie) wird die spätere Wiedergabe einer gelernten Information deshalb gehemmt, weil Informationen von vorher und nachher gespeicherten Informationen überlagert werden und sich daraufhin der Erinnerung entziehen. Die Gedächtnisforschung bezeichnet dieses Phänomen als Interferenzen. Dabei wird zwischen Gedächtnishemmungen, die auf das vorher gespeicherte Material (proaktive Hemmungen), und solchen, die durch das nachher gelernte Material (retroaktive Hemmungen) entstehen, unterschieden. Eine andere Ursache als Interferenzen für das Vergessen wird auch darin gesehen, daß das Gehirn bereits gespeicherte Informationen einfach gegen neue Informationen austauscht (*Loftus & Loftus*, 1980, S. 251). Es gibt außerdem Anhaltspunkte für einen - wenn auch schwer nachweisbaren - Zerfall sowie für eine Änderung der Gedächtnisspuren im Laufe der Zeit (*Lindsay & Norman*, 1981, S. 251).

Gegenwärtige Untersuchungen beschäftigen sich bevorzugt mit der Frage, wie der Zugriff auf gespeicherte - also tatsächlich behaltene - Informationen möglich wird und erleichtert werden kann (*Kroeber-Riel & Weinberg*, 1999, S. 351). Nachfolgend sind wichtige Erkenntnisse der Gedächtnisforschung über das Speichern, Behalten und Vergessen von Informationen genauer erläutert (*Hobmaier*, 1994, S. 124-128):

- Einfaches Wiederholen steigert die Aufbewahrung der Informationen im Kurzzeitgedächtnis auf mehrere Minuten (*www.morschitzky.at*). Wenn man sich eine Telefonnummer merken will, geht das häufig mit dem Wiederholen der Ziffern einher, um sie im Kurzzeitspeicher halten zu können. Stellen wir anschließend fest, daß wir die Telefonnummer, ohne lange nachzudenken, jederzeit abrufen können, ist sie als dauerhafte Information ins Langzeitgedächtnis vorgedrungen. Diese Tatsache machen sich des öfteren auch die sogenannten Tandem-Spots in der Werbung zunutze. Zunächst kommt der eigentliche Spot und etwas später eine verkürzte Erinnerung daran. Untersuchungen haben hier ergeben, daß diese Technik zu deutlichen Erinnerungsvorteilen verhilft (*Brosius & Fahr*, 1996).

- Einen ganz entscheidenden Einfluß auf das Behalten und auf Reproduktionsleistungen hat der bewußte Einsatz von Gedächtnisstrategien. Dies sind zielführende Maßnahmen zur Verbesserung von Gedächtnisleistungen. Die Fähigkeit, bestimmte Informationen zu speichern und bei Bedarf wieder abzurufen, ist von Mensch zu Mensch sehr unterschiedlich. Einige haben keinerlei Probleme damit, sich Informationen zu merken und sie auf Wunsch wieder abzurufen, anderen hingegen fällt dieser Prozeß sehr schwer. Häufig wird dieser Sachverhalt mit einem „guten" bzw. „schlechtem" Gedächtnis begründet. Untersuchungen haben jedoch ergeben, daß die Ursache für schlechtes Behalten und Abrufen nicht daran liegt, daß die Kapazität des Gedächtnisses zu gering ist, sondern daß Menschen, die sich „etwas schlecht merken können", ihr Gedächtnis nicht optimal nutzen können, da sie über zu wenige Gedächtnisstrategien verfügen.

- Emotional gefärbte Informationen werden leichter behalten als „neutrale", angenehme besser als unangenehme. Tendenziell läßt sich deuten, daß der Abruf von Informationen besser gelingt, wenn es keine großen Unterschiede im physischen oder psychischen

Zustand beim Lernen und beim Abruf gibt. Wenn man im glücklichen Zustand etwas gelernt hat, wird es einem im traurigen Zustand schwerer fallen, sich daran zu erinnern, und umgekehrt.

- An unerledigte Aufgaben erinnert man sich kurzfristig eher als an erledigte. Diese Tatsache wird in der Psychologie als Zeigarnik-Effekt bezeichnet. Man erinnert sich ständig an Aufgaben, die noch erledigt werden sollten. Diese sitzen gewissermaßen wie ein schlechtes Gewissen im Nacken, während erledigte Aufgaben bereits bearbeitet und „abgehakt" sind.

- Einsichtiger und sinnvoller sowie gut gegliederter und strukturierter Lernstoff wird leichter behalten als uneinsichtiger, sinnloser und kaum verständlicher. Der typische Verlauf der Vergessenskurve für sinnlose und sinnvolle Inhalte verdeutlicht dies (siehe Abb. 8-2):

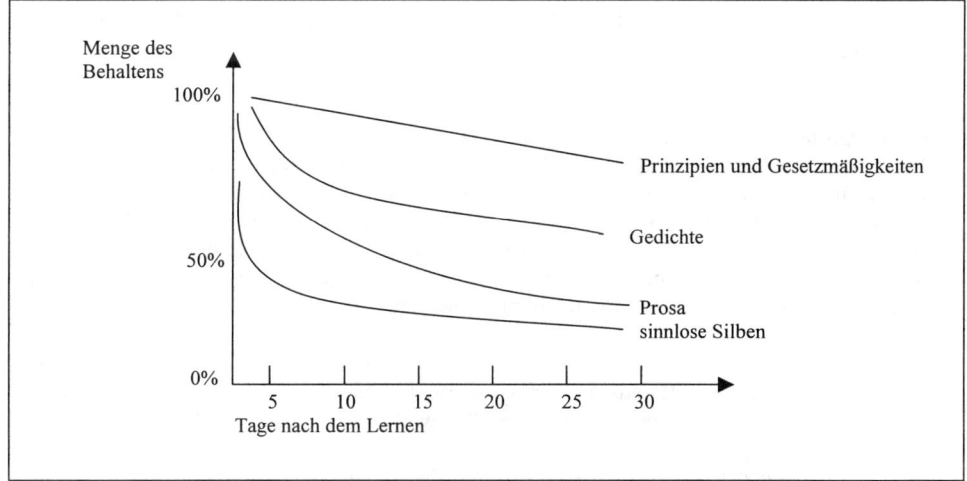

Abb. 8-2: Vergessenskurve für sinnlose und sinnvolle Inhalte (*Michel & Novak*, 1990).

- Sich abhebende Informationen wie zum Beispiel fettgedruckte oder farbig hervorgehobene Aussagen kann man sich eher und besser merken. Dies trifft um so mehr zu, wenn sie am Beginn oder am Ende gegeben werden (Positionseffekt).

- Anschauliche Informationen werden leichter behalten als abstrakte.

- Eine starke innere Motivation fördert ebenfalls das Behalten, Speichern und Abrufen von Informationen. Sachverhalte, an denen man interessiert ist, werden länger und leichter behalten als Sachverhalte, die weniger interessieren.

- Eine gute körperliche und seelische Verfassung (Gefühle, Bedürfnisse, Wohlbefinden) des Lernenden bzw. Aufnehmenden haben eine starke Auswirkung auf das Vergessen bzw. Behalten.

- Eine ruhige Arbeitsumgebung ohne Lärm, Geräusche, Musik oder Hektik wirkt sich positiv auf das Behalten aus.

- Schockerlebnisse führen dazu, daß Informationen zum Teil vergessen oder falsch in Erinnerung bleiben. Menschen, die einen Autounfall hatten, wissen nach dem Unfall oft nicht mehr, wie er geschah.

- Angst kann das Gedächtnis blockieren. Häufig erleben Personen gerade in Prüfungssituation einen „blackout", obwohl sie den Prüfungsinhalt an sich sicher beherrschten.

8.1.3 Messungen des Gedächtnisses

Die Messung der gespeicherten Informationen ist bis heute mit Schwierigkeiten verbunden. Wie kann man feststellen, welche Informationen tatsächlich behalten, welche vergessen wurden? Grundsätzlich ist es äußerst problematisch, die behaltenen Informationen objektiv abzurufen, da jeder Abrufprozeß eine besondere kognitive Leistung verlangt, die das abgerufene Gedächtnismaterial sowohl quantitativ als auch qualitativ verändert (*Kroeber-Riel & Weinberg*, 1999, S. 352).

Erste erprobte Ansätze zur Messung von gespeicherten Informationen gliedern sich in direkte und indirekte Meßverfahren. Die direkten Meßverfahren versuchen die gespeicherten Informationen hervorzubringen. Die indirekten gründen sich auf die Erkenntnis, daß der Übungsaufwand, der dazu benötigt wird, um das dargestellte - verbale oder bildliche - Material wieder zu lernen, entscheidend davon abhängt, wieviel von dem gelernten Material noch im Gedächtnis gespeichert ist. Das Behalten bzw. Vergessen wird somit indirekt an der für das Wiedererlernen notwendigen Übung gemessen.

Für die Konsumentenforschung werden vor allem die direkten Methoden wie freie Reproduktion (free Recall), unterstützte Reproduktion (aided Recall) oder auch das Wiedererkennen (Recognition) verwendet (*Kroeber-Riel & Weinberg*, 1999, S. 352-353).

Bei der Methode der freien Reproduktion muß die Testperson das Gelernte frei und ohne Hilfsmittel wiedergeben. Bei unterstützter Reproduktion werden Gedächtnisstützen in Form von Hinweisen auf den Kontext des gelernten Materials zugelassen. Beim Wiedererkennen wird dem Proband das gelernte Material zusammen mit anderem Material vorgelegt. Dabei wird die Erinnerungsleistung (an welches Material erinnert sich die Person) untersucht. Als Unterscheidungskriterium der verschiedenen Verfahren läßt sich festhalten, daß Recognition-Ergebnisse tendenziell höhere Erinnerungswerte als Recall-Ergebnisse aufweisen. Darüber hinaus verläuft die Vergessenskurve bei der Messung des Behaltens durch das Wiedererkennen (Recognition) flacher als bei der freien und unterstützenden Reproduktion (Recall). Bei den Recall-Methoden besteht bei Experten jedoch bis heute Zweifel daran, inwieweit diese Verfahren eine einheitliche Behaltensleistung bzw. verschiedene Aspekte des Behaltens tatsächlich ermitteln.

Dennoch sind Recall-Messungen, die 24 Stunden nach Darbietung der Werbung erfolgen, besonders verbreitet. Testpersonen werden hier beispielsweise einen Tag nach der Fernsehwerbung angerufen und befragt, ob sie sich an die Werbung erinnern und welche Aspekte wie beispielsweise Slogan, Markenname usw. ihnen im Gedächtnis geblieben sind. Vorteilhaft ist hierbei, daß tatsächlich das Langzeitgedächtnis überprüft wird. Beim Recall zeigt sich außerdem die aktive Markenbekanntheit. Der Konsument muß hier in der Lage sein, sich aktiv an ein Produkt bzw. bestimmte Produktleistungen zu erinnern. Ein abzuleitender Aspekt ist hierbei, daß die Erhöhung der Nachfrage nach dem Produkt mit der aktiven Markenbekanntheit einhergeht. Darüber hinaus eignen sich solche Methoden für die Aussonderung von Werbemitteln, die wenig bis gar keine Überzeugungskraft leisten. Anzufügen bleibt jedoch, daß diese Meßverfahren keine Verhaltensänderungen der Testpersonen aufzeigen, die zum Kauf und damit zum Werbeerfolg führen.

Markenrecognition gibt Aufschluß über die passive Markenbekanntheit. Der Konsument erinnert sich nur dann an eine Marke, wenn er das Produkt bzw. den Markennamen sieht. Ein Beispiel hierfür ist, daß Konsumenten bestimmte Produkte nur dann wiedererkennen, wenn sie eine Liste mit den Namen der Produkte vorgelegt bekommen (*Kroeber-Riel & Weinberg*, 1999, S. 353-354).

8.1.4 Innere Bilder und Gedächtnisleistung

Grundsätzlich unterscheidet die Forschung zwischen zwei Arten von inneren Bildern:

- Wahrnehmungsbilder
- Gedächtnisbilder

Von einem Wahrnehmungsbild spricht man, wenn der Gegenstand oder eine Abbildung des Gegenstands - beispielsweise ein Foto - präsent sind und vom Subjekt sinnlich wahrgenommen werden. Ein Gedächtnisbild repräsentiert dagegen die Vorstellung in Abwesenheit des Gegenstands. Man versteht darunter ein gelerntes (gespeichertes) Wahrnehmungsbild. In beiden Fällen handelt es sich jedoch um eine visuelle Vorstellung. Diese äußert sich in einer Kodierung von Informationen im Gedächtnis in einer nicht-verbalen Form (*Kroeber-Riel & Weinberg*, 1999, S. 343).

Innere Bilder entfalten sowohl kognitive als auch emotionale Wirkungen, die einen direkten Einfluß auf die gedankliche Informationsverarbeitung und -speicherung ausüben. Sie bestimmen unter anderem unsere Präferenzen für Personen und Gegenstände. Im Rahmen der Konsumentenforschung zeigen Untersuchungen, daß die Präferenz des Kunden für ein Produkt, ein Geschäft oder eine Dienstleistung wesentlich davon abhängt, wie lebendig das innere Bild des Konsumenten ist. Experten verstehen darunter die Klarheit und Deutlichkeit, mit der das Bild vor den inneren Augen des Betrachters steht. Je lebendiger ein inneres Bild ausgeprägt ist, desto stärker ist sein Einfluß auf das Verhalten (*Kroeber-Riel & Weinberg*, 1999, S. 344). Dies ist unter anderem von den Bildern abhängig, die der Empfänger zuvor aufgenommen und gespeichert hat. Zum Aufbau eines klaren Vorstellungsbildes über ein Produkt ist im allgemeinen eine wiederholte Darbietung von entsprechenden Reizen erforderlich. Darüber hinaus muß es sich deutlich von konkurrierenden Bildern abheben (*Kroeber-Riel & Weinberg*, 1999, S. 345). Eine weitere Schlüsselgröße zeigt sich in der Konkretheit des Bildes. Dieses ist ausschlaggebend für die Merkfähigkeit des Konsumenten.

Generell haben Untersuchungen ergeben, daß das Gedächtnis für Bildinformationen wesentlich besser ist als das Gedächtnis für sprachliche Informationen. Die gilt sowohl für einfache als auch für komplexe sprachliche und bildliche Reize. Diese Erkenntnisse können in verschiedenen Bereichen, wie z.B. der Entwicklung von Marken und der Gestaltung von Werbeanzeigen, genutzt werden (*Kroeber-Riel & Weinberg*, 1999, S. 345-351).

Die Bildhaftigkeit (Konkretheit) von Informationen ist auch entscheidend dafür, wie gut sich Konsumenten an die Höhe der von ihnen getätigten Konsumausgaben erinnern können. Im Rahmen einer experimentellen Untersuchung, in der Personen mittels eines Simulationsspiels einen Einkaufsbummel durch ein Kaufhaus unternahmen, zeigte sich, daß die Erinnerungsleistung in bezug auf die Höhe der getätigten Konsumausgaben bei der Verwendung von Kreditkarten signifikant schlechter war als bei Bargeld. Dabei unterschätzten die Kreditkartenverwender signifikant häufiger ihre Ausgaben im Vergleich zu Personen mit Bargeld. Interessant ist hierbei auch, daß sich die Konsumenten dieser Problematik nicht bewußt sind. In der im Anschluß an das Experiment erfolgten Befragung wurden die Untersuchungsteilnehmer auch danach gefragt, wie sicher sie sich hinsichtlich der Schätzung ihres ausgegebenen Betrages sind. Dabei zeigte sich, daß Kreditkartenzahler den gleichen Grad an subjektiver Sicherheit erlebten wie Bargeldzahler (*Raab*, 1998, S. 162-166). Kreditkartenverwender gehen also von einer relativ hohen Fähigkeit zur Einschätzung ihrer Konsumausgaben aus, die nicht der Realität entspricht (Illusion der Ausgabenkontrolle). Man kann diese Illusion der Ausgabenkontrolle dadurch erklären, daß Menschen den Wunsch haben, Kontrolle über ihre Ausgaben zu besitzen.[1]

8.2 Determinanten der Informationsverarbeitung und Kaufentscheidung

In der Regel übt eine Reihe von Faktoren einen Einfluß auf die Informationsverarbeitung des Konsumenten aus. Dabei kann je nach Informationsumfang, Entscheidungszeit, Darbietungsform, Reihenfolge der Informationsverarbeitung sowie verbraucherspezifischen Merkmalen eine unterschiedliche Wahrnehmung und Verarbeitung von Markeninformationen stattfinden (*Mayer & Illmann*, 2000, S. 184).

a) Informationsumfang

Oftmals ist ein Kunde innerhalb eines Kaufentscheidungsprozesses einer Vielzahl von Informationen ausgesetzt. Der tatsächliche Bedarf nach Informationen ist dabei von dem jeweiligen wahrgenommenen Kaufrisiko des Konsumenten abhängig. Je größer das wahrgenommene Kaufrisiko, um so stärker ist der Antrieb nach zusätzlichen Informationen (*Kroeber-Riel & Weinberg*, 1999, S. 249). Als Beispiel soll hier das sehr ausgeprägte Bedürfnis des Kunden nach Informationen beim Kauf eines PKWs oder eines Einfamilienhauses erwähnt werden.

Um eine kognitive Überlastung des Konsumenten zu vermeiden, können nicht alle Informationen aufgenommen und verarbeitet werden. Konsumenten versuchen deshalb, einen maximalen Entscheidungserfolg mit einem minimalen Entscheidungsaufwand zu kombinieren. Dies geschieht zum einen, indem der Kunde ähnliche Produkte miteinander vergleicht und sich dann für das Produkt mit den größten Vorteilen entscheidet, zum anderen durch Schlüsselinformationen wie beispielsweise Markenname, Preis, Bestandteile und Qualität der Produkte (*Coupey & DeMoranville*, 1996, S. 228-229; *Fritz & Thiess*, 1986, S. 146).

---

[1] Vgl. hierzu auch den Beitrag Kontrolltheorien in diesem Band.

b) Entscheidungszeit

Einen wesentlichen Beitrag zur Kaufentscheidung liefert auch die Entscheidungszeit. *Helgeson & Ursic* (1994) unterscheiden dabei zwischen einer affektiv orientierten und einer kognitiven Entscheidung. Bei der affektiven Entscheidung läuft der Entschluß des Kaufens beim Kunden eher automatisch ab. Diese Art der Entscheidung wird angewandt, wenn ein hoher Zeitaufwand vermieden werden soll. Bei der kognitiven Entscheidung beruht die getroffene Beurteilung dagegen auf der bewußten Auseinandersetzung des Kunden mit den Eigenschaften des Produkts. Dabei wird ein höherer zeitlicher Aufwand vorausgesetzt.

c) Darbietungsform

Bei Entscheidungen werden in der Regel die zur Verfügung stehenden Informationen nicht modifiziert, sondern direkt wahrgenommen (*Stoddard & Fern*, 1996, S. 215). Viele Untersuchungen zur Informationsverarbeitung unterschätzen dabei den Einfluß der äußeren Aufmachung der Information (*Eckmen & Wagner*, 1994). Um die Aufmerksamkeit der Konsumenten auszulösen, sie zu aktivieren und damit Voraussetzungen für eine effiziente Aufnahme, Verarbeitung und Speicherung der Produktinformation zu schaffen, sollten diese in einer stimulierenden Weise „verpackt" werden. Darüber hinaus sollten sie so gestaltet werden, daß sie in einer ganz bestimmten, dem Marketingziel entsprechenden Weise verstanden und in das kognitive Bezugssystem des Konsumenten eingebaut werden. Gestaltungsmerkmale wie Farbe, Textgestaltung, Bilder sowie Anzeigenplazierung spielen dabei eine entscheidende Rolle (*Weinberg*, 1992). *Von Keitz* (1986, S. 115) kommt beispielsweise bei dem Aspekt Farbe zu dem Ergebnis, daß farbige Anzeigen bessere Sympathiewerte erzielen und im Gegensatz zu schwarz-weißen Anzeigen zu besseren Erinnerungsleistungen führen. Hinsichtlich der Textgestaltung sowie der Verwendung von Bildern läßt sich sagen, daß insbes. eine gute Lesbarkeit in Form einer kontrastreichen, angenehmen Schriftgröße sowie einer übersichtlichen Struktur der Bilder die Bereitschaft der Konsumenten erhöht, sich intensiver mit der ihnen dargebotenen Information auseinanderzusetzen (*von Keitz*, 1986, S. 115). Bei der Anzeigenplazierung gehen Experten von einer Bevorzugung der rechten gegenüber der linken Seite aus (*Jeck-Schlottmann*, 1988, S. 38-40).

d) Reihenfolge der Informationsdarbietung

Viele Informationen werden von Konsumenten in der Regel nicht simultan, sondern seriell wahrgenommen wie beispielsweise die Spots in einem Werbeblock. Hierzu gilt folgende Faustregel: Bei seriell dargebotenen Informationen sind immer die ersten und letzten Einheiten in der Reihe im Vorteil. Dies wird als „Primacy-Recency-Effekt" bezeichnet. Das Phänomen des „Primacy-Recency-Effekts" wird zum einen durch Interferenz und zum anderen durch die begrenzte Kapazität des Kurzzeitgedächtnisses erklärt. Die ersten Informationen treffen auf einen leeren Arbeitsspeicher und haben daher eine relativ hohe Chance, in den Langzeitspeicher zu gelangen. Je mehr Informationen jedoch hinzukommen, desto größer ist die Belastung des Arbeitsspeichers. Dies wird verstärkt, wenn die Informationen als gleichartig erlebt werden. Es entstehen Interferenzen. Informationen werden miteinander verwechselt. Als Beispiel seien hier mehrere ähnliche Spots einer Produktgattung erwähnt. Der Interessent sieht im Gedächtnis drei Spots, die aber zu zwei oder einem verschmelzen können. Nur an diese kann sich der Verbraucher später erinnern. Die letztgenannten Informationen werden dann nicht mehr weiter gehindert, in den Arbeitsspeicher zu gelangen, denn dieser erhält keinen Nachschub mehr. Die darin enthaltenen Informationen können somit in Ruhe verarbeitet werden (*Felser*, 1999, S. 62).

e) Konsumentenspezifische Merkmale

Oftmals ist die Informationsverarbeitung auch von speziellen Verbraucherkriterien abhängig. Als Beispiel sollen hier das Geschlecht des Konsumenten sowie seine speziellen Kenntnisse über die verschiedenen Eigenschaften eines Produkts (Experte oder Laie) angeführt werden.

Hinsichtlich geschlechtsspezifischer Eigenschaften tendieren Männer eher dazu, kognitiv orientierte Entscheidungen zu treffen, während Frauen primär den affektiven Aspekt einer Entscheidung hervorheben (*Helgeson & Ursic*, 1994, S. 504). Zudem äußert sich ein Unterschied in der Informationsverarbeitungsstrategie. Frauen besitzen im Gegensatz zu Männern eher eine geringe Verarbeitungsschwelle. Dies zeigt sich darin, daß sie sich intensiver mit dem Inhalt einer Botschaft auseinandersetzen und dadurch eine größere Sensibilität für deren Einzelinhalte entwickeln. Bei Männern steht dagegen eher die Gesamtbotschaft im Vordergrund. Details werden weniger beachtet (*Meyers-Levy & Maheswaran*, 1991, S. 67). Zur Veranschaulichung dient nachfolgende Abb. 8-3:

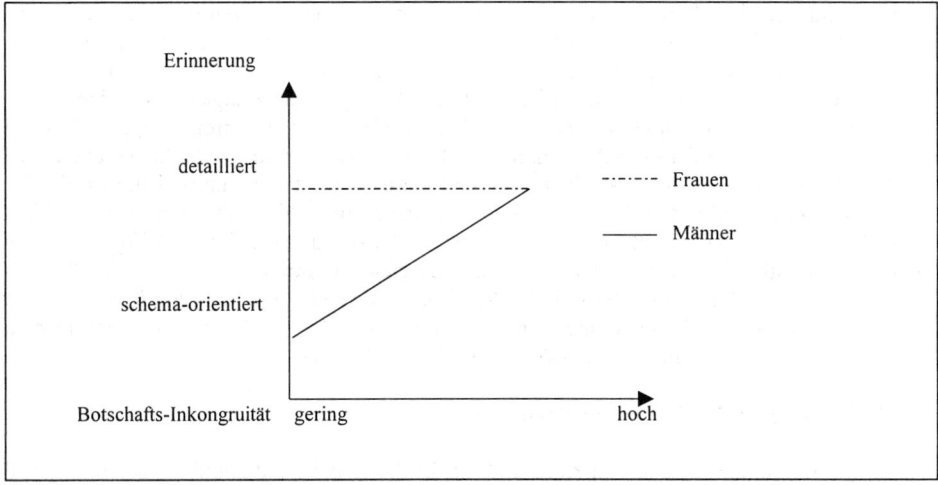

Abb. 8-3: Einfluß der Botschafts-Inkongruenz auf die Erinnerungsleistungen (*Meyers-Levy & Maheswaran*, 1991, S. 67).

Die Informationsverarbeitung ist zudem abhängig von den jeweiligen Kenntnissen der Konsumenten über bestimmte Produkte. Untersuchungen haben ergeben, daß sich die Informationsverarbeitung von Experten und Laien aufgrund verschiedener Gedächtnisstrukturen unterscheidet. Die Ergebnisse lassen den Schluß zu, daß Experten ein elaborierteres Gedächtnisschema besitzen als Laien. Je nach Kontextbedingung rufen diese unterschiedliche Produktinformationen ab, die für den jeweiligen Sachverhalt als wichtig empfunden werden. Bei Laien erfolgt dieser Abruf von Informationen nicht in diesem Maße (*Cowley*, 1994, S. 60-61). Bezüglich der Ursachenzuschreibung von Produktmißerfolgen kann außerdem festgehalten werden, daß Verbraucher, die über ein hohes Produktwissen verfügen, auch eine größere Anzahl möglicher Gründe für einen Mißerfolg anführen. Durch ihre komplexeren Wissensstrukturen findet eine effizientere Informationsverarbeitung und Wiedergabe statt

(*Somasundaram*, 1993, S. 217). Daraus läßt sich ableiten, warum Laien bei einer komplexeren Entscheidungsaufgabe eher keine selbständige Entscheidung treffen und primär Informationen von Experten oder anderen Informierten suchen (*Moorman & Rindfleisch*, 1995, S. 564).

8.3 Zusammenfassung

Wie die vorliegenden Ausführungen zeigen, ist das Thema Informationsverarbeitung durchaus auf wirtschaftliche Sachverhalte übertragbar. Der Erfolg von Unternehmen hängt heute in entscheidendem Maß von den Kunden ab. Diese selektieren permanent für sie interessante und wichtige Informationen, speichern sie ab und rufen sie zu gegebener Zeit wieder auf. Deshalb ist ein adäquates, auf den jeweiligen Kunden zugeschnittenes und nützliches Informationsangebot eine unabdingbare Voraussetzung: Nur so kann das Entscheidungsverhalten des Kunden zugunsten des jeweiligen Anbieters beeinflußt werden.

Literatur

Brosius, H. B. & Fahr, A.: Werbewirkung im Fernsehen. Aktuelle Befunde der Medienforschung. München: 1996.

Coupey, E. & DeMoranville, C. W.: Information processability and restructuring. consumer strategies for managing difficult decisions. Advances in Consumer Research, 1996, **23**, 225-230.

Cowley, E. J.: Recovering forgotten information. A study in consumer expertise. Advances in Consumer Research, 1994, **21**, 58-63.

Eckmen, M. & Wagner J.: Judging the attractiveness of product design: The effect of visual attributes and consumer characteristics. Advances in Consumer Research, 1994, **21**, 560-565.

Felser, G.: Zur Psychologie der Informationsverarbeitung. In: Felser, G., Kaupp, P. & Pepels, W. (Hrsg.). Käuferverhalten. Köln: 1999, 49-68.

Fritz, W. & Thiess, M.: Das Informationsverhalten des Konsumenten und seine Konsequenzen für das Marketing. Heidelberg: 1986.

Helgeson, J. G. & Ursic, M. L.: The role of affective and cognitive decision-making processes during questionnaire completion. Psychology & Marketing, 1994, **11**, 5, 93-110.

Hobmair, H.: Psychologie. Köln: 1994.

Jeck-Schlottmann, G.: Anzeigenbetrachtung bei geringem Involvement. Marketing, ZFP, 1988, **10**, 1, 33-43.

Kluwe, R. H.: Gedächtnis und Wissen. In: Spada, H. (Hrsg.). Allgemeine Psychologie, Bern, Stuttgart: 1990, 115-188.

Kroeber-Riel, W. & Weinberg, P.: Konsumentenverhalten (7. Aufl.). München: 1999.

Lindsay, P. H. & Norman, D. A.: Einführung in die Psychologie: Informationsaufnahme und -verarbeitung beim Menschen. Berlin: 1981.

Loftus, E. F. & Loftus, G. R.: On the performance of stored information in the human brain. American Psychologist, 1980, **35**, 409-420.

Malter, A. J.: An introduction to embodied cognition: Implications for consumer research. Advances in Consumer Research, 1996, **23**, 272-276.

Mayer, H. & Illmann, T.: Markt- und Werbepsychologie (3. Aufl.). Stuttgart: 2000.

Meyers-Levy, J. & Maheswaran, D.: Exploring differences in males' and females' processing strategies. Journal of Consumer Research, 1991, **18**, 63-70.

Michel, Ch. & Novak, F.: Kleines psychologisches Wörterbuch. Freiburg im Breisgau: 1990.

Moorman, C. & Rindfleisch, A.: Divergent perspectives of the role of prior knowdlege in consumer information search and processing. Advances in Consumer Research, 1995, **22**, 564-565.

Raab, G.: Kartengestützte Zahlungssysteme und Konsumentenverhalten. Berlin: 1998.

Somasundaram, T. N.: Consumers reaction to product failure. Impact of product involvement and knowledge. Advances in Consumer Research, 1993, **20**, 215-218.

Stoddard, J. E. & Fern, E. F.: The effect of information presentation format and decision on choice in an organizational buying context. Advances in Consumer Research, 1996, **23**, 211-217.

von Keitz, B.: Wahrnehmung von Informationen. In: F. Unger (Hrsg.). Konsumentenpsychologie und Markenartikel. Heidelberg: 1986, 97-121.

Weinberg, P.: Erlebnismarketing. München: 1992.

Zimbardo, P. & Gerrig, R.: Psychologie (7. Aufl.). Berlin: 1999.

9. Urteilsheuristiken

9.1 Die allzu menschlichen Fehler ökonomischer Entscheidungen

9.1.1 Begriff und Relevanz von Urteilsheuristiken

Menschliches Verhalten ist in vielen Situationen dadurch charakterisiert, daß Urteile und Entscheidungen unter Unsicherheit getroffen werden müssen. So muß ein Verbraucher ein Urteil darüber fällen, welche Waschmaschine die beste für ihn ist, und ein Unternehmer steht vor der Entscheidung, ein neues Produkt zu einem bestimmten Zeitpunkt im Markt einzuführen oder nicht. Die Unsicherheit in solchen Situationen resultiert daraus, daß zu wenig entscheidungsrelevante Informationen vorhanden sind, die Situation besonders komplex ist, zukünftige Entwicklungen vorhergesagt werden müssen und/oder eine Entscheidung unter Zeitdruck herbeigeführt werden muß. Forschungsbefunde aus der experimentellen Psychologie zeigen, daß bei Entscheidungen unter Unsicherheit häufig sogenannte Urteilsheuristiken angewendet werden (*Kahneman & Tversky*, 1973; *Kahneman, Slovic & Tversky*, 1982; *Tversky & Kahnemann*, 1974). Unter einer Urteilsheuristik versteht man eine allgemeine, einfach anwendbare, uns meistens aber nicht bewußte Regel, die es gestattet, Urteile und Entscheidungen auch unter ungünstigen Informationsbedingungen schnell und einigermaßen treffsicher zu fällen (*Stephan*, 1999, S. 103). Der Vorteil der einfachen Anwendbarkeit und Schnelligkeit dieser Urteilsheuristiken ist allerdings mit dem Nachteil verbunden, daß die auf diesen Regeln basierenden Urteile und Entscheidungen häufig mit Fehlern verbunden sind.

Die Relevanz von Urteilsheuristiken besteht darin, daß sie ein weiterer Beleg für die begrenzte Gültigkeit des Modells des homo oeconomicus sind. Menschen verfügen nur über ein begrenztes Wahrnehmungsvermögen sowie über eine begrenzte Informationsverarbeitungskapazität und sind damit weit entfernt vom ökonomischen Modell einer fehlerfrei arbeitenden nutzenmaximierenden Maschine. Auf diesen Sachverhalt hat bereits der Psychologe *Herbert Simon* (1957) vor über vierzig Jahren hingewiesen und für sein darauf aufbauendes Konzept der „begrenzten Rationalität" den Nobelpreis für Wirtschaftswissenschaften erhalten. Menschen und Organisationen (z.B. Unternehmen) berücksichtigen bei ökonomischen Entscheidungen normalerweise nicht alle denkbaren Alternativen, und diese Alternativen werden nur anhand weniger relevanter Merkmale beurteilt. Der Entscheidungsprozeß wird dabei in der Regel dann abgebrochen, wenn eine befriedigende Alternative gefunden wurde. Urteilsheuristiken unterstreichen die in vielen Situationen begrenzte Rationalität menschlichen Verhaltens.

Die Relevanz besteht darüber hinaus darin, daß Urteile und Entscheidungen, die auf Urteilsheuristiken beruhen, unter bestimmten Bedingungen mit negativen Konsequenzen verbunden sind. So entscheidet sich ein Verbraucher für eine Waschmaschine, die bei näherer Betrachtung die teurere Alternative darstellt, und ein Unternehmer entscheidet sich für eine frühzeitige Einführung eines neuen Produkts, obwohl der Markteintritt zu einem späteren Zeitpunkt langfristig den höheren Gewinn erbracht hätte. Es stellt sich somit die Frage, welche Urteilsheuristiken werden eingesetzt, wann werden sie eingesetzt und unter welchen Bedingungen kommt es zu negativen Konsequenzen. Auf diese Punkte wird im folgenden eingegangen.

9.1.2 Formen von Urteilsheuristiken

Zu den drei bekanntesten Urteilsheuristiken gehören die Verfügbarkeitsheuristik, die Verankerungs- und Anpassungsheuristik und die Repräsentativitätsheuristik. Aufgrund ihrer hohen praktischen Bedeutung werden im folgenden die beiden ersten Heuristiken und die mit ihnen verbunden Urteilsverzerrungen beschrieben. Zunächst wird die Verfügbarkeitsheuristik erläutert, die vor allem dann angewandt wird, wenn Häufigkeiten und Wahrscheinlichkeiten geschätzt werden. Daran anschließend wird die Verankerungs- und Anpassungsheuristik beschrieben, die bei den unterschiedlichsten Urteilen und Entscheidungen von Bedeutung ist.

9.1.2.1 Verfügbarkeitsheuristik

Die Verfügbarkeitsheuristik verwendet den Grad der Leichtigkeit, mit der Informationen aus dem Gedächtnis abgerufen oder generiert werden können, als Grundlage für die Einschätzung der Häufigkeit und Wahrscheinlichkeit von Ereignissen. Je einfacher wir uns an ein Ereignis erinnern und je mehr Beispiele uns dazu einfallen, desto häufiger und wahrscheinlicher erscheint uns dieses Ereignis, sofern keine objektiven Informationen zur Verfügung stehen oder aus Zeitgründen nicht genutzt werden (*Kahneman & Tversky*, 1982, S. 11). Der Begriff Verfügbarkeitsheuristik ist allerdings etwas unglücklich gewählt. Die moderne Gedächtnispsychologie unterscheidet zwischen Informationen, die im Gedächtnis vorhanden, und damit prinzipiell verfügbar sind, und der tatsächlichen Zugänglichkeit (Abrufbarkeit) der Information. Jeder dürfte die Situation kennen, daß man sich eigentlich sicher ist, etwas zu wissen, aber in einer konkreten Situation (z.B. Prüfung) kann man dieses Wissen nicht abrufen oder neues generieren. Bei der Verfügbarkeitsheuristik geht es in erster Linie um die Abrufbarkeit und Generierbarkeit von Informationen (*Herkner*, 1991, S. 202).

9.1.2.2 Abrufbarkeit und Verfügbarkeitsheuristik

Wenn man eine Gruppe von Arbeitslosen danach fragt, wie hoch sie die Arbeitslosenquote in ihrem Wohnort einschätzen, so wird man eine erheblich höhere Durchschnittschätzung erhalten, als wenn man eine Gruppe von Beschäftigten in diesem Ort befragt. Die Ursache für diese unterschiedlichen Einschätzungen liegt darin, daß sich entsprechend der Verfügbarkeitsheuristik, Arbeitslose aufgrund ihrer Erfahrung in kurzer Zeit viele Fälle von Arbeitslosigkeit ins Bewußtsein rufen können. Ähnliche Ergebnisse wird man erhalten, wenn man Personen in Köln und Wolfsburg danach fragt, wie hoch der Marktanteil der Marke Ford in Deutschland ist. Aufgrund des Hauptsitzes der Ford AG in Köln und der für die Mitarbeiter günstigen Konditionen hinsichtlich des Erwerbs eines Automobils der Marke Ford, ist diese Marke in Köln besonders stark verbreitet. Es liegt auf der Hand, daß sich diese Situation in Wolfsburg, bekanntlich dem Stammsitz des Volkswagenkonzerns, anders darstellt. Fragt man nun Personen in Köln, so werden ihnen auch hier im Sinne der Verfügbarkeitsheuristik in kurzer Zeit deutlich mehr Fahrer der Marke Ford einfallen, und der Anteil dieser Marke in Deutschland wird entsprechend hoch eingeschätzt.

An dem eben beschriebenen Beispiel für Verfügbarkeitsheuristiken wird deutlich, daß diese Heuristik in vielen Fällen zu annähernd richtigen Urteilen führen kann. Würde man die Personen in Köln nur danach fragen, wie hoch der Marktanteil der Marke Ford in Köln ist, dann ist die Leichtigkeit, mit der man sich an entsprechende Beispiele erinnert, ein guter

Indikator für die tatsächliche Häufigkeit der Marke. Denn die Verfügbarkeitsheuristik ist im Prinzip die Umkehrung einer fundamentalen Erkenntnis der Gedächtnispsychologie über den Zusammenhang zwischen der Darbietungshäufigkeit eines Reizes und der Erinnerung. Ereignisse, die einem ohne Schwierigkeiten einfallen, sind in der Regel Vorgänge, die oft und mit hoher Wahrscheinlichkeit auftreten. Die Verfügbarkeitsheuristik führt dann zu Fehlern, wenn sich das Individuum nicht bewußt ist, daß seine Erfahrungen (Beobachtungen) nur eine Stichprobe darstellen und diese Erfahrungen nicht repräsentativ sein müssen für die tatsächliche Häufigkeit von Ereignissen.

Tversky und *Kahneman* haben zur Bestätigung der Verfügbarkeitsheuristik und der mit ihr verbundenen Fehleinschätzungen eine Reihe von Experimenten durchgeführt. Im Rahmen eines einfachen Experiments sollten Personen für fünf Konsonanten angeben, ob sie bei Wörtern mit größerer Wahrscheinlichkeit als erster oder dritter Buchstabe vorkommen. Für das Experiment wurden solche Konsonanten ausgewählt, die in Wirklichkeit viel öfter an dritter als an erster Stelle vorkommen. Die meisten Personen (70 Prozent) waren jedoch der Meinung, daß die Buchstaben häufiger an erster Stelle vorkommen. Dieses Ergebnis macht deutlich, daß die Leichtigkeit, mit der die entsprechenden Worte aus dem Gedächtnis abgerufen werden können, die Einschätzung der Häufigkeit beeinflußt. Da der Anfangsbuchstabe eine bessere Abrufhilfe (retrieval cue) darstellt als derselbe Buchstabe an dritter Stelle, konnten sich die Personen eher an Wörter erinnern, die mit dem entsprechenden Konsonanten beginnen, als an Wörter, in denen der Konsonant an dritter Stelle stand und die Häufigkeit wurde überschätzt (*Tversky & Kahneman*, 1973).

In einem weiteren Experiment präsentierten *Tversky* und *Kahneman* (1974) Personen eine Namensliste von Männern sowie Frauen und ließen dann den Anteil der genannten Männer und Frauen schätzen. Einer Gruppe von Personen wurde eine Liste mit 19 berühmten Männernamen und 20 unbekannten Frauennamen vorgelesen. Einer zweiten Gruppe wurden 19 berühmte Frauennamen und 20 unbekannte Männernamen präsentiert. Da man sich an bekannte Namen leichter erinnern kann und diese damit schneller verfügbar sind als unbekannte, war nach der Annahme zu erwarten, daß im ersten Fall der Anteil der Männer auf der Liste und im zweiten Fall der Frauenanteil überschätzt wird. Die Ergebnisse bestätigten genau diese Annahme.

Stephan (1993) hat diesen Untersuchungsansatz auf die Einschätzung von Börsenberichten übertragen. In seinem Experiment ging es um den Einfluß der Vertrautheit (Bekanntheit) der Namen von Aktiengesellschaften in einem Börsenbericht auf die Beurteilung des Börsentrends. Zu diesem Zweck wurde ein Börsenbericht erstellt, der die Gewinne und Verluste von 51 Aktiengesellschaften am Ende eines fiktiven Börsentages enthielt. 25 Gesellschaften waren den Personen sehr gut bekannt und 26 waren weniger bekannt. In einer Version des Börsenberichts (Börsenbericht A) wurden zwei Drittel der 25 bekannten Aktiengesellschaften als Gewinner und das andere Drittel als Verlierer notiert. Der durchschnittliche Gewinn und Verlust der Kurse lag bei fünf Prozent. In der Gruppe der 26 weniger bekannten Aktiengesellschaften war das Verhältnis zwischen Gewinnern und Verlierern umgekehrt. Der Börsenbericht hatte also folgende Form: 25 bekannte Aktiengesellschaften (17 Gewinner, 8 Verlierer) und 26 weniger bekannte Aktiengesellschaften (8 Gewinner, 18 Verlierer). Eine unverzerrte Erinnerung des Verhältnisses zwischen Gewinnern und Verlierern sollte in etwa eine Gleichverteilung oder leichte Dominanz von Verlierern widerspiegeln. Die zweite Version des Börsenberichts (Börsenbericht B) stimmte mit der ersten Version überein mit der Ausnahme, daß das Verhältnis zwischen Gewinnern und Verlierern umgekehrt wurde.

Der Börsenbericht enthielt somit: 25 bekannte Aktiengesellschaften (8 Gewinner, 17 Verlierer) und 26 weniger bekannte Aktiengesellschaften (18 Gewinner, 8 Verlierer).

Die Börsenberichte wurden zwei Gruppen von Personen vom Tonband vorgespielt. Nachdem sie den Börsenbericht gehört hatten, wurden sie gefragt, ob unter den 51 genannten Aktiengesellschaften mehr Gewinner oder mehr Verlierer seien. 67 Prozent der Personen, die den Börsenbericht A gehört hatten, glaubten irrtümlich, daß er mehr Gewinner als Verlierer enthielt. 61 Prozent der Personen schätzten den Börsenbericht B falsch ein (siehe Tab. 9-1). In beiden Fällen führt die höhere kognitive Verfügbarkeit der bekannten Aktiengesellschaften zu einer Fehleinschätzung (*Stephan*, 1999, S. 125). Es sei angemerkt, daß es sich bei den Personen um Studierende der Wirtschaftswissenschaften im Hauptstudium gehandelt hat. Den Teilnehmern der Untersuchung kann also ein gewisse Vertrautheit in bezug auf Börsenberichte unterstellt werden. Und dennoch führt die unterschiedliche Verfügbarkeit zu diesen Effekten.

	Erinnerung der Probanden		
	„Mehr Gewinner"	„Mehr Verlierer"	Summe
Form A (mehr Verlierer)	67 %	33 %	100 %
Form B (mehr Gewinner)	39 %	61 %	100 %
Total	54 %	46 %	

Tab. 9-1: Verfügbarkeitsheuristik und die Einschätzung von Börsenberichten (*Stephan*, 1999, S. 125).

9.1.2.3 Generierbarkeit und Verfügbarkeitsheuristik

Bei den bisher beschriebenen Experimenten ging es vor allem darum, Informationen aus dem Gedächtnis abzurufen und darauf aufbauend eine Einschätzung der Häufigkeiten vorzunehmen. Es gibt jedoch auch viele Situationen, in denen das Abrufen von Informationen zur Beantwortung von Aufgaben nicht ausreicht. Bei diesen Aufgaben besteht die eigentliche Leistung nicht darin, Informationen nur aus dem Gedächtnis abzurufen, sondern darin, daß die Lösung geistig generiert werden muß. Stellen Sie sich vor, Sie sind Projektleiter in einem Unternehmen. Das Projektteam besteht aus zehn Mitarbeitern. Was schätzen Sie, wie viele verschiedene Gruppen aus zwei Personen können Sie bilden? Wie viele verschiedene Gruppen aus acht Personen können Sie bilden?

Nach den Ergebnissen von *Kahneman* und *Tversky* (1973) wird die Anzahl möglicher Zwei-Personen-Gruppen im Durchschnitt auf etwa 70 geschätzt, die Anzahl möglicher Acht-Personen-Gruppen auf etwa 20. Tatsächlich ist aber die Anzahl der Zwei-Personen-Gruppen gleich der Anzahl der Acht-Personen-Gruppen. Denn es können jeweils 45 Gruppen gebildet werden. Natürlich erwartet niemand, daß in Kombinatorik nicht ausgebildete Personen dieses Ergebnis genau vorhersagen können. Von Interesse ist allein der große Unterschied zwischen den beiden Schätzungen.

Der Grund für diese Fehleinschätzung, daß sich sehr viel mehr Zwei-Personen-Gruppen bilden lassen, liegt nach *Kahneman* und *Tversky* (1973) wiederum an der kognitiven Verfügbarkeit. Bei der Bildung unterschiedlicher Gruppen können die entsprechenden Einzelfälle nicht aus dem Gedächtnis abgerufen werden, sondern sie müssen geistig generiert werden. Zwei-Personen-Gruppen sind leichter vorstellbar als Acht-Personen-Gruppen. Aus 10 Personen lassen sich direkt fünf überschneidungsfreie Zwei-Personen-Gruppen bilden, aber noch nicht einmal zwei überschneidungsfreie Acht-Personen-Gruppen. Die Leichtigkeit, mit der die Gruppen geistig konstruiert werden können (ease of construction), dient als Hinweis für die Anzahl möglicher Kombinationen.

Unsere Vorstellungskraft von bestimmten Dingen beeinflußt aber nicht nur die Schätzung von Gruppengrößen und Häufigkeiten, sondern auch die Einschätzung der Wahrscheinlichkeit einzelner Ereignisse. In vielen Situationen, in denen wir Entscheidungen treffen müssen oder wollen, können wir nur subjektiv schätzen, mit welcher Wahrscheinlichkeit das gewünschte Ereignis eintritt. So erwarten wir z.B. beim Kauf eines bestimmten Automobils einen hohen Grad an Zuverlässigkeit, und beim Erwerb von Aktien erhoffen wir eine bestimmte Verzinsung unseres eingesetzten Kapitals. In diesen Situationen machen wir unsere Entscheidung häufig auch davon abhängig, wie gut wir uns das Eintreten dieses Ereignisses vorstellen können und wie vertraut uns der jeweilige Gegenstand ist. Amerikaner haben beispielsweise eine ausgeprägte Vorliebe für Aktien ihrer lokalen Telefongesellschaften. Sie machen dabei einen so hohen Anteil am Gesamtportfolio der Anlagen aus, der rational und gemessen an der von der Portfoliotheorie empfohlenen Risikostreuung nicht zu rechtfertigen ist (*Huberman*, 1998). Selbst professionelle Investoren bevorzugen innerhalb eines Landes Firmen aus der näheren Umgebung (*Coval & Moskowitz*, 1996). Die Vertrautheit und die damit verbundene Leichtigkeit, sich bestimmte Ereignisse vorstellen zu können, beeinflussen also unsere Entscheidungen. Unternehmen und insbesondere solche aus dem Dienstleistungsbereich, deren Leistungen immaterieller Natur sind, sollten daher bemüht sein, Kunden Informationen zu bieten, die es ihnen ermöglicht, sich ein „Bild" vom jeweiligen Produkt und Unternehmen zu machen. Die Ergebnisse des oben aufgeführten Experiments zeigen darüber hinaus auch die Problematik einer zu hohen Komplexität von Produktausstattungen und Preistarifen auf. Es erscheint wenig sinnvoll, Kunden eine Vielzahl von Produktvarianten anzubieten, wenn sie sich die konkrete Kombination nicht vorstellen können. Ein Weg hierzu stellt z.B. die Visualisierung einer bestimmten vom Kunden zusammengestellten Ausstattungsvariante eines Automobils über das Internet dar. Ein Ansatz, den heute bereits einige Automobilhersteller realisiert haben.

9.1.2.4 Verankerungs- und Anpassungsheuristik

Die Verankerungs- und Anpassungsheuristik beinhaltet, daß Personen bei den verschiedensten Urteilen mit der Einschätzung eines Anfangswertes (Anker) beginnen, der dann so lange angepaßt wird, bis das endgültige Urteil erreicht ist. Unabhängig davon, ob der Anfangswert durch das jeweilige Problem definiert, von der Person frei gewählt oder zufällig vorgegeben wird, in jedem Fall erfolgt eine Anpassung in Richtung des Anfangswertes, die meistens unzureichend ist. Unzureichend in dem Sinn, daß eine zu starke Anpassung in Richtung des Anfangswertes erfolgt (*Strack*, 1993, S. 261-262).

Nehmen wir einmal an, Sie müssen das Ergebnis einer Rechenaufgabe per Überschlagsrechnung abschätzen, da Ihnen pro Aufgabe nur fünf Sekunden zur Verfügung stehen. Die Aufgabe besteht darin, das Ergebnis der folgenden Multiplikation zu finden: 8 x 7 x 6 x 5 x 4 x 3 x 2 x 1. Eine Variation des Aufgabe besteht darin, die Reihenfolge der Ziffern umzudrehen: 1 x 2 x 3 x 4 x 5 x 6 x 7 x 8. Genau diese beiden Aufgaben verwandten *Tversky* und *Kahneman* (1974) zur Untersuchung der Verankerungs- und Anpassungsheuristik. Dabei erhielten sie für die erste Aufgabe ein durchschnittliches Ergebnis von 2.250 und für die zweite Aufgabe ein durchschnittliches Ergebnis von 512. Das tatsächliche Ergebnis von 40.320 wurde also deutlich unterschätzt. Wie kann man diese Ergebnisse erklären? Um die Aufgaben in der vorgegebenen Zeit lösen zu können, werden die ersten zwei oder drei Produkte berechnet, sie bilden also den Anfangswert (Anker), und auf dieser Grundlage wird das Endergebnis geschätzt. Wie die Ergebnisse zeigen, ist diese Art der Anpassung völlig unzureichend, vor allem wenn der Anfangswert besonders weit vom Endergebnis entfernt ist.

Es gibt eine Vielzahl von weiteren experimentellen Untersuchungen, die die Annahmen der Verankerungs- und Anpassungsheuristik bestätigen. Dabei konnte gezeigt werden, daß diese Effekte auch in solchen Situationen auftreten, in denen der Ankerwert keinerlei sachlogischen Bezug zur Fragestellung hat und den Personen auch nicht bewußt ist. Ankereffekte werden also vom Entscheider nicht bewußt wahrgenommen und sind damit schwer zu kontrollieren.

Man mag nun der Ansicht sein, daß solche Effekte zwar im Rahmen von wissenschaftlichen Grundlagenuntersuchungen zu beobachten sind, daß sie aber verschwinden, wenn die Personen über Sachkenntnis und Erfahrungen hinsichtlich des jeweiligen Urteilsgegenstandes verfügen, dies ist allerdings nicht der Fall. *Northcraft & Neale* (1987) führten ein Feldexperiment durch, in dem Immobilienmakler den Wert eines Hauses schätzen sollten. Den Maklern wurde ein Exposé des Hauses übergeben. Darüber hinaus erhielten sie Informationen über Häuser in der Nachbarschaft, und alle Teilnehmer nahmen das Haus durch eine Begehung persönlich in Augenschein. Zur Untersuchung der Verankerungs- und Anpassungsheuristik wurden Gruppen von Maklern gebildet, die sich nur dadurch unterschieden, daß der Katalogpreis des Hauses im Exposé variierte. Den Maklern standen also mit Ausnahme der jeweiligen Katalogpreise die gleichen Informationen zur Verfügung. Die Makler waren vor der Taxierung einhellig der Meinung, daß der Katalogpreis keine Relevanz für eine korrekte Taxierung eines Hauses habe und daß sie sich selbst in keiner Weise vom Katalogpreis beeinflussen lassen würden. Tatsächlich waren die Taxierungen der Immobilienmakler aber stark in Richtung der jeweiligen Katalogpreise (Anker) verzerrt. Das gleiche Ergebnis fand man bei einer Vergleichsgruppe von Studenten. Während allerdings die Studenten nach der Präsentation der Ergebnisse den Einfluß des Katalogpreises bejahten, stritten die Makler jeden Einfluß des Katalogpreises auf ihre Schätzungen ab.[1]

Auch bei anderen ökonomischen Urteilen und Entscheidungen lassen sich die beschriebenen Effekte beobachten. In einer Studie von *Stephan* (1992) mußten Studenten der Wirtschaftswissenschaften eine Prognose darüber abgeben, welchen Wert der Dollarkurs, der DAX und der Goldpreis in sieben Wochen haben wird. Zur Information wurden den Teilnehmern die tatsächlichen Kursverläufe dieser Größen für die vorangegangenen sechs Monate graphisch dargeboten. Damit sollte die Vorinformation der Teilnehmer homogenisiert und die Progno-

---

[1] Die Leugnung des Einflusses des Katalogpreises läßt sich mit Hilfe der Theorie der kognitiven Dissonanz erklären. Siehe hierzu den Beitrag in diesem Band.

seunsicherheit reduziert werden. Um die Verankerungs- und Anpassungsheuristik zu untersuchen, wurden die Versuchspersonen in einem ersten Schritt gebeten, eine Grobschätzung für die Größen abzugeben. Eine Gruppe wurde gefragt, ob der Dollarkurs über oder unter 1,50 DM, der DAX über oder unter 1.600 Punkten und der Goldpreis über oder unter 16.000 DM pro Kilobarren liegen wird.[2] Die andere Gruppe wurde ebenfalls um eine Grobeinschätzung gebeten, allerdings betrugen hier die Werte für den Dollarkurs 1,70 DM, den DAX 1.800 Punkte und den Goldpreis 18.000 DM. Die beiden Gruppen unterschieden sich also dadurch, daß der einen Gruppe niedrige und der anderen hohe Ankerwerte vorgegeben wurden. Die nach den Grobeinschätzungen von den Versuchspersonen erstellten Feinprognosen unterschieden sich deutlich und waren in Richtung der jeweiligen Ankerwerte verschoben. Für den Dollarkurs betrugen die durchschnittlichen Vorhersagen 1,53 DM versus 1,58 DM, für den DAX 1.719 Punkte versus 1.764 Punkte und für den Goldpreis 16.670 versus 17.082 DM. Diese Unterschiede sind hochsignifikant und bedeutsam.[3] Die gleichen Ergebnisse zeigten sich bei der Erstellung von Prognosen hinsichtlich des Dow-Jones-Aktienindexes, den Wechselkurs des englischen Pfundes und den Goldpreis durch professionelle Devisenhändler eines internationalen Brokerhauses (*Kiell & Stephan*, 1997). Die vorliegenden Befunde sind ein Beleg dafür, daß selbst Personen, die hinsichtlich der jeweiligen Aufgabenstellung über ein hohes Maß an Fachkompetenz und Erfahrung verfügen, der Verankerungs- und Anpassungsheuristik unterliegen.

Wie die letzten Untersuchungen gezeigt haben, besitzt die Verankerungs- und Urteilsheuristik eine hohe praktische Relevanz. Es ist offensichtlich, daß es für die Mitarbeiter einer Bank von entscheidender Bedeutung ist, wie stark sie die Einschätzung von Kursentwicklungen von anfänglichen Grobeinschätzungen abhängig machen, die für eine fundierte Prognose gänzlich uninformativ sind. Sei es, weil die Bank im Rahmen des Eigengeschäfts weniger erfolgreich ist oder die Kunden schlecht beraten werden und daraufhin die Bank wechseln. In diesem Zusammenhang erscheinen auch Kauf- und Verkaufsempfehlungen für Aktien in einem neuen Licht. Die grundsätzliche Problematik dieser Empfehlungen wird seit kurzem diskutiert. Es ist eine Tatsache, daß viele Konsortialbanken Empfehlungen für von ihnen an die Börse gebrachte Unternehmen auch dann noch aussprechen, wenn dies mehr als problematisch erscheint (*Heise*, 2000, S. 178-184). Solche Empfehlungen mit der Angabe von Kursentwicklungen und/oder konkreten Kursständen zu einem bestimmten Zeitpunkt erfüllen die Funktion eines Ankerwertes. Damit verbunden ist, daß private aber auch institutionelle Anleger, hinter denen sich ja auch Menschen verbergen, die bestimmte Einschätzungen abgeben müssen und die, wie gezeigt, auch der Verankerungs- und Anpassungsheuristik unterliegen, ihre Urteile an diesen Ankerwerten ausrichten und dadurch zu einer Fehleinschätzung der Situation kommen.

Weitere interessante Anwendungsfelder sind das Preismanagement und das Produktmanagement. Im Rahmen der Preispolitik stellt die Preisbündelung eine unternehmerische Strategie dar. Unter Preisbündelung wird der Sachverhalt verstanden, daß mehrere Produkte und/oder Dienstleistungen zu einem Preis angeboten werden. So ist McDonald's in den USA und Deutschland mit Paketangeboten sehr erfolgreich, in denen Hamburger und Pommes Frites zusammen mit einem Getränk angeboten werden (*Simon & Dolan*, 1997, S. 247-248). Eine andere Variante der Preisbündelung findet man im Mobilfunkbereich. Hier bieten der Handel und Mobilfunkunternehmen Handys zu einem sehr niedrigen Preis und teilweise sogar

---

[2] Zum Prognosezeitpunkt stand der Dollarkurs bei 1,52, DM, der DAX bei 1.750 Punkten und der Goldpreis pro Kilobarren bei 16.900 DM.
[3] Hinsichtlich der Diskussion und der Methoden zur Ermittlung der Bedeutsamkeit von empirischen Ergebnissen wird auf das Buch von Bortz und Döring (1995) sowie Cohen (1988) verwiesen.

ohne Entgelt an. Der Erwerb dieser Geräte ist allerdings an den Abschluß eines langfristigen Vertrages mit einem Netzanbieter gebunden. Der Kunde hat also auch hier für ein Paket bzw. System von Leistungen einen Preis zu bezahlen. Dabei ist von Interesse, daß die Unternehmen in ihrer Werbung das Gerät, also die konkrete und greifbare Leistung, und den dazugehörigen niedrigen Preis besonders herausstellen (siehe Abb. 9-1).

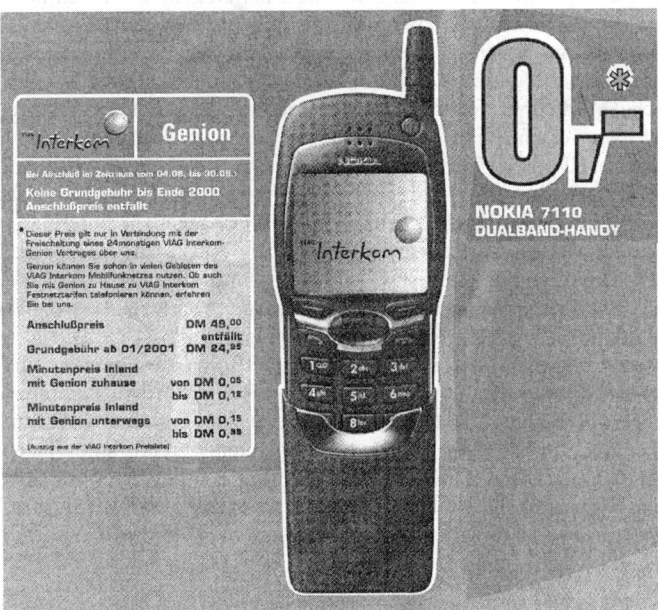

Abb. 9-1: Preisbündelung im Mobilfunkbereich.

Die starke Herausstellung und die erst im weiteren Text erläuterten zusätzlichen Kosten der Bereitstellung und Nutzung führen dazu, daß der Gerätepreis als Anker fungiert, wodurch der Gesamtpreis des Pakets in Richtung des Ankerwertes verzerrt wird. Das gleiche dürfte für Versicherungspolicen gelten. Die privaten Krankenversicherungen werben insbesondere damit, daß sie im Vergleich zu anderen Anbietern und den gesetzlichen Krankenkassen niedrigere Beiträge haben. Zusätzliche Kosten für z.B. den Ehepartner, mögliche Kinder, die deutliche Erhöhung der Beiträge bei bestimmten Vorerkrankungen und das generelle Risiko steigender Beiträge im Alter werden zwar erwähnt, aber sie finden sich eher im Kleingedruckten. Der Kunde ist zudem in der Regel nicht in der Lage, alle gegenwärtigen sowie zukünftigen Faktoren und Informationen zu berücksichtigen, die letztendlich die Höhe des Gesamtpreises auf längere Sicht beeinflussen.[4] Darüber hinaus kann er, wie Experten auf diesem Gebiet auch, bestimmte Entwicklungen objektiv nicht einschätzen. Entsprechend wird auch hier der anfängliche Beitrag (Anker) dazu führen, daß bei Berücksichtigung weiterer Faktoren eine Anpassung in Richtung des Anfangswertes erfolgt. Fundierte Untersu-

---

[4] Auf die begrenzte Informationsverarbeitungskapazität von Konsumenten verweisen insbesondere Kroeber-Riel und Weinberg (1999). Vgl. hierzu auch den Beitrag zur Informationsverarbeitung in diesem Band.

chungen der hier beschriebenen Effekte in bezug auf die Preispolitik wurden allerdings noch nicht durchgeführt.

Ein zentrales Element des Produktmanagements ist die Markenpolitik (*Bruhn*, 1999, S. 131; *Nieschlag, Dichtl & Hörschgen*, 1997, S. 234). Dabei dürfte insbesondere die Berücksichtigung der Verankerungs- und Anpassungheuristik im Rahmen der Dachmarkenstrategie und Markenfamilienstrategie fruchtbar sein. Dachmarkenstrategien verbinden den Firmennamen mit sämtlichen angebotenen Produkten und Leistungen des Unternehmens (Firmenmarke). Der Unternehmensname gilt als Dachmarke, selbst wenn sehr unterschiedliche Leistungsangebote im Markt vertreten sind (z.B. Siemens, Sony). Markenfamilienstrategien stellen eine einheitliche Markenbezeichnung in den Vordergrund einer Produktgruppe (Markengruppe), unter der verschiedene Einzelprodukte angeboten werden (z.B. Milka, Nivea) (*Bruhn*, 1999, S. 150-151; *Meffert*, 2000, S. 861-862). Solche Markenfamilien kommen häufig dadurch zustande, daß erfolgreiche Einzelmarken in Familienmarken überführt werden. Die Einzelmarke stellt hier sozusagen den Markenkern (Muttermarke) dar, um die die neuen Produkte (Markenkinder) gruppiert werden. Klassisches Vorbild für eine solche Strategie ist die Marke Nivea. Hier ist es gelungen, um die Muttermarke Nivea Creme eine ganze Gruppe von neuen Produkten (z.B. Nivea Visage, Nivea Hair Care, Nivea Beauté) zu entwickeln und damit sehr erfolgreich einen Markentransfer vorzunehmen (siehe Abb. 9-2). Sowohl die Muttermarke als auch die Firmenmarke erfüllen die Funktion eines Ankerwerts. Sofern der Kunde mit der Muttermarke oder dem Firmennamen bestimmte Merkmale wie Qualität und Preis verbindet, dürften auch diese dazu führen, daß Urteile hinsichtlich neuer Produkte und Marken in Richtung des jeweiligen Ankers verzerrt sind. Viele Unternehmen sind sich der Bedeutung dieser Funktion zumindest implizit bewußt. So äußerte sich z.B. der Vorsitzende des Vorstands der Beiersdorf AG Rolf Kunisch (2000, S. 20) im Rahmen eines Interviews zur Markenstrategie des Unternehmens: „Und die Marke wird noch wichtiger – als Vertrauens-Anker".

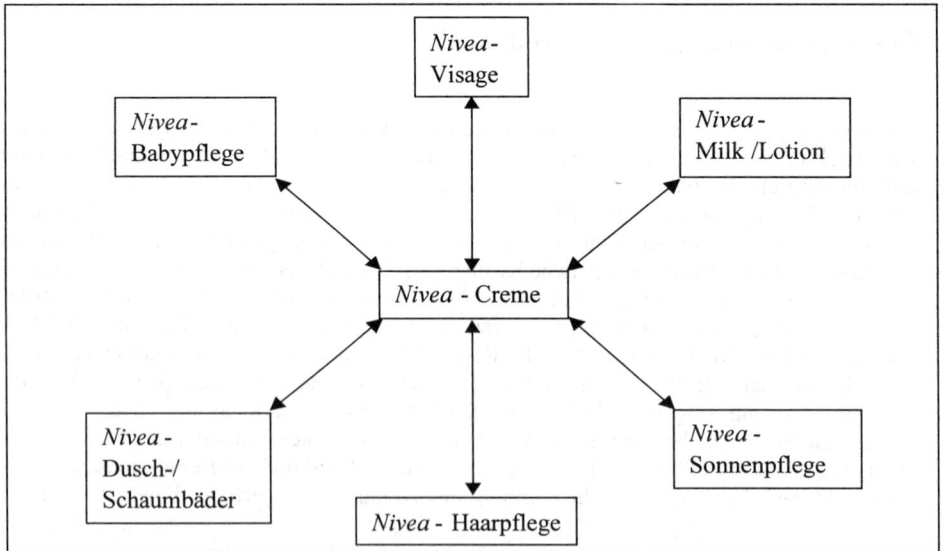

Abb. 9-2: Markenfamilienstrategie am Beispiel Nivea (*Becker*, 1994, S. 479).

9.2 Zusammenfassung

Die vorangegangenen Ausführungen haben verdeutlicht, daß menschliche Urteile und Entscheidungen häufig auf der Grundlage von Urteilsheuristiken zustande kommen. Durch diese Urteilsheuristiken kommt es in vielen Fällen zu Fehleinschätzungen mit negativen Konsequenzen. Die Kenntnis und das Verständnis dieser Heuristiken ermöglichen es, das Verhalten von Personen besser zu verstehen und zu erklären. Dieses Wissen kann bei praktischen Fragestellungen genutzt werden. Darauf aufbauend ist es z.B. möglich, die Verbraucher hinsichtlich dieser Problematik zu sensibilisieren. Unternehmen können diese Erkenntnisse u.a. im Rahmen des Produktmanagements und des Preismanagement berücksichtigen.

Urteilsheuristiken und die mit ihnen verbundenen Fehler sind allerdings keine Anomalien, wie häufig behauptet, sondern sie entsprechen der Normalität und den Gesetzmäßigkeiten menschlichen Denkens (*Kruglanski & Ajzen*, 1983). Heuristiken funktionieren häufig auch relativ gut und führen zu brauchbaren Ergebnissen. In vielen Fällen sind sie auch vernünftige Strategien. Denn wenn eine Entscheidung schnell und/oder ohne das Vorliegen objektiver Informationen getroffen werden muß, dann gibt es kaum eine Alternative. Die Entscheider sollten sich allerdings des Risikos bewußt sein.

Literatur

Becker, J.: Typen von Markenstrategien. In: M. Bruhn (Hrsg.). Handbuch Markenartikel, Band 1. Stuttgart: 1994, 463-498.

Bortz, J. & Döring, N.: Forschungsmethoden und Evaluation, 2. Aufl. Berlin: 1995.

Bruhn, M.: Marketing, 4. Aufl.. Wiesbaden: 1999.

Cohen, J.: Statistical power analysis for the behavioral sciences. New York: 1988.

Coval, J. & Moskowitz, T.: Home bias at home: Local equity preference in domestic portfolios. Working paper. New York: 1996.

Heise, S.: Vorsicht Falle! WirtschaftsWoche, 2000, **36**, 178-184.

Herkner, W.: Lehrbuch Sozialpsychologie, 5. Aufl.. Bern: 1991.

Huberman, G.: Familiarity breeds investment. Working paper. New York: 1998.

Kahneman, D.; Slovic, P. & Tversky, A. (eds.): Judgment under uncertainty: Heuristics and biases. Cambridge: 1982.

Kahneman, D. & Tversky, A.: On the psychology of prediction. Psychological Review, 1973, **80**, 237-251.

Kahneman, D. & Tversky, A.: The simulation heuristic. In: Kahneman, D., Slovic, P. & Tversky, A. (eds.). Judgment under uncertainty: Heuristics and biases. Cambridge: 1982, 201-208.

Kiell, G. & Stephan, E.: Urteilsprozesse bei Finanzanlageentscheidungen von Experten. Abschlußbericht einer experiementellen Studie mit professionellen Devisenhändlern, Köln: Universität zu Köln, Institut für Wirtschafts- und Sozialpsychologie: 1997.

Kroeber-Riel, W. & Weinberg, P.: Konsumentenverhalten (7. Aufl.). München: 1999.

Kruglanski, A. W. & Ajzen, I.: Bias and error in human judegment. European Journal of Social Psychology, 1983, **13**, 1-44.

Kunisch, R.: Tanz um das goldene Haar. werben & verkaufen, 2000, **35**, 70-72.

Meffert, H.: Marketing (9. Aufl.). Wiesbaden: 2000.

Nieschlag, R.; Dichtl, E. & Hörschgen, H.: Marketing (18. Aufl.). Berlin: 1997.

Northcraft, G.B. & Neale, M.A.: Opportunity costs and the framing of resource allocation decisions. Oragnizational Behavior and Human Decision Processes, 1987, **37**, 28-38.

Simon, H.A.: Models of men. New York: 1957.

Simon, H. & Dolan, R.J.: Profit durch Power Pricing. Frankfurt am Main: 1997.

Stephan, E.: Zur Rolle von Urteilsheuristiken bei finanziellen Entscheidungen. In: Montada, L. (Hrsg.). Bericht über den 38. Kongress der Deutschen Gesellschaft für Psychologie, Band 1, S. 711. Göttingen: 1992.

Stephan, E.: If we're so dumb, how come we made it to the moon?. Vortrag für den 3. Kongreß der Schweizerischen Gesellschaft für Psychologie: 1993.

Stephan, E.: Die Rolle von Urteilsheuristiken bei Finanzentscheidungen. In: Fischer, L.; Kutsch, T. & Stephan, E. (Hrsg.). Finanzpsychologie. München, 1999, 101-134.

Strack, F.: Urteilsheuristiken. In: Frey, D. & Irle, M. (Hrsg.). Theorien der Sozialpsychologie. Band 3: Motivations- und Informationsverarbeitungstheorien. Bern, 1993, S. 239-268.

Tversky, A. & Kahneman, D.: Availity:A heuristic for judging frequency and probability. Cognitive Psychology, 1973, **5**, 207-232.

Tversky, A. & Kahneman, D.: Judgment under uncertainty Heuristics and biases. Science, 1974, **185**, 1124-1131.

Von der Entwicklung der Persönlichkeit über die Wahrnehmung zum Gedächtnis

10. Entwicklungspsychologie

10.1 Kundenverhalten als lebenslanger Entwicklungsprozeß

10.1.1 Begriff und Relevanz

Die moderne Entwicklungspsychologie befaßt sich mit der lebenslangen Entwicklung des Menschen unter Einbeziehung der Interaktion von Person und Umwelt (*Hinde*, 1992, S. 1019; *Montada*, 1995, S. 1-24). Die Entwicklungspsychologie berücksichtigt dabei sowohl genetische Dispositionen als auch den Einfluß von Umweltbedingungen auf die Entwicklung des menschlichen Denkens, Fühlens und Verhaltens. In diesem Zusammenhang wird immer wieder die Frage gestellt, inwieweit bestimmte Fähigkeiten und Verhaltensweisen angeboren sind oder erworben werden. Wir wollen uns in diesem Beitrag nicht mit dieser Diskussion (Anlage-Umwelt-Kontroverse) befassen, denn sie wird seit langem in unterschiedlichen Wissenschaftsdisziplinen, wie der Biologie, Philosophie, Psychologie und Soziologie, diskutiert. Letztendlich greift eine solche Diskussion auch zu kurz, denn es dürfte außer Frage stehen, daß Menschen mit bestimmten genetischen Voraussetzungen auf die Welt kommen. Eine ganz andere Frage ist es, wie diese Voraussetzungen genutzt werden. Die Vererbung stellt das Potential bereit, und die Erfahrung und Auseinandersetzung mit der Umwelt bestimmt die Art und Weise, wie dieses Potential genutzt wird.

Kein Mensch wird mit einem Nike-Gen oder Levis-Gen geboren. Die Einstellung zu diesen und anderen Marken sowie die Präferenz für diese sind vielmehr das Ergebnis unserer Entwicklung bzw. Sozialisation.[1] Was uns angeboren ist, ist u.a. das Bedürfnis nach Anerkennung in der sozialen Gemeinschaft. Dieses Bedürfnis und das daraus abgeleitete Verhalten von Menschen ist kein charakteristisches Merkmal des 20sten und 21sten Jahrhunderts, sondern läßt sich bis zur Entstehungsgeschichte der Menschheit zurückverfolgen (*Gerloff*, 1947; *Sahlins*, 1972; *Schmölders*, 1966). Die Kleidungsstücke und Schmuckformen der frühen Epochen dokumentieren dies. Der wesentliche Unterschied zur Gegenwart besteht darin, daß diese Bedürfnisse zunehmend für wirtschaftliche Interessen genutzt und gefördert werden.

Die Relevanz entwicklungspsychologischer Theorien und Erkenntnisse begründet sich darin, daß diese von unterschiedlichen Institutionen (z.B. Unternehmen, Verbraucherorganisationen, Schulen) dazu genutzt werden können und genutzt werden, ihre jeweiligen Leistungen optimal dem jeweiligen Entwicklungsstand der Kunden, Verbraucher oder Schüler anzupassen. Dabei wird die Nutzung dieser Erkenntnisse insbesondere dadurch gefördert, daß Unternehmen die Kinder, Jugendlichen und Senioren als interessante Zielgruppen erkannt haben. Gerade in den letzten Jahren haben Unternehmen unter den Stichworten Kinder- und Jugendmarketing (*Dammler, Barlovic & Melzer-Lena*, 2000; *Zanger & Griese*, 2000) sowie Seniorenmarketing (*Meyer-Hentschel & Meyer-Hentschel*, 1991; *Lewis*, 1997) entwicklungspsychologische Erkenntnisse aufgegriffen und sie genutzt. Aufgrund der hohen Bedeutung dieser Kundengruppen wird die Anwendung solcher Erkenntnisse noch zunehmen. Die

---

[1] Durch die Berücksichtigung lebenslanger Entwicklungsprozesse und des Einflusses der Umwelt in der modernen Entwicklungspsychologie ist eine Differenzierung der Begriffe Entwicklung und Sozialisation nur schwer möglich (*Prenzel & Schiefele*, 1986, S. 122).

Bedeutung dieser Kundengruppen resultiert u.a. daraus, daß Kinder und Jugendliche über eine enorme Kaufkraft verfügen und in vielen Situationen die Kaufentscheidungen von Erwachsenen beeinflussen. Es überrascht daher nicht, daß Unternehmen regelmäßig umfangreiche Untersuchungen in bezug auf die Interessen und Einstellungen dieser Gruppe durchführen, sich zahlreiche Marktforschungsinstitute auf diese Zielgruppe spezialisiert haben (z.B. iconkids & youth) und große Werbeagenturen spezielle Abteilungen oder Tochterunternehmen gegründet haben (z.B. Saatchi & Saatchi, McCann-Erickson). Auch für die Gruppe der älteren Konsumenten trifft dies aufgrund der steigenden Anzahl älterer Menschen in unserer Gesellschaft und deren Kaufkraft zu.

10.1.2 Theorie und Ansätze

In einem Lehrbuch zur Marktpsychologie wäre es vermessen zu glauben, man könnte die entwicklungspsychologischen Theorien und Erkenntnisse auch nur in ihren Grundzügen darstellen. Wir werden uns daher auf drei Theorien bzw. Ansätze beschränken, da sie grundlegende Überlegungen der Entwicklungspsychologie verdeutlichen.

10.1.2.1 Die Theorie der kognitiven Entwicklung von *Piaget*

Die kognitive Entwicklung umfaßt die Veränderung aller geistigen Prozesse, d.h. der Wahrnehmung, des Denkens, der Vorstellung und des Problemlösens. Ein Großteil der gegenwärtigen Forschung zur kognitiven Entwicklung basiert auf den Forschungsarbeiten des Psychologen *Piaget* (1974). Ihn interessierte vor allem die Natur der Veränderung, denen das Denken des Kindes im Verlauf der kognitiven Entwicklung unterworfen ist. Auch das Wissen und Verständnis in bezug auf ökonomische Zusammenhänge und wirtschaftliche Entscheidungen unterliegt diesen Veränderungen und setzt einen Entwicklungs- bzw. Sozialisationsprozeß voraus. Kinder wissen relativ wenig über wirtschaftliche Abläufe und elementare ökonomische Begriffe wie Geld, Preise und Zins. Erst im Alter von etwa 14 Jahren kann eine differenzierte Kenntnis vorausgesetzt werden (*Kirchler*, 1995, S. 64). Die Theorie der kognitiven Entwicklung von *Piaget* bietet die Möglichkeit zur Beschreibung und Erklärung der Entwicklung wirtschaftlichen Wissens. Wir wollen daher kurz auf die zentralen Aspekte und Erkenntnisse dieser Theorie eingehen.

Der Kern der Entwicklung ist die kognitive Anpassung des Individuums an die Erfordernisse der Umwelt. Die Anpassung des Menschen an die Umwelt vollzieht sich in den zwei elementaren Prozessen der Assimilation und Akkomodation. Bei der Assimilation wird die Information, die das Individuum aufnimmt, so verändert, daß sie sich in die vorhandenen sensomotorischen und kognitiven Strukturen (Schemata) einfügt. Bei der Akkomodation werden die Schemata selbst verändert, damit sie der Information angemessen sind und damit sie nicht zu anderen Schemata oder der Gesamtstruktur im Widerspruch stehen. Durch diese beiden Prozesse wird das Kind immer weniger von der unmittelbaren Wahrnehmung und immer mehr vom Denken abhängig. Kognitive Entwicklung beinhaltet deshalb auch den Übergang vom Vertrauen auf den Augenschein zum Vertrauen auf Regeln. Die sensomotorischen Strukturen, die Handlungsschemata des Säuglings sind abhängig von der Gegenwart der Gegenstände, aber nach diesem Stadium beinhalten die kognitiven Strukturen zunehmend symbolische Repräsentationen der äußeren Umwelt, die nun ihrerseits immer mehr und komplexere Operationen ermöglichen. Dabei unterteilt *Piaget* (1974) die kognitive Entwicklung in vier qualitativ verschiedene Phasen bzw. Stufen:

Die *sensomotorische* Phase (bis zum zweiten Lebensjahr)

Gegen Ende des zweiten Lebensjahres ist die Fähigkeit, nicht gegenwärtige Objekte symbolisch zu repräsentieren, deutlich ausgebildet. Ein Kind verfügt dann über das innere Abbild eines Gegenstandes, und es kann mit diesem Objekt im Geiste umgehen, ohne daß dieses physisch präsent sein muß.

Die Phase der *voroperationalen Repräsentation* (zweites bis siebtes Lebensjahr)

Das voroperationale Denken ist durch eine Zentrierung gekennzeichnet, d.h. die Aufmerksamkeit des Kindes richtet sich auf einen einzigen Gegenstand oder ein einzelnes Merkmal. Das Kind kann nicht mehr als einen Aspekt gleichzeitig berücksichtigen. Die folgende Aufgabe verdeutlicht dies: Kindern wurde ein Faden mit 20 Holzperlen, 17 schwarzen und drei weißen, vorgelegt. Dann wurde gefragt, ob auf der Kette mehr Holzperlen oder schwarze Perlen seien. Die Kinder meinten, die schwarzen Perlen seien in der Überzahl. Dies resultiert daraus, daß Kinder in dieser Entwicklungsphase von den vorgegebenen Perlen die schwarzen Perlen weg zählen und für den Vergleich zur Beurteilung, ob es mehr Holzperlen oder schwarze Perlen sind, nur den Rest, die weißen Perlen, heranziehen. Kinder in dieser Entwicklungsphase können nicht abstrahieren. Sie sind nicht in der Lage, sich die Menge der schwarzen Perlen zu merken und diese dann geistig mit der Menge aller Perlen zu vergleichen. Sie können also nur das Merkmal der Farbe berücksichtigen und kommen daher zu einem falschen Ergebnis.

Die Phase der *konkreten Operationen* (siebtes bis elftes Lebensjahr)

Kinder dieser Stufe können Informationen geistig transformieren und die Reihenfolge der kognitiven Verarbeitungsschritte sogar umkehren. Sie verlassen sich eher auf Begriffe als auf das, was ihre Wahrnehmung sie sehen oder fühlen läßt. Wenn die gleiche Menge einer Flüssigkeit in zwei Gläser gegossen wird, berichten alle fünf, sechs und sieben Jahre alten Kinder, daß beide Gläser die gleiche Menge Flüssigkeit enthalten. Wird jedoch die Flüssigkeit aus einem der beiden Gläser in ein anderes geformtes höheres und schmaleres Glas umgegossen, gehen die Meinungen darüber, ob es immer noch gleich viel Flüssigkeit ist, auseinander. Die Fünfjährigen wissen zwar, daß es immer noch dieselbe Flüssigkeit ist. Sie glauben aber, daß es mehr geworden ist. Die sechsjährigen sind sich zwar unsicher, sagen aber auch, daß im hohen Glas mehr enthalten sei. Die siebenjährigen wissen dagegen, daß es keinen Unterschied hinsichtlich der Menge der Flüssigkeit gibt. Die jüngeren Kinder konzentrieren ihre Aufmerksamkeit auf nur einen Aspekt zur Bestimmung der Menge der Flüssigkeit, die Höhe des Glases, während die Kinder der formaloperationalen Phase in der Lage sind, die beiden Aspekte Höhe und Breite zu berücksichtigen.

Die Phase der *formalen Operationen* (elftes bis fünfzehntes Lebensjahr)

Auf der Stufe der formalen Operationen können die Heranwachsenden Abstraktionen vornehmen, hypothetische Fragen stellen und logische Beweise für abstrakte Problem ableiten. Ein klassisches Beispiel für diese Phase ist, daß Individuen dieser Entwicklungsstufe in der Lage sind, durch systematisches Herangehen Fragen zu lösen. Während Kinder in der Phase der konkreten Operationen z.B. immer wieder die Frage stellen, ob das jeweilige Tier eine Katze ist, bilden die Heranwachsenden übergeordnete Kategorien bzw. Fragen (z.B. Säugetier, Haustier), die zur Beantwortung der eigentlichen Frage führen.

In der Tradition der Piagetschen Entwicklungspsychologie wurde eine Reihe von empirischen Untersuchungen zur Entwicklung des Verständnisses von wirtschaftlichen Zusammenhängen und Begriffen durchgeführt. Grundlegende Annahme dieser Untersuchungen ist, daß diese Entwicklung parallel zur kognitiven Entwicklung im Sinne *Piagets* (1974) verläuft. *Burris* (1983) fragte Kinder im Alter von vier bis fünf, sieben bis acht und zehn bis zwölf Jahren u.a. nach ihrem Wissen über Güter, Preise, Arbeit und Eigentum. Vier- bis fünfjährige Kinder meinen, daß der Preis eines Gutes von dessen Größe abhängt. Ein Diamant kostet demnach viel weniger als eine Uhr. Im Alter zwischen sieben und acht Jahren erscheint der Preis vom Nutzen des Gutes abhängig. Eine Uhr kostet mehr als ein Diamant oder ein Buch, weil man die Zeit ablesen kann. Andere konkrete Aspekte, die als Kriterium für den Preis benutzt werden, sind die Lebensdauer der Güter oder die Tatsache, daß sie lustiger sind als andere. Kinder zwischen zehn und zwölf Jahren überlegen, wie groß der Produktionsaufwand war, und machen den Preis davon abhängig (*Kirchler*, 1995, S. 66). Diese Ergebnisse werden von anderen Untersuchungen gestützt (*Claar*, 1996; *Berti & Bombi*, 1988; *Reisch*, 1996) und unterstreichen die Annahme, daß Kinder von einem diffusen und globalen Wissen zu einem differenzierten Wissen über wirtschaftliche Zusammenhänge und Begriffe gelangen. Zu dieser Einschätzung gelangen auch *Lea*, *Tarpy* und *Webley* (1987, S. 326) auf der Grundlage älterer Untersuchungen in unterschiedlichen Ländern.

Die Relevanz der Entwicklungsstufen dokumentiert sich auch darin, wie schwer sich Kinder tun, Werbung als Werbung und ein Radio- oder Fernsehprogramm als Radio- oder Fernsehprogramm zu erkennen. Dies belegt eine Studie der Landesanstalt für Rundfunkwerbung Nordrhein-Westfalen und des Zentralverbands der deutschen Werbewirtschaft (1995). Nach dieser Studie können 38 Prozent der vier- bis sechsjährigen nicht zwischen Werbung und Programm unterscheiden, - obwohl die Werbung im Fernsehen immer als solche gekennzeichnet sein muß. Von den sieben- bis zehnjährigen hat immerhin noch ein Fünftel Schwierigkeiten mit der Unterscheidung. Darüber hinaus sind Kinder unter sechs Jahren nicht in der Lage, Werbekonzepte wie Produkt-Placement oder sogenannte programmlange Spots, wie die Schlümpfe oder Alf, die einzig und allein dazu produziert werden, um darin auftretende Figuren als Spielzeug aller Art zu vermarkten, zu durchschauen (*Müller*, 1997, S. 44-45).

Nach der Theorie der kognitiven Entwicklung von *Piaget* (1974) ist das formaloperative Denken die letzte Stufe der kognitiven Entwicklung. Formale Denkoperationen entstehen im Rahmen eines aktiven Prozesses auf der Grundlage von alterungsbedingten biologischen Veränderungen und unter Nutzung von Erfahrungen aus der Umwelt, wie sie etwa die Schule oder die Familie bietet. Allerdings haben die Probleme, mit denen Erwachsene normalerweise konfrontiert sind, häufig nicht die klare Struktur der Aufgaben, die *Piaget* zur Untersuchung des formaloperativen Denkens benutzte. Im Erwachsenenalter ist eine weniger abstrakte und weniger absolute Denkweise gefragt, ein Denken, das mit Widersprüchen und Mehrdeutigkeiten umgehen kann. Dieses pragmatische Denken wird als postformales Denken bezeichnet (*Basseches*, 1984; *Labouvie-Vief*, 1985).

Eine andere interessante Fragestellung der Entwicklungspsychologie ist die Frage, inwieweit die kognitive Leistungsfähigkeit bei älteren Menschen abnimmt. Entgegen einer häufig verbreiteten Auffassung, daß die geistigen Fähigkeiten älterer Menschen nachlassen, zeigen Untersuchungen, daß es nur bei fünf Prozent der Bevölkerung zum Verlust wichtiger kognitiver Funktionen kommt. Darüber hinaus belegen Untersuchungen, daß ältere Menschen, die in starkem Maße einer Anregung (Stimmulierung) durch die Umwelt ausgesetzt sind, eine hohe kognitive Leistungsfähigkeit aufrechterhalten (*Zimbardo & Gerrig*, 1999, S. 471-473). Dies deutet darauf hin, daß ältere Menschen bei einer an ihren Bedürfnissen und Fähigkeiten orientierten Gestaltung und Einführung neuer Technologien bzw. Produkte (z.B. Internet) diese auch verstehen und nutzen. Erfahrungen z.B. hinsichtlich der Gestaltung und zur Anleitung von Geldausgabeautomaten belegen dies (*Adams & Thieben*, 1991).

10.1.2.2 Der Zusammenhang zwischen Sensation Seeking und Alter

Sensation Seeking bezieht sich auf die Tendenz von Menschen, neue, verschiedenartige und intensive Sinneseindrücke zu bekommen oder solche Erfahrungen zu machen.[2] *Zuckerman, Eysenck* und *Eysenck* (1978) untersuchten in einer umfangreichen empirischen Studie an über 900 Personen, ob sich diese Tendenz im Laufe des Lebens verändert. Die Ergebnisse zeigen einen hochsignifikanten Alterseffekt (*Zuckerman, Eysenck & Eysenck*, 1978, S. 147). Mit zunehmenden Alter sinkt das als optimal erlebte Erregungsniveau (siehe Abb. 1). Diese unterstützen damit Ergebnisse früherer Untersuchungen, die allerdings auf kleinen und nicht repräsentativen Stichproben basierten (*Blackburn*, 1969; *Brownfield*, 1966; *Kish & Busse*, 1968).

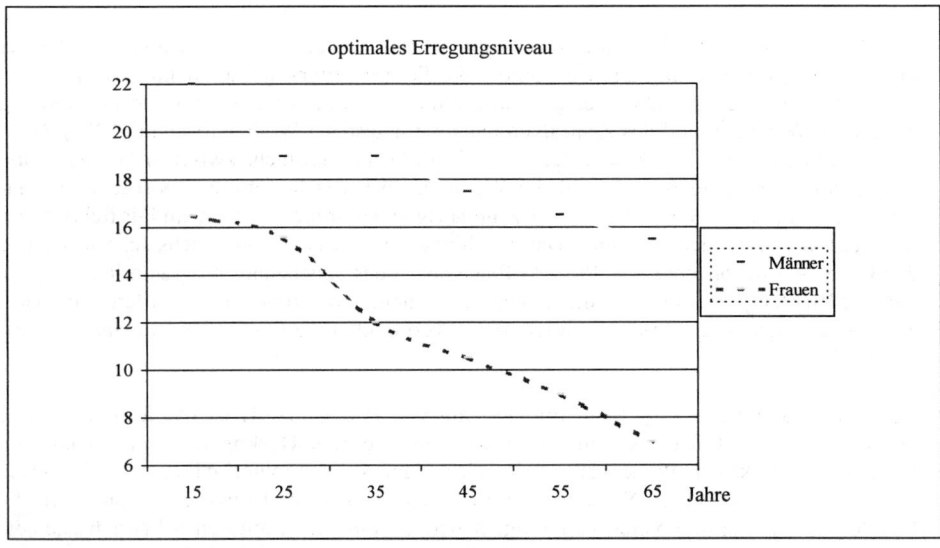

Abb. 10-1: Sensation Seeking und Alter (*Zuckerman, Eysenck und Eysenck*, 1978, S. 143).

Die vorliegenden Ergebnisse zur Entwicklung des Sensation Seeking lassen zwei Dinge erkennen. Zum einen sinkt das für einen als optimal erlebte Reizniveau mit dem Alter, und zum anderen scheint es so zu sein, daß die jüngere Generation mehr und intensivere Reize benötigt, um in einen als angenehm erlebten Aktivierungszustand zu gelangen. Berücksichtigt man die Entwicklung mit zunehmenden Alter, dann lassen sich hieraus unmittelbar praktische Handlungsempfehlungen ableiten. Bei der Präsentation von Waren und der Gestaltung von Läden sollte man sich bei der Zielgruppe der Senioren auf Reize mittlerer Stärke beschränken. Zur Gestaltung von Böden, Wänden und Decken sollten Farben mit

---

[2] Vgl. hierzu auch die Ausführungen zur Persönlichkeitstheorie in diesem Band.

einem relativ großen Weißanteil verwendet werden. Wenn man kräftigere Farben verwenden will, sollte man Wände und Decken in der gleichen Farbe gestalten. Dadurch wirkt ein Raum trotz aktivierender Farben relativ ruhig. Dabei sollte man sich auf zwei bis drei Farbtöne beschränken. Ähnliches gilt für Texturen. Auch hier ist die Beschränkung auf wenige unterschiedliche Texturen zu empfehlen, um eine zu starke Aktivierung zu vermeiden (*Meyer-Hentschel*, 1990, S. 195). Die Erkenntnisse zur Entwicklung des Sensation Seeking im Alter könnten und sollten auch zur Gestaltung von Internetseiten genutzt werden.[3]

10.2 Familienzyklus und Konsumverhalten

Der Lebenszyklus ist ein Konzept, in dem der Lebenslauf eines Menschen in Phasen wie Kindheit, Jugend, Ehe, Familie etc. eingeteilt wird. Betrachtet man die Phase im Lebenszyklus, die sich mit der Eingliederung der Familie in den Lebensablauf befaßt, so spricht man vom Familienzyklus. Das jeweilige Stadium im Familienzyklus ist eine demographische Variable, die mit anderen Variablen (z.B. Einstellungen, Verhalten) in enger Beziehung steht und dafür verwendet werden kann, das Verhalten von Konsumenten zu bestimmen (*Kroeber-Riel & Weinberg*, 1999, S. 438).

Die in der Forschung und Praxis verwendeten Phaseneinteilungen für Familienzyklen wichen im Hinblick auf die Anzahl der einzelnen Phasen teilweise deutlich voneinander ab. Je nach den verwendeten Einteilungskriterien wird zwischen zwei und vierundzwanzig Phasen unterschieden (*Kirchler*, 1989, S. 185; *Schneewind*, 1995, S. 138). *Engel, Blackwell* und *Miniard* (1993) gehen in ihrem Modell von neun Lebenszyklen der Familie aus. Im folgenden werden die einzelnen Stadien kurz beschrieben (*Meyer & Illmann*, 2000, S. 340-341):

- **Single-Stadium**

Ein Single hat ein relativ niedriges Einkommen, besitzt jedoch Handlungsfreiheit in dessen Verwendung. Teile des Einkommens werden zur Anschaffung eines Autos sowie für die Ausstattung eines Appartements verwendet. Er/sie ist mode- und freizeitorientiert, gibt einen großen Teil des Geldes für Kleidung, alkoholische Getränke, Genußmittel für Essen im Restaurant, Urlaub u.ä. aus.

- **Kurz verheiratete Paare**

Kurz verheiratete Paare haben keine Kinder, stehen in finanzieller Hinsicht besser als zuvor, da die Frau meist auch berufstätig ist. Ein großer Teil des Einkommens wird für Auto, Kleidung, Urlaube und andere Freizeitaktivitäten ausgegeben. Es werden außerdem größere Beträge für aufwendige Anschaffungen (Wohnungseinrichtung) verwendet. Sie scheinen durch Werbung besonders beeinflußbar zu sein.

- **Volles Nest I**

Mit der Geburt des ersten Kindes gibt die Frau ihre Berufstätigkeit auf; das Familieneinkommen sinkt. Es findet eine Umverteilung in den Haushaltsausgaben statt. Das Paar zieht in ein größeres Heim um, neue Möbel werden benötigt, vor allem auch für das Kind. Waschmaschine, Trockner und weitere Großgeräte werden angeschafft. Die vielfältigen Ansprüche

---

[3] Vgl. hierzu die Ausführungen im Kapitel „Persönlichkeitstheorien" in diesem Band.

an die Familienkasse führen zu einer Reduzierung der Sparquote, und die Eltern sind des öfteren mit ihrer finanziellen Situation unzufrieden.

- **Volles Nest II**

In dieser Phase ist das Kind mindestens sechs Jahre oder auch schon älter. Das Einkommen des Ehemanns ist gestiegen, und die Frau ist wieder berufstätig. Das Familieneinkommen steigt. Die Struktur des Konsums wird in großem Maße durch die Bedürfnisse des Kindes bestimmt. Es besteht eine verstärkte Tendenz zum Kauf von Großpackungen bei bestimmten Produkten (z. B. Waschmittel).

- **Volles Nest III**

Mit den Jahren verbessert sich die finanzielle Situation der Familie. Die Frau geht arbeiten und ihr Gehalt steigt im Laufe der Zeit. Die Kinder verdienen sich ab und zu etwas dazu. Einzelne Möbelstücke werden ersetzt, ein neues Auto wird gekauft, verschiedene Luxusgegenstände werden erworben. Ein großer Teil des Einkommens wird in die Ausbildung der Kinder investiert.

- **Leeres Nest I**

In dieser Phase ist die Familie mit ihrer finanziellen Situation und den bislang erzielten Ersparnissen weitgehend zufrieden. Die Kinder sind aus dem Haus. Es werden Verschönerungen im und am Haus vorgenommen, man leistet sich Luxusgegenstände und gibt größere Teile des verfügbaren Einkommens für Urlaub, Reisen und Erholung aus.

- **Leeres Nest II**

Zu diesem Zeitpunkt hat sich der Familienvater aus dem Arbeitsleben verabschiedet, und die Familie verspürt die Folgen des geringeren Einkommens. Die Ausgaben für die Gesundheit und deren Vorsorge wachsen. Man überlegt, eventuell in eine kleinere Wohnung zu ziehen oder sich in eine Region mit angenehmerem Klima zurückzuziehen.

- **Berufstätiger alleinstehender Survivor**

Falls der überlebende Teil der Familie noch im Beruf steht, genießt er sein gutes Einkommen. Unter Umständen verkauft er sein Haus und gibt mehr für Urlaub, Erholung und Produkte aus, die seiner Gesundheit förderlich sind.

- **Pensionierter alleinstehender Survivor**

Der (die) aus dem Berufsleben ausgeschiedene Witwe (r) folgt dem soeben beschriebenen Muster des Konsums; angesichts des verminderten Einkommens jedoch auf einem niedrigeren Niveau. Es entstehen verstärkt Bedürfnisse nach Zuwendung, Zuneigung und Sicherheit.

Eine Schwäche des Ansatzes des Familienzyklusses besteht darin, daß er nicht im eigentlichen Sinne eine Theorie ist, sondern nur eine Beschreibung von aufeinanderfolgenden Phasen. Zudem läuft der Familienzyklus zunehmend weniger in den damals als „üblich" angesprochenen Phasen ab. Zwar lassen sich aus den einzelnen Phasen bestimmte Verhaltensweisen ableiten, die auch von praktischer Relevanz sind, häufig reichen diese allgemeinen Erklärungen aber nicht aus. So ist es für eine Bank sicherlich hilfreich, eine Kundensegmentierung anhand des Lebenszyklusses vorzunehmen (siehe Abb. 2), denn diese kann einfach erstellt werden und liefert erste Anhaltspunkte dafür, welche Produkte für die jeweilige Kundengruppe von besonderer Relevanz sind. Eine solche Einteilung gibt allerdings meist nur Hinweise auf den Kauf oder Nichtkauf von bestimmten Produkten. Sie sagt jedoch nichts über die Wahl eines bestimmten Produkts und/oder einer bestimmten Bank aus. Bekommt ein Ehepaar ein Kind, besteht der Bedarf nach einer Baufinanzierung zur Realisierung größeren Wohnraums. In dieser Situation trennt das Modell des Familienlebenszyklus gut zwischen Käufern und Nichtkäufern von Baufinanzierungen. Warum die Familie aber dann das Versicherungsdarlehen und nicht den Bankkredit zur Finanzierung des größeren Wohnraums in Anspruch nimmt, ist nicht durch die Phase des Familienzyklusses zu erklären. Hierzu müssen psychologische Variablen wie z.B. Persönlichkeitsmerkmale herangezogen werden, die das Verhalten besser erklären (*Klingsporn*, 1996, S. 34-35).

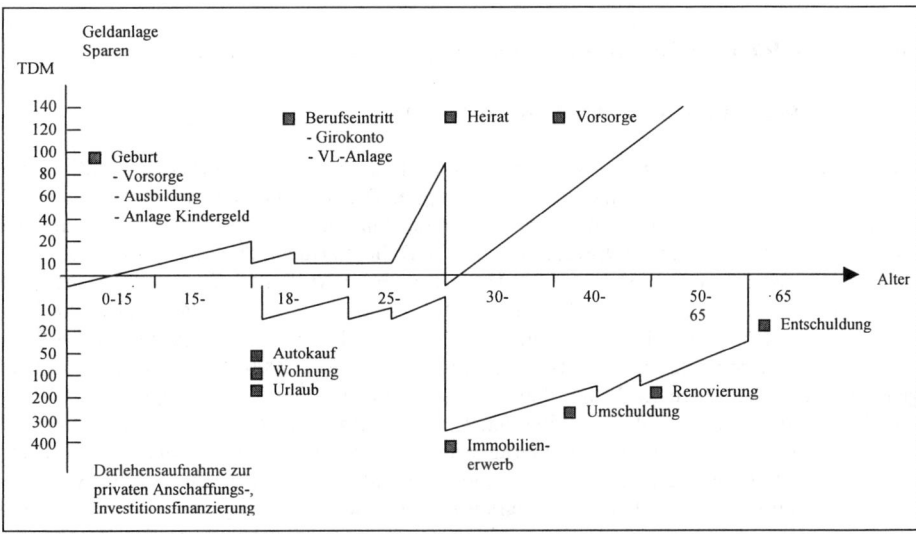

Abb. 10-2: Lebenszyklus bzw. Familienlebenszyklus und die Nachfrage nach Finanzprodukten (*Klingsporn*, 1996, S. 39).

Dies trifft auch auf die Gruppe der Senioren zu. Zwar ist unbestreitbar, daß diese Gruppe einen wachsenden Anteil an der Gesamtbevölkerung ausmacht und über ein im Durchschnitt hohes Geldvermögen verfügt; inwieweit bestimmte Produkte und/oder Unternehmen davon profitieren, hängt jedoch primär davon ab, welche Bedürfnisse und Einstellungen diese Personen haben. Erst bei genauer Kenntnis der psychischen Variablen ist man in der Lage, genauere Beziehungen zwischen objektiver Situation und Verhalten herzustellen (*Kroeber-Riel & Weinberg*, 1999, S. 444). Darüber hinaus unterliegt der Begriff des Familienlebenszyklusses einem kontinuierlichen Wandel. An die Stelle der traditionellen Familie treten immer stärker alternative Lebensformen, die sich u.a. in einem Rückgang der Eheschliessungen, der Zunahme an Einpersonenhaushalten und in einem Rückgang der Geburtenzahlen in Deutschland dokumentieren (*Schneewind*, 1995, S. 147). Neuere Ansätze versuchen dieser zunehmenden Pluralisierung von Lebensformen gerecht zu werden (*Wilkes*, 1995).

10.3 Kinder und Jugendliche als Konsumenten

Kinder und Jugendliche sind Konsumenten. Im folgenden wollen wir zum einen darauf eingehen, welche Bedeutung diese Kundengruppe für Unternehmen hat und wie Unternehmen diese Kundengruppe ansprechen. Zum anderen wollen wir einen Ansatz beschreiben, der sich zum Ziel gesetzt hat, den bewußten und kritischen Umgang mit Geld und Konsum bei jungen Menschen zu fördern. Die Relevanz einer solchen Förderung wird vor dem Hintergrund der wachsenden Verschuldung und Überschuldung (*Arbeitsgemeinschaft der Verbraucherverbände & Deutsches Rotes Kreuz*, 1998; *Neuner & Raab*, 2001) sowie des steigenden kompensatorischen und suchthaften Kaufverhaltens offensichtlich (*Black*, 1996; *Raab*, 2000; *Scherhorn, Reisch & Raab*, 2001).

10.3.1 Kinder und Jugendliche als Zielgruppe des Marketing

10.3.1.1 Kinder und Jugendliche als Kunden

Das wirtschaftliche Interesse der Unternehmen an Kindern und Jugendlichen resultiert insbesondere aus der hohen Kaufkraft dieser Gruppe. Die verfügbaren Geldmittel der 6-17 jährigen addieren sich in Deutschland auf eine Summe von fast 20 Milliarden DM (*Dammler, Barlovic & Melzer-Lena*, 2000, S. 16). Dabei verfügen die Kinder im Alter von 6 bis 14 Jahren bereits über Finanzmittel in Höhe von über 6 Milliarden DM. Das Taschengeld macht mit einem Betrag von 2,8 Milliarden DM nur einen Teil aus. Dabei ist zu berücksichtigen, das Kinder in hohem Maße über ihr Taschengeld selbst verfügen dürfen. Im Alter von 12 bis 13 Jahren sind dies bereits 87 % (*Zanger & Griese*, 2000, S. 6). Zu dem Taschengeldbetrag kommen noch 1,8 Milliarden DM unregelmäßige Geldzuwendungen (z.B. Wechselgeld im Supermarkt) und 1,4 Milliarden DM an Geldgeschenken, z.B. zum Geburtstag oder zu Weihnachten, dieser Gesamtbetrag wird allerdings nur zum Teil ausgegeben. Rund 70 % dieses Betrages werden von den Kindern gespart. Vor diesem Hintergrund wird verständlich, warum sich Banken und Sparkassen um diese Kundengruppe bemühen. Dies beschränkt sich nicht nur auf die Entwicklung spezieller Produkte und die Einrichtung von Kinder- und Jugendclubs, sondern umfaßt auch den Aufbau von sogenannten Jugendbanken. Beispiele hierfür sind die Jugendbank newSpark der Kreissparkasse Mayen und die cashBOX der Stadtsparkasse Magdeburg.

Kinder und Jugendliche verfügen aber nicht nur über eigene Geldmittel (direkte Kaufkraft), über die sie je nach Alter mehr oder weniger frei verfügen können, sondern sie beeinflussen auch, was für sie und andere bzw. die Familie gekauft wird (indirekte Kaufkraft). *Atkin* (1978) beobachtete einkaufende Eltern mit Kindern zwischen drei und zwölf Jahren in Supermärkten vor Regalen, in denen Cornflakes angeboten wurden. In 66 % der Fälle ergriff das Kind die Initiative und bat oder forderte eine bestimmte Marke. Der starke Einfluß der Kinder auf die Kaufentscheidung läßt sich daran erkennen, daß die Eltern in 72,7 % der Fälle dem Wunsch ihrer Kinder generell und in 63,6 % der Fälle auch in bezug auf die gewünschte Marke zustimmten. Nur 9,1 % der Eltern lehnten die Wünsche oder Forderungen der Kinder ab. Auch in Situationen, in denen die Initiative von den Eltern ausging, übten die Kinder letztendlich noch einen großen Einfluß auf die endgültige Entscheidung aus (siehe

Abb. 10-3). Interessant ist hierbei auch, daß Eltern im Rahmen von Befragungen den Einfluß der Kinder auf Kaufentscheidungen deutlich unterschätzen. Beobachtungen liefern hier also die zuverlässigeren Informationen im Vergleich zu Befragungen. Die Untersuchungsergebnisse von *Atkin* (1978) werden auch von neueren Studien gestützt, die darüber hinaus dokumentieren, daß der Einfluß der Kinder auf Kaufentscheidungen zugenommen hat (*Dammler, Barlovic & Melzer-Lena*, 2000, S. 98).

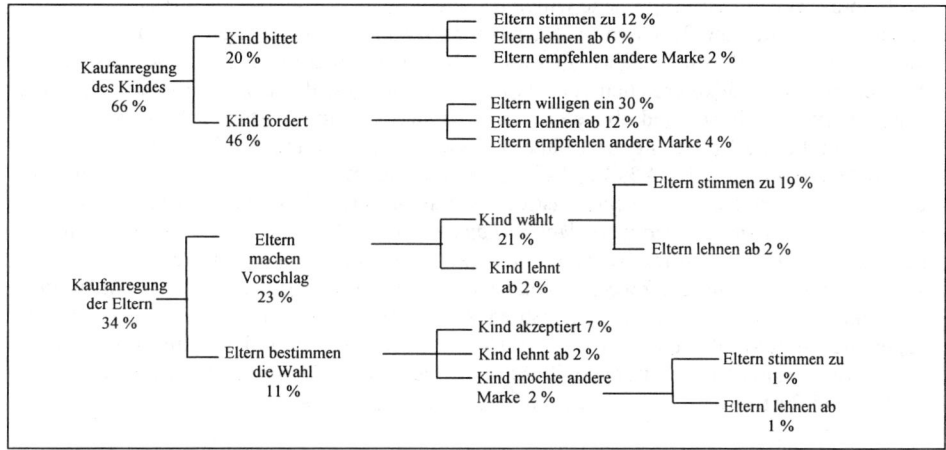

Abb. 10-3: Der Einfluß von Kindern auf die Kaufentscheidung von Cornflakes (*Atkin*, 1978, S. 43).

Während Kinder vor allem die Kaufentscheidungen beeinflussen, die Produkte und/oder Dienstleistungen betreffen, die sie selbst nutzen, üben Jugendliche auch einen großen Einfluß auf familiäre Kaufentscheidungen aus. Bei familiären Entscheidungen beträgt der Einfluß von Jugendlichen z.B. beim Kauf eines Autos 34 %, eines Fernsehers 52 %, einer Stereoanlage 60 % und dem eines Computers 54 % (*Verlagsgruppe Bauer*, 1996). Unternehmen wie DaimlerChrysler, Volkswagen und BMW sind sich dieser Bedeutung bewußt und führen daher spezielle Marktforschungsstudien mit Kindern und Jugendlichen durch. Die Bedeutung des Einflusses wird auch daraus ersichtlich, daß davon ausgegangen wird, das Kinder und Jugendliche über Einkäufe in Höhe des doppelten Betrages ihrer persönlichen Finanzmittel entscheiden (*Bastei-Verlag, Axel-Springer-Verlag & Verlagsgruppe Bauer*, 1999). Dies entspricht einem Betrag von rund 40 Milliarden DM.

10.3.1.2 Kinder und Markenbewußtsein

Bereits im Alter von zwei bis drei Jahren setzt der Prozeß der Markenbindung ein (*Dammler, Barlovic & Melzer-Lena*, 2000, S. 99-100). Sobald Kinder mit anderen Kindern zusammenkommen, d.h. kurz nach dem Babyalter, entwickelt sich das Markenbewußtsein. Kinder in diesem Alter wissen schon relativ genau, was sie wollen. Im Alter von acht bis zehn Jahren haben Kinder eine konkrete Vorstellung von einer Marke entwickelt und ordnen ihnen bestimmte soziale Attribute zu (*Melzer-Lena*, 1996, S. 6-9). Die Bedeutung eines solchen Markenbewußtseins resultiert zum einen daraus, daß bestimmte Produkte und

Dienstleistungen speziell für eine Altersgruppe entwickelt werden (z.B. Fruchtzwerge, Kinderschokolade, H&M) und teilweise nur in einem bestimmten Alter nachgefragt werden (z.B. Barbie, Lego, Playmobil). Der wirtschaftliche Erfolg hängt also davon ab, daß das jeweilige Produkt von dieser Gruppe und/oder den Eltern gekauft wird. Die Bedeutung resultiert aber auch daraus, daß der Kauf einer bestimmten Marke in diesem Alter zu einer hohen Markenbin-dung im Erwachsenenalter führt.

Die Bedeutung des Kaufs von bestimmten Marken in der Jugend für eine dauerhafte Markenbindung belegt eine empirische Untersuchung von 500 Personen. Im Rahmen dieser Untersuchung wurden die Personen im Alter von 30 Jahren mittels Collagen und alten Songs in die Zeit versetzt, als sie 17 Jahre alt waren. Dann legte man ihnen über 100 verschiedene Marken aus 14 Produktbereichen vor und fragte, ob sie diese damals, d.h. als sie 17 Jahre alt waren, verwendet haben und ob sie dies auch heute noch tun. Im Durchschnitt verwendeten 52 % auch die Marke, die sie als 17jährige verwendet hatten. Die Markenbindung von über einem Jahrzehnt war mit 64 % bei Tafelschokolade am stärksten. Aber selbst in den Bereichen mit der geringsten Verwendungstreue wie alkoholfreie Getränke und Seife lag sie bei rund 40 % (*Dammler, Barlovic & Melzer-Lena*, 2000, S. 20-21). Vor dem Hintergrund dieser Zahlen wird verständlich, warum Unternehmen bemüht sind, Kunden möglichst früh an sich zu binden. Zu diesem Zweck haben viele Unternehmen unterschiedlichste Instrumente entwickelt. Zu diesen Instrumenten zählen Kundenclubs, die speziell auf die Kinder und Jugendlichen zugeschnitten sind (z.B. ADAC-JugendClub, Barbie-Fan-Club, LEGO World Club, McDonalds-Club, Nintendo-Club), Zeitschriften (z.B. Mark & Penny der Volksbanken und Raiffeisenbanken) und Computerspiele (z.B. Levis).

Abb. 10-4: Milka-Website (www.milka.de).

Ein relativ neues Instrument zur Kundenbindung sind spezielle Homepages für Kinder und Jugendliche im Internet. Ein Beispiel für eine solche Homepage ist die von Milka (www.milka.de). Die Kinder können auf dieser Homepage die Patenschaft für eine virtuelle

Kuh übernehmen, die man wie ein Tamagotchi füttern, melken, zum Tierarzt und auf eine Schönheitsfarm bringen muß. Pflegt man seine Kuh nicht ausreichend, kehrt sie enttäuscht in die Herde zurück. Darüber hinaus befinden sich auf dieser Website ein Chat-Room, ein Milka-Shop und verschiedene Online-Spiele (siehe Abb. 10-4). So nützlich solche Instrumente für die Unternehmen auch sein mögen, so muß kritisch angemerkt werden, daß Kinder aufgrund ihrer psychischen Entwicklung nicht in der Lage sind, die Absicht der Unternehmen zu erkennen bzw. zu verstehen. Darüber hinaus bietet das Internet die Möglichkeit, Kinder und Jugendliche hinsichtlich ihres Konsumverhaltens zu untersuchen. So stellte die US-Handelsbehörde Federal Trade Commission (FTC) in einem Bericht fest, daß 90 % der kommerziellen Internetseiten für Kinder persönliche Informationen bis hin zu den Vermögensverhältnissen der Eltern erheben (*Paetsch*, 2000, S. 114).

10.3.2 Bank und Jugend im Dialog - Ein institutioneller Ansatz zur Verbrauchererziehung

10.3.2.1 Konzeptioneller Rahmen des Ansatzes

Zentrales Merkmal des Konzepts „Bank und Jugend im Dialog" ist die partnerschaftliche Kooperation mehrerer Institutionen. Bisherige Konzepte der Verbraucherpolitik und Verbrauchererziehung werden im allgemeinen nur von einer Institution (z.B. Schule, Verbraucherberatung, Schuldnerberatung) getragen (*Gauert*, 1996). Eine aktive Einbindung aller beteiligten Institutionen, d.h. insbesondere auch der Unternehmen bzw. Banken, erfolgt nicht. Die Gründe hierfür liegen zum einen in den Berührungsängsten der sozialen Einrichtungen mit der Wirtschaft und zum anderen in den Vorbehalten der Wirtschaft gegenüber den sozialen Institutionen bzw. deren Zielsetzungen. Im Interesse einer effektiven Verbrauchererziehung ist es allerdings unumgänglich, daß alle beteiligten Institutionen gemeinsam Konzepte entwickeln und realisieren. Die Entwicklung und Realisierung erfolgt dabei im Rahmen des Ansatzes auf der Grundlage der folgenden Zielsetzungen:

- Förderung und Entwicklung eines kompetenten und verantwortungsvollen Umgangs junger Menschen mit Geld

- Förderung einer partnerschaftlichen Kundenbeziehung

- Kooperation und Vernetzung der Institutionen vor Ort (Banken, Schulen, Schuldnerberatung, Verbraucherberatung)

Zur Realisierung dieser Zielsetzungen und aufgrund der psychologischen Erkenntnisse zum Umgang mit Geld (*Claar*, 1996; *Furnham & Argyle*, 1998; *Raab*, 1998; *Yablonsky*, 1992) werden die Ebenen Wissen (kognitive Ebene), Gefühle (emotionale Ebene) und Formen der Verhaltenskontrolle (instrumentelle Ebene) berücksichtigt und entsprechende Inhalte vermittelt. Die kognitive Ebene beinhaltet insbesondere Informationen in bezug auf die Formen und Kosten von Finanzdienstleistungen (z.B. Kredite, Anlageformen, Zahlungssysteme), die Arten und Kosten von Versicherungen, die Formen des Bausparens, die Bankenstruktur und die rechtlichen Aspekte (z.B. Verbraucherkreditgesetz, Bürgschaft). Die emotionale Ebene behandelt Aspekte der ökonomischen und psychologischen Funktionen des Geldes, der emotionalen Aspekte des Sparens und der Verschuldung, der materiellen und immateriellen Bedürfnisbefriedigung und der kompensatorischen Funktion des Konsums. Die instrumentelle Ebene befaßt sich mit der Notwendigkeit der Verhaltenskontrolle bzw. des Selbstmanagements (Eigenverantwortung), den Grenzen und Formen sowie Instrumenten der Verhaltenskontrolle.

10.3.2.2 Umsetzung und Phasen des Ansatzes

Die *erste* Phase des Ansatzes besteht in der Initiierung (Initiativphase). Das Projekt kann von Bankmitarbeitern, von Lehrern oder von Schuldner- bzw. Verbraucherberatern initiiert werden. Wer den Anstoß gibt, hängt von den örtlichen Gegebenheiten und vom Engagement sowie den zeitlichen Möglichkeiten des Initiators ab. Dabei sollten bestehende Kontakte auf lokaler Ebene genutzt werden (z.B. örtliche Arbeitskreise), aber auch neue Kontakte geknüpft werden. Der Initiator sollte in der Regel die Projektleitung übernehmen. Für den Erfolg ist dies eine zentrale Voraussetzung. Äußerst wichtig in den einzelnen Phasen sind die konkreten Absprachen untereinander. Das Projekt lebt davon, alle Projektbeteiligten an einen Tisch zu bringen und die einzelnen Phasen in bezug auf fachliche Inhalte, zeitlichen Ablauf und didaktische Methoden aktiv und gemeinsam zu gestalten.

In der *zweiten* Phase (Schulphase I) wird in Abhängigkeit des Wissensstandes der Schüler und der Einschätzung der Lehrer das Thema „Geld und Konsum" im Unterricht thematisiert. Die Inhalte reichen von der Bedarfsentstehung über Wünsche der Schüler bis hin zur Haushaltsplanung. Es hat sich als hilfreich herausgestellt, die Aufteilung für die Gruppenarbeit in der auf diese Phase folgende Bankphase je nach Interesse der Schüler bereits im Vorfeld vorzunehmen. Dabei ist zu berücksichtigen, welche Schüler bereits über Erfahrungen mit einem Kreditinstitut verfügen, z.B. durch ein eigenes Girokonto oder ein Sparkonto. Gegenstand dieser Phase ist auch eine Befragung der Schüler hinsichtlich ihrer Einstellungen und ihres Verhaltens im Umgang mit Geld und Konsum.

Im Anschluß an die Schulphase besuchen die Jugendlichen einer Schulklasse in der *dritten* Phase (Bankphase) eine Bank bzw. Sparkasse für einen Tag. Dabei beinhaltet dieser Tag in der Bank eine Infobörse, eine Zukunftswerkstatt und eine abschließende Gruppendiskussion. Im Rahmen der Infobörse erhalten die Jugendlichen Fragen zu ausgewählten Themen des Umgangs mit Geld (z.B. Kosten eines Kredits, Möglichkeiten der Geldanlage, Risiken einer Bürgschaft). Zur Beantwortung dieser Fragen suchen die Jugendlichen die zuständigen Mitarbeiter, in der Regel Auszubildende, in den jeweiligen Abteilungen der Bank auf. Zur Vorbereitung auf die Infobörse erhalten die Mitarbeiter der zuständigen Abteilungen den Fragenkatalog bereits im Vorfeld der Bankphase. Innerhalb der Zukunftswerkstatt sollen sich die Jugendlichen spielerisch und kreativ mit dem Thema Geld auseinandersetzen. Zur Förderung des Dialogs und dem Einbringen möglicher anderer Sichtweisen nehmen auch Auszubildende der jeweiligen Bank an der Zukunftswerkstatt teil. Den Abschluß der Bankphase bildet eine Gruppendiskussion mit den Schülern und Auszubildenden.

Die *vierte* Phase (Schulphase II) in den Schulklassen dient der Verarbeitung der Erlebnisse und Eindrücke des Tages in der Bank. Hierzu werden u.a. auch ethische Fragen, wie zum Beispiel der Zusammenhang zwischen Konsum und Lebensqualität sowie die Auswirkungen des Konsumverhaltens auf die Umwelt, thematisiert. Darüber hinaus erfolgen in den Schulklassen weitere Informationsveranstaltungen und Diskussionsrunden mit Vertretern der Banken, Verbraucherberatung und Schuldnerberatung.

Im Anschluß daran erfolgt in der fünften Phase eine Nachbearbeitung (Nachbearbeitungsphase). Im Rahmen dieser Phase geht es um die Analyse des Gesamtverlaufs des realisierten Projekts und eine eventuelle Überarbeitung bzw. Erweiterung. Darüber hinaus dient diese

Phase einer möglichen Präsentation des Erlebten durch die Schüler und/oder beteiligten Institutionen. Diese Präsentation kann z.B. in Form einer Ausstellung in der Schule oder Bank, einem Beitrag in der Schülerzeitung oder der Darstellung im Internet erfolgen. Die bisherigen Erfahrungen aus realisierten Projekten zeigen, daß diese Form der „Pressearbeit" einen großen Anklang bei den Beteiligten und der Öffentlichkeit erfährt.

Die letzte und sechste Phase des Ansatzes ist die Evaluation (Evaluationsphase). Nach einem Zeitraum von sechs Monaten werden die an dem Projekt teilnehmenden Schüler nochmals mit Hilfe eines Fragebogens zu ihren Einstellungen und ihrem Verhalten im Umgang mit Geld befragt. Ziel der Evaluation ist sowohl die Analyse des Erfolgs des Projekts als auch die Gewinnung von Informationen zur Optimierung bzw. Weiterentwicklung des Ansatzes. Die bisher durchgeführten Projekte mit fast 200 Schülern zeigten deutliche Effekte in bezug auf einen kritischeren und bewußteren Umgang mit Geld und Konsum (*Peters & Raab*, 2000).

10.4 Zusammenfassung

Die vorangegangenen Ausführungen haben verdeutlicht, daß das Kundenverhalten ein lebenslanger Entwicklungsprozeß ist. Die Erkenntnisse der Entwicklungspsychologie können und werden hierbei von verschiedenen Institutionen genutzt. Dies betrifft z.B. die Entwicklung von neuen Produkten, den Aufbau einer dauerhaften Kundenbeziehung und die Entwicklung von Ansätzen, die einer kritischen und kompetenten Verbrauchererziehung dienen.

Im Gegensatz zu dem hohen Interesse und Engagement der Unternehmen hat sich die Wirtschaftswissenschaft und Psychologie bisher jedoch relativ wenig mit den Fragen befaßt, wie Kinder lernen, mit Geld umzugehen, zu sparen oder ein Verständnis für wirtschaftliche Zusammenhänge zu entwickeln, und welche Veränderungen die Einstellungen zu Konsum und Geld im Alter erfahren (*Furnham & Argyle,* 1998; *Reisch*, 1996). Vor dem Hintergrund der zunehmenden Verschuldung und des kompensatorischen und suchthaften Kaufverhaltens ist eine stärkere Berücksichtigung dieser Fragestellungen eine wichtige Aufgabe für die Wissenschaft in der Zukunft. Von diesen Erkenntnissen würden auch die Unternehmen profitieren, denn ein verantwortungsvolles Handeln gegenüber den Kunden wird in Zukunft ein wichtiger Erfolgsfaktor sein.

Literatur

Adams, A. S. & Thieben, K. A.: Automatic teller machines and the older population. Applied Ergonomics, 1991, **22**, 85-90.

Arbeitsgemeinschaft der Verbraucherverbände & Deutsches Rotes Kreuz (Hrsg.): Schuldenreport 1999: Kredite der privaten Haushalte in Deutschland. Baden-Baden: 1998.

Atkin, C. K.: Effects of parent-child interaction in supermarket decision-making. Journal of Marketing, 1978, **42**, 41-45.

Bassches, M.: Dialectical thinking and adult development. Norwood: 1984.

Bastei-Verlag, Axel-Springer-Verlag & Verlagsgruppe Bauer (Hrsg.): Kids Verbraucheranalyse 99. Bergisch Gladbach: 1999.

Berti, A. E. & Bombi, A. S.: The child's construction of economics. Cambridge: 1988.

Black, D. W.: Compulsive buying: A review. Journal of Clinical Psychiatry, 1996, **57**, 50-54.

Blackburn, R. Sensation seeking, impulsivity, and psychopathic personality. Journal of Consulting and Clinical Psychology, 1969, **33**, 571-574.

Brownfield, C. A.: Optimal stimulation levels of normal and disturbed subjects in sensory deprivation. Psychologia, 1966, **9**, 27-38.

Burris, V.: Stages in the development of economic concepts. Human Relations, 1983, **14**, 791-812.

Claar, A.: Was kostet die Welt: wie Kinder lernen, mit Geld umzugehen. Berlin: 1996.

Dammler, A.; Barlovic, I. & Melzer-Lena, B.: Marketing für Kids und Teens. Landsberg: Moderne Industrie, 2000.

Engel, J. F.; Blackwell, R. D. & Miniard, P. W. Consumer behavior. Forth Worth. The Dryden Press: 1993.

Furnham, A. & Argyle, M.: The psychology of money. London: 1998.

Gauert, H.: Werbung, Jugend und Konsum. Berlin: Stiftung Verbraucherinstitut, 1996.

Gerloff, W.: Die Entstehung des Geldes und die Anfänge des Geldwesens. 3. Auflage. Frankfurt: 1949.

Hinde, R.: Development psychology in the context of other behavirol sciences. Developmental Psychology, 1992, **28**, 1018-1029.

Kirchler, E. M.: Kaufentscheidungen im privaten Haushalt. Göttingen: 1989.

Kirchler, E. M.: Wirtschaftspsychologie. Göttingen: 1995.

Kish, G. B. & Busse, W.: Correlates of stimulus seeking: Age, education, intelligence, and aptitudes. Journal of Consulting and Clinical Psychology, 1968, **32**, 633-637.

Klingsporn, B.: Teilmärkte bilden: Yuppi oder Skippie – wer ist Ihr Kunde. Bankmagazin, 1996, 7, 34-42.

Kroeber-Riel, W. & Weinberg. P.: Konsumentenverhalten (7. Aufl.). München: 1999.

Labouvie-Vief, G. Intelligence and cognition. In: Biren, J. E. & Schai, K. W. (eds.). Handbook of the psychology of aging. New York: 1985, 500-530.

Lea, S., Tarpy, R. & Webley, P.: The individual in the economy: A survey of economic psychology. Cambridge: 1987.

Lewis, H.: Seniorenmarketing: Die besten Werbe- und Verkaufskonzepte. Landsberg am Lech: 1997.

Melzer-Lena, B: Frühe Markenpositionierung. Markenartikel, 1996, **56**, 1, 6-9.

Meyer, H. & Illmann, T.: Markt- und Werbepsychologie (3. Aufl.). Stuttgart: 2000.

Meyer-Hentschel, H.: Produkt- und Ladengestaltung im Seniorenmarkt: Ein verhaltenswissenschaftlicher Ansatz. Saarbrücken: Rechts- und Wirtschaftswissenschaftliche Fakultät der Universität des Saarlandes, 1990.

Meyer-Hentschel, H. & Meyer-Hentschel, G.: Das goldene Marktsegment – Produkt- und Ladengestaltung für den Seniorenmarkt. Frankfurt: 1991.

Montada, L.: Fragen, Konzepte, Perspektiven. In: Oerter, R. & Montada, L. (Hrsg.). Entwicklungspsychologie, 3. Auflage. Weinheim: 1995, 1-83.

Müller, M.: Die kleinen Könige der Warenwelt. Frankfurt: 1997.

Neuner, M. & Raab, G. (Hrsg.): Verbraucherinsolvenz und Restschuldbefreiung: Eine kritische Bestandsaufnahme aus Sicht der Beteiligten. Baden-Baden: 2001.

Peters, H. & Raab, G. (Hrsg.): Bank und Jugend im Dialog: Ein Handbuch für Banken, Sparkassen, Schulen, Schuldner- und Verbraucherberatungsstellen. Oberhausen: 2000.

Paetsch, M.: Jagd auf die Jungsurfer. Der Spiegel, 2000, **35**, 114-116.

Piaget, J.: Der Aufbau der Wirklichkeit beim Kinde. Stuttgart: 1974.

Prenzel, M. & Schiefele, H.: Konzepte der Veränderung und Erziehung. In: Weidemann, B. & Krapp, A. (Hrsg.). Pädagogische Psychologie. München: 1986, 105-142.

Raab, G.: Kartengestützte Zahlungssysteme und Konsumentenverhalten. Berlin: 1998.

Raab, G.: Kaufsucht: Kompensatorisches und suchthaftes Kaufverhalten – Theorie und Empirie. In: Poppelreuter, S. & Gross, W. (Hrsg.). Nicht nur Drogen machen süchtig: Entstehung und Behandlung von stoffungebundenen Süchten. Weinheim: 2000, 147-164.

Reisch, L.: Der heimliche Lehrplan der Geldsozialisation. Stuttgart: Universität Hohenheim, Institut für Haushalts- und Konsumökonomik, 1996, Arbeitspapier 69.

Scherhorn G. Reisch, L. & Raab, G.: Kaufsucht. Bericht über eine empirische Untersuchung. Stuttgart: Universität Hohenheim, Institut für Haushalts- und Konsumökonomik, 2001, Arbeitspapier 50.

Schmölders, G.: Psychologie des Geldes. Reinbek: 1966.

Schneewind, K. A.: Familienentwicklung. In: Oerter, R. & Montada, L. (Hrsg.). Entwicklungspsychologie (3. Aufl.). Weinheim: 1995, 128-166.

Verlagsgruppe Bauer: Die Zielgruppe Familie verändert sich erneut. Marketing Journal, 1996, **29**, 182.

Wilkes, R. E.: Household life-cycle stages, transitions, and product expenditures. Journal of Consumer Research, **22**, 27-42.

Yablonsky, L.: Der Charme des Geldes. Köln: Edition Humanistische Psychologie, 1992.

Zanger, C. & Griese, K.-M. (Hrsg.): Beziehungsmarketing mit jungen Zielgruppen. München: 2000.

Zanger, C. & Griese, K.-M.: Der Kinder- und Jugendmarkt und die Notwendigkeit einer strategischen Ausrichtung des Marketing. In: Zanger, C. & Griese, K.-M. (Hrsg.). Beziehungsmarketing mit jungen Zielgruppen. München: 2000, 3-19.

Zimbardo, P. G. & Gerrig, R. J.: Psychologie (7. Aufl.). Berlin: 1999.

Zuckerman, M., Eysenck, S. & Eysenck, H. J.: Sensation seeking in England and Amerika: Cross-cultural, age, and sex comparisons. Journal of Consulting and Clinical Psychology, 1978, **46**, 139-149.

11. Persönlichkeitstheorien

11.1 Marktverhalten ist eine Funktion von Person und Umwelt

11.1.1 Begriff und Relevanz

Zum gegenwärtigen Zeitpunkt gibt es keine allgemein anerkannte Definition des Begriffs Persönlichkeit in der Psychologie. Die Vielzahl verschiedenster Definitionsversuche dokumentiert dies (*Amelang & Bartussek*, 1997; *Fisseni*, 1998). Vielen dieser Definitionen ist jedoch gemeinsam, daß mit dem Begriff Persönlichkeit die Einzigartigkeit und die über die Zeit und Situation hinweg relative Stabilität von Strukturen und Prozessen angesprochen wird, mit denen das Verhalten von Individuen beschrieben, erklärt und vorhergesagt werden soll. *Pervin* schlägt eine mögliche Definition des Begriffs Persönlichkeit vor: „Persönlichkeit repräsentiert solche Eigenschaften einer Person oder der Menschen generell, die ein beständiges Verhaltensmuster ausmachen" (*Pervin*, 1987, S. 15). Dabei existieren unterschiedliche theoretische Ansätze zur Bestimmung dieser Eigenschaften. Einige Persönlichkeitsforscher studieren die biochemischen und physiologischen Persönlichkeitsaspekte. Andere befassen sich mit direkt beobachtbaren Verhaltensweisen. Wieder andere betrachten die Interaktionsprozesse und welche Rolle das Individuum in der Gesellschaft einnimmt. Der fruchtbarste Ansatz der Persönlichkeitspsychologie liegt in einer interaktionistischen Perspektive. Der interaktionistische Gedanke betont, daß das menschliche Verhalten, und damit auch das Verhalten auf Märkten, durch die Wechselwirkung zwischen Person und Umwelt determiniert wird. Die Wurzeln dieser Perspektive beruhen auf den Arbeiten von *Lewin* (1935).

Lewin (1935) hat auf der Grundlage seiner wissenschaftlichen Arbeiten formuliert, daß das menschliche Verhalten eine Funktion von Person und Umwelt ist *(V = f (P,U))*. Der Begriff Person beinhaltet die unterschiedlichen biologischen und psychologischen Merkmale eines Menschen. So kann der Mensch aufgrund der Leistungsfähigkeit seines Gehirns und seiner Sinnesorgane nur bestimmte Reize wahrnehmen und verarbeiten. Aufgrund persönlicher Interessen sucht er allerdings häufig auch nur nach bestimmten Reizen (z.B. Informationen) und/oder beurteilt diese auf der Grundlage seiner Erfahrungen und Erwartungen. Das Verhalten der Person wird aber nicht nur durch diese Merkmale bestimmt, sondern auch durch die Umwelt. So hat die Gestaltung eines Kaufhauses bzw. die Präsentation der Waren einen Einfluß auf das Kaufverhalten. Dieser Einfluß ist jedoch nicht bei jedem gleich. Einige Menschen werden in ihrem Kaufverhalten stärker durch solche Umweltbedingungen beeinflußt als andere. Auf eine Vielzahl dieser Aspekte wird im vorliegenden Band eingegangen,[1] so daß wir uns an dieser Stelle ausschließlich auf die Persönlichkeit als ein Merkmal des Menschen (Person) konzentrieren.

Die Relevanz der Persönlichkeit zeigt sich darin, daß in unterschiedlichen Bereichen auf die Bedeutung hingewiesen wird. Im Bereich der Personalauswahl ist gegenwärtig zu beobachten, daß zunehmend Persönlichkeitsmerkmale für die erfolgreiche Besetzung einer Stelle herangezogen werden (*Hossiep, Paschen & Mühlhaus*, 2000, S. 44-46). Dies unterstreichen die Analysen von Stellenanzeigen (*Klinkenberg*, 1994). Auch in anderen Bereichen wie der Existenzgründung (*Müller*, 2000), dem Versicherungsbetrug (*Fetchenhauer*, 1999) und dem Anlageverhalten (*Fank*, 1992; *Pinner*, 1997) wird auf die Bedeutung von Persönlichkeitsmerkmalen hingewiesen. Darüber hinaus spielt die Persönlichkeit in verschiedenen Mo-

---

[1] Vgl. die Beiträge zur Wahrnehmung und Informationsverarbeitung in diesem Band.

dellen zur Erklärung des Konsumverhaltens eine Rolle. Dies betrifft sowohl die älteren Modelle von *Nicosia* (1966) und *Howard & Sheth* (1969) als auch neuere Modelle, wie z.B. dem von *Engel, Blackwell & Miniard* (1995) (siehe Abb. 11-1).

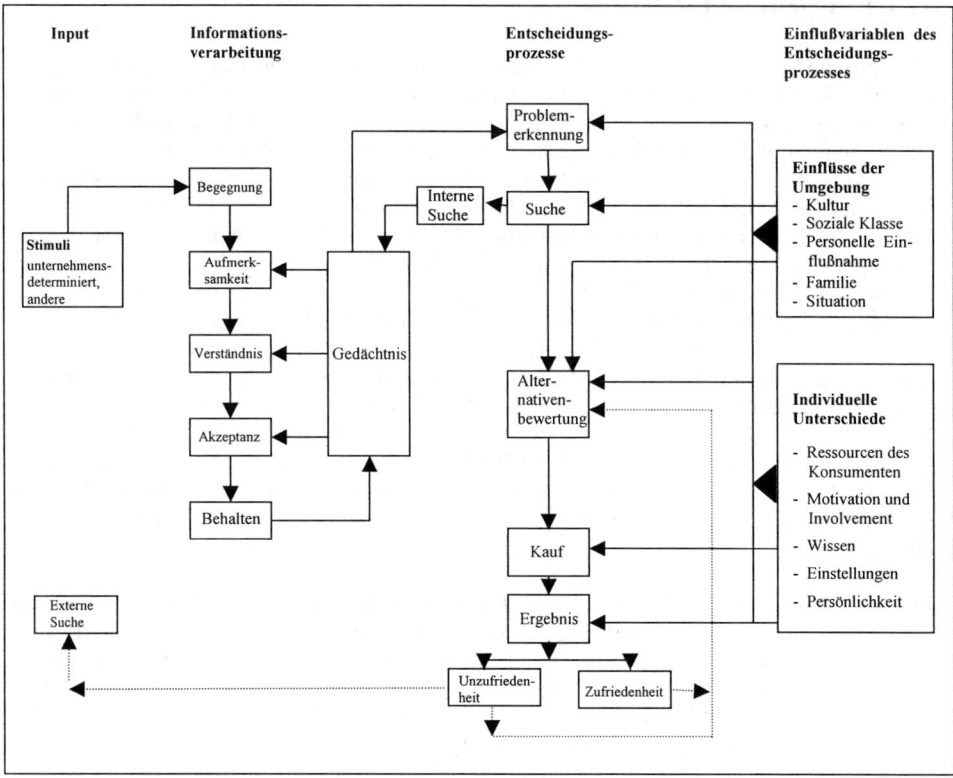

Abb. 11-1: Modell des Konsumentenverhaltens nach *Engel, Blackwell & Miniard* (1995, S. 52).

Das Modell von *Engel, Blackwell & Miniard* (1995) verdeutlicht die Komplexität des Verhaltens von Konsumenten sowie die zu beachtenden Zusammenhänge und Einflußgrößen. Die Persönlichkeit ist dabei eine von vielen Einflußgrößen. Daraus leiten sich unmittelbar zwei zentrale Aspekte ab: Zum einen geht es darum zu klären, welche Persönlichkeitsmerkmale für das Verhalten von Relevanz sind. Zum anderen ist von zentraler Bedeutung, in welchem Ausmaß das Verhalten von diesen Merkmalen bestimmt wird. In bezug auf das Ausmaß, in dem Persönlichkeitsmerkmale das Verhalten determinieren, gibt es unterschiedliche empirische Untersuchungsergebnisse und Auffassungen in der Praxis und der Wissenschaft. Die Annahme von Experten, daß das Scheitern von Beschäftigungsverhältnissen und Existenzgründungen zu 90 % nicht auf den Mangel an fachlicher Kompetenz, sondern auf die Persönlichkeit zurück zu führen ist, darf angezweifelt werden (*Sarges*, 2000, S. 17). Empirische Untersuchungen zeigen, daß nur rund 20 % des Erfolgs beruflicher Selbständigkeit auf Persönlichkeitsmerkmale zurückgeführt werden kann (*Müller*, 1999a, S. 8). Im Bereich des Konsumentenverhaltens liegen Untersuchungsergebnisse vor, nach denen zwischen 10 % -

25 % des Konsumverhaltens durch Persönlichkeitsmerkmale erklärt oder vorhergesagt werden können (*Mayer & Illmann*, 2000, S. 115). Die unterschiedlichen Einschätzungen und Ergebnisse hinsichtlich des Anteils des Verhaltens, welcher durch Persönlichkeitsmerkmale erklärt werden kann, beruhen zum Teil auf der Tatsache, daß im Zusammenhang mit wirtschaftlichen Fragestellungen häufig Meßinstrumente verwendet werden, die ursprünglich für den klinischen Bereich entwickelt wurden. Zu einem anderen Teil sind die abweichenden Befunde auch darauf zurückzuführen, daß den meisten Untersuchungen eine fundierte theoretische Einbindung fehlt. Im folgenden werden einige grundlegende Persönlichkeitsmerkmale und die dahinter stehenden Ansätze beschrieben.

11.1.2 Grundlegende persönlichkeitstheoretische Ansätze

Persönlichkeitstheorien versuchen die Struktur und Entwicklung der Persönlichkeit zu beschreiben und zu erklären. Aus der Vielzahl der psychologischen Persönlichkeitstheorien werden neben den biopsychologischen Ansätzen nachfolgend drei faktorenanalytische Ansätze vorgestellt. Die Vertreter der faktorenanalytischen Persönlichkeitsmodelle versuchen Personen vorwiegend mit Hilfe von einem Menschen zuordenbaren Eigenschaften (traits) zu beschreiben. „Die grundlegende Annahme ist dabei, daß jedes Verhalten auf Eigenschaften zurückzuführen und deshalb auch aufgrund der Kenntnisse über diese Eigenschaften vorhersehbar und erklärbar ist" (*Hobmair*, 1994, S. 370). Zur Ermittlung der Persönlichkeitsmerkmale bedienen sich die Forscher der Faktorenanalyse. Dies ist ein statistisches Verfahren, das eine große Anzahl von Merkmalen oder Eigenschaften auf eine kleine Anzahl grundlegender Dimensionen oder Faktoren zurückführt. Ziel ist es dabei, ein sinnvolles Klassifizieren der verschiedenen Eigenschaften von Individuen zu ermöglichen (*Meffert*, 1998, S. 163; *Fisseni*, 1998, S. 314).

Der Grund für die Auswahl faktorenanalytischer Persönlichkeitsansätze besteht darin, daß diese Theorien die wissenschaftliche Forschung stark beeinflußt haben und die Grundlage für ein Verständnis stark praxisorientierter Ansätze bilden. Dabei beschränken wir uns auf die wesentlichen Aspekte dieser Ansätze.

11.1.2.1 Die Theorie von *Cattell* (1943)

Um einen möglichst vollständigen Katalog des menschlichen Verhaltens zu erstellen, bezieht sich *Cattell* (1943) auf drei Datenquellen: L-Daten, Q-Daten und T-Daten. Diese Daten, die nach seiner Meinung alle Aspekte menschlichen Verhaltens beinhalten, bezeichnet er als die Persönlichkeitssphäre (*Pervin*, 1987, S. 307-308; *Fisseni*, 1998, S. 347-348):

L-Daten beziehen sich auf das Verhalten in aktuellen, alltäglichen Lebenssituationen, wie z.B. Schulnoten, Zahl der Vereine oder Einschätzungen eines Individuums über Persönlichkeitswesenszüge wie Geselligkeit, emotionale Stabilität oder Gewissenhaftigkeit. Die **Q-Daten** entstammen psychometrisch konstruierten Fragebögen. Sie beruhen auf Selbstbeobachtung, weil sie Selbsteinstufungen erfordern. Q-Daten sind anfällig für Verfälschungen, zum Beispiel aufgrund des Wunsches, sich in gutem Licht zu präsentieren. **T-Daten** sind Daten, die auf objektiven Tests, Untersuchungssituationen und Beobachtung beruhen.

Cattell (1943) begann zunächst mit der Erforschung der L-Daten. Seine Strategie war es, zuerst Grundwesenszüge aus L-Daten zu ermitteln und dann zu versuchen, Fragebögen und objektive Tests zu entwickeln, welche diese Persönlichkeitswesenszüge reflektieren (*Pervin*,

1987, S. 308). Der zweite Teil seiner Forschungsstrategie bestand darin, zu untersuchen, ob vergleichbare Fakten in F-Daten gefunden werden können. Das Hauptergebnis der Arbeit mit den F-Daten war das 16-Personality-Factor-Inventory (16 PF). Bei der Konstruktion des 16 PF verwendete er die Persönlichkeitsdimensionen als Basis für Hypothesen bzw. der Testitems, die er aus den L-Daten gewonnen hatte. Faktorenanalysen brachten schließlich als Ergebnis 16 bestimmende Persönlichkeitsfaktoren hervor (*Cattell, Eber & Tatsuoka*, 1970). Dieses Meßinstrument existiert auch in einer neueren deutschen Version (*Schneewind & Graf*, 1998). Jede der 16 Dimensionen ist durch zwei Extreme charakterisiert, wobei jedes Individuum eine ganz spezifische Position zwischen den beiden Polen einnimmt (siehe Tab. 11-1).

Dimension	Englische Bezeichnung nach Cattell et al., 1970	Deutsche Bezeichnung in der Version von Schneewind et al., 1994
1	Sizothymia vs. Affektothymia	Sachorientierung vs. Kontaktorientierung
2	Low intelligence vs. high intelligence	Konkretes Denken vs. abstraktes Denken
3	Lower ego strength vs. higher ego strength	Emotionale Störbarkeit vs. Emotionale Widerstandsfähigkeit
4	Submissiveness vs. Dominance	Soziale Anpassung vs. Selbstbehauptung
5	Desurgency vs. Surgency	Besonnenheit vs. Begeisterungsfähigkeit
6	Weaker super ego strength vs. stronger super ego strength	Flexibilität vs. Pflichtbewußtsein
7	Threctia vs. Parmia	Zurückhaltung vs. Selbstsicherheit
8	Harria vs. Premsia	Robustheit vs. Sensibilität
9	Alaxia vs. Protension	Vertrauensbereitschaft vs. skeptische Haltung
10	Praxernia vs. Autia	Pragmatismus vs. Unkonventionalität
11	Artlessness vs. Shrewdness	Unbefangenheit vs. Überlegtheit
12	Untroubled adequacy vs. Guilt-proneness	Selbstvertrauen vs. Besorgtheit
13	Conservativism of temperament vs. Radicalism	Sicherheitsinteresse vs. Veränderungsbereitschaft
14	Group-Adherence vs. Self-Sufficiency	Gruppenverbundenheit vs. Eigenständigkeit
15	Low self-sentiment integration vs. high strength of self-sentiment	Spontanität vs. Selbstkontrolle
16	Low ergic tension vs. high ergic tension	Innere Ruhe vs. innere Gespanntheit

Tab. 11-1: Die Dimensionen des 16 PF (*Schneewind, Schröder & Cattell*, 1994, S. 29).

Cattell (1943, 1972) nimmt an, daß er Persönlichkeitsmerkmale identifiziert hat, die eine vollständige Beschreibung der Persönlichkeit ermöglichen. Mit der Kenntnis aller wichtigen

Faktoren dieser Merkmalsgruppe soll die Struktur der Person vollständig beschreibbar sein. Man würde also zu einem generell gültigen Schema der menschlichen Persönlichkeit gelangen. Darüber hinaus soll eine sichere Vorhersage des Verhaltens von Individuen in den verschiedenen Situationen möglich sein, wenn man die für die charakteristische Ausprägung wichtigen Faktoren aller Merkmalsbereiche kennt (*Brandstätter, Schuler & Stocker-Kreichgauer*, 1978, S. 175-176). Inwieweit die auf der Grundlage der revidierten deutschen Fassung (*Schneewind & Graf*, 1998) erhobenen Persönlichkeitsmerkmale einen Beitrag zur Prognose und Erklärung im Bereich der Personalauswahl und/oder des Kundenverhaltens leisten, müssen zukünftige Studien zeigen.

11.1.2.2 Die Theorie von *Eysenck* (1970, 1990)

Ebenso wie für *Cattell* (1943) stellt die Faktorenanalyse auch für *Eysenck* (1970, 1990) ein wichtiges Instrument zum Auffinden von Persönlichkeitsmerkmalen dar. *Eysenck* (1970) leitete aus den Ergebnissen seiner Untersuchungen drei Dimensionen zur Charakterisierung der Eigenschaften von Individuen ab:

- Extraversion: Inwieweit ist eine Person nach innen oder nach außen orientiert?

- Neurotizismus: Inwieweit ist eine Person emotional stabil oder labil?

- Psychotizismus: Inwieweit ist eine Person freundlich und rücksichtsvoll oder aggressiv und antisozial?

Die dritte Dimension des Psychotizismus wird in der folgenden Ausführung nicht weiter berücksichtigt, da diese Weiterentwicklung von *Eysenck* (1990) weniger einflußreich war als die ursprünglich zweidimensionale Theorie (*Asendorpf*, 1996, S. 128). Die beiden ersten Persönlichkeitsdimensionen Extraversion (E) und Neurotizimus (N) bilden die Grundpfeiler des Eysenckschen Persönlichkeitsmodells, das sich nach seiner Auffassung mit dem antiken Persönlichkeitsschema der vier Temperamente verbinden läßt (siehe Abb. 11-2).

Nach *Eysencks* Auffassung können Individuen in jedem der vier Quadranten plaziert sein, von einem Maximum an Extraversion bis zu einem Maximum an Intraversion sowie von höchster Labilität (Neurotizismus) bis zu höchster Stabilität. Jede Position des Kreises erlaubt eine mögliche Kombination der beiden Eigenschaften (*Zimbardo & Gerrig*, 1999, S. 524). Die Unterschiede in den grundlegenden Dimensionen lassen sich nach *Eysenck* (1990) auf genetische und biologische Ursachen zurückführen. Sie vermitteln etwa zwei Drittel der Varianz bei den Persönlichkeitsdimensionen. Grundsätzlich sind Introvertierte eher aufgeregt durch Ereignisse als Extravertierte. Als Ergebnis reagieren Introvertierte stärker auf sensorische Stimulationen. Extravertierte hingegen suchen als Folge ihres von Natur aus niedrigen Erregungsniveaus stimulierende Situationen (*Zimbardo & Gerrig*, 1999, S. 524).

Personen mit hohen Neurotizismuswerten sind nach *Eysenck* emotional labil und beklagen sich oft über Ärger und Ängste ebenso wie über körperliche Schmerzen. Diese Menschen reagieren schnell auf Streß, wobei die Streßreaktion langsamer abklingt, wenn die Gefahr einmal vorüber ist, als bei stabileren Individuen (*Pervin*, 1987, S. 300). Des weiteren begeben sie sich leicht in Abhängigkeit, fühlen sich in Gruppen weniger integriert, verfügen über geringere Energie und begrenzen ihre Interessen (*Fisseni*, 1998, S. 392).

Zur Messung der verschiedenen Dimensionen entwickelte *Eysenck* unterschiedliche Fragebögen, von den das Eysenck Personality Inventory (*Eysenck*, 1964) die breiteste Anwendung fand. Dieser Fragebogen liegt auch in einer deutschen Form vor (*Eggert*, 1983). Aufgrund der Tatsache, daß das Meßinstrument seine Wurzeln in der klinisch-psychologischen Forschung hat, was sich teilweise auch in den Fragen dokumentiert, erscheint der Einsatz dieses Verfahrens zur Erhebung von Persönlichkeitsmerkmalen in Zusammenhang von wirtschaftlichen Fragestellungen problematisch. Es kann daher nicht überraschen, wenn die bisherigen Ergebnisse kaum einen bedeutenden Erklärungsbeitrag zum beobachteten Verhalten erkennen lassen (*Mayer & Illmann*, 2000, S. 113-115).

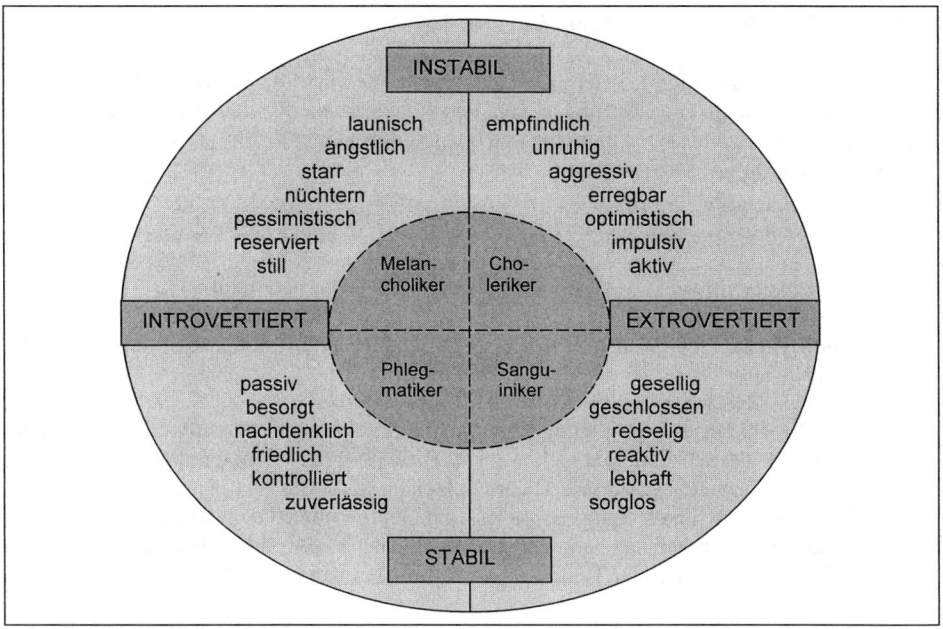

Abb. 11-2: Die vier Quadranten von *Eysencks* Persönlichkeitsmodell (*Zimbardo & Gerrig*, 1999, S. 524).

11.1.2.3 Die Big Five von *Costa* und *McCrae* (1985)

Anfang der 80er Jahre suchten *Costa* und *McCrae* (1985) nach neuen wichtigen Faktoren zur Charakterisierung der Persönlichkeitseigenschaften von Individuen, die über die zwei etablierten Faktoren *Eysencks* - Extraversion und Neurotizismus - hinausgehen sollten. Im Zuge dieser Untersuchungen fanden sie drei weitere Dimensionen, die sie als Offenheit für Erfahrungen, Verträglichkeit und Gewissenhaftigkeit interpretierten (*Amelang & Bartussek*, 1997, S. 368). In den letzten Jahren wurde eine zunehmende Anzahl an Belegen dafür gefunden, daß sich ein Großteil der Varianz verschiedener Meßverfahren zur Persönlichkeit auf fünf relativ robuste Faktoren zurückführen läßt (*Hossiep, Paschen & Mühlhaus*, 2000, S. 116). Diese fünf Faktoren wurden auch bei der Analyse von Beobachtungen und in unterschiedlichen Kulturräumen festgestellt. Es überrascht daher nicht, wenn davon ausgegangen wird, daß das Fünf-Faktoren-Modell in den nächsten Jahren zahlreiche Forschungsarbeiten anregen wird (*McCrae & John*, 1992, S. 177).

Zur Messung der verschiedenen Dimensionen entwickelten *Costa* und *McCrae* (1985, 1992) einen speziellen Fragebogen. Bei deren Konstruktion und Weiterentwicklung ließen sie sich sowohl von theoretischen Überlegungen als auch faktorenanalytischen Ergebnissen leiten (*Amelang & Bartussek*, 1997, S. 370). Die Kurzform des Fragebogens wurde von *Borkenau* und *Ostendorf* (1993) für den deutschen Sprachraum übersetzt. Dieses Meßinstrument, das sogenannte NEO-Fünf-Faktoren-Inventar (NEO-FFI), hat sich bisher als methodenstabil erwiesen und sich in Fragebogenstudien und bei Interviewurteilen bewährt. Der Fragebogen umfaßt 60 Statements, von denen jeweils 12 einem bestimmten Faktor zugeordnet werden können.

Extraversion
gesprächig, energiegeladen, bestimmt   ◄►   ruhig, reserviert, schüchtern

Verträglichkeit
verläßlich, freundlich, mitfühlend   ◄►   kalt, streitsüchtig, unbarmherzig

Gewissenhaftigkeit
gut vorbereitet (organisiert), vorsichtig, verantwortungsbewußt   ◄►   sorglos, verantwortungslos, leichtfertig

Emotionale Stabilität
stabil, ruhig, zufrieden   ◄►   besorgt, labil, launenhaft

Offenheit für Erfahrungen
kreativ, intellektuell, offen   ◄►   oberflächlich, nicht intelligent

---

Abb. 11-3: Das Fünf-Faktoren-Modell der Persönlichkeit (*Zimbardo & Gerrig*, 1999, S. 525).

Die Abb. 11-3 zeigt, daß jede der fünf Dimensionen bipolar angelegt ist. Bezeichnungen, die den Namen des Faktors näher charakterisieren, beschreiben den oberen Pol, Eigenschaften, die ihm unähnlich sind, den unteren Pol der jeweiligen Dimension (*Zimbardo & Gerrig*, 1999, S. 525). Auch wenn das Fünf-Faktoren-Modell eine breite Akzeptanz gefunden hat, bleibt anzumerken, daß dieser und die beiden ersten Ansätze aufgrund des hohen Abstraktionsgrades der Faktoren weniger geeignet sind, Verhaltensweisen in spezifischen Situationen zu erklären. In Zukunft wird es daher notwendig sein, anwendungsbezogenere Meßinstrumente zu entwickeln. Im Bereich der Personalauswahl und Personalentwicklung liegt mit dem Bochumer Inventar zur berufsbezogenen Persönlichkeitsbeschreibung (BIP) ein solcher Ansatz vor (*Hossiep & Paschen*, 1998).

11.2 Biopsychologisch begründete Persönlichkeitsmerkmale und Kundenbeziehung

In der empirisch orientierten Persönlichkeitsforschung spielen einige Persönlichkeitsmerkmale eine immer bedeutendere Rolle, die nicht im Rahmen faktorenanalytisch begründeter Gesamtsysteme der Persönlichkeit oder daraus allein konzipiert wurden, sondern im Rahmen biopsychologischer Persönlichkeitstheorien entwickelt wurden (*Amelang & Bartussek*, 1997, S. 381). Diese Persönlichkeitsmerkmale werden nachfolgend dargestellt. Des weiteren wird ihre Relevanz hinsichtlich der Kundenberatung und Kundenbindung beschrieben.

11.2.1 Sensation Seeking

In den 60er Jahren befaßte sich *Zuckerman* (*Zuckerman, Kolin, Price & Zoob*, 1964) mit der Erforschung interindividueller Unterschiede in der Reaktion auf sensorische Deprivation. Der theoretische Ausgangspunkt für diese Studien war die Vorstellung, daß es systematische interindividuelle Unterschiede im Bedürfnis nach Stimulation gibt, die Voraussetzung sind, um sich wohl zu fühlen. Jedes Individuum sucht unterschiedlich stark nach solcher Stimulation. Sensation Seeking und nicht Stimulation Seeking nennt *Zuckerman* sein Konzept deshalb, weil es die Sinneseindrücke (Sensations), also die Effekte von Stimulationen sind, die sich auf das Individuum auswirken und nicht die Stimulation (Reize) selbst. Die Persönlichkeitseigenschaft Sensation Seeking bezieht sich demzufolge auf die Tendenz, neue, verschiedenartige, komplexe und intensive Eindrücke zu bekommen oder Erfahrungen zu machen und dafür auch Risiken in Kauf zu nehmen (*Amelang & Bartussek*, 1997, S. 381). Die Ursachen für dieses Verhalten führt *Zuckerman* (1994) darauf zurück, daß Sensation Seeker entweder eine zu geringe Noradrenalien-Aktivität im limbischen Gehirn aufweisen oder daß ihr noradrenerges System unempfindlicher gegenüber Stimulation ist. Um eine als angenehm empfundene, mittlere Aktivität des noradrenergen Systems zu erreichen, suchen Sensation Seeker nach Stimulation, um die zu niedrige Konzentration des Hormons Noradrenalien zu erhöhen.

Zur Messung von Sensation Seeking entwickelte *Zuckerman* (1964, 1994) eine vielfach weiterentwickelte Sensation Seeking Scale (SSS), bei der sich aufgrund von Faktorenanalysen vier Unterfaktoren ergaben. Diese wurden wie folgt benannt und beschrieben (*Amelang & Bartussek*, 1997, S. 382; *Pieters & van Raaij*, 1988, S. 130-131):

Thrill and Adventure Seeking (TAS): Die Neigung eines Individuums bzw. der Wunsch, Spannung und Abenteuer durch riskante, aufregende Aktivitäten wie schnelles Fahren, riskante Sportarten und dergleichen zu erleben.

Experience Seeking (ES): Das Verlangen, neue Eindrücke zu gewinnen oder neue Erfahrungen zu machen wie beispielsweise durch Reisen, ungewöhnliche Kunst oder den Umgang mit sozial auffälligen Gruppen (z.B. Aussteigern, Künstlern).

Disinhibition (DIS): Die Tendenz, sich Stimulation durch soziale Aktivitäten (z.B. Parties), durch Enthemmung in Form von sozialem Trinken oder auch durch sexuelle Kontakte zu verschaffen.

Boredom Suceptibility (BS): Unduldsamkeit gegenüber sich wiederholenden Erfahrungen wie beispielsweise Routinearbeiten oder auch gegenüber langweiligen Menschen. Diese

Anfälligkeit für Langeweile drückt sich in einer Abneigung gegenüber monotonen Situationen oder Ruhelosigkeit aus.

Die vier aufgeführten Faktoren sind als Primärfaktoren im Sinne spezieller Aspekte des allgemeinen Sensation Seeking aufzufassen. Aus diesem Grund wird die Sensation Seeking Scale so ausgewertet, daß ein allgemeiner (globaler) Wert und vier Werte für die Unterskalen ermittelt werden können (*Zuckerman*, 1994, S. 52-56). Die sehr umfangreichen Analysen über Unterschiede zwischen Personen mit niedrigem und hohem Sensation Seeking zeigen eine Fülle gut gesicherter Ergebnisse, die hier nur ganz grob tabellarisch zusammengefaßt werden sollen (siehe Tab. 11-2):

Tätigkeitsbereich	Sensation Seeking: niedrig	Sensation Seeking: hoch
Risikobereitschaft	niedriger, höhere Einschätzung eines Risikos, größere Angst vor Unbekanntem	höher, niedrigere Einschätzung eines Risikos, weniger Angst vor Unbekanntem
Präferenz für Sportarten	lehnt riskantere Sportarten eher ab	bevorzugt riskantere Sportarten
Berufe	bevorzugt Berufe mit vorhersagbaren Anforderungen	bevorzugt Berufe mit Abwechslung und Herausforderungen
Sozialverhalten	zu nahe und zu lange Sozialkontakte werden als unangenehm erlebt	suchen Sozialkontakte, sind offen, dominant, erwarten Offenheit
Partnerschaftliches Verhalten	eher auf dauerhafte Partnerschaft gerichtet	eher auf wechselnde Partnerschaften gerichtet
Rauchen	eher weniger	eher mehr
Alkohol- und Drogenkonsum	geringer	höher

Tab. 11-2: Ergebnisunterschiede zwischen Personen mit niedrigem und hohem Sensation Seeking (*Amelang & Bartussek*, 1997, S. 384).

Die Relevanz des Sensation Seeking zeigt sich z.B. im Zusammenhang mit der Entscheidung von Finanzanlagen. Im Rahmen einer empirischen Untersuchung konnten *Harlow* und *Brown* (1990) nachweisen, daß Sensation Seeker risikoreichere Anlageformen wählen. Solche Erkenntnisse können im Rahmen von Kundengesprächen genutzt werden. Seit dem 1. Januar 1995 gelten für Finanzdienstleister gemäß § 31 Wertpapierhandelsgesetz (WpHG) allgemeine Verhaltensregeln im Umgang mit Wertpapierkunden. Die Banken und Vermögensberater sind hierbei verpflichtet, eine anlegergerechte Beratung durchzuführen (*Frei-

Gebele, 1996, S. 14). Ziel der Beratung ist es, eine Anlageempfehlung nach den individuellen Kundenbedürfnissen zu ermöglichen. Dabei sind die Finanzdienstleister verpflichtet, vom Kunden Angaben über dessen finanzielle Verhältnisse, Anlageziele, Risikobereitschaft und Erfahrungen sowie Kenntnisse in den beabsichtigten Anlagegeschäften zu verlangen. Bis auf die Risikobereitschaft lassen sich alle Angaben relativ problemlos erfassen. Die Risikobereitschaft eines Anlegers ist ein Persönlichkeitsmerkmal, das es zu bestimmen gilt. Weder der Kunde noch der Anlageberater selbst ist in der Lage, diese objektiv einzuschätzen. Dies ist jedoch wichtig, da der Erfolg einer Geldanlage davon abhängt, inwieweit das Anlageprodukt auf die Risikobereitschaft des Kunden abgestimmt ist. Die Erkenntnisse aus der Grundlagenforschung können dabei praktisch umgesetzt werden, indem fundierte Meßinstrumente zur Erfassung der Risikobereitschaft entwickelt werden. Ein Beispiel hierfür ist der Anleger-Risikotest der Union Investment.

Ein zukünftiges Anwendungsfeld des Sensation Seeking dürfte u.a. darin bestehen, die Erkenntnisse zur individuelleren Gestaltung von Internetseiten einzusetzen. Wenn wir aufgrund der Ergebnisse zum Sensation Seeking wissen, daß ältere Personen eine geringere Stimulation als angenehm empfinden, und wir darüber hinaus wissen, daß individuelle Unterschiede in bezug auf Sensation Seeking existieren, dann sollten diese Aspekte bei der Gestaltung von Internetseiten genutzt werden. So wäre es möglich, für Kundengruppen mit einer hohen Ausprägung von Sensation Seeking die Seiten so zu gestalten, daß sie dem Bedürfnis nach Stimulation nachkommen. Dies kann z.B. durch bewegte Bilder, eine kontrastreiche Farbgestaltung und den Einsatz von Musik erfolgen. Für Kundengruppen mit einem niedrig ausgeprägten Sensation-Seeking-Niveau wäre dagegen ein ruhiges Bild sowie eine dezentere Farbgestaltung vorteilhafter. Daraus resultiert, daß sich die Verweildauer und die Bereitschaft zum wiederholten Aufsuchen der entsprechenden Seiten erhöht. Vor dem Hintergrund der Informationsüberflutung durch die starke Zunahme der Anzahl von Internetseiten dürfte dieser Aspekt in Zukunft für Unternehmen an Bedeutung noch zunehmen.

11.2.2 Variety Seeking

Das Variety Seeking Behavior hat in den letzten Jahren zunehmend das wissenschaftliche Interesse auf sich gezogen und ist zum Gegenstand zahlreicher empirischer Untersuchungen geworden. „Variety Seeking stellt das Phänomen dar, daß Konsumenten in ihrem Produktwahlverhalten eine Wechselneigung zeigen, die auf das Bedürfnis nach Abwechslung zurückzuführen ist" (*Haseborg & Mäßen*, 1997, S. 164). Diese Neigung hat dazu geführt, Variety Seeking als einen wesentlichen Faktor zur Erklärung, Prognose und Steuerung des Konsumentenverhaltens zu identifizieren.

Die Tendenz zum Variety Seeking ist als Persönlichkeitsmerkmal des Konsumenten zu verstehen und zeigt sich als „desire for a new and novel stimulus" (*Hoyer & Ridgway*, 1983, S. 115) (individuenspezifische Definition). Daraus läßt sich ableiten, daß Variety Seeking eine Ausprägungsform des Phänomens des Sensation Seeking darstellt. Wie bereits erwähnt, strebt der Mensch ein durch sein Verhalten als befriedigend bzw. als angenehm empfundenes inneres Reizniveau an. Bei Sensation Seeking wird als Voraussetzung dafür ein grundsätzliches Bedürfnis nach Stimulierung unterstellt. Die erforderliche Stimulierung wird durch neue, verschiedenenartige und intensive Eindrücke ausgelöst. Im Bereich des Konsumentenverhaltens wird die Stimulation und deren Befriedigung durch die Wechselneigung der Konsumenten bezüglich der Nutzung verschiedener Produkte hervorgerufen. Der Konsument, welcher bestrebt ist, seinen optimalen inneren Reizzustand zu erreichen, wird seine Umwelt nach Reizen absuchen, die ihm zur Befriedigung und Erhaltung dieses Reizzustandes dienen. Die verschiedenen Produkte, die die Reizumwelt charakterisieren, ermöglichen ihm die Erhaltung, Veränderung und Befriedigung seines inneren Reizniveaus. Durch Variety Seeking ist es dem Konsument möglich, beispielsweise Motive wie Neugier, Langeweile (Übersättigung) oder das Bedürfnis nach Einzigartigkeit bzw. Exklusivität, welche sein inneres Reizniveau aus dem Gleichgewicht bringen können, wieder in Balance zu bringen (*McAlister & Pessemier*, 1982, S. 312).

Das Verhalten des Variety Seeker zeichnet sich neben den individuenspezifischen Aspekten ebenfalls durch Produktbezogenheit aus (produktspezifische Definition). Es ist zu beobachten, daß tendenziell die Neigung zum Variety Seeking um so stärker ausgeprägt sein wird, je größer die Anzahl an Produktalternativen ist, je niedriger der wahrgenommene Unterschied zwischen den Produkten ist, je geringer die Markentreue ausgeprägt ist und je geringer das wahrgenommene Produktrisiko ist (*Hoyer & Ridgway*, 1983, S. 116-117).

Darüber hinaus besteht die Möglichkeit einer produkteigenschaftsspezifischen Untersuchung (produkteigenschaftsspezifische Definition). „Für einen individuellen Konsumenten werden bestimmte Produkteigenschaften eher in der Lage sein, eine Befriedigung seines Abwechslungsbedürfnisses zu erzielen, als andere. So kann sich ein Konsument z.B. bei der Wahl und dem Konsum von Soft-Drinks mal für ein fruchtiges Getränk entscheiden und mal für ein weniger fruchtiges, welches jedoch in beiden Fällen koffeinfrei sein sollte" (*Haseborg & Mäßen*, 1997, S. 165). Auch wenn die Bedeutung von Variety Seeking in Abhängigkeit von der spezifischen Kaufsituation sowie der Produktkategorie variieren kann, handelt es sich hierbei um ein relativ stabiles Persönlichkeitsmerkmal (*Bänsch*, 1995, S. 342; *Haseborg & Mäßen*, 1997, S. 165).

Der Ansatz des Variety Seeking bietet einen Erklärungsansatz für die in der Realität häufig zu beobachtende Tatsache, daß Kunden auch dann ein Produkt oder einen Anbieter wechseln, wenn sie mit diesem Produkt oder dem Anbieter zufrieden sind (siehe Abb. 11-4). So konnte im Rahmen einer empirischen Untersuchung bei einem namhaften deutschen Automobilhersteller gezeigt werden, daß Variety Seeking einen hohen negativen Einfluß auf die Kundenbindung ausübt (*Peter*, 1998, S. 77-79). Eine hohe Ausprägung in bezug auf das Persönlichkeitsmerkmal Variety Seeking führt also dazu, daß diese Kunden auch bei einer hohen Kundenzufriedenheit das Produkt oder den Anbieter wechseln. Für ein Unternehmen ist es daher von entscheidender Bedeutung, wie viele seiner Kunden Variety Seeker sind und/oder inwieweit das jeweilige Produkt die Neigung zum Variety Seeking begünstigt. Eine dauerhafte Beziehung zu den Kunden läßt sich in diesem Fall nicht durch die Optimierung der Kundenzufriedenheit erreichen, sondern vielmehr durch Maßnahmen, die entweder den Kunden technisch, ökonomisch und/oder psychisch bzw. emotional binden, so daß die Bindung den Wunsch nach Abwechslung überlagert.

Eine technische Bindung der Kunden kann darin bestehen, daß der Wechsel des Produkts mit einem hohen Zeitaufwand und hohen Kosten verbunden ist. In solchen Situationen wird der Kunde nicht einfach wechseln, nur weil er etwas Neues ausprobieren möchte. Eine solche technische Bindung ist allerdings in vielen Branchen, insbesondere bei Konsumgütern, nicht realisierbar. Ökonomische Instrumente zur Kundenbindung versuchen über die Gewährung finanzieller Vorteile die Kunden zu binden. Das in den USA weit verbreitete System der Rabattmarken ist nur eine Form davon. In Deutschland ist die Paybackkarte eine erfolgreiche Wiederbelebung des guten alten Rabattheftes. In zunehmenden Maße setzen auch Dienstleistungsunternehmen das Instrument des Mengenrabatts zur Kundenbindung ein. Ein bekanntes Beispiel dafür ist das Vielfliegerprogramm Miles & More der Deutschen Lufthansa AG. Im Rahmen dieses Programms werden dem Kunden bei jedem Lufthansa-

Flug bzw. einem Partner der Staralliance die geflogenen Meilen auf einem persönlichen Konto gutgeschrieben. Ab einem bestimmten Mindestkontostand können diese Meilen dann gegen verschiedene Prämien wie Freiflüge oder freie Übernachtungen in Partnerhotels eingetauscht werden, wobei diese Vergünstigungen auch auf andere Personen übertragbar sind.

In den letzten Jahren ist insbesondere die emotionale Bindung der Kunden in den Mittelpunkt des Interesses gerückt. Diese Art der Kundenbindung kann unterschiedlichste Formen annehmen. Ziel ist es dabei, durch ein persönliches Verhältnis und/oder eine Vorzugsbehandlung zwischen Unternehmen und Kunden eine Beziehung aufzubauen, die die Wechselbereitschaft senkt (*Nieschlag, Dichtl & Hörschgen*, 1997, S. 125). Dies kann dadurch erreicht werden, daß Kunden zu bestimmten Events (z.B. Tennisturnieren, Segelregatten) eingeladen werden und/oder Kundenclubs sowie Kundenbeiräte bzw. Unternehmensbeiräte eingerichtet werden. Zahlreiche Anbieter unterschiedlicher Branchen bedienen sich bereits der Form des Kundenclubs zur Schaffung einer emotionalen Bindung wie die Beispiele Ikea Family, Metro Club, Porsche Club und Harley Owners Group zeigen (*Kotler & Bliemel*, 1999, S. 71-81; *Rapp*, 2000, S. 140-145; *Schneider*, 2000, S. 41-42). Die Mitglieder solcher Kundenclubs genießen Vorteile in Form von Veranstaltungen, Clubzeitungen, Vorzugspreisen und Bestellservice. Häufig werden die Leistungen des Kundenclubs durch eine sogenannte Affinity-Karte ergänzt. Dies sind Kreditkarten, die von Finanzinstituten in Kooperation mit Unternehmen herausgegeben werden (*Raab*, 1998, S. 51). Der Vorteil dieser Instrumente zur Kundenbindung besteht darin, daß die Kunden emotional an das Unternehmen gebunden werden und durch Zusatzerlebnisse wie z.B. Clubveranstaltungen das Bedürfnis nach Abwechslung (Variety Seeking) befriedigt wird.

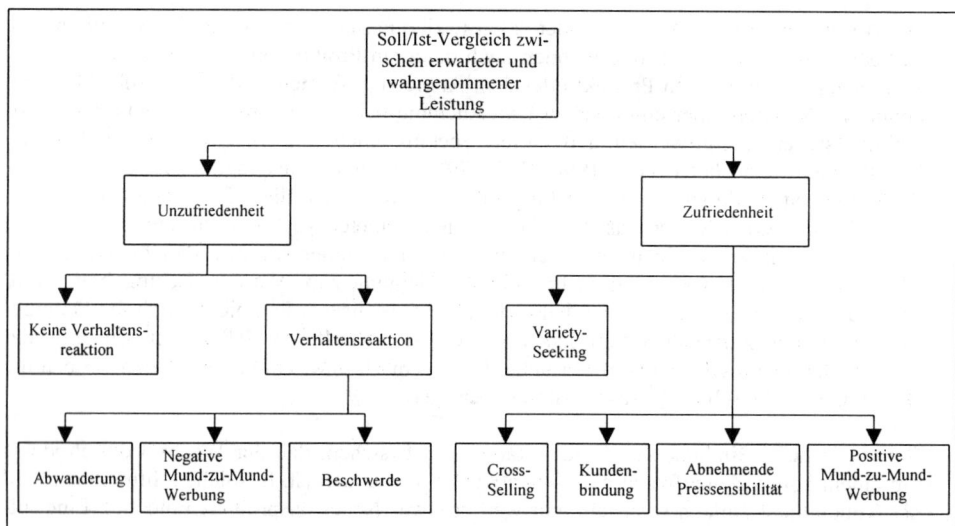

Abb. 11-4: Die Reaktion des Kunden auf Unzufriedenheit und Zufriedenheit.

11.3 Persönlichkeitseigenschaften von Unternehmensgründern

11.3.1 Einflußfaktoren erfolgreicher Unternehmensgründungen

Gründungen von Unternehmen können durch zahlreiche Faktoren beeinflußt sein. So ist es wichtig, daß Personen Fähigkeiten, Fertigkeiten, Kompetenzen und Eigenschaften besitzen, die selbständig unternehmerisches Denken und Handeln unterstützen. In der öffentlichen Diskussion wird oftmals betont, daß sog. objektive Faktoren wie z.B. betriebswirtschaftliche oder rechtliche, ausschlaggebend für den Erfolg der Existenzgründer seien. Obwohl diese Aspekte für den wirtschaftlichen Aufschwung des Unternehmens zweifellos wichtig sind, bleibt dieser Ansatz unvollständig, wenn außer acht bleibt, wie diese Faktoren von den Gründern individuell wahrgenommen, psychisch transformiert und in konkrete Handlungen umgesetzt werden (*Müller*, 1999a, S. 3). Gerade in der Anfangsphase sind persönliche Eigenschaften des Gründers bzw. der Gründer mit den Eigenschaften der Gründungsunternehmung nahezu gleichzusetzen, also mit den Stärken und Schwächen des Unternehmens (*Szyperski & Nathusius*, 1977, S. 35-36).

Die Persönlichkeit eines Unternehmers geht, wie in der nachfolgenden Abbildung veranschaulicht, Wechselwirkungen mit allen objektiven Determinanten ein und entscheidet darüber, wie der Gründer mit diesen umgeht und sie umsetzt. Die Unternehmenspersönlichkeit ist sozusagen ein Filter, der alle objektiven Faktoren in ihrer Wirkung auf den Unternehmenserfolg beeinflußt.

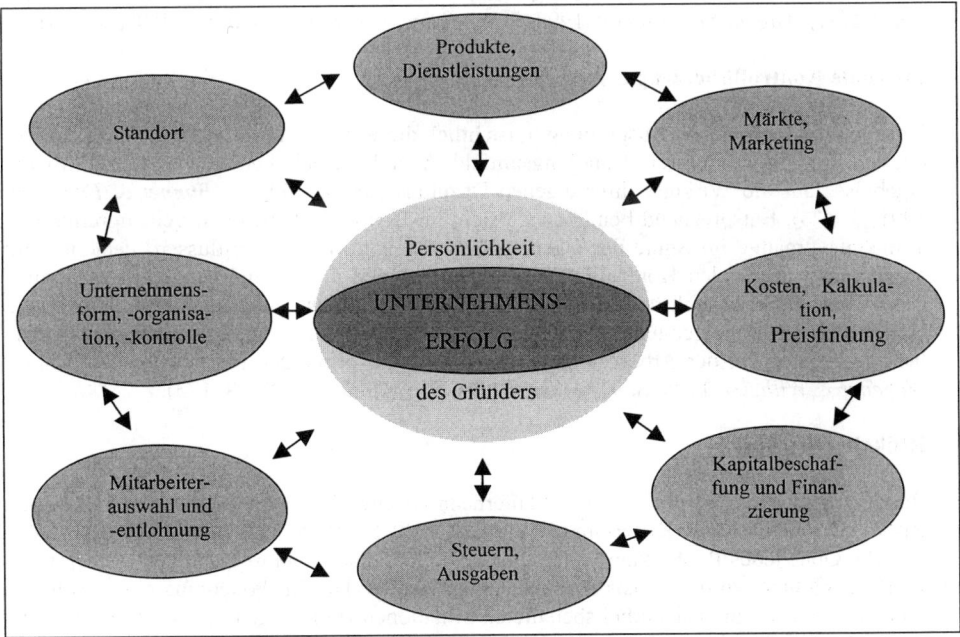

Abb. 11-5: Wechselwirkungen zwischen objektiven Faktoren, Existenzgründerpersönlichkeit und Einfluß auf den Unternehmenserfolg (in Anlehnung an *Conrad, Müller, Wagener & Wilhem*, 1998, S. 4).

Bei der Analyse der Determinanten eines Gründungserfolgs sollten demnach die Auswirkungen der Persönlichkeit des Existenzgründers unbedingt berücksichtigt und untersucht werden. Nur diese Betrachtungsweise kann Aufschluß über die tatsächlichen Faktoren eines Unternehmenserfolgs geben.

11.3.2 Relevante Persönlichkeitseigenschaften von Unternehmensgründern

Selbständigkeitsrelevante Persönlichkeitsfaktoren sind relativ zeitstabile Fähigkeiten und Eigenschaften, die über Branchen, Regionen und demographische Besonderheiten hinweg zur Vorhersage unternehmerischen Verhaltens herangezogen werden können (*Müller*, 1999a, S. 3). Im folgenden wird ein Überblick über relevante und in empirischen Studien häufig genannte Persönlichkeitseigenschaften gegeben (*Conrad, Müller, Wagener & Wilhelm*, 1998; *Klandt*, 1984; *Lumpkin & Dess*, 1996).

Leistungsmotiv:

Das Leistungsmotiv kann als Wunsch verstanden werden, besser, effizienter oder schneller als andere zu arbeiten (*Klandt*, 1990, S. 88). Die Leistungsmotivation des Gründers wird durch den Willen und die Bereitschaft gekennzeichnet, Aufgaben in Angriff zu nehmen, die den eigenen Kompetenzen und Neigungen entsprechen, herausfordernd und gleichzeitig erfolgreich realisierbar erscheinen. Dabei reizt den Gründer die Bewältigung der Aufgaben an sich, so daß die Leistung selbst zur Quelle für Anstrengung und Zufriedenheit wird (*Conrad, Müller, Wagener & Wilhelm*, 1998, S. 9; *Müller*, 1999a, S. 3; *Müller*, 1999b, S. 175).

Internale Kontrollüberzeugung:

Personen mit einer hohen Ausprägung hinsichtlich dieser Eigenschaft sehen sich als Initiatoren von Ereignissen in ihrem Handlungsumfeld. Auch beruflich tendieren sie dazu, Arbeitsergebnisse auf die Wirkung ihres eigenen Dazutuns zurückzuführen (*Bonnet & Furnham*, 1991, S. 473). Entsprechend bemühen sie sich, im Berufsgeschehen aktiv einzugreifen und Tätigkeitsvorgänge im Sinne der eigenen Zielvorstellungen zu beeinflussen. Personen mit ausgeprägten internalen Kontrollüberzeugungen nehmen die Veränderungen ihres beruflichen Werdegangs als selbstverursacht auf und schreiben diese eigenen Entscheidungen zu. Internale Kontrollüberzeugung macht Menschen zu Akteuren, die nach Selbständigkeit streben, da sie sich bei der Arbeit ungern von anderen bevormunden lassen (*Conrad, Müller, Wagener & Wilhelm*, 1998, S. 9; *Müller*, 1999a, S. 3; *Müller*, 1999b, S. 175).

Risikobereitschaft:

Bei der Diskussion um die Merkmale unternehmerischen Handelns ist die Übernahme von Risiko ein vielbeachtetes Kriterium (*Brockhaus*, 1980, S. 509-513; *Sexton & Bowman*, 1985, S. 131). Ohne jedes Risiko kann unternehmerisches Handeln kaum stattfinden. Andererseits dürfen auch nicht zu hohe Risiken eingegangen werden. Die Risikoneigung eines Gründers kommt besonders in unsicherheitsbehafteten Situationen zum Tragen. Ein Unternehmer, der dann alles aufs Spiel setzt, kann sein Unternehmen verlieren. Deshalb scheint für die berufliche Selbständigkeit keine möglichst hohe, sondern eine mittlere Risikoneigung optimal zu sein. Mittlere Merkmalsausprägungen indizieren ein kalkuliertes Risiko und schließen Formen ängstlicher Risikovermeidung ebenso aus wie überriskante Verhaltensweisen (*Conrad, Müller, Wagener & Wilhelm*, 1998, S. 9; *Müller*, 1999a, S. 3; *Müller*, 1999b, S. 175).

Es ist zu beachten, daß nicht nur der materielle Aspekt des Risikos im Vordergrund der Analyse stehen sollte. Mit einer Gründung ist in gleicher Weise ein psychisches Risiko verbunden (*Rispas*, 1997, S. 188). Der Gründer baut eine emotionale Beziehung zu einer Gründungsunternehmung auf, die häufig den Stellenwert eines Lebenswerkes für ihn hat. Ein Scheitern kann vom Gründer als persönlicher Mißerfolg empfunden werden und so zu einer erheblichen Minderung seines Selbstvertrauens führen (*Klandt*, 1984, S. 169). Durch die zeitliche Belastung des Gründers ergibt sich darüber hinaus ein familiäres Risiko (*Klandt*, 1984, S. 168). Durch den hohen Aufwand an Zeit, den eine Gründung beansprucht, ist es bedeutend schwieriger, die Beziehungen zu Familie und Freunden aufrechtzuerhalten.

Problemorientierung:

Die intellektuelle Befähigung zur Bewältigung planender und steuernder Aufgaben dürfte für erfolgreiche Existenzgründer von besonderer Bedeutung sein, da durch unternehmerisches Handeln in der Regel eine Vielzahl geistiger Leistungen abverlangt wird. Zur Bewältigung geistig anspruchsvoller Aufgaben ist vor allem die Informationsverarbeitungskapazität ein wichtiges Dispositionsmerkmal (*Hussy*, 1991, S. 314-315). Sie beeinflußt die geistigen Leistungen zum Beispiel beim Treffen wichtiger Entscheidungen oder bei der Planung weitreichender Handlungsstrategien.

Selbständig unternehmerisch tätige Personen benötigen aufgrund ihrer Tätigkeit eine starke Problemorientierung, was eine ausgeprägte Informationsverarbeitungskapazität erfordert. Personen mit dieser Disposition betrachten Anforderungen des Lebens als bewältigbare Probleme und trauen sich zu, diesen Anforderungen gewachsen zu sein. Daher sind sie auch in der Lage, mit den zahlreichen „Nicht-Routine"-Aufgaben umzugehen, die berufliche Selbständigkeit üblicherweise mit sich bringt (*Müller*, 1999a, S. 4).

Durchsetzungsvermögen:

Hierbei handelt es sich um einen sozialen Potentialfaktor. Dabei geht es um das Verhalten und die Grundeinstellung in zwischenmenschlichen Beziehungen bzw. um die interpersonelle Orientierung. Wie bei der Risikobereitschaft sind auch bei dieser Eigenschaft mittlere Merkmalsausprägungen optimal. Damit sich Geschäftsideen gegenüber Wettbewerbern positionieren können, erfordert die berufliche Selbständigkeit ein gewisses Maß an Dominanz und sozialer Unabhängigkeit. Eine solche Disposition ist besonders in der Gründungsphase von Vorteil. Allerdings ist es ebenfalls eine grundlegende Voraussetzung, andere Personen nicht vor den Kopf zu stoßen, da für den Umgang mit Kunden oder Mitarbeitern auch kooperatives Verhalten entscheidend sein kann (*Müller*, 1999b, S. 177).

Ungewißheitstoleranz:

Unterschiedliche Ausprägungen dieses Persönlichkeitsmerkmals weisen einerseits auf Präferenzen für geregelte und gut koordinierte Arbeitsabläufe oder andererseits auf unstrukturierte und locker organisierte Vorgänge hin. Unternehmerisch tätige Personen befinden sich oft in Situationen, die unvorhersehbare Ausgänge aufweisen. Ungewißheitstoleranten Personen fällt es hier leichter, angemessen zu reagieren. Sie fühlen sich von unstrukturierten Sachlagen angezogen, schätzen deren Informationsgehalt und haben wenig Mühe, sich auf solche Situationen einzustellen. Unsicherheitsintolerante Personen fühlen sich dagegen unwohl und reagieren eher unangepaßt bzw. defensiv. Sie versuchen unstrukturierte Zustände zu vermeiden (*Müller*, 2000, S. 2).

Die praktische Anwendungsrelevanz der beschriebenen Persönlichkeitsmerkmale besteht darin, angehende Unternehmer auf der Grundlage einer fundierten Erfassung dieser Merkmale zu beraten. Es steht dabei außer Frage, daß ein betriebswirtschaftlich fundierter Businessplan die Grundlage für eine erfolgreiche Unternehmensgründung bildet. Aber das beste Unternehmenskonzept nutzt nichts, wenn die persönlichen Voraussetzungen zur Umsetzung nicht gegeben sind. Die Analyse der persönlichen Potentiale hilft Gründer/innen, die Stärken und Schwächen zu erkennen und sie entsprechend einzuschätzen. Solche Erkenntnisse sind auch für Existenzgründerseminare und Beratungsangebote von Industrie- und Handelskammern sowie Banken von zentraler Bedeutung. Es erstaunt daher, wenn Banken und Risikokapitalgesellschaften hohe Summen investieren, ohne fundierte und evaluierte Instrumente zur Erfassung der persönlichen Fähigkeiten einzusetzen. Darüber hinaus ist zu berücksichtigen, daß diese Sachverhalte in zunehmenden Maße auch für Unternehmen von Relevanz sind. Wenn Unternehmen bestimmte Bereiche als Profit-Center oder Tochtergesellschaften führen, dann führt diese Entwicklung dazu, daß diese Unternehmen in Zukunft verstärkt unternehmerische Fähigkeiten erkennen, fördern und entwickeln müssen. Letztendlich werden sich die Unternehmen aber nicht auf diese Bereiche beschränken können. Zum Erhalt der Wettbewerbsfähigkeit wird es vielmehr notwendig sein, daß die Mitarbeiter insgesamt verstärkt als Unternehmer im Unternehmen agieren (Intrapreneurship). Dies unterstreicht auch die Aussage des Leiters Führungskräfte und Personalentwicklung des Lufthansa-Konzerns: „Um im globalen Wettbewerb bestehen zu können, brauchen wir risikobereite Unternehmertypen."

11.4 Zusammenfassung

Die Berücksichtigung von Persönlichkeitsmerkmalen im Zusammenhang mit wirtschaftlichen Fragestellungn kann nützlich sein. Dabei muß allerdings berücksichtigt werden, daß das Verhalten von Merkmalen der Person und der Umwelt determiniert wird. Die Person und die Umwelt stehen dabei in einer wechselseitigen Interaktion. Insofern kann nicht erwartet werden, daß Persönlichkeitsmerkmale in der Lage sind, das Verhalten von z.B. Konsumenten und/oder Kapitalanlegern im wesentlichen zu erklären und vorherzusagen. Aber diese Merkmale leisten einen entscheidenden Beitrag zum besseren Verständnis. Dies setzt allerdings voraus, daß solche persönlichkeitstheoretischen Ansätze genutzt werden, die einen hohen praktischen Nutzen implizieren, und daß entsprechende Meßinstrumente entwickelt bzw. eingesetzt werden.

Zu solchen Ansätzen zählen Sensation Seeking und Variety Seeking. Es überrascht daher nicht, wenn die Auffassung vertreten wird, daß die Bedeutung dieser Ansätze zur Untersuchung des Kundenverhaltens zunehmen wird (*Kahn*, 1998; *Tscheulin*, 1994; *van Trijp*, 1995). Auch die weiteren Untersuchungen zur Erforschung der relevanten Persönlichkeitsmerkmale erfolgreicher Unternehmensgründer werden aufgrund der wirtschaftlichen Bedeutung von Unternehmensgründungen eine wachsende Aufmerksamkeit in der Wissenschaft und Praxis erfahren.

Literatur

Amelang, M. & Bartussek, D.: Differentielle Psychologie und Persönlichkeitsforschung. Stuttgart, Berlin, Köln: 1997.

Asendorpf, J.: Psychologie der Persönlichkeit. Heidelberg: 1996.

Bänsch, A.: Variety seeking – Marketingfolgerungen aus Überlegungen und Untersuchungen zum Abwechslungsbedürfnis von Konsumenten. In: Jahrbuch der Absatz- und Verbrauchsforschung, 1995, **4**, 342-365.

Bonnet, C. & Furnham, A.: Who wants to be an entrepreneur? A study of adolescents interested in a young enterprise scheme. Journal of Economic Psychology, 1991, **12**, 465-478.

Borkenau, P. & Ostendorf, F.: NEO-Fünf-Faktoren-Inventar (NEO-FFI). Göttingen: 1993.

Brandstätter, H., Schuler, H. & Stocker-Kreichgauer, G. V.: Psychologie der Person. Stuttgart: 1978.

Brockhaus, R. H.: Risk taking propensity of entrepreneurs. Academy of Management Journal, 1980, **23**, 509-520.

Cattell, R. B.: The description of personality: Basic traits resolved into clusters. Journal of Abnormal and Social Psychology, 1943, **8**, 476-506.

Cattell, R. B.: The 16-PF and basic personality structure: A reply to Eysenck. Journal of Behavioural Science, 1972, **1**, 169-187.

Cattell, R. B., Eber, H. W. & Tatsuoka, M. M.: Handbook for the sixteen personality factor questionnaire (16PF). Champaign: 1970.

Conrad, W., Müller F. G., Wagener, D. & Wilhelm, O.: Psychologische Beiträge zur Analyse unternehmerischer Potentiale bei angehenden Existenzgründern. Mannheim: Veröffentlichungen des Instituts für Mittelstandsforschung Nr. 36 – Universität Mannheim: 1998.

Costa, P. T. & McCrae, R. R.: The NEO personality inventory manual form S and form R. Odessa: 1985.

Costa, P. T. & McCrae, R. R.: Revised NEO personality inventory and NEO five-factor inventory. Odessa: 1992.

Eggert, D.: Eysenck-Persönlichkeits-Inventar. Göttingen: 1983.

Engel, J. F., Blackwell, R. D. & Miniard, P. W.: Consumer behavior (8th ed.). Fort Worth: 1995.

Eysenck, H. J.: The Eysenck personality inventory. London: 1964.

Eysenck, H. J.: The structure of human personality. London: 1970.

Eysenck, H. J.: Biological dimensions of personality. In: Pervin, L. (ed.). Handbook of personality theory and research. New York: 1990, 244-276.

Fank, M.: Strukturanalyse zum Umgang mit Geld aus verhaltenstheoretischer Sicht. Frankfurt am Main: 1992.

Fetchenhauer, D.: Zur Psychologie des Versicherungsbetrugs. In: Fischer, L. Kutsch, T. & Stephan, E. (Hrsg.). Finanzpsychologie. München: 1999, 188-213.

Fisseni, H.: Persönlichkeitspsychologie: Auf der Such nach einer Wissenschaft. Bern: 1998.

Frei-Gebele, P.: Persönliche Risikobereitschaft richtig einschätzen. Bank Magazin, 1996, **12**, 14-16.

Harlow, W. V. & Brown, K. C.: Understanding and assessing financial risk tolerance: A biological perspective. Financial Analysts Journal, 1990, 50-63.

Haseborg, F. & Mäßen, A.: Das Phänomen des Variety-Seeking-Behavior: Modellierung, empirische Befunde und marketingpolitische Implikationen. In: Jahrbuch der Absatz- und Verbrauchsforschung, 1997, **2**, 164-187.

Hobmair, H.: Psychologie. Köln: 1994.

Hossiep, R. & Paschen, M.: Bochumer Inventar zur berufsbezogenen Persönlichkeitsbeschreibung (BIP). Göttingen: 1998.

Hossiep, R., Paschen, M. & Mühlhaus, O.: Persönlichkeitstests im Personalmanagement. Göttingen: 2000.

Howard, J. A. & Sheth, J. N.: The theory of buyer behavior. New York: 1969.

Hoyer, W. D. & Ridgway, N. M.: Variety seeking as an explanation for exploratory purchase behavior. In: Kinnear, T. S. (ed.). Advances in consumer research, 1983, 114-119.

Hussy, W.: Eine experimentelle Studie zum Intelligenzkonzept „Verarbeitungskapazität". Diagnostica, 1991, **37**, 314-333.

Kahn, B. E.: Dynamic relationships with customers: High-variety strategies. Journal of the Academy of Marketing Science, 1998, **26**, 45-53.

Klandt, H.: Aktivität und Erfolg des Unternehmensgründers: Eine empirische Analyse unter Einbeziehung des mikrosozialen Umfeldes. Bergisch Gladbach: 1984.

Klandt, H.: Das Leistungsmotiv und verwandte Konzepte als wichtige Einflußfaktoren der unternehmerischen Akitivität. In: Szyperski, N. & Roth, P. (Hrsg.). Entrepreneurship: Innovative Unternehmensgründung als Aufgabe. Stuttgart, 1990, 88-96.

Klinkenberg, U.: Persönlichkeitsmerkmale in Stellenanzeigen für qualifizierte Fach- und Führungskräfte. Zeitschrift für Personalforschung, 1994, **4**, 401-418.

Kotler, P. & Bliemel, F.: Marketing-Management (9. Aufl.). Stuttgart: 1999.

Lewin, K.: A dynamic theory of personality. New York: 1935.

Lumpkin, G. T. & Dess, G. G.: Clarifying the entrepreneurial orientation construct and linking it to performance. Academy of Management Review, 1996, **21**, 135-172.

Mayer, H. & Illmann, T.: Markt- und Werbepsychologie. Stuttgart: 2000.

McAlister, L. & Pessemier, E.: Variety seeking behavior: An interdisciplinary review. Journal of Consumer Research, 1982, **9**, 311-322.

McCrae, R. R. & John, O. P.: An introduction to the five factor model and its applications. Journal of Personality, 1992, **60**, 175-215.

Meffert, H.: Marketing: Grundlagen marktorientierter Unternehmensführung (8. Aufl.). Wiesbaden: 1998.

Müller, G. F.: Persönlichkeit und selbständige Erwerbstätigkeit: Messung von Potentialfaktoren und Analyse ihres Einflusses. Wirtschaftspsychologie, 1999a, **6**, 2-12.

Müller, G. F.: Dispositionelle und biographische Bedingungen beruflicher Selbständigkeit. In: Moser, K., Batinic, B. & Zempel, J. (Hrsg.). Unternehmerisch erfolgreich Handeln. Göttingen: 1999b, 173-192.

Müller, G. F.: Fragebogen zur Diagnose unternehmerischer Potentiale. Landau: Hochschule Landau/Koblenz (Arbeitspapier): 2000.

Nicosia, F. M.: Consumer decision processes: Marketing and advertising implications. Englewood Cliffs: 1966.

Nieschlag, R., Dichtl, E. & Hörschgen, H.: Marketing (18. Aufl.). Berlin: 1997.

Peter, S.: Kundenbindung als Marketingziel. Absatzwirtschaft, 1998, **7**, 74-80.

Pervin, L. A.: Persönlichkeitstheorien. München: 1987.

Pieters, R. & van Raaij, W. F.: The role of affect in economic behavior. In: van Raaij, W. F., van Veldhoven, G. M. & Wärneryd, K. E. (Eds.). Handbook of economic psychology. Dordrecht: 1988, 108-142.

Pinner, W.: Die verrückte Börse: Eine Einführung in die Börsenpsychologie. Düsseldorf: 1997.

Raab, G.: Kartengestützte Zahlungssysteme und Konsumentenverhalten. Berlin: 1998.

Rapp, R.: Customer Relationship Management. Frankfurt: 2000.

Rispas, S.: Entrepreneurship als ökonomischer Prozeß: Perspektiven zur Förderung unternehmerischen Handelns. Wiesbaden: 1997.

Sarges, W.: Einleitende Überlegungen. In: Hossiep, R., Paschen, M. & Mühlhaus, O. Persönlichkeitstests im Personalmanagement. Göttingen, 2000, 15-19.

Schneewind, K. A. & Graf, J.: Der 16-Persönlichkeits-Faktoren-Test. Revidierte Fassung (16 PF-R). Bern: 1998.

Schneewind, K. A., Schröder, G. & Cattell, R. B.: Der 16-Persönlichkeits-Faktoren-Test (16 PF). Bern: 1994.

Schneider, W.: Kundenzufriedenheit. Landsberg: 2000.

Sexton, D. L. & Bowman, N.: The entrepreneur: A capable executive and more. Journal of Business Venturing, 1985, **1**, 129-140.

Szyperski, N. & Nathusius, K.: Probleme der Unternehmensgründung: Eine betriebswirtschaftliche Analyse unternehmerischer Startbedingungen. Stuttgart: 1977.

Tscheulin, D.: Variety-seeking-behavior bei nicht-habitualisierten Konsumentenentscheidungen. Zeitschrift für betriebswirtschaftliche Forschung, 1994, **1**, 54-61.

van Trijp, J.: Variety-seeking in product choice behavior. Wageningen: 1995.

Zimbardo P. G. & Gerrig, R. J.: Psychologie (Aufl.). Heidelberg, Berlin, New York: 1999.

Zuckerman, M., Kolin, I., Price, L. & Zoob, I.: Development of a sensation seeking scale. Journal of Consulting Psychology, 1964, **28**, 477-482.

Zuckerman, M.: Behavioral expressions and biosocial bases of sensation seeking. Cambridge: 1994.

12. Wahrnehmungspsychologie

12.1 Wahrnehmung als Grundlage ökonomischen Handelns

12.1.1 Begriff und Relevanz

Unter dem Begriff Wahrnehmung versteht man einen Informationsverarbeitungsprozeß, durch den ein Individuum Kenntnis von sich selbst und von seiner Umwelt erhält (*Kroeber-Riel & Weinberg*, 1999, S. 265). Der Mensch ist in seiner alltäglichen Umgebung einer nie versiegenden Flut von Umweltreizen ausgesetzt, die kontinuierlich auf seine Sinnesorgane einwirken. Diese beinhalten eine Fülle von Informationen. Die Aufnahme bzw. der Verarbeitungsprozeß dieser Informationen wird beim Menschen durch drei unterschiedliche Aspekte beeinflußt: durch Subjektivität, Selektivität und Aktivität (*Kroeber-Riel & Weinberg*, 1999, S. 266). Subjektivität bedeutet, daß jeder Mensch seine Umwelt individuell wahrnimmt. Die meisten Menschen sind der Meinung, die Wirklichkeit so wahrzunehmen, wie sie tatsächlich ist. Zahlreiche Experimente zeigen jedoch, daß das Ergebnis der Wahrnehmung nur zum Teil der tatsächlich existierenden Wirklichkeit entspricht. Dies hat zur Folge, daß sich die wahrgenommene Umwelt einer Person deutlich von der einer anderen Person unterscheiden kann. Darüber hinaus nimmt das menschliche Informationssystem selektiv wahr. Aus der Flut von Informationen, die auf unsere Sinnesorgane auftreffen, wählen wir nur ganz bestimmte aus. Was wir sehen, hören, riechen oder schmecken, ist demnach kein tatsächliches Abbild der Realität. Die Wahrnehmung ist zahlreichen Faktoren ausgesetzt, die sie verzerren oder sogar verfälschen können. Der Begriff Aktivität drückt letztendlich die aktive Aufnahme und Verarbeitung von Reizen und Informationen durch den Menschen aus.

Die Relevanz des Themas Wahrnehmung haben zunehmend auch Akteure des Wirtschaftslebens erkannt und versuchen die daraus resultierenden Erkenntnisse zielgerichtet einzusetzen. Die Intension ist dabei eine direkte Beeinflussung der Einstellung bzw. des Verhaltens des Menschen durch den Einsatz besonderer Kommunikationsmittel.

Damit eine Person die für sie notwendigen Informationen hinreichend interpretieren und wahrnehmen kann, müssen auch im Körper entsprechende Reaktionen ablaufen. Der Körper muß mit seinen Sinneszellen körperfremde physikalische und/oder chemische Reize in körpereigene physiologische Reize umwandeln. Aus dieser resultieren schließlich psychologisch gehaltvolle Größen wie z.B. Empfindungen. Der Wahrnehmungsprozeß des Menschen läßt sich somit in drei Komponenten unterteilen (*Felser*, 1997, S. 72):

- eine physikalische bzw. chemische: z.B. Wellenlänge des Lichts, Schallintensität, Frequenz einer Schwingung, Konzentrationsgrad von Duftstoffen;

- eine physiologische: bestimmte Tätigkeit der Nervenzellen;

- eine psychologische: z.B. Farbempfindung, Lautstärke, Höhe eines Tons, Gerüche oder Berührungen.

Im folgenden Abschnitt wird vor allem die psychologische Komponente berücksichtigt. Die physikalischen und physiologischen Bereiche werden nur dann näher erläutert, wenn sie für ein besseres Verständnis des psychologischen Wahrnehmungsprozesses erforderlich sind.

12.1.2 Aktivierung und Einflußfaktoren der Wahrnehmung

12.1.2.1 Wirkungen der Aktivierung

Informationen über unsere Umwelt erhalten wir über die Sinnesorgane. Diese sind allerdings nur begrenzt leistungsfähig und können deshalb nur einen Teil von dem, was wir in der Realität wahrnehmen, filtern. Wie bereits erwähnt, der Mensch nimmt selektiv wahr. Informationen treffen auf unsere Sinnesorgane in Form von Reizen wie beispielsweise elektromagnetische Wellen, mechanische Schwingungen oder chemische Veränderungen. Reize sind Energien aus der Umwelt, die durch das Einwirken auf unsere Sinnesorgane bestimmte Empfindungen auslösen. Empfindungen hängen in ihrer Intensität von der empfangenen Reizstärke ab. Reize, die relativ schwach sind bzw. nicht intensiv genug, rufen in der Regel keine Empfindung hervor. Der Mensch kann sie nicht wahrnehmen. Beispielsweise kann der Ultraschall vom Menschen nicht wahrgenommen werden; wenn ein Ton zu hoch oder tief ist, kann er nicht gehört werden, oder wenn ein Teelöffel Zucker in zehn Liter Wasser aufgelöst wird, kann er nicht mehr geschmeckt werden (*Hobmaier*, 1994, S. 82). Demnach gibt es eine absolute Reizschwelle der Wahrnehmung. Grundsätzlich läßt sich hier feststellen, daß Individuen vor allem solche Reize aktivieren, die ein hohes Reizniveau bzw. hohes Aktivierungspotential haben (*Gröppel*, 1991, S. 115).

Die Wirkung eines Reizes bzw. der Effekt der Aktivierung auf die Leistung eines Menschen wird im wissenschaftlichen Bereich durch die Lamda-Hypothese angegeben. Als Leistung werden dabei alle im Individuum ablaufenden Vorgänge wie Wahrnehmung, Denken, Lernen, Speichern usw. verstanden (*Kroeber-Riel & Weinberg*, 1999, S. 80). Die bis zum Wendepunkt empirisch bestätigte Funktion der Lamda-Hypothese besagt, daß bei zunehmender Stärke der Aktivierung bzw. des Reizes die Leistung eines Individuums steigt. Erzielt der Mensch eine bestimmte Aktivierungsgröße oder Reizstärke, so hat dies den Abfall der Funktion zur Folge (*Kroeber-Riel & Weinberg*, 1999, S. 78). Wie die nachfolgende Abb. verdeutlicht, wird eine mittlere Aktivierungsstärke als optimal angesehen.

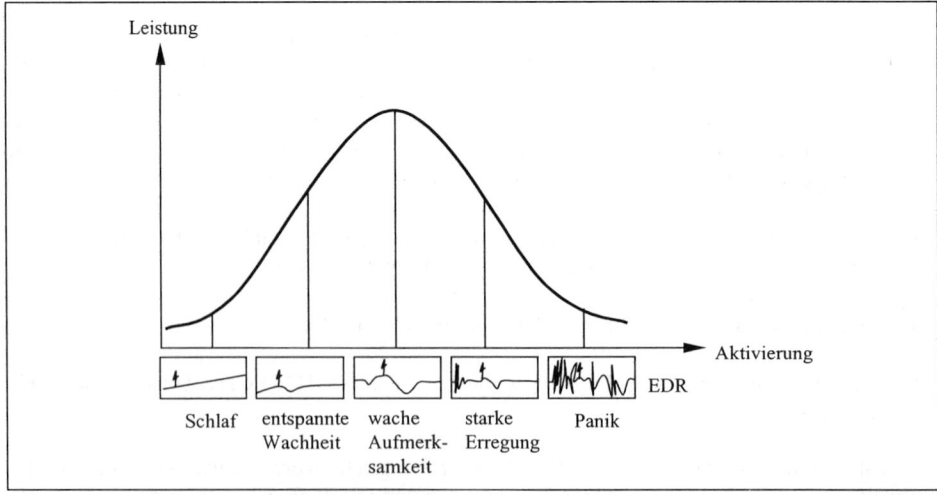

Abb.12-1: Darstellung der Beziehung zwischen Aktivierung und Erregung (*Kroeber-Riel & Weinberg*, 1999, S. 79).

12.1.2.2 Einflußfaktoren der Wahrnehmung

Das Sehen ist der komplexeste, am weitesten entwickelte und wichtigste aller Sinne der Menschen. Das Auge hat im Wahrnehmungsprozeß die Funktion, das Licht zu sammeln, zu fokussieren und in Signale umzusetzen, die an das Gehirn weitergeleitet werden (*Zimbardo & Gerrig*, 1999, S. 151). Das Hauptziel besteht darin, ein genaues Bild der Umwelt zu entwerfen. Doch mehrdeutige Reize und Wahrnehmungstäuschungen lassen die Wahrnehmung zu einer komplexen Aufgabe werden. Das Zusammenfügen der Sinneseindrücke führt oftmals zu verschiedenen Interpretationsmöglichkeiten des Gehirns und somit zu einer unterschiedlichen Identifizierung und Einordnung. Ein Beispiel dafür sind optische Täuschungen. Unsere Sinne täuschen uns hier nachweislich auf fehlerhafte Art die Erfahrung eines Reizmusters vor (*Zimbardo & Gerrig*, 1999, S. 149-151). Sie suggerieren ein Abbild, welches nach objektiven Kenntnissen nicht vorhanden sein kann.

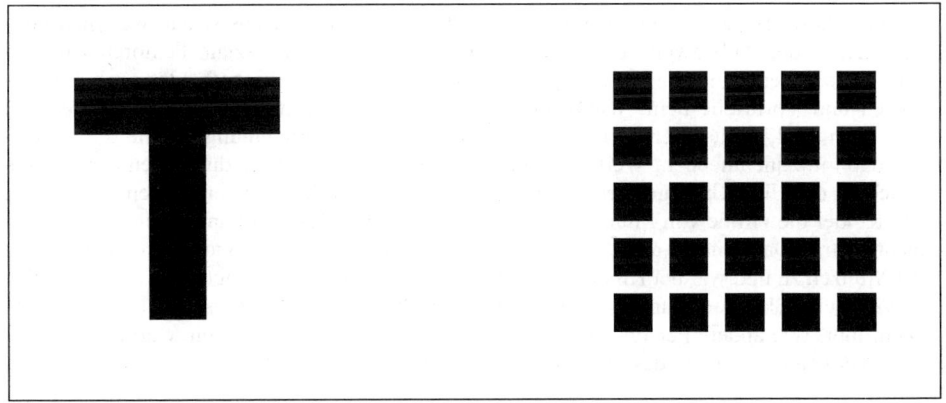

Abb. 12-2: Zylinderillusion und Herrmansches Gitter.

Abb. 12-2 zeigt zum einen die sogenannte „Zylinderillusion" (*Frisby*, 1983, S. 16). Vertikale Linien, die eine gleich lange Horizontale halbieren, erscheinen im Vergleich zu der Linie, auf der sie stehen, viel länger. Zum anderen illustriert sie das „Herrmansche Gitter". Hier glauben wir, an den Kreuzungspunkten der weißen Streifen nach kurzer Betrachtung fluktuierende graue Flecken zu sehen (*Kebeck*, 1994, S. 27).

Durch eine andere Wahrnehmungstäuschung werden uns in einer Illustration mehrere Bilder vermittelt. Unser Gehirn läßt allerdings zu einem bestimmten Zeitpunkt jeweils nur eine Interpretation des Reizmusters zu. Dies ist in der vorliegenden Darstellung entweder die alte oder die junge Frau, niemals aber beide zugleich (*Kebeck*, 1994, S. 40). In der Regel sind wir jedoch in der Lage, willentlich zu beeinflussen, was wir sehen wollen (*Felser*, 1997, S. 76).

Die Gründe für die Täuschungen können vielfältig sein. Einige liegen in psychologischen Mechanismen, andere wiederum haben physiologische Ursachen. Beim „Herrmanschen Gitter" ist der Grund beispielsweise physiologisch bedingt. Die Täuschung beruht hier auf einer lateralen Hemmung der Netzhautzellen (*Kebeck*, 1994, S. 27).

Abb. 12-3: Was sehen Sie? Eine alte oder eine junge Frau (*Zimbardo & Gerrig*, 1999, S. 148).

Anhand dieser Beispiele läßt sich ableiten, daß wir nicht immer das sehen, was man physikalisch in der Außenwelt ableiten kann. Häufig spielen auch soziale Faktoren wie beispielsweise Wert- und Normvorstellungen der jeweiligen Gesellschaft oder auch Einstellungen und Vorurteile beim Wahrnehmungsprozeß eine entscheidende Rolle. *Bruner* und *Goodman* (1947) untersuchten im Rahmen der sozialen Wahrnehmungstheorie die Annahme, daß mit zunehmendem Wert von Objekten und zunehmenden Bedürfnissen nach diesen Objekten die Überschätzung der Objektgröße zunimmt. In ihren Experimenten zeigte sich, daß Kinder die Größe von Münzen überschätzten, dieser Effekt bei Pappscheiben allerdings nicht auftrat. Dabei nahm die Überschätzung der Größe mit zunehmendem nominalen Wert der Münzen zu und war bei Kindern der Unterschicht stärker ausgeprägt (*Lilli & Frey*, 1993, S. 52). Schließlich wird unsere Wahrnehmung noch durch andere Personen bzw. Gruppen beeinflußt. Wie andere Personen unsere Wahrnehmung verändern können, wurde eindrucksvoll in einem Experiment des Psychologen *Asch* (1951) dargestellt:

Hier sollten Versuchspersonen angeben, welche der drei Vergleichslinien auf der rechten Seite der Länge der Linie auf der linken Seite entspricht.

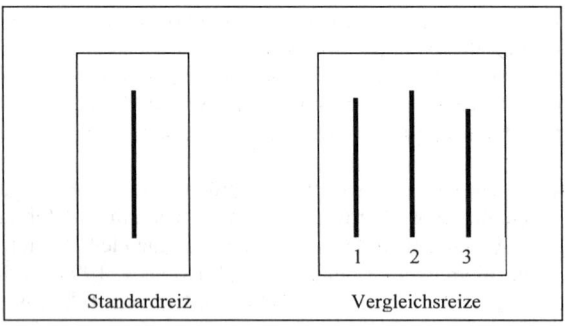

Abb. 12-4: Vergleichslinien des Experiments.

Einige Probanden waren jedoch in Wirklichkeit keine Versuchspersonen, sondern Mitgestalter des Versuchs. Sie mußten bei der Schätzung der Vergleichslinien angeben, daß Linie 1 der Länge der Linie der linken Seite entspricht. Der größte Teil der tatsächlichen Probanden paßte sich dem Urteil der anderen Personen an, d.h,. sie sahen die Vergleichslinie 1 ebenfalls als gleich groß mit der Linie auf der linken Seite. Sie vertrauten demnach offenbar mehr dem Urteil der Mehrheit der anderen Versuchsteilnehmer als ihrer eigenen Wahrnehmung.

12.1.3 Organisation der Wahrnehmung

Neben der Einschränkung der Wahrnehmung durch die Beschaffenheit der Sinnesorgane und der Beeinflussung durch soziale und individuelle Faktoren wird sie durch bestimmte Gesetze strukturiert und durch bestimmte Konstanzphänomene verbessert (*Hobmaier*, 1994, S. 88).

12.1.3.1 Gesetze der Wahrnehmung

Häufig wird unsere Realität nach bestimmten Gesetzmäßigkeiten geordnet. Sinn ist dabei, daß mit Hilfe der Wahrnehmung Ordnung in die Vielzahl der auf den Menschen einströmenden Reize gebracht wird. Die Psychologie behandelt diese Thematik unter der Überschrift „Gestaltpsychologie". Die Gestaltpsychologen unterstellen dem Menschen ein Streben nach der „guten Gestalt" und daß einzelne Reize grundsätzlich in einen Gesamtzusammenhang eingebettet sind. Damit erklären sie das Streben des Menschen nach einer gewissen Ordnung, Prägnanz, Harmonie oder sinnvollen Form (*Felser*, 1997, S. 78).

Die am weitesten verbreiteten Gestaltgesetze sind:

- **Das Gesetz der Ähnlichkeit**

Ähnliche Figuren werden als zusammengehörig wahrgenommen. In der folgenden Anordnung sieht der Betrachter in der Regel Spalten und nicht Zeilen. Daraus läßt sich schließen, daß ähnliche Reize als zusammengehörig betrachtet werden.

```
O N O N O N O N O N O N O N
O N O N O N O N O N O N O N
O N O N O N O N O N O N O N
O N O N O N O N O N O N O N
O N O N O N O N O N O N O N
O N O N O N O N O N O N O N
O N O N O N O N O N O N O N
O N O N O N O N O N O N O N
```

Abb. 12-5: Beispiel zum Gesetz der Ähnlichkeit.

Diese Tatsache erklärt auch, daß beispielsweise Tänzer als zusammengehörig wahrgenommen werden, die die gleichen Bewegungen machen, obwohl sie nicht unbedingt nah beieinander stehen. Nur so kann ein Individuum kunstvolle Figuren einer Tanzgruppe erkennen (*Felser*, 1997, S. 79). Auch der Sachverhalt, daß wir bestimmten Nationen, Minderheiten oder sozialen Schichten spezifische Eigenschaften zuschreiben, läßt sich auf das Gesetz der Gleichheit zurückführen.

- **Gesetz von Figur und Grund**

Das visuelle System besitzt die Fähigkeit, bestimmte Elemente als „Figuren" aufzufassen und das übrige visuelle Feld als Hintergrund zu interpretieren. Diese Figur-Grund-Unterscheidung ist ein Element des Wahrnehmungssystems, um Individuen eine schnelle und sichere Orientierung zu gewähren (*Kebeck*, 1994, S. 39). Ein interessantes Beispiel hierfür ist die „Rubinsche Becherfigur". Dies ist eine Abbildung mit zwei gegenüberstehenden Kopf-Profilen, die nach Vertauschung von Figur und Grund eine Vase bilden.

- **Gesetz der Nähe**

Nach dieser Theorie werden Reize, die nahe beieinander liegen, als zusammengehörig wahrgenommen. Das Gesetz der Nähe ist oftmals so stark, daß es sich sogar gegen andere Wahrnehmungsgewohnheiten durchsetzen kann. Dies verdeutlicht die nachfolgende Abb.:

```
N   E   U
A   S   T
S   E   E
E   L
```

Abb. 12-6: Beispiel zum Gesetz der Nähe.

Hier zeigt sich, daß sich die räumliche Nähe der „Spalten-Wörter", die in der Regel zuerst gelesen werden, gegen die sonst übliche zeilenweise Leserichtung durchsetzt (*Felser*, 1997, S. 80).

- **Gesetz der Geschlossenheit**

Dieses Gesetz verdeutlicht, daß wir Figuren lieber als ein Ganzes sehen. Daraus läßt sich schließen, daß Individuen unvollendete Reize als vollendet wahrnehmen wollen. Ein Beispiel hierfür wäre, daß wir Figuren, die Unregelmäßigkeiten oder Lücken aufweisen, geschlossen bemerken.

Wir sehen hier keine Punkte oder Striche, sondern einen Kreis oder Vierecke, trotz der Lücken. Darin äußerst sich das Streben des Individuums nach dem Prinzip der „guten Gestalt" bzw. des „Ganzen".

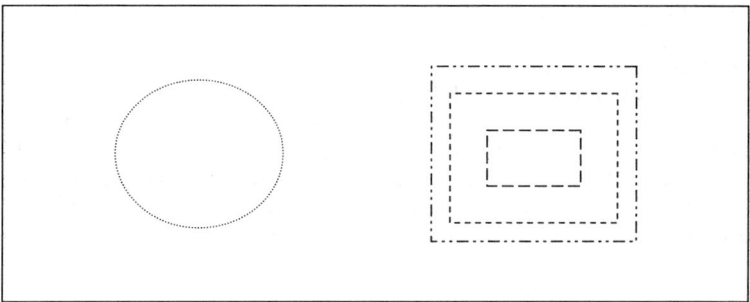

Abb. 12-7: Beispiele zum Gesetz der Geschlossenheit.

- **Gesetz der Kontinuität**

Hier zeigt sich, daß Reize, die eine Fortsetzung vorausgehender Reize zu sein scheinen, als zusammengehörig wahrgenommen werden. Daraus ergibt sich für ein Individuum ein sinnvolles Ganzes. Als Beispiel sei hier das Grundprinzip des Films erwähnt, der sich aus vielen Einzelbildern besteht, die in logischer Abfolge und großer Geschwindigkeit zu einer Einheit, d.h. zu einem Film, zusammengesetzt werden.

- **Gesetz der Bewegung**

Reize, die sich in dieselbe Richtung bewegen, betrachten wir oftmals als zusammengehörig, und Gegenstände, die sich permanent bewegen, erregen laut zahlreicher Untersuchungen bei Individuen eine erhöhte Aufmerksamkeit. Dieses Phänomen machen sich Kaufhäuser durch eine ganz spezielle Anordnung in Schaufenstern oder Verkaufsräumen zunutze. Hier werden beispielsweise durch kleine Ventilatoren Schaufensterpuppen durch wehende Haare oder Kleidung in Bewegung gehalten. Bei Werbeplakaten versucht man die Bewegung in Form von Spiralen oder Wellen anzudeuten (*Felser*, 1997, S. 88).

12.1.3.2 Wahrnehmungskonstanzen

Mit Konstanzphänomen wird eine gleichbleibende, unveränderte Wahrnehmung trotz unterschiedlicher Gegebenheiten bezeichnet. Nachfolgend sind die drei bedeutendsten aufgeführt:

- **Größenkonstanz**

Dieses Phänomen besagt, daß Gegenstände trotz unterschiedlicher Entfernung als gleich groß wahrgenommen werden. Dabei ist beachtenswert, daß je größer eine Sache ist, desto größer die Aufmerksamkeit ist, die Personen dieser entgegenbringen. Allerdings besteht keine 1:1-Beziehung zwischen Größe und Aufmerksamkeitserhöhung. Nach *Mullan* und *Johnson* (1990, S. 18) verspricht beispielsweise eine doppelt so große Anzeige eine Effektsteigerung um den Faktor 1,4, eine viermal so große nur den zweifachen Effekt.

- **Formkonstanz**

Hierbei wird deutlich, daß Gegenstände auch aus unterschiedlicher Perspektive immer in gleicher Form wahrgenommen werden (*Hobmaier*, 1994, S. 91). Man nimmt den wirklichen Umriß eines Gegenstands sogar dann richtig wahr, wenn er vom Betrachter weggedreht zu sehen ist, so daß sein Umriß auf dem Netzhautbild ganz anders aussieht, als er in Wirklichkeit geformt ist. Beispielsweise wirft ein vom Betrachter weggedrehter Kreis ein elliptisches Bild auf die Retina, ein weggedrehtes Rechteck ein Trapez. Dennoch werden beide korrekt als Kreis bzw. Rechteck erkannt (*Zimbardo & Gerrig*, 1999, S. 141).

- **Farbkonstanz**

Hier zeigt sich, daß Gegenstände trotz unterschiedlicher Beleuchtung in ihrer Farbe gleich wahrgenommen werden. Die Unterscheidung verschiedener Farbtöne in einer Vielfalt von Abstufungen ist eine der bedeutendsten Fähigkeiten unseres visuellen Systems (*Kebeck*, 1994, S. 39). Beispielsweise bleibt Schnee in unserer Wahrnehmung auch dann weiß, wenn die Dämmerung hereinbricht und dann auf der Netzhaut dunkler abgebildet wird.

12.2 Praktische Anwendung

12.2.1 Gestaltung von Verkaufsräumen

In den letzten Jahren haben sich vermehrt Studien damit befaßt herauszufinden, wie sich die räumliche Gestaltung eines Geschäfts sowie die davon abhängige Ladenatmosphäre auf das Einkaufsverhalten der Konsumenten auswirken. Als beeinflussende Variablen wurden dabei folgende Punkte in Erwägung gezogen (*Weinberg*, 1992, S. 164):

- Ladenlayout

- Dekoration

- Farbwahl

- Umfeldgestaltung

Jeder einzelne Bereich kann dazu beitragen, sofern er richtig gestaltet ist, dem Kunden eine Ladenatmosphäre zu vermitteln, in der er sich wohl fühlt. Eine positive und vom Kunden als angenehm wahrgenommene atmosphärische Wirkung hat wiederum Einfluß darauf, wie sich der Konsument beim Einkauf verhält. In einer empirischen Untersuchung zur Ladenatmosphäre wurden Testpersonen nach ihren Eindrücken und Reaktionen unmittelbar nach ihrem Besuch eines Geschäfts befragt. Es wurden dabei folgende Verhaltensgrößen gemessen (*Kroeber-Riel & Weinberg*, 1999, S. 425):

- die wahrgenommene „Informationsrate" der Umwelt: Sie gibt die Reizstärke der Ladengestaltung wieder;

- die emotionalen Eindrücke im Laden, welche Erregung und Lust der Testpersonen umfassen;

- das Annährungs- und Vermeidungsverhalten in Form von geäußerten Verhaltensabsichten.

Die wichtigsten Ergebnisse der Analyse lassen sich wie folgt zusammenfassen:

- Die von der Ladengestaltung verursachte Ladenatmosphäre zeigt sich vor allem in den emotionalen Eindrücken „Vergnügen" und „Erregung".

- Das empfundene Vergnügen bestimmt am stärksten, wie sich die Kunden im Laden verhalten. Es schlägt sich in der Absicht nieder, länger im Laden zu bleiben und mehr Geld auszugeben, als ursprünglich geplant.

- Wenn der Laden insgesamt positiv eingeschätzt wird, so steigt mit zunehmender Aktivierung (Erregung) die Absicht, mehr Zeit im Laden zu verbringen.

- Die wahrgenommene Größe des Ladens beinflußt die Aufenthaltsdauer der Kundschaft. Je größer der Laden wahrgenommen wird, desto länger ist die Aufenthaltsdauer.

Neuere Forschungen in diesem Bereich führen an, daß es darüber hinaus wichtig ist, das psychische Ordnungsschema des Kunden zu kennen. Dies beinhaltet die Fragestellung, wonach Kunden die Waren im Regal einräumen, z.B. Herstellernamen, Größen, Farben, Geschmack, und anhand welcher Merkmale sie sich innerhalb eines Ladens orientieren.

Sommer und *Aitkens* (1982) versuchten in einer Studie zum Konsumentenverhalten aufzuzeigen, nach welchen Kriterien Verbraucher mit Hilfe eines Lageplans vorgegebene Produktgruppen in die Regale eines Supermarkts einordnen. Hierbei stellte sich heraus, daß Kunden vor allem die Standorte von Produkten problemlos angeben konnten, welche sich in den Randlagen des Geschäfts befanden. Die Güter, die im Inneren des Supermarktes ausgelegt waren, konnten dagegen weniger sicher genannt werden (*Gröppel*, 1991, S. 118). Dieses Ergebnis läßt sich dadurch erklären, daß im Inneren eines Supermarkts in der Regel markante Markierungen, die dem Kunden im Gedächtnis bleiben oder/und ins Auge springen, fehlen wie beispielsweise Aufgänge, Farbflächen oder Plakate. Doch gerade diese Orientierungshilfen unterstützen das Ordnungsschema des Verbrauchers und wirken sich positiv auf die subjektiv wahrgenommene Einkaufsbequemlichkeit aus (*Gröppel*, 1991, S. 118). *Kirchler* (1995) verfolgte diesen Ansatz weiter. Er geht davon aus, daß die Verkaufschancen eines Produkts davon abhängen, ob es mühelos wahrgenommen und gegriffen werden kann. So sollten Artikel, die weniger gut verkauft werden, in Augenhöhe plaziert werden, während die populären Waren etwas tiefer gestellt werden sollten. Auch *Grossbart* und *Rammohan* (1981) haben empirische Analysen durchgeführt. Sie wiesen in ihren Analysen darauf hin, daß verinnerlichtes Wissen über die Lokalisation von Produkten oder auch Geschäften den Einkaufskomfort in den Augen des Kunden erheblich erhöhen kann. Die Resultate können den Handel dazu veranlassen, sich verstärkt mit der Vermittlung von verbalen und bildlichen Informationen zu beschäftigen, um die Wahrnehmung der Kunden sowie ihre innere Orientierung zu schärfen.

Wahrnehmungs- und Orientierungsfreundlichkeit von Kunden werden auch davon beeinflußt, ob der Kundenlauf durch den Laden natürlichen Verhaltensweisen entspricht. Empirische Kundenlaufstudien (*Barth*, 1975, S. 94; *Berekoven*, 1990, S. 295) haben gezeigt, daß

- Kunden das Verkaufslokal in der Regel in einer dem Uhrzeigersinn entgegengesetzten Richtung begehen,

- Kunden meist bestrebt sind, sich wandbezogen zu orientieren, daher die Außengänge des Ladens bevorzugen,

- die Kunden einem bestimmten Geschwindigkeitsrhythmus folgen (schnell - langsam - schnell),

- die Kunden Kehrtwendungen und Ladenecken meiden,

- die Kunden ihre Aufmerksamkeit (Blick- und Greifrichtung) vornehmlich auf rechte Plazierungsfelder lenken,

- die Kunden Stockwerke bevorzugen, die sich in der Nähe der Eingangsebene befinden.

Aus diesem Verhalten der Kunden resultieren unterschiedliche Verkaufszonenwertigkeiten:

„Hochwertige Verkaufszonen"	„Minderwertige Verkaufszonen"
<ul><li>Hauptwege des Geschäfts</li><li>rechts vom Kundenstrom liegende Verkaufsflächen</li><li>Auflaufflächen, auf die der Kunde automatisch blickt</li><li>Gangkreuzungen</li><li>Kassenzonen (falls die Kunden warten müssen)</li><li>Zonen um die Beförderungseinrichtungen (z.B. Lifte, Treppen)</li></ul>	<ul><li>Mittelgänge</li><li>links vom Kundenstrom liegende Verkaufsflächen</li><li>Einlaufzonen, die schnell passiert werden</li><li>Sackgassen des Verkaufsraums</li><li>Räume hinter den Kassen</li><li>die höheren und tieferen Etagen</li></ul>

Abb. 12-8: Verkaufszonen nach Wertigkeit (*Gröppel*, 1991, S. 64).

12.2.2 Wahrnehmung von Produkten in der Werbung

Die Wahrnehmung von Produkten in der Werbung wird durch geschickte Plazierung in die richtigen Kontexte beeinflußt. Unternehmen nutzen hierbei gezielt die Kenntnisse der Psychologie über die Wahrnehmungsfähigkeiten des Menschen. Letztendliches Ziel ist es, beim Kunden Aufmerksamkeit zu erwecken. Nur solche Reize, die Aufmerksamkeit erzeugen, werden bewußt vom Konsumenten wahrgenommen und effizient weiterverarbeitet. Zahlreiche Experimente zeigen, daß Konsumenten vor allem solche Reize wahrnehmen, die ihren Bedürfnissen und Wünschen entsprechen. Werbung muß deshalb mehrere grundlegende Funktionen erfüllen (*Felser*, 1997, S. 7-9; *Kroeber-Riel & Weinberg*, 1999, S. 583):

- Sie soll informieren.

- Sie soll unterhalten.

- Sie soll emotional sein.

Information: Werbung ist hilfreich, wenn ein Kunde konkret nach Informationen sucht, die seine Kaufentscheidung erleichtern. Beispielsweise unterrichtet Werbung über das Angebot konkurrierender Produkte und Dienstleistungen oder auch über die stoffliche Zusammensetzung bestimmter Güter. Gerade beim Kauf eines Computers sind Kunden oftmals daran interessiert zu erfahren, welche Bestandteile im Kaufpreis des Computerangebots enthalten sind. So resümiert der Sprecher des Deutschen Direktmarketing Verbands (DDV) Reis: „Sie werden niemanden finden, der spontan sagt, er liebe Prospekte, aber fest steht, daß immer mehr Haushalte auf die Angebote reagieren, sprich konkret nach Prospekt kaufen" (*Ehm*, 1995, S. 130).

Unterhaltung: Werbung dient dem Konsumenten oftmals in erster Linie zur Unterhaltung. Der Konsument amüsiert und entspannt sich, wenn er einen Werbespot sieht, der seinen Geschmack trifft. Dieses Ziel der Kunden wird bei der Gestaltung von Werbung häufig unterschätzt oder übersehen (*Kroeber-Riel & Weinberg*, 1999, S. 584).

Emotion: In Verbindung mit dem Unterhaltungsnutzen ist auch die Vermittlung emotionaler Erlebnisse für den Kunden entscheidend. Ein erheblicher Teil der Werbung wird vom Kunden nur deshalb wahrgenommen, weil sie ihm ein emotionales Erlebnis vermittelt. Dies gilt vor allem für Werbung mit einem hohen Anteil an Bildern. Emotional anregende Bilder können beispielsweise schöne Landschaften oder erotische Personen sein. Der Konsument reagiert hierbei nahezu automatisch, auch wenn ihn der Inhalt der Werbung nicht interessieren oder berühren sollte (*Kroeber-Riel & Weinberg*, 1999, S. 584).

12.2.3 Preiswahrnehmung und Preisbeurteilung

Die Wirkung des Preises auf den Verbraucher ist für die Preisgestaltung eines Unternehmen von entscheidender Bedeutung (*Simon*, 1992, S. 591). Prinzipiell kann der Preis eines Produkts vom Konsumenten auf unterschiedliche Weise wahrgenommen werden. Für die einen ist er eine Information über das Produkt nach der Preis-Qualitäts-Regel. Je höher der Preis desto höher die Qualität. Für die anderen wird er unter dem Aspekt des jeweiligen Nutzens definiert. Je niedriger der Preis, desto höher der Nutzen. Welche der beiden Definitionen Anwendung findet, hängt von den jeweiligen Kenntnissen des Verbrauchers über das Produkt ab. Beispielsweise wird ein Kunde, der mit einem Produkt noch keinerlei Erfahrungen gemacht hat und befürchtet, einen Fehlkauf zu tätigen, eher zu der ersten Bedeutung neigen. Kennt sich der Kunde dagegen sehr gut mit einem Produkt aus und weiß, daß er keinen Fehler beim Kauf machen kann, so wird er eher zur zweiten Wahrnehmung tendieren. Hierzu einige Beispiele (*Felser*, 1999, S. 63-64):

Ein Laie möchte einen Computer kaufen. Um einen Hinweis zu bekommen, welchen Computer er wählen soll, zieht er unter anderem den Preis heran. Dieser gibt ihm einen Anhaltspunkt dafür, welches der vorliegenden Modelle von hochwertiger und welches von geringwertiger Qualität ist. Ein Experte dagegen weiß in der Regel, auch ohne den Preis zu kennen, was er von welchem Typ erwarten kann. Daraus läßt sich schließen, daß Personen mit hoher Expertise in dem jeweiligen Bereich den Preis eher als einen weiteren Nutzen empfinden.

Klare und einfache Bewertungsregeln: Produkte mit sehr einfachen Funktionen lassen sich in der Regel sehr einfach ohne weitere Hilfsmittel beurteilen. Beispielsweise können Grundnahrungsmittel bewertet werden, ohne daß der Verbraucher das Gefühl hat, auf den Preis achten zu müssen, um versteckte Produktmerkmale erkennen zu können.

Geringes subjektives Kaufrisiko durch Marktsättigung: Das eine oder andere Mal kann der Käufer auch dann ein geringes Kaufrisiko empfinden, wenn er keinen genauen Einblick in die Bewertungskriterien des Produkts hat. Dies kann dann auftreten, wenn beispielsweise Freunde oder Produkttests signalisieren, daß man bei diesem Kauf eigentlich nichts falsch machen kann. Ist der Verbraucher hiervon ebenfalls überzeugt, interessiert ihn der Preis nur noch peripher.

Grundsätzliches Ziel der Unternehmen muß sein, Preiswahrnehmung und -beurteilung so zu steuern, daß Verbraucher geneigt sind, die Produkte zu kaufen. Für die direkte Beeinflussung des Käuferverhaltens kommen hierbei vor allem nichtpreisliche Marketinginstrumente wie Werbung, Personal Selling oder Product Placement in Betracht. Innerhalb des engeren Preisinstrumentariums können Preiswahrnehmung und -beurteilung durch die Gestaltung der Preisstruktur, der Zahlungsmodalitäten sowie durch die Taktik der Preisänderungen beeinflußt werden (*Simon*, 1992, S. 599). Im Rahmen einer Untersuchung im Lebensmittelbereich zur Preiskenntnis von Konsumenten kommt *Müller-Hagedorn* (1983) zu dem Resultat, daß Verbraucher trotz geringer exakter Preiskenntnis bei einzelnen Produkten ein realitätsnahes Bild vom Preisniveau einzelner Lebensmittelgeschäfte bzw. -abteilungen besitzen (*Simon*, 1992, S. 595). Von daher ist die Beeinflussung der Unternehmen auf die preisliche Wahrnehmung der Konsumenten nur in einem gewissen Rahmen möglich.

Ein bei der Preisgestaltung ebenfalls beachtenswerter Punkt ist, daß der Absatz bei der Verteuerung eines Produkts nicht kontinuierlich sinkt, sondern stufenweise. Hierzu eine Illustration der Gesellschaft für Konsumforschung (*Högl*, 1989) zu Margarinepreisen. In verschiedenen Supermärkten wurde der Preis für Rama experimentell variiert. Neben dem üblichen Preis von DM 2,39 wurde mit vier weiteren Preisen experimentiert: DM 2,19, DM 2,19 als Sonderangebot, DM 1,99 und DM 1,79. Die Analyse zeigte, daß sich der Absatz signifikant verbesserte, als die Schwelle von DM 2,00 unterschritten wurde. Dagegen gab es kaum eine Verbesserung bei der Senkung von 2,39 auf DM 2,19. Eine weitere Absatzsteigerung deutete sich bei der Senkung von DM 1,99 auf DM 1,79 an. Vermutlich liegt eine weitere Preisschwelle bei DM 1,80. Diese Preisschwellen präsentieren sich in der Regel als runde Zahlen, z.B. in unserem Fall DM 2,00 oder DM 1,80. Optimaler Profit wird erzielt, wenn man knapp unter dieser angenommenen Preisschwelle liegt. Hier bewegt sich ein Produkt für den Konsumenten auf einer psychologisch niedrigeren Preisstufe, das Unternehmen realisiert jedoch innerhalb dieser Stufe einen maximalen Betrag. Dies erklärt auch die in der Praxis häufig angewendeten gebrochenen Preise (*Simon*, 1992, S. 602). Auf dem Preisschild von Margarine steht daher meist nicht DM 2,00, sondern DM 1,99.

Der Einsatz gebrochener Preise sollte jedoch im Einzelfall dahin gehend überprüft werden, ob er nicht auch der Beziehung zum Kunden schaden kann. *Diller* und *Brielmaier* (1996) fanden beispielsweise heraus, daß nahezu drei Viertel der Befragten runde Preise, d.h. volle 10-Pfennig-Beträge, ehrlicher finden und der Aussage widersprechen, daß gebrochene Preise knapper kalkuliert seien. Eine besondere Chance ergibt sich in diesem Zusammenhang für ein Unternehmen mit der Einführung des EURO. Prinzipiell müßte ein Unternehmen durch den Übergang von DM-Preisen zu EURO-Preisen die Preise verändern, um die gängigen gebrochenen Preise, insbesondere die dominierende Endziffer neun, halten zu können. Ein Unternehmen, welches die Gelegenheit der EURO-Umstellung dagegen nicht zu Preissteigerungen nutzt, könnte hier das besondere Interesse des Kunden auf sich ziehen *(Kotler & Bliemel*, 1999, S. 789). Die Drogeriekette dm hat beispielsweise angekündigt, die Preise auf fünf oder zehn Cent abzurunden und somit den Gebrauch gebrochener Preise einzuschränken (*Hoffritz*, 1998, S. 72-75).

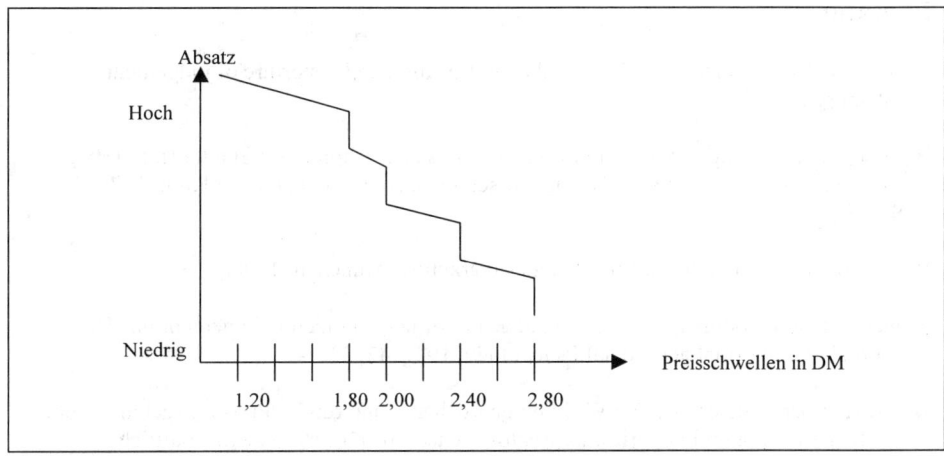

Abb. 12-9: Schwellenpreise für Margarine (Högl, 1989, S. 372).

12.3 Zusammenfassung

Die Wahrnehmung spielt eine entscheidende Rolle im Leben eines Menschen. Ohne sie wäre Erleben und Verhalten überhaupt nicht möglich. Die Wahrnehmung dient dem Menschen dazu, überlebensnotwendige Informationen zu generieren, damit er sich in seiner Umwelt orientieren und angemessen verhalten kann. Den hohen Stellenwert der Wahrnehmung haben zunehmend auch Akteure des Wirtschaftslebens erkannt. Gerade im Rahmen verstärkter Kundenorientierung wird der Bedeutung der Wahrnehmung - wie die hier angeführten Beispiele aufzeigen - immer mehr Aufmerksamkeit geschenkt.

Literatur

Asch, S.: Effects of group pressure on the modification and distorture of judgements. Pittsburgh: 1951.

Barth, K.: Die Warenpräsentation in Einzelhandelsunternehmen. In: Sundhoff, E. (Hrsg.). Mitteilungen des Instituts für Handelsforschung an der Universität zu Köln, 1975, **7**, 93-97.

Berekoven, L.: Erfolgreiches Einzelhandelsmarketing. München: 1990.

Bruner, J. S. & Goodman, C.: Value and need as organising factors in perception. The Journal of Abnormal and Social Psychology, 1947, **42**, 33-44.

Diller, H. & Brielmaier, A.: Die Wirkung gebrochener und runder Preise: Ergebnisse eines Feldexperiments im Drogeriewarensektor. Zeitschrift für betriebswirtschaftliche Forschung, 1996, **7/8**, 695-710.

Ehm, P.: Großer Wurf mit Database. Werben & Verkaufen, 1995, **27**, 130-133.

Felser, G.: Werbe- und Konsumentenpsychologie. Stuttgart: 1997.

Felser, G.: Zur Psychologie der Informationsverarbeitung. In: Felser, G., Kaupp, P. & Pepels, W. (Hrsg.). Käuferverhalten, Köln, 1999, 49-68.

Frisby, J. P.: Sehen: Optische Täuschumgen, Gehirnfunktionen, Bildgedächtnis. München: 1983.

Gröppel, A.: Erlebnisstrategien im Einzelhandel. Heidelberg: 1991.

Grossbart, S. L. & Rammohan, B.: Cognitive maps and shopping convenience. Advances in Consumer Research, 1981, **8**, 128-134.

Hobmaier, H.: Psychologie. Köln: 1994.

Högl, S.: Preisschwellen und Preispolitik. Teil 1: Grundlagen und Ergebnisse eines Feldexperiments. Planung und Analyse, 1989, **10**, 371-376.

Hoffritz, J.: Die Kosten der neuen Einheit. Wirtschaftswoche, 1998, **16**, 72-75.

Kebeck, G.: Wahrnehmung: Theorien, Methoden und Forschungsergebnisse der Wahrnehmungspsychologie. Weinheim: 1994.

Kirchler, E. M.: Wirtschaftspsychologie. Grundlagen und Anwendungsfelder der ökonomischen Psychologie. Göttingen: 1995.

Kotler, P. & Bliemel, F.: Marketing-Management (9. Aufl.). Stuttgart: 1999.

Kroeber-Riel, W. & Weinberg, P.: Konsumentenverhalten (7. Aufl.). München: 1999.

Lilli, W. & Frey, D.: Die Hypothesentheorie der Wahrnehmung. In Frey, D. & Irle, M. (Hrsg.). Theorien der Sozialpsychologie. Band I (3. Aufl.), Kognitive Theorien, Bern, 1993, 49-80.

Müller-Hagedorn, L.: Handelsmarketing. Stuttgart: 1984.

Mullan, B. & Johnson, C. : The psychology of consumer behavior. New York: 1990.

Simon, H.: Preismanagement: Analyse - Strategie - Umsetzung. Wiesbaden: 1992.

Sommer, R. & Aitkens, S.: Mental mapping of two supermarkets. Journal of Consumer Research, **9**, 1982, 211-216.

Weinberg, P.: Erlebnismarketing. München: 1992.

Zimbardo, P. & Gerrig, R.: Psychologie (7. Aufl.) Berlin: 1999.

13. Lerntheorien

13.1 Theorien

Lernen ist immer mit Wahrnehmungen verbunden. Lernen setzt Wahrnehmung unabdingbar voraus. Lernen bezieht sich auf den langfristigen Erwerb von Informationen, also deren Speicherung im Gedächtnis. Je oberflächlicher eine Informationsverarbeitung erfolgt, in um so stärkerem Maße ist deren Wiederholung erforderlich. Je intensiver die Informationsverarbeitung erfolgt, um so grundsätzlicher ist der Lernprozeß. Das können wir aus Kapitel 7 zur „Cognitive Response"-Forschung leicht ableiten. Botschaften, die einmal gelernt, jedoch nicht mehr genutzt werden, können von anderen Botschaften überlagert werden und sind dann schwerer oder gar nicht mehr abrufbar. Wenn scheinbar vergessene Gedächtnisinhalte wieder aktiviert werden sollen, so kann das dadurch gelingen, daß sie mit anderen aktuelleren Informationen assoziiert werden. Nehmen wir an, Person X hat mit Person Y gemeinsam vor einigen Jahren einen Urlaub verbracht. Die meisten Details scheinen vergessen. Nach einigen Jahren trifft X auf Y, man beginnt zu erzählen und plötzlich ist alles, als sei es „gestern gewesen". X nimmt Y wahr und assoziiert damit viele Details aus dem gemeinsamen Urlaub. Ein anderes Beispiel: Person X (X sei Münchener) lebte vor Jahren für einige Zeit in Hamburg, jetzt wieder in München. Er könnte uns den Weg vom Hamburger Hauptbahnhof zum Hotel nicht mehr beschreiben. Zufällig wieder in Hamburg würde X den Weg zum Hotel leicht finden.

Wir müssen auf einen wichtigen Aspekt hinweisen, um Lernfehler zu vermeiden: in der Managementlehre ist seit einiger Zeit die Rede von der „Lernenden Organisation" (*Bock*, 2000, *Bertels*, 2000 oder *Walz & Bertels*, 1995). Damit ist eine evolutionäre Entwicklung in Organisationen gemeint, Wissenserwerb und die Fähigkeit, flexibel auf neue Anforderungen aus der organisatorischen Umwelt zu reagieren. Lernpsychologische Theorien meinen häufig die Aneignung und Stabilisierung von Verhaltensweisen. Lernen ist hier oft die Erhöhung der Auftrittswahrscheinlichkeit einer Handlung, also gerade das Gegenteil von Flexibilität. Die Laborratte, welche die Erfahrung macht, daß es im linken Gang Käse, im rechten Gang einen leichten Stromschlag gibt, wird sehr bald extrem häufig den linken Gang aufsuchen und den rechten vermeiden. Die Auftrittswahrscheinlichkeit der Wahl „linker Gang" wird von anfangs vermutlich 50 % auf extrem nahe an 100 % steigen. Das ist das Gegenteil von Flexibilität.

Lediglich dann, wenn neue Verhaltensweisen erstmals auftreten, meinen Managementlehre und Lernpsychologie Gleiches.

13.1.1 Reiz - Reaktionstheorien

Reiz-Reaktionstheorien beziehen sich auf das Konditionieren (vgl. *Atkinson, Atkinson, Smith, Bem & Nolen-Hoeksema*, 1996, S. 228-253). Es sind zwei wesentliche Klassen von Theorien zu unterscheiden: das klassische Konditionieren (*Pawlow*, 1927) und das operante Konditionieren (*Skinner*, 1938, 1953).

Das klassische Konditionieren geht auf Experimente von *Pawlow* (1927) zurück. Am Anfang steht ein unkonditionierter Reiz, auf den ein beliebiges Lebewesen (Mensch oder Tier) automatisch (d.h. nach Annahme von *Pawlow* reflexartig) in biologisch angemessener Weise reagiert (ein gesunder Hund reagiert normalerweise mit Speichelfluß auf Futter). Diese

Reaktion läuft reflexartig ohne vorangegangene Lernprozesse ab. Tritt nun häufig genug ein neutraler Reiz zeitgleich oder zeitlich direkt vor dem unkonditionierten Reiz auf, so überträgt sich, nach *Pawlow* reflexartig die Reaktion auf den unkonditionierten Reiz auf diesen neuen neutralen Reiz, der so zu einem konditionierten Reiz wird (im Fall der Untersuchungen von *Pawlow* war das zunächst ein Wärter, später eine Glocke, die vor der Verabreichung des Futters regelmäßig zu hören war). Der Hund reagierte mit Speichelabsonderung auf den konditionierten Reiz, so wie vorher auf das Futter.

Neuere Auffassungen psychologischer Forschung werden interessanterweise in der Marketing-Literatur kaum zur Kenntnis genommen. Es wird vielmehr in neuerer Verhaltensforschung davon ausgegangen, daß es sich dabei nicht um einen automatisch ablaufenden, der gedanklichen Kontrolle nicht zugänglichen Reflex handelt, sondern um eine kognitive, durchaus gedanklichen Prozessen zugängliche Erwartungshaltung (sogenannte Appetenz). „... Sie haben vollkommen recht, wenn sie sagen, daß *Pawlow* sich geirrt hat, wenn er glaubte, das Speicheln der Hunde wäre ein bedingter Reflex, wir wissen längst, es ist eine bedingte Appetenz (also kognitive Erwartungshaltung, Anm. des Verf.)" (*Riedl*, 1985, S. 61, in *Popper, Sexl, Riedl, Wallner & Weingartner*, 1985). Damit wird die Annahme automatisch ablaufender Reflexe aufgegeben. „Der berühmte Hund von *Pawlow*, der angeblich durch den bedingten Reflex gelernt hat, war - wie alle Hunde - aktiv an seinem Fressen interessiert. Wäre er nicht aktiv an seinem Fressen interessiert gewesen, hätte er nichts gelernt. So hat er aber die Theorie aufgestellt: Wenn die Glocke läutet, kommt das Essen. Das ist eine Theorie und kein bedingter Reflex" (*Riedel*, 1985, S. 54). Diese Aussagen sind wichtig für das von uns anzuwendende Menschenbild. *Riedel* kommt zu dem Resultat, daß es keine Reflexe oder automatisch ablaufende Assoziationen gibt.

Poper und *Eccles* (1987) gehen noch weiter, indem sie auch die Unterscheidung von konditionierten und unkonditionierten Reflexen radikal in Frage stellen. Während in dem oben zitierten Gespräch konditionierte Reflexe als Erwartungshaltungen verstanden werden, wird nun auch die Existenz unkonditionierter Reflexe bestritten: Der Hund „entwickelte die wahre und offensichtliche Theorie oder Erwartung, daß es Futter gibt, wenn die Glocke läutet. Diese Erwartung löste seinen Speichelfluß aus - genauso wie durch die optische Wahrnehmung oder den Geruch des Futters die Erwartung geweckt wurde" (S. 175). Auch diese letzte Reaktion beruht auf Erfahrungen und der Bildung von Theorien. Reaktionen auf Glocke, Wärter oder den Anblick von Fleisch unterliegen gleichen Mechanismen. „Die Reflextheorie, nach der ... Verhalten dem Reiz-Reaktions-Schema unterliegt, ist falsch und sollte aufgegeben werden" (ebenda. S. 177). Wir können auf jeden Fall davon ausgehen, daß Reflexe, selbst dann, wenn es sie gäbe, für das Verhalten der Menschen eine dermaßen untergeordnete Rolle spielen, daß wir auf deren Basis weder Konsum- noch Arbeitsverhalten erklären können. Angesichts der Schwächen des Konzeptes der klassischen Konditionierung erscheint es schon eigenartig, wie unkritisch dieser Ansatz in der modernen Literatur zum Konsumentenverhalten immer noch dargestellt wird (vgl. beispielsweise *Wells & Prensky*, 1996, S 292). *Wilkie* (1994, 268 und 269) bezieht sich ebenfalls unkritisch auf das Konzept des klassischen Konditionierens und „belegt" das Konzept durch Beispiele: „Coca-Cola pairs a positive phrase and photo with its brand name in order to have consumers develop an association between Coke and fun" (ebenda, S. 269). Das beweist aber gar nichts. Wenn aus einem Tatbestand Schlußfolgerungen gezogen werden, die richtig sind (in diesem Fall die Werbung mit positiven Stimmungen), dann ist das kein Beweis für die Richtigkeit des ursprünglichen Tatbestandes. Es ist durchaus möglich, aus falschen Annahmen zu brauchbaren Schlußfolgerungen zu gelangen (vgl. ähnlich *Albert*, 1972, S. 13).

Das operante Konditionieren geht auf *Skinner* (1938 und 1953) zurück. Wir kennen das positive Verstärken, das negative Verstärken, das Löschen und das Bestrafen von Verhaltensweisen.

Das positive Verstärken geht von einer neutral eingestuften Situation aus. Auf ein bestimmtes Verhalten folgt eine Belohnung, die positive Verstärkung. Das wiederum erhöht die Auftrittswahrscheinlichkeit dieses Verhaltens, das Verhalten wird gelernt. Das typische Skinner-Experiment besteht aus einer Ratte, die in einem Labyrinth die Wahl zwischen verschiedenen Wegen hat. Bei vielen Ratten ist die Wahrscheinlichkeit, daß bestimmte Wege gewählt werden, für alle Alternativen gleich. Bestimmte Wege werden mit Futter belohnt, das Futter ist die positive Verstärkung. Damit steigt die Wahrscheinlichkeit, diesen Weg zu wählen.

Beim **negativen Verstärken** ist die Ausgangssituation negativ, beispielsweise existiert ein als unangenehm empfundener Streß. Nach einer bestimmten Verhaltensweise baut sich die negative Situation ab. Daraufhin wird das gezeigte Verhalten gelernt. Nehmen wir an: eine Ratte sitzt in einem Käfig, dessen Rost leicht unter Strom steht. Das empfindet die Ratte als unangenehm. Sie berührt zufällig einen Hebel in dem Käfig, und der Strom wird abgestellt. Schließlich lernt die Ratte den Hebel zu bedienen, wenn sie den unangenehmen Stromreiz wahrnimmt (*Lefrancois*, 1986, S. 36).

Das positive Verstärken unterscheidet sich vom negativen Verstärken dadurch, daß einmal ein angenehmer Reiz hinzugefügt wird (Belohnung, als positiver Verstärker), im zweiten Fall wird ein unangenehmer Reiz entfernt (Belohnung als negativer Verstärker).

Immer dann, wenn nach einem Verhalten ein unangenehmer Reiz hinzugefügt wird, also eine **Bestrafung** erfolgt, wird das gezeigte Verhalten verlernt, seine Auftrittswahrscheinlichkeit sinkt.

Wir können davon ausgehen, daß Lernprozesse am ehesten durch positives Verstärken ausgelöst werden. Die zweitbesten Lernresultate werden durch Mechanismen negativer Verstärkung ausgelöst. Vermutlich erschwert Streß (dessen Entfernung ja das negative Verstärken ist) das Lernen. Am wenigsten erfolgreich ist das Lernen nach Bestrafung. Nach erfolgter Bestrafung wird zwar ein bestimmtes Verhalten verlernt, es wird aber nicht dargestellt, welches Verhalten erwünscht ist.

Die Auftrittswahrscheinlichkeit einmal gelernter Verhaltensweisen sinkt, wenn ein Verhalten das einmal verstärkt wurde, plötzlich nicht mehr verstärkt wird. Das Verhalten wird verlernt. Dieser Vorgang wird als **Löschung** einer Verhaltensweise bezeichnet. Beim Löschen wird das Verhalten zwar gezeigt, aber nicht mehr verstärkt.

Das **Vergessen** tritt ein, wenn ein Verhalten über einen längeren Zeitraum nicht mehr gezeigt wird. Ein Grund könnte die fehlende Möglichkeit sein, die zu diesem Verhalten führt und somit auch nicht verstärkt werden kann. Der Vorgang des Vergessens zieht sich über einen längeren Zeitraum hin als der des Löschens.

Die wichtigsten Elemente der Lerntheorie des operanten Konditionierens sind also: positives Verstärken, negatives Verstärken, Bestrafung, Löschung und Vergessen.

Von Interesse sind noch verschiedene sogenannte Verstärkungspläne (*Lefrancois*, 1986, S. 39-41). Ein Verhalten wird dann um so schneller gelernt, wenn die Verstärkung unmittelbar anschließend eintritt. Das ist beispielsweise für Leistungsanreizsysteme im Vertrieb relevant. Außendienstleistungen, die über ein Jahr erbracht werden müssen, um anschließend belohnt zu werden, führen kaum zum Lernen bestimmter Verhaltensweisen. Besser werden Verhaltensweisen gelernt, die über einen Zeitraum von acht bis zwölf Wochen erbracht und dann sofort jeweils belohnt werden.

Der zweite Aspekt, der Verstärkungspläne betrifft, ist die Frage, wie regelmäßig Verhalten belohnt wird. Ein Verhalten, welches unregelmäßig belohnt wird, wird langsamer gelernt, bleibt aber auch nach gelegentlichem Ausbleiben der Belohnung relativ stabil erhalten. Erst dann, wenn die Belohnung dauerhaft ausbleibt, kommt es langsam zum Löschen der Verhaltensweise. Da solches Verhalten, das unregelmäßig verstärkt wird besonders stabil erhalten bleibt, wird so die Sozialisation in Gesellschaften erklärt. Wenn wir uns in einer Kultur sozial angemessen verhalten, dann wird das nicht immer und nicht immer sofort verstärkt, aber doch immer wieder einmal. So kann man sich das Entstehen von Verhaltenswiesen erklären, die für bestimmte Kulturen typisch sind.

Die Kritik, die oben bezogen auf *Pawlow* dargestellt wurde, trifft *Skinner* in gleicher Weise, wenn angenommen wird, daß Verstärkung und Löschung von Verhaltensweisen ohne gedankliche Kontrolle abläuft. „Eine behavioristische Haltung gegenüber Menschen und Tieren heißt, die ganze Zeit in Begriffen eines absurd einfachen Reflexablaufs mit Stimulus-Antwort und dann mit operanter Konditionierung zu denken, die mit ihrer Karikatur dessen, (wie)...das Nervensystem arbeitet, ins Spiel kommt" (*Popper & Eccles*, 1987, S. 595). Die Konsequenz ist analog; wir müssen von wesentlich komplexeren psychischen Prozessen ausgehen, als sie mit dem operanten, wie auch dem klassischen Konditionieren vereinbar sind. Das bedeutet nicht, daß die Existenz von Lernprozessen, die durch Belohnungen ausgelöst werden, verneint wird. Es wird aber davon ausgegangen, daß dieses Lernen in weit stärkerem Maße kognitiven Prozessen unterworfen ist, als ursprünglich angenommen. Das gilt auch, wenn die zu lernenden Reaktionen später nach außen sehr schnell auftreten, und beim reinen, oberflächlichen Beobachten auf einen reflexartigen Automatismus geschlossen werden könnte.

Es sollte aber auch darauf hingewiesen werden, daß *Skinner* sich als reiner Beobachter verstand. Es werden „S-O-R"-Beziehungen dargestellt. S steht für Stimulus, R für Response. *Skinner* beobachtete diese Beziehungen. O steht für das Objekt der Forschung, die Laborrate, menschliche oder andere Versuchsobjekte. Der Behaviorismus kennt keine Theorie, die erklärt, was in O abläuft. Auch komplexe kognitive Vorgänge sind mit dem Behaviorismus vereinbar. Möglicherweise sollte sich die hier dargelegte Kritik eher an späteren Interpretationen und voreiligen Anwendungen (u.a. in den Wirtschaftswissenschaften), als an den eigentlichen Aussagen orientieren.

13.1.2 Kognitive Lerntheorien

Als kognitive Lerntheorien werden in der Psychologie die „gestaltpsychologischen Ansätze" bezeichnet, die auf *Wertheimer* (1925), *Köhler* (1947) und *Koffka* (1950) zurückgehen. Recht populär ist die folgende gestaltpsychologische These: „Das Ganze ist mehr als die Summe seiner Teile". Danach spielen in der Wahrnehmung nicht nur Einzelaspekte eine Rolle, sondern auch der Bezug der Einzelteile zueinander. Wie schon der Name besagt, ist diese Lerntheorie stärker an kognitiven Prozessen orientiert, als die vorangegangen.

Die Theorie läßt sich am besten anhand einzelner Gesetze darstellen (*Irle*, 1986, S. 129-134):

Wahrgenommenes folgt dem Gesetz der Prägnanz.

Danach nimmt alles Wahrgenommene im Zuge der Wahrnehmung die bestmögliche Gestalt an. Bestmöglich sind einfache und klare Strukturen, die den Prinzipien der „Geschlossenheiten", der „Kontinuitäten", der „Ähnlichkeiten" oder der „Nähe" folgen. **Das Gesetz der Prägnanz ist also eine Art "Übergesetz".**

a) **Das Prinzip der Geschlossenheit** besagt, daß unvollständige Reize kognitiv als geschlossene, vollständige Reize wahrgenommen werden. Je bekannter Reize sind, wie z.B. Markensymbole, je eher kommt bei unvollständigem Reizmaterial das Prinzip der Geschlossenheit zum Tragen. So sind auch Täuschungen möglich, nicht immer entsprechen die als geschlossen wahrgenommenen Reize der Tatsache. Was eine Person wahrzunehmen glaubt, hängt von ihrer persönlichen Nähe zu möglichen Reizen ab. Ein niedersächsischer Politiker wird die Buchstaben „C...U" wohl als CDU wahrnehmen, ein bayerischer Politiker wohl als CSU. Das zeigt uns die Vorteile einer sehr eigenständigen Darstellung von Unternehmungen, Marken, Produkten und Werbeaussagen.

b) **Das Prinzip der Kontinuität** besagt, daß wahrgenommene Reize als fortlaufend empfunden werden, auch dann, wenn das Reizmaterial dazu nicht ohne weiteres Anlaß gibt. Ein Beispiel dafür liefert uns jede unterbrochene Linie. Die Schlußfolgerungen ähneln denen des Prinzips der Geschlossenheit. Das Problem dabei ist, daß mögliche Eigenheiten einzelner Bestandteile des Reizmaterials nicht wahrgenommen werden.

c) **Das Prinzip der Ähnlichkeit** besagt, daß ähnliche Einzelreize als Einheit wahrgenommen werden. In Abbildung 13.1 werden eher 4 Reihen gleicher Buchstaben wahrgenommen, als 10 Spalten verschiedener Buchstaben.

```
a a a a a a a a a
c c c c c c c c c
e e e e e e e e e
s s s s s s s s s
```

Abb. 13-1: Das Prinzip der Ähnlichkeit (*Lefrancois*, 1986, S. 99).

Nach dem Prinzip der Ähnlichkeit werden viele einzelne Kirschen als „ein Teller voll Kirchen" wahrgenommen. Dabei gehen Unterschiede zwischen den einzelnen Kirschen in der Wahrnehmung verloren. In gleicher Form gilt das für Produkte, Menschen usw.

d) **Das Prinzip der Nähe** führt dazu, daß zwischen Reizobjekten, die sich in relativer Nähe zueinander befinden, eine Beziehung hergestellt wird. Dem trägt die umsatzmäßig weltweit größte Unternehmung der Konsumgüterbranche Procter & Gamble sehr konsequent Rechnung: es wird peinlich darauf geachtet alle Tatbestände, die in irgendeiner Weise negativ zu beurteilen wären, niemals mit den Marken dieser Unternehmung in Verbindung gebracht werden können. Niemals wird in Werbefilmen auf etwas Negatives Bezug genommen, Rechtsstreitigkeiten mit Konsumenten werden um (fast) jeden Preis vermieden. Davon können auch Unternehmungen aus der Produktivgüterbranche lernen.

e) Gedächtnismäßig wird Wahrgenommenes auf der Suche nach guter Gestalt ebenfalls verändert. **Im Gedächtnis kann ein Prozeß der Angleichung, der Generalisierung, der Verschärfung oder der Normalisierung ablaufen.**

e1) **Nach dem Prinzip der Angleichung** werden einzelne durchaus verschiedene Objekte innerhalb einer Gruppe von Objekten als immer ähnlicher erinnert. Verschiedene Ausführungen der Produkte eines Herstellers werden in der Erinnerung dem prägnantesten, häufigsten oder mittleren Produkt angepaßt. Dem Prinzip der Angleichung ist das Prinzip der **Generalisierung** ähnlich: „Beim Generalisieren ... handelt es sich um die Anwendung früheren Verhaltens auf neue Situationen, die denen ähneln, in denen das Verhalten erstmalig erlernt wurde" (*Lefrancois*, 1986, S. 44).

e2) **Nach dem Prinzip der Verschärfung** paßt sich die Erinnerung an eine besonders extreme Variante an. Ein sehr schlechtes Produkterlebnis prägt damit möglicherweise die Wahrnehmung und Erinnerung weiterer Produkterlebnisse.

e3) **Nach dem Prinzip der Normalisierung** wird die Erinnerung an im Gedächtnis anderweitig gespeicherte Prototypen angepaßt.

Welches dieser Prinzipien im Gedächtnis tatsächlich zum Tragen kommt, hängt lediglich davon ab, welcher Mechanismus für die Person jeweils als naheliegend empfunden wird. Allgemeingültige Gesetze für die Bevorzugung des einen oder anderen Prinzips gibt es nicht.

Lernen kann durch mehrere ähnliche Botschaften, die sich auf unterschiedliche Objekte beziehen, behindert werden. Je ähnlicher sich Botschaften sind, um so schwerer ist es für Personen, sie voneinander zu unterscheiden. Dieses als Interferenz bezeichnete Phänomen führt dazu, daß ähnliche Kommunikation konkurrierender Anbieter nicht als eigenständig wahrgenommen wird. Auf objektiv verschiedene Reize wird infolge vermuteter Gleichheit (Interferenz) gleich reagiert. Wir können diesen Tatbestand allerdings danach unterscheiden, ob ein Marktführer in seiner Kommunikation einen kleineren Konkurrenten imitiert, oder ob ein Herausforderer den Marktführer imitiert.

Nehmen wir an, ein kleinerer Herausforderer greife den Marktführer mit einem neuen Produkt an. Ein starker Marktführer kann durchaus versuchen, das Konzept des Herausforderers kommunikativ und produktpolitisch (mit einem sehr ähnlichen nachgeahmten Produkt) zu imitieren und aufgrund des bestehenden Kompetenzvorteils des Marktführers das Produktfeld für sich zu besetzen. Ein Herausforderer hingegen muß sich stark vom Marktführer abheben, weil potentielle Käufer sonst eher bei den ihnen vertrauten Marken verharren. Damit ist das Prinzip der **Diskriminierung** angesprochen. „Die Diskriminierung ist ein der Generalisierung komplementärer Vorgang, wobei hier zwischen ähnlichen Situationen unterschieden werden muß, damit die Reaktion auf jede einzelne richtig ausfällt" (*Lefrancois*, 1986, S. 44).

Andererseits kann dieses Phänomen dazu genutzt werden, wenn es darum geht, einzelne Produkte unter einer gemeinsamen Marke anzubieten. Die Eigenschaften der Marke werden dann auch neuen Produkten zugeschrieben. Damit ist die oben dargestellte **Generalisierung** angesprochen.

Menschen erleichtern sich die Identifizierung von Reizen außerdem durch das Lernen von **Kategorien**, unter die sie eine Reihe verschiedener Reize (z.B. Produkte) subsumieren. Herkunftsbezeichnungen, Preisklassen, verwendete Rohstoffe, Marken oder das Einhalten bestimmter Qualitätsstandards führen dazu, Produkte aus Kundensicht in bestimmte Kategorien einzuordnen. Auch jetzt wird auf verschiedene Reize gleich reagiert. Allerdings ist den wahrnehmenden Personen der Tatbestand der Zusammenfassung verschiedener Reize bewußt (im Gegensatz zum Phänomen der Interferenz), und reagieren darauf gleich oder doch sehr ähnlich.

Ein wichtiger und für das Marketing relevanter, hier zu behandelnder Aspekt kognitiver Lerntheorien, sind **kognitive Netzwerke**. Es ist für Leser/innen sofort plausibel, daß wir komplexere Dinge besser behalten, wenn wir sie kognitiv strukturieren und aus ihnen ein Netzwerk bilden. Nehmen wir an, Sie sollten sich folgende einzelne Bilder merken: 1. Armbanduhr; 2. Fahrrad, 3. Zigarre, 4. Regenschirm, 5. Fußball, 6. Zylinder, 7. Sonnenbrille, 8. Affe. Die Schwierigkeiten, sich alle diese Dinge, die scheinbar keinen Bezug zueinander aufweisen, zu merken sind offensichtlich. Nehmen wir jetzt an, Sie bekommen ein einziges Bild zu sehen: Ein Affe, der Fahrrad fährt, einen Zylinder und eine Sonnenbrille trägt, auf dem Gepäckträger des Fahrrades einen Ball transportiert, Zigarre raucht, und eine eigenwillig gestaltete Armbanduhr am Handgelenk erkennen läßt. Die Chancen, alle diese Dinge zu erinnern, sind deutlich gestiegen, weil nunmehr eine Beziehung zwischen allen Dingen besteht, die zudem noch etwas ungewöhnlich strukturiert ist. Es kann als Aufgabe der Marktkommunikation angesehen werden, solche kognitiven Netzwerke zu realisieren, um so das Lernen eigener Aussagen zu erleichtern.

Für das Marketing besonders relevante Bestandteile des Gedächtnisses können Produktmerkmale, Erfahrungen aus Produktanwendungen und das Wissen um bestehende Produktalternativen sein. Zwischen diesen Gedächtnisinhalten sind Beziehungen möglich, welche Produktmerkmale, Produkterfahrungen und Produktanforderungen miteinander in Verbindung bringen. *Grunert* (1990 und 1991) unterscheidet diesbezüglich drei Arten gedanklicher Verknüpfungen: a) es können Merkmale mit Anwendungen verknüpft werden, das bezieht sich auf Produktanforderungen; b) es können Merkmale mit Alternativen verknüpft werden, das bezieht sich auf das Wissen über Produkte; c) es können Anwendungen mit Produktalternativen verknüpft werden, das bezieht sich auf Produkterfahrungen. Diese kognitiven Verknüpfungen können mehr oder weniger intensiv sein (vgl. Abb. 13-2).

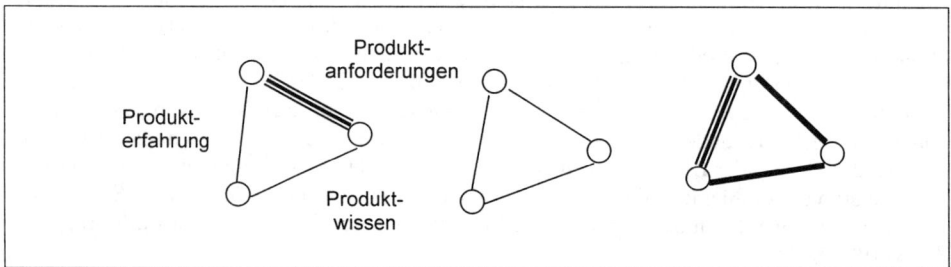

Abb. 13-2: Kognitive Verknüpfungen und unterschiedliche Intensität dieser Verknüpfung (vgl. *Grunert*, 1991, S. 13).

Diese gedanklichen Verknüpfungen können durch geeignete Maßnahmen der Marktkommunikation beeinflußt werden, das bezieht sich insbesondere auf deren Intensität. Die gedanklichen Verknüpfungen laufen mit mehr oder weniger starkem kognitivem Aufwand ab. Sie können durchaus Gegenstand von Lernprozessen sein. Die Folge solcher Lernprozesse können auch Gewohnheiten sein. Es sind drei Stufen des Habitualisierungsprozesses zu unterscheiden:

- extensives Problemlösungsverhalten
- begrenztes Problemlösungsverhalten
- routinemäßiges Problemlösungsverhalten (*Grunert*, 1990, S. 73).

Am Beginn des Habitualisierungsprozesses stehen diverse angestrebte Produktanwendungen und bekannte Produktalternativen. Nachdem einzelne Alternativen ausprobiert werden, sind auch diverse Merkmale bekannt. Die gedanklichen Verknüpfungen werden vielfältiger. Am Ende werden einzelne Produkte immer häufiger gekauft, einzelne gedankliche Verknüpfungen werden immer intensiver und schließlich so intensiv, daß der Kauf routinemäßig erfolgt.

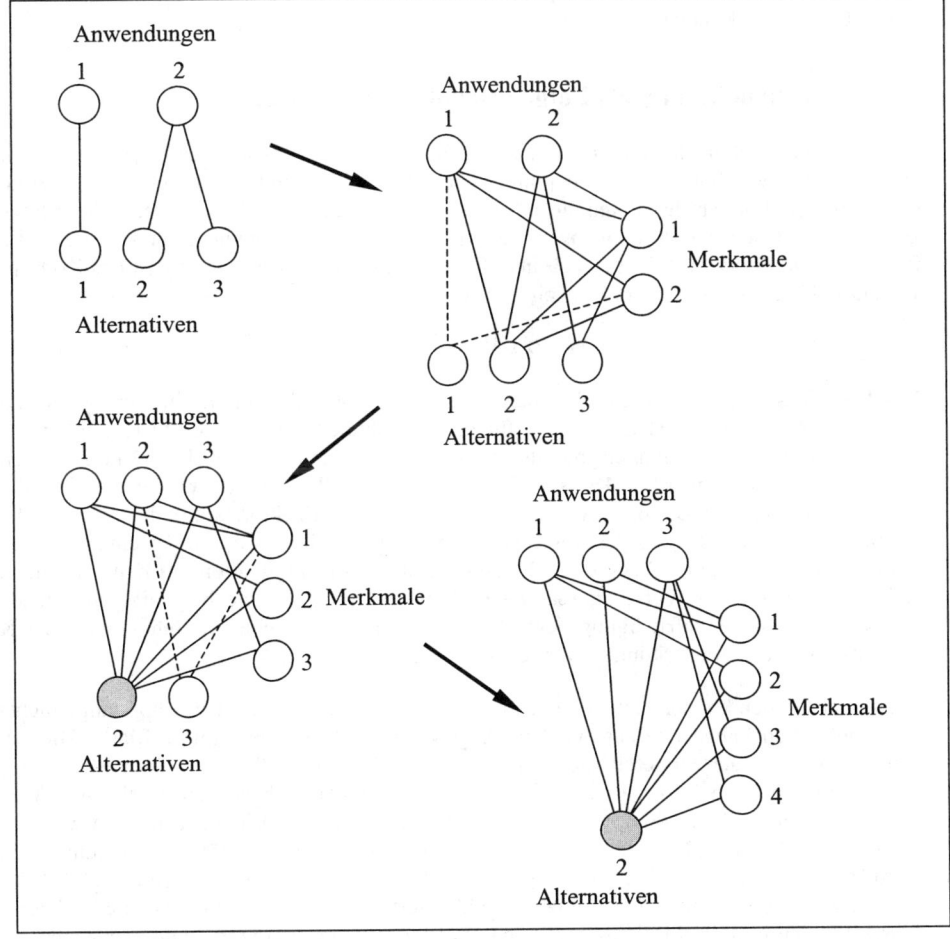

Abb. 13-3: Entwicklung von Habitualisierung (abgewandelt nach *Grunert*, 1990, S. 74).

Grunert (ebenda, S. 75) zeigt auf, wie sich der Prozeß der Habitualisierung in vier Stufen vollzieht:

Erste Phase: am Anfang steht eine schwach ausgeprägte kognitive Struktur. Bekannt sind die gewünschten Produktanwendungen und einige Produktalternativen. Hinsichtlich der Produktalternativen bestehen ausschließlich auf Vermutungen aufbauende Einstellungen.

Zweite Phase: Produktanforderungen und Produktkenntnis dominieren. Aufgrund einiger Konsumerfahrungen liegen Kenntnisse über einzelne Produktmerkmale vor, diese werden den Produktanforderungen gegenübergestellt.

Dritte Phase: Nach mehreren Konsumerfahrungen bildet sich eine „ausgewogene kognitive Struktur". Jetzt werden gleichermaßen Produktanforderungen, relevante Produktmerkmale und vorgesehene Anwendungen als Entscheidungsgrundlage herangezogen.

Vierte Phase: Nach häufigen Produktanwendungen verfestigt sich die Verwendungsgewohnheit. Konkrete Produkterfahrung übersteigt die Bedeutung von Anwendungen und einzelnen Produktmerkmalen.

13.1.3 Wahrnehmung als Folge gelernter Gewohnheit

Wir kommen jetzt noch einmal auf einen behavioristischen Ansatz zurück, in welchem ebenfalls die Gewohnheit im Mittelpunkt steht: *Hull* (1952) und *Spence* (1960). Gelernte Gewohnheiten können das Potential auf einen Reiz zu reagieren, beeinflussen. Allerdings können wir diesen Zusammenhang erweitern. Neben der Gewohnheitsstärke spielen die Reizintensität, die Bedürfnisintensität und die Motivation eine Rolle. Damit ist das Konzept von *Hull* (1952) angesprochen. Danach gilt:

$$E = H \times D \times V \times K$$

Mit **E** ist das Reaktionspotential gemeint, auf einen Stimulus in bestimmter Weise zu reagieren (Response). **H** (Habit) steht für die Gewohnheitsstärke, d.h. die Häufigkeit, in welcher in der Vergangenheit bereits in dieser Form auf den in Frage kommenden Außenreiz reagiert wurde. **H** ist eine gelernte Größe. **D** (Drive) steht für die Bedürfnisintensität, z.B. das Ausmaß an Hunger. **V** (Vektorstärke) bezeichnet die Reizintensität und in sozialpsychologischer Tradition damit die Kraft, mit der ein Außenreiz ein bestimmtes Verhalten beeinflußt. **K** steht für die Anreizmotivation auf den jeweiligen Reiz in der gelernten Weise zu reagieren. Damit ist gemeint, wie hoch das anstehende Bedürfnis und seine Befriedigung bewertet werden. In der Sprache der Behavoristen ist **K** auch als erwartete Verstärkung zu verstehen.

Diese vier Größen können sich ergänzen und auch überlagern. Wenn wir schon lange nichts mehr getrunken haben (starkes Bedürfnis), gewohnt sind, eine bestimmte Marke Bier zu trinken (H), wir nach langer Wanderung in einem Lokal ein großes Faß dieser Marke entdecken und auch noch von Freunden aufgefordert werden, sich an den Tisch zum Biertrinken zu setzen, dann fällt es nicht schwer E vorauszusagen. Vielleicht kennen wir aber verschiedene Marken Bier, welche werden wir konsumieren? Die auffälligste, diejenige, die wir häufiger getrunken haben, diejenige, die uns gerade am meisten ins Auge fällt? Oder trinken wir eine uns unbekannte Biermarke alkoholfreies Bier, weil wir anschließend Auto fahren müssen und die Motivation Alkohol zu trinken daher gering ist? Die hier angenommene Person scheint auf jeden Fall Bier zu trinken, was ist aber möglich, wenn unsere Person gleichermaßen gewohnt ist, Wein, Cola oder Fruchtsaft zu trinken?

Wir können uns jetzt einer Erweiterung zuwenden. Allen Kaufhandlungen ist zu eigen, daß die Produkte einen Preis haben. Wenn wir im Social-Marketing eine Verhaltensweise verändern wollen, z. B. weniger aggressives Verhalten im Straßenverkehr, dann ist dabei auch die Aufgabe „lieb gewordener Angewohnheiten" erforderlich. In beiden Fällen mag es eine Hemmung **I** geben, das vom Marketing angestrebte Kaufverhalten auszuüben. Daher ist das Reaktionspotential **E** um diesen Wert (**Inhibitionfaktor I**) zu reduzieren:

$$E = H \times D \times V \times K - I$$

Die im System von *Hull* (1952) angenommene multiplikative Verknüpfung führt dazu, daß bereits dann kein Verhalten möglich ist, wenn nur eine Größe den Wert Null annimmt.

Ein Schüler von *Hull*, *Spence* (1956) führte daher additive Verknüpfungen ein:

$$E = H \times (D + K)$$

Jetzt ist die Ausübung einer Reaktion auch dann denkbar, wenn einer der beiden Größen, Bedürfnisstärke oder Antriebsmotivation den Wert Null aufweist, solange die Gewohnheitsstärke noch groß genug ist. Allerdings wäre damit das Ausüben einer neuen Verhaltensweise gar nicht möglich, weil der Wert für **H** vorher in diesem Fall Null lautet. Für *Hull*, wie auch für *Spence*, war eine neue Verhaltensweise tatsächlich nur möglich, wenn sie sich aus anderen bereits gelernten Verhaltensweisen zusammensetzt.

Angesichts der Informationsproblematik moderner Industriegesellschaften sollten, speziell für das Marketing die Reizintensität (Vektorstärke V) und die Gegenleistung (**Inhibitionfaktor I**) herausgestellt werden. Daraus ergibt sich:

$$E = H \times V \times (D + K) - I$$

Dabei unterstellen wir für **V** eine Reizintensität oberhalb einer jeweils erforderlichen Schwelle. Wenn die Gewohnheitsstärke nicht vorhanden ist oder die Reizintensität nicht ausreicht, dann ist keine Reaktion zu erwarten. Für Bedürfnis und Anreizmotivation gelten die obigen Ausführungen. Eine Reaktion ist aber nur dann zu erwarten, wenn das Produkt aus $H \times V \times (D + K)$ den Inhibitionsfaktor **I** übersteigt.

Für das Marketing ergibt sich daraus der Hinweis, daß für die zu erwartenden Reaktionen sowohl Gewohnheitsstärke, Reizintensität, Bedürfnisstärke und Anreizmotivation sowie mögliche Verhaltenshindernisse (Inhibition) gleichermaßen zu berücksichtigen sind.

13.1.4 Soziale Lerntheorien

Die sozialen Lerntheorien auf die wir uns hier beziehen, liefern keine neuen Gesetze zum Lernen. Sie verdeutlichen allerdings den Aspekt, daß das Lernen nicht notwendigerweise eigenes Verhalten voraussetzt. Wir lernen auch durch das Beobachten anderer Personen. Der bekannteste Vertreter dieses Ansatzes ist *Bandura* (1976 und 1979). Sein bedeutendster Beitrag ist in der Erklärung des sozialen Lernens durch Imitation zu sehen. Sowohl beim klassischen Konditionieren als auch beim operanten Konditionieren ist es nicht zwingend erforderlich, daß die lernende Person das zu lernende Verhalten selber ausführt. Es genügt, wenn sie den Prozeß des Verstärkens beobachten kann. Gerade die Beobachtung setzt allerdings kognitive Prozesse in erheblich stärkerem Maße voraus, als es durch die Annahme von Reflexen unterstellt wird.

Verstärktes Verhalten kann imitiert werden. Eine Person beobachtet, wie eine andere Person ein bestimmtes Verhalten zeigt und dafür belohnt wird. Sie kann dieses Verhalten lernen.

Häufig beobachtetes Verhalten wird möglicherweise sogar angenommen, weil ein Gewöhnungsprozeß in Gang gesetzt wurde, unabhängig von einer möglicher Verstärkung. Das Nachahmungslernen wird durch Aufmerksamkeit, Geschwindigkeit, Menge und Komplexität der den Beobachtern präsentierten Reize beeinflußt (*Bandura*, 1976, S. 125, *Bandura*, 1965). Schließlich kann Verhalten durch Beobachtung gelernt werden, wenn die beobachteten Personen als Vorbild wirken, oder Mitglieder/innen positiv bewerteter Bezugsgruppen sind. Diese Überlegungen gehen jedoch über Banduras Lerntheorie hinaus.

Es sei an dieser Stelle darauf hingewiesen, daß *Banduras* Untersuchungen Grund für die Annahme einer von den Medienvertretern oft bestrittenen These des Lernens von Gewalt bei Kindern liefern:

Kinder lernen durch Beobachtung von Gewaltanwendung in TV-Darstellungen gewalttätiges Verhalten, wenn das in TV-Darstellungen gezeigte gewalttätige Verhalten sich „lohnt", wenn also Gewalt zum Ziel führt (*Bandura*, 1973). Ebenso lernen Kinder, daß der Konsum bestimmter Produkte Probleme auf einfache Weise löst.

Oft werden Menschen dafür belohnt, daß sie ein bestimmtes Verhalten imitieren. Schon Kinder und Heranwachsende werden dafür belohnt, wenn sie das Verhalten der Eltern nachahmen. Dadurch kann die Imitation an sich gelernt werden. Es scheint sich zu lohnen, hierarchisch höher stehende Personen in deren Verhalten zu imitieren. So lernen Heranwachsende Konsumgewohnheiten der Eltern oder von gleichaltrigen Bezugsgruppen. Letzteres hat erfahrungsgemäß eine größere Relevanz.

Schließlich können auf ganz konkrete Imitationen Belohnungen folgen. Eine Person beobachtet ein Verhalten, ahmt dieses nach und erhält eine Belohnung. „Ein Kind, das lernt `Milch` zu sagen, und dies als Resultat davon, daß es seine Mutter seit 3 Jahren 40 Mal am Tag hat `Milch` sagen hören, zieht sich nicht das Lob des stolzen Elternteils zu, sondern bekommt u.U. auch wirklich Milch als Folge des Aussprechens dieses Wortes" (*Lefrancois*, 1986, S. 199).

Lefrancois (1986, S. 198 ff.) geht davon aus, daß das Imitationslernen in hochentwickelten Gesellschaften die vorherrschende Form des Lernens sei. Ferner gibt es einen Mechanismus, den *Bandura* (1979, S. 192 ff.) als „reziproken Determinismus" bezeichnet. Modell (das Vorbild) und beobachtende Person beeinflussen sich gegenseitig. Eine Person, die ein Verhalten „vormacht" und feststellt, andere Personen imitieren dieses Verhalten, bemerkt, daß es dadurch Macht auf diese beobachtenden Personen ausübt (Macht bezeichnet in der Sozialpsychologie jedes Einflußpotential auf das Verhalten anderer Personen). Diese Feststellung ist angenehm und wird als Verstärkung empfunden, also lernt das Modell das von anderen imitierte Verhalten. Das Modell kann ausprobieren, in welchen anderen Situationen es ähnliche Vorbildfunktionen übernehmen kann. Es beginnt vielleicht irgendwann solche Verhaltensweisen zu zeigen, von denen es glaubt, daß diese mit hoher Wahrscheinlichkeit nachgeahmt werden. So entstehen in Gesellschaften aufeinander abgestimmte Verhaltensweisen.

13.2 Anwendungen

Das klassische Konditionieren hat teilweise das Konsumgütermarketing und dort insbes. die Werbung beeinflußt.

In der Marketing-Literatur (stellvertretend sei auf *Kroeber-Riel & Weinberg*, 1999, S. 130 ff. verwiesen) wird davon ausgegangen, klassisches Konditionieren sei in der Marktkommunikation wirksam. Wenn in der Marktkommunikation genügend oft und regelmäßig emotional unkonditionierte Reize gemeinsam mit emotional neutralen Reizen dargeboten würden, so übertrüge sich die emotionale Reaktion reflexartig auf die neutralen Reize (z. B. Produkte). Dieser einfache Mechanismus ist angesichts der diesbezüglich kritischen Weiterentwicklung der Lernpsychologie nicht anzunehmen. Das bedeutet allerdings nicht, daß sich durch emotionale, erlebnisbetonte Bilder nicht doch die Assoziation von Marken auf die entsprechenden Emotionen erzielen ließen. „Bietet Werbung wiederholt eine („neutrale") Marke zusammen mit emotionalen Reizen dar, so kann die Marke einen emotionalen Erlebniswert erhalten" (*Kroeber-Riel & Weinberg*, 1999, S. 130). Wir gehen aber dabei davon aus, „dieser Lernvorgang verlangt beim Menschen doch eine gewisse gedankliche Beteiligung des Individuums...."(ebenda). Wesentlich ist, welche Kognitionen an den auftretenden Assoziationen beteiligt sind.

Das operante Konditionieren hat auch in die Personalführung Eingang gefunden. Im Prinzip können alle Leistungsanreize (Prämien etc.), die nach Erreichen bestimmter Ziele ausgegeben werden, als Verstärkung angesehen werden. Leistungsprämien können sowohl als positive als auch als negative Verstärker wirken. Im Außendienst können Prämien beispielsweise dafür gezahlt werden, daß bestimmte Umsatzpläne realisiert werden. Oft stellt die Erfüllung der Planvorgaben ein Leistungsniveau dar, daß als üblich angesehen wird. Die Prämienrealisation ist praktisch eine zu erwartende Leistung. Bis die Reisenden dieses Ziel erreicht haben, stehen sie unter erheblichem Leistungsdruck, der entfällt, wenn das Ziel erreicht ist. Durch die Erfüllung der Prämienvorgabe wird also eine negative Verstärkung ausgelöst. Werden Prämien hingegen als besondere Leistungsvergütung für irgendwelche hervorragenden Resultate gezahlt, dann kann die Wirkung mit der einer positiven Verstärkung verglichen werden. Eine besondere Rolle spielt in der Außendienststeuerung die Provision. Diese ist zwar ein Leistungsentgelt, das für ganz bestimmte Leistungsresultate gezahlt wird (Umsatz, Deckungsbeitrag), es fehlt aber der Bezug zu einem ganz bestimmten Leistungsniveau, weil die Provision kontinuierlich gezahlt wird, nämlich in Prozenten vom Umsatz oder vom Deckungsbeitrag. Daher ist die Provision als ein Instrument zum Lernen bestimmter Leistungsverhaltens kaum geeignet (zur Außendienststeuerung vgl. *Unger*, 1998). Im Leistungsbereich müssen wir allerdings in besonderem Maße berücksichtigen, daß es nicht um reflexartige Lernprozesse gehen kann. Kognitive Prozesse, wie die Einschätzung von Erfolgswahrscheinlichkeiten, der Vergleich mit den Leistungsresultaten anderer Personen, allgemeine Erfahrungen mit dem Anreizsystem beeinflussen das Leistunsverhalten nachhaltig (vgl. dazu Kapitel 16. Motivationstheorie).

Als operantes Konditionieren wird das Entstehen von an bestimmten Konsumgütermarken ausgerichteten Kaufgewohnheiten erklärt. Eine bestimmte Marke wird erworben, zufriedenstellend konsumiert oder erfolgreich genutzt. Es wird „befriedigendes Erleben" wahrgenommen, das Verhalten wurde also positiv verstärkt. Durch wiederholte gleiche Erfahrungen etabliert sich eine Verbrauchergewohnheit (vgl. *Wilkie*, 1994, S. 271). Wiederum ist allerdings der Hinweis auf zusätzlich zu berücksichtigende kognitive Prozesse erforderlich. Das Entstehen von Kaufgewohnheiten wird beispielsweise auch durch das Entstehen kognitiver Netzwerke erklärt, wie von *Grunert* (1990 und 1991) dargestellt. Das Prinzip der Nähe besagt, daß Markenartikel auf alle Fälle von negativen Tatbeständen fern gehalten werden sollten. Auch Werbung mit unangenehmen Reizen (Schockwerbung) läßt sich aus Sicht dieser Theorie ablehnen.

Weitere kognitive Lerntheorien sind für die Gestaltung der Marktkommunikation relevant, insbes. das Gesetz der Prägnanz. Das Prinzip der Geschlossenheit läßt sich auf die Markenpolitik anwenden und belegt, wie wichtig es ist, Markenbilder über einen sehr langen Zeitraum kontinuierlich und unverwechselbar zu kommunizieren. Infolge der extrem starken Informationsüberlastung in praktisch allen entwickelten Industriegesellschaften nehmen wir viele Botschaften nur bruchstückhaft wahr. Prägnante Botschaften führen dazu, auch Bruchstücke als Ganzes wahrzunehmen. Das Prinzip der Angleichung führt dazu, verschiedene Objekte einer Gruppe als immer ähnlicher wahrgenommen werden, als sie es de facto sind. Das ist das Grundprinzip von Firmenmarken unter deren Dach verschiedene Produkte positioniert werden. Qualitätsniveaus besonders herausragender Produkte werden von den Konsumenten auf andere Produkte übertragen. Das trifft auf überragende Qualität ebenso zu, wie auf Qualitätsprobleme bei einzelnen Produkten. Kaum ein Verbraucher kann die einzelnen Produkte beurteilen, die unter der Marke WELLA angeboten werden. Das Markenimage führt dazu, daß alle Produkte auf einem ähnlichem Qualitätsniveau eingestuft werden. Das Denken in Kategorien führt zu ähnlichen Konsequenzen der Markenführung.

Kognitive Netzwerke bestehen aus Anwendungen (angestrebtem Produktnutzen), Produktmerkmalen und den bekannten Produktalternativen. Diese Netzwerke können sich aus Produkterfahrungen heraus bilden und intensivieren, um so habitualisiertes Kaufverhalten auszulösen. Es ist allerdings möglich, diesen kognitiven Prozeß in der Marktkommunikation explizit herauszustellen und zu beschleunigen. Das Herausstellen ganz bestimmter Produktnutzen einer Marke aufgrund ganz bestimmter Eigenschaften kann Inhalt einer langfristig angelegten Kommunikationsstrategie, z. B. im Rahmen einer integrierten Kommunikation, sein.

Es fällt besonders leicht, sich Anwendungen des Imitationslernens nach *Bandura* vorzustellen. Alleine das Vorführen von Produktanwendungen in der TV-Werbung kann die Voraussetzungen dazu erfüllen. Interessante Anwendungen ergeben sich aus dem Product Placement, der Darstellung von Markenartikeln als Requisiten in TV-Spielfilmen. Dabei verwenden Filmfiguren in Spielfilmen Markenartikel und können dafür auch noch in der Filmhandlung verstärkt werden. Auch das Sponsoring ist unter diesem Aspekt zu beurteilen: Sportler/innen können Markenartikel als Sportausrüstung verwenden. Jeder Erfolg stellt eine zu beobachtende Verstärkung einer zu imitierenden Verhaltensweise (Produktverwendung) dar, (vgl. ausführlich *Unger & Fuchs*, 1999, S. 257-274). Ebenso leicht ist es, Imitationslernen auf den Bereich der Personalführung zu übertragen. Vorbilder können beispielsweise auf Konferenzen des Verkaufspersonals herausgestellt und deren Arbeitsweisen dokumentiert werden. Es ist allerdings unter Berücksichtigung der Theorie sozialer Vergleiche zu beachten, daß die ausgewählten Vorbilder hinsichtlich der herausgestellten Leistungsniveaus nicht so weit von den durchschnittlich erreichten Leistungsniveaus nach oben abweichen. Der angestrebte Vergleich wird von den meisten Personen nicht mehr nachvollzogen, ja sogar abgelehnt.

Das von *Lefrancois* (1986) herausgestellte Imitationslernen in hochentwickelten Gesellschaften weist auf die Möglichkeit hin, daß Konsumenten/innen von anderen durch Beobachtung bestimmte Konsumverhaltensweisen lernen. Im Kinder- und Jugendmarketing wurde beispielsweise versucht, Vorbilder in der Jugendszene mit Markenartikeln auszurüsten, um solches Immitationslernen zu beschleunigen, allerdings nicht immer erfolgreich. Der Grund dafür könnte in der Theorie sozialer Vergleichsprozesse zu suchen sein. Möglicherweise weichen zu gut ausgestattete Jugendliche zu sehr von ihren Alterskollegen/-innen ab, um als Konsumvorbilder herzuhalten.

Literatur

Albert, H.: Theorien in den Sozialwisenschaften. In: Albert, H. (Hrsg): Theorie und Realität (2. Aufl.). Tübingen: 1972, 3-25.

Albert, H.: (Hrsg.): Theorie und Realität (2. Aufl.). Tübingen: 1972.

Atkinson, R. L., & Atkinson, R. C., Smith, E. E., Bem, D. J. & Nolen-Hoeksema, S.: Hilgard`s introduction to psychology (11th ed.). Fort Worth, Philadelphia, San Diego: 1996.

Bandura, A.: Influence of models` reinforcement contingencies on the acquisition of imitative response. Journal of Personal and Social Psychology, 1965, **1**, 589-595.

Bandura, A.: Agression: a social learning analysis. Englewood Cliffs: 1973.

Bandura, A.: Lernen am Modell. Stuttgart: 1976.

Bandura, A.: Sozial-kognitive Lerntheorie. Stuttgart: 1979.

Bertels, T.: Die lernende Organisation: Modell für das Management des Wandels im Wissenszeitalter. In: Kremin-Buch, B., Unger, F. & Walz, H. (Hrsg.): Lernende Organisation. Managementschriften Band 1 (2. Aufl.). Sternenfels: 2000, 53 – 112.

Bock, F.: Lernen als Element der Wettbewerbsstrategie. In: Kremin-Buch, B., Unger, F. & Walz, H. (Hrsg.): Lernende Organisation. Managementschriften Band 1 (2. Aufl.). Sternenfels: 2000, 9-52.

Grunert, K. G.: Kognitive Strukturen in der Konsumforschung: Entwicklung und Erprobung eines Verfahrens zur offenen Erhebung assoziativer Netzwerke. Heidelberg: 1990.

Grunert, K. G.: Kognitive Strukturen von Konsumenten und ihre Veränderung durch Marketingkommunikation – Theorie und Meßverfahren. Marketing ZFP,1991, 13, 11-22.

Hull, C. L.: A behavior system. Hew Haven: 1952.

Irle, E.: Lerntheorien. In: Unger, F. (Hrsg.): Konsumentenpsychologie und Markenartikel. Heidelberg, Wien: 1986, 122-140.

Koffka, K.: Principles of gestalt psychology. London: 1950.

Köhler, W.: Gestalt psychology. An introduction to new concepts in modern psychology. New York: 1947.

Kremin-Buch, B., Unger, F. & Walz, H. (Hrsg.): Lernende Organisation. Managementschriften Band 1 (2. Aufl.). Sternenfels: 2000.

Kroeber-Riel, W. & Weinberg, P.: Konsumentenverhalten (7. Aufl.). München: 1999.

Lefrancois, G.: Psychologie des Lernens (2. Aufl.). Berlin, Heidelberg, New York: 1986.

Pawlow, I. P.: Conditioned reflexes. London: 1927.

Popper, K. R. & Eccles, J. C.: Das Ich und sein Gehirn (2. Aufl.). München: 1987.

Popper, K. R. & Lorenz, K.: Die Zukunft ist offen (herausgegeben von Kreuzer, F.). München, Zürich: 1985.

Popper, K. R., Sexl, R. Riedl, R. Wallner, F. & Weingartner, P.: Wissenschaft und Hypothese. In: Popper, K. R. & Lorenz, K.: Die Zukunft ist offen (herausgegeben von Kreuzer, F.). München, Zürich: 1985, 47-73.

Skinner, B. F.: The behavior of organisms: An experimental analysis. New York: 1938.

Skinner, B. F.: Science and human behavior. New York: 1953.

Spence, K. W.: Behavior theory and learning: Selected papers. Englewood: 1960.

Unger, F. & Fuchs, W.: Management der Marktkommunikation (2. Aufl.). Heidelberg: 1999.

Unger, F.: Die Mitarbeitersteuerung. In: Pepels, W. (Hrsg.): Absatzpolitik. München: 1998, 318-358.

Walz, H. & Bertels, T.: Das intelligente Unternehmen: Schneller lernen als der Wettbewerb. Landsberg am Lech: 1995.

Wells, W. D. & Prensky, D.: Consumer behavior. New York, Chichester, Brisbane: 1996.

Wertheimer, M.: Drei Abhandlungen zur Gestalttheorie. Erlangen: 1925.

Wilkie, W. L.: Concumer behavior (3rd ed.). New York, Chichester, Brisbane: 1994.

Motivation und Emotion

14. Motivation

„Wenn es nach einem ersten Motivationsstadium, in dem Wünsche auf ihre Wünschbarkeit und Realisierbarkeit elaboriert und geprüft worden sind, genügend Grund gibt durch eigene Handlungen die Realisierung des Erwünschten zu verursachen, kommt es zur Bildung einer **Intention**, zu einem **Willensakt**. Sobald sich danach eine geeignete Gelegenheit ergibt, erhält die Intension Zugang zum Handeln und steuert eine entsprechende Handlung bis zur Zielerreichung an (*Heckhausen*,1989, S. 4). Die Bildung einer Intention wird in der Motivationspsychologie als Volition bezeichnet. Eine solche Volition wird u. a. durch Erwartungen hinsichtlich der Konsequenzen eigenen Verhaltens gebildet. Menschen bewerten die Folgen ihres Tuns (**B**). Menschen hegen ferner Vermutungen über die Instrumentalität einer bestimmten Verhaltensweise, bezogen auf einen angestrebten Nutzen (**I**) und sie leben mit bestimmten Erfolgserwartungen (**E**). Das beschreibt den Wert-Erwartungs-Ansatz der Motivation nach *Vroom*, (1964). Verhaltensabsicht (**V**) ist dann abhängig von Wert, Erwartung und Instrumentalität:

$$V = f(B \times I \times E)$$

Das alleine erklärt aber noch nicht die Vielzahl möglicher Verhaltensunterschiede. Offen bleibt in dem Modell von *Vroom*, wie sich Erwartungen bilden und welche Rolle frühere Erfahrungen, Selbstwert, situative Faktoren wie Führungsstil spielen (vgl. *Weinert*, 1981, S. 276).

14.1 Theorie

Gleiches Verhalten kann aus verschiedenen Gründen erfolgen. Menschen erwerben einen bestimmten PKW, weil sie ein besonders sicheres Fahrzeug wünschen, aus allgemeinen Prestigegründen, aus Gründen der Wirtschaftlichkeit, weil sie einer bestimmten Person damit imponieren möchten, aus Gewohnheit (Markenloyalität), weil der Kofferraum eine bestimmte Größe aufweist oder aus verschiedenen Gründen gleichzeitig. „Gründe" sind die vermuteten Ursachen des Verhaltens und werden umgangssprachlich häufig als „Motive" bezeichnet. „Dennoch reicht die Bezugnahme auf die Funktion der Begründung des Verhaltens allein nicht, um den Motivationsbegriff von anderen psychologischen Konstrukten abzuheben" (*Thomae*, 1983, S. 1), weil Verhaltensursachen auch Wahrnehmen, Denken und Lernen einbeziehen. Nach derzeit herrschender Auffassung erklären Motive Intensität, Richtung und Form von Verhaltensweisen. Sie erklären a) individuell unterschiedliche Reaktionen auf gleiche Außenreize in gleichen Situationen, b) sie erklären einen lange anhaltenden Kräfteeinsatz, und sie erklären, c) warum eine Person in verschiedenen Situationen immer wieder gleiches Verhalten zeigt.

a) Eine Person reagiert grundsätzlich nicht auf bestimmte Formen von Leistungsanreizen; oder eine Person möge auf bestimmte Leistungsanreize immer extrem intensiv reagieren.

b) Ein Abenteurer besteigt immer wieder „Achttausender".

c) Unabhängig davon, an welchem Ort sich eine Person befindet, sie erkundigt sich immer sofort nach bestimmten Sehenswürdigkeiten.

Die Ähnlichkeit dieser Ausführungen mit dem Kovariationsprinzip nach *Kelley* (1973) sind auffällig.

Verhalten wird aber nicht nur durch Motive ausgelöst. Ebenso können Instinkte, Triebe, Emotionen, Bedürfnisse, Wünsche, Zielstrebigkeit, Fähigkeiten oder Erfahrungen und insbes. Bedürfnisse, das Verhalten beeinflussen.

Entschluß ist fast ein Synonym für Entscheidung. Eine Entscheidung ist die Folge möglicher Motive. Ähnlich stufen wir Absichten ein. Eine Absicht würden wir jedoch noch nicht als so konkret ansehen, wie eine Entscheidung. Wir haben vielleicht die Absicht, uns einen neuen PKW zu kaufen und entscheiden uns für einen bestimmten Typ einer bestimmten Marke.

Zielstrebigkeit ist eng mit der Motivation verbunden. Sie kann Ausdruck einer besonders stark ausgeprägten Motivation sein.

Triebe stehen nach dem Sprachgebrauch der Psychologie für verhaltensauslösende Faktoren, deren Ursprung primär biologisch bedingt ist. Im Gegensatz dazu wird angenommen, daß Motive und Bedürfnisse zu einem großen Teil im Laufe der sozialen Entwicklung einer Person gelernt werden. Dabei treten auch kulturspezifische Unterschiede auf, die bei Trieben kaum zu finden sind. Wenn Triebe als biologisch verursacht angesehen werden, dann ist deren Beeinflussung durch Marketing und Personalführung nicht zu erwarten. Marketing und Personalführung werden eher an Trieben ausgerichtet.

a) Motivation als Ursache von Veränderung und Bewegung

Thomae (1983, S. 2) stellt den Aspekt von Verhaltensänderung in Bezug auf Motivation heraus: „Unterschiedliche Motivationskonzepte entstehen ... durch Unterschiede in den Aspekten der Verhaltensänderung, zu der Motivationsvariable in Beziehung gesetzt werden." Motive und Motivation werden als Ursache von Bewegung und Veränderung gesehen.

Motivation schließt Energie und Erregung ein. Sie richtet ein vorhandenes Energiepotential, welches zunächst ungerichtet ist, auf bestimmte Ziele aus. Motivation hat also eine **Steuerungsfunktion**.

b) Antriebsfunktion der Motivation

Motivation hat gleichfalls eine **Antriebsfunktion** (vgl. *Atkinson, Atkinson, Smith, Bem & Nolen-Hoeksema*, 1996, S. 335 ff.). Daher wird das Lernkonzept von *Hull* (1952) auch als ein Motivationskonzept gesehen (aufgrund der Bedeutung des Faktors Drive in seinem Modell).

Motive können dazu herangezogen werden, menschliches Verhalten zu erklären. Motive sind der Grund von Intensität (siehe „Antriebsfunktion"), Richtung (siehe „Steuerungsfunktion), Form und Zielorientierung möglicher Aktivitäten. Verhalten ist immer eine Funktion von Umwelt- und Persönlichkeitsvariablen, d. h. sowohl die Umwelt, als auch die Persönlichkeit einer Person lösen das Verhalten in einer ganz konkreten Situation aus. Daraus leiten *Kroeber-Riel* und *Weinberg* (1999, S. 142) ab:

„Motivation = grundlegende Antriebskräfte + kognitive Zielorientierung"

Die „grundlegenden Antriebskräfte" bestehen aus Emotionen (vgl. Kapitel 15) und Trieben. Daraus ergibt sich die Darstellung des Motivationskonzeptes entsprechend Abb. 14-1:

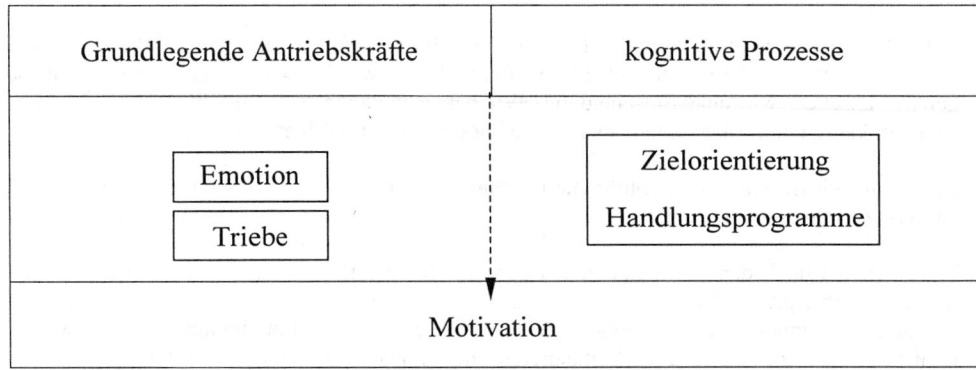

Abb. 14-1: Konzept der Motivation nach *Kroeber-Riel* und *Weinberg* (1999, S. 142).

c) Stimuli aus der Umwelt, Motivation und Verhalten (S-O-R)

Die Umwelt einer Person besteht u.a. aus allen wahrgenommenen Signalen. Einige dieser Signale sind für die jeweilige Person in irgendeiner Weise verhaltensrelevant, sie werden so zu Stimuli. Alles was Personen aus der Umwelt wahrnehmen sind Signale, ein Teil davon ist von Wert und kann Verhalten auslösen, das sind die sog. Stimuli. Es ist die Aufgabe der Personalpolitik oder des Marketing, dafür zu sorgen, daß den eigenen Botschaften genügend Relevanz zugeschrieben wird, sie also zu Stimuli werden. *Gebert* und *von Rosenstiel* (1996, S. 19) ergänzen das S-O-R-Paradigma um die erwarten Konsequenzen.

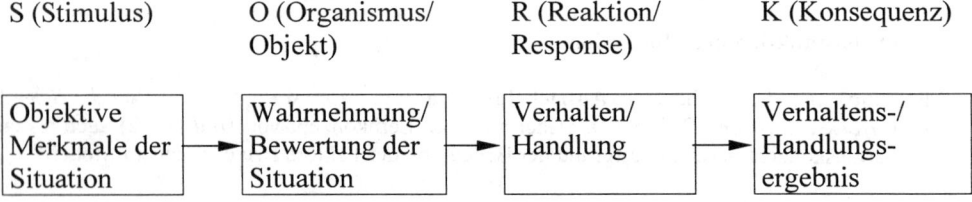

Abb. 14-2: Das S-O-R-Paradigma nach *Gebert* und *von Rosenstiel* (1996, S. 19).

Nicht alle Personen reagieren auf bestimmte Stimuli in gleicher Weise. Unterschiedliche Intensität und Art der Reaktion auf bestimmte Stimuli bei verschiedenen Personen können durch unterschiedliche motivationale Dispositionen erklärt werden. So läßt sich auch die bekannte S-O-

R-Kette erklären: Stimuli werden von einer Person (Objekt/Organismus) wahrgenommen und intern verarbeitet (hier werden Motive wirksam) und führen zu äußerem Verhalten, den Reaktionen (oder psychologisch korrekt „Responses"). Motive werden daher auch als „intervenierende Variable" bezeichnet. Es sei darauf hingewiesen, daß schon die Wahrnehmung selber auch motivational beeinflußt wird.

d) Motivation und Aktivierungstheorie

Das menschliche Gehirn wird ständig, vom Rückgrat ausgehend, über ein vernetztes Neuronengewebe mit Energie versorgt. Dieser Energiestrom fließt ständig. Er wird einerseits hormonell gesteuert, andererseits aber auch durch Außenreize, die in das Gehirn gelangen. Reize, die stark genug sind, um in das Gehirn zu gelangen, führen, wenn sie von Bedeutung sind, selber zu einer Intensivierung der Hirnaktivität und damit zu einer intensiveren Verarbeitung. Die Wahrnehmungs- und Verarbeitungsleistung steigt mit zunehmender Aktivierung zunächst an, erreicht bei mittlerer Aktivierung den Höhepunkt, um im Zustand der Panik wieder ein sehr niedriges Niveau zu erreichen. Bei mittlerer Aktivierung ist die Verarbeitungsqualität und die Beeinflussungsstärke am höchsten. Da wir kaum davon ausgehen können, durch Marketing-Aussagen Panik zu bewirken, ist der These von *Kroeber-Riel* und *Weinberg* (1999, S. 78 ff.) zuzustimmen, wonach das durch Marketing-Maßnahmen maximal mögliche Aktivierungsniveau anzustreben ist.

Wenn der Motivation ausschließlich reaktionsauslösende Funktion zugeschrieben würde, dann wäre es aufgrund der Aussagen der Aktivierungstheorie überflüssig, denn diese erklärt alles, was eine solch verengte Motivationstheorie ebenfalls erklärt. Der Veränderung der Aktivierung kommt aber mehr als nur die Reaktionsauslösung und die Beschreibung der Reaktionsintensität zu, sondern auch eine Qualitätsdimension, welche die Inhalte der Reaktion (einschließlich Wahrnehmungen) beschreibt. Die Motivationstheorie läßt sich also nicht durch die scheinbar „objektiv" erfaßbare Aktivierung ersetzen. Dazu mag die Marktforschung der Marketing-Praxis neigen, da die Aktivierung sehr präzise in Intensität und Zeit durch Messung des elektrischen Hautwiderstandes gemessen werden kann, während die Motive und die Motivation insgesamt aufgrund der doch wenig präzisen Inhalte einer präzisen Messung entzogen ist. Ein psychologisches Konstrukt wird aber nicht dadurch relevant, daß es besser als ein anderes meßbar ist.

„Der Motivationsbegriff wird nicht benötigt, um die Auslösung von Verhalten zu erklären, wohl aber ergeben sich immer neue Hinweise auf Beziehungen zwischen Motivationsvariablen und Veränderungen des Verhaltens in Intensität, Richtung und Form" (*Thomae*, 1983, S. 19).

e) Motivation und Bedürfnisse

Bedürfnisse sind empfundene Mangelzustände, verbunden mit dem Wunsch diese zu beseitigen. Solche Mangelzustände können biologischer Natur sein (Hunger, Durst, Sexualität, Bewegung), aber auch sozialer Natur (Anerkennung, Abbau kognitiver Dissonanz, Streben nach Leistung, Verteidigung von Freiheitsspielräumen, Attribution von Erfolg und Mißerfolg). Die Gliederung in biologisch verursachte oder sozial verursachte Bedürfnisse ist nicht eindeutig. Alle genannten biologisch ausgelösten Bedürfnisse sind teilweise auch sozial auslösbar, das trifft in entwickelten Gesellschaften teilweise selbst auf Hunger und Durst zu. Inwieweit das Streben nach einem psychologischen Gleichgewicht (Vermeidung kognitiver Dissonanz) Freiheitsstreben, Leistungsstreben oder auch bestimmte Attributionsmechanismen teilweise auch biologischen Ursprungs sind soll hier nicht weiter diskutiert werden, weil eine solche Debatte den Rahmen eines marktpsychologischen Lehrbuches sprengen würde.

Da Bedürfnisse also auch durch Sozialisation entstehen, ist es denkbar, eine unendliche Anzahl einzelner Bedürfnisse zu finden (vgl. *Thomae*, 1983, S. 15). Motive sind nach Ansicht der Motivationspsychologie notwendig, um zu verstehen, warum sich Menschen in bestimmten Situationen in einer konkreten Weise verhalten, also an der Befriedigung eines bestimmten Bedürfnisses ausgerichtet sind. Beispielsweise die Leistungsmotivation entspricht danach einer grundlegenden Persönlichkeitsdisposition, die in vielen Situationen zum Tragen kommen kann. Sie führt nicht dazu, das Verhalten an einem ganz bestimmten Zielniveau auszurichten, bis dieses erreicht ist.

Wir haben das Bedürfnis nach Nahrung, weil wir Hunger empfinden, wir essen, bis der Hunger gestillt ist. Wenn eine grundlegende Leistungsmotivation vorhanden ist, dann leistet diese Person nicht, bis sie ein bestimmtes Leistungsziel erreicht hat und die Leistungsmotivation verliert dann nicht augenblicklich an Bedeutung. Eine leistungsmotivierte Person wird sich sehr schnell neuen anspruchsvolleren Aufgaben zuwenden.

Sind hingegen die Grundbedürfnisse Hunger oder Durst gestillt, so wendet sich die Person ganz anderen Dingen zu. Das Bedürfnis ist nach seiner Befriedigung erst einmal nicht mehr verhaltensrelevant. Zur Verdeutlichung wenden wir uns *Becker-Carus* (1983, S. 13) zu: „Wir essen nicht jedesmal, wenn uns Essen angeboten wird, und wir trinken nicht alles, was uns vorgesetzt wird. Oder wir werden nicht stundenlang Klavierspielen üben, wie vielleicht unsere Nachbarin. Womit erklären wir so unterschiedliches Verhalten? Wir behaupten, daß wir essen, weil wir `hungrig` sind, oder daß wir arbeiten bzw. üben, weil wir von dem Wunsch nach `Leistung` angetrieben sind." Im Falle des Hungers sprechen wir von Bedürfnis, im Falle der Leistung von Motiven. Später verwendet *Becker-Carus* (1983, S. 17) die Begriffe „Triebe" und „Motive" zur Unterscheidung:

a) Triebe beziehen sich auf biologische Motivation und resultieren „aus fundamentalen Bedürfnissen des Organismus wie dem nach Nahrung, Trinken, Schlaf, Wärme oder Kälte."

b) Motive beziehen sich auf psychologische Bedürfnisse wie „soziale Anerkennung, Selbstachtung, Sicherheit, Leistung oder Wissen..."

Demnach gibt es Bedürfnis nach Leistung!

Andererseits bleibt offen, wie lange eine Person leistungsmotiviert ist. Gibt es eine Grenze oder ist sie ständig an leistungsmotivertem Verhalten ausgerichtet? Leistungsmotivation (i.S. von *McClelland*, 1951) ist nach *Lewin* (1982, S. 41 ff.) lediglich eine Variante eines generellen Quasibedürfnisses, welches - so wie es bei allen Bedürfnissen der Fall ist - zum Vergleich eines vorgenommenen Zieles mit einem realisierten Ergebnis führt. (vgl. *Irle*, 1975, S. 188).

Nach *Lewin* (1926 a, 1936) hat die Intension (s.o.) keinen eigenen Status. Wir haben die ursprüngliche Absicht, viel Geld zu verdienen und entwickeln daraus ein Bedürfnis nach Leistung oder Glücksspielen. Das „echte Bedürfnis", das Oberziel determiniert die daraus abgeleiteten Bedürfnisse, die Quasibedürfnisse. In diesem Konzept wird das Motiv als theoretisches Konstrukt überflüssig. Ein Quasibedürfnis ist um so stärker, je enger es mit echten Bedürfnissen zusammenhängt (*Lewin,* 1926 b). Es überrascht nicht, daß Motivationspsychologen (wie *Heckhausen, Kuhl*) von diesem Ansatz wenig überzeugt waren. „Aus der eigentlichen Zielvorstellung, der Intention hat er ... ein *Quasibedürfnis* gemacht, das mit echten Bedürfnissen in Zusammenhang steht" (*Heckhausen*, 1989, S. 26). Sozialpsychologen (*Irle*) erwiesen sich als aufgeschlossener.

In allen Fällen der Bedürfnisbefriedigung können wir uns auf das Homöostase-Modell beziehen. Dabei wird angenommen, daß Verhalten nach empfundenen Mangelzuständen zu einer Konsumreaktion führt, „die den Gleichgewichtszustand des Organismus wiederherstellt und/oder den unangenehmen inneren Reiz (Hunger) beseitigt" (*Becker-Carus*, 1983, S. 18). Es gibt zwar ein theoretisches Konzept, welches das homöostatische Motivationsmodell lediglich auf physiologische Ungleichgewichte und deren Umwandlung in einen Gleichgewichtszustand bezieht. Es gibt aber keinen sachlichen Grund Homöostase auf physiologische Bereiche zu reduzieren. Das wäre lediglich als Definition vertretbar. Definitionen haben aber keinen Erkenntniswert.

f) Motiv und Motivation

Wir wollen jetzt den Aspekt vertiefen, daß Verhalten nicht nur durch ein einziges Motiv ausgelöst oder beeinflußt wird. Normalerweise wird in einer bestimmten Situation eher eine Mehrzahl vorhandener Motive aktiviert, die gemeinsam das Verhalten steuern.

Die Aktivierung mehrerer einzelner Motive nennen wir Motivation (*von Rosenstiel*, 1996, S. 6 und 7). Nach dieser Auffassung verfügt jede Person über eine Vielzahl einzelner latenter Motive, gemeinsam bilden alle diese latenten Motive die Motivstruktur einer Person. Durch Stimuli werden einige Motive aktiviert. Die gemeinsam aktivierten Motive bilden die verhaltensrelevante Motivation. Diese Zusammenhänge werden nach *von Rosenstiel* in der folgenden Abb. dargestellt:

	Einzelne Bestandteile	Gesamtheit aller Motive
Latent vorhanden	einzelne latente Motive	vorhandene Motivstruktur
Durch Außenreize aktiviert:	einzelne aktivierte Motive	Motivation

Abb. 14-3: Zusammenhänge im Motivationsgeschehen (nach *von Rosenstiel*, 1996, S. 6 ff.).

Bei der Erklärung des Motivationsgeschehens müssen wir ferner berücksichtigen, daß Stimuli unterschiedlich wahrgenommen werden. Ein und derselbe Anreiz kann in unterschiedlichem sozialen Umfeld gleich aber auch in scheinbar gleichem Umfeld unterschiedlich wahrgenommen werden. Selbst ein und dieselbe Person kann objektiv gesehen gleiche Stimuli unterschiedlich verarbeiten. Die ausgelöste Motivation hängt in sehr starkem Ausmaß auch von der subjektiven Wahrnehmung ab und nicht von deren objektiver Beschaffenheit. Ein Führungsstil, ein Anreizsystem oder Zusagen hängen in ihrer Wirksamkeit von den Wahrnehmungen der Mitarbeiterinnen und Mitarbeiter ab. Dabei spielen Erfahrungen aus der Vergangenheit eine große Rolle.

Menschen können über ihre eigenen Motive relativ wenig aussagen. Sie erleben Motive im wesentlichen durch Selbstbeobachtung (Introspektion). Häufig werden Menschen sich selber gegenüber nur solche Motive eingestehen (und bei sich „ beobachten"), die sie auch für sozial wünschenswert halten.

Nicht nur das Verhalten anderer Kollegen und Kolleginnen oder der Führungskräfte beeinflußt das Motivationsgeschehen, sondern auch die Arbeitssituation selber. Monotonie im Arbeitsleben, erlebte Abhängigkeit oder laufende Überlastung können sich negativ auf die Arbeitsmotivation auswirken. Eine Veränderung derartiger Umfeldfaktoren kann sich durchaus positiv auf die Arbeitsmotivation auswirken.

Erkannte fehlende Leistungsmotivation kann kurzfristig zu einer falschen Einschätzung persönlicher Motivation führen, wenn die Umfeldfaktoren die tatsächliche Ursache für unzureichende Motivation sein können und nicht die Charaktere der jeweiligen Personen.

Persönlichkeitsstruktur und Arbeitssituation im Wechselspiel sind immer die gemeinsame Ursache für das reale Motivationsgeschehen. Das ergibt sich aus dem bereits angesprochenem Zusammenspiel von Umwelt- und Persönlichkeitsvariablen.

Hoffnung auf Erfolg und Furcht vor Mißerfolg (*Heckhausen*, 1963) sind wesentliche Komponenten des Motivationsgeschehens:

Wir wollen jetzt die Bedingungen aufzeigen, unter denen eine bestimmt Leistungsmotivation auch zu Leistungsverhalten führt. Eine umfassende Darstellung findet sich bei *Kuhl* (1983). Leistungsorientiertes Verhalten wird durch den Wert eines Zieles und die subjektiv empfundene Erfolgswahrscheinlichkeit einerseits sowie Mißerfolgswahrscheinlichkeit andererseits ausgelöst.

Eine wichtige Persönlichkeitseigenschaft betrifft die Frage, ob Personen eher daran orientiert sind, Mißerfolge zu vermeiden oder Erfolge zu suchen. Es gibt Personen, die sehen bei einer Aufgabe eher die Aussicht auf Erfolg, andere sehen eher die Möglichkeit des Mißerfolgs. Jede Aufgabe ist zwangsläufig sowohl mit der Aussicht auf Erfolg als auch mit der Gefahr des Mißerfolgs verbunden. Die für die Motivation entscheidende Frage ist, wie hoch die betroffenen Personen die Wahrscheinlichkeit für Erfolg oder für Mißerfolg einschätzen. Erfolgsmotivierte Personen suchen eher Aufgaben mit mittlerer Erfolgswahrscheinlichkeit. Bei einer sehr hohen Erfolgswahrscheinlichkeit wird der mögliche spätere Erfolg nicht als solcher empfunden, eine zu geringe Erfolgswahrscheinlichkeit demotiviert aufgrund eben dieser geringen Erfolgswahrscheinlichkeit. Personen, die eher an der Vermeidung von Mißerfolgen orientiert sind, suchen Aufgaben mit möglichst hoher Erfolgswahrscheinlichkeit, auch wenn das Anspruchsniveau der Aufgabe eher gering ist. Die Vermeidung des Mißerfolgs hat Vorrang, daher „Mißerfolgsmeider" (*Atkinson*, 1976). Es ist die Aufgabe von Führungskräften einer Organisation, Leistungsziele den entsprechenden Motivationsstrukturen anzupassen oder durch Führungsverhalten auf diese Strukturen Einfluß zu nehmen. Diese beiden Motivationskomponenten wurden schon früh von *Heckhausen* (1963) in einem Zwei-Faktoren-Konzept verdeutlicht: „Hoffnung auf Erfolg" und „Furcht vor Mißerfolg" sind Auslöser vieler menschlicher Verhaltensweisen.

Die Hoffnung auf Erfolg zeigt sich in
- einem Bedürfnis nach Leistung und Erfolg,
- instrumentellen Handlungen, die auf das Erzielen von Erfolg gerichtet sind,
- einer Erwartung, diesen Erfolg auch zu realisieren (Erfolgserwartung)
- Lob
- positivem Gefühlszustand
- einer stärkeren Thematisierung von Erfolg und einer schwächeren Thematisierung von Mißerfolg.

Die Furcht vor Mißerfolg zeigt sich in
- einem Bedürfnis Mißerfolg zu vermeiden
- instrumentellen Handlungen, die auf die Vermeidung von Mißerfolg gerichtet sind
- einer Erwartung, eher Mißerfolg zu erleben
- Tadel
- negativem Gefühlszustand
- einer stärkeren Thematisierung von Mißerfolg und einer schwächeren Thematisierung von Erfolg.

Die Tendenz, Erfolg zu suchen (**Te**) einerseits und die Tendenz, Mißerfolg zu meiden (**Tm**) andererseits, lassen sich wie folgt formalisieren (*Kuhl*, 1983, S. 506 und 507, *Heckhausen*, 1989, S. 176, *Weiner*, 1992, S. 182-187, *Irle*, 1975, S. 189):

$$Te = (Me \times Ae) \times We$$

We steht für die subjektive Wahrscheinlichkeit, Erfolg zu erlangen, **Ae** für den Anreiz des Erfolges und **Me** für eine persönliche Motivation nach Erfolg. Me steht für eine affektive Persönlichkeitsdisposition, Freude am Erfolg zu empfinden. Der Anreizwert ist bei Erfolgsorientierten um so höher, je weniger andere das Ziel erreichen, also gilt hier:

$$Ae = 1 - We$$

Die Tendenz, Mißerfolg zu vermeiden (**Mm**) hat folgende Struktur:

$$Tm = (Mm \times Am) \times Wm$$

Wm steht für die subjektive Wahrscheinlichkeit, Mißerfolg zu erleben, **Am** für den Anreiz, Mißerfolg zu vermeiden und **Mm** für eine persönliche Motivation zur Mißerfolgsmeidung. Es gilt ferner:

$$Am = 1 - Wm$$

Die Mißerfolgswahrscheinlichkeit ergibt sich logisch aus der Erfolgswahrscheinlichkeit:

$$Wm = 1 - We$$

Ist die Wahrscheinlichkeit, Mißerfolg zu erleben sehr hoch, dann wird Mißerfolg als nicht so schwerwiegend empfunden, wie in einer Situation, in der Mißerfolg nur von wenigen Personen erlebt wird.

Die tatsächliche Tendenz, sich zu verhalten, die resultierende Tendenz (**RT**) ist die Differenz zwischen **Te** und **Tm**:

$$RT = (Me \times Ae) \times We - (Mm \times Am) \times Wm$$

Wir haben in dieser Formel folgende Termini definiert:

$Ae = (1 - We)$

$Am = (1 - Wm)$

$Wm = (1 - We)$

Durch Einsetzen erhalten wir das Risikowahlmodell nach *Atkinson* (1957):

$$RT = (Me - Mm) \times We (1 - We)$$

Bei Erfolgsorientierten gilt **Me** größer als **Mm**, da sich **We** und **Ae** komplementär verhalten, ergibt sich deren maximale Verhaltenstendenz bei mittlerer Erfolgswahrscheinlichkeit. Es läßt sich ferner zeigen, daß Mißerfolgsmeider Situationen mit sehr geringer Erfolgswahrscheinlichkeit oder mit sehr hoher Erfolgswahrscheinlichkeit bevorzugen (vgl. Abb. 14-4).

Es wird allerdings beobachtet, daß Erfolgsmotivierte ihre eigenen Erfolgschancen oft etwas überschätzen, so daß sie dazu neigen objektive Erfolgswahrscheinlichkeit von weniger als etwa 50 % ungefähr als 50 % einzuschätzen. *Atkinson* (1976) konnte ferner zeigen, daß Erfolgsmotivierte eine größere Ausdauer bei der Zielverfolgung an den Tag legen.

Alleine die Unterscheidung zwischen Erfolgsmotivation und Mißerfolgsmotivation reicht aber noch nicht aus, um zu erklären, welche Schwiergkeitsgrade Personen präferieren. Hierzu müssen wir die Variable „persönliches Anspruchsniveau" einführen (*Kuhl*, 1983, S. 549-552). Eine erfolgsmotivierte Person mit niedrigem Anspruchsniveau wird leichtere Aufgaben wählen, als eine Person mit hohem persönlichem Anspruchsniveau. Das scheint plausibel. Bei an der Vermeidung von Mißerfolgen orientierten Personen (sog. Mißerfolgsmotivierte) ergeben sich interessante Konstellationen. Es ist durchaus möglich, daß eine Person mit hohem Anspruchsniveau gleichzeitig Mißerfolge mehr fürchtet, als Erfolge anstrebt. Eine mißerfolgsmotivierte Person mit hohem Anspruch an sich selbst, wird sehr leichte Aufgaben wählen, um Mißerfolg von vornherein auszuschließen. Eine mißerfolgsmotivierte Person mit geringem Anspruchsniveau kann auch sehr schwierige Aufgaben wählen. Mißerfolg ist aufgrund des geringen Anspruchsniveaus einerseits unproblematisch und kann aufgrund der vorab bekannt geringen Erfolgswahrscheinlichkeit nicht als wirklicher Mißerfolg erlebt werden, weil die Aufgabe einfach „zu schwer war".

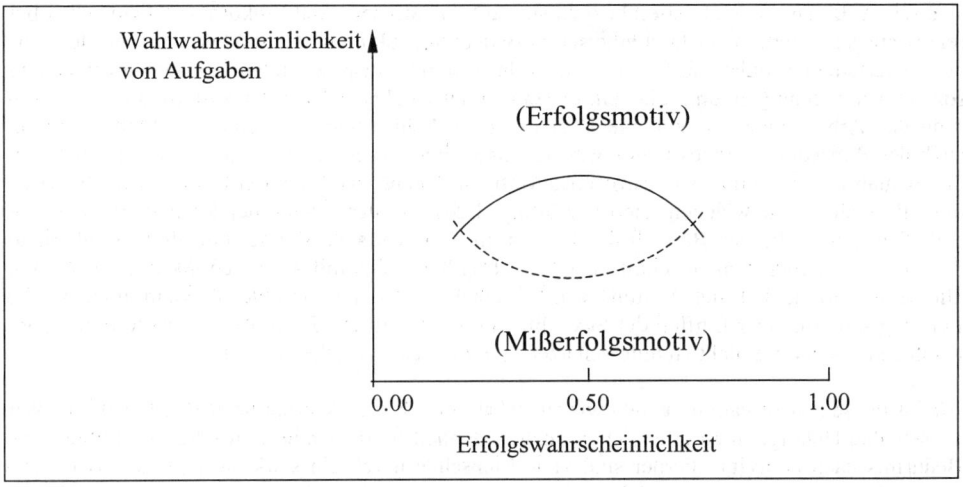

Abb. 14-4: Resultierende Tendenz bei Erfolgsorientierten und Mißerfolgsorientierten (vgl. *Kuhl*, 1983, S. 507; *Heckhausen*, 1989, S. 177, vgl. auch *Gebert & von Rosenstiehl*, 1996, S. 54)

Um Verhalten vorherzusagen, müssen wir also die Motivationsstruktur einerseits und das Anspruchsniveau andererseits kennen.

In der Arbeits- und Organisationspsychologie ist die Unterscheidung zwischen extrinsischen und intrinsischen Motiven von Bedeutung. Bei einer extrinsischen Motivation erfolgt ein Verhalten aufgrund erwünschter Konsequenzen, z.B. Belohnungen, Anerkennung etc. Bei intrinsischer Motivation erfolgt ein Verhalten, um seiner selbst willen. Leistung kann aus einer inneren Motivation nach Leistung selber erfolgen (Leistungsmotivation). Allerdings ist die Unterscheidung oft nicht eindeutig zu vollziehen. Ein Bergsteiger, der Achttausender besteigt tut dies, weil er den Gipfel erreichen möchte, weil er die Grenzen seiner Leistungsfähigkeit ausloten möchte. Ist diese Person nun extrinsisch oder intrinsisch motiviert? Wichtige extrinsische Motive sind begründet in: Geld, Anerkennung, Sexualität, Sicherheit, Macht. Wichtige intrinsische Motive begründen sich in Leistung, sozialen Kontakten, die sich aus der Arbeit selber ergeben. Bei extrinsischer Motivation erfolgt ein Handeln, um ein anderes Ziel zu realisieren. Eine extrinsische Motivation liegt vor, wenn eine Person sich im Berufsleben einsetzt, um infolge der erhofften beruflichen Erfolge monetäre Belohnungen zu erhalten, Ansehen zu gewinnen oder Mißerfolge im privaten Bereich zu kompensieren. Führungskräfte gehen oft von der Annahme einer Überlegenheit intrinsischer Motivation aus. Für diese Annahme gibt es aber keine Belege. Eine stark ausgeprägte intrinsische Motivation kann sogar zu einer Art der „Übermotivation" mit auch negativen Folgen für die Leistung führen. Nach dem Stand der Erkenntnis bleibt allerdings lediglich die Aussage, daß intrinsische und extrinsische Motivation als wertneutral zu beurteilen sind. Für Führungskräfte kann es also zunächst unerheblich sein kann, welcher Art die jeweils persönliche Motivation von Mitarbeiterinnen und Mitarbeiter ist.

Typische extrinsische Motivation bezieht sich auf das Streben nach Einkommen, dem selbst bei relativ ausgeprägtem Wohlstand eine starke Bedeutung zukommt. Geld dient nicht nur dem reinen materiellem Wohlstand. Es dient auch dazu, durch entsprechenden Konsum Prestige und soziale Anerkennung zu ermöglichen. In Zeiten relativ hoher Arbeitslosigkeit kommt der Sicherung des Arbeitsplatzes erhebliche Bedeutung zu. Schließlich trägt eine berufliche Stellung auch der Befriedigung eines Geltungsbedürfnisses bei. *Friedel-Howe* (1974) stellt heraus, daß die Sexualität ein wichtiges extrinsisches Motiv sein kann, weil der Beruf einerseits ein wichtiger Bereich ist, in welchem sich zukünftige Lebens- oder Ehepartner kennenlernen. Er ist außerdem der wichtigste Bereich des Lebens, in welchem sich Männer und Frauen außerhalb der Ehe oder Lebensgemeinschaft begegnen. Das hat nichts mit sexuellen Aktivitäten zu tun, alleine die Möglichkeit der Achtung von Personen des anderen Geschlechts kann durchaus die Leistung fördern. „Der Einfluß der Sexualität auf die berufliche Leistung - sei es fördernd oder hemmend - ist häufig nicht zu unterschätzen" (*von Rosenstiel*, 1996, S. 52).

Als intrinsische Motivation kennen wir zunächst einfach den Wunsch nach Energieabfuhr. Wir wissen, daß Untätigkeit zu erheblicher Unzufriedenheit führt. Arbeit befriedigt das biologische Bedürfnis nach Aktivität. Ferner sind viele Menschen durch ein stark ausgeprägtes Bedürfnis nach Leistung gekennzeichnet. Dieses ist einerseits interkulturell, aber auch individuell innerhalb eines Kulturkreises unterschiedlich stark ausgeprägt (*McClelland*, 1966). *McClelland* fand eine Reihe von Faktoren welche für kulturell und individuell unterschiedlich stark ausgeprägte Bedürfnisse nach Leistung verantwortlich sind, auf die im einzelnen hier nicht eingegangen wird. Es genügt festzuhalten, daß ein Teil der Mitarbeiterschaft alleine in der Leistung an sich Befriedigung findet, diese aber auch benötigt, um Arbeitszufriedenheit und weitere Motivation zu entwickeln.

Für Führungskräfte ist die Erkenntnis wichtiger, daß Motive sowohl angeboren sind, als auch durch eigene Erfahrung erlernt sein können. *Bandura* (1976) konnte zeigen, daß auch Modelle (andere Personen deren Verhalten beobachtet wird) und Vorbilder zur Bildung von Motiven beitragen (vgl. dazu Kapitel 13. Lernpsychologie). Das bedeutet, daß Führungskräften eine erhebliche Verantwortung für die bestehenden Motivationsstrukturen der Mitarbeiterschaft zukommt.

Herzberg et al. (1967) fanden heraus, daß von zwei Faktorenklassen innerhalb der Leistungsmotivation ausgegangen werden kann: Hygienefaktoren und Motivatoren. Infolge empirischer Arbeiten fand sich, daß folgende Faktoren als Auslöser für Zufriedenheit und eine positive Einstellung zur Arbeit gelten: Leistungsresultate, Anerkennung, die Arbeit selber, Verantwortung und Aufstieg(smöglichkeiten). Diese fünf Faktoren nennt *Herzberg* Motivatoren. Sie beziehen sich direkt auf die auszuübende Tätigkeit und nicht auf die Arbeitsumgebung. Eine positive, günstige Ausprägung der Motivatoren bedingt Zufriedenheit und die Motivation zur Leistung.

Faktoren aus der Arbeitsumgebung sind: Unternehmungspolitik, Verwaltung, Führung, Entgelt, zwischenmenschliche Beziehungen und die äußeren Arbeitsbedingungen. Diese werden von *Herzberg* als Hygienefaktoren bezeichnet, da sie sich auf das Umfeld und nicht auf die Arbeit selber beziehen.

Die klare Trennung zwischen Motivatoren und Hygienefaktoren ließ sich in späteren Untersuchungen nicht immer aufrechterhalten. Dennoch ist folgender Zusammenhang beachtenswert:

Eine negative Ausprägung der Motivatoren ist die Ursache für fehlende Motivation zur Leistungssteigerung. In dieser Situation wird lediglich die unbedingt notwendige Leistung erbracht. Leistungssteigerungen sind nicht zu erwarten.

Erst eine positive Ausprägung der Motivatoren führt zu überdurchschnittlicher Leistungsbereitschaft. Unabdingbare Voraussetzung dazu ist aber eine positive Ausprägung der Hygienefaktoren. Sind die Hygienefaktoren nicht ausreichend erfüllt, können infolge der dann eintretenden generellen Unzufriedenheit auch Motivatoren nicht wirken. Eine mangelhafte Ausprägung der Hygienefaktoren führt zu Unzufriedenheit und zur Wirkungslosigkeit der Motivatoren. Andererseits läßt sich durch eine positive Ausprägung von Hygienefaktoren keine überdurchschnittliche Leistungsbereitschaft auslösen. Die Situation ist lediglich nicht durch Unzufriedenheit gekennzeichnet.

Hygienefaktoren führen bei ausreichender Ausprägung nicht zur Zufriedenheit, die Situation ist neutral. Im Falle unzureichender Ausprägung tritt Unzufriedenheit auf.

Motivatoren führen bei ausreichender Ausprägung zur Zufriedenheit und damit im Zusammenhang zu hoher Leistungsbereitschaft, allerdings nur bei gleichzeitig ausreichender Ausprägung der Hygienefaktoren. Sind die Motivatoren nicht ausreichend ausgeprägt vorhanden, wohl aber die Hygienefaktoren, ist die Situation neutral zu bewerten.

Am Schluß dieses Abschnittes wollen wir auf eine der populärsten Motivationstheorien eingehen: die Bedürfnispyramide nach *Maslow* (1954; 1989). Danach bestimmen fünf Bedürfnisebenen die Motivation des Menschen:

Als erstes versuchen Menschen physiologische Grundbedürfnisse zu befriedigen (Nahrung, Getränke, Fortpflanzung).

Als zweites, nach ausreichender Befriedigung der ersten Ebene, folgt das Sicherheitsbedürfnis (auf das Berufsleben übertragen kann man an Arbeitsplatzsicherheit denken)

Ist diese Sicherheit zur Zufriedenheit gewährleistet, folgt als drittes das Streben zur Befriedigung sozialer Bedürfnisse, sog. Zugehörigkeitsbedürfnisse.

Es folgt als viertes das Streben nach Anerkennung (innerhalb der Gruppen, denen man sich zugehörig fühlt).

Als fünftes folgt das Streben nach Selbstverwirklichung, was als das Streben nach Freiheit von jeglicher Fremdbestimmtheit verstanden werden kann.

Menschliches Verhalten in Organisationen unterliegt keineswegs so einfachen Mechansimen, wie man sie aus der oben dargestellten hierarchischen Ordnung von Bedürfnissen ableiten möchte. *Maslow* selber, der diesen Ansatz aus der klinischen Psychologie heraus entwickelt hat, hat immer wieder bezweifelt, daß sich seine Bedürfnispyramide auf Management- und Personalführungsprobleme übertragen läßt.

Vermutlich ist die „Bedürfnispyramide" nach *Maslow* nur eines von vielen Beispielen wie in der Betriebswirtschaftslehre oft voreilig aus psychologischer Grundlagenforschung Schlußfolgerungen für praktisches Handeln gezogen werden.

Möglicherweise ist eben aufgefallen, daß wir jetzt von Bedürfnissen und nicht von Motiven gesprochen haben. Das hat etwas damit zu tun, daß in der psychologischen Forschung längst keine Einigkeit darüber erzielt worden ist, wie sich Bedürfnisse und Motive gegeneinander abgrenzen lassen (vgl. dazu obige Ausführungen zu Quasibedürfnissen).

Diese „Bedürfnispyramide" erfreut sich in der Arbeitspsychologie erheblicher Popularität. Dabei wird gerne übersehen, daß sich der Ansatz in der Personalwirtschaft empirisch keineswegs bewährt hat (selbst eine Weiterentwicklung von *Alderfer*, 1969, hat sich nicht durchsetzen können, vgl. dazu *Bröckermann*, 1997, S. 269 und 270), obwohl es durchaus plausibel erscheint.

Alderfer (1969) bildet drei Klassen von Motiven:

a) **E-Motive**: Das sind sog. „existence"-Bedürfnisse, also solche, die für das Überleben einer Person relevant sind, also Nahrung, Unterkunft, Bekleidung (wenn notwendig) und eventuell Fortpflanzung.

b) **R-Motive**: Das sind Motive, die an dem Kontakt zu anderem Personen ausgerichtet sind, diese werden auch als soziale Motive bezeichnet.

c) **G-Motive**: Der Begriff Wachstum steht für Weiterentwicklung der Person, damit ist das Motiv nach Selbstverwirklichung gemeint.

Die Motivationstheorie von *Alderfer* (1969) besteht im Kern aus 7 Hypothesen (zitiert nach *Rüttinger, von Rosenstiel & Molt*, S. 96):

„1. Je weniger die Grundbedürfnisse befriedigt werden, desto stärker werden ihre Ziele angestrebt.
2. Je weniger das Kontaktbedürfnis befriedigt wird, desto stärker werden die Grundbedürfnisse.
3. Je stärker die Grundbedürfnisse befriedigt sind, desto stärker wird das Kontaktbedürfnis.
4. Je weniger das Kontaktbedürfnis befriedigt ist, desto stärker werden seine Ziele angestrebt.
5. Je weniger der Wunsch nach Selbstentfaltung befriedigt ist, desto stärker wird das Kontaktbedürfnis.
6. Je stärker das Kontaktbedürfnis befriedigt ist, desto stärker wird der Wunsch nach Selbstentfaltung.
7. Je stärker der Wunsch nach Selbstentfaltung befriedigt ist, desto stärker werden seine Ziele angestrebt."

14.2 Der Zusammenhang von Leistung und Zufriedenheit

Der von *Herzberg et al.* (1967) angenommene direkte Zusammenhang zwischen Leistung und Zufriedenheit bedarf einer genaueren Betrachtung. Um das Resultat vorwegzunehmen: Unzufriedenheit trägt ganz sicher zur Demotivation und damit zur Leistungszurückhaltung bei. Lediglich Personen mit sehr stark ausgeprägter intrinsischer Motivationsstruktur können sich dem entziehen. Daher haben *Herzberg's* Aussagen zur negativen Wirkung von zu schwach oder gar negativ ausgeprägter Hygienefaktoren nach wie vor ihre Berechtigung. Die direkte Beziehung zwischen Zufriedenheit und positiver Leistungsbereitschaft muß allerdings relativiert werden. Zufriedenheit ist dazu eine Voraussetzung, reicht aber alleine nicht aus.

Die traditionelle Auffassung, der auch *Herzberg et al.* (1967) zuzuordnen sind, entspricht der Darstellung in Abb. 14-5.

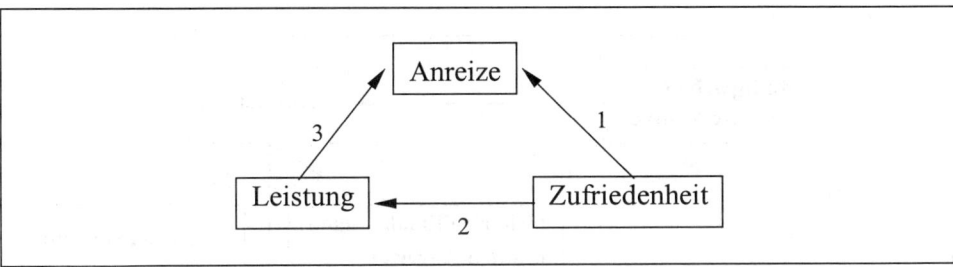

Abb. 14-5: Angenommener direkter positiver Zusammenhang von Leistung und Zufriedenheit.

Später wurde als weitere Größe die Leistungsabsicht/-intention eingeführt. Damit wird der Tatsache Rechnung getragen, daß wir lediglich auf psychologische Größen Einfluß nehmen können. Dem entspricht die folgende Abb. 14.6.

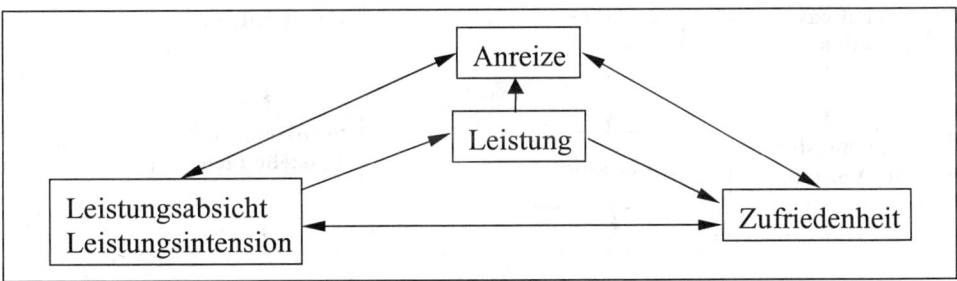

Abb. 14-6: Einführung der Variablen „Leistungsabsicht" (*von Eckardstein & Schnellinger*, 1975, S. 73).

Es wird ein wechselseitiger Bezug zwischen Anreizen und Leistungsintention einerseits und Anreizen sowie Zufriedenheit andererseits unterstellt. Leistungsabsicht und Zufriedenheit bedingen sich ebenfalls wechselseitig.

Leistungsabsicht führt zur Leistung, diese bedingt den Erhalt der ausgesetzten Anreize (Geld, Anerkennung, Aufstieg usw.). Die Leistung wirkt sich ferner direkt auf Zufriedenheit aus. Menschen erlangen Zufriedenheit aus eigenem erfolgreichen Tun (in Anlehnung an *Scherhorn*, 1992, S. 27). Das ist eine Erkenntnis, die übrigens auch für die Konsumkritik von erheblicher Bedeutung ist. Aber auch diese Struktur ist von der Realität noch weit entfernt. Wir müssen Vergangenheitserfahrungen, persönliches Anspruchsniveau, Einstellungen zur Organisation und zur Arbeit, Konflikte zwischen leistungsfremdem und leistungsbezogenem Verhalten und die ständig vorhandenen arbeitsrelevanten Motive einbeziehen. Diesem Anspruch wird die Abb. 14-7 gerecht.

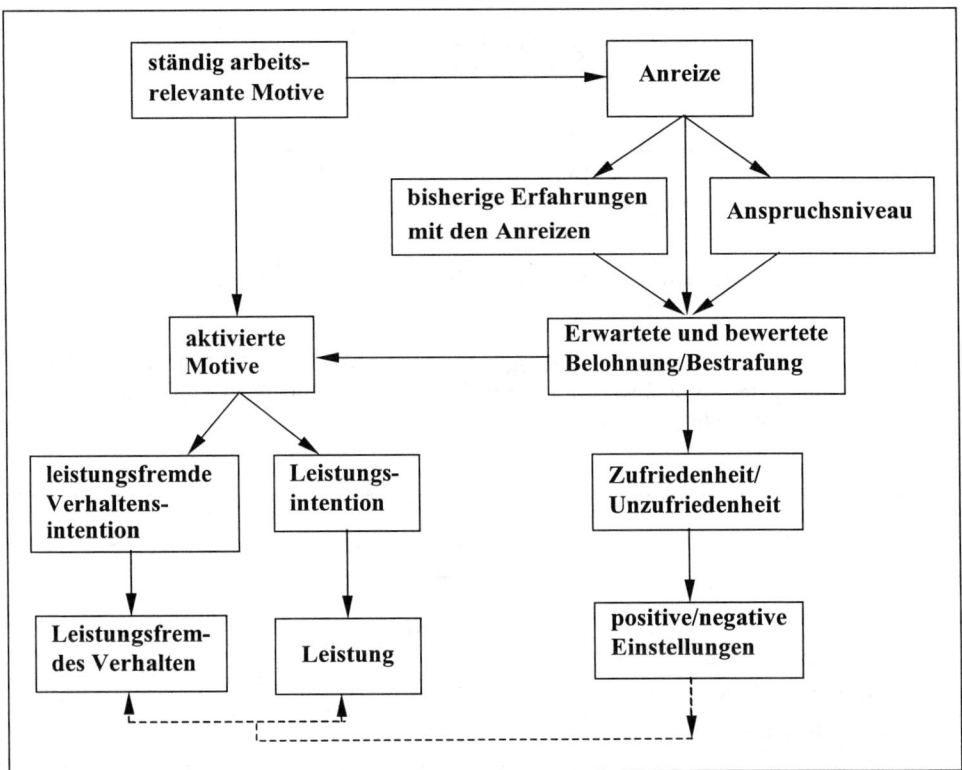

Abb. 14-7: Zusammenhänge von Arbeitsmotivation, Arbeitsleistung und Arbeitszufriedenheit (vgl. *von Eckardstein & Schnellinger*, 1975, S. 70).

Ausgangspunkt ist die arbeitsrelevante Motivstruktur („Ständig arbeitsrelevante Motive"). Diesen stehen die Anreize gegenüber. Die bisherigen Erfahrungen mit den Anreizen in Verbindung mit dem eigenen Anspruchsniveau beeinflussen die Erwartungen hinsichtlich der möglichen Belohnungen und Bestrafungen, welche die jeweilige Person nach bestimmten Verhaltensresultaten erwartet. Hinzu kommt die subjektive Bewertung durch die jeweilige Person. So mag eine negative Beurteilung im Arbeitsumfeld (Bestrafung) geringer eingestuft werden als eine Belohnung im privaten Umfeld. Offizielle Sanktionen mögen einen geringeren Wert haben als Anerkennung/Ablehnung im direkten kollegialen Umfeld. Diese Denkstrukturen beeinflussen die Aktivierung von Motiven und die antizipierte Zufriedenheit oder Unzufriedenheit nach Eintreten der Belohnungen/ Bestrafungen. Das wiederum führt zu positiven oder negativen Einstellungen gegenüber Arbeit und Organisation. Die aktivierten Motive und die Einstellungen (vgl. den nächsten Abschnitt) beeinflussen gemeinsam Leistungsabsicht und Leistung.

Erfolg und Mißerfolg wirken sich auf späteres Verhalten aus. Erfolg steigert das eigene Anspruchsniveau, Mißerfolg senkt es. Das echte Bedürfnis nach Leistung bleibt in beiden Fällen bestehen. Was sich ändert, sind die Quasibedürfnisse, die sich in einem geänderten Anspruchsniveau manifestieren. Mißerfolg bei einer Handlung, reduziert nicht die innere Verhaltensbereitschaft nach Leistung, führt aber zu einer Veränderung der Ziele (*Lewin* et al. 1944). Das „echte Bedürfnis" nach Leistung bleibt unverändert bestehen.

Die hier angesprochenen Konflikte haben etwas mit persönlichem Wollen (Motivation) und sozialer Akzeptanz (damit sind die innerhalb der Mitarbeiterschaft existierenden sozialen Normen hinsichtlich der arbeitsrelevanten und sonstigen Verhaltensweisen gemeint) zu tun. Nicht selten scheitern Motivationskonzepte an der sozialen Akzeptanz der Mitarbeiterschaft.

Oft gelingt es selbst bei bestem Willen seitens der Führungskräfte nicht, bestehende Barrieren zwischen Mitarbeiterschaft und Führungskräften abzubauen.

Als abschließende Gesamtbetrachtung dient Abb. 14-8. Persönlichkeitsfaktoren des Verhaltens sind Fähigkeit und Motivation. Umweltfaktoren sind sozialen und situativen Charakters.

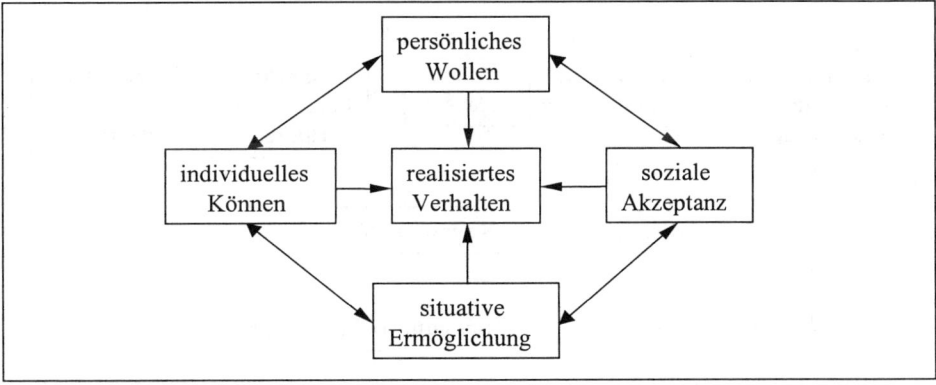

Abb. 14-8: Bedingungen des Verhaltens (*von Rosenstiel*, 1996, S. 40).

14.3 Anwendungen

14.3.1 Käuferverhalten

Infolge der Vielzahl unterschiedlicher Motivationskonzepte läßt sich derzeit auch keine einheitliche Motivationstheorie des Käuferverhaltens vorstellen. Es scheint sinnvoll das Käuferverhalten in Konsumverhalten und berufliches Einkaufsverhalten aufzuteilen.

Berufliches Einkaufsverhalten läßt sich direkt mit beruflichem Leistungsverhalten in Verbindung bringen. Einkaufspersonal, daß erfolgsorientiert ist, wird eher bereit sein, Neues auszuprobieren. Mißerfolgsorientes Einkaufspersonal wird eher gewohnte Produkte und Lieferanten vorziehen.

Konsumverhalten und Motivation

Die Motivation des Kaufverhaltens erklären *Schiffman* und *Kanuk* (1994, S. 94 ff.) als Zusammenspiel vorangegangener Konzepte: Bedürfnisse, Spannungen, Triebe, Lernprozesse, kognitiver Prozesse, Spannungsreduktion, Bedürfnisbefriedigung und beobachtbarem Kaufverhalten.

Aus dem Konstrukt der „Motivation" als Zusammenspiel mehrerer verhaltensrelevanter Motive läßt sich ableiten, daß durch die gleichzeitige Ansprache mehrerer Motive eine stärkere Verhaltensabsicht oder -intensität möglich wird.

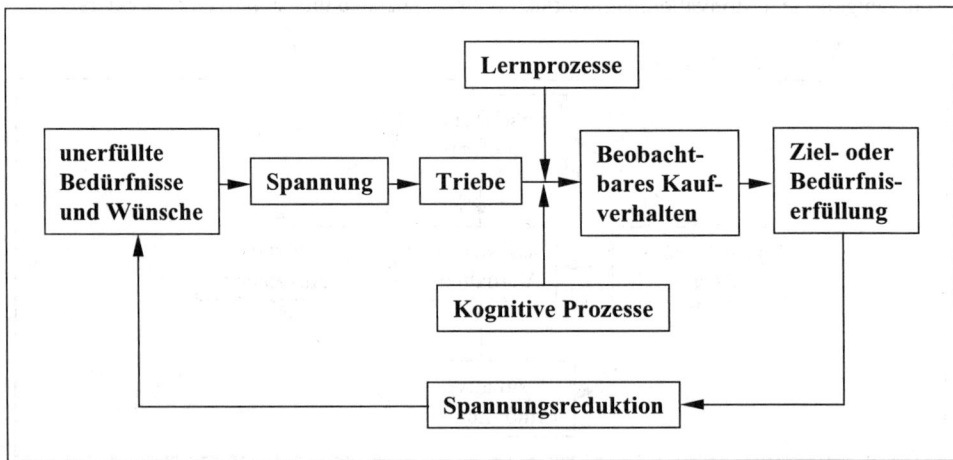

Abb. 14-9: Kaufmotivation als System psychologsicher Prozesse (*Schiffman & Kanuk*, 1994, S. 94).

Zu ähnlichen Konsequenzen führt das Konzept des Quasibedürfnisses. Menschen kaufen Produkte nicht um ihrer selbst willen. Das Bedürfnis nach einem Produkt ist ein Quasibedürfnis. Dahinter verbergen sich „echte Bedürfnisse". Je enger ein Quasibedürfnis oder das eigentliche Produkt mit dem oder den sich dahinter verbergenden „echten Bedürfnis(sen)" verknüpft ist, um so intensiver ist das folgende Verhalten. Es kommt demnach darauf an, durch das gesamte Marketing-Mix einen möglichst engen Bezug zu echten Bedürfnissen herauszustellen. Wir können folgende für das Kaufverhalten relevanten Motive auflisten (in Anlehnung an *Schiffman & Kanuk*, 1994, S. 107), in der Terminologie nach *Lewin* wären das „echte Bedürfnisse", aus denen sich Quasibedürfnisse ableiten lassen:

Aktivität	Amusement
Ansehen	Behaglichkeit
Besitztum	Durst
Ehrgeiz	Einfluß auf Andere
Erfrischung	Gastlichkeit
Geborgenheit	Genuß
Geschmack	Gesundheit
Häuslicher Komfort	Herrschaft
Hingabe	Höflichkeit
Humor	Hunger
Kinderliebe	Lebensfreude
Leistung	Macht
Nachahmung	Natürlichkeit
Neugier	Prestige
Religiösität	Sauberkeit
Schutz	Schutz vor Furcht/Gefahr
Sexualität	Sicherheit
Sportlichkeit	Sympathie für andere Personen
Vergnügen	Vertrauen
Wärme	Wettbewerb
Wohlbefinden	Zusammenarbeit

Wir müssen beachten, daß diese „echten Bedürfnisse" bei einzelnen Personen auch Quasibedürfnisse sein können.

14.3.2 Arbeitsverhalten

Es dürfte leicht fallen, den gesamten Text zur Leistungsmotivation auf das Erwerbsleben oder auf das Arbeitsverhalten allgemein zu übertragen. Die motivationalen Konsequenzen im Mitarbeiterverhalten hängen allerdings auch vom gesamten psychologischen Umfeld ab, daß durch repressiven oder mitarbeiterorientierten Führungsstil geprägt sein kann, durch Vertrauen oder Kontrolle durch offene Kommunikation oder sehr selektive einseitige Kommunikation.

a) Konsequenzen aus dem S-O-R-K-Schema

Die motivationale Wirkung personalpolitischer Maßnahmen hängt davon ab, wie derartige Maßnahmen von dem betroffenen Personal wahrgenommen werden. Hat das Personal in der Vergangenheit schlechte Erfahrungen mit Veränderungen gemacht, so ist bei Neuerungen zunächst (berechtigterweise) mit Mißtrauen zu rechnen, das nur langsam abgebaut werden kann.

Es ist sehr schwer, in einem negativem Umfeld durch positive Anreize schnell Verbesserungen durchzusetzen.

So kann ein mitarbeiterorientierter Führungsstil mit erheblichen Entscheidungsfreiräumen für das Personal auf großes Mißtrauen stoßen, wenn die Beschäftigten die Erfahrung gemacht haben, daß sich die Führungskräfte bei Fehlentscheidungen gerne auf Fehlverhalten innerhalb der Mitarbeiterschaft berufen haben. Geschaffene Freiräume in der Arbeitszeitregelung können auch als Versuch verstanden werden, berechtigte Schutzinteressen des Personals auszuhöhlen. Eine feste Arbeitszeitregelung ist zwar extrem inflexibel, schützt aber das Personal vor Überbeanspruchung durch Führungskräfte.

Damit ist der Einfluß von S- und O-Variablen auf R angesprochen. Außerdem wirken sich die antizipierten Konsequenzen auf R, auf das Verhalten aus. Konsequenzen des Arbeitsverhaltens sind einmal die direkt resultierenden Ergebnisse, z. B. Umsatz im Verkauf. Ferner kennen wir Konsequenzen in einer zweiten Stufe, nämlich die Reaktionen der Umwelt auf die Konsequenzen der ersten Stufe, z.B. Leistungsprämien, Achtung oder Mißachtung im sozialen Umfeld (Führungskräfte, Kollegen/innen, Personen aus dem privaten Bereich).

b) Das Bedürfnis nach Leistung und das Homöostase-Prinzip

McGregor (1960) stellt dar, daß Führungskräfte danach unterteilt werden können, mit welcher Grundeinstellung sie ihrem Personal gegenübertreten. Eine negative Grundeinstellung der Führungskräfte hinsichtlich der Beschäftigten bezeichnet *McGregor* als Theorie X; eine eher positive Grundeinstellung als Theorie Y. Theorie X und Theorie Y sind also Laientheorien der Führungskräfte hinsichtlich der Einstellungen ihrer Mitarbeiterschaft zur Arbeit.

Theorie X ist durch folgende Annahmen der Führungskräfte gekennzeichnet:

a) Der Durchschnittsmensch hat eine angeborene Abneigung gegen Arbeit und versucht diese zu vermeiden.
b) Weil Personen durch Arbeitsunlust gekennzeichnet sind, müssen sie durch Kontrollen, Anweisungen und Androhung von Sanktionen dazu gebracht werden, erforderliches Leistungsverhalten zu zeigen.

c) Menschen möchten angeleitet werden, meiden Verantwortung und eigene Entscheidungen, haben kaum Ehrgeiz und bevorzugen Sicherheit.

Theorie Y ist durch folgende Annahmen der Führungskräfte gekennzeichnet:

a) Arbeit körperlicher, wie geistiger Art entspringt einem natürlichen Bedürfnis und ist genauso selbstverständlich wie Spielen oder Ruhen. Daher kann auch nicht von einer natürlichen Abneigung gegen Arbeit ausgegangen werden. Arbeit kann als ein Mittel zur Selbstverwirklichung angesehen und muß keineswegs als Strafe empfunden werden.

b) Führung, Anweisung und Strafandrohung, also Fremdbestimmung sind nicht die einzigen Wege dazu Menschen für die Erreichung der Ziele und Zwecke einer Organisation zu motivieren. Wenn sich Menschen bestimmten Zielen verpflichtet fühlen, können diese auch durch selbstbestimmtes Verhalten erreicht werden.

c) Ob und wie stark eine Person sich bestimmten Zielen gegenüber verpflichtet fühlt, hängt vom Wert des Zieles für die Person ab.

d) Personen können lernen, Verantwortung zu übernehmen und selber Entscheidungen zu treffen.

e) Es ist für die meisten Personen möglich, organisatorische Fähigkeiten, Urteilsvermögen und Verantwortung zu lernen.

f) Unter den Bedingungen der modernen Industriegesellschaft werden die geistigen Fähigkeiten der Durchschnittsmenschen nur teilweise genutzt.

Die Aussagen über die Beziehungen zwischen Motiven und Bedürfnissen und in besonders starkem Maße das Konstrukt des Quasibedürfnisses sprechen in starkem Maße dafür, daß das Menschenbild entsprechend Theorie Y der Realität näher kommt. So besteht bei geeignetem Führungsstil die Möglichkeit, ein Arbeitsumfeld zu realisieren, welches dazu führt, daß das Personal eigene Bedürfnisse verwirklicht und sich für die Ziele der Organisation einsetzt. *McGregor* bezog sich 1960 auf die Industriegesellschaft (Theorie Y). Es gibt allerdings keinen vernünftigen Zweifel daran, diese Thesen auf die postindustrielle Dienstleistungs- oder Informationsgesellschaft zu übertragen.

Wenn Menschen relativ niedrige Anspruchsniveaus an die Handlungsziele aufweisen, dann bedeutet das keineswegs, daß sie nicht leistungsmotiviert sind. Sie sind lediglich gleichzeitig an der Vermeidung von Mißerfolgen ausgerichtet, weniger an der Realisation von Erfolg. Diese Mißerfolgsorientierung kann auch die Folge des Lernens in einer Organisation sein.

c) Motiv und Motivation

Aus dem Zusammenspiel von Motiv und Motivation ergibt sich, daß reales Verhalten in der Regel durch die gleichzeitige Ansprache mehrerer, miteinander in Beziehung stehender Einzelmotive beeinflußt wird. Deshalb kann Personalführung in seinen Anreizsystemen diesem Aspekt durch gleichzeitige Vielfalt der Belohnungsmöglichkeiten Rechnung tragen sollte. Ein Anreizsystem im Außendienst kann die Basisleistung durch „Prämien für Planerfüllung" ansprechen, Zusatzleistungen durch „Aktionsprämien", außerordentliche Leistungen können durch besondere Wettbewerbe berücksichtigt werden. Sozialen Bedürfnissen oder Motiven kann durch

Gruppenanreize und gemeinsame Veranstaltungen Rechnung getragen werden. Prestigebedürfnisse oder -motive werden durch immaterielle Anreize angesprochen. Aufstiegschancen, Berücksichtigung von Lebenspartnern bei manchen Anreizen und Betriebsklima bieten weitere Möglichkeiten der Motivation.

Aus der Zwei-Faktoren-Theorie nach *Herzberg* et al. (1967) lernen wir, daß Motivatoren erst dann wirksam werden können, wenn die Hygienefaktoren befriedigt sind. Bei Unzufriedenheit (dafür sind die Hygienefaktoren relevant), hat es keinen Sinn, zusätzliche Motivatoren einzusetzen. Zuerst sind die Hygienefaktoren ausreichend zu berücksichtigen. Allerdings ist in der Praxis oft nicht klar, was Hygienefaktoren sind und was Motivatoren. Im Außendienst sind nach der Theorie von *Herzberg* et al.(1967) Festgehälter Hygienefaktoren, Prämien sind Motivatoren. Untersuchungen von *Unger* (1987) zeigen, daß Prämien die von den Vertriebskräften regelmäßig zu einem großen Prozentsatz realisiert werden als eine Art zusätzliches Festeinkommen aufgefaßt werden. Diese Prämien zählten eindeutig zu den Hygienefaktoren. Die Prämien für Sonderleistungen, Gruppenveranstaltungen, Leistungswettbewerbe (mit teilweise spielerischem Charakter) waren die Motivatoren.

Literatur

Alderfer, C. P. An empirical test of a new theory of human needs. Organizational Behavior and Human Performance, 1969, Vol. 4, S. 142-175.

Atkinson, J. W.: Motivational determinants of risk taking behavior. Psychological Review, 1957, **64**, 359-372.

Atkinson, J. W.; Erwartungstheorie und Utilitaritätstheorie. In: Thomae, H. (Hrsg.): Die Motivation menschlichen Verhaltens (9. Aufl.). Köln: 1976, S. 462-473.

Atkinson, R. L., Atkinson, R. C., Smith, E. E., Bem, D. J. & Nolen-Hoeksema, S.: Hilgard`s introduction to psychology (11th ed.). Fort Worth, Philadelphia, San Diego: 1996.

Bandura, A.; Lernen am Modell. Stuttgart: 1976.

Becker-Carus, C.: Motivationale Grundlagen der Nahrungs- und Flüssigkeitsaufnahme. In: Thomae, H. (Hrsg.): Psychologie der Motive (Enzyklopädie der Psychologie). Göttingen, Toronto, Zürich: 1983, 12-69.

Bröckermann, R.; Personalwirtschaft – Arbeitsbuch für das praxisorientierte Studium. Köln: 1997.

Friedel-Howe, H.; Neue Organisationskonzepte. In: von Rosenstiel, L.; Hockel, M. & Molt, W. Hrsg.): Handbuch der angewandten Psychologie. Grundlagen - Methoden - Praxis. Landsberg: 1994, VI - 4.1; S. 1-20).

Gebert, D. & von Rosenstiel, L.: Organisationspsychologie (4. Aufl.). Stuttgart, Berlin, Köln: 1996.

Heckhausen, H.: Hoffnung und Furcht in der Leistungsmotivation. Meisenheim:1963.

Heckhausen, H.: Motivation und Handeln (2. Aufl.). Berlin, Heidelberg, New York: 1989.

Herzberg, F.H.: Mausner, B. & Snyderman, B.; The motivation to work (2nd ed.). New York, London, Sydney: 1967.

Hull, C. L.: A behavior system. New Haven: 1952.

Hunt, V. McV. (ed.): Personality and the behavior of disorders. New York: 1944.

Irle, M.: Lehrbuch der Sozialpsychologie. Göttingen, Toronto, Zürich: 1975.

Kelley, H. H.: The process of causal attribution. American Psychologist, 1973, **28**, 107-128.

Kroeber-Riel, W. & Weinberg, P.: Konsumentenverhalten (7. Aufl.). München: 1999.

Kuhl, J.: Leistungsmotivation: Neue Entwicklungen aus modelltheoretischer Sicht. In: Thomae, H. (Hrsg.): Psychologie der Motive (Enzyklopädie der Psychologie), Göttingen, Toronto, Zürich, 1983, 505-625.

Lewin, K.: Untersuchungen zur Handlungs- und Affektpsychologie I.: Vorbemerkungen über die psychischen Kräfte und Energien und über die Struktur der Seele. Psychologische Forschung, 1926 (a), 7, 294-329.

Lewin, K.: Untersuchungen zur Handlungs- und Affekt-Psychologie II.: Vorsatz, Wille und Bedürfnis. Psychologische Forschung, 1926 (b), 7, 330 – 385.

Lewin, K.: Principles of topological psychology. New York: 1936.

Lewin, K.: Feldtheorie (Kurt-Lewin-Werkausgabe, Band 4, hrsg. von Graumann, C.-F.). Bern, Stuttgart: 1982, 41-365.

Lewin, K., Dembo, R., Festinger, L. & Sears, P. S.: Level of aspiration. In: Hunt, J. McV. (ed.): Personality and the behavior of disorders, Vol. 1. New York: 1944, 333-378.

Maslow, A.: Motivation und Persönlichkeit. Reinbek bei Hamburg: 1989 (US-amerikanische Originalausgabe: Motivation and personality. New York: 1954).

McClelland, D.: Die Leistungsgesellschaft. Stuttgart, Berlin, Köln, Mainz: 1966. (US-amerikanische Originalausgabe: The achieving society. Princeton: 1961).

McGregor, D.: The human side of enterprise. New York: 1960.

Rüttinger, B., von Rosenstiel, L. & Molt, W.: Motivation des wirtschaftlichen Verhaltens. Stuttgart, Berlin, Köln, Mainz: 1974.

Scherhorn, G.; Kritik des Zusatznutzens. Thexis, 1992, 9. Jg., Nr. 2, S. 24 – 28.

Schiffman, L. G. & Kanuk, L. L.: Consumer behavior (5th ed.). Englewood Cliffs: 1994.

Thomae, H.: Motivationsbegriffe und Motivationstheorien. In: Thomae, H. (Hrsg.): Theorien und Formen der Motivation (Enzyklopädie der Psychologie). Göttingen, Toronto, Zürich: 1983, 1-61.

Thomae, H. (Hrsg.): Theorien und Formen der Motivation (Enzyklopädie der Psychologie). Göttingen, Toronto, Zürich: 1983.

Thomae, H. (Hrsg.): Psychologie der Motive (Enzyklopädie der Psychologie). Göttingen, Toronto, Zürich: 1983.

Unger, F.: Marktgerechte Außendienststeuerung. Heidelberg: 1987.

von Eckardstein, D. & Schnellinger, F.; Betriebliche Personalpolitik (2. Aufl.). München: 1975.

von Rosenstiel, L.; Motivation im Betrieb (9. Aufl.). Leonberg: 1996.

Vroom, V. H.: Work and motivation. New York: 1964.

Weiner, B. Human motivation – metaphors, theories, and research. Newbury Park, London, New Delhi: 1992.

Weinert, A. B.: Lehrbuch der Organisationspsychologie. München, Wien, Baltimore: 1981.

15. Emotionen

15.1 Theorie

Es gibt kaum ein psychologisches Konzept, das so vielfältig behandelt worden ist, wie das der Emotion. Gemeinsam ist den vorliegenden Ansätzen die Annahme innerer Erregung, d.h. einer sogenannten affektiven Reaktion und subjektiver Empfindungen. Wir wollen vier ausgewählte Konzepte darstellen: a) *Duffy* (1934, 1962), b) *Izard* (1994), c) *Scherer* (1990) sowie d) *Schachter & Singer* (1962).

Häufig werden Emotionen als das Gegenstück zu Kognitionen verstanden. *Piaget* (1981) zeigte bereits, daß Emotion und Kognition zwei Aspekte sind, die untrennbar mit allen menschlichen Handlungen verbunden sind. „Es gibt weder affektive Zustände ohne Kognitionsanteile, noch ausschließlich kognitiv kontrollierte Verhaltensweisen" (*Mandl & Huber*, 1982, S3). Das Auftreten von Emotionen ist an die Voraussetzung geknüpft, daß eine Person kognitive Beziehungen zur Umwelt unterhält. „Emotionen sind in der Regel objektgerichtet" (*Meyer, Schützwohl, & Reisenzein*, 1993, S. 26). Romantische Liebe setzt eine durch Sympahtie und Attraktivität geprägte Beziehung zu einer anderen Person voraus.

Nach *Lazarus, Kanner* und *Folkmann* (1980) sind Emotionen das Ergebnis kognitiv geprägter Transaktionen mit der realen, vermuteten oder erwarteten natürlichen oder sozialen Umwelt, sie bestehen aus kognitiven Einschätzungen, Handlungsimpulsen und körperlichen Reaktionen (*Mandl & Huber*, 1982, S. 25).

Andere Ansätze gliedern die Emotion in die drei Bereiche des Erlebens, physiologischer Aspekte und den Verhaltensaspekten (*Meyer, Schützwohl & Reisenzein*, 1993, S. 29 und 30). Das Erleben betrifft die subjektive Wahrnehmungskomponente, die physiologischen Aspekte beziehen sich auf Körperreaktionen wie Herzfrequenz, Blutdruck, Atmung, Schwindelgefühl, Veränderungen im viszeralen Bereich usw. Der Verhaltensaspekt bezieht sich auf Mimik, Gestik, Körperhaltung.

Wenn wir uns mit Emotionen auseinandersetzen, dann ist zu berücksichtigen, daß es extrem viele, unterschiedliche, teilweise widersprüchliche Auffassungen über die Inhalte von Emotionen gibt. *Euler* und *Mandel* (1983, S. 7) führen (in Anlehnung an *Kleinginna & Kleinginna*, 1981) elf verschiedene Konzepte auf: Affektive, kognitive, situative, psychoanalytische, expressive (ausdrucksorientierte), disruptive (desorganisierende), adaptive (bedürfnisbezogene), syndromische (mehrere miteinander verknüpfte Komponenten beinhaltende), restriktive (die Emotion von anderen Konzepten abgrenzende), motivationale und als Folge der Unterschiedlichkeit restriktive (den Wert des Emotionskonzeptes grundsätzlich in Frage stellende) Ansätze. Daher können wir uns hier nur einigen wenigen Ansätzen zuwenden.

Kleinginna und *Kleinginna* (1981, S. 355) kommen aufgrund der aufgeführten Ansätze zu folgender Definition der Emotion:

„Emotion ist ein komplexes Interaktionsgefüge, subjektiver und objektiver Faktoren, das von neuronal/hormonalen Systemen vermittelt wird, die (a) affektive Erfahrungen, wie Gefühle der

Erregung oder Lust/Unlust, bewirken können; (b) kognitive Prozesse, wie emotional relevante Wahrnehmungseffekte, Bewertungen, Klassifikationsprozesse, hervorrufen können; (c) ausgedehnte physiologische Anpassungen an die erregungsauslösenden Bedingungen in Gang setzen können; (d) zu Verhalten führen können, welches oft expressiv, zielgerichtet und adaptiv ist" (Übers. *Euler & Mandl*, 1983, S. 7 und 8). Es bedarf allerdings der Erwähnung, daß die Emotionspsychologie wahrscheinlich derjenige Teilbereich der Psychologie ist, über den am wenigsten Einigkeit besteht, was denn eigentlich ihr Gegenstand sei (vgl. *Meyer, Schützwohl & Reisenzein*, 1993, S. 17 ff.). Das ist für anwendungsorientierte Nutzung ein Problem. Andererseits sollte ebenfalls nicht unerwähnt bleiben, daß *Irle* (1975, S. 13-16) in seinem damals grundlegenden Lehrbuch der Sozialpsychologie eine Begriffsumschreibung des Gegenstandsbereiches der Sozialpsychologie verweigert. Derartige Begriffsumschreibungen dienten lediglich der Revierabgrenzung und hätten erkenntnismäßig absolut keine Bedeutung. Diese Auffassung scheint wissenschaftstheoretisch angemessen und hat offensichtlich dem Erkenntnisfortschritt in keiner Weise geschadet.

Wir beginnen unsere Ausführungen mit der ältesten, der hier ausgewählten Emotionstheorien.

a) *Duffy* (1934, 1962)

Duffy (1962) geht davon aus, jedes menschliche Verhalten anhand lediglich zweier Dimensionen beschreiben zu können: **Richtung und Intensität**. Die Frage, welche Verhaltensweisen wir auswählen, bestimmt die Richtung unseres Verhaltens. Die Intensität ergibt sich aus der Erregung der jeweiligen Person. *Duffy* (1962, S. 17) definiert das als den „Grad des Freiwerdens potentieller, im Gewebe des Organismus gespeicherter Energie, wie er sich in Aktivität oder Reaktion äußert". Alle, auch die einfachsten gedanklichen Vorgänge gehen mit Erregungen im Nervensystem einher. Damit wird die Emotion lediglich zu einem Spezialfall kognitiver Aktivität: als Emotionen könnten dann solche Zustände bezeichnet werden, die sich im oberen Bereich einer zu entwickelnden Skala von Erregung befinden. Später wurde deutlich, daß sich diese Erregung durch die Messung von Hirnstromaktivitäten mit Hilfe des Elektroenzephalogrammes (EEG) bestimmen läßt. Daraus entwickelte sich für das Marketing die Aktivierungstheorie, die insbes. von *Kroeber-Riel* (1975, heute *Kroeber-Riel & Weinberg*, 1999) zur Erklärung von Konsumentenreaktionen auf Marketingkommunikation herangezogen wurde. Dieser Ansatz ist daher zum Verständnis der aktuellen Marketing-Lehre bedeutsam.

Als problematisch muß die extreme Einseitigkeit dieser Erklärung gesehen werden. Immerhin führt der Ansatz von *Duffy* dazu, jede geistige Anstrengung, die über ein bestimmtes Maß hinausgeht, als Emotion zu bezeichnen. Demnach kann der intensive Versuch, sich an die „Telefonnummer der Zugauskunft" zu erinnern eine Emotion sein. Die Aktivierung ist ein umfassenderes Konzept als das der Emotion: Sie kann mit Emotionen einher gehen, es gibt aber weitere Möglichkeiten der Aktivierung, die mit Emotionen nicht im Zusammenhang stehen. Emotionen sind daher auch nicht immer die Folge von Aktivierung. Aktivierung steuert auch nicht das Verhalten, sie kann durch Verhalten ausgelöst werden. Physiologische Erregung und Emotion treten oft zeitgleich auf. Aus allen diesen Aussagen kann abgeleitet werden, daß emotionale Erregung und physiologische Aktivierung miteinander korrelieren.

b) *Izard* (1994)

Emotionen bestehen aus drei Komponenten (*Izard*, 1994, S. 20):

a) Empfindung von Gefühlen, b) Prozesse im Nervensystem c) beobachtbare Ausdrücke, in erster Linie im Gesicht. Das trifft allerdings auf sehr viele Vorgänge beim Menschen zu, beispielsweise bei sehr einfachen Vorgängen, wie dem Einstellen eines Elektrogerätes. Wir fühlen den Schalter, über vom Nevensystem gesteuerte Prozesse gelingt es uns mittels Handbewegung den Schalter umzulegen und während dieses wenig aufregenden Vorganges fixieren wir mit den Augen (Gesichtsausdruck) den Schalter und unsere Hand. Wir kommen wohl kaum auf den Gedanken hier irgendwelche emotionale Regungen erkennen zu wollen. Wann also wollen wir bestimmte Vorgänge als emotional oder als Emotion selber auffassen? Es ist denkbar, bestimmte Zustände als „emotional" zu definieren.

Izard (1994, S. 24 ff.) unterscheidet folgende Emotionsinhalte:

- Interesse,
- Freude,
- Überraschung und Schreck,
- Kummer, Schmerz, Gram und Depression,
- Zorn, Ekel und Geringschätzung,
- Furcht und Formen der Angst,
- Scham und Schüchternheit,
- Schuldgefühl, Gewissen und Moral.

Diese möglichen emotionalen Inhalte werden subjektiv unterschiedlich erlebt. Für das Marketing sollten in erster Linie die positiven Emotionen relevant sein: Interesse, Freude, Überraschung. *Izard* (1994, S. 244) hält Interesse für die häufigste Emotion. Interesse ist sehr eng mit dem visuellen Wahrnehmen verbunden. Ein interessanter Gegenstand wird mit den Augen fixiert: „Solange die Augen fixiert sind, ist die interessierte Person gefesselt und fasziniert" (ebenda, S. 245). Diese Fixation löst neurologische Aktivierung aus. Als Folge der gerichteten Aktivität der Wahrnehmungsorgane kommt es zu einer Aktivierung des Nervensystems. Reize werden durch die Stimulierung der Neuronen in das Gehirn „transportiert" und dort verarbeitet. Interesse läßt sich physiologisch durch einen Anstieg der Impulshäufigkeit pro Zeiteinheit beschreiben, d.h. daß die Neuronen das jeweils folgende Neuron in einer Nervenkette innerhalb einer Zeiteinheit häufiger stimuliert (vgl. *Unger & Fuchs*, 1999, S. 476). „Die Auslösung von Interesse (auf der neurologischen Ebene) bringt einen leichten Anstieg in der Dichte neuraler Impulse mit sich" (*Izard*, 1994, S. 246). Eine Informationsverarbeitung gilt als um so „tiefer", je intensiver sie verarbeitet wird. „Die Güte der Informationsspeicherung, also das Gedächtnis, hängt von der Tiefe der Informationsverarbeitung ab" (*Irle*, 1986, S. 122).

Interesse kann durch affektiv wirkende Reize ebenso geweckt werden, wie durch wichtige sachliche Informationen. Die Frage ist lediglich, welcher Komponente stärkere Bedeutung zukommt, der stärker emotionalen oder stärker kognitiven Komponente. Die Antwort darauf ist gar nicht so entscheidend, wesentlich ist die Erkenntnis, daß Menschen sowohl auf eher kognitiver als auch auf eher emotionaler Ebene gleichzeitig angesprochen werden können. Daraus läßt sich die These ableiten, daß erfolgreiche Marktkommunikation möglichst immer gleichzeitig beide Ebenen anspricht.

Emotionen beeinflussen das Verhalten der Menschen in vielfältiger Weise: *Izard* (1994, S. 26 ff.) nennt Bewußtsein, Ehe und Partnerschaft, Elternschaft, Sexualität, soziale Entwicklung, Persönlichkeit, Körperreaktionen (Veränderung der elektrischen Hirnaktivität, vgl. *Duffy*, 1962, Herzschlagfrequenz, Kreislauf, Atmung), Wahrnehmung und kognitive Prozesse.

c) *Scherer* (1990)

Nach *Scherer* (1990) bestehen Emotionen aus fünf Komponenten, welche jeweils eigenständige Funktionen beinhalten:

- die kognitive Komponente (diese hat die Funktion der Reizbewertung),
- die neurophysiologische Komponente (diese hat die Funktion der „Systemregulation", also der Regulation des biologischen Organismus),
- die motivationale Komponente (diese hat die Funktion, Handlungen auszulösen),
- die Ausdruckskomponente (das betrifft die Funktion der Kommunikation),
- die Gefühlskomponente (diese hat die Funktion auf Außenreize zu reagieren und diese zu beeinflussen, *Scherer* nennt das „Reflexion und Kontrolle").

Der kognitiven Komponente kommt die positive oder negative Bewertung von Außenreizen zu. Hier spielen Informationsverarbeitung und Assoziation eine bedeutende Rolle. Die neurophysiologische Komponente betrifft die durch Außenreize eintretende Erregung, die wiederum Gefühlszustände determiniert. Emotionale Zustände rufen vielfach Verhaltensbereitschaften hervor. Dies erklärt den engen Bezug zwischen Motivationstheorie und Emotionstheorie. Eine große Rolle spielt ferner die Ausdruckskomponente, in welcher insbesondere äußerlich beobachtbare Reaktionen von Personen beachtet werden. Viele emotionale Reaktionen lassen sich aus dem Mienenspiel von Personen ableiten.

d) *Schachter* und *Singer* (1962)

Die Emotionstheorie von *Schachter* und *Singer* (1962), sowie *Schachter* (1978), stellt kognitive Prozesse in den Mittelpunkt (vgl. *Atkinson, Atkinson, Smith, Bem, & Nolen-Hoeksema*, 1996, S. 383-387). Menschen werden danach durch äußere Reize physiologisch erregt. Das kann sich in gesteigerter Pulsfrequenz, Herzschlagrate, Blutdruckerhöhung oder einfach in einer höheren Aktivierung des Nervensystems ausdrücken. Nach *Schachter* und *Singer* (1962) können identische körperliche Reaktionen je nach unterschiedlicher Situation unterschiedlich empfunden werden. Diese kognitive Erklärung körperlicher Reaktionen ist die Emotion. Wir erleben bei Hunger, Liebe und Angst durchaus ähnliche Empfindungen (Schmetterlinge im Bauch). Ob wir daraufhin aber die Emotion Hunger, Liebe oder Angst erleben, hängt von der äußeren Situation ab. Für das Marketing leitet sich daraus die Forderung ab, positive Empfindungen auszulösen, Situationen zu schaffen, um emotional positive Erlebniswerte zu vermitteln.

Wie schwer es für Menschen ist, Klarheit über die eigenen Emotionen zu erlangen, zeigen auch Untersuchungen von *Valins* (1966). Hier zeigt sich, daß tatsächliche Erregung keine Voraussetzung für das Auftreten von Emotionen ist. Schon eine vorgetäuschte Erregung, z. B. über Fehlinformationen, kann dafür ausreichen. In den dieser Aussage zugrunde liegenden Experimenten wurden männlichen Versuchspersonen Dias leicht bekleideter junger Frauen gezeigt. Gleichzeitig hörten sie über Lautsprecher scheinbar ihren eigenen Herzschlag. Diese Information war falsch. Die über Lautsprecher zu hörenden Herzschläge hatten nichts mit denen der Versuchspersonen zu tun. Bei verschiedenen Dias wurde die wahrzunehmende (falsche) Herzschlagfrequenz gesteigert. Anschließende Attraktivitätseinstufungen der wahrgenommenen weiblichen Personen korrelierten mit der als der eigenen wahrgenommenen Herzschlagfrequenz. Menschen sind offensichtlich weit davon entfernt, ihre eigenen Körperreaktionen wahrzunehmen und angemessen zu beurteilen.

In der neueren Emotionspsychologie wird die Theorie von *Schachter* und *Singer* (1962) mit der Theorie der Selbstwahrnehmung nach *Bem* (1972) in Verbindung gebracht (*Laird & Apostoleris*, 1996; *Laird & Bresler*, 1992). Danach beobachten Personen ihr eigenes Verhalten so, wie Personen das Verhalten anderer beobachten. Danach sind Gefühle die Folgen des Verhaltens, nicht die Ursache. Körperliche Empfindungen sind nicht die Folge von Emotionen, sie sind vielmehr deren Ursache. Sowohl in der *Schachter-Singer*-Theorie als auch in dem „Selfperception"-Ansatz wird sich explizit auf *James* (1884) und *Lange* (1885) bezogen, die später als die „*James-Lange*-Theorie" bekannt wurde (*Lange & James*, 1922).

„Common sense says, we lose our fortune, are sorry and weep; we meet a bear, are bear, are frightened and run; we are insulted by a rival, are angry and strike. The hypothesis here to be denied says, that this order of sequence is incorrect ... and the more rational statement is that we feel sorry, *because* we cry, angry *because* we strike, afraid *because* we tremble" (*James*, 1890, S. 449).

Hierfür findet sich eine große Anzahl experimenteller Belege (vgl. *Laird & Apostoleris*, 1996 und *Laird & Bresler*, 1992). Wurden Versuchspersonen experimentell dazu gebracht, einen glücklichen Gesichtsausdruck zu zeigen, äußerten sie anschließend, sich glücklich zu fühlen; wurden sie dazu gebracht, einen traurigen Ausdruck zu produzieren, so äußerten sie anschliessend, sich traurig zu fühlen (*Duclos, Laird, Schneider* et al. 1989). *Kellermann, Lewis* und *Laird* (1989) fanden, daß Versuchspersonen, die dazu gebracht wurden, sich sehr lange und intensiv in die Augen zu sehen, Anzeichen von Verliebtheit entwickelten. Üblicherweise sehen sich Verliebte sehr lange und intensiv in die Augen. Offensichtlich scheint auch eine umgekehrte Reihenfolge realistisch zu sein: Intensiver Augenkontakt kann zu Verliebtheit führen.

In den von *Schachter* und *Singer* (1962) sowie später von *Schachter* (1964) referierten ursprünglichen Experimenten wurde Patienten unter einem Vorwand ein Medikament verabreicht. Die Versuchspersonen erhielten dabei entweder die Information, daß es sich dabei a) um ein Erregung auslösendes Medikament handelt, mit folgenden Wirkungen: zunehmender Herzschlag, Gesicht wird warm und rot (das sind die korrekten physiologischen Folgen von Adrenalin) oder b) daß als Folge des Medikamentes, welches hier verabreicht wurde kurzzeitiger Juckreiz oder Taubheit, vielleicht leichte Kopfschmerzen auftreten könnten (keine dieser Folgen war in Wirklichkeit zu erwarten). Ein Teil der Versuchspersonen erhielt tatsächlich lediglich eine Kochsalzlösung injiziert, der andere ein Erregung auslösendes Medikament, nämlich Adrenalin. Anschließend wurden alle Versuchspersonen durch reale äußere Umstände in Erregung versetzt, indem eine andere Person ein Aggressionen auslösendes Verhalten zeigte. Es gab dabei also vier Versuchsbedingungen:

1. Placebo-Information → Verabreicht wurde ein Placebo

2. Medikament-Information → Verabreicht wurde ein Placebo

3. Placebo-Information → Verabreicht wurde ein Medikament

4. Medikament-Information → Verabreicht wurde ein Medikament

Der Versuchsaufbau ist aus Abbildung 15.1 ersichtlich.

Information:		Korrekte Information über die physiologischen Folgen von Adrenalin	Falsche Information über zu erwartende, in Wirklichkeit jedoch ausgeschlossene Folgen
Injektion:	Adrenalin		
	Kochsalzlösung		

Abb. 15-1: Versuchsaufbau nach *Schachter & Singer* (1962).

In den Bedingungen, in denen die Versuchspersonen von der Information ausgingen, ein erregendes Medikament erhalten zu haben, zeigten sie gegenüber der anderen Person kein aggressives Verhalten, sie gingen offensichtlich davon aus, daß die empfundene Erregung durch das Medikament verursacht worden war. In den Bedingungen, in denen die Versuchspersonen davon ausgingen, Traubenzucker erhalten zu haben, schoben sie die empfundene Erregung offensichtlich der anderen Person zu und zeigten ihr gegenüber aggressives Verhalten. Ausschlaggebend für die Reaktion waren die **Informationen**, ein Medikament oder Traubenzucker erhalten zu haben, nicht die **Tatsache**, ein Medikament oder Traubenzucker erhalten zu haben. Personen suchen ganz offensichtlich Erklärungen für empfundene Erregung. In diesem Fall standen zur Verfügung: a) die Information, ein Medikament erhalten zu haben oder b) das Verhalten der anderen Person.

Diese Experimente lassen noch eine weitere Schlußfolgerung zu. Sind die physikalischen Realitäten eindeutig und erklärbar, ließen sich die Versuchspersonen durch die andere Person (Helfer) kaum beeinflussen, „erlebten sie aber eine starke physiologische Reaktion, deren Ursachen unklar waren, interpretierten sie ihre eigenen Gefühle als Wut oder Euphorie, je nachdem, wie sich andere Menschen verhielten, die sich vermeintlich im selben pharmakologischen Boot befanden" (*Aronson*, 1994, S. 52). Demnach suchen Personen insbes. in für sie unklaren Situationen Erklärungen von außen für empfundene Erregung.

Emotionale Erlebniswerte sind subjektiv wahrgenommene, gefühlsmäßige Produktbeurteilungen (*Konert*, 1986, S. 36). Diesen Erlebniswert kann man auf die Beurteilung von Produkten oder Einkaufsstätten, wie auch auf Verkaufsgespräche anwenden. In Märkten mit technisch austauschbaren Produkten kommt emotionalen Erlebniswerten eine größer werdende Bedeutung zu. Emotional orientierte Kommunikationsmaßnahmen haben auch den Vorteil, daß die Beeinflussungstechniken schwerer durchschaubar sind, als bei einer rein sachlichen Darstellung. Allen Emotionskonzepten ist zu eigen, daß innere Erregung vorhanden ist.

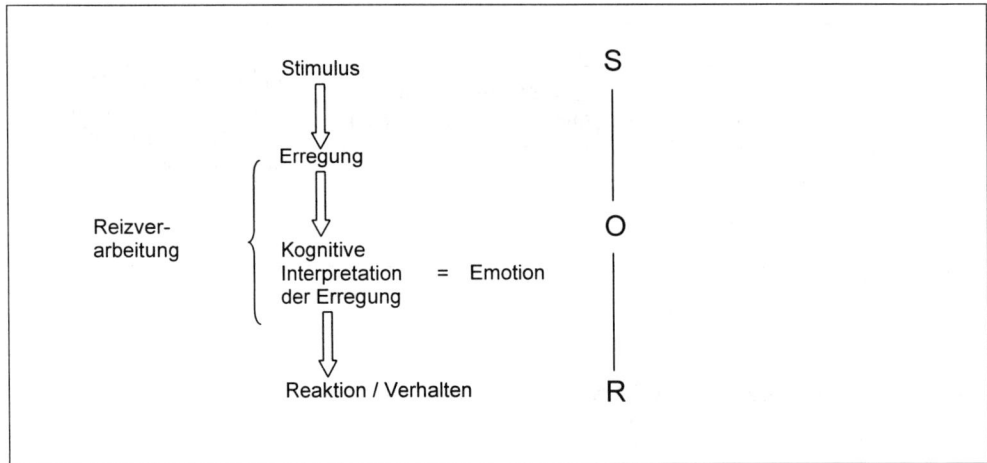

Abb. 15-2: Emotion im „S-O-R"-Schema.

Cohen und *Areni* (1991) stellen motivationale Reaktionen den affektiven Reaktionen gegenüber. Unter affektiven Reaktionen werden Verhaltensweisen verstanden, die durch solche Stimuli ausgelöst werden, die eine insgesamt empfundene Stimmung (angenehm oder unangenehm empfunden) auslösen. Derartige Stimuli sind Musik, Licht und die Umgebung beherrschende Farben, allgemein freundliche (oder unfreundliche) Menschen im sozialen Umfeld. Menschen sind sich über die Ursachen ihrer Stimmung oft nicht bewußt.

Das Verständnis der Emotionspsychologie wird durch den teilweise widersprüchlichen Gebrauch der Begriffe „Gefühl", „Emotion" und „Affekt" erschwert. *Huber* und *Mandl* (1983, S. 5) grenzen wichtige Begriffe wie folgt gegeneinander ab:

Emotionen werden als ein Prozeß verstanden: „Sie setzen ein, sie entfalten sich, sie verklingen".

„Erlebnistönungen sind dagegen emotionale Reaktionen auf Kognitionen, die solange andauern, wie der spezifische Bewußtseinsinhalt gegeben ist." Wir empfinden Wärme, solange wir unter der Rotlichtlampe sitzen, wir empfinden Enge, solange wir uns im voll besetzten Fahrstuhl befinden. Erlebnistönungen dieser Art wollen wir mit „Gefühl" gleichsetzen.

„Stimmungen ... schaffen ein dauerhaftes, über längere Zeiträume relativ unverändertes Bezugssystem für alle informationsverarbeitende Prozesse - beispielsweise eine gehobene oder depressive Stimmung." Das mag in Kaufhäusern relevant sein, in denen wir von angenehmem Licht und angenehmer Musik umgeben sind.

15.2 Anwendungen

15.2.1 Absatz-Marketing

a) Konsumgüter-Marketing

Wie bereits erwähnt, sind im Konsumgütermarketing emotionale Ansprachen von großer Bedeutung sind. In der psychologischen Grundlagenforschung werden höchst unterschiedliche Emotionskonzepte diskutiert. Übereinstimmung herrscht dahingehend, daß innere (neurophysiologische) Erregungen im emotionalen Erleben eine große Rolle spielen. Dazu kommt aber auch eine kognitive Interpretation dieser empfundenen Erregung. Wir erklären uns ein und dasselbe „Gefühl" als Liebe, Hunger oder Angst, je nach Umfeld. Als Emotionen werden u.a. bezeichnet: Interesse, Freude, Überraschung, Furcht, Angst, Scham und Schüchternheit (*Izard*, 1994). In Konsumgütermärkten soll Marketing insbesondere sogenannte „emotionale Erlebniswerte" vermitteln (*Konert*, 1986). *Weinberg* und *Konert* (1984, S. 313) verstehen unter Erlebniswerten „deren subjektiv erlebten, durch das Produkt vermittelten Beitrag zur Lebensqualität des Konsumenten. Es handelt sich also um sinnliche Produkterlebnisse oder emotionale Konsumerlebnisse, die in der Gefühls- und Erfahrungswelt des Konsumenten verankert sind und einen realen Beitrag zur Lebensqualität leisten." Lebensqualität steht für ein bestimmtes Ausmaß an subjektiv empfundener Lebenszufriedenheit. Zur Vermittlung derartiger Erlebniswerte tragen Humor, Erotik, Bildbetonung oder Musik bei.

Abenteuer	Abwechslung	Aktivsein
Ausgeglichenheit	Attraktivität	Ausgewogenheit
Begeisterung	Behaglichkeit	Dankbarkeit
Dynamik	Eifersucht	Eigenwilligkeit
Hochmut	Entspannung	Erholung
Erleichterung	Erotik	Erschöpfung
Exklusivität	Exotik	Extravaganz
Familienglück	Fortschritt	Freiheit
Frische	Fürsorge	Geborgenheit
Gemütlichkeit	Genuß	Geselligkeit
Gesundheit	Heimweh	Humor
Kummer	Lebensfreude	Lebenskraft
Leidenschaft	Mitgefühl	Mut
Natürlichkeit	Niedergeschlagenheit	Nostalgie
Phantasien	Prestige	Treue
Romantik	Ruhe	Schadenfreude
Sehnsucht	Selbstverwirklichung	Sicherheit
Spannung	Spaß	Stärke

Tradition	Traumwelt	Traurigkeit
Trautes Heim	Tropen	Überlegenheit
Übermut	Unabhängigkeit	Urlaub
Urwüchsigkeit	Verachtung	Verehrung
Verlangen	Vertrautheit	Verzweiflung
Wärme	Zufriedenheit	

Abb. 15-3: Emotionale Erlebniswerte (*Neibecker*, 1990, S. 165 und 166).

Für das Marketing sind in erster Linie die positiv bewerteten Erlebniswerte relevant, da die gesamte Forschung zur Marketing-Kommunikation zeigt, daß negativ bewertete Emotionen (Angst, Furcht, Verzweiflung usw.) der Produktakzeptanz abträglich sind.

Affektive Reaktionen infolge von Stimmungen können durch Verkaufsraum- oder Büroraumgestaltung berücksichtigt werden. Wenn wir beachten, daß nach der Emotionstheorie von *Schachter* und *Singer* (1962) unter Einbezug der „Self-perception"-Theorie von *Bem* (1962) äußere Umstände zu körperlichen Empfindungen führen, kognitiv als Emotionen wahrgenommen werden, dann wird deutlich, daß durch die Verkaufsraumgestaltung ausgelösten Stimmungen, von den jeweiligen Personen als eigenständige Emotionen empfunden werden. Das könnte erklären, warum Personen in diesen Situationen konsumfreudiger erscheinen. Die Umgebung in den Geschäften, der emotionale Zustand der Verbraucher/innen und die Freundlichkeit des Personals können das Kaufverhalten positiv beeinflussen.Dies wird als allgemeingültig angenommen und auch empirisch vielfach bestätigt (*Sherman, Mathur & Smith*, 1997).

Batra und *Stephans* (1994) können zeigen, daß Stimmungen und Emotionen, die durch Werbung ausgelöst werden, Einstellungen zu Marken unter der Bedingung „geringe persönliche Bedeutung" stärker beeinflussen als unter der Bedingung „hohe persönliche Relevanz". Dieser Effekt wird dadurch ausgelöst, daß unter der Bedingung „geringe persönliche Bedeutung" die kritische Auseinandersetzung mit Botschaftsinhalten durch Stimmungen und Emotionen auslösende Werbeinhalte unterdrückt wird.

Es wird in der Praxis allgemein angenommen, daß positive Stimmungen auch Beeinflussungserfolge erleichtern. Simmungen beeinflussen die Assoziationen die während einer Botschaftsdarbietung auftreten.

Entsprechend einer Kongruenz-Hypothese über den Einfluß von Stimmungen wird angenommen, daß eintretende Assoziationen in die gleiche Richtung gehen, wie die augenblickliche Stimmungslage. Entsprechend der Cognitive Response-Theorie ist mit günstiger werblicher Beeinflussung zu rechnen, wenn von den zu beeinflussenden Personen überwiegend als positiv bewertete Assoziationen auftreten.

Entsprechend einer Motivations-Hypothese sind Personen in positiver Stimmung - aufgrund der für sie (dadurch ausgelöst) insgesamt scheinbar günstigen Situation - eher zu einer vereinfachenden, ganzheitlichen und weniger kritischen Auseinandersetzung mit Botschaften motiviert, während sie in negativer Stimmungslage zu eher kritischer Auseinandersetzung neigen.

Diese und weitere Hypothesen scheinen die Praxis-Annahme zu bekräftigen. Empirische Forschungsresultate zeigen jedoch, daß eine differenziertere Berücksichtigung und Beeinflussung von Stimmungslagen im Marketing angemessen ist. *Schwarz, Bless* und *Bohner* (1991) zeigen anhand einiger empirischer Untersuchungen, daß positive Stimmungen die Beeinflussung bei starken Argumenten reduzieren. Wenn wir also mit starken Argumenten überzeugen wollen, dann sollte sich die Empfängerschaft in neutralen, auf keinen Fall in zu positiver Stimmungslage befinden. Wenn die Argumentationsbasis schwach ist, dann begünstigen positive Stimmungslagen den Beeinflussungserfolg. *Schwarz, Bless* und *Bohner* (1991, S. 191) führen das darauf zurück, daß die positive Stimmungslage zu einer insgesamt oberflächlicheren Informationsverarbeitung führt, während starke Argumente über den zentralen Weg der Beeinflussung, entsprechend der Cognitive Response-Theorie zu einer langfristig stabilen Beeinflussung führen sollen.

Da es in der Konsumgüterwerbung selten um die Vermittlung starker Argumente, eher um bildbetonte, emotionale Kommunikation geht, sollte üblicherweise schon, z. B. durch Programminhalte bei TV-Werbung oder durch redaktionelles Umfeld, auf positive Stimmungen geachtet werde. In anderen Kommunikationssituationen kann der Einfluß der Stimmungen differenziert eingestuft werden.

Hinsichtlich der Gestaltung der Marketing-Kommunikation kann das Desinteresse der Zielgruppen gegenüber der Werbung nicht überschätzt werden. Daher kommt der bildbetonten, emotionalen Gestaltung größte Bedeutung zu. Aktivierende Bestandteile sind eine unabdingbare Voraussetzung zu jeder Wirkung (vgl. oben die Ausführungen zu den emotionalen Erlebniswerten). Musik, Humor, lebendige Bildgestaltung, ungewöhnliche Darstellungen und Erotik sind häufige Gestaltungselemente. Werbung ist so zu einer „Welt der schönen Bilder" geworden. Dazu kommt der Versuch, durch Sprachspiele an Überzeugungskraft zu gewinnen. Manche Werbeslogans erlangen Kultcharakter. Da gleichzeitig eine erhebliche Werbeübersättigung zu beobachten ist, haben weitere Kommunikationsinstrumente an Bedeutung zugenommen. Das hat allerdings oft zu einer erheblichen Unübersichtlichkeit einzelner Marketingkonzepte geführt. Die Vielfalt der Medien und Kommunikationsinstrumente hat zur Folge, daß langfristig gültigen und alle Maßnahmen verbindende Kommunikationsstrategien an Bedeutung zugenommen haben. Wir sprechen von einer „Integrierten Kommunikation". Dies bedeutet eine gestalterische und inhaltliche Abstimmung aller Einzelmaßnahmen (*Bruhn, 1995 und 1997*).

Emotionen beeinflussen nach *Izard* (1994, S. 26 ff.) das Verhalten der Menschen in vielfältiger Weise, alle diese Verhaltensdimensionen haben auch auf das Konsumverhalten hohe Relevanz. In **Partnerschaften** beeinflußt das jeweilige, teilweise emotional geprägte, Rollenverhalten auch den Einfluß auf Konsumentscheidungen. Das bedeutet, daß oft Paare eher relevante Zielgruppen sein können als soziodemographisch oder psychologisch beschreibbare Einzelpersonen. Die Einstellung zur **Sexualität** hat sehr großen Einfluß auf die Akzeptanz sexuell gefärbter Marketingkommunikation. Fragen der **Persönlichkeit** haben wir in Kapitel 11 thematisiert. Die Bedeutung **körperlicher Reaktionen** ergibt sich aus der Emotionstheorie von *Duffy* (1934, 1962). Die körperlichen und insbes. das Nervensystem betreffenden Reaktionen spielen im Rahmen kommunikativer Beeinflussung eine zentrale Rolle (*Kroeber-Riel & Weinberg*, 1999 S. 52 ff., hierauf gehen wir in Kapitel 12 zur Wahrnehmungspsychologie näher ein).

Nicht nur die Intensität der Wahrnehmung, sondern auch die Qualität, also die **Inhalte der Wahrnehmung** werden durch Emotionen beeinflußt. In positiv geprägter Stimmung werden Informationen wahrscheinlich positiver aufgenommen, als in negativ geprägter Stimmungslage. So gelingt eine werbliche Beeinflussung in unterhaltsamem Programmumfeld im TV leichter als in einem durch unangenehme Nachrichten geprägten Umfeld. *Goldberg* und *Gorn* (1987) können zeigen, daß erfreuliche Programminhalte die Werbewirkung begünstigen, unangenehme Inhalte hemmen die Wirkung. Es finden sich allerdings vielfältige weitere Interaktionseffekte. *Gleich* (1996) findet Befunde dafür, daß stimmungsmäßig vom Programmumfeld abweichende Werbeinhalte höhere Wirkung zeigen, als stimmungsmäßig angepaßte Werbung. Demnach zeigt eine humorvolle, emotional gestaltete Werbung in einem sachlichen Programmumfeld höhere Wirkung, als die gleiche Werbung in einem ebenfalls humorvollen und emotionalen Programmumfeld. Es muß hier allerdings darauf hingewiesen werden, daß dieser Ansatz dem oben erwähnten von *Piaget* (1981) widerspricht, danach sind Emotionen zwar für „das Funktionieren" nicht aber für die „Strukturierung kognitiver Prozesse" verantwortlich. Danach bewirkt Emotion alleine noch keine kognitiven Strukturen. *Piaget* (1981, S. 5) vergleicht das mit dem Zusammenspiel von Treibstoff und Motor. Treibstoff aktiviert den Motor, ohne ihn strukturell zu verändern, ist aber notwendig, damit der Motor funktioniert. *Mackie, Asuncion* und *Rosselli* (1992) untersuchen unterschiedliche Wirkungen schwacher oder starker Argumente in freudiger oder neutraler Stimmung.

Affektiv angereicherte Botschaften wecken ganz allgemein in starkem Maße die Aufmerksamkeit, affektiv positive Inhalte sorgen zudem für bevorzugte Wahrnehmung (*Isen*, 1987). Dennoch finden sich unterschiedliche Beeinflussungserfolge in Abhängigkeit von der Stärke der Argumente. In neutraler Stimmung fanden sich größere Beeinflussungen bei starken Argumenten. Personen in positiver Stimmung zeigten hinsichtlich der Stärke der Argumente keinerlei Unterschiede in der Beeinflussung (S. 253). In mehreren Experimenten stieg der Anteil der positiven Gedanken während der Beeinflussung bei Versuchspersonen in positiver Stimmung. Eine weitere Studie zeigte, daß die relative Anzahl von Gegenargumenten bei Versuchspersonen in positiver Stimmung im Vergleich zu solchen in neutraler Stimmung geringer war.

Insgesamt kommen *Mackie, Asuncion* und *Rosselli* (1992, S. 257) zu der Schlußfolgerung, daß positive Stimmungen eine differenzierte Verarbeitung beeinflussender Botschaften verringern. Gleichzeitig nehme die positive Reizverarbeitung zu und im Gegenzug die negative Reizverarbeitung ab. Stimmungen beeinflussen somit sowohl das Ausmaß (weniger differenzierte Verarbeitung) als auch den Inhalt (positiver, bei positiver Grundstimmung) der Reizverarbeitung.

Schließlich sind Emotionen auch für **kognitive Prozesse** relevant: Gedächtnis, Denken und Vorstellungen der Menschen werden durch Emotionen beeinflußt (*Izard*, 1994, S. 26). In den Kapiteln 2 (soziale Wahrnehmung) und 4 (kognitive Dissonanz) wurde schon deutlich, daß es keine unvoreingenommene Wahrnehmung gibt. Vorhandene kognitive Strukturen beeinflussen die Wahrnehmung. Jetzt erfahren wir, daß auch Emotionen die Wahrnehmung und auch das Gedächtnis beeinflussen. Es wird immer deutlicher, wie wenig wir der eigenen Wahrnehmung trauen können und in wie starkem Maße kommunikative Beeinflussung auch von anderen Faktoren abhängig ist, als von den eigentlichen Argumenten: vorhandene kognitive Strukturen und emotionales Umfeld. Letzteres kann auch durch das Marketing beeinflußt werden: durch Gestaltung und Wahl der Medien. Eine ausgewählte Anzahl diesbezüglich relevanter empirischer Studien stellt *Eagle* (1982) vor. Teilweise sind die Resultate widersprüchlich, insgesamt gesehen „kommt man doch in den meisten Fällen zu dem Schluß, daß affektives Material besser behalten wird als neutrales, und daß angenehme Stimuli besser behalten werden als unangenehme..." (*Eagle*, 1982, S. 85). Marketing-Kommunikation kann dem durch intensiv emotional gestaltete Inhalte einerseits und durch Bevorzugung von als angenehm empfundenen Inhalten Rechnung tragen. Auf jeden Fall sind negative Werbeinhalte problematisch. Dem selektiven Erinnern (Bevorzugung angenehmer Inhalte) steht das selektive Vergessen gegenüber. Es gibt verschiedene Annahmen über die Ursache des bevorzugten Vergessens unangenehmer Reize. Allgemein bekannt dürfte das Konzept der Verdrängung, als „motiviertes Vergessen" nach *Freud* (1901) sein. Es sei an dieser Stelle darauf hingewiesen, daß es biologisch kein Vergessen gibt, was unsere Hirnzellen einmal gespeichert haben, geben sie nicht mehr ab. Wenn wir etwas „vergessen" haben, dann ist uns der kognitive Zuriff verloren gegangen. Die Gedächtnisinhalte sind biologisch gesehen noch da und können durch entsprechende Assoziationen auch wieder geweckt werden. Sie sind lediglich durch andere Gedächtnisinhalte überlagert.

Die Rolle bildbetonter Werbung wird ebenfalls emotionspsychologisch begründet. *Brosius* und *Kayser* (1991) untersuchen den Einfluß emotionaler Darstellungen (bildbetonte Filmbeiträge) auf Informationsaufnahme und Urteilsbildung im Fernsehen - allerdings anhand von Nachrichten und Informationssendungen. Dabei wird von der These ausgegangen, daß Bilder insb. dann einen positiven Einfluß auf die Informationsaufnahme und das Verständnis haben, wenn sie zum Text passend gestaltet sind. „Kreative" in der Werbepraxis versuchen gelegentlich durch widersprüchliche Text-Bild-Kombinationen Aufmerksamkeit zu wecken. Das scheint nach dem Stand der Kommunikationsforschung ein fragwürdiges Unterfangen. Bestätigt wurde die Hypothese, daß „mit zunehmender Bebilderung die Informationsaufnahme der textlich vermittelten Nachrichteninhalte zunimmt" (ebenda, S. 239). Die Bebilderung der Programmbestandteile führte dazu, daß die Beiträge als „interessanter, besser gemacht, überzeugender, informativer, sachlicher, verständlicher und anschaulicher beurteilt wurden. Bebilderte Nachrichten erzielten auch bessere Gedächtnisleistungen, wobei emotionales und neutrales Filmmaterial die Gedächtnisleistung gleichermaßen verbesserte.

Dieser Effekt konnte allerdings nicht dahingehend bestätigt werden, daß „sowohl bei zunehmender Menge von Filmbildern als auch bei emotionalen Bildern die Urteile über die dargestellten Sachverhalte stärker in die Richtung gehen, die der Beitrag nahelegt" (ebenda, S. 240). Es kommt also nicht auf die Menge der Bebilderung an!

Daß Fernsehen durch seine starke Bildorientierung Emotionen auslöst wird als gesichert anzusehen sein. Die Qualität der Emotionen ist aber höchst unterschiedlich und wird in der Werbewirkungsforschung wohl noch zu oberflächlich gemessen. Jedenfalls werden in der Medienwirkungsforschung (nicht Werbewirkungsforschung) weit komplexere Verfahren diskutiert und angewandt, als sie derzeit in der Marktforschung eingesetzt werden (vgl. dazu den Überblick von *Mangold*, 1999). *Bente, Stephan, Jain* und *Mutz* referieren Resultate der Medienwirkungsforschung die eindrucksvoll belegen, „daß selbst subtilste gestische und mimische Variationen der Akteure die emotionale Situation des Betrachters empfindlich beeinflussen können..."(S. 188). Wenn wir zudem berücksichtigen, daß diesbezüglich erhebliche kulturelle Unterschiede existieren, dann muten Diskussionen in der Marketing-Praxis über mögliche Standardisierungen in der Marktkommunikation seltsam wirklichkeitsfern an.

Es gibt auch eine Konditionierungstheorie der Emotion (*Staats & Staats*, 1958), auf die in der Konsumpsychologie Bezug genommen wird (*Kroeber-Riel & Weinberg*, 1999, S. 130 ff. u.a.). Wird danach ein emotional „neutraler" Reiz (z.B. ein Konsumgut) oft genug in der Marketing-Kommunikation gemeinsam mit einem emotional ansprechendem Reiz in Verbindung gebracht, dann überträgt sich nach diesen Annahmen die Emotion auf das ursprünglich emotional neutrale Konsumgut. Danach werden Emotionen nach dem Modell des klassischen Konditionierens gelernt. Nun haben wir uns mit diesem Modell im Kapitel zur Lernpsychologie auseinandergesetzt und gesehen, daß dabei keine reflexartigen Mechanismen auftreten, sondern das vielmehr Erwartungshaltungen gelernt werden. Ähnlich ist es auch im Falle des sog. emotionalen Konditionierens. Immerhin bleibt für die Marketing-Kommunikation die Möglichkeit, emotionale Erwartungshaltungen für Produkte, Marken oder Firmen zu begründen.

Daß affektive und kognitive Reaktionen im Zusammenspiel zu berücksichtigen sind, zeigt beispielhaft eine Untersuchung von *Kempf* (1999). Versuchspersonen wurden mit einem unterhaltsamen Produkt (Computerspiel) und einem funktionalen Produkt (Grammatik-Check-Software) konfrontiert. Abhängige Variable waren Freude, Erregung und Markeneinstellung als Folge der Produktnutzung. Während der Nutzung waren die affektiven Reaktionen bei dem Unterhaltungsprodukt höher als bei dem funktionalen Produkt. Die Markeneinstellung wurde aber bei der Nutzung des funktionalen Produktes stärker beeinflußt, weniger bei dem Unterhaltungsprodukt.

b) Produktivgüter-Marketing

Die Bedeutung emotionaler Gestaltung im Marketing wird heute bezogen auf das Konsumgüter-Marketing nicht mehr in Frage gestellt. Es ist noch nicht in gleichem Maße akzeptiert, daß emotional gestaltetes Marketing auch im Produktivgüter-Marketing (zunehmend als „Business to Business-Bereich" bezeichnet) von erheblicher Bedeutung ist. Das belegen Untersuchungen von *Lasogga* (1998 und 1999). Auch hier wirkt sich der Wertewandel hin zur Erlebnisorientierung aus, ebenso die Informationsüberlastung, der sich niemand entziehen kann. *Lasogga* (1998) zeigt, daß Entscheidungsträger in Unternehmungen nach Entscheidungen eher an Informationen interessiert sind (Abbau kognitiver Dissonanz), bei länger zurückliegenden Kaufentscheidungen nehmen emotionale Werbeelemente an Bedeutung zu. Erlebniswerte wie Erfolg, Zukunft und Vertrauen haben folglich größere Bedeutung als informative Ansprache (*Lasogga*, 1999, S. 64). Die emotionale Anmutungsqualität beeinflußt im späteren Entscheidungsprozeß die Produktbewertung und die Gedächtniswirkungen. Somit lassen sich die Aussagen zur emotionalen Konsumgüter-Kommunikation durchaus auf Produktivgütermärkte übertragen. Wenn auch die „Werbung im BtB-Bereich emotionaler werden sollte" (*Lasogga*, 1999, S. 67) so bedeutet dies nicht, daß wir die Gestaltungstechniken direkt übertragen können. Wenn im Konsumgüter-Sektor ein Klein-PKW (Clio) mit dem Slogan „Made in Paradise" beworben wird und als Ausgangspunkt eine erotisch anmutende „Paradis-Szene" gewählt wird, dann mag das im Konsumgüter-Sektor angemessen sein, im Produktivgüter-Sektor könnte eine ähnliche Werbung für Nutzfahrzeuge mit hoher Wahrscheinlichkeit Irritationen ungewollter Art auslösen. Es kommt in diesen Märkten darauf an, einerseits die Notwendigkeit emotionaler Gestaltung der Kommunikationsinstrumente zu erkennen, andererseits in der konkreten Umsetzung zielgruppenspezifische Gestaltungsrichtlinien zu finden. Das kann dazu führen, daß hier andere Emotionsinhalte als im Konsumgüter-Marketing von Bedeutung sind. *Lasogga* (1999, S. 61 und 62) stellt drei produktabhängige Erlebniswerte heraus:

- Produkte dienen dazu, einen ganz bestimmten Nutzen zu stiften, sie sollen ein Problem lösen, daraus wird **Erfolg** als Erlebniswert abgeleitet.

- Der Produktnutzen soll über einen längeren Zeitraum erreicht werden, daraus ergibt sich die **Zukunft** als Erlebniswert.

- Produktivgüter werden aufgrund wirtschaftlicher Überlegungen erworben, dem angestrebten Nutzen steht immer ein finanzielles Risiko gegenüber, woraus sich **Vertrauen** als Erlebniswert ergibt.

Um ähnlich erfolgreich emotional Marketing zu betreiben, wie im Konsumgüterbereich, bedarf es langfristig aber vielfältigerer emotionaler Ansprachen, um der Gefahr austauschbarer Marketing-Konzeptionen zu entgehen. Allerdings gibt es für Darstellungen von Erfolg, Vertrauen und Zukunft schon viele unterschiedliche Gestaltungsmöglichkeiten.

Den produktbezogenen Erlebniswerten wird als produktunabhängiger Erlebniswert die Selbstverwirklichung gegenübergestellt. Das halten wir für unglücklich. Es geht um persönliche Werte, Suche nach Unterhaltung (welcher Art?), Suche nach Anregung und Lust (welcher Art?). Das alles hat mit dem in der Psyhologie üblichen Konzept der Selbstverwirklichung nicht direkt etwas zu tun. Es geht einfach um individuelle **Persönlichkeitsstrukturen**, die teilweise auch Emotionen betreffen, aber auch individuelle Motive (z.B. Erfolgs- oder Mißerfolgsorientierung), Einstellungen, Attitüden. Hier ergibt sich allerdings ein schwerwiegendes Problem für das Produktivgüter-Marketing. Im Konsumgüter-Marketing können wir Zielgruppen direkt an bestimmten Persönlichkeitsstrukturen, eher emotionaler oder eher kognitiver Art ausmachen. Im Produktivgüter-Marketing ist das nicht möglich. Die Einkäufer/innen und Entscheidungsträger/innen für ganz bestimmte Produktivgüter haben zunächst nur eine einzige Gemeinsamkeit: das Interesse an einem ganz bestimmten Produktivgut. Sie unterscheiden sich hinsichtlich ihrer psychologisch beschreibbaren Persönlichkeit und ihrer soziodemographischen Merkmale oft erheblich und damit auch hinsichtlich der an ihrer Persönlichkeit orientierten Möglichkeit emotionaler Ansprache.

Die produktbezogenen und produktunabhängigen Ansprachemöglichkeiten werden durch Produkt- und Markteigenschaften codeterminiert. Das sind: Marktdynamik, Innovationsgrad des in Betracht kommenden Produktes, Politik der anbietenden Unternehmung, Internationalität (kulturelle Faktoren). Aus diesen Aspekten läßt sich die Struktur emotionaler Ansprache im Produktivgüter-Marketing entsprechend Abb. 17-4 darstellen.

15.2.2 Personalführung

Gefühle, Stimmungen und Affekte werden gleichermaßen als Determinanten des Leistungsverhaltens gesehen (*Engelhard*, 1992, Sp. 1257). Es kann angenommen werden, daß positiv empfundene Emotionen das Leistungsverhalten ebenso beeinflussen wie das Konsumverhalten.

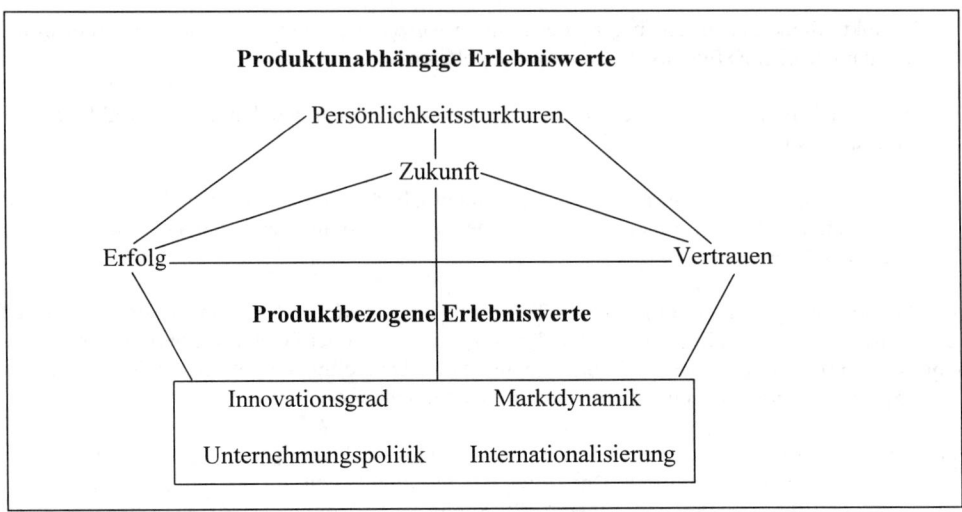

Abb. 15-4: Struktur emotionaler Ansprache (in Abwandlung nach *Lasogga*, 1999, S. 62).

In der praktischen Personalführung wird gelegentlich gefordert, Sachbeziehungen und emotionale Beziehungen klar voneinander zu trennen. Die obigen Ausführungen zum Charakter der Emotion dürften deutlich gemacht haben, wie laienhaft derartige Forderungen sind. Emotionale Aspekte lassen sich aus dem Erwerbsleben ebensowenig ausschließen, wie psychologische/ soziologische Aspekte aus dem allgemeinen Marktverhalten. Wir würden bei Einhaltung dieser Forderung ein Verhalten erwarten, wie das eines Mr. Spock in der bekannten Fernsehserie „Raumschiff Enterprise". Es gibt aber keine kognitive Mechanismen ohne affektive Elemente (*Mandl & Huber*, 1982, S. 16). Eine These, wonach die Rationalität des Menschen durch Emotionen beeinträchtigt würde, entbehrt empirisch wissenschaftlicher Grundlagen und ist nicht aufrecht zu halten.

Statt Emotionen aus dem Erwerbsleben ausschließen zu wollen, könnte auch die Forderung nach „Emotionaler Intelligenz" gestellt werden. Darunter kann die Fähigkeit verstanden werden, eigene Emotionen einschätzen zu können, situativ angemessen auf empfundene eigene Emotionen zu reagieren, Emotionen anderer Personen ebenso einschätzen zu können und darauf angemessen zu reagieren. Unter Angemessenheit kann Zielorientierung und Vermeidung zwischenmenschlicher Spannungen verstanden werden.

Bei allen diesen Überlegungen müssen wir uns vor Augen führen, daß Unternehmungen zunehmend international und damit multikulturell geprägt sind. Das damit ein äußerst differenzierter Umgang mit Emotionen erforderlich wird, bedarf keiner weiteren Erörterung.

Literatur

Aronson, E.: Sozialpsychologie - Menschliches Verhalten und gesellschaftlicher Einfluß. Heidelberg, Berlin, Oxford: 1994.

Atkinson, R. L., Atkinson, R. C., Smith, E. E., Bem, D. J. & Nolen-Hoeksema, S.: Hilgard's introduction to psychology (11th ed.). Fort Worth, Philadelphia, San Diego: 1996.

Batra, R. & Stephens, D.: Attitudinal effects of ad-evoked moods and emotions: The moderating role of motivation. Psychology & Marketing, 1994, **11**, 199-215.

Bem, D. J.: Self-perception theory. In: Berkowitz, L. (ed.): Advances in experimental social psychology, Vol. 6. New York, London, Toronto: 1972, 1-62.

Bente, G., Stephan, E., Jain, A. & Mutz, G.: Fernsehen und Emotion. Medienpsychologie, 1992, 4, 186-204.

Berkowitz, L. (ed.): Advances in experimental social psychology, Vol 1. New York, San Fransisco, London: 1964.

Berkowitz, L. (ed.): Advances in experimental social psychology, Vol. 6. New York, London, Toronto: 1972.

Berkowitz, L. (ed.): Cognitive theories in social psychology. New York, San Francisco, London: 1986.

Berkowitz, L. (ed.): Advances in experimental social psychology. New York: 1987.

Brosius, H.-B. & Kayser, S.: Der Einfluß von emotionalen Darstellungen im Fernsehen auf Informationsaufnahme und Urteilsbildung. Medienpsychologie, 1991, **3**, 236-253.

Bruhn, M.: Integrierte Kommunikation (2. Aufl.). Stuttgart: 1995.

Bruhn, M.: Kommunikationspolitik. München: 1997.

Clark, M. S. (ed.): Emotion. Newbury Park, London, New Delhi: 1992.

Clark, M. S. (ed.): Emotion and social behavior. Newbury Park, London, New Delhi: 1992.

Duclos, S. E., Laird, J. D., Schneider, E., Sexter, M., Stern, L. & van Lighten, O.: Categorical vs. dimensional effects of facial expressions and postures on emotional experience. Journal of Personality and Social Psychology, 1989, **57**, 100-108.

Duffy, E.: Emotion, An example of the need for reorientation in psychology. Psychlogical Review, 1934, **41**, 184-198.

Duffy, E.: Activation and behavior. New York: 1962.

Eagle, M. N.: Emotion und Gedächtnis. In: Mandl, H. & Huber, G. L. (Hrsg.): Emotion und Kognition. München, Wien, Baltimore: 1983, 85-122.

Engelhard, J.: Leistungsdeterminanten. In: Gaugler, E. & Weber, W. (Hrsg.): Handwörterbuch des Personalwesens (2. Aufl.). Stuttgart: 1992, 1254-1264.

Euler, H. A. & Mandl, H.: Einleitung. In: Euler, H. A. & Mandl, H. (Hrsg.): Emotionspsychologie - Ein Handbuch in Schlüsselbegriffen. München, Wien, Baltimore: 1983, 1-4.

Euler, H. A. & Mandl, H. (Hrsg.): Emotionspsychologie - Ein Handbuch in Schlüsselbegriffen. München, Wien, Baltimore: 1983.

Freud, S.: Psychopathology of everyday life. London: 1901 (dt. Psychopathologie im Alltagsleben. Berlin: 1904).

Gaugler, E. & Weber, W. (Hrsg.): Handwörterbuch des Personalwesens (2. Aufl.). Stuttgart: 1992.

Goldberg, M. & Gorn, G.: Happy and sad tv programs: How they affect reactions to commercials. Journal of Consumer Research, 1987, **14**, 387-403.

Gleich, U.: Aktuelle Ergebnisse der Werbewirkungsforschung. Media Perspektiven, 1996, 507-512.

Harré, R. & Parrott, W. G. (eds.): The emotions – social, cultural and biological dimensions. London, Thousand Oaks, New Delhi: 1996.

Irle, E.: Lerntheorien. In : Unger, F. (Hrsg.) Konsumentenpsychologie und Markenartikel. Heidelberg, Wien: 1986, 122-140.

Irle, M.: Lehrbuch der Sozialpsychologie. Göttingen, Toronto, Zürich: 1975.

Isen, A. M.: Positive affect, cognitive processes, and social behavior. In: Berkowitz, L.(ed.): Advances in experimental social psychology. New York: 1987, 203-253.

Izard, C. E.: Die Emotionen des Menschen (3. Aufl.). Weinheim, Basel: 1994.

James, W.: What is an emotion. Mind, 1984, **19**, 188-205.

Kellermann, J., Lewis, J. & Laird, J. D.: Looking and loving: The effects of mutural gaze on feelings of romantic love. Journal of Research in Personality, 1989, **23**, 145-161.

Kempf, D S.: Attitude formation from product trial: Distinct roles of cognition and affect for hedonic and functional products. Psychology & Marketing, 1999, **16**, 35-50.

Kleinginna, P. R. Jr. & Kleinginna, A. M.: A categorized list of emotion definitions, with suggestions for a consensual definition. Motivation and Emotion, 1981, 5, 345-355.

Konert, F.-J.: Vermittlung emotionaler Erlebniswerte. Eine Markenstrategie für gesättigte Märkte. Heidelberg, Wien: 1986

Kroeber-Riel, W.: Konsumentenverhalten. München: 1975.

Kroeber-Riel, W. & Weinberg, P.: Konsumentenverhalten (7. Aufl.). München: 1999.

Laird, J. D. & Apostoleris, N. H.: Emotional self-control and self-perception: Feelings are the solution, not the problem. In: Harré, R. & Parrott, W. G. (eds.): The emotions - social, cultural and biological dimensions. London, Thousand Oaks, New Delhi: 1996, 285 -301.

Laird, J. D. & Bresler, C.: The process of emotional experience: A self-perception theory. In: Clark, M. S.: Emotion. Newbury Park, London, New Delhi: 1992, 213-234.

Lange, C. G.: Om Sinsbevaegelsere. Kopenhagen: 1885 (dt: Über Gemütsbewegungen. Leipzig: 1887).

Lange, C. G. & James, W.: The emotions. Baltimore: 1922.

Lasogga, F.: Emotionale Anzeigen- und Direktwerbung im Investitionsgüterbereich – Eine Exploratorische Studie zu den Einsatzmöglichkeiten von Erlebniswrten in der Investitionsgüterwerbung. Frankfurt am Main: 1998.

Lasogga, F.: Emotionale Werbung im Business to Business-Bereich. Jahrbuch der Absatz- und Verbrauchsforschung, 1999, **45**, 56-70.

Lazarus, R. S., Kanner, A. D. & Folkman, S.: Emotions: A cognitive-phenomenolgical analysis. In: Plutchik, R. & Kellerman, H. (es.): Emotion. Theory, research, and experience. Vol. 1: Theories of emotion. New York: 1980, 189-217.

Mackie, D. M.; Asuncion, A. G. & Rosselli, F.: The impact of positive affect on persuasion processes. In: Clark, M. S. (ed.): Emotion and social behavior. Newbury Park, London, New Delhi: 1992, 247-270.

Mandl, H. & Huber, G. L.: Theoretische Grundpositionen zum Verhältnis von Emotion und Kognition. In: Mandl, H. & Huber, G. L. (Hrsg.): Emotion und Kognition. München, Wien, Baltimore: 1983, 1-60.

Mandl, H. & Huber, G. L (Hrsg.): Emotion und Kognition. München, Wien, Baltimore: 1983.

Mangold, R.: Zum Einsatz hirndiagnostischer Verfahren bei der Untersuchung kognitiver und insbesondere emotionaler Medienwirkungen. Medienpsychologie, 1999, 11, 121-142.

Meyer, W.-U., Schützwohl, A. & Reizenstein, R.: Einführung in die Emotionspsychologie, Band I. Bern, Göttingen, Toronto, Seattle: 1993.

Neibecker, B.: Wirkungsanalyse mit Expertensystemen. Heidelberg: 1990.

Oatley, K.: Emotions: Communications to the self and others. In: Harré, R. & Parrott, W. G. (eds.): The emotions - social, cultural and biological dimensions. London, Thousand Oaks, New Delhi: 1996, 312-318.

Piaget, J.: Intelligence and affectivety: Their relationship during child development. Palo Alto: 1981.

Plutchik, R. & Kellerman, H. (eds.): Emotion. Theory, research, and experience. Vol. 1: Theories of emotion. New York: 1980.

Schachter, S.: The interaction of cognitive and physiological determinants of emotional state. In: Berkowitz, L. (ed.): Advances in experimental social psychology, Vol. 1. New York, San Francisco, London: 1964, 48-80.

Schachter, S.: Second thoughts on biological and psychological explanations of behavior. In: Berkowitz, L. (ed.): Cognitive theories in social psychology. New York, San Francisco, London: 1978, 433-453.

Schachter, S. & Singer, J. E.: Cognitive, social, and physiological determinants of emotional state. Psychological Review, 1962, **69**, 379-399.

Scherer, K. R.: Theorien und aktuelle Probleme der Emotionspsychologie. In: Scherer, K. R. (Hrsg.): Psychologie der Emotionen. Göttingen, Toronto, Zürich:1990, 2-38.

Scherer, K. R.(Hrsg.): Psychologie der Emotionen. Göttingen, Toronto, Zürich: 1990.

Schwarz, N., Bless, H. & Bohner, G.: Mood and persuasion: Affective states influence the processing of persuasive communications. In: Zanna, M. P. (ed.): Advances in experimental and social psychology, Vol. 24. San Diego, New York, Boston: 1991, 161-199.

Sherman, E., Mathur, A. & Smith, R. B.: Store environment and consumer purchase bahavior: mediating role of consumer emotions. Psychology & Marketing, 1997, **14**, 361-378.

Staats, A. W. & Staats, C. K.: Attitudes established by classical conditioning of attitudes. Journal of Abnormal and Social Psychology, 1958, **57**, 37-40.

Unger, F. (Hrsg.): Konsumentenpsychologie und Markenartikel. Heidelberg, Wien: 1986.

Unger, F. & Fuchs, W.: Management der Marktkommunikation (2. Aufl.). Heidelberg: 1999.

Valins, S.: Cognitive effects of false heart rate feedback. Journal of Personality and Social Psychology, 1966, **4**, 400-408.

Weinberg P. & Konert, F. J.: Messung produktspezifischer Erlebniswerte von Konsumenten. Planung und Analyse, 1984, **11**, 313-316.

Zanna, M. P.: Advances in experimental and social psychology, Vol. 24. San Diego, New York, Boston: 1991.

Zimbardo, P. G. & Gerrig, R. J.: Psychology and life (15th ed.). New York, Reading, Menlo Park: 1999.

Macht, Kontrolle, Austausch

16. Macht

16.1 Theorie

16.1.1 Begriffliche Grundlagen

„Macht bedeutet jede Chance, innerhalb einer sozialen Beziehung den eigenen Willen auch gegen Widerstreben durchzusetzen, gleichviel worauf diese Chance beruht" (*Weber*, 1972, S. 28). Diese Auffassung ist wissenschaftlich wertfrei. Sie ist in der Formulierung nach *Weber* „amorph".

„Wir können die Macht von b über a definieren ... als einen Quotienten der maximal möglichen Kraft, die b auf a ausüben kann ..., und dem maximalen Widerstand den a dem entgegenstellen kann" (*Lewin*, 1951, S. 336, vgl. auch *Lewin*, 1982, S. 361).

Macht entsteht dann, wenn zwischen Akteuren ein Ungleichgewicht hinsichtlich der Ressourcen gegenseitiger Beeinflussung besteht. „Das Ausmaß dieser Ungleichgewichte kann als die Macht bezeichnet werden, die zwischen den Akteuren besteht. Ein Akteur ist dann mächtiger als ein anderer Akteur, wenn er - relativ - über mehr Ressourcen Kontrolle hat, die den anderen Akteur interessieren" (*Esser*, 1993, S. 347). So wird Macht zu einem Spezialfall gegenseitiger Abhängigkeit.

Dieser Ansatz findet sich schon bei *Foucault* (1976). Macht wird nicht mehr als eine von „oben nach unten" gerichtete Ressource von Einflußmöglichkeiten verstanden, sondern als ein wechselseitiges Gefüge von Beziehungen, das jeder Gesellschaft innewohnt und so auch Organisationen jeglicher Art. Machtbeziehungen bestehen zwischen allen Personen, die miteinander in Beziehung treten. Das widerspricht den Ansätzen von *Weber* (1972) oder *Lewin* (1951) in keiner Weise, es wird lediglich verdeutlicht, daß die dortigen Inhalte des Konzeptes „Macht" wechselseitig, nicht einseitig zu verstehen sind. Das ist notwendig, weil auch in Kreisen gebildeter Laien (z.B. im Management) Macht zu sehr als eine „von oben nach unten"-Beziehung verstanden wird, und dies durchaus mit Bezug auf *Max Weber* (*Lewin* ist auch gebildeten Laien seltener vertraut). Menschliche Beziehungen ohne Machtstrukturen sind nicht möglich (*Hahne*, 1998, S. 200).

Nach *Weber* (1972, S. 541) ist zwischen Macht in Tauschbeziehungen und Macht in Herrschaftsbeziehungen zu unterscheiden. Macht in Herrschaftsbeziehungen ist durch Verfügungsgewalt der machtausübenden Instanz über Zwangsmittel, Belohnungen und Bestrafungen möglich, wobei sich die Wirksamkeit solcher Zwangsmittel aus dem Ausmaß der Unterordnung der machtunterworfenen Personen gegenüber machtausführenden Personen (vgl. auch *Scherhorn*, 1983, S. 56) ergibt.

16.1.2 Ressourcen der Macht (*Cartwright*, 1959)

Macht begründet sich auf eine Reihe von Grundlagen, die *Cartwright* (1959, 1965) beschreibt.

a) Physischer Einfluß

Dieser Aspekt wird in freiheitlich, demokratisch organisierten Gesellschaften wohl nicht mehr ernsthaft in Erwägung gezogen. Er spielte in früheren Epochen eine große Rolle, auch im Wirtschaftsleben. Auch heute sind nicht alle wirtschaftlichen Leistungsprozesse frei von physischem Einfluß, denken wir an Kinderarbeit. In wieweit wir hier lieber von Gewalt als von Macht sprechen wollen, ist eine Frage, die sich angesichts der Machttheorie nach *Luhmann* noch einmal stellt. Auf jeden Fall stellt die Möglichkeit, physische Gewalt auszuüben einen Machtfaktor dar.

b) Einfluß auf Erträge und Kosten, auf Belohnung und Bestrafung

Dieser Aspekt spielt im modernen Wirtschaftsleben eine erhebliche Rolle. Leistungsprämien, die Zuweisung angenehmer oder unangenehmer Arbeiten, Drohung von Arbeitsplatzverlust, Drohung oder Versprechen von Versetzungen oder Karrieremöglichkeiten, alles das sind für diejenigen Personen, die diesbezügliche Entscheidungen zu treffen haben, Machtressourcen.

Es ist aber keineswegs so, daß Macht in Organisationen immer von „oben nach unten" ausgeübt wird, von Vorgesetzten zu sog. Untergebenen. Auch letztere haben Einfluß auf Erträge und Kosten ihrer Vorgesetzten. Diese suchen Leistungen ihrer Mitarbeiter/innen, um dadurch bestimmte Resultate zu erzielen, die sie ihrerseits als Erfolg, oder im negativen Fall als Mißerfolg empfinden. Darin sind sie auf die Mitarbeit anderer angewiesen. In arbeitsteiligen Wirtschaftssystemen ist Macht immer wechselseitig. So verfügen Mitarbeiter/innen über Einfluß auf Erträge und Kosten, auf Belohnungen und Bestrafungen gegenüber ihren sog. Vorgesetzten.

c) Einfluß durch die Gestaltung der Umwelt, sog. „ökologischer Einfluß"

Die Gestaltung der ökologischen Umwelt erleichtert manche Verhaltensweisen, sie verhindert andere. Im Erwerbsleben denken wir zunächst an Sicherheitsvorkehrungen, die das Betreten bestimmter Areale oder Räumlichkeiten von vornherein verhindern. Psychologisch viel interessanter ist die Gestaltung von Verkaufsräumen zur Steuerung von Käuferströmen. Durch Anordnung von Regalen kann jede(r) Käufer(in) dazu gebracht werden, zwangsweise den gesamten Verkaufsraum zu durchlaufen, auch wenn nur ein Produkt gekauft werden sollte, um so Impulskäufe auszulösen. Zu letzterem kann niemand gezwungen werden, ökologischer Einfluß zwingt aber wenigstens zum Passieren bestimmter Regalflächen.

In der modernen Informationsgesellschaft wird der Zugang zu bestimmten Daten für einige Personen erleichtert, für andere unmöglich gemacht. Dies kann ebenfalls als ein Fall ökologischer Machtausübung angesehen werden.

d) Internalisierung und Identifizierung

Internalisierung beschreibt einen Prozeß, bei dem sich Personen die Ziele einer Organisation, deren Mitglied sie sind zu ihren eigenen Zielen machen. Es ist naheliegend, daß Personen bemerken, inwieweit ihr persönliches Einkommen vom Erfolg der Unternehmung abhängig ist. Die Frage ist, ob sie annehmen, ihr eigenes Verhalten ist tatsächlich für den Unternehmungserfolg mit ausschlaggebend, oder ob sie mit der Hypothese leben, sie profitieren auch dann vom Erfolg in gleichem Maße, wenn sie selber in ihrem Leistungsverhalten zurückhaltend bleiben. Wenn diese Hypothese der Realität entspricht, dann kann es unter ausschließlich ökonomischer Perspektive richtig sein, selber nur den minimal notwendigen Beitrag zu leisten, um den Verbleib in der Organisation nicht zu gefährden. In der Tatsache, daß sich Menschen oft wesentlich stärker engagieren, als es aufgrund dieser Überlegungen angemessen wäre, offenbart sich die Problematik einer sog. „reinen Ökonomie". Wirtschaftliches Verhalten ist soziales Verhalten und bedarf daher sozialwissenschaftlicher Erklärungen. Arbeitnehmer/innen sind offensichtlich durchaus zur Internalisierung bereit bzw. können dazu motiviert werden. Wenn dieser Zustand eintritt, läßt sich mancher Zielkonflikt reduzieren und sogar beseitigen.

Identifizierung bezieht sich auf den Prozeß der Annahme von Vorbildern. Menschen suchen sich Bezugspersonen und Bezugsgruppen, deren Verhalten sie als Maßstab richtigen Verhaltens ansehen. Damit ist die Theorie sozialer Vergleiche (Kapitel 3) angesprochen. Personen, die als Bezugspersonen gewählt werden, üben Macht auf das Verhalten der jeweiligen anderen Personen aus, da diese sich mehr oder weniger stark ausgeprägt, bemühen, das Verhalten der Bezugspersonen zu imitieren. Man kann diesen Einfluß im Alltagsleben recht gut beobachten, wenn Personen Redewendungen anderer Personen übernehmen. Das mag ein (unbewußtes) Zeichen von Sympathie oder Unterwerfung sein (auch Sympathie ist ein Machtressource durch Identifizierung). Häufig beobachten wir, daß „Untergebene" die Sprache ihrer Vorgesetzten imitieren.

e) Einfluß durch selektive Kommunikation

Wir müssen unabdingbar davon ausgehen, daß Kommunikation immer selektiv sein muß, wie aus der Darstellung von Macht durch Kommunikation nach *Luhmann* (1988) auch ersichtlich ist. Dann wird aus diesem Aspekt ganz einfach Macht durch Kommunikation. Die Frage ist lediglich, wie bewußt oder gezielt Kommunikation selektiv gestaltet wird und ob das wissentlich als Instrument der Machtausübung eingesetzt wird oder nicht. Daß Information ein Machtpotential darstellt, gehört heute schon zum Alltagswissen. Auf jeden Fall wird durch Kommunikation das Verhalten anderer beeinflußt, zuweilen in sehr extremem Maße. Diese Beeinflussung kann sehr massiv erfolgen, beispielsweise in Form von Befehlen, sie kann auch sehr subtil und teilweise unmerklich erfolgen, wie das im Rahmen der Marktkommunikation erfolgt: Werbung, Öffentlichkeitsarbeit, Product Placement, Sponsoring, verkaufsfördernde Maßnahmen in den Verkaufsstellen aber auch Wahlkampf und andere Formen der politischen Kommunikation sind dafür prominente Beispiele.

Sprache (als Fachsprache) und Schrift sind kommunikativ begründete Machtressourcen. Nicht umsonst hat die Kirche lange Zeit die Druckerkunst unterdrückt, nicht umsonst bilden sich in vielen Berufskreisen Fachsprachen, die weniger der Kommunikation als vielmehr der Festigung von Macht dienen.

Macht durch Kommunikation kann die Macht durch ökologischen Einfluß teilweise substituieren. Durch Kommunikation kann die Vorstellung einer Person über ihre Situation verändert werden, das kann in seiner Wirkung deckungsgleich mit tatsächlicher ökologischer Einflußnahme sein.

Macht durch Kommunikation kann auch durch Kommunikation über das, was als Erfolg angesehen wird, ausgeübt werden. „Was in der Organisation als erfolgreich angesehen wird, wie Erfolg gemessen wird und welche Verfahren bei der Erfolgszuschreibung angewandt werden, variiert von Organisation zu Organisation" (*Hahne*, 1998, S. 204, 205).

Letztlich können Erwartungen einer Person über die Folgen ihres Tuns unterschiedlich kommuniziert werden (ebenda).

f) Appelle an die Moral und psychischer Druck

In dem Ansatz von *Cartwright* taucht ein Aspekt nicht explizit auf: Das Appellieren an die Moral, also das Ausüben psychischen Drucks. Er mag in dem Aspekt des Einflusses durch selektive Kommunikation implizit enthalten sein. Der Appell an die Moral hat aber Besonderheiten, die eine eigenständige Behandlung sinnvoll erscheinen lassen. Dabei kann eine Macht ausübende Person auch versuchen, die Wertmaßstäbe der zu beeinflussenden Person zu verändern, sie kann sich auf das Gemeinwohl beziehen. Politiker/innen beziehen sich gerne auf „den Willen des Volkes". Es gibt aber keinen „Gesamtwillen eines Volkes". Es gibt Mehrheiten, die bestimmte Koalitionen in Parlamenten ermöglichen, die dann eine bestimmte Regierung stützen. Auch wenn diese Koalition nach einer Wahl weiter regieren kann, so wurde damit nicht „die Arbeit der Regierung" bestätigt. In einer auf dem Verhältniswahlrecht aufbauenden Demokratie wählen Wähler/innen keine Regierung. Aber sich auf den „Volkswillen" stützen zu können, verleiht eine hohe moralische Integrität.

Ein geradezu grotesk anmutendes Beispiel dafür lieferten die beiden Präsidentschaftskandidaten Bush und Al Gore Ende 2000 nach der Präsidentenwahl in den USA. Beide beriefen sich bei der Verfolgung ihrer egoistischen Eigeninteressen (Nachzählung fragwürdiger Wahlzettel in einigen Stimmbezirken Floridas oder Akzeptanz eines bestehenden Wahlresultates) jeweils auf das Interesse der „Gesellschaft der Vereinigten Staaten", auf „das Interesse der Wähler" usw.

Das Herausstellen einer bestimmten Moral kann deswegen eine sehr wirksame Methode der Machtausübung sein, weil sich Maßstäbe der Moral der Erkenntnis entziehen. Sie lassen sich nicht anhand der Realität kritisch überprüfen. Immerhin besteht die Möglichkeit, daß eine nicht der Wahrheit entsprechende Kommunikation an der kritisch überprüfbaren Realität scheitert. Eine Aussage wie „Das kannst Du nicht tun" im Sinne von „Das darfst Du nicht tun" beinhalten einen absoluten Anspruch auf richtiges Verhalten. Personen, die als moralisch angesehene Instanz gelten, können sehr leicht über Appelle an die Moral Macht ausüben.

g) Formal begründete Einflußnahme

Von *Cartwright* (1959) nicht behandelt, aber genauso relevant ist die Möglichkeit, formal begründete Macht auszuüben. Das ergibt sich in unternehmerischen Organisationen aus der formalen hierarchischen Organisationsstruktur. Formale Macht ist diejenige Machtressource, bei welcher praktisch ausschließlich in hierarchischer Denkweise Macht von „oben nach unten" ausgeübt wird. In diesem Sinne scheint es gerechtfertigt, formale Macht als Herrschaft zu bezeichnen. Die vorab dargestellten Möglichkeiten sozialer Machtausübung zeigen aber, daß es unvorteilhaft ist, sich ausschließlich auf formal begründeten Machtressourcen zu verlassen. Auch der Staat beruft sich bei der Durchsetzung des Rechts auf formale Macht.

h) Sexualität als Machtfaktor

Dieser Aspekt findet sich explizit kaum in der Organisationsliteratur, was Wissenschaftlerinnen sicherlich zu Recht daraus ableiten werden, daß Management und Wissenschaft immer noch männlich dominiert sind. Das Spektrum der durch Sexualität begründeten Machtausübung ist breit (vgl. *Rastetter*, 1994): männlich dominierte Herrschaftsstrukturen und daraus ableitbare „Männerbünde" (dieser Aspekt wäre durch weiblich dominierte Netzwerke kompensierbar), Leistungsbeurteilung in männlich dominierten Strukturen, geschlechtlich definierte Arbeitsteilung, geschlechtsspezifische Wahrnehmung von Leistung und leistungsfremden Verhalten, geschlechtsspezfische Attribution von Erfolg und Mißerfolg und letztendlich kommen wir zu Problemen, die sich aus Belästigungen am Arbeitsplatz ergeben (*Rastetter*, 1994, 171 ff.; vgl. den Überblick zur Forschung bei *Stockdale*, 1996). Es ist vollkommen klar, daß wir uns im Falle sexueller Belästigung nach Auffassung vieler Machttheorien nicht mehr im Bereich der Macht befinden sondern im Bereich von Herrschaftsstrukturen. Die anderen durch Sexualität geprägten Faktoren können theoretisch von beiden Geschlechtern als Machtgrundlage eingesetzt werden und beschreiben damit Machtstrukturen. Zu Beginn dieses Jahrtausends begründen sie infolge männlicher Dominanz de facto durchaus teilweise (noch) Herrschaftsstrukturen.

Verhalten (**V**) ist ganz allgemein immer und überall von zwei Faktorengruppen (**f**) abhängig, die sich gegenseitig beeinflussen: Persönlichkeitsfaktoren (**P**) und Umweltfaktoren (**U**) (*Lewin*, 1936; 1982, S. 66).

$$V = f(P, U)$$

Macht wird immer dann ausgeübt, wenn Umweltfaktoren beeinflußt werden. Alle von *Cartwright* (1959) dargestellten Machtressourcen erfüllen diese Voraussetzung. Das trifft auch auf Internalisierung und Identifizierung zu. Internalisierung ist ein Beispiel für den wechselseitigen Einfluß von Persönlichkeits- und Umweltfaktoren. Der Umweltfaktor „Ziel" wird durch Internalisierung zu einem Persönlichkeitsfaktor. Identifizierung geht zunächst von einem Umweltfaktor aus, nämlich einer Person, die als Bezugsperson oder einer Gruppe, die als Bezugsgruppe fungieren kann. Die betroffene Person **P** übernimmt im Laufe der Zeit einige Verhaltensweisen oder auch Persönlichkeitseigenschaften, diese werden so zu Persönlichkeitsfaktoren von **P**. Der Prozeß der Übernahme moralischer Maßstäbe verläuft analog.

Nach der Feldtheorie von *Lewin* befindet sich jede Person **P** ständig in einem Kräftefeld welches auf sie einwirkt. Diese können in Richtung der von **P** angestrebten Zustände wirken oder dagegen. Das sind die Umweltfaktoren. Gleichzeitig entwickelt **P** ständig eigene Kräfte, die an den eigenen Zielen, oder an der Abkehr unerwünschter Zustände ausgerichtet sind. Das tatsächliche Verhalten von **P** ist das Resultat der Nettokräfte externer Einflüsse (**U**) und eigener Kräfte (**P**) (*Lewin*, 1982, S. 103-126). Um das vollständig zu verstehen, müssen wir beachten, daß auch Denken, Entscheidungsprozesse, Meinungsbildung, Einstellungsbildung usw. also alle denkbaren kognitiven Prozesse zum Verhalten zählen.

Sozialer Einfluß, also Macht, hat eine bestimmte Reichweite (*Irle*, 1971, S. 17). Damit ist gemeint, welche Lebensbereiche durch eine bestimmte Machtausübung beeinflußt werden können. Je stärker das Gewicht der von einer machtausübenden Instanz beeinflußten Umweltfaktoren zu lasten von Persönlichkeitsfaktoren wird, um so eher kommen wir von Machtausübung zu „sozialer Kontrolle". „Soziale Kontrolle meint ... daß in der Formel V = f (P,U) die P-Faktoren als Determinanten von V nach 0 absinken und U-Faktoren nahezu allein V bestimmen,..."(*Irle*, 1971, S. 19).

16.1.3 Macht und Kommunikation (*Luhmann*, insbes. 1988)

Soziale Systeme, wie z.B. Organisationen entstehen nur durch Kommunikation (*Luhmann*, 1988, S. 5). Kommunikation ist immer selektive Information, weil keine Botschaft irgendeine Realität vollständig darstellen kann. Die Welt ist hyperkomplex, durch Kommunikation wird die Komplexität radikal reduziert; *Luhmann* (1988, S. 11) sieht in der Übertragung „reduzierter Komplexität" die Funktion der Kommunikation. Durch ihre Selektivität beinhaltet Kommunikation immer die Möglichkeit der Manipulation. Damit wird Kommunikation zur Grundlage von Macht. In modernen Gesellschaften ist auch Geld ein Medium der Macht (*Luhmann*, 1996, S. 310).

Menschen verfügen über eine bestimmte Menge von Verhaltensalternativen. Einflußnehmende Kommunikation bezieht sich darauf, einen möglichen Kommunikationspartner in seiner Selektion zu dirigieren (*Luhmann*, 1988, S. 8). So wird Macht zu einem Kommunikationsmedium. Da sich Kommunikation immer wechselseitig zwischen Kommunikationspartnern abspielt, verursachen sie doppelseitige Selektivität (ebenda). Nach *Luhmann* besteht Macht nur unter der Grundbedingung, daß wenigstens bei einem der beteiligten Kommunikationspartner situative Unsicherheit besteht. Machtausübung ist dann möglich, wenn ein Entscheidungsträger (als Machtausübender) über „Unsicherheit *anderer* in Bezug auf seine eigene Entscheidung disponieren kann" (*Luhmann*, 2000, S. 212). Das bedeutet allerdings nicht, daß Unsicherheit für Machtausübende geringer ist als die der Machtunterworfenen. Realistisch betrachtet, ist Sicherheit niemals möglich, dennoch unterliegen Personen zuweilen der Illusion von Sicherheit. Dann ist Machtausübung, im Sinne von *Luhmann* nicht möglich. Das führt zu dem Paradoxon, daß Personen, die einer Illusion (von Sicherheit) unterliegen, weniger der Macht ausgeliefert sind, als solche Personen, die mit der realistischen Annahme von Unsicherheit leben.

Macht durch Kommunikation wird dadurch ausgeübt, indem sie den Handlungsspielraum der Kommunikationspartner einschränkt. „Sie ist größere Macht, wenn sie sich auch gegenüber attraktiven Alternativen des Handelns oder Unterlassens durchzusetzen vermag" (*Luhmann*, 1988, S. 9). Das ist plausibel: Wenn es uns gelingt, einer Person eine bestimmte Handlungsalternative unattraktiv darzustellen, die von vornherein nicht angestrebt war, dann ist das kein überzeugender Machtbeweis. Wenn hingegen aufgrund einer Kommunikation eine vorher als sehr attraktiv eingeschätzte Verhaltensalternative unterbleibt, dann muß die Machtausübung durch Kommunikation recht überzeugend abgelaufen sein.

Da Macht Handlungsfreiräume durch Kommunikation einschränkt, ohne das eine einzige, ganz konkrete Handlung oktroyiert wird, wird Macht konsequent von Zwang unterschieden. Zwang kann im Extrem durch physische Gewalt eine Handlung herbeiführen. Eine Person, die irgendeiner Macht unterworfen ist, sieht *Luhmann* (1988, S. 21) als frei in der Wahl eigenen Handelns. Machtmittel (Drohungen) werden gegen sie eingesetzt, um diese Wahl zu beeinflussen. Wird die Drohung tatsächlich eingesetzt, bricht das kommunikative Machtgefüge zusammen, der zukünftige Zustand ist nicht vorhersehbar, der vorangegangene Zustand ist irreversibel zerstört. Daher beinhaltet ein Machtsystem das Bestreben, Zwang zu vermeiden. Schon die Formulierung von Macht kann den „Charakter einer Drohung" annehmen (*Luhmann*, 1988, S. 26) und als nächsten Schritt die Anwendung von Sanktionen notwendig machen, mit den eben dargelegten unerwünschten Folgen für das Machtsystem. Explizites Ansprechen von Macht und Sanktionen wird daher nach Möglichkeit vermieden. In modernen Gesellschaften treten an deren Stelle Rechtsansprüche. Diese haben den Vorteil, daß Machtansprüche oder Drohungen nicht ausgesprochen werden müssen, Rechtsansprüche sind unausgesprochen vorhanden.

Machtausübung ist immer eine wechselseitige Angelegenheit. Nicht nur Machtunterworfene werden in ihren Verhaltensweisen beeinflußt, auch Machtinhaber/innen müssen zur Machtausübung veranlaßt werden (*Luhmann*, 1988, S. 21). Da hierarchisch höher angesiedelte Personen, denen Machtressourcen zugeschrieben werden für Erfolg und Mißerfolg verantwortlich gemacht werden, könnte es in ihrem Interesse liegen, keine Macht auszuüben. Außerdem kann der Machtunterworfene beginnen trotz zu erwartender Sanktionen die vom Machtausübenden zu vermeidenden Alternativen zu wählen, er kann so, oder mit der Androhung (!) dieses Verhaltens den Machtausübenden zwingen, die Sanktionen auszuüben, die dieser eigentlich vermeiden wollte (*Luhmann*, 19997, S. 356). Wer ist nun Machtausübender, wer ist Machtunterworfener?

„Der Macht des Vorgesetzten, unangenehme Arbeit zuzuweisen mit der Drohung, daß bei Ungehorsam Entlassung erfolgen würde, steht die Macht des Untergebenen gegenüber, Kooperation zu entziehen in Fällen, in denen der Vorgesetzte darauf angewiesen ist" (*Luhmann*, 2000, S. 201). So betrachtet sind beide Beteiligten gleichzeitig oder wechselseitig Machtausübende und Machtunterworfene.

In der Machttheorie von *Luhmann* (1988) geht es um negative Sanktionen. Im Mittelpunkt stehen Verhaltensalternativen, die beide Teilnehmer vermeiden wollen. Ein Machtinhaber droht für den Fall, daß bestimmte Verhaltensweisen nicht ausgeübt werden mit nicht attraktiven Folgen.

P1 (Machtinhaber) droht P2 (Machtunterworfener) für den Fall einer bestimmten Verhaltensweise Y mit X. Er übt erfolgreich Macht aus, wenn P2 X eher vermeiden möchte als P1 und wenn X tatsächlich für P2 weniger attraktiv ist als Y. Es entsteht eine „Verknüpfung der Kombination von Vermeidungsalternativen mit einer weniger negativ bewerteten Kombination von anderen Alternativen" (S. 22). Wenn P1 in die Situation gerät, X ausüben zu müssen, bricht die Kommunikationsstruktur zusammen, sie wird zu einem System von Zwang oder Gewalt. „Macht wird nur dann angewandt, wenn gegenüber einer gegebenen Erwartungslage eine **ungünstigere** Alternativenkombination konstruiert wird" (*Luhmann*, 1988, S. 23).

16.1.4 Beiträge der Motivationspsychologie zur Theorie der Macht

Macht ist immer an der Ausnutzung bestehender Motive oder Bedürfnisse anderer ausgerichtet. Dabei mögen Vermeidungsmotive im Mittelpunkt stehen, wie in dem Ansatz von *Luhmann* oder Vermeidungs- und Annäherungstendenzen sind in gleichem Maße mögliche Ausgangspunkte der Machtausübung. Machtausübende werden diejenigen Machtressourcen einsetzen, die in Bezug auf die angestrebten Ziele die günstigste Kosten-Nutzen-Relation darstellen (*Heckhausen*, 1989, S. 362). Dabei werden sie sich bemühen eine solche Situation (psychologisch aus Sicht der Machtunterworfenen) zu realisieren, in der ein Befolgen der von Machtausübenden angestrebten Verhaltensweisen durch Machtunterworfene für letztere die günstigste Kosten-Nutzen-Relation darstellt. Dabei werden erwünschte und unerwünschte Folgen einer Handlung berücksichtigt, ebenso mögliche Ausweichhandlungen und deren Kosten und Erträge. Eine Person kann beispielsweise dem Leistungsverhalten am Arbeitsplatz ausweichen und Aktivitäten im privaten Bereich vorziehen. Sie wird das tun, wenn sie die erwarteten Belohnungen und/oder Bestrafungen am Arbeitsplatz insgesamt geringer bewertet als erwartete Belohnungen und/oder Bestrafungen im Privatleben. Das alles wird gesteuert durch bestehende Bedürfnis- oder Motivstrukturen sowohl der Machtausübenden als auch der Machtunterworfenen; wobei wir wissen, daß alle am Machtprozeß Beteiligten gleichzeitig Machtausübende und -unterworfene sein können.

Der gesamte Prozeß des Machtverhaltens wird ausgelöst durch die Motivation, Macht auszuüben, d.h. durch die Annahme eigene Ziele durch ein bestimmtes Verhalten anderer erreichen zu können. Also muß deren Verhalten beeinflußt werden. Dazu stehen einerseits bestimmte Quellen der Machtausübung zur Verfügung: persönliche Faktoren der Machtinhaber (Intelligenz, Kraft, Charisma) einerseits und institutionelle Faktoren andererseits, also formal zugewiesene Rollen in Organisationen. Der Machtausübung steht möglicher Widerstand seitens der Zielpersonen gegenüber, außerdem existieren Hemmungen der Machtausübung. Um Macht (trotz eigener Hemmungen und Widerstand der Machtunterworfenen) einzusetzen, bedarf es Ressourcen der Macht (vgl. *Cartwright*, 1959). Es folgen Reaktionen der Machtunterworfenen. Diese werden außer durch Machtausübende auch durch eigene Motive und Macht beeinflußt. Als Resultat erscheinen die Folgen des realisierten Verhaltens für Machtausübende und Machtunterworfene.

In der Motivationspsychologie wird zu der Annahme tendiert, daß es ein persönlichkeitsspezifisches Motiv nach Macht gibt. *Heckhausen* (1989, S. 368-375) stellt eine Vielzahl von Ansätzen zur Messung des Machtmotivs dar, die aber alle noch sehr kritisch beurteilt werden, so daß wir hier auf eine ausführliche Darstellung verzichten. Wir begnügen uns mit der Annahme eines solchen individuell unterschiedlich ausgeprägten Motivs oder Bedürfnisses nach Macht. Menschen scheinen in der Motivation zur Ausübung von Macht ähnlich strukturiert zu sein, wie im allgemeinen Leistungsverhalten (Hoffnung und Furcht in der Leistungsmotivation, *Heckhausen*, 1963). Es scheint analog eine Hoffnung auf Macht und eine Furcht vor Machtverlust zu geben (*Schmalt*, 1987). Jeder Einsatz von Macht hat Resultate zur Folge, welche die eigene Machtposition stärken oder schwächen können. Auch diese Erwartungen werden die Entscheidung Macht mehr oder weniger erkennbar einzusetzen beeinflussen.

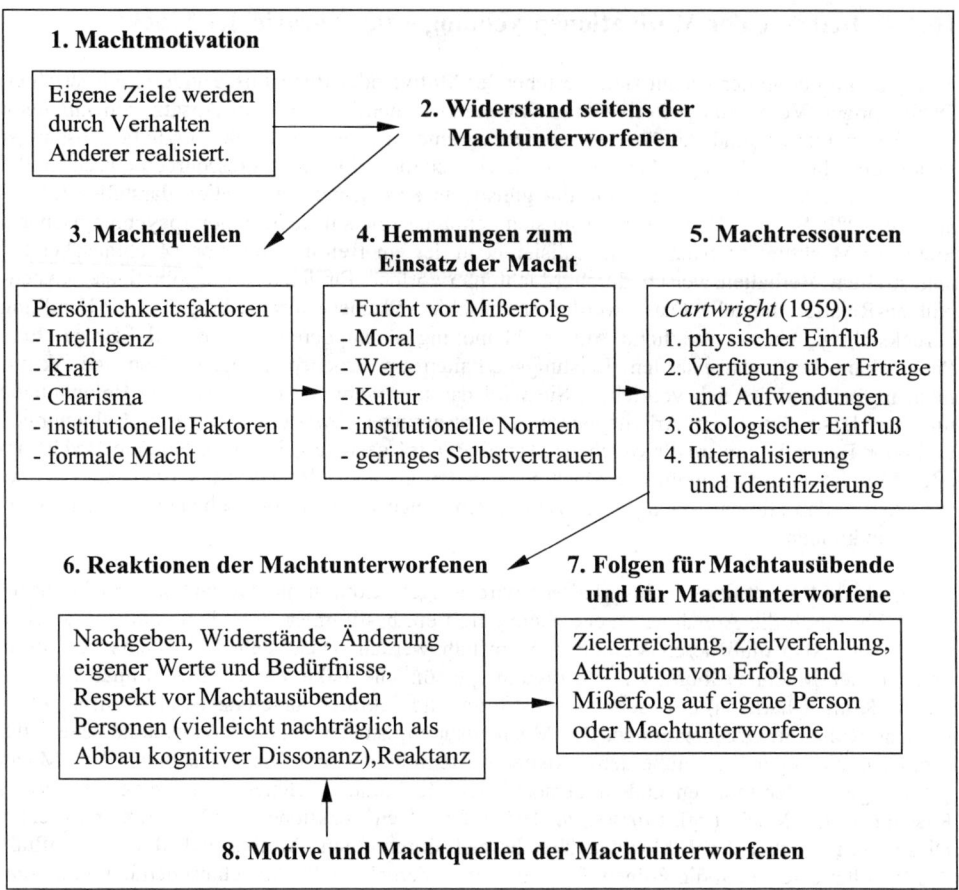

Abb. 16-1: Prozeß des Machtverhaltens, in enger Anlehnung an *Heckhausen* (1989, S. 365), vgl. auch *Cartwright*(1965) und *Kipins* (1974, S. 89).

16.2 Anwendungen

16.2.1 *Luhmann* (insbes. 1988)

In Hierarchien wird eine asymmetrische Machtverteilung angenommen. „Man nimmt an, daß ein Vorgesetzter mehr Macht hat als ein Untergebener (obwohl in bürokratischen Organisationen das Gegenteil normal sein dürfte)" (*Luhmann*, 1988, S. 10). Daraus läßt sich ableiten, daß sich Hierarchien durch ungleiche Machtverteilung konstituieren.

Macht in Organisationen (und anderswo) wird ausgeübt, indem der Verhaltensspielraum von Mitarbeitern/innen oder Vorgesetzten eingeschränkt wird. In der Organisationspraxis wird angenommen, daß Führungskräfte als bevorzugte Machtinhaber für das Zustandekommen von Macht von größerer Bedeutung sind als „Untergebene". Diese Annahme ist falsch. Sie unterschätzt die Tatsache, daß Kommunikation und damit Machtausübung immer wechselseitig ist. Damit wird die Möglichkeit der Steuerung hierarchisch höher angesiedelter Personen durch hierarchisch darunter angesiedelte Personen erheblich unterschätzt.

In der Machttheorie von *Luhmann* (1988), geht es um ein System von zu vermeidenden Alternativen. Das ist angesichts der Bedeutung positiver Verstärkungen, also von Belohnungen, in der Personalführung nur schwer verständlich. *Luhmann's* Theorie wird in der internationalen Politik verständlich. Hier haben wir in der Vergangenheit massive Kommunikation von Drohungen erlebt, die keiner der Beteiligten tatsächlich einsetzen wollte. Ein Land oder ein System drohte (oft unausgesprochen) mit dem Einsatz militärischer Ressourcen, wohl wissend, deren Einsatz möglichst zu vermeiden. Für die Personalpolitik erscheint die einseitige Orientierung an negativen Sanktionen eher unglücklich. Sicher ist das Versprechen von Belohnungen möglich. *Luhmann* nennt das eine positive Ausgangslage, die auf Versprechungen beruht (Schutz, Liebe, Zahlung). Daraus wird Machtausübung, wenn bestimmte Verhaltensweisen deren Entzug zur Folge haben.

Der wesentliche Unterschied zwischen der Verabreichung von Belohnungen (positive Sanktion) und dem Entzug von Versprechungen (negative Sanktion im Sinne der Theorie von *Luhmann*) ist folgender: bei vorherigen Versprechungen können Machtunterworfene frei zwischen verschiedenen (positiven) Folgen seines Tuns wählen. Bei nachträglichem Entzug von Belohnungsversprechungen (Leistungsprämien, Aufstieg) habe sich die machtunterworfene Person schon auf deren Erhalt eingestellt.

Dennoch erscheint es wenig zweckmäßig die Verfügungsgewalt über Belohnungen nicht ebenfalls als eine Ressource zur Machtausübung anzusehen.

Die Überlegenheit einer nicht auf Drohungen beruhenden Konzeption der Personalführung läßt sich aus *Luhmann's* (1988) Machttheorie insofern ableiten, als *Luhmann* darlegt, daß schon die explizite Ansprache von Macht und negativen Sanktionen den Weg zur Zerstörung von auf Kommunikation beruhenden Machtstrukturen eröffnen kann. Die einmalige Ausübung von Zwang oder das einmalige Aussprechen von Drohungen kann dazu führen, permanent auf diese Formen der Beeinflussung zurückgreifen zu müssen. Ineffiziente Formen der Führung haben somit ihre Fortsetzung und Steigerung zur Folge. Es gibt in Organisationen Instanzen, die über Einstellung, Entlassung, Karriere usw. entscheiden. Sie werden mit ihren Sanktionsmöglichkeiten selten ausdrücklich drohen, aber „die Vermutung, daß das eigene Verhalten (bis hin zum Kranksein) für solche Entscheidungen von Bedeutung sei, ist weit verbreitet (*Luhmann*, 1996, S. 310).

Das Ausmaß so entstehender Ressourcen an Macht scheint recht hoch. Damit entsteht ein ebenso hohes Potential, Organisationen aus sich selbst heraus zu zerstören. Daher sorgt das System selber dafür, offenen Machtgebrauch stark zu reduzieren, das Machtspiel auf „Versuche, Kontakte mit wechselseitiger Rücksicht abzufedern und Reizungen mit der möglichen Folge, Gegenreaktionen zu vermeiden" (*Luhmann*, 2000, S. 202). Das, was innerhalb der Organisation für den Gebrauch, besser den Nicht-Gebrauch von Macht gilt, gilt auch zwischen Organisationen, also innerhalb der Wirtschaftssysteme und ebenso innerhalb der Gesellschaft und auch zwischen Gesellschaften.

Es wurde darauf hingewiesen, daß Geld ein Machtmedium ist. In Organisationen ist auch die Zuteilung von Budgets ein Medium der Macht. Budgets und deren Veränderung dokumentieren Bedeutung, Bedeutungsveränderung und Erfolg von Abteilungen, Instanzen oder Geschäftsbereichen (*Luhmann*, 1996, S. 311).

Die Tatsache, daß *Luhmann* das Konzept der Macht auf Kommunikationsstrukturen beschränkt und scharf von Gewaltstrukturen trennt, ist eine Frage der Definition. Es ist unerheblich, ob wir Beziehungen jenseits der Kommunikation nicht mehr als Machtbeziehungen auffassen wollen, oder ob wir von unterschiedlichen Formen der Machtausübung ausgehen: Macht durch Kommunikation (die wie *Luhmann* herausstellt notwendigerweise immer selektiv sein muß) oder durch Zwang (psychischer oder physischer Art, also Gewalt).

Ein herausragendes Beispiel für Macht durch gezielt selektive Kommunikation liefert die Dialektik. Hier ist nicht der Raum, die Dialektik umfassend darzustellen. Ein herausragender Vertreter ist *Lay*, in dessen Publikationen schon die Titel die machtausübende Funktion sprachlicher Kommunikation zum Ausdruck bringen: „Manipulation durch die Sprache" (*Lay*, 1980), „Dialektik für Manager" (*Lay*, 1978) oder „Führen durch das Wort" (*Lay*, 1981). Dialektik wird hier verstanden als eine Kunst, sich durchzusetzen, ohne den anderen zu schädigen: „Dialektik ist die Kunst zu gewinnen, ohne zu siegen!" (*Lay*, 1981, S. 20). Dialektik wird als eine Technik verstanden, Streitgespräche, Diskussionen in Arbeitsgruppen oder auch Vorträge als einen spielerisch-sprachlichen Wettbewerb aufzufassen. *Lay* distanziert sich von der „höheren Dialektik", die auch Widersprüche duldet und daher vom kritisch rationalen Denken vollkommen zu Recht abgelehnt wird. In einem wichtigen Aspekt vertreten wir allerdings einen anderen Standpunkt: „Typisch für Machtinhaber ist ihre Fähigkeit, Widerstandsverhalten durch Gewalt zu brechen" (*Lay*, 1981, S. 37). Diese Sichtweise bewertet gerade die subtilen Möglichkeiten der Machtausübung in modernen Gesellschaften, die möglicherweise, weil sie oft unerkannt bleiben, weit wirksamer sein können.

Lay (1980, S. 183) behandelt u. a. folgende Techniken der Manipulation:

a) im Erwerbsleben:

- Motivation zu höherer Leistung
- Techniken der Entfremdung (als Gegenstück der Selbstverwirklichung)
- Techniken der Bindung von Arbeitnehmern
- Solidarisierung im Interesse von Arbeitgebern und/oder Vorgesetzten

b) Manipulation von Konsumenten durch Hersteller oder durch den Handel:

- die Vielfalt der Formen von Konsumgüterwerbung (auf die wir hier nicht vertiefend eingehen können, vgl. *Unger & Fuchs*, 1999).
- Gewöhnung an Wohlstand, bestimmte Produkte werden zur Selbstverständlichkeit
- Techniken der Bindung von Konsumenten an Hersteller (Markenartikel) oder den Handel

Es ist interessant zu beobachten, mit welcher Hartnäckigkeit einige Vertreter der Werbebranche (Zentralausschuß der deutschen Werbewirtschaft) sich gegen den Vorwurf der Manipulation zur Wehr setzen. Manipulation ist die Steuerung des Verhaltens anderer zum eigenen Vorteil. Marketing-Kommunikation tut nichts anderes. Es ist eine Frage individueller und gesellschaftlicher Normen, das jeweils zu bewerten.

c) Manipulation im religiösen Bereich durch Forderung unerreichbarer Verhaltensweisen, das damit verbundene Wecken von erheblichen Schuldgefühlen, Drohung mit unendlicher Strafe und dem Versprechen selber der Weg zum ewigen Heil zu sein (ebenda, S. 256 ff.). Die Machtpotentiale lassen sich erheblich steigern wenn man den „Sündenkatalog exzessiv aufbläht".

d) Erziehung im Interesse der Eltern, dabei wird das „für Gut" dargestellt, was im Interesse der Eltern liegt: Ruhe, prestigeträchtige Berufswahl, schneller Bildungsabschluß.

e) Manipulation im Staatswesen; Bürger/innen wählen Politiker/innen aufgrund von Informationen der beteiligten Parteien oder den Medien. Sie beurteilen Politik aus den gleichen Quellen. Bürger werden extrem selektiv informiert: Gefahren militärischer Art, technischer Art (Atomkraft, Gentechnik), gesundheitlicher Art (BSE). Partei- und Wahlprogramme werden extrem vereinfacht, teilweise auf die Bilder der sie vertretenden Politiker/innen reduziert. Wahlkämpfe werden zu „Medienevents". Angeblich ist es notwendig, politische Kommunikation auf Schlagworte und Bilder zu reduzieren, weil die Bürger/innen moderner Informationsgesellschaften informationsüberlastet und gegenüber politischen Informationen zudem desinteressiert seien. Wann aber wurde in den letzten Jahren der Versuch unternommen, inhaltliche Wahlkämpfe zu führen? Könnten nicht die inhaltslosen Wahlaussagen die Ursache für die so oft beklagte Wahlmüdigkeit und das Desinteresse sein? Werden die Wahlkampfstrategen der Parteien möglicherweise von selbst ernannten „Experten" aus der Werbebranche manipuliert?

In einer modernen Informationsgesellschaft übt Macht aus, wer Kontrolle über die Massenmedien hat.

16.2.2 „Macht und Entscheidungen in Organisationen" (*Irle*, 1971)

In Organisationen gibt es Instanzen. Das sind Stellen, welche das formale Recht dazu haben, Anweisungen zu erteilen. Sie entscheiden über das Verhalten anderer, untergeordneter Stellen. Das kann durch direkte Anweisung geschehen, durch Übertragung von Aufgabenbereichen, durch Zuweisung finanzieller, persönlicher oder sachlicher Ressourcen. Tatsächlich können übergeordnete Stellen Entscheidungen oft nur auf der Basis von Informationen fällen, die sie von untergeordneten Stellen erhalten. Entscheidungen in allen Bereichen einer Organisation sind immer das Resultat eines Geflechtes von Informationen, das sich über sehr viele Stellen erstreckt. **Es gibt keine autonomen Entscheidungen mehr!** Vielleicht hat es sie nie gegeben. Das bisher dargestellte Konzept entstammt der klassischen Linienorganisation. Es überfordert die Inhaber von Instanzen, denen umfassende Entscheidungsbereiche unterstellt sind zunehmend.

Nun ist es Entscheidungsträgern/innen schon lange klar, daß sie häufig überfordert sind. Aber sie fürchten Machtverlust. Aus diesem Grunde wurde das Stab-Linie-Prinzip eingeführt. Stäbe sind Instanzen zugeordnet a) um sie lediglich mit Informationen zu versorgen, b) um sie zu beraten oder c) um fertige entscheidungsreife Alternativen auszuarbeiten. Die formalen Entscheidungen über die Auswahl zu realisierender Alternativen behält sich die Linieninstanz weiterhin vor.

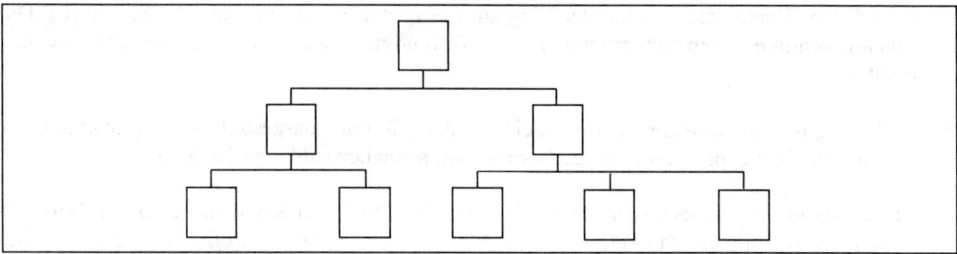

Abb. 16-2: Linienstruktur einer Organisation.

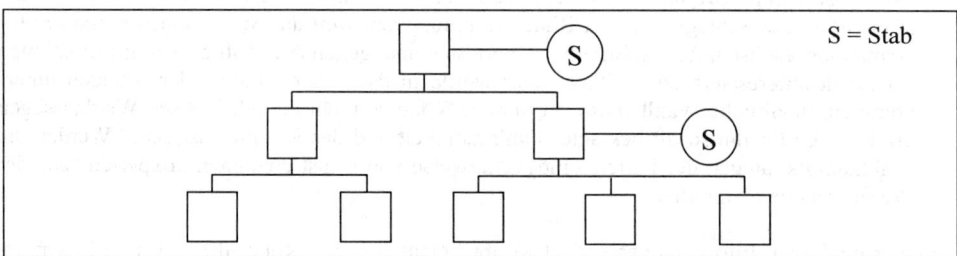

Abb. 16-3: Stab-Linie-Struktur einer Organisation.

Aus der Einrichtung von Stabstellen kann gefolgert werden, daß die Inhaber/innen von Stabstellen denen von Linieninstanzen in bestimmten Belangen überlegen sind. Das gilt auch dann, wenn die Linie lediglich aufgrund von Kapazitätsproblemen auf Stäbe zurückgreifen muß. Dennoch behält sich die Linie das Recht vor, die von den Stäben beschafften Informationen oder vorgelegte entscheidungsreife Alternativen abzulehnen, zu modifizieren oder zu akzeptieren (*Irle*, 1971, S. 32). In Wirklichkeit üben Stäbe Macht gegenüber der Linie aus.

Um das zu demonstrieren, gehen wir (entsprechend *Irle*, 1971) vom Modell eines Entscheidungsprozesses aus:

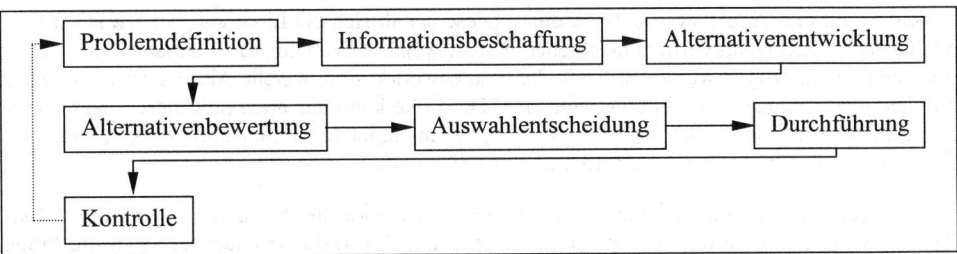

Abb. 16-4: Entscheidungsprozeß.

Am Beginn steht die Problemdefinition resultiert aus einem höchst subjektiv wahrgenommenem Kontext, der das Problem in einer ganz bestimmten Sicht erscheinen läßt. Dieser Kontext enthält bereits wichtige Voraussetzung für mögliche Problemlösungsalternativen, die Entscheidungsträger wahrnehmen können (*Albert*, 1978, S. 23, 24). Schon die Auswahl von Problemen ist durch Gewohnheiten, Einstellungen, Vorurteile zu beeinflussen. „Viele Komponenten einer solchen Problemsituation bleiben meist im Hintergrund, ohne jemals thematisiert zu werden, andere werden im Zuge der Versuche, das betreffende Problem zu lösen, explizit gemacht, und andere sind von vornherein deutlich" (*Albert*, 1978, S. 23).

Auch in der Management-Praxis ist die Auswahl und Formulierung der als wichtig angesehenen Probleme ein Entscheidungstatbestand, der alle weiteren Stufen im Entscheidungsprozeß mehr oder weniger stark beeinflußt. Die Frage der Auswahl von Problemen kann niemals beseitigt werden, es existiert zwangsläufig. Diese Erkenntnis ermöglicht es, schon die Auswahl und Formulierung kritisch zu hinterfragen. Aufgrund von Informationsvorteilen kann eine Stabstelle aber schon in dieser ersten Phase eines Entscheidungsprozesses die Linie bewußt manipulieren, also Macht ausüben. Aufgrund der unvermeidbaren Selektivität von Information in der Kommunikation (entsprechend *Luhmann*, 1988), erfolgt die Machtausübung allerdings zwangsläufig.

Sie sind den Linieninstanzen informativ überlegen. Die Linie kann niemals alle relevanten Informationen gleichermaßen verarbeiten, ohne den Stab überflüssig zu machen. Selbst dann, wenn eine Stabstelle sich wirklich darum bemüht, die Linie korrekt zu informieren, so übt sie dennoch Macht über die Selektivität der dargestellten Informationen dar. Es ist nicht möglich, zu irgendeinem Tatbestand vollständige Informationen zu liefern. Es können immer weitere Fragen gestellt werden. Die Möglichkeit vollständiger Information setzt die Möglichkeit von Sicherheit voraus. Beides ist unmöglich. Die Linie kann nicht nachvollziehen, von welchen Annahmen Stäbe bei der Problemformulierung und der Informationsbeschaffung ausgegangen sind (*Irle*, 1971, S. 59 f.). Jede Informationssuche ist immer und überall gerichtet und selektiv. Sie geht von bestimmten Annahmen aus, die selbst den aktiv Beteiligten nicht immer bewußt sind.

Wenn Stäbe Alternativen zur Problemlösung entwickeln und der Linie zur Entscheidung vorlegen, so engen sie damit den Entscheidungsspielraum weiter ein. Es gibt zu jeder Problemlösung unendlich viele Lösungsalternativen, die Auswahl einer überschaubaren Anzahl von Lösungsalternativen stellt eine extreme Auswahl**entscheidung** dar.

Wer legt die anschließend heranzuziehenden Bewertungsmaßstäbe für die Alternativenauswahl fest und auf welcher Informationsbasis? Auch hier „helfen" und beeinflussen die Stabstellen.

Anschließend fällt die Auswahlentscheidung. Diese behält sich die Linie vor. Aber was kann sie noch entscheiden, wenn vorher entschieden wurde, welches Problem zu lösen ist, welche Informationen herangezogen werden und wie diese zu bewerten sind, welche Alternativen entwickelt wurden und wie auch diese zu bewerten sind? Die Linie kann nur noch ratifizieren, was vorher festgelegt wurde, oder sie kann alle Vorschläge ablehnen, letzteres grenzt an Willkür, da die Informationsbasis für eine solche Entscheidung zu dürftig ist.

Anschließend folgen Durchführung (Wer weist an? Wie wird die Anweisung verstanden? Wird das was verstanden wurde korrekt durchgeführt?) und Kontrolle. Wieder stellt sich die Frage, wer entscheidet, wann kontrolliert wird, welche Maßstäbe herangezogen werden?

Ein wichtiges Problem in diesem Prozeß ergibt sich aus der Theorie kognitiver Dissonanz (vgl. Kapitel 4), woraus abgeleitet werden kann, daß Personen dazu neigen, nach einer Entscheidung eher solche Informationen zu suchen, die ihre Entscheidung rechtfertigen, oder Informationen entsprechend zu interpretieren. Jede Phase in dem oben skizzierten Entscheidungsprozeß ist ein eigener Entscheidungsprozeß: Wir entscheiden, was wir als Problem definieren, welche Informationen wir beschaffen, welche Alternativen wir durchdenken, wie wir diese bewerten. Je weiter wir uns in einem Entscheidungsprozeß voran bewegen, um so stärker wird der Druck zur Rechtfertigung von Entscheidungen in den vorangegangenen Stufen.

„Wer schon sehr früh eine falsch Hypothese akzeptiert, hat im Entscheidungsprozeß, benötigt mehr widersprechend Informationen, um sie zu korrigieren, als derjenige, der nicht mit einer anfänglich falschen Hypothese arbeitete....Je früher man sich nach der Problementdeckung für eine Alternative als Hypothese (= präferierte Alternative) entschließt, um so größer ist die Wahrscheinlichkeit, endgültig einen falschen Entschluß zu treffen" (*Irle*, 1971, S. 164).

Wenn eine Stelle Aufgaben delegiert, dann werden Funktionen verlagert, die selber nicht mehr wahrgenommen werden können, aus welchen Gründen auch immer. Diese Funktionen werden dann von nachgeordneten Funktionsträgern oder Stäben übernommen. Damit gibt die delegierende Stelle Macht auf, die sie nicht wieder zurückbekommen kann, es sei denn, sie ist bereit, die Kompetenz der Stabstelle zu opfern. Man kann nicht eine Entscheidungsvorbereitung delegieren und anschließend unabhängig entscheiden wollen. Wer Entscheidungsvorbereitung abgibt, gibt auch Entscheidungskompetenzen ab.

Wir finden Stab-Linie-Probleme fast überall, wo Organisationen existieren: im Marketing sind das Produktmanager/innen, die für „ihre" Produktbereiche Strategie-Alternativen und operative Maßnahmen erarbeiten. Die Entscheidung behält sich eine Marketing-Leitung vor. Ein anderes Beispiel sind Werbeagenturen oder allgemein alle Unternehmungsberatungen, wie auch Personalberatungen. Im Rechtssystem sind Gutachter vor Gericht Stäbe. Kann ein Jurist wirklich verschiedene Gutachten über Sicherheit oder Risiken von Technologien beurteilen, oder psychologische Gutachten über die Schuldfähigkeit von Angeklagten?

Wenn beispielsweise eine Professur an einer Hochschule zu besetzen ist, wird zunächst eine Berufungskommission gegründet, welche die genauen Lehr- und Forschungsinhalte der zu besetzenden Professur festlegt. Damit ist eine extrem einschränkende erste Entscheidung getroffen. Es folgt die Ausschreibung. Dann werden von dieser Kommission die eingehenden Bewerbungsunterlagen gesichtet. Es folgt die Auswahl der zu einer Probevorlesung einzuladenden Bewerber/innen. Wenn auch über die abgelehnten Bewerbungen jeweils ein Kurzgutachten erstellt wird, in welchem in drei bis vier Sätzen die Ablehnung begründet wird, so fällt hier doch eine weitere einschränkende Vorabentscheidung, die von späteren Instanzen nicht ernsthaft hinterfragt werden kann. Nach erfolgten Probevorlesungen und Gesprächen stellt die Kommission eine Liste derjenigen Bewerber/innen auf, in der Reihenfolge ihrer Präferenz. Die Kommission hat juristisch gesehen keine Entscheidungskompetenz! Anschließend fällt eine formale Entscheidung im Fachbereichsrat oder im Fakultätsrat. Können alle Mitglieder/innen wirklich den Kommissionsvorschlag hinterfragen? Oft ist nicht einmal die Mehrheit der stimmberechtigten Mitglieder/innen dieses Gremiums bei den Probevorlesungen zugegen. Anschließend muß das Hochschulparlament, der Senat, den Beschluß genehmigen. Hat dieses Gremium eine andere Wahl? Es kann „kritisch" hinterfragen. Das Resultat hängt dann davon ab, wie geschickt die Personen, welche die Entscheidung vertreten müssen, ihre Argumente vortragen, wie geschickt sie also mit der selektiven Kommunikation umgehen können. Nach dem Senatsbeschluß fällt die „eigentliche" Entscheidung im zuständigen Ministerium. Dieses kann selbstverständlich formal eine andere Entscheidung treffen, tut dies erfahrungsgemäß sehr selten. Häufig kommt es zu Rückfragen, oft lediglich formalen Inhalts. Die formalen Letztentscheider sind von einer Anzahl von Vorabentscheidungen abhängig, die sie selber kaum mehr alle nachvollziehen können.

Lösungen finden sich, indem das Linienmanagement endgültig akzeptiert, daß es Macht abgeben muß, daß es dies de facto schon getan hat. Entscheidungen können in Teams besser getroffen werden. „Die wirkliche Errungenschaft moderner Wissenschaft und Technologie besteht darin, daß man ganz normale Menschen nimmt, sie auf einem eng begrenzten Sachgebiet gründlich schult und dann durch entsprechend organisatorische Vorkehrungen dafür sorgt, daß ihr Wissen mit dem anderer.... vereint wird. Auf diese Weise wird das Genie entbehrlich" (*Galbraith*, 1968, S. 78). Wenn wir die Schulung auf einem eng begrenzten Sachgebiet um die Fähigkeit, bereichsübergreifend zu denken ergänzen, dann ist diese Aussage ein Weg zur Lösung des Stab-Linie-Prinzips. Im übrigen haben Gruppenentscheidungen den Vorteil, von Führungskräften weniger leicht revidiert zu werden als Einzelentscheidungen. Der frühe Ansatz von *Galbraith* hat den Vorteil, daß er bis heute der Entscheidungsrealität näher kommt als das Stab-Linie-Prinzip: „Nicht Manager treffen die Entscheidung. Die wirkliche Entscheidung liegt viel weiter unten bei Planern, Technikern und anderen Spezialisten" (*Galbraith*, 1968, S. 85).

„Entschlüsse sollen dort fallen, wo das Informationsniveau optimal ist" (*Irle*, 1971, 218).

Die Vorschläge, das Problem unterschiedlichen Spezialwissens der an Entscheidungsprozessen Beteiligten durch Teamstrukturen zu mildern, wirft die Frage auf, wie Konflikte in Teams oder Zweier-Beziehungen (Vorgesetzte Kraft und Mitarbeiter/in) gehandhabt werden können. Dazu gibt es im Prinzip fünf Möglichkeiten: Die eigenen Interessen werden tendenziell schwach oder stark berücksichtigt, die fremden Interessen werden tendenziell stark oder schwach berücksichtigt. Das ergibt in einer „Zwei-mal-Zwei-Darstellung" vier Möglichkeiten, die durch die fünfte Möglichkeit des Ausgleichs beider Interessensarten ergänzt werden (vgl. Abb. 16-5).

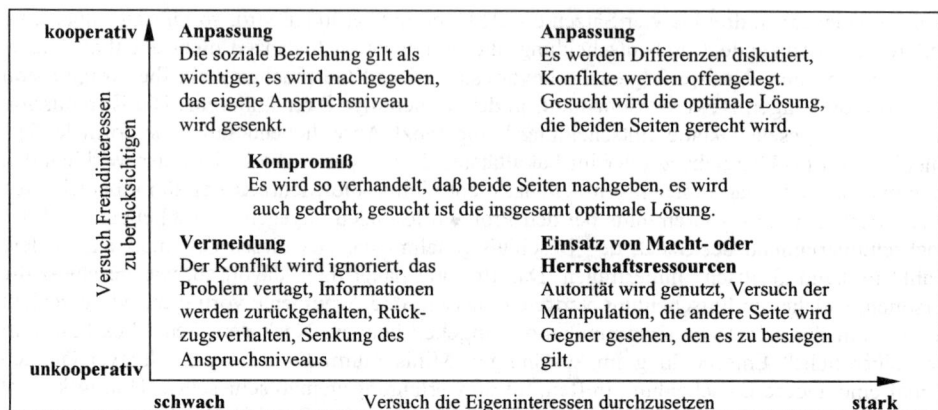

Abb. 16-5: Konflikthandhabung (vgl. *Scholl*, 1998, S. 436; *Thomas*, 1976).

16.2.3 Das Funktionieren der Märkte

Die reine Ökonomie kennt das Phänomen der Macht lediglich auf Seiten der Nachfrager. Es wird angenommen, daß eine große Anzahl autonomer Anbieter auf eine andere große Anzahl ebenso autonomer Nachfrager stößt und daß die möglichst freien Marktmechanismen dann zum maximalen Wohle aller führen. Der Bedarf wird als vom Angebot unabhängige Größe angesehen, vielmehr steuere die Nachfrage das Angebot. Psychologische Größen werden ausgeklammert ebenso wie Unsicherheiten, das Problem unvollständiger und vermutlich fehlerhafter Entscheidungsgrundlagen oder die Frage von Gruppenentscheidungen. Eine derart reine Ökonomie entbehrt jeder empirischen Grundlage, sie entzieht sich aufgrund der Modellannahmen der empirschen Überprüfung. Sie stellt lediglich eine Formalwissenschaft mit in sich tautologischen Modellen dar und wurde schon von *Morgenstern* (1935) und später von *Albert* (1972) logisch widerlegt. Alleine die Annahme vollkommener Information ist nicht haltbar, da sie auch vollkommene Voraussicht beinhalten muß. Sicher könnte man sich auf den Standpunkt stellen, daß zwar vollkommene Information vorhanden sei (eine allerdings ebenfalls unhaltbare Annahme), daß sich diese jedoch nicht auf die Zukunft beziehen solle. Mit anderen Worten, das Modell wird um alle störenden Aspekte bereinigt, bis es zu den gewünschten Annahmen führt. Ebenso ist die Ausgliederung der Psychologie aus der reinen Ökonomie zu beurteilen. Eine Wissenschaft des ökonomischen Verhaltens kann als Spezialfall der Soziologie zu brauchbaren Erkenntnissen führen, die Ökonomie ist keine autonome Wissenschaft, sie ist eine Sozialwissenschaft (*Albert*,1972, S. 23). Der Versuch, eine reine ökonomisch fundierte Perspektive wissenschaftlicher Erkenntnis, losgelöst von allen anderen Perspektiven mutet wie der Versuch an, sich ein gegen Kritik geschütztes Areal zu schaffen. Es gibt aber kein Revier, daß einer Wissenschaft gehört (*Irle*, 1975, S.13). Aufgrund dieser Überlegungen müssen wir uns von der Annahme der „Konsumentensouveränität" verabschieden, ebenso von der Annahme der Unabhängigkeit der Nachfrage vom Angebot. Es ist durchaus richtig, daß die Bedürfnisse durch entsprechende Marketing-Aktivitäten geschaffen oder verändert werden.

Wiswede (1983, S. 183) kritisiert ebenfalls unter Machtaspekten die Abschirmung der Ökonomie vor sozialwissenschaftlichen Aussagen. Ähnlich wie *Wiswede* argumentiert auch *Scherhorn* (1983, S. 50): „Klammert man aus Preistheorie und Wettbewerbstheorie normative Aussagen aus und zieht lediglich die empirisch gehaltvollen Sätze in Betracht, so erhält man genaugenommen eine Sammlung von Erkenntnissen über Marktmacht".

Ungleiche Machtpositionen führen dazu, daß asymmetrische Austauschbeziehungen bestehen bleiben, d.h. daß die Nutzen aus den Tauschbeziehungen ungleich zugunsten der von Macht begünstigten Seite dauerhaft höher ist. Macht spielt auch als Wettbewerbsfakor eine wesentliche Rolle. Über je mehr Marktmacht ein Anbieter im Vergleich zu Wettbewerbern verfügt, um so eher kann er im Vergleich zu diesen Wettbewerbern seine Interessen durchsetzen und abweichende Interessen auf der Nachfrageseite überwinden (*Scherhorn*, 1983, S. 51). Eine derartige Marktmacht beruht beispielsweise auf Imagevorteilen oder Vertrauensvorteilen im Wettbewerb. Der langfristige Aufbau von Markenimages setzt genau hier an. Marktgesetze stoßen auf die durch Macht gesetzten Grenzen (ebenda). *Wiswede* (1983, S. 185) stellt den oben dargestellten Machtgrundlagen nach *Cartwright* (1959) mögliche Gegenstrategien der Verbraucher gegenüber:

a) „Einwirken auf den Interaktionspartner"; *Wiswede* sieht diesbezüglich relativ geringe Einwirkungsmöglichkeiten, aufgrund der Vielzahl „anonymer und depersonalisierter Kaufakte". Die Chancen der Verbraucher dürften sich aber durch koordinierte Verhaltensweisen verbessern. Verbraucher könnten in stärkerem Maße als in der Vergangenheit Interessenvertretungen begründen.

b) „Ausweichen auf einen anderen Interaktionspartner", diese Methode entspricht am ehesten den Vorstellungen einer Wettbewerbstheorie, wird aber auch nur dann wirksam, wenn viele Verbraucher von dieser Möglichkeit Gebrauch machen.

c) „Ausweichen auf eine andere Produktklasse", Verbraucher haben zum Jahrtausendwechsel 2000/2001 in starkem Maße ihre Kaufgewohnheiten bei Fleischprodukten geändert. Dieser Vorgang hat ein dermaßen starkes Ausmaß erreicht, daß tatsächlich erkennbare Auswirkungen für die Anbieter auftraten. Höhere Benzinpreise sollen (aus Sicht des Umweltschutzes) zur Wahl Kraftstoff sparender PKW's führen.

d) „Dämpfung der Bedürfnisse", hier gelten die gleichen Ausführungen wie zu b), höhere Preise führen zu einem Rückgang der Nachfrage, Verbraucher können aber zudem ihre tatsächlichen Bedürfnisempfindungen zu reduzieren versuchen.

e) „Verlagerung der Bedürfnisse"; d.h. ein Bedürfnis wird reduziert, um die Befriedigung eines anderen Bedürfnisses zu ermöglichen. Bei knapper Kaufkraft haben Verbraucher oft kaum eine andere Wahl.

f) Verbraucher gewöhnen sich im Laufe der Zeit an eine ungünstige Situation, z.B. durch dauerhafte Preissteigerung und deuten diese im Laufe der Zeit im Zuge der Reduktion kognitiver Dissonanz kognitiv um.

Scherhorn (1983, S. 79) nimmt an, daß Verbraucher durch gezielte Desinformation seitens der Anbieter in eine Lage versetzt werden können, die eher einer Herrschaftsbeziehung als einem Austauschprozeß ähnelt, sie also Signale der Hersteller fast wie Anweisungen interpretieren und dem Folge leisten. Er geht davon aus, daß Verbraucher aus unteren Schichten dieser Gefahr eher ausgesetzt sind, als Personen aus oberen Schichten.

Aus dem Vorhandensein ungleicher (disparater) Machtverteilung auf Konsumgütermärkten leitet *Müller* (1983, S. 640, 641) dauerhafte Nachteile für Verbraucher ab. Die schwächere Seite, ist derzeit noch nicht in der Lage, ihre Interessen wirkungsvoll zu vertreten. Also kann eine mächtigere Instanz, nämlich der Staat die Aufgabe haben, diese Interessensvertretung zu übernehmen. Das muß nicht zwingend als eine „Bevormundung mündiger Verbraucher" gesehen werden. Verbraucher sind aufgrund beschränkter mengenmäßiger Informationsverarbeitungskapazität nicht dazu in der Lage das von ihm konsumierte Angebot wirklich zu beurteilen.

Auf Anbieterseite besteht die Möglichkeit Marktmacht zu verteidigen oder auszubauen, indem der Wettbewerb reduziert wird. Das kann durch legale oder illegale Kooperation zwischen Anbietern versucht werden, es kann gesetzlicher „Schutz" gefordert werden. Anbietermacht kann auch dadurch erhalten oder ausgebaut werden, indem einzelne Anbieter Konfliktstrategien wählen und Wettbewerber in ihren Aktivitäten zu behindern versuchen (vgl. *Scherhorn*, 1983, S. 52).

Das vielleicht herausragendste Merkmal des Konsumgütermarketings ist die informative Unterlegenheit der Konsumenten gegenüber den Anbietern. Sie können die Qualität von Produkten in weit geringerem Maße beurteilen als Abnehmer im Produktivgütermarketing. Das wird durch die Vielzahl unterschiedlicher Produkte, die ein privater Haushalt konsumiert - unabhängig von intellektueller Fähigkeit - alleine schon aufgrund der quantitativ nicht zu verkraftenden Informationsvielfalt unmöglich gemacht. Informationsüberlastung ist zwar kein konsumspezifisches Phänomen, kommt hier aber in besonderem Maße zum Tragen. Im Produktivgütersektor konzentrieren sich die Einkaufsinstanzen auf relativ wenige unterschiedliche Produkte. Im Konsumgütersektor haben sich private Verbraucher mit über 2.000 verschiedenen Produkten zu beschäftigen. Daher ergibt sich geradezu zwangsläufig die Tendenz, das Einkaufsverhalten und das Informationsverhalten zu vereinfachen.

Staatlichem Verbraucherschutz kann die Funktion zu kommen, diese machtmäßige Unterlegenheit zu mildern. Staatliche Eingriffe können sicher die Effizienz einer Volkswirtschaft reduzieren. Andererseits zieht eine vollkommen freie Marktwirtschaft (die nur theoretisch denkbar ist, sie würde vollkommen ohne juristische Regeln ablaufen) unerwünschte Folgen nach sich. In einer vollkommen freien Marktwirtschaft wäre auch der Verkauf von Alkohol an Jugendliche erlaubt, wäre es jedem erlaubt, Medikamente zu produzieren und zu vertreiben. Damit wären sicherlich weitere Arbeitsplätze zu schaffen, aber die Folgen gelten als nicht erwünscht. Also werden Schutzvorschriften höher bewertet als wirtschaftliche Vorteile. Der häufig gehörte Vorwurf gegenüber fast allen staatlichen Lenkungsvorschriften die Wirtschaftskraft zu reduzieren ist ebenso ideologisch begründet wie der Vorwurf totaler Abhängigkeit der Verbraucher von den Maketingmaßnahmen der Anbieter. Es geht in Wirklichkeit ganz einfach darum, unerwünschte Folgen der relativ freien Marktwirtschaft normativ zu bewerten und dem die Kosten staatlicher Eingriffe gegenüberzustellen. Die Entscheidung ist dann immer politischer Natur.

16.2.4 Macht in und durch Gruppen

Indem Menschen sich in ihrem Verhalten an anderen ausrichten, üben diese Anderen, ob sie es wollen oder nicht, Macht aus. Gerade in geschmacklichen und normativen Dingen sind Menschen unsicher und suchen nach Verhaltensstandards. Referenzgruppen können solche Standards liefern. Referenzgruppen sind Gruppen, in denen die betroffene Person selber nicht Mitglied ist, deren Standards aber von der Person angestrebt und/oder übernommen werden. Im Marketing kann durch Herausstellen von Verhaltensweisen attraktiver Gruppen dieser Effekt genutzt werden (*Engel, Blackwell & Miniard*, 1993, S. 143 ff.). Menschen sind auch Mitglied verschiedener Gruppen; hinsichtlich der Kontaktintensität wird zwischen Primär- und Sekundärgruppen unterschieden. Primärgruppe können Freundeskreise oder Familien sein, Sekundärgruppe können Vereine, Hochschulen sein. Ferner wird zwischen formalen Gruppen (Familie, Hochschulmitgliedschaft) und informalen Gruppen (Freundeskreis) unterschieden. Viel wichtiger ist aber die Frage, welchen Einfluß Gruppen auf das Verhalten und die Werte einer Person ausüben. Es wird diesbezüglich zwischen Gruppen unterschieden, die abgelehnt oder akzeptiert werden. Akzeptanz bedeutet allerdings noch nicht, daß die Verhaltensweisen dieser Gruppenmitglieder auch als Maßstab für eigenes Verhalten dienen müssen. Innerhalb von Arbeitsgruppen finden sich Machteinflüsse, die sich auf die Machtressourcen nach *Cartwright* (1959) gründen.

Interessant ist der mögliche Einfluß von Minderheiten ohne formale Machtressourcen innerhalb von Gruppen. Studien von *Moscovici* (1976 und 1980 vgl. auch *Moscovici & Faucheaux, 1972*, ferner *Maas, West & Clark*, 1993) thematisieren den Einfluß von Minoritäten ohne formale Macht oder Status in Gruppen.

Nach *Moscovici* muß die Minderheit, die weder über Macht noch Status verfügt, durch eine bestimmte Verhaltensweise ihren Standpunkt durchsetzen. Diese erfolgsversprechende Verhaltensweise ist eine extrem konsistente Beharrung auf dem eigenen Minderheitenstandpunkt. Sie muß äußerlich unbeirrbar den eigenen Standpunkt vertreten. Sie darf dabei in keiner Weise von ihrer ursprünglichen Auffassung abweichen, sie muß permanent die eigenen Argumente gegenüber der Mehrheit vertreten. Dabei darf sie sich von dem Druck der Mehrheit in keiner Weise beeindrucken lassen. Sie darf keinerlei Kompormißbereitschaft signalisieren. Aus den Arbeiten von *Ricateau* (*1971*) läßt sich allerdings ableiten, daß die Minderheit ihre Argumente nicht stereotyp wiederholen darf. Die logische Struktur der Argumente muß unverändert bleiben, die Verbalisierung sollte variiert werden. Eine ständige Wiederholung verbal gleicher Aussagen bewirkt Redundanz und wird bald abgelehnt. Variabilität in der Wortwahl hält das Interesse der anderen Gruppenmitglieder aufrecht.

Die konsequente Beharrung auf einem Minderheitenstandpunkt gegenüber der Mehrheit erfüllt zwei Funktionen, die beide dazu führen, daß die Mehrheit verunsichert wird und sich möglicherweise der Minderheit anschließt.

a) Es zeigt sich ein scheinbar nicht überbrückbarer Konflikt, die Gruppenstruktur scheint instabil. Die Minorität erweckt den Eindruck, nicht kompromißbereit zu sein. Damit werden möglicherweise die Existenz der Gruppe oder das Gruppenklima nachhaltig gefährdet. Für die Mehrheit scheint der Konflikt nur durch Entgegenkommen lösbar. Wenigstens die an

Harmonie interessierten Gruppenmitglieder können so zum Entgegenkommen motiviert werden.

b) Die Minderheit weckt außerdem durch ihr resolutes Auftreten den Eindruck, sehr von ihrem Standpunkt überzeugt zu sein, sie scheint dafür gute Gründe zu haben. Das erhöht die Bereitschaft verschiedener Mitglieder der Mehrheit, sich der Meinung der Minderheit anzupassen. Das resolute Auftreten vermittelt den Eindruck, sich besonders intensiv mit dem Streitobjekt auseinandergesetzt zu haben. Viele Mitglieder der Mehrheit haben oft nur ein oberflächliches Bild gewonnen und sind daher eher zu verunsichern.

Ein wichtiger Faktor für den Erfolg von Minderheiten ist Zeit. Die Minderheit muß ihren abweichenden Standpunkt über einen längeren Zeitraum hinweg konsequent vertreten. Sie darf sich nicht unter Zeitdruck setzen lassen. Entscheidungsdruck kann sogar zu einem „Verbündeten" der Minderheit werden, wenn die Mehrheit unter Zeitdruck entscheiden zu müssen glaubt.

Mit der Konversionstheorie hat *Moscovici* (*1980*) seine Theorie zum Minoritäteneinfluß ergänzt. Wenn sich Personen beeinflussen lassen, dann stellt sich auch die Frage, ob die Beeinflussung nur äußerlich erfolgt ist, oder ob die Verhaltensänderung oder Meinungsänderung aufgrund innerer Überzeugung erfolgt. Das Resultat lautet:

Unter dem Einfluß von Minoriäten ändern Personen auch ihre eigene innere Überzeugung, wer sich von Majoritäten beeinflussen läßt, tut dies überwiegend nur oberflächlich.

Der Effekt, sich von Minoritäten auch innerlich überzeugen zu lassen, steigt mit dem Ausmaß der vorher vorgefundenen Meinungsdiskrepanz und der Konflikträchtigkeit dieser Meinungsdiskrepanz (d.h. mit der Bedeutung der Meinungsdiskrepanz für die einzelnen Mitglieder der Gruppe). Das läßt sich dissonanztheoretisch erklären. Je stärker man seine eigene Meinung ändert und je wichtiger diese Meinung zu sein scheint, um so größer ist auch der Rechtfertigungsdruck vor sich selber für diese Meinungsänderung, zumal ja die Minorität in den hier zugrunde gelegten Untersuchungen nicht über formale Macht verfügte.

Literatur

Albert, H.: Ökonomische Ideologie und politische Theorie (2. Aufl.). Göttingen: 1972.

Albert, H.: Traktat über rationale Praxis. Tübingen: 1978.

Berkowitz, L. (ed.): Advances in experimaental social psychology, Vol. 6. New York, London, Toronto: 1972.

Berkowitz, L. (ed.): Advances in experimaental social psychology, Vol. 13. New York, London: 1980.

Cartwright, D.: A field theoretical conception of power. In: Cartwright, D. (ed.): Studies in social power. An. Arbor: 1959, 183-220.

Cartwright, D. Influence, leadership, and control. In: March, J. G. (ed.): Handbook of organizations. Chicago: 1965, 1-47.

Dunette, M. D. (ed.): Handbook of industrial and organizational psychology. Chicago: 1976.

Engel, J. E., Blackwell, R. D. & Miniard, P. W.: Consumer behavior (7th ed.). Fort Worth, Philadelphia, San Diego: 1993.

Esser, H.: Soziologie – Allgemeine Grundlagen. Frankfurt am Main, New York: 1993.

Foucault, M.: Überwachen und Strafen. Frankfurt: 1976.

Frey, D. & Irle, M. (Hrsg.): Theorien der Sozialpsychologie, Band II: Gruppen- und Lerntheorien (2. Aufl.). Bern, Göttingen, Toronto, Seattle: 1993.

Galbraith, J. K.: Die moderne Industriegesellschaft. München, Zürich: 1968.

Hahne, A.: Kommunikation in der Organisation. Opladen: 1998.

Halisch, F. & Kuhl, J. (eds.): Motivation, intention and volition. Berlin: 1987.

Heckhausen, H.: Hoffnung und Furcht in der Leistungsmotivation. Meisenheim: 1963.

Heckhausen, H.: Motivation und Handeln (2. Aufl.). Berlin, Heidelberg, New York: 1989.

Irle, M.: Macht und Entscheidung in Organisationen – Studie gegen das Linie-Stab-Prinzip. Frankfurt am Main: 1971.

Irle, M. (Hrsg.): Marktpsychologie, 1. Halbband. Göttingen, Toronto, Zürich: 1983.

Irle, M.: Lehrbuch der Sozialpsychologie. Göttingen, Toronto, Zürich: 1975.

Kipins, D.: The powerholder. In: Tedeschi, J. T. (ed.): Perspectives on social power. Chicago: 1974, 82-122.

Lay, R.: Dialektik für Manager. Reinbek bei Hamburg: 1978.

Lay, R.: Manipulation durch die Sprache. Reinbek bei Hamburg: 1980.

Lay, R.: Führen durch das Wort. Reinbek bei Hamburg: 1981.

Lewin, K.: Principles of topological psychology. New York: 1936.

Lewin, K.: Field theory in social science. Chicago: 1951.

Lewin, K.: Allgemeine Feldtheorie. In: Kurt-Lewin-Werkausgabe, Band 4, Feldtheorie (hrsg. von Graumann, C. F.). Bern, Stuttgart: 1982, 39-131.

Luhmann, N.: Macht (2. Aufl.). Stuttgart: 1988.

Luhmann, N.: Die Wirtschaft der Gesellschaft (2. Aufl.). Frankfurt am Main: 1996.

Luhmann, N.: Die Gesellschaft der Gesellschaft (erster Teilband). Frankfurt am Main: 1997.

Luhmann, N.: Organisation und Entscheidung. Wiesbaden: 2000.

Maas, A., West, S. G. & Clark, R. D.: Soziale Einflüsse von Minoritäten in Gruppen. In Frey, D. & Irle, M. (Hrsg.): Theorien der Sozialpsychologie, Band II: Gruppen- und Lerntheorien (2. Aufl.). Bern, Göttingen, Toronto, Seattle: 1993, **13**, 65-1.

March, J. G. (ed.): Handbook of organizations. Chicago: 1965.

Morgenstern, C.: Vollkommene Voraussicht und wirtschaftliches Gleichgewicht. Zeitschrift für Nationalökonomie, 1935, 6, 337-357.

Moscovici, S.: Social influence and social change. London: 1976.

Moscovici, S.: Toward a theory of conversion behavior. In: Berkowitz, L. (ed.): Advances in experimental social psychology, Vol. 13. New York, London, Toronto: 1980, 208-239.

Moscovici, S. & Faucheux, C.: Social influence, conformity bial and the study of active minorities. In: Berkowitz, L. (ed.): Advances in experimental social psychology, Vol. 6. New York, London, Toronto: 1972, 149-202.

Müller, G. F.: Anbieter-Nachfrager-Interaktionen. In: Irle, M. (Hrsg.): Marktpsychologie, 1. Halbband. Göttingen, Toronto, Zürich: 1983, 626-735.

Rastetter, D.: Sexualität und Herrschaft in Organisationen. Opladen: 1994.

Ricateau, P.: Processus de categorisation d'autrui et les mecanismes d'influence. Bulletin de Psycholgie, 1971, **24**, 909-919.

Scherhorn, G.: Die Funktionsfähigkeit von Konsumgütermärkten. In: Irle, M. (Hrsg.): Marktpsychologie, 1. Halbband. Göttingen, Toronto, Zürich: 1983, 45-150.

Schmalt, H.-D.: Power motivation and the perception of control. In Halisch, F. & Kuhl, J. (eds.): Motivation, intention, and volition. Berlin: 1987, 101-113.

Scholl, W.: Grundkonzepte der Organisation. In: Schuler, H. (Hrsg.): Organisationspsychologie (2. Aufl.). Bern, Göttingen, Toronto, Seattle: 1998, 409-443.

Schuler, H. (Hrsg.): Organisationspsychologie (2. Aufl.). Bern, Göttingen, Toronto, Seattle: 1998.

Stockdale, M. S. (ed.): Sexual harassment in the workplace - perspectives frontiers, and response strategies.: Thousand Oaks, London, New Delhi: 1996.

Tedeschi, J. T. (ed.): Perspectives on social power. Chicago: 1974.

Thomas, K. W.: Conflict and conflict management. In: Dunette, M. D. (ed.): Handbook of industrial and organizational psychology. Chicago: 1976, 889-935.

Unger, F. & Fuchs, W.: Management der Marktkommunikation (2. Aufl.). Heidelberg: 1999.

Weber, M.: Wirtschaft und Gesellschaft (5. Aufl.). Tübingen: 1972.

Wiswede, G.: Marktsoziologie. In: Irle, M. (Hrsg.): Marktpsychologie, 1. Halbband. Göttingen, Toronto, Zürich: 1983, 151-224.

17. Kontrolltheorien – Die Sehnsucht der Kunden nach Kontrolle

17.1 Psychologisches Konzept der Kontrolle

Kontrolltheoretische Ansätze haben sich zu einem wichtigen Forschungsbereich der Psychologie und Verhaltenswissenschaft entwickelt (*Frey & Irle*, 1993, S. 126; *Wiswede*, 1991, S. 92; *Wong*, 1992, S. 143). Dies liegt vor allem darin begründet, daß die psychologische Kontrollforschung eine hohe Anwendungsrelevanz besitzt, da sich die Wahrnehmung und Ausübung von Kontrolle in den unterschiedlichsten Lebensbereichen (z.B. Arbeit, Gesundheit) als wichtige Ursache für das physische sowie psychische Wohlbefinden und Verhalten erwiesen hat (*Bungard & Schultz-Gambard*, 1990, S. 145; *Osnabrügge, Stahlberg & Frey*, 1993, S. 164). Dies betrifft insbesondere auch wirtschaftliches Handeln, da es hierbei häufig um kontrolliertes, geplantes und systematisches Verhalten geht. So müssen z.B. Konsumenten ihre Ausgaben unter Kontrolle haben, und Unternehmen müssen in der Lage sein, Versprechungen gegenüber ihren Kunden einzuhalten.

Einen wichtigen Beitrag zum Konzept des psychologischen Kontrollbegriffs hat *White* (1959) geleistet. White wendet sich gegen eine triebtheoretische Erklärung des Verhaltens, da bestimmte Verhaltensweisen, wie z.B. Erkunden oder willkürliches Verändern der Umwelt, nur unzureichend über die Befriedigung primärer Triebe erklärt werden können. Diese Verhaltensweisen erhalten ihren Antrieb vielmehr daraus, daß das Individuum lernt, sich effektiv mit seiner Umwelt auseinanderzusetzen. Hieraus postuliert *White* (1959, S. 318), daß ein angeborenes Grundbedürfnis besteht, sich selbst als Verursacher von Handlungen und Veränderungen in der Umwelt zu erleben (Effizienzmotivation).

In späteren Arbeiten sind diese Grundüberlegungen von *White* (1959) insbesondere von *Bandura* (1977), *DeCharms* (1968), *Lefcourt* (1973) und *Seligman* (1975) aufgegriffen und weiterentwickelt worden. Gemeinsam ist diesen Ansätzen, daß die Wahrnehmung von Kontrolle zu Gefühlen eigener Kompetenz und Selbstschätzung führt und daß das Wohlbefinden durch den Verlust von Kontrolle negativ beeinflußt wird.

Kontrolle ist am eindeutigsten dann gegeben, wenn objektive Kontingenzen zwischen einer Handlung und deren Konsequenzen bestehen. Diese Form von Kontrolle entspricht der umgangssprachlichen Bedeutung von Kontrolle im Sinne einer geplanten und steuernden Beeinflussung. Das psychologische Konzept der Kontrolle umfaßt darüber hinaus auch die subjektive Wahrnehmung von Kontingenzen zwischen Handlung und Handlungskonsequenz. *Thompson* (1981) unterscheidet vier mögliche Formen psychologischer Kontrolle: (1) **Beeinflußbarkeit** besteht, wenn eine Person die Möglichkeit wahrnimmt, ein Ereignis oder dessen Folgen durch ihr Verhalten beeinflussen zu können. (2) **Vorhersagbarkeit** beinhaltet, ob dem Individuum bestimmte Informationen hinsichtlich des relevanten Ereignisses bekannt sind. (3) **Kognitive Kontrolle** umfaßt Uminterpretieren, Verharmlosen oder Vermeiden; sie ermöglicht es, ein Ereignis weniger aversiv erscheinen zu lassen. (4) **Retrospektive Kontrolle** meint die nachträgliche Angabe von Ursachen für bereits eingetretene oder vergangene Ereignisse.

Nach der umfassenderen Bedeutung des psychologischen Kontrollbegriffs kann Kontrolle somit nicht nur durch aktive Einflußnahme auf die Umwelt, sondern auch durch kognitive Prozesse ausgeübt werden. Kontrollierbarkeit besteht hier darin, daß das Individuum Ereignisse erklären oder vorhersagen kann. Kontrolle kann aber auch dadurch gegeben sein, daß

Personen der Kompetenz anderer, wie z.B. Unternehmensberatern, Verkäufern oder Politikern, vertrauen *(stellvertretende Kontrolle)*, da sie davon ausgehen, daß diese die Fähigkeit besitzen, Kontrolle auszuüben *(Rothbaum, Weisz & Snyder,* 1982). Diese unterschiedlichen Formen der Kontrolle erlauben es, in einer Umwelt, in der sich viele Ereignisse der direkten Beeinflussung entziehen, ein Gefühl der Kontrolle zu erleben. Kontrollverlust besteht demnach dann, wenn eine Person gar keine Kontrolle in den beschriebenen Formen ausüben kann oder wenn Kontrolle nicht in einer der Person angemessenen Form vorliegt *(Osnabrügge, Stahlberg & Frey,* 1993, S. 129).

17.2 Interaktion von Person und Umwelt

Über welche Möglichkeiten der Kontrolle ein Individuum in einer konkreten Situation verfügt und welche sie nutzt, hängt sowohl von individuellen Merkmalen als auch von Merkmalen der Umwelt ab. Dabei kann im Sinne eines interaktionistischen Ansatzes davon ausgegangen werden, daß sich Person und Umwelt gegenseitig beeinflussen *(Krampen,* 1982, S. 78; *Osnabrügge, Stahlberg & Frey,* 1993, S. 138).

17.2.1 Kontrolle als individuelles Merkmal

Auch wenn der Wunsch nach Kontrolle als ein grundlegendes Bedürfnis angesehen werden kann, so existieren dennoch individuelle Unterschiede in dem Ausmaß, in dem eine Person nach Kontrolle strebt.[1] Zur Erfassung dieses Persönlichkeitsmerkmals haben *Burger* und *Cooper* (1979) die Skala zur Erfassung der individuellen Kontrollmotivation (Desirability of Control Scale) entwickelt. Personen mit einer hohen Kontrollmotivation sind demnach bemüht, in verschiedenen Bereichen des Alltags Kontrolle auszuüben. Sie übernehmen häufig Führungsaufgaben *(Burger,* 1992), engagieren sich in politischen Interessengruppen *(Zimmerman & Rappaport,* 1988), sind weniger leicht zu beeinflussen *(Burger,* 1987) und haben ein höheres Anspruchsniveau sowie Leistungsverhalten *(Burger,* 1985, 1992).

In einer Untersuchung von *Glass* (1977) konnte gezeigt werden, daß insbesondere Typ-A-Personen, die durch Wettbewerbsneigung, Leistungsorientierung, ständigen Zeitdruck und Feindseligkeit gekennzeichnet sind, eine ausgeprägte Kontrollmotivation aufweisen. Typ-B-Personen sind dagegen weniger bestrebt Kontrolle aufrechtzuerhalten und erleben Kontrollverlust als weniger bedrohlich. *Glass* interpretiert das Verhalten des Typ-A als einen charakteristischen Reaktionsstil auf drohenden Kontrollverlust, der auf einer besonders hohen Kontrollmotivation beruht *(Osnabrügge* et al., 1985, S. 139). Berücksichtigt man, daß Personen des Typ-A ein erhöhtes Risiko besitzen, an koronaren Herzerkrankungen zu erkranken *(Haynes, Feinleib & Kannel,* 1980; *Rosenman, Brand, Jenkins, Friedman, Straus & Wurm,* 1975), dann verweist die Untersuchung von *Glass* (1977) auch auf mögliche negative Effekte einer hohen Kontrollmotivation.

Ein anderes Konzept, dem in der kontrolltheoretischen Literatur eine hohe Bedeutung zukommt, ist das Konzept des locus of control of reinforcement, das von *Rotter* im Rahmen der sozialen Lerntheorie der Persönlichkeit entwickelt wurde *(Rotter,* 1954, 1966). *Krampen* (1982, S. 1) hat hierfür als deutsche Bezeichnung den Begriff der Kontrollüberzeugungen eingeführt. Hierunter versteht man die über Situationen und Lebensbereiche generalisierte Erwartungshaltung eines Individuums darüber, ob es durch eigenes Verhalten wichtige

---

[1] Vgl. hierzu auch die Ausführungen hinsichtlich persönlichkeitstheoretischer Ansätze in diesem Band.

Ereignisse in seinem Leben beeinflussen kann (internale Kontrolle) oder ob es davon ausgeht, daß diese Ereignisse vom Glück, Zufall, Schicksal oder der Kontrolle mächtiger anderer Personen abhängen (externale Kontrolle). Der von *Rotter* (1966) zur Erfassung dieses Merkmals entwickelte Fragebogen (Internal-External Scale[2]) geht von einem eindimensionalen, bipolaren Persönlichkeitsmerkmal mit den Extremausprägungen der Internalität und der Externalität aus.

Der eindimensionale Ansatz zur Erfassung der Kontrollüberzeugungen wurde von verschiedenen Autoren kritisiert. Vor diesem Hintergrund hat u.a. *Levenson* (1972, 1974) eine Skala zur Erfassung dreier unabhängiger Aspekte von Kontrollüberzeugungen (internale und externale Kontrollüberzeugungen, Fatalistische externale Kontrollüberzeugungen[3] entwickelt. In einer Vielzahl von empirischen Untersuchungen konnte die Annahme der Multidimensionalität von Kontrollüberzeugungen bestätigt werden (*Krampen*, 1982). Neben den unterschiedlichen Ansätzen zur Erfassung generalisierter Kontrollüberzeugungen existiert auch eine Reihe von Verfahren zur Erfassung bereichsspezifischer Kontroll-überzeugungen, die sich auf bestimmte Lebensbereiche, wie Arbeit (*Hodgkinson*, 1992; *Spector*, 1988), Gesundheit (*Wallston, Wallston & DeVellis*, 1978; *Lohaus & Schmitt*, 1989), Alkoholkonsum (*Krampen & Fischer*, 1988) und Unternehmertum (*Müller*, 2000) beziehen. Ein spezifisches Meßinstrument zur Erfassung von Kontrollüberzeugungen im Bereich des Konsumverhaltens liegt bisher nicht vor.

Der Ansatz der Kontrollüberzeugung hat, häufig losgelöst von der sozialen Lerntheorie und einer theoretischen Integration, zu einer Vielzahl von Untersuchungen angeregt und besitzt eine hohe Bedeutung in der psychologischen Forschung (*Hautzinger & Bommer*, 1992, S. 192; *Herkner*, 1991, S. 127; *Nelson*, 1993, S. 155). Faßt man die bisherigen empirischen Ergebnisse zusammen, dann zeigt sich u.a., daß internale Kontrollüberzeugungen in Beziehung stehen zu einem positiven Selbstwert (*Chandler*, 1976), höher Lebenszufriedenheit (*Krampen*, 1991), einer höheren Resistenz gegenüber Beeinflussungsversuchen (*Phares*, 1976), dem Streben nach beruflicher Selbständigkeit (*Müller*, 1999) und einem häufigeren Einsatz von kognitiven Kontrollstrategien (*Krampen*, 1982). Externale Kontrollüberzeugungen sind dagegen u.a. verbunden mit einer höheren allgemeinen Ängstlichkeit (*Archer*, 1979; *Krampen*, 1991; *Ollendick*, 1979), Materialismus (*Hunt, Kernan, Chatterjee & Florsheim*, 1990) und Depressivität (*Hermann*, 1980; *Krampen*, 1991). Ähnlich wie bei den Ausführungen zur Kontrollmotivation soll hier darauf hingewiesen werden, daß auch internale Kontrollüberzeugungen mit negativen Aspekten verbunden sein können. Solche inadäquaten internalen Kontrollüberzeugungen liegen etwa dann vor, wenn eine Person glaubt, durch ihr Verhalten alle Ereignisse beeinflussen zu können (Realitätsverlust).

17.2.2 Kontrollierbarkeit als Merkmal der Umwelt

Neben den individuellen Merkmalen (z.B. Kontrollmotivation, Kontrollüberzeugungen) hängt die Wahrnehmung und/oder Ausübung von Kontrolle auch von situativen Faktoren ab. In einer Reihe von Untersuchungen konnte gezeigt werden, daß unterschiedliche Merkmale der Umwelt einen Einfluß darauf ausüben, welche Form von Kontrolle für ein Individuum gegeben ist und welche positiven, aber auch negativen Konsequenzen hieraus resultieren. Aus dieser Vielzahl von Untersuchungen bzw. Untersuchungsansätzen sollen beispielhaft

---

[2] Deutsche Version von Osselmann (1976).
[3] Deutsche Version von Krampen (1980).

zwei kurz dargelegt werden. Sie dokumentieren zum einen die Relevanz situativer Faktoren, belegen zum anderen aber auch die Bedeutung individueller Dispositionen.

Die Effekte unbeeinflußbarer Situationen wurden u.a. in umfassenden experimentellen Arbeiten zur Theorie der gelernten Hilflosigkeit untersucht (*Abramson, Seligman & Teasdale*, 1978; *Seligman*, 1975). Den meisten Experimenten zu dieser Theorie liegt ein zweiphasiger Versuchsplan zugrunde. In der ersten Phase erfolgt die Bildung von drei Versuchsgruppen. Während eine Gruppe die objektive Möglichkeit besitzt, aversive Reize zu kontrollieren (Beeinflußbarkeit), besteht diese Möglichkeit für eine zweite Gruppe nicht (Unbeeinflußbarkeit). Die dritte Gruppe ist keinen aversiven Reizen ausgesetzt (Kontrollgruppe). In der zweiten Phase werden die Effekte der unterschiedlichen situativen Bedingungen untersucht. So konnte *Hiroto* (1974) im Rahmen einer experimentellen Studie zeigen, daß Personen, die in der ersten Phase keine Möglichkeit hatten, lauten Lärm objektiv zu beeinflussen, in der zweiten Phase signifikant schlechter lernten, den Lärm durch eine instrumentelle Reaktion abzustellen.

Die zentrale Annahme der ursprünglichen Theorie der erlernten Hilflosigkeit, daß objektive Unkontrollierbarkeit immer zu negativen motivationalen, kognitiven und affektiven Effekten führt, wurde jedoch wiederholt kritisiert. Grund hierfür war u.a. die Beobachtung von Alltagssituationen, die die Existenz verschiedener Reaktionen auf Unkontrollierbarkeit nachwiesen. *Abramson, Seligman* und *Teasdale* (1978) haben diesem Umstand in ihrer revidierten Theorie der Hilflosigkeit dadurch Rechnung getragen, daß sie Attributionsprozesse und die Wichtigkeit unkontrollierter Ereignisse in ihren neuen Ansatz integriert haben. So konnten *Pittman* und *Pittman* (1979) zeigen, daß die Wahrnehmung von Kontrolle auch von generalisierten Erwartungshaltungen wie interner versus externaler Kontrollüberzeugung, also individuellen Merkmalen, abhängt.

Eine stärker anwendungsbezogene Arbeit zur Untersuchung der Relevanz von Kontrollmöglichkeiten stammt von *Schulz* (1976). Er untersuchte ältere Heimbewohner, die entweder keine Kontrolle und kein Wissen über den Zeitpunkt und die Dauer eines wöchentlichen Sozialkontaktes (Besuch von Studenten) hatten (Unkontrollierbarkeit) oder zwar den Zeitpunkt und die Dauer wußten, doch beide nicht bestimmen konnten (Vorhersagbarkeit) oder Zeitpunkt und dessen Dauer frei und selbst bestimmten (Beeinflußbarkeit und Vorhersagbarkeit). Eine weitere Gruppe von Heimbewohnern erhielt keine Besuche (Kontrollgruppe). Ziel dieser Arbeit war es zu untersuchen, ob einige häufig zu beobachtende Merkmale älterer Menschen in Institutionen, wie Depressivität, Hilflosigkeit, körperliche Beschwerden und physischer Abbau, zumindest teilweise durch Kontrollverlust zu erklären sind. Die Untersuchungsergebnisse zeigten, daß Kontrolle und/oder Vorhersagbarkeit der wöchentlichen Besuche im Vergleich mit der Unkontrollierbarkeitsbedingung und der Kontrollgruppe deutlich positive Effekte auf das subjektive Wohlbefinden, die Aktivitätsrate und die körperliche Verfassung der alten Menschen hatte. Zu ähnlichen Ergebnissen kommt eine Studie von *Langer* und *Rodin* (1976). Diese positiven Effekte konnten jedoch in einer in Deutschland durchgeführten Replikationsstudie nicht beobachtet werden (*Hautzinger & Bommer*, 1992). Als einen Erklärungsansatz für diese abweichenden Befunde nennen die Autoren u.a. die Tatsache, daß ihre Stichprobe einen niedrigeren sozioökonomischen Status aufweist, woraus resultieren könnte, daß diese Personengruppe über viele Jahre unter eher abhängigen, weniger beeinflußbaren Bedingungen lebte und die Ausübung von Kontrolle aufgrund mangelnder Erfahrung daher mit Streß und Belastung verbunden ist. Auch diese Interpretation verweist letztlich auf eine Interaktion von Person und Umwelt.

17.3 Fähigkeit zur Selbstkontrolle

17.3.1 Theoretische Grundlagen

Die Beschäftigung mit Theorien und Methoden der Selbstregulation und Selbstkontrolle gewinnen in verschiedenen Bereichen, wie z.B. der Organisationspsychologie (*Cervone, Jiwani & Wood*, 1991; *Kanfer & Kanfer*, 1991), des Sparverhaltens (*Wärneryd*, 1989) oder des Konsumverhaltens (*Campbell*, 1987; *Hoch & Loewenstein*, 1991), zunehmend an Bedeutung. Diese Zunahme beruht auf der Erkenntnis, daß das Individuum über eine Reihe von Verhaltensweisen verfügt, die nicht durch Reize der Umwelt determiniert sind, sondern der Eigenkontrolle des Menschen unterliegen. Die folgenden Ausführungen orientieren sich primär an den Arbeiten von *Kanfer* (1977, 1987) und *Reinecker* (1978, 1990), da beide Autoren die theoretische und empirische Arbeit in diesem Bereich wesentlich beeinflußt haben.

Unter Selbstregulation verstehen *Kanfer*, *Reinecker* und *Schmelzer* (1991, S. 25) die Tatsache, daß eine Person ihr eigenes Verhalten im Hinblick auf selbstgesetzte Ziele steuert, wobei die Regulation durch eine Modifikation des Verhaltens selbst oder durch eine Einflußnahme auf die Bedingungen des Verhaltens erfolgt. Eine ähnliche Auffassung von Selbstregulation vertritt *Karoly* (1993, S. 25). Selbstregulation erfolgt jedoch nicht ausschließlich aufgrund einer inneren Vermittlungsinstanz, die vom Einfluß situationaler Faktoren unabhängig ist, sondern aus einer dynamischen Interaktion von externer Umgebung (Alpha-Variablen), Verhaltensweisen bzw. Prozessen der Person selbst (Beta-Variablen) und physiologischen sowie biologischen Voraussetzungen (Gamma-Variablen). An einem Beispiel versucht *Kanfer* diese Interaktion zu erklären: Ob eine Person ein Brot stiehlt, hängt davon ab, inwieweit die Alpha-Variablen dies begünstigen, z.B. durch die leichte Erreichbarkeit des Brotes, und die Gamma-Variablen dies fördern, z.B. durch einen anhaltenden Hungerzustand. In dieser Situation kann die Intensität der Beta-Variablen, z.B. die Einstellung, nicht zu stehlen, oder Versuche, sich selbst abzulenken nicht ausreichen, um das Verhalten des Stehlens zu unterbinden (*Kanfer*, 1977, S. 802).

Der Ansatz zu Selbstregulation kann fruchtbar auf wirtschaftliche Fragestellungen angewandt werden. Seit einigen Jahren wird das klassische Bargeld zunehmend durch kartengestützte Zahlungssysteme (z.B. Kreditkarten, Kundenkarten) ersetzt. Überträgt man die Erkenntnisse zum selbstregulatorischen Verhalten auf die Situation des Einkaufs mit kartengestützten Zahlungssystemen, so wird deutlich, daß diese Zahlungsformen die Verfügung über finanzielle Ressourcen erleichtern (Alpha-Variable), gleichzeitig aber die Nachvollziehbarkeit der getätigten Ausgaben und der Kosten erschweren. Berücksichtigt man die natürlichen Grenzen des menschlichen Informationsverarbeitungssystems (Gamma-Variablen), so könnten kartengestützte Zahlungssysteme aufgrund ihrer im Vergleich zu Bargeld größeren Abstraktheit dazu führen, daß die Fähigkeit sich getätigter Ausgaben zu erinnern, abnimmt. Denn die Konkretheit (Bildhaftigkeit) von Informationen ist mitentscheidend dafür, wie gut Informationen im Gedächtnis gespeichert werden (*Dirx & Craik*, 1992; *Kroeber-Riel & Weinberg*, 1999; *Paivio*, 1971, 1986). Unabhängig von individuellen bzw. kognitiven Prozessen (Beta-Variablen) verändern kartengestützte Zahlungssysteme also die Rahmenbedingungen selbstregulatorischer Prozesse. Die Möglichkeit der Selbstregulation unterscheidet sich zwischen Bargeld und kartengestützten Zahlungssystemen darüber hinaus dadurch, daß das Portemonnaie als externer Informationsspeicher angesehen werden kann. In einer gegebenen Einkaufssituation erlaubt dieser Informationsspeicher eine kontinuierliche Übersicht hinsichtlich der getätigten Konsumausgaben und der Zahlungsfähigkeit, ohne daß diese Informationen im Gedächtnis gespeichert sowie abrufbar sind. Ein vergleichbarer Informationsstand erfordert bei kartengestützten Zahlungssystemen hingegen eine aktive Informationsverarbeitung. Bargeld bietet somit aufgrund seiner Konkretheit und seiner Funktion als externer Informationsspeicher hinsichtlich selbstregulatorischen Verhaltens Vorteile gegenüber kartengestützten Zahlungssystemen.

Die skizzierten Annahmen zum Einfluß kartengestützter Zahlungssysteme auf das Konsumverhalten konnten in einer experimentellen Untersuchung nachgewiesen werden (*Raab*, 1998). Zur Realisierung der Untersuchung wurde in Zusammenarbeit mit einem Warenhauskonzern ein Simulationsspiel (Kaufhausspiel) entwickelt. Das Kaufhausspiel erlaubt es, eine Einkaufssituation zu simulieren und damit den Einfluß unterschiedlicher Zahlungssysteme zu untersuchen. Die einzige Variable, die im Rahmen der Untersuchung variiert wurde, war die Form des Geldes. Die eine Hälfte der Probanden spielte das Simulationsspiel mit Bargeld und die andere Hälfte mit einer Kundenkarte des Warenhauses. Auf der Grundlage der beschriebenen kontrolltheoretischen Ansätze wurde die Hypothese abgeleitet, daß der objektive Kontrollverlust, definiert als Betrag der Differenz zwischen tatsächlich ausgegebenem Einkaufsbetrag und geschätztem Einkaufsbetrag (Güte der Schätzung), bei Bezahlung mittels Karte größer ist als bei Bargeldzahlungen. Zur Überprüfung der Hypothese wurde den Teilnehmern rund 20 Minuten nach Beendigung des Kaufhausspiels die Frage gestellt, welchen Betrag sie im Kaufhausspiel ungefähr insgesamt ausgegeben haben. Entsprechend der Annahme konnten Personen, die ihre Einkäufe mittels Bargeld tätigten, die Höhe ihrer Konsumausgaben genauer einschätzen als Personen, die ihre Einkäufe mittels Karte tätigten. Der durchschnittliche Betrag der Differenz zwischen tatsächlich ausgegebenem Einkaufsbetrag und geschätztem Einkaufsbetrag betrug bei Personen mit Bargeld 115 DM und bei Personen mit Karte 207 DM.

Unter selbstregulatorischen Gesichtspunkten ist von besonderer Relevanz, inwieweit die Ausgaben eher unterschätzt oder überschätzt werden. Dies begründet sich daraus, daß insbes. eine Unterschätzung der Ausgaben dazu führen kann, daß selbstregulatorische Prozesse unterbleiben und daß zusätzliche Konsumausgaben getätigt werden, die bei richtiger Einschätzung oder Überschätzung nicht erfolgen würden. Prinzipiell stellen sich somit zwei Fragen: Erstens, inwieweit unterschätzen oder überschätzen Konsumenten die Höhe ihrer Konsumausgaben, und zweitens, unterschätzen Konsumenten mit Karte ihre Ausgaben häufiger als Konsumenten mit Bargeld? Im Rahmen der Untersuchung konnte festgestellt werden, daß Konsumenten die Höhe der Ausgaben generell eher unterschätzen als überschätzen. Unabhängig von der Form des Geldes scheint also die Tendenz zu bestehen, die Höhe getätigter Konsumausgaben eher zu unterschätzen als zu überschätzen. Hinsichtlich der zweiten Fragestellung zeigte sich, daß Personen mit Karte die Ausgaben signifikant häufiger unterschätzen als Personen mit Bargeld und daß darüber hinaus auch die Abweichung vom tatsächlich ausgegebenen Betrag signifikant höher ist als bei Personen mit Bargeld. Geld in Form kartengestützter Zahlungssysteme beeinflußt demnach also nicht nur die Güte der Schätzung getätigter Ausgaben (siehe oben), sondern kartengestützte Zahlungssysteme führen auch dazu, daß die Ausgaben eher unterschätzt werden (siehe Tab. 17-1). Wenn die Höhe der Ausgaben falsch eingeschätzt wird, dann ist es dennoch möglich, daß selbstregulatorische Prozesse wirksam werden. Voraussetzung dafür ist allerdings, daß der Person bewußt ist, daß sie die Situation nicht richtig einschätzen bzw. kontrollieren kann. In vielen Fällen gehen Menschen jedoch davon aus, bestimmte Dinge kontrollieren zu können, obwohl dies objektiv nicht zutrifft. Nimmt eine Person wahr, daß sie eine Situation kontrollieren kann, obwohl dies objektiv nicht zutrifft (Illusion von Kontrolle), dann fehlt eine der zentralen Voraussetzungen zur Selbstregulation bzw. Selbstkontrolle. Auf diesen Aspekt wird im nächsten Abschnitt näher eingegangen.

	Konsumausgaben unterschätzt	Konsumausgaben überschätzt
Bargeld	*22* (27,5)	*20* (14,5)
Karte	*37* (31,5)	*11* (16,5)

Legende: Die kursiv gedruckten Ziffern geben die Anzahl (Häufigkeiten) der beobachteten Personen unter der Bedingung Bargeld und Karte wieder. In den Klammern sind die statistisch erwarteten Häufigkeiten angegeben. $Chi^2 = 5.01$, $p < .05$

Tab. 17-1: Einschätzung getätigter Konsumausgaben unter Berücksichtigung des Zahlungssystems.

17.3.2 Illusion von Kontrolle

Die Illusion von Kontrolle besteht darin, daß Individuen glauben, bestimmte Ereignisse kontrollieren zu können, obwohl dies nicht der Realität entspricht (*Langer*, 1975). Demnach verhalten sich viele Menschen in objektiv unkontrollierbaren Situationen so, als hingen die eintretenden Effekte von ihren Leistungen, Fähigkeiten oder gezeigtem Verhalten ab: Personen, die bei einer Lotterie ihr Los selbst ziehen können, glauben z.B., erhöhte Gewinnchancen zu haben im Vergleich zu Personen, denen das Los zugeteilt wurde. Zu diesem Bereich haben *Alloy* und *Abramson* (1979) eine Reihe von Experimenten durchgeführt. Die Probanden hatten das Aufleuchten eines grünen Lichtes zu beeinflussen. Dazu konnten sie entweder auf einen Knopf drücken oder nicht. Den Grad ihrer Kontrolle schätzten die Probanden anhand einer Skala von 0 bis 100 % ein. Dabei zeigte sich bei verschiedenen Versuchsbedingungen, die hinsichtlich des Ausmaßes an Kontingenz und der Zahl der Bekräftigungen variierte, daß Personen mit hohen Depressionswerten die objektiven Möglichkeiten der Kontrolle sehr zutreffend beurteilten. Nicht-Depressive überschätzten dagegen in objektiv unkontrollierbaren Situationen die eigenen Kontrollmöglichkeiten. Es gibt eine Reihe von weiteren Untersuchungen, die darauf hinweisen, daß psychisches Wohlbefinden und ein hoher Selbstwert einhergehen mit illusionärer Kontrolle (*Alloy & Clements*, 1992; *Koenig, Clements & Alloy*, 1992; *Taylor & Brown*, 1988). Für *Langer* (1975) ist ein gewisses Ausmaß an Kontrollillusion eine notwendige Voraussetzung psychischen Wohlbefindens, wodurch Gefühle eigener Kompetenz und ein positiver Selbstwert resultieren. Die Ursachen der Überschätzung eigener Kontrollmöglichkeiten werden heute sowohl auf motivationale Prozesse (z.B. Einfluß des Selbstwerts) als auch auf kognitive Prozesse (z.B. Verarbeitung früherer Kontingenzinformationen) zurückgeführt (*Herkner*, 1991; *Koenig, Clements & Alloy*, 1992).

Die kontrolltheoretische Forschung beschäftigt sich bis heute primär mit den positiven Effekten der Kontrollillusion. Den möglichen negativen Effekten einer Illusion von Kontrolle wird dagegen nur wenig Beachtung geschenkt (*Wong*, 1992, S. 145). Dabei lassen sich die negativen Konsequenzen und deren Relevanz in verschiedenen Bereichen klar erkennen. Im vorangegangenen Abschnitt wurde dargelegt, daß selbstregulatorische Prozesse dann wirksam werden, wenn Konsumenten wahrnehmen, daß sie die Höhe ihrer Konsumausgaben nicht richtig einschätzen. Im Rahmen der Untersuchung von *Raab* (1998) konnte nachgewiesen werden, daß kartengestützte Zahlungssysteme nicht nur dazu führen, daß die Fähigkeit zur Einschätzung der getätigten Ausgaben abnimmt, sondern auch, daß wir subjektiv davon ausgehen, die Ausgaben mit kartengestüzten Zahlungssystemen genauso gut einschätzen zu können, wie mit Bargeld. Obwohl Karten zu einer erhöhten Schwierigkeit in der Einschätzung getätigter Ausgaben führen, erleben die Konsumenten also den gleichen Grad an subjektiver Sicherheit. Dies bedeutet eine Zunahme der Illusion der Ausgabenkontrolle und führt dazu, daß selbstregulatorische Prozesse erschwert werden.

Das Phänomen der Kontrollillusion kann auch an den Kapitalmärkten beobachtet werden. In einer anhaltenden Phase wirtschaftlichen Wachstums, die mit überwiegend positiven Anlageerfahrungen der Investoren verbunden, erzeugen diese ein Gefühl der Kontrolle (*Rapp*, 1997, S. 90-91). Börsenteilnehmer gehen davon aus, durch entsprechende Strategien und Techniken den Markt kontrollieren zu können. Kontrolle bedeutet in diesem Fall, die Fähigkeit, bestimmte Ereignisse vorherzusagen. Dies setzt allerdings voraus, daß sie die relevanten Marktinformationen kennen. Die notwendigen Informationen sind aber häufig nicht vorhanden, oder sie sind anderen zu einem früheren Zeitpunkt zugänglich. Anleger und insbesondere private Anleger gehen dennoch oft davon aus, den Markt kontrollieren bzw. schlagen zu können (*Mass & Weibler*, 1997, S. 113-114). Dabei kann auch beobachtet werden, daß Erfolge (Kursgewinne) häufig auf eigene Fähigkeiten zurückgeführt werden. Mißerfolge (Kursverluste) werden dagegen ungünstigen und unvorhersehbaren Marktentwicklungen zugeschrieben. Hierbei zeigen sich deutliche Parallelen zum Glücksspiel. Gerade vor dem Hintergrund des zunehmenden Aktienhandels über das Internet dürfte es in Zukunft notwendig sein, Erkenntnisse aus diesem Bereich zum besseren Verständnis des Anlageverhaltens heranzuziehen (*Meyer*, 2000).

Die Illusion von Kontrolle wird in vielen Fällen auch dadurch gefördert, daß bestimmte Institutionen vorgeben und wahrscheinlich auch selbst daran glauben, bestimmte Dinge kontrollieren zu können, die sie objektiv nicht kontrollieren können. Die Individuen erfahren somit ein Gefühl der stellvertretenden Kontrolle, indem sie diesen Institutionen, vertrauen. Wie trügerisch und gefährlich diese Illusion sein kann, zeigen Beispiele wie die Nuklearkatastrophen in Three Miles Island und Tschernobyl, die Entwicklung des Ozonlochs, der weltweite Verlust von Nutzflächen durch Bodenerosion und die Kursentwicklung des Euro.

17.3.3. Selbstkontrolle und Verschuldung

In einer empirischen Untersuchung von *Lunt* und *Livingstone* (1991) wurde untersucht, welche Faktoren von Personen als relevant dafür angesehen werden, daß Konsumenten sich verschulden, und wie wichtig die verschiedenen Faktoren hierfür sind. Dabei zeigte sich, daß von den Befragten sowohl interne als auch externe Gründe als relevant betrachtet werden. Zu den internen Faktoren gehören: Mangel an Selbstkontrolle (z.B. impulsives Kaufverhalten, Mangel an Selbstdisziplin), Mangel an Realismus (z.B. fehlendes Wissen im Finanzbereich), Vergnügen (z.B. Freude beim Einkaufen) und Gier. Die externen Gründe umfassen: Kreditsystem (z.B. Bequemlichkeit von Kreditkarten, Höhe des Kreditvolumens), kommerziellen Druck (z.B. Werbung), sozialer Druck (z.B. Wünsche der Kinder) und externe Probleme (z.B. Arbeitsplatzverlust). Hinzu kommt eine Vielzahl von persönlichen Ereignissen (z.B. Geburt eines Kindes). In einem weiteren Untersuchungsschritt haben die Autoren die Kausalstrukur dieser Faktoren untersucht, d.h. inwieweit Individuen davon ausgehen, daß bestimmte Faktoren von anderen beeinflußt werden und/oder andere beeinflussen. Dabei zeigte sich, daß Individuen in der Höhe des Kreditrahmens und der Bequemlichkeit von Kreditkarten wesentliche Einflußfaktoren in bezug auf die Selbstkontrolle sehen. Der Einfluß von Kreditkarten konnte auch in einer neueren experimentellen Studie belegt werden

(*Raab*, 1998, S. 166-168). Im Rahmen der Untersuchung erhöhte sich die Bereitschaft zur Verschuldung bei Bezahlung mit Kreditkarte signifikant im Vergleich zur Bezahlung mit Bargeld (siehe Tab. 17-2). Faßt man die Ergebnisse von *Lunt* und *Livingstone* (1991) zusammen, dann gehen Konsumenten davon aus, daß die individuelle Fähigkeit zur Selbstkontrolle auch durch institutionelle bzw. situative Faktoren beeinflußt wird.

	keine Verschuldung	Verschuldung
Bargeld	*34*	*18*
	(28,0)	(24,0)
Karte	*22*	*30*
	(28,0)	(24,0)

Legende: Die kursiv gedruckten Ziffern geben die Anzahl (Häufigkeiten) der beobachteten Personen unter der Bedingung Bargeld und Karte wieder. In den Klammern sind die statistisch erwarteten Häufigkeiten angegeben. $Chi^2 = 4.68$, $p < .05$

Tab.17- 2: Verschuldungsbereitschaft in Abhängigkeit des Zahlungssystems.

Während sich die vorhergehende Untersuchung von *Lunt* und *Livingstone* (1991) allgemein mit den Gründen befaßte, die Verbraucher dafür verantwortlich machen, daß Personen sich verschulden, untersuchten *Livingstone* und *Lunt* (1992) in einer weiteren Studie diejenigen Variablen, die Personen mit und ohne Schulden voneinander unterscheiden. Die Differenzierung in diese beiden Personengruppen erfolgte anhand der Angaben der Befragten hinsichtlich ihrer gegenwärtigen finanziellen Situation. Als einer der zentralen Einflußgrößen erwies sich die Einstellung gegenüber Krediten. Für Personen mit Schulden stellen Kredite in höherem Ausmaß etwas Nützliches sowie Bequemes dar und sind ein Teil des modernen Lebensstils. Sie wollen ihre Bedürfnisse befriedigen, ohne dafür sparen zu müssen und sehen im Konsum eine Möglichkeit, Anerkennung zu erlangen. Die Ursachen für ihre Schulden sehen sie selbst sowohl in ihrer eigenen Person als auch in institutionellen Faktoren. Zu den individuellen Ursachen gehören insbesondere die Befriedigung und Bestätigung, die im Konsum erlebt wird, und der Verlust der Selbstkontrolle im Umgang mit finanziellen Angelegenheiten und in Kaufhandlungen. Als zentrale institutionelle Einflußgrößen werden das Kreditsystem, mit der Möglichkeit, relativ einfach Kredite in Anspruch nehmen zu können, und die Höhe des Kreditrahmens genannt. Die Höhe des Einkommens hat dagegen keinen Einfluß darauf, ob Personen einen Kredit in Anspruch nehmen oder nicht. Allerdings steigt mit der Höhe des Einkommens die Höhe der durchschnittlichen Schulden. Von noch größerer Relevanz hinsichtlich der Höhe der Verschuldung ist jedoch die Anzahl der Kredite. Mit der Anzahl der in Anspruch genommenen Kredite steigt die Verschuldung. Dies könnte ein Hinweis darauf sein, daß sich Personen zur Abdeckung mangelnder Liquidität und notwendiger Zinszahlungen verschiedener Finanzierungsquellen bedienen. Durch die Einführung kartengestützter Zahlungssysteme erhöhen sich diese Möglichkeiten.

Auf der Grundlage von Daten einer größeren Anzahl von Kreditnehmern verschiedener Banken untersuchten *Dessart* und *Kuylen* (1986) die institutionellen, sozioökonomischen, psychologischen und verhaltensbezogenen Ursachen problematischer Verschuldungssituationen. Als der bedeutendste Einflußfaktor erwies sich die Anzahl der in Anspruch genommenen Kredite. Bei einer genaueren Analyse zeigte sich, daß die Wahrscheinlichkeit einer problematischen Verschuldungssituation dann besonders groß ist, wenn hinsichtlich der Verschuldungssituation ungünstige institutionelle Faktoren (zwei und mehr Kredite) und ungünstige persönliche Eigenschaften (z.B. externale Kontrollüberzeugung) gleichzeitig vorliegen. Im Fall der Inanspruchnahme nur eines Kredits und eher günstiger individueller Merkmale (z.B. internaler Kontrollüberzeugung) sinkt die Wahrscheinlichkeit dagegen auf Null. Diese Ergebnisse unterstützen die These von einer Interaktion zwischen institutionellen und individuellen Faktoren als Ursache problematischer Verschuldungssituationen.

Ein weiteres interessantes Ergebnis dieser Studie ist die Beobachtung, daß zwischen der Wahrscheinlichkeit, in eine problematische Verschuldungssituation zu geraten, und dem Wissensstand in bezug auf finanzielle Fragen (z.B. Kreditformen, Kreditinstituten) eine kurvenlineare Beziehung besteht (siehe Abb. 17-1). Ein deutlich erhöhtes Risiko weisen hierbei Kreditnehmer mit einem mittleren Wissensstand auf. Dieses Ergebnis der Arbeit von *Dessart* und *Kuylen* (1986) kann im Sinn einer Kontrollillusion interpretiert werden: Personen mit einem mittleren Wissen überschätzen ihre Fähigkeiten zur Beurteilung der finanziellen Situation. Dies erhöht ihre Bereitschaft, Kredite in Anspruch zu nehmen und führt zu einer Zunahme der Rückzahlungsproblematik. Individuen mit einem niedrigen oder hohen Wissensstand dagegen beurteilen ihre Situation entweder sehr vorsichtig aufgrund ihres fehlenden Wissens oder rational aufgrund ihres hohen Wissens, was beides das Risiko einer zu hohen Kreditaufnahme reduziert. Die negativen Konsequenzen einer Kontrollillusion für den Verbraucher werden auch hier erkennbar.

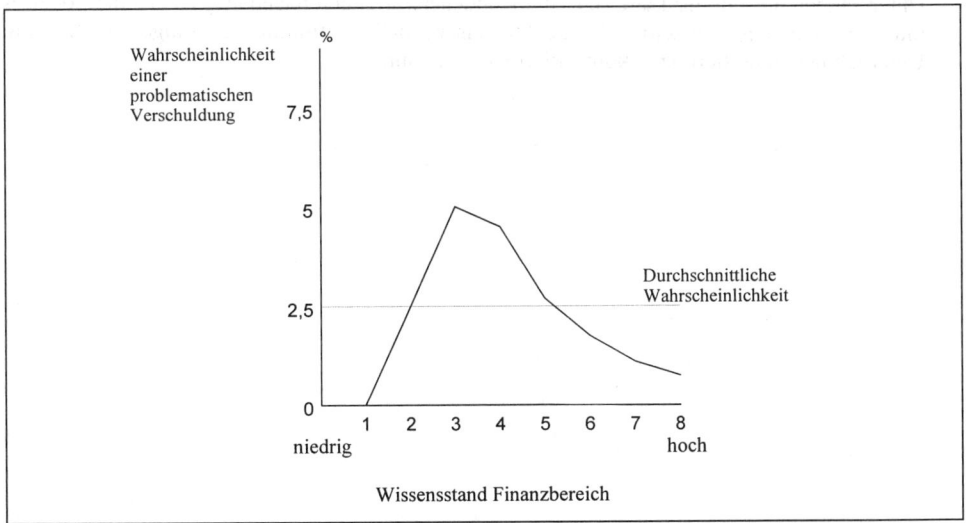

Abb. 17-1: Wahrscheinlichkeit einer problematischen Verschuldungssituation und Wissensstand in bezug auf finanzielle Angelegenheiten (*Dessert & Kuylen*, 1986, S. 322).

17.4 Zusammenfassung

Kontrolltheoretische Ansätze und Erkenntnisse können auf viele praktische Fragestellungen angewandt werden. Dabei ist zu berücksichtigen, daß individuelle Unterschiede hinsichtlich des Bedürfnisses nach Kontrolle existieren. Unabhängig von diesen individuellen Differenzen gibt es situative Gegebenheiten, die dazu führen, daß Menschen ein Gefühl der Kontrolle erfahren. Diese situativen Gegebenheiten beeinflussen unser Verhalten. So führen neue Formen des Geldes dazu, daß Konsumenten eine Illusion der Ausgabenkontrolle erfahren, die mit höheren Konsumausgaben und einer höheren Verschuldung verbunden ist. Das Wissen über solche Zusammenhänge kann dazu genutzt werden, Strategien und Umgangsformen für die Verbraucher zu entwickeln, die diese Effekte vermeiden oder zumindest vermindern.

Diese Erkenntnisse sind auch für Unternehmen von hoher Relevanz. Vor dem Hintergrund der zunehmenden Verschuldung sowie Überschuldung der privaten Haushalte und der gesellschaftlichen Verantwortung der Unternehmen liegt es in ihrem elementaren Interesse, eine zu hohe Verschuldung ihrer Kunden und die damit verbundene Möglichkeit der Zahlungsunfähigkeit zu vermeiden. Dabei lassen sich die kontrolltheoretischen Erkenntnisse auch in anderen Bereichen wie z.B. dem Anlegerverhalten oder dem Verkaufsgespräch anwenden. Unternehmen kommt in vielen Situationen die Funktion einer stellvertretenden Kontrollinstanz zu. Diese kann darauf beruhen, daß dem Kunden eine Sicherheit bezüglich bestimmter Produktleistungen suggeriert wird, die tatsächlich nicht gegeben ist. Im Sinne des Aufbaus einer partnerschaftlichen und dauerhaften Kundenbeziehung muß das Unternehmen aber in der Lage sein, die Kundenerwartungen nachhaltig zu erfüllen, oder es muß die Kunden frühzeitig darauf hinweisen, daß bestimmte Leistungen nicht vom Unternehmen garantiert bzw. kontrolliert werden können.

Literatur

Abramson, L. Y., Seligman, M. E. P. & Teasdale, J. D.: Learned helplessness in humans: Critique and reformulation. Journal of Abnormal Psychology, 1978, **87**, 49-74.

Alloy, L. B. & Abramson, L. Y.: Judgement of contingency in depressed and nondepressed students: Sadder but wiser? Journal of Experimental Psychology: General, 1979, **108**, 441-485.

Alloy, L. B. & Clements, C. M.: Illusion of control: Invulnerability to negative affect and depressive symptoms after labourite and natural stresses. Journal of Abnormal Psychology, 1992, **101**, 234-245.

Archer, R. P.: Relationships between locus of control and anxiety. Journal of Personality Assessment, 1979, **43**, 617-626.

Bandura, A.: Self-efficacy: Toward a unifying theory of behavioral change. Psychological Review, 1977, **84**, 191-215.

Bungard, W. & Schultz-Gambard, J.: Überlegungen zum Verhalten von Börsenakteuren aus kontrolltheoretischer Sicht. In: Maas, P. & Weibler, J. (Hrsg.). Börse und Psychologie: Plädoyer für eine neue Perspektive. Köln: 1990, 140-159.

Burger, J. M.: Desire for control and achievement related behaviors. Journal of Personality and Social Psychology, 1985, **48**, 1520-1533.

Burger, J. M.: Desire for control and conformity to a perceived norm. Journal of Personality and Social Psychology, 1987, **53**, 355-360.

Burger, J. M.: Desire for control and academic performance. Canadian Journal of Behavirol Science, 1992, **24**, 47-155.

Burger, J. M. & Cooper, H. M. The desirability of control. Motivation and Emotion, 1979, **3**, 381-393.

Campbell, C.: The romantic ethic and the spirit of modern consumerism. Oxford: 1987.

Cervone, D., Jiwani, N. & Wood, R.: Goal setting and the differential influence of self-regulatory processes on complex decision-making performance. Journal of Personality and Social Psychology, 1991, **61**, 257-266.

Chandler, T. A.: A note on the relationship of internality-externality, self-acceptance, and self-ideal discrepancies. The Journal of Psychology, 1976, **94**, 145-146.

DeCharms, R.: Personal causation. New York: 1968.

Dessart, W. & Kuylen, A.: The nature, extent, causes, and consequences of problematic debt situations. Journal of Consumer Policy, 1986, **9**, 311-334.

Dirx, E. & Craik, F. I. M.: Age-related differences in memory as a function of imagery processing. Psychology and Aging, 1992, **7**, 352-358.

Frey, D. & Irle, M. (Hrsg.): Theorien der Sozialpsychologie. Band 3: Motivations- und Informationsverarbeitungstheorien. Bern: 1993.

Glass, D. C.: Behavior patterns, stress, and coronary disease. Hillsdale, NJ: 1977.

Hautzinger, M. & Bommer, M.: Die Auswirkungen von Kontrolle und Vorhersagbarkeit auf das Befinden älterer Menschen - eine Replikation. Schweizer Zeitschrift für Psychologie, 1992, **51**, 191-197.

Haynes, S. G., Feinleib, M. & Kannel, W. B.: The relationship of psychosocial factors to coronary disease in the Framingham study. American Journal of Epideminology, 1980, **11**, 37-58.

Herkner, W.: Lehrbuch Sozialpsychologie. Bern: 1991.

Hermann, C.: Zusammenhänge zwischen Depression, Ursachenerklärung und Kontrollerwartungen. In: Hautzinger, M. & Schulz, W. (Hrsg.). Klinische Psychologie und Psychotherapie, Band 3, 79-87. München: 1980.

Hiroto, D.: Locus of control and learned helplessness. Journal of Experimental Psychology, 1974, **102**, 187-193.

Hoch, S. & Loewenstein, G.: Time-inconsistent preferences and consumer self-control. Journal of Consumer Research, 1991, **17**, 492-507.

Hodgkinson, G.: Research notes and communications development and validation of the strategic locus of control scale. Strategic Management Journal, 1992, **13**, 311-317.

Hunt, J. M., Kernan, J. B., Chatterjee, A. & Florsheim, R. A.: Locus of control as a personality correlate of materialism: An empirical note. Psychological Reports, 1990, **67**, 1101-1102.

Kanfer, F. H.: Selbstregulierung und Selbstkontrolle. In: Zeier, H. (Hrsg.). Pawlow und die Folgen. Zürich: 1977, 793-827.

Kanfer, F. H.: Selbstregulation und Verhalten. In: Heckhausen, H., Gollwitzer, P.M. & Weinert, F. E. (Hrsg.). Jenseits des Rubikon: Der Wille in den Humanwissenschaften. Berlin: 1987, 286-299.

Kanfer, F. H., Reinecker, H. & Schmelzer, D.: Selbstmanagement-Therapie. Ein Lehrbuch für die klinische Praxis. Berlin: 1991.

Kanfer, R. & Kanfer, F. H.: Goals and selfregulation: Applications of theory to work settings. In: Maehr, M.L. & Pintrich, P.R. (Eds.). Advances in motivation and achievement, 1991, **7**, 287-326. Greenwich.

Karoly, P.: Mechanismus of self-regulation: A systems view. Annual Review of Psychology, 1993, **44**, 23-52.

Koenig, L. J., Clements, C. M., & Alloy, L. B.: Depression and the illusion of control: The role of esteem maintenance and impression management. Canadian Journal of Behavioural Science, 1992, **24**, 233-252.

Krampen, G.: IPC-Fragebogen zu Kontrollüberzeugungen. Göttingen: 1980.

Krampen, G.: Differentialpsychologie der Kontrollüberzeugungen. Göttingen: 1982.

Krampen, G.: Fragebogen zu Kompetenz- und Kontrollüberzeugungen (FKK). Göttingen: 1991.

Krampen, G. & Fischer, M.: Kontrollüberzeugungen in der Alkoholismusforschung. Literaturüberblick und theoretische Bezüge. Zeitschrift für Klinische Psychologie, Psychopathologie und Psychotherapie, 1988, **36**, 100-117.

Kroeber-Riel, W. & Weinberg: Konsumentenverhalten. 8. Aufl., München: 1999.

Langer, E. J.: The illusion of control. Journal of Personality and Social Psychology, 1975, **32**, 311-328.

Langer, E. J. & Rodin, J.: The effects of choice and enhanced personal responsibility for the aged: A field experiment in an institutional setting. Journal of Personality and Social Psychology, 1976, **34**, 191-198.

Lefcourt, H. M.: The function of the illusions of control and freedom. American Psychologist, **28**, 1973, 417-425.

Levenson, H.: Distinctions within the concept of internal-external control: Development of a new scale. Proceedings of the 80th Annual Convention of the American Psychological Association, 1972, **7**, 261-262. Washington, DC.

Levenson, H.: Activism and powerful others: Distinctions within the concept of internal-external control. Journal of Personality Assessment, 1974, **38**, 377-383.

Lewis, A.: Some methods in psychological economics. In: Earl P.E. (ed.). Psychological economics, 1988, 189-210. Boston, MA.

Livingstone, S. M. & Lunt, P. K.: Predicting personal debt and debt repayment: Psychological, social and economic determinants. Journal of Economic Psychology, 1992, **13**, 111-134.

Lohaus, A. & Schmitt, G. M.: Fragebogen zur Erhebung von Kontrollüberzeugungen zu Krankheit und Gesundheit (KKG). Göttingen: 1989.

Lunt, P. K. & Livingstone, S. M.: Everyday explanations for personal debt: A network approach. British Journal of Social Psychology, 1991, **30**, 309-323.

Mass, P. & Weibler, J.: Immer unter Spannung. In: Jünemann, B. & Schellenberger, D. (Hrsg.). Psychologie für Börsenprofis. Stuttgart: 1997, 109-122.

Meyer, G.: Spielsucht - Theorie und Empirie. In: Poppelreuter, S. & Gross, W. (Hrsg.). Nicht nur Drogen machen süchtig. München: 2000, 1-16.

Müller, G.: Dispositionelle und biografische Bedingungen beruflicher Selbständigkeit. In: Moser, K.; Batinic, B. & Zempel, J. (Hrsg.). Unternehmerisch erfolgreich handeln. Göttingen: 1999, 173-192.

Müller, G.: Fragebogen zur Diagnose unternehmerischer Potentiale. Landau: 2000.

Nelson, E.: Control beliefs of adult in three domains: A new assessment of perceived control. Psychological Reports, 1993, **72**, 155-165.

Ollendick, D. (1979). Parental locus of control and the assessment of children's personality characteristics. Journal of Personality Assessment, **43**, 401-405.

Osselmann, J.: Eine Skala zur Messung der intrenalen und extrenalen Verstärkungskontrolle. Bonn: 1976.

Osnabrügge, G., Stahlberg, D. & Frey, D.: Die Theorie der kognizierten Kontrolle. In: Frey, D. & Irle, M. (Hrsg.). Theorien der Sozialpsychologie. Band 3: Motivations- und Informationsverarbeitungstheorien. Bern: 1993, 127-172.

Paivio, A.: Imagery and verbal processes. New York: 1971.

Paivio, A.: Mental representations: A dual coding approach. New York: 1986.

Phares, E. J.: Locus of control in personality. Morristown: 1976.

Pittman, N. L. & Pittman, T. S.: Effects of amount of helplessness training and internal-external locus of control on mood and performance. Journal of Personality and Social Psychology, 1979, **37**, 39-47.

Raab, G.: Kartengestützte Zahlungssysteme und Konsumentenverhalten. Berlin:1998.

Rapp, H.: Der tägliche Wahnsinn hat Methode. In: Jünemann, B. & Schellenberger, D. (Hrsg.). Psychologie für Börsenprofi. Stuttgart: 1997, 75-108..

Reinecker, H.: Selbstkontrolle. Verhaltenstheoretische und kognitive Grundlagen, Techniken und Therapiemethoden. Salzburg: 1978.

Reinecker, H. (Hrsg.): Lehrbuch der Klinischen Psychologie: Modelle psychischer Störungen. Göttingen: 1990.

Rosenman, R. H., Brand, R., Jenkins, C. D., Friedman, M., Straus, R. & Wurm, M.: Coronary hart disease in the western collaborative grout study. Journal of American Medical Association, 1975, **233**, 872-877.

Rothbaum, F., Weisz, J. R. & Snyder, S.: Changing the world and changing the self: A two-process model of perceived control. Journal of Personality and Social Psychology, 1982, **42**, 5-37.

Rotter, J. B.: Social learning and clinical psychology. Englewood Cliffs, NJ: 1954.

Rotter, J. B.: Generalized expectancies for internal versus external control of reinforcement. Psychological Monographs (whole No. 609), 1966, **80**(1), 1-28.

Rotter, J. B.: Some problems and misconceptions related to the construct of internal versus external control of reinforcement. Journal of Consulting and Clinical Psychology, 1975, **43**, 56-67.

Schulz, R.: Effects of control and predictability on the physical and psychological wellbeing of the institutionalized aged. Journal of Personality and Social Psychology, 1976, **33**, 563-573.

Seligman, M.: Helplessness: On depression, development, and death. San Francisco, CA: 1975.

Spector, P. E.: Development of the work locus of control scale. Journal of Occupational Psychology, 1988, **61**, 335-340.

Taylor, S. E. & Brown, J. D.: Illusion and well-being: A social psychological perspective on mental health. Psychological Bulletin, 1988, **103**, 193-210.

Thompson, S.: Will it hurt less if I can control it? A complex answer to a simple question. Psychological Bulletin, 1981, **90**, 89-101.

Wallston, K.; Wallston, B. & DeVellis, R.: Development of the multidimensional health locus of control (MHLC) scales. Health Education Monographs, 1978, **6**, 160-170.

Wärneryd, K.-E.: On the psychology of saving: An essay on economic behavior. Journal of Economic Psychology, 1989, **10**, 515-541.

White, R. W.: Motivation reconsidered: The concept of competence. Psychological Review, 1959, **66**(5), 297-333.

Wiswede, G.: Einführung in die Wirtschaftspsychologie. München: 1991

Wong, P. T. P.: Guest Editorial: Control is a double-edged sword. Canadian Journal of Behaviour of Science, 1992, **24**, 143-146.

Zimmerman, M. A. & Rappaport, J.: Citizen participation, perceived control, and psychological empowerment. American Journal of Community Psychology, 1988, **16**, 725-750.

18. Austauschtheorien - Gerechtigkeit als Voraussetzung dauerhafter Kundenbeziehungen

18.1 Begriff und Relevanz

Nach dem Prinzip der klassischen Austauschtheorie verfolgen Personen das Ziel, die Ergebnisse (Outputs) einer Interaktion in eine angemessene (gerechte) Beziehung zu den gemachten eigenen Aufwendungen (Inputs) zu stellen. Die Austauschtheorie wird in diesem Sinn auch als Gerechtigkeitstheorie oder im Englischen als Equity-Theory bezeichnet.

Es wird davon ausgegangen, daß jeder Interaktionspartner Beiträge leistet (in Form von Zeitaufwand, monetären Mitteln usw.) und Ergebnisse erzielt (Belohnungen und Bestrafungen im weitesten Sinn). Sowohl Ergebnisse als auch Beiträge können dabei positiv oder auch negativ sein. Gerechtigkeit liegt immer dann vor, wenn kein Interaktionspartner unbegründete Vor- oder Nachteile im Vergleich zum anderen erzielt.

Von prinzipieller Bedeutung sind die Verhältnisse zwischen den Ergebnissen und Beiträgen der einzelnen Interaktionspartner. Dabei geht es nicht um die objektiv nachweisbaren Verhältnisse, sofern diese überhaupt meßbar bzw. feststellbar sind, sondern um die tatsächliche Wahrnehmung jedes einzelnen Interaktionspartners. Nach *Adams* (1965) ist für eine Person **A** eine Situation gerecht oder ausgeglichen, wenn sie wahrnimmt, daß das Verhältnis zwischen ihren Ergebnissen (Outcomes O_A) und ihren Beiträgen (Inputs I_A) gleich dem Verhältnis zwischen den Ergebnissen und Beiträgen des Partners **B** ist. Person **B** dagegen kann die gleiche Situation ganz anders wahrnehmen (*Herkner*, 1991, S. 435):

$$\frac{O_A}{I_A} = \frac{O_B}{I_B}$$

Befürworter der Austausch- bzw. Gerechtigkeitstheorie greifen hinsichtlich des Einflusses sozialer Normen auf die Arbeiten von *Adams* (1965), *Homans* (1958), *Thibaut* und *Kelley* (1959) zurück. Diese beschreiben, unter welchen Bedingungen eine Interaktion stattfindet und welchen Stellenwert Normen in Interaktionsprozessen einnehmen. Bezüglich der psychischen Komponenten des Interaktionsverhaltens von Personen beziehen sich die Wissenschaftler auf die Dissonanztheorie.

Die Dissonanztheorie von *Festinger* (1957) basiert auf der Annahme, daß Individuen ein dauerhaftes Gleichgewicht ihres kognitiven Systems anstreben. Geraten die Kognitionen eines Individuums beispielsweise aufgrund einer wahrgenommenen Diskrepanz zwischen geleisteten Beiträgen und erzielten Ergebnissen in ein Ungleichgewicht, so führt dies zum Unwohlsein der Interaktionspartner. Sie erleben Inkonsistenzen im Wahrnehmungsfeld als psychische Spannungen. Dies motiviert Personen wiederum dazu, das aufgetretene Ungleichgewicht zu reduzieren, indem sie versuchen, die Abweichung zwischen Beitrag und Ergebnis zu beseitigen.[1]

Einen wesentlichen Ausbau der Austausch- bzw. Gerechtigkeitstheorie leisteten *Walster, Berscheid* und *Walster* (1973). Sie versuchten, den Ansatz in eine allgemeine Verhaltens- oder Interaktionstheorie auszuweiten. Prinzipiell läßt sich das Prinzip der Austausch- bzw.

---

[1] Vgl. hierzu den Beitrag zur Dissonanztheorie in diesem Band.

Gerechtigkeitstheorie auf alle denkbaren Bereiche ausdehnen, von Interaktionen partnerschaftlicher bis hin zu Interaktionen wirtschaftlicher Beziehungen.

18.2 Ansätze verschiedener Vertreter der Austauschtheorien

18.2.1 Die Austauschtheorie von *Homans* (1958, 1961)

Nach *Homans* (1958, 1961) interagieren Personen mit dem Ziel, sowohl lohnende als auch faire Ergebnisse zu erzielen. Sie erhoffen sich aus einer Interaktion einen Gewinn und hegen, was die Aufteilung dieses Gewinns betrifft, gewisse durch normative Vorstellungen geprägte Erwartungen. Diese Erwartungen sind durch ausgleichende Gerechtigkeit oder Verteilungsgerechtigkeit (distributive justice) geprägt. In seinem ursprünglichen Ansatz der ausgleichenden Gerechtigkeit ging *Homans* davon aus, daß Personen aus einer Interaktion nicht nur einen Nutzen ziehen bzw. eine Belohnung erhalten, sondern auch gewisse Abstriche in bezug auf egoistische Zielsetzungen akzeptieren müssen. Als Folge ergibt sich die Relation (*Müller & Crott*, 1984, S. 219):

Gewinn $_{(Person\ A)}$ = **Belohnung** $_{(A)}$ − **Kosten** $_{(A)}$ bzw.

Gewinn $_{(Person\ B)}$ = **Belohnung** $_{(B)}$ − **Kosten** $_{(B)}$

Dabei ist er der Auffassung, daß zwar die Belohnungen und Kosten zweier oder auch mehrerer Personen unterschiedlich sein können, allerdings die Gewinne der Interaktionspartner immer äquivalent sind. Daraus ergibt sich (*Müller & Crott*, 1984, S. 219):

Gewinn $_{(Person\ A)}$ = **Gewinn** $_{(Person\ B)}$

Demnach stellt die absolute Gewinngleichheit unabhängig von dem jeweiligen Einsatz der Interaktionspartner für alle am Austausch Beteiligten das gleiche Gewinnergebnis dar. Durch verschiedene Situationen geprägte Umstände oder individuelle Unterschiede werden hier nicht berücksichtigt (*Müller & Crott*, 1984, S. 220; *McClintock, Kramer & Keil*, 1984, S. 201).

Diese relativ idealistische und undifferenzierte Auffassung eines Gerechtigkeitsprinzips mit absolut gleichen Ergebnissen bzw. Gewinnen der Interaktionspartner korrigierte *Homans* (1961) allerdings später und wandelte das Prinzip ausgleichender Gerechtigkeit (distributive justice) in das Prinzip der relativen Gewinngleichheit um. Dabei ging er von folgender Überlegung aus: Eine Person, die mit einer anderen Person in einer Tauschbeziehung steht, wird erwarten, daß sich die Gewinne einer jeden proportional zu ihren Investitionen verhalten. Je größer die Investition, desto größer der Gewinn (*Homans*, 1961). Unter Investition versteht er Merkmale einzelner Personen, die Individuen in eine Interaktion mit einbringen und die für einen Austausch von Bedeutung sein können wie z.B. Alter, Erfahrung, Intelligenz u.ä. (*Müller & Crott*, 1984, S. 220).

Danach ergibt sich eine neue Formel der Verteilungsgerechtigkeit:

$$\frac{\textbf{Gewinn}_{(Person\ A)}}{\textbf{Investition}_{(Person\ A)}} = \frac{\textbf{Gewinn}_{(Person\ B)}}{\textbf{Investition}_{(Person\ B)}}$$

Wird die Formel der ausgleichenden Gerechtigkeit nicht eingehalten, indem beispielsweise ein Interaktionspartner in den Augen des anderen einen Vorteil erzielt, so reagiert der Benachteiligte verärgert und unzufrieden (*McClintock, Kramer & Keil*, 1984, S. 202). Schätzt der Partner dieser Interaktion die Relation zwischen Gewinnen und Investitionen ähnlich ein, d.h., sieht er sich ebenfalls gegenüber dem anderen als überlegen, so empfindet dieser keine Zufriedenheit, sondern tendiert eher zu Schuldgefühlen. Beide Interaktionspartner fühlen sich demnach mit den Ergebnissen der Interaktion unwohl. Sie sind bestrebt, das Gesetz der ausgleichenden Gerechtigkeit wiederherzustellen. Dies kann beispielsweise gelingen, indem der Benachteiligte die wahrgenommenen Gewinne des anderen herabsetzt oder seine eigene Einsatz-Kosten-Relation reduziert (*Müller & Crott*, 1984, S. 221).

18.2.2 Die Austauschtheorie von *Thibaut* und *Kelley* (1959)

Der Ansatz von *Thibaut* und *Kelley* (1959) befaßt sich wie die Theorie von *Homans* (1958) mit den Austauschergebnissen von Interaktionspartnern und deren Anstrengungen, gemeinsam mit anderen oder auch auf deren Kosten zu maximalen oder zufriedenstellenden Interaktionsergebnissen zu gelangen (*Fischer & Wiswede*, 1997, S. 390). Die zentrale Aussage stützt sich auf die Annahme, daß die Wahrscheinlichkeit einer längerfristigen sozialen Beziehung höher ist, wenn das Ergebnis einer Interaktion positiv ist, d.h., wenn die Differenz zwischen Ergebnis (Belohnung bzw. Nutzen) und Einsatz (Kosten) als vorteilhaft angesehen wird.

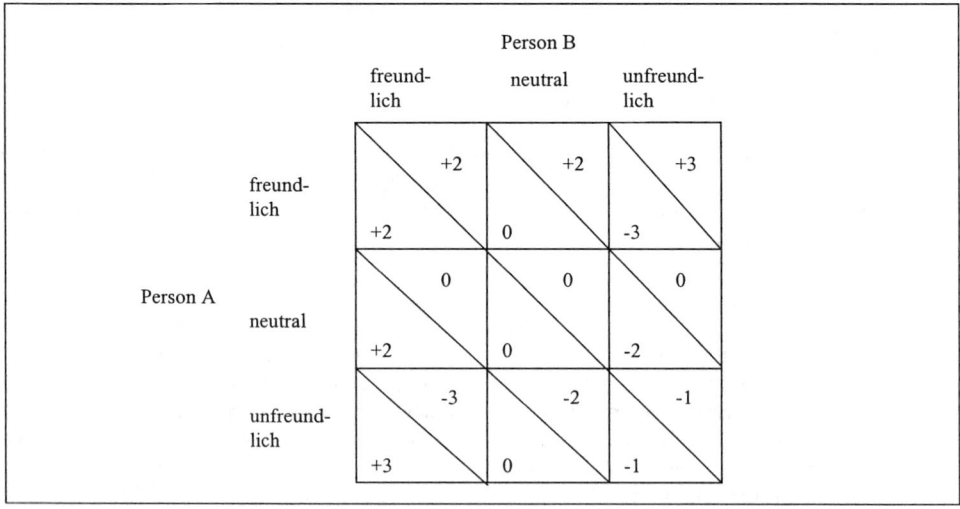

Abb. 18-1: Wertematrix nach *Thibaut* und *Kelley* (1959).

Den Nachweis für die Vorteilhaftigkeit einer Interaktion versuchen *Thibaut* und *Kelley* (1959) mit Hilfe einer Wertematrix (Payoffmatrix) zu erbringen (siehe Abb. 18-1). Es wird davon ausgegangen, daß jedem Interaktionspartner eine Anzahl von Verhaltensalternativen zur Verfügung steht. Jede Alternative hat einen bestimmten Wert (**W**). Sie ist mit Nutzen und Kosten verbunden, und zwar für beide Partner. Der Wert einer Alternative muß keineswegs für die Beteiligten identisch sein. Dabei spiegeln die Zeilen der Matrix die verschiedenen Ergebnis-Einsatz-Relationen des einen Interaktionspartners wider, während die Spalten die des anderen repräsentieren. Die Interaktionspartner werden dabei sowohl von exogenen Variablen wie beispielsweise individuellen Bedürfnissen und endogenen Variablen, die beispielsweise auf bereits früher gemachten Erfahrungen beruhen, beeinflußt. Aus jeder Zellenkombination ergibt sich somit ein individuelles Ergebnis beider Interaktionspartner (*McClintock, Kramer & Keil*, 1984, S. 205). Dieses gibt Aufschluß über die Zufriedenheit der Interaktionspartner und die Stabilität einer Beziehung (*Fischer & Wiswede*, 1997, S. 390). Die Ergebnisse lassen auch dahingehend Rückschlüsse zu, ob gemeinsame oder getrennte Aktionen mehr Erträge erbringen. Dabei ist zu beachten, daß die jeweiligen erzielten Individualerträge höher sein können und daß Kompromisse einen höheren Gesamtbetrag erwarten lassen (*Wiswede*, 1991, S. 102).

Die entscheidende Frage ist nun, wie gelangen Personen zur Beurteilung der von ihnen gebildeten Relation von Nutzen und Kosten. Der Wert einer Beziehung läßt sich letztendlich nur an einem Vergleichsmaßstab beurteilen. *Thibaut* und *Kelley* (1959) nehmen daher an, daß Individuen (z.B. Kunden) den Wert einer Beziehung (z.B. Geschäftsbeziehung) anhand von zwei Maßstäben beurteilen. Der erste heißt Comparison Level (**CL**) und ist ein Maßstab, der aus früheren Erfahrungen abgeleitet wird. Ein Kunde wird bei diesem Vergleichsniveau auf Erfahrungen mit dem jeweiligen Produkt bzw. Unternehmen zurückgreifen. Dabei handelt es sich um eine Art Durchschnittswert der gemachten Erfahrungen. Dieser Durchschnittswert ist also ein Maßstab für die Erwartungen des Kunden, an dem gemessen wird, wie gut oder schlecht das aktuelle Ergebnis einer Beziehung ist. Positive Erfahrungen mit dem Produkt bzw. der Geschäftsbeziehung erhöhen den **CL**, negative lassen ihn sinken. Der Vergleich zwischen dem Wert (**W**) der aktuellen Beziehung und dem Vergleichsniveau (**CL**) ist jedoch nicht ausreichend, um beurteilen zu können, ob ein Kunde in einer Beziehung bleibt oder abwandert. Zur Beurteilung dieser Frage muß ein zweiter Maßstab herangezogen werden, der Comparison Level for Alternatives (**CLalt**). Dieser Maßstab ist eine Art Durchschnittswert von Nutzen und Kosten bei erreichbaren Alternativen, wobei die beste Alternative besonders berücksichtigt wird. Aus der gleichzeitigen Berücksichtigung von **W**, **CL** und **CLalt** ergibt sich eine Aussage über die Attraktivität der Beziehung und die Abhängigkeit von dieser. Drei Situationen müssen unterschieden werden (siehe Abb. 18-2).

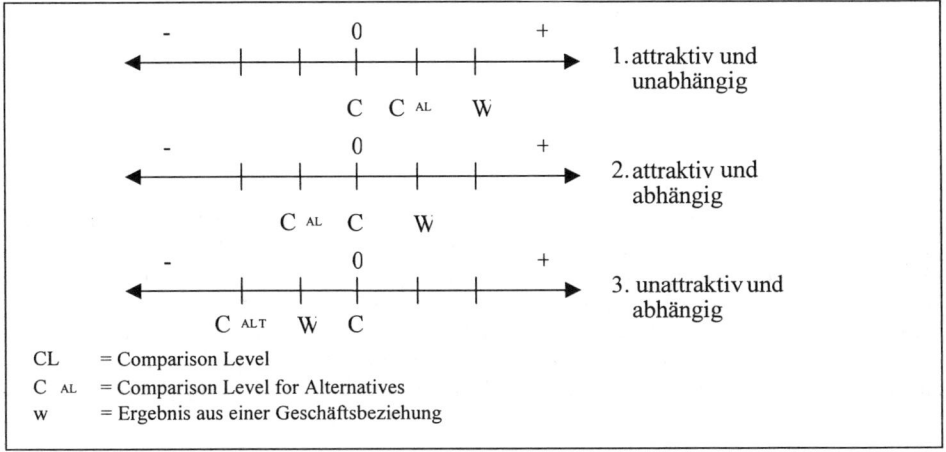

Abb. 18-2: Attraktivität und Abhängigkeit in Beziehungen (*Herkner*, 1991, S. 398).

(1) Der aktuelle Wert **W** liegt über **CL** und **CLalt**. Die Beziehung ist für den Kunden attraktiv, da W größer ist als die ebenfalls attraktive Alternative **CLalt**. Der Kunde ist wegen dieser Alternative nicht abhängig, denn er könnte wechseln und würde dennoch über dem Vergleichsniveau **CL** liegen.

(2) Der aktuelle Wert **W** liegt über **CL**, weshalb die Beziehung attraktiv ist. Da **CLalt** unter **CL** liegt, hat der Kunde allerdings keine attraktive Alternative und ist daher abhängig.

(3) Der aktuelle Wert **W** liegt unter **CL**, die Beziehung ist also unattraktiv. Da **CLalt** unter dem aktuellen Wert W liegt, würde sich der Kunde bei einem Wechsel noch schlechter stellen als gegenwärtig. Er ist abhängig in einer unattraktiven Beziehung.

Plinke und *Söllner* (1998, S. 60) verweisen darauf, daß die Aspekte Attraktivität und Abhängigkeit dazu genutzt werden können, die Situation von Unternehmen und Kunden zueinander zu beschreiben (siehe Abb. 18-3). Das Unternehmen U ist in dieser beispielhaften Darstellung in einer unattraktiven [**W(U)** ist kleiner als **CL(U)**] und abhängigen [**CLalt(U)** ist kleiner als **W(U)**] Geschäftsbeziehung. Der Kunde K dagegen ist in einer für ihn attraktiven Geschäftsbeziehung [**W(K)** ist größer als **CL(K)**], allerdings ist auch er wie das Unternehmen U abhängig [**CLalt(K)** ist kleiner als **CL(K)**].

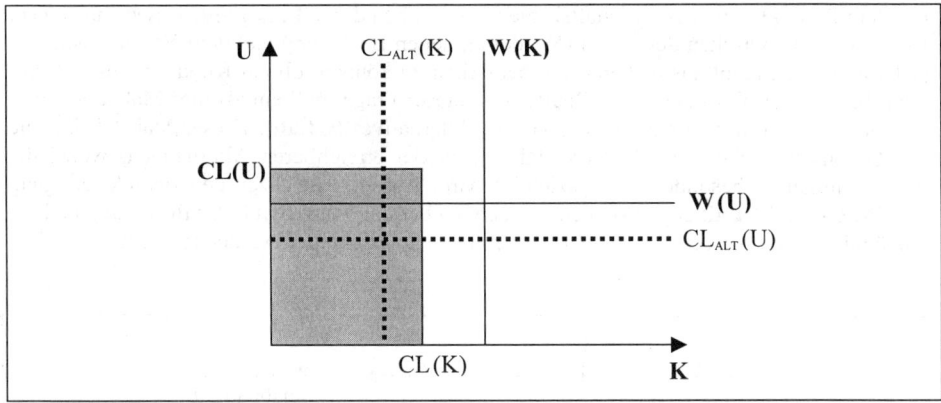

Abb. 18-3: Struktur der Abhängigkeit in einer Geschäftsbeziehung (*Plinke & Söllner*, 1998, S. 61).

Die beschriebene Situation ist also durch eine wechselseitige Abhängigkeit mit einer ungleichen Verteilung der Attraktivität gekennzeichnet. Hieraus lassen sich Ansatzpunkte für eine Verbesserung der Situation des Unternehmens ableiten. Eine Möglichkeit besteht darin, aktiv nach neuen alternativen Kunden zu suchen, aus deren Beziehung ein besseres Kosten-Nutzen-Verhältnis für das Unternehmen resultiert. Ein weiterer Ansatz besteht darin, den Kunden auf die gegenwärtige Situation aufmerksam zu machen. Da der Kunde auch in einer abhängigen Situation ist, erhöht dies die Verhandlungsposition des Unternehmens.

18.2.3 Die Austauschtheorie von *Walster, Berscheid* und *Walster* (1973)

Walster, Berscheid und *Walster* (1973) definieren Gerechtigkeit als die Wahrnehmung gleicher Verhältnisse zwischen Gewinn und Beitrag, wobei Gewinn als die Differenz zwischen Ergebnis und Beitrag zu sehen ist. Damit greifen sie im wesentlichen auf die grundlegenden Aussagen von *Homans* zurück. Ihre Theorie besteht aus vier zentralen Annahmen, wobei die zweite Annahme über die ursprüngliche Konzeption der Theorie von *Homans* hinausgeht (*Herkner*, 1991, S. 435-436; *Müller & Crott*, 1984, S. 224):

1. Individuen versuchen ihren Gewinn bzw. ihre Ergebnisse zu maximieren.

2. Da das unbeschränkte Gewinnstreben der einzelnen Personen vielen (besonders schwächeren) Menschen schaden würde, werden von Gruppen Normen für die gerechte Verteilung von Belohnungen und Kosten festgelegt. Eine solche Norm ist die Gleichheit der Verhältnisse zwischen Gewinn und Beitrag für alle Mitglieder. Wichtig ist dabei, daß die Mitglieder dieser Gruppe diese festgelegte Norm akzeptieren, sich danach richten und sie einhalten. Die Gruppe wird zur Einhaltung der Norm im allgemeinen die Mitglieder belohnen, die sich gerecht verhalten, und diejenigen Personen sanktionieren (d.h. ihre Kosten erhöhen), die sich anderen Mitgliedern gegenüber ungerecht verhalten.

3. Wenn sich Individuen in einer ungerechten Beziehung befinden, fühlen sie sich unwohl, und zwar um so mehr, je größer die Abweichung von der Gerechtigkeitsnorm ist.

4. Personen, die sich in einer unausgewogenen bzw. ungerechten Beziehung befinden, versuchen ihr Unbehagen durch Wiederherstellung der Gerechtigkeit zu beseitigen, und zwar um so zielstrebiger, je größer die bestehende Ungerechtigkeit ist.

Es ist zu beachten, daß man zwischen zwei verschiedenen Arten von Ungerechtigkeit unterscheiden muß. Je nachdem, ob das Ungleichgewicht von Gewinn und Beitrag für eine Person günstig oder ungünstig ist, kann sie zum Ausbeuter (Gewinn > Beitrag) oder Opfer (Gewinn < Beitrag) werden. Im ersten Fall können Schuldgefühle oder Angst entstehen, im zweiten Fall neigt die Person dazu, Ärger zu empfinden (*Herkner*, 1991, S. 436). Die dabei auftretende emotionale Reaktion bei der Wahrnehmung von Ungerechtigkeit ist bereits bei der Theorie von *Homans* zu finden. Ein Ausbau der Theorie von *Homans* ergibt sich - wie bereits erwähnt - aus der zweiten Annahme. Darin erläutern *Walster et al.* (1973), daß Interaktionspartner „leiden", wenn alle Gruppenmitglieder uneingeschränkt versuchen, ihren Einsatz zu maximieren, und nicht zu Kompromissen bereit sind. Deshalb versucht die Gruppe diese durch Anreize oder Sanktionen zu motivieren, sich gerecht zu verhalten (*Müller & Crott*, 1984, S. 225).

18.2.4 Die Austauschtheorie von *Rusbult* (1980): Das Investmentmodell

Die Theorie von *Rusbult* (1980) stellt eine Erweiterung der bereits erläuterten grundlegenden Ansätze dar. *Rusbult* (1980) ist der Überzeugung, daß die Aufrechterhaltung einer sozialen Beziehung nicht nur von den augenblicklichen Kosten und Erträgen der Interaktion (Zufriedenheit) und den möglichen Alternativen abhängt, sondern zusätzlich von allen bisherigen Investitionen in diese Beziehung. Die Bindung innerhalb einer Beziehung ist also neben dem Gewinn (Differenz zwischen dem Nutzen und den Kosten einer Interaktion) abhängig von allen bisherigen Investitionen in diese Beziehung, abzüglich des angenommenen Nutzens der besten zur Verfügung stehenden Alternative (*Buunk*, 1996, S. 390-391; *Fischer & Wiswede*, 1997, S. 394). Daraus ergibt sich für eine bestehende Beziehung folgende Gleichung:

Bindung der Beziehung = Nutzen – Kosten + Investitionen – Alternativen

Daß die bisher gemachten Investitionen tatsächlich einen entscheidenden Einfluß haben und die Stabilität einer Interaktion bestärken, hat sich in verschiedenen empirischen Untersuchungen bestätigt. Aus Sicht der Dissonanztheorie wird die Einbeziehung von Investitionen durch die Rechtfertigung des Aufwands und eine dadurch bedingte Wertsteigerung der Beziehung erklärt (*Fischer & Wiswede*, 1997, S. 394).

18.3 Anwendungsbeispiele der Austauschtheorie

Die Gerechtigkeitstheorie wird durch zahlreiche Untersuchungen in verschiedenen Bereichen unterstützt. Nachfolgend sollen einige relevante Bereiche näher erläutert werden.

18.3.1 Gerechtigkeit und Zufriedenheit in sozialen Beziehungen

Nach *Thibaut* und *Kelley* (1959) ist die Zufriedenheit von Individuen in einer Beziehung vom Vergleichsniveau abhängig, also von dem Ergebnisniveau, das sie ihrer Meinung nach in einer Beziehung erzielen müßten. *Walster, Berscheid* und *Walster* (1978) führten diesbezüglich folgende Untersuchung durch:

Über 500 männliche und weibliche Studenten mußten das Ausmaß und die Qualität (positiv oder negativ) ihrer Beiträge und Ergebnisse ihrer Partner beurteilen. Des weiteren wurden sie gefragt, wie zufrieden, glücklich, verärgert oder schuldig sie sich fühlen und wie stabil die Beziehung ist. In Übereinstimmung mit der Theorie stellte sich heraus, daß Personen in einer gerechten Beziehung besonders glücklich und zufrieden waren und sich kaum verärgert und schuldig fühlten. Vergleichsweise weniger zufrieden waren Partner, die sich im Vorteil sahen. Am wenigsten zufrieden waren Partner, die sich benachteiligt fühlten. Daraus lassen sich Rückschlüsse ziehen, daß gerechte Beziehungen sich als stabiler erweisen (*Buunk*, 1996, S. 388; *Herkner*, 1991, S. 437). Die nachfolgende Tabelle gibt noch einmal Aufschluß über die Untersuchungsergebnisse:

Art der Beziehung	Zahl der Versuchsteilnehmer	zufrieden	glücklich	verärgert	schuldig
Sehr benachteiligt	64	2,7	2,98	1,98	1,39
Etwas benachteiligt	84	3,26	3,42	1,75	1,44
Gerecht	220	3,51	3,61	1,36	1,31
Etwas ausbeutend	89	3,51	3,69	1,36	1,51
Sehr Ausbeutend	80	2,91	3,06	1,54	1,83

Anmerkung: Die Antworten wurden auf 4-Punkte-Skalen gegeben, 1 = überhaupt nicht, 4 = in sehr hohem Ausmaß

Tab. 18-1: Untersuchungsergebnisse: Gerechtigkeit in Beziehungen (*Herkner*, 1991, S. 437).

Entsprechend der Austauschtheorie sind Individuen in einer partnerschaftlichen Beziehung unglücklicher (*Buunk*, 1996, S. 388),

- wenn das Verhältnis zwischen Beitrag und Ergebnis für die Partner ungleich ist.
- wenn ein Partner unverhältnismäßig viele Vorteile aus der Beziehung gezogen hat. Dieser glaubt, mehr aus der Beziehung profitiert zu haben, und fühlt sich unglücklich, weil er Schuldgefühle hat.
- wenn ein Partner unverhältnismäßig wenig Vorteile aus der Beziehung gezogen hat. Dieser ist verärgert und verletzt, weil er weniger aus der Beziehung profitiert, als er glaubt, verdient zu haben.

Neuere Studien weisen darauf hin, daß es einen unmittelbarer Zusammenhang zwischen der Zufriedenheit in einer Beziehung und dem Ausmaß von Gerechtigkeit gibt. Danach ist der Einfluß der erlebten Gerechtigkeit auf die Zufriedenheit in einer Beziehung hauptsächlich bei Personen zu finden, die eine hohe Austauschorientierung haben. Solche Personen erwarten schnelle und vergleichbare Belohnungen auf Belohnungen, die sie anderen gegeben haben, und fühlen sich nicht wohl, wenn man ihnen einen Gefallen tut, den sie nicht erwidern können (*Buunk*, 1996, S. 389).

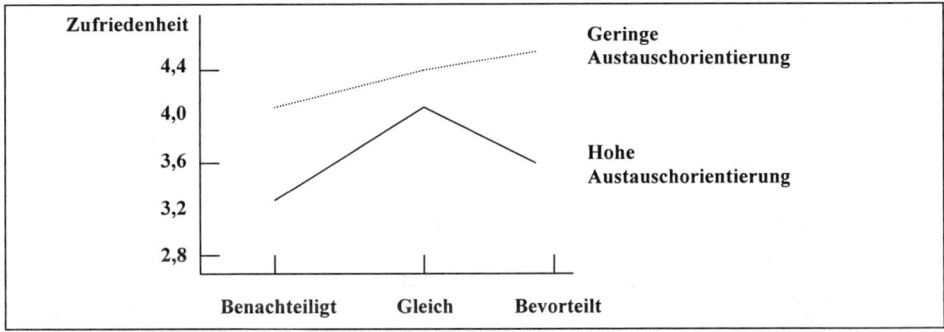

Abb. 18-4: Die Beziehung zwischen Gerechtigkeit und Zufriedenheit (*Buunk*, 1996, S. 389).

Die Abbildung (siehe Abb. 18-4) zeigt, daß es einen umgekehrt-u-förmigen Zusammenhang zwischen Zufriedenheit in der Beziehung und dem Ausmaß von Gerechtigkeit gibt, wenn die betroffenen Personen eine hohe Austauschorientierung besitzen. Für Personen mit geringer Austauschorientierung dagegen zeigt sich ein linearer Zusammenhang. Diese Personen sind besonders zufrieden, wenn sie sich in einer Beziehung bevorteilt fühlen. Diese Erkenntnisse könnten genutzt werden, Kunden auf der Grundlage von Befragungen und/oder der Analyse ihres bisherigen Verhaltens in bezug auf ihre Austauschorientierung zu differenzieren. Auf der Grundlage dieser Differenzierung könnten entsprechende Strategien entwickelt werden. Kunden mit einer hohen Austauschorientierung in der jeweiligen Geschäftsbeziehung bieten das Potential zur Kostenreduzierung und der gleichzeitigen Erhöhung der Kundenzufriedenheit. Es steht dabei außer Frage, daß eine solche Strategie einer fundierten Analyse der Kunden und Wettbewerbssituation bedarf. Aber die Ergebnisse deuten darauf hin, daß nicht alle Kunden besonders zufrieden sind, wenn sie sich in einer dauerhaften und partnerschaftlichen Beziehung bevorteilt fühlen.

18.3.2 Gerechtigkeit im leistungsbezogenen Austausch

Eine Anwendung der Austauschtheorie in diesem Bereich versucht Verhaltensweisen, die durch Unter- oder Überbezahlung hervorgerufen werden, zu erklären. Für das Kriterium einer Unter- bzw. Überbezahlung sind nach *Pritchard* (1969) fünf Ergebnis-Einsatz-Varianten charakteristisch. Danach empfindet eine Person A Ungerechtigkeit, wenn sie sich mit einer Person B in der aus Tab. 18-2 ersichtlichen Weise vergleicht (**N** steht für „niedrig", **H** steht für „hoch"):

Variante	Unterbezahlung Person A		Unterbezahlung Person B		Überbezahlung Person A		Überbezahlung Person B	
	Ergebnis	Einsatz	Ergebnis	Einsatz	Ergebnis	Einsatz	Ergebnis	Einsatz
1.	N	H	N	N	H	N	N	N
2.	N	N	H	N	N	N	N	H
3.	N	H	H	N	H	N	N	H
4.	H	H	H	N	H	N	H	H
5.	N	H	H	H	H	H	N	H

Tab. 18-2: Ergebnis-Einsatz-Varianten bei Unter- bzw. Überbezahlung einer Person A (*Müller & Crott*, 1984, S. 226).

Verschiedene Studien stützen diese Ergebnisse. *Homans* (1953) beispielsweise untersuchte eine Reihe von Büroarbeitern in einem Fertigungsbetrieb, die sich im Hinblick auf ihre Tätigkeit innerhalb des Unternehmens unterschieden. Im Rahmen von Untersuchungen stellte er fest, daß Buchhalter ihren Status innerhalb der Büroorganisation im Vergleich zu Beschäftigten der Rechnungsanlage-Abteilung höher einstuften, da sie längere Ausbildungszeiten und eine verantwortungsvollere Tätigkeit hatten. Beide bezogen jedoch das gleiche Gehalt. Obwohl die Höhe des Gehalts keinen Anlaß zur Unzufriedenheit geben konnte (die Firma zahlte sehr gut), waren die Buchhalter mit ihrer Arbeitssituation unzufrieden. Der Grund dafür lag im Ungleichgewicht zwischen Gehalt einerseits sowie Ausbildung und Verantwortung andererseits. Die Buchhalter sahen ihre verantwortungsvolle Tätigkeit im Vergleich zu den Beschäftigten der Rechnungsanlage-Abteilung nicht genug belohnt (*Müller & Crott*, 1984, S. 226).

Es gibt eine Reihe neuerer und auf der Grundlage repräsentativer Stichproben durchgeführter Untersuchungen, die bestätigen, daß die erlebte Gerechtigkeit der Bezahlung und die daraus resultierende Zufriedenheit auf der Grundlage des Vergleichs mit dem Einkommen einer Referenzgruppe basieren (*Furnham & Argyle*, 1998, S. 213-214). Nicht die absolute Höhe des Einkommens, sondern der Vergleich mit anderen bestimmt die Gerechtigkeit und Zufriedenheit mit dem Einkommen. Dabei ist anzumerken, daß sich im Falle einer Unterbezahlung durch zahlreiche Untersuchungen nachweisen läßt, daß unausgeglichene Ergebnis-Einsatz-Relationen zu Gefühlen der Ungerechtigkeit und Unzufriedenheit führen, die von Verhaltensweisen begleitet werden, welche auf die Herstellung eines gerechten Austauschs abzielen. Die Ergebnisse bei Überbezahlung erwiesen sich auf der Verhaltensebene als weniger überzeugend. *Adams* (1965) stellt hier die Vermutung an, daß die Wahrnehmungsschwelle für Ungerechtigkeit bei Unterbezahlung niedriger ist als bei Überbezahlung (*Müller & Crott*, 1984, S. 227-228).

18.3.3 Gerechtigkeit beim Eingehen von Kundenbeziehungen

Der Einsatz der Austauschtheorie in diesem Bereich beruht auf der Annahme, daß ein Kunde das Verhältnis zwischen den wahrgenommenen Kosten und dem antizipierten Nutzen einer Transaktion mit jenem von bestimmten Bezugspersonen vergleicht. Dies bedeutet, daß er seinen eigenen Einsatz in eine Austauschbeziehung mit dem aus einer Transaktion resultierenden Ergebnis setzt und mit dem Einsatz und dem Ergebnis seines Partners in dieser Beziehung vergleicht. Zudem wägt der Kunde das eigene Input-Output-Verhältnis mit dem anderer Personen und/oder Unternehmen nach Gerechtigkeitsgesichtspunkten ab.

Unter Einsatz können in diesem Bereich sowohl der gezahlte Kaufpreis als auch solche Größen wie Wartezeiten oder beispielsweise Anfahrtskosten eingeordnet werden. Die Ergebniskomponente umfaßt den Wert der erhaltenen Leistung, den Nutzen und die soziale Wirkung. Wenn das Kosten-Nutzen-Verhältnis als ungerecht wahrgenommen wird bzw. zuungunsten des Kunden ausfällt, entsteht Kundenunzufriedenheit. Einen positiven Einfluß auf die Kundenzufriedenheit hat die Wahrnehmung innerhalb eines gerecht empfundenen Austauschs (*Homburg & Rudolph*, 1998, S. 36-37).

Die Übertragung der Austauschtheorie auf den Bereich der Kundenzufriedenheit wurde erstmalig von *Huppertz* (1979) unternommen. Weiterführende Untersuchungen hierzu führten *Fisk* und *Coney* (1982) sowie *Mowen* und *Grove* (1983) durch. Sie alle untersuchten das Gerechtigkeitsempfinden von Kunden beim Kauf einer Leistung. Alle kamen zu dem Schluß, daß die wahrgenommene Gerechtigkeit in einer Transaktion einen starken Einfluß auf die Zufriedenheit des Kunden hat. Allerdings konnte bislang keine dieser Studien nachweisen, welche Gewichtung das Input-Output-Verhältnis haben muß, um einen Kunden zufrieden zu stellen, und welches Ausmaß die empfundene Gerechtigkeit auf die Zufriedenheit des Kunden hat (*Oliver & Swan*, 1989, S. 22). Eine umfassende Analyse bezüglich dieser Kriterien wäre unter anderem deshalb interessant, da die beteiligten Parteien - Käufer und Verkäufer - einer Kauftransaktion zwei völlig unterschiedliche Parteien vertreten und deshalb auch ein unterschiedliches Empfinden von Gerechtigkeit bzw. Fairness äußern dürften. Während der Verkäufer das Ergebnis der Transaktion in dem Verkauf des Produkts bzw. der Leistung sieht sowie einer evtl. Provision, wünscht sich der Käufer die Funktionalität und Nützlichkeit des Produkts bzw. der Leistung. *Oliver* und *Swan* (1989) gehen auf diese Kriterien in einer Studie über die Kundenwahrnehmung von Gerechtigkeit und Zufriedenheit beim Kauf eines Autos ein. Dabei kamen sie zu dem Ergebnis, daß Gerechtigkeit bezüglich des Input-Output-Verhältnisses beim Käufer und Verkäufer aus der Sicht des Käufers folgendermaßen zusammenhängt (*Oliver & Swan*, 1989, S. 30):

- Das Auftreten von Gerechtigkeit beim Käufer steht in engem Zusammenhang mit dessen Output. Die Input-Variable scheint dagegen keinen großen Einfluß auf das Gerechtigkeitsempfinden des Käufers zu haben.

- Das Auftreten von Gerechtigkeit beim Verkäufer steht dagegen in relativ engem Zusammenhang mit dessen Input, wohingegen der Output einen relativ geringen Stellenwert einnimmt.

Die Wahrnehmung von Gerechtigkeit (Fairness) spielt auch beim Umgang mit Beschwerden eine wichtige Rolle. Kunden beschweren sich am ehesten wegen Problemen, die sie als ernsthaft ansehen. Sie erwarten dann eine schnelle und angemessene Reaktion, genauer: Sie wollen Gerechtigkeit. Dabei bemessen sie Gerechtigkeit in dreifacher Hinsicht: Was ist das Ergebnis der Beschwerde, wie verfährt das Unternehmen bei deren Bearbeitung, und wie wird der Beschwerdeführer behandelt? Ergebnisbezogene Fairness bezieht sich darauf, ob das Resultat befriedigt. Typische Formen sind Geldrückgabe, Gutscheine, Preisnachlässe und Ersatzleistungen. Prozessuale Fairness wird an den Praktiken und Regeln sowie der Rechtzeitigkeit abgelesen, mit denen die Beschwerde bearbeitet wird. Hierzu gehört, daß die Verantwortung für einen Fehler übernommen wird und der Beschwerde sofort nachgegangen wird. Zu einer fairen Vorgehensweise gehört auch ein flexibles Reaktionssystem, das individuelle Umstände berücksichtigt und das die Vorstellungen der Kunden für eine Wiedergutmachung erfragt. Der Behandlungsaspekt zielt darauf ab, wie das Unternehmen mit den Kunden umgeht. Dazu gehört insbesondere ein höfliches und aufrichtiges Verhalten. So sollte der Fehler z.B. erklärt werden und das Bemühen, das Problem zu lösen, muß offensichtlich sein. Daß diese Aspekte im Rahmen des Beschwerdemanagement bisher vernachlässigt werden, zeigt eine empirische Untersuchung von *Tax* und *Brown* (2000). Im Rahmen dieser Untersuchung wurden Kunden hinsichtlich der erlebten Gerechtigkeit im Umgang mit ihren Beschwerden in unterschiedlichen Wirtschaftsbereichen (z.B. Restaurants, Banken, Fluggesellschaften) befragt und ihre Zufriedenheit erhoben. Dabei zeigte sich, daß die Mehrheit den Umgang mit ihren Beschwerden als nicht gerecht erlebt (siehe Abb. 18-5).

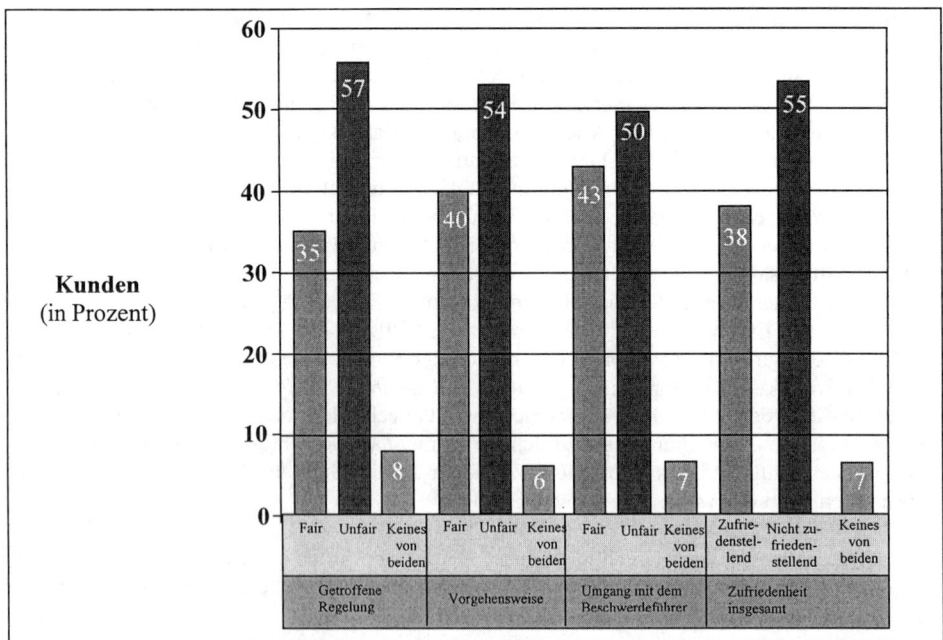

Abb. 18-5: Gerechtigkeit und Zufriedenheit - Beschwerdemanagement im Kundenurteil (*Tax & Brown*, 2000, S. 104).

Das Empfinden von Gerechtigkeit bzw. Zufriedenheit beim Kauf eines Produkts oder einer Beschwerde hat auch unmittelbare Auswirkungen auf die langfristige Bindung des Kunden an ein Unternehmen. So zeigt eine Studie von *Hansen* und *Jeschke* (1995, S. 539), daß zufriedene Beschwerdeführer sich durch eine ausgeprägte Geschäftsstellen- und Markentreue auszeichnen. Eine interne Untersuchung von Volkswagen zeigt, daß 50 bis 70 Prozent zufriedengestellter Beschwerdeführer zu Dauerkunden werden und dieser Anteil bei schneller Reaktion auf 95 Prozent ansteigt (*Bunk*, 1993, S. 65). Empirische Untersuchungen des Technical Assistance Research Program (TARP) belegen, daß die Kundenloyalität von zufriedengestellten Beschwerdeführern sogar größer sein kann als die von Kunden, die überhaupt kein Problem mit Produkt oder Unternehmen erfahren haben (*Adamson*, 1993, S. 441-443).

Vor dem Hintergrund eines Wettbewerbsumfeldes, das von zunehmenden Konkurrenzkampf, austauschbaren Produkten und immer kürzeren Produktlebenszyklen geprägt ist, ist es gerade in jüngster Zeit für ein Unternehmen von grundlegender Bedeutung, seine Kunden langfristig und permanent zufriedenzustellen, um so einen stabilen, loyalen Kundenstamm aufzubauen und zu sichern. Für Kunden stellt es heute in vielen Fällen kein großes Risiko mehr dar, ein Unternehmen oder eine Marke zu wechseln. Deshalb ist es von hoher Relevanz, einen Käufer zufriedenzustellen. Nur zufriedene Kunden neigen dazu, ein Produkt wiederzuwählen, es aktiv oder passiv an andere weiterzuempfehlen und unter Umständen sogar zum Stammkäufer zu werden. Die Überprüfung eines fairen Austauschverhältnisses ist dabei ein erster Schritt.

18.3.4 Gerechtigkeitsempfindung und die Einstellung zum Euro

Die theoretischen Ansätze und empirischen Ergebnisse zur Austauschtheorie lassen sich auch auf gesamtwirtschaftliche Fragestellungen übertragen. Dabei ist es sinnvoll zwischen zwei Aspekten der Gerechtigkeit zu unterscheiden: der prozeduralen und distributiven Gerechtigkeit (*Thibaut & Walker*, 1975).

Die prozedurale Gerechtigkeit betrifft das Zustandekommen eines Austausches von Ressourcen (Verfahrensgerechtigkeit). Die zentrale Frage hierbei ist: Ist man selbst an den Entscheidungen beteiligt, trifft der oder die Tauschpartner allein die Entscheidungen, oder ist es sogar ein Dritter (z.B. der Staat), der die Entscheidungen trifft. *Tyler, Rasinski* und *Spodick* (1985) konnten zeigen, daß allein die Möglichkeit, sich zu einer Entscheidung zu äußern, z.B. durch eine Volksabstimmung, das Urteil über die Verfahrensgerechtigkeit erhöht, obwohl der Einfluß des einzelnen auf die Entscheidung faktisch gering ist. Die distributive Gerechtigkeit (Verteilungsgerechtigkeit) bezieht sich auf die Beurteilung der Input-Output-Relation in einer Beziehung. Prozedurale Gerechtigkeit ist wichtig für die Gesamtbewertung eines sozialen Systems, während distributive Gerechtigkeit relevant ist für die Bewertung der erhaltenen Erträge des einzelnen oder einer Gruppe dieses sozialen Systems (*Jacobs*, 1999, S. 392).

Diese Überlegungen wurden von *Kiell* und *Müller-Peters* (1999) im Rahmen einer größeren empirischen Studie zur Einführung des Euros untersucht. An der Untersuchung nahmen über 15.000 Personen aus allen Mitgliedsstaaten der Europäischen Union teil. Bezogen auf die Länder der Währungsunion zeigte sich die Bedeutung von politischer Partizipation und Gerechtigkeitsempfinden. Je niedriger die wahrgenommene Beteiligung am Prozeß zur Einführung des Euros war (Verfahrensgerechtigkeit), desto negativer ist die Einstellung zum Euro ($r = 0,42$). Die Europäer empfinden die Einführung des Euros ohne ihre vorherige Zustimmung als ausgesprochen ungerecht. Hinsichtlich der Verteilungsgerechtigkeit konnte in fast allen Ländern der Währungsunion beobachtet werden, daß die Input-Output-Relationen der jeweiligen Länder als ungerecht empfunden werden. Dabei beruht diese Empfindung nicht auf dem Unwissen darüber, ob das Land zu den Nettozahlern oder Nettoempfängern von Geldern der Europäischen Union gehört. Überwiegend wissen die Menschen der jeweiligen Länder, ob ihr Land ein Nettozahler oder Nettoempfänger ist. Zusammengefaßt zeigen die Ergebnisse der Untersuchung, daß je ungerechter das Verfahren und die Distribution von Ressourcen beurteilt wird, desto negativer die Einstellung zum Euro ist (*Kiell & Müller-Peters*, 1999, S. 288).

Die Anwendung der Equity-Teorie kann auch auf andere Bereiche gesamtwirtschaftlicher Fragestellungen übertragen werden. *Jonas, Heine* und *Frey* (1999) beschreiben z.B. in ihrem Modell der Steuerzufriedenheit die Bedeutung der empfundenen Gerechtigkeit auf das Verhalten der Steuerzahler und der daraus abzuleitenden steuerpolitischen Folgerungen. Auch im Rahmen des gegenwärtig diskutierten Ansatzes des Corporate Citizenship kann die Equity-Theorie einen Beitrag leisten. Wenn sich Unternehmen als Wertschöpfungsgemeinschaft verstehen, die von der Gesellschaft profitieren und deshalb auch im Sinne des Corporate Citizenship etwas für die Gesellschaft tun, dann beruht dies letztendlich auf Austauschprozessen. Bereits 1957 erkannten Bill Hewlett und David Packard, die Gründer des amerikanischen Computerriesen Hewlett-Packard, die Relevanz der Beiträge von Unternehmen für die Gesellschaft: „Wir wollen unsere Verpflichtung gegenüber der Gesellschaft in jedem Land und jedem Gemeinwesen, in welchem wir tätig sind, erfüllen, indem wir wirtschaftliche, kulturelle und soziale Beiträge leisten." Weltweit spendete Hewlett-Packard im Jahr 1999 58 Millionen Dollar für gemeinnützige Zwecke (*Ramthun*, 2000, S. 21). Für die Unternehmen ist dabei von Bedeutung, wann die Bürger die Beiträge der Unternehmen als gerecht empfinden, denn in zunehmenden Maße schreibt die Bevölkerung den Unternehmen eine Mitverantwortung an der Lösung gesellschaftlicher Probleme zu.

18.4 Zusammenfassung

Viele Vertreter der Austauschtheorie verbinden mit diesem Ansatz den Anspruch eines Allgemeinheitsgrades, der ihrer Meinung nach die Erklärung und Vorhersage des Interaktionsverhaltens von Personen erlaubt. Der Vorteil dieser Theorie besteht vor allem darin, verschiedene Bereiche unter einem einheitlichen Gesichtspunkt zu betrachten - der Verteilungsgerechtigkeit. Gerade im Wirtschaftsleben streben die Interaktionspartner sehr häufig nach einem fairen Austausch mit einem ausgeglichenen Input-Output-Verhältnis, das es ermöglicht, langfristige Beziehungen mit gegenseitigem Vertrauen aufzubauen. Deshalb ist die Übertragung austauschtheoretischer Überlegungen und Erkenntnisse auf wirtschaftliche Belange eine zentrale Überlegung. Denn wirtschaftliches Handeln ist immer gekennzeichnet durch eine soziale Interaktion der Marktteilnehmer. So spielt die empfundene Gerechtigkeit in Verhandlungen und in langfristigen Geschäftsbeziehungen eine wichtige Rolle. Dies trifft auch auf die Bezahlung von Beschäftigten in Unternehmen zu und läßt sich auf gesamtwirtschaftliche Fragestellungen wie z.B. des angemessenen Beitrags von Unternehmen zur Lösung gesellschaftlicher Aufgaben oder die Steuerpolitik übertragen.

Literatur

Adams, J. S.: Inequity in social exchange. In: Berkowitz, L. (ed.). Advances in experimental social psychology, Vol. 6. New York: 1965, 267-299.

Adamson, C.: Evolving complaint procedures. Managing Service Quality, 1993, **1**, 439-444.

Buss, D. M.: The evolution of desire. New York: 1994.

Bunk, B.: Das Geschäft mit dem Ärger. Absatzwirtschaft, 1993, **8**, 65-69.

Buunk, B. P.: Affiliation, zwischenmenschliche Anziehung und enge Beziehungen. In: Stroebe, W.; Hewstone, M. & Stephensen, G. (Hrsg.). Sozialpsychologie. Berlin: 1996, 363-393.

Clemmer, E. C. & Schneider, D. B.: Fair service. In: Swartz (ed.). 1996, 109-126.

Critelli, J. W. & Waid, L.R.: Physical attractiveness, romantic love, and equity restoration in dating relationships. Journal of Personality Assessment, 1980, **44**, 624-900.

Festinger, L.: A theory of cognitive dissonance. Stanford: 1957.

Finn, R. H. & Lee, S. M.: Salary equity: Its determination analysis, and correlates. Journal of Applied Psychology, 1972, **56**, 283-292.

Fischer, L. & Wiswede, G.: Grundlagen der Sozialpsychologie. München: 1997.

Fisk, R. P. & Coney, K. A.: Postchoice evaluation: an equity theory analysis of consumer satisfaction/dissatisfaction with service choices. In: Hunt, H. K. & Day, R. L. (eds.). Conceptual and empirical contributions to consumer satisfaction and complaining behavior. Bloomington: 1982, 9-16.

Furnham, A. & Argyle, M.: The psychology of money. London: 1998.

Hansen, U. & Jeschke, K.: Beschwerdemanagement für Dienstleistungsunternehmen- Beispiel des Kfz-Handels. In: Bruhn, M. & Stauss, B. (Hrsg.). Dienstleistungsqualität. Wiesbaden: 1995, 525-550.

Herkner, W.: Einführung in die Sozialpsychologie. Bern: 1991.

Homans, G. C.: Status among clerical workers. Human Organisation, 1953, **12**, 5-10.

Homans, G. C.: Social behavior as exchange. American Journal of Sociology, 1958, **63**, 597-606.

Homans, G. C.: Social behavior: Its elementary forms. New York: 1961.

Homburg, Ch. & Rudolph, B.: Theoretische Perspektiven zur Kundenzufriedenheit. In: Simon, H. & Homburg, Ch. (Hrsg.). Kundenzufriedenheit: Konzepte - Methoden - Erfahrungen. Wiesbaden: 1998, 33-55.

Huppertz, J. W.: Measuring components of equity in the marketplace: perceptions of inputs and outcomes by satisfied and dissatisfied consumers. In: Day, R. L. & Hunt, H. K. (eds.). New dimensions of consumer satisfaction and complaining behavior. Bloomington: 1979, 140-143.

Jacobs, G.: Personalentscheidungen in europäischen Banken - Welche (kulturellen) Regeln widerstehen der Deregulierung. In: Fischer, L.; Kutsch, T. & Stephan, E. (Hrsg.). Finanzpsychologie. München: 1999, 387-406.

Jonas, E., Heine, K. & Frey, D.: Ein Modell der Steuerzufriedenheit – Psychologische Grundlagen (un)ökonomischen Handelns. In: Fischer, L.; Kutsch, T. & Stephan, E. (Hrsg.). Finanzpsychologie. München: 1999, 160-187.

Kiell, G. & Müller-Peters: Die Einstellung der Europäer zum Euro. In: Fischer, L.; Kutsch, T. & Stephan, E. (Hrsg.). Finanzpsychologie. München: 1999, 273-297.

McClinttock, Ch., Kramer, R. M. & Keil, L. J.: Equity and social exchange in human Relationships. Advances in Experimental Social Psychology: 1984, **17**, 183-228.

Mowen, J. C. & Grove, S. J.: Search behavior, price paid, and the comparison other: an equity theory analysis of post purchase satisfaction. In: Day, R. L. & Hunt, H. K. (eds.). International fare in consumer satisfaction and complaining behavior. Bloomington: 1983, 57-63.

Müller, G. F. & Crott, H. W.: Gerechtigkeit in sozialen Beziehungen. In: Frey, D. & Irle, M. (Hrsg.). Theorien der Sozialpsychologie. Band 1: Kognitive Theorien. Bern: 1984, 218-241.

Oliver, R. L. & Swan, J. E.: Consumer perceptions of interpersonal equity and satisfaction in transactions: a filed survey approach. Journal of Marketing, 1989, **53**, 21-35.

Plinke, W. & Söllner, A.: Kundenbindung und Abhängigkeitsbeziehungen. In: Bruhn, M. & Homburg, Ch. (Hrsg.). Handbuch Kundenbindungsmanagement. Wiesbaden: 1998, 55-79.

Pritchard, R. D.: Equity-theory: A review and critique. Organizational Behavior and Human Performance, 1969, **4**, 176-211.

Ramthun, Ch.: Bürger Bayer. Wirtschaftswoche, 2000, **39**, 18-26.

Rusbult, C. E.: Commitment and satisfaction in romantic associations: a test of the investment model. Journal of Experimental Social Psychology, 1980, **45**, 172-186.

Tax, S. & Brown, S. W.: Kundenbeschwerden: Was Fairness bringt. Harvard Business Manager, 2000, **22**, 1, 94-107.

Thibaut, J. W. & Kelley, H. H.: The social psychology of groups. New York: 1959.

Thibaut, J. W. & Walker, L.: Procedural justice. New York: 1975.

Tyler, T. R., Rasinski, K. A. & Spodick, N.: Influence of voice on satisfaction with leaders: Exploring the meaning of process control. Journal of Personality and Social Psychology, 1985, **48**, 72-81.

Walster, E., Berscheid, E. & Walster, G. W.: New directions in equity research. Journal of Personality and Social Psychology, 1973, **25**, 151-176.

Walster, E.; Berscheid, E. & Walster, G. W.: Equity: Theory and research. Bosten: 1978.

Wiswede, G.: Einführung in die Wirtschaftpsychologie. München: 1991.

Laien als Psychologen und die Suche nach Erkenntnis

19. Laienepistemologie

19.1 Theorie

Alle Menschen sind im sozialen Kontakt ständig darum bemüht, sich das Verhalten der anderen Personen zu erklären. Sie möchten wissen, warum Personen ein bestimmtes Verhalten zeigen, weil sie angemessen darauf reagieren möchten. Worin unterscheiden sich diese Versuche von wissenschaftlichen Erklärungen? Sind sie einfacher, aber dafür brauchbarer, als wissenschaftliche Erklärungen, weil sie am täglichen Leben ausgerichtet sind oder sind sie vielleicht sogar falsch und damit unangemessen, vielleicht sind sie lediglich der Ausdruck von Vorurteilen? *Kruglanskis* Theorie der laienhaften Erkenntnissuche (Theorie der Laienepistemologie) hat diese Thematik zum Gegenstand (*Kruglanski, 1989 und Kruglanski, Baldwin & Towson, 1993*).

Nach *Kruglanski, Baldwin & Towson* (*1993, S. 296*), ist die laienhafte Suche nach Erkenntnis durch die folgenden drei Klassen von Motiven zu erklären:

a) dem **Bedürfnis nach Struktur,**

b) dem **Bedürfnis nach spezifischen Schlußfolgerungen,**

c) dem **Bedürfnis nach Gültigkeit.**

Das **Bedürfnis nach Struktur** bezieht sich darauf, daß Menschen dazu motiviert sind, über angemessenes, **strukturiertes** Wissen zu verfügen. Verwirrung und Mehrdeutigkeit werden dagegen möglichst vermieden. Das hat zur Folge, daß Menschen darum bemüht sind, auf bestimmten Gebieten über widerspruchsfreie Erkenntnisse zu verfügen. Widersprüche werden als unangenehmer Spannungszustand empfunden, verbunden mit der Motivation, diesen unangenehmen Zustand zu beseitigen. Die Parallelität zur Theorie kognitiver Dissonanz ist offensichtlich. Menschen sind dazu motiviert, Konsistenz, also Widerspruchsfreiheit anzustreben. Während wissenschaftliche Erkenntnissuche dadurch gekennzeichnet ist, Widersprüche geradezu zu suchen, um sie zu erklären, ist laienhafte Erkenntnissuche dadurch gekennzeichnet, daß Widersprüche vermieden werden. Wissenschaftlich gesehen, können Widersprüche als eine Art Falsifikation aufgefaßt werden, die aufgeklärt werden und Theorien dadurch verbessern können. Laien sehen eher die Gefahr, bestehende Vorstellungen über die Realität aufgeben zu müssen. Das wird scheinbar als aufwendiger empfunden als der Versuch, Widersprüche von vornherein zu vermeiden, beispielsweise durch selektive Wahrnehmung, wie sie schon im Umfeld der Theorie kognitiver Dissonanz analysiert wurde. Es werden also bevorzugt solche Informationen wahrgenommen, die konsistent mit den vorherrschenden Erkenntnissen sind. Läßt sich Inkonsistenz nicht vermeiden, so wird versucht, durch Uminterpretation, Aufwertung passender, Abwertung unpassender Informationen, also durch alle Mechanismen, die wir ebenfalls aus der Theorie kognitiver Dissonanz kennen, Konsistenz zu schaffen. Menschen suchen also nicht unbedingt neue, interessante, vieldeutige Informationen, sondern sie bevorzugen offensichtlich die zum bisherigen Wissen passende Informationen. Viele neue Informationen gehen dadurch verloren. *Kruglanski* (1989, S. 85 ff.) zeigt außerdem Beziehungen der Theorie der Laienepistemologie zu den in diesem Band behandelten Attributionstheorien und zu allen wesentlichen Konsistenztheorien auf, die wir in diesem Band besprochen haben: Theorie kognitiver Dissonanz, einschließlich der Reformulierung von *Irle* und der Balance-Theorie von *Heider*.

Die in den Attributionstheorien behandelten Vorgehensweisen, wie sich Menschen die Welt erklären, unterscheiden sich von wissenschaftlichen Erklärungen, sie sind Laienpsychologie. Ebenso ist das Streben nach Konsonanz damit verbunden, daß Informationen irrational uminterpretiert, vermieden oder umbewertet werden. Das entspricht einem stark irrationalem, laienhaften Umgang mit Informationen.

Das **Bedürfnis nach Schlußfolgerungen** hat ebenfalls einen engen Bezug zu den in diesem Band behandelten Attributions-Theorien. Denken wir beispielsweise an externe und interne Attribution von Erfolg und Mißerfolg. Menschen sind dazu motiviert, Erfolge bei sich selber zu suchen, Mißerfolge werden gerne externen Quellen zugeschrieben, umgekehrt wird beobachteter Erfolg bei anderen Personen gerne externen Faktoren, beobachteter Mißerfolg gerne persönlichen, internen Faktoren zugeschrieben. Menschen suchen somit auch diesbezüglich nicht systematisch nach Erkenntnissen, sondern sie schlußfolgern aus Beobachtungen auf Ursachen. Dies geschieht in hohem Maße selbstwertmotiviert, also in der Form, daß dabei das eigene Selbstwertgefühl nicht gefährdet und möglichst noch gesteigert wird. Dabei übersehen Menschen in ihrer Laienhaftigkeit, daß sie niemals alle tatsächlich wirksamen Faktoren kennen können. Sie schlußfolgern aufgrund der ihnen passenden Plausibilität. Sie übersehen beispielsweise, daß jedes Verhalten immer und überall eine Funktion von Persönlichkeits- und Umweltvariablen gleichermaßen ist. Insbesondere übersehen Menschen, wenn sie das Verhalten anderer Personen in ihrer Umgebung beobachten, daß sie selber Teil der Umwelt sind und somit möglicherweise selber ein auslösender Faktor für bestimmte Verhaltensweisen von Personen in ihrer Umgebung sein können.

Außerdem suchen Menschen in der Regel für alle möglichen Tatbestände nur eine einzige Ursache oder doch nur wenige Ursachen. Sie verkennen, daß die meisten Tatbestände durch mehrere Faktoren ausgelöst werden. Welche Erklärung werden sie aber annehmen? Sie wählen

a) diejenige Erklärung, die ihnen am ehesten in das eigene Konzept paßt, was (siehe oben) konsistenztheoretisch erklärbar ist,

b) die erste Erklärung die sie finden, die ihnen plausibel erscheint, was u.a. durch die Theorie soziale Wahrnehmung erklärt wird, wonach vorangehende Annahmen die folgende Wahrnehmung beeinflussen,

c) diejenige Erklärung, die von anderen Personen, die als wichtig eingestuft werden, geteilt wird. Menschen glauben im Recht zu sein, wenn ihre Meinung von der Mehrheit geteilt wird. Das wird dadurch erklärbar, daß Menschen als soziale Wesen in ihrem Verhalten fast immer von dem anderer Menschen beeinflußt werden.

„Das Bedürfnis nach Struktur beinhaltet einen generellen Wunsch nach Klarheit und Orientierung gegenüber einem gegebenen Problem; ..... Menschen brauchen oder wünschen häufig die Beibehaltung spezifischer Überzeugungen, da diese mit ihren Wünschen im Einklang stehen" (*Kruglanski, Baldwin, Towson*, 1993, S.297).

Das **Bedürfnis nach Gültigkeit** bezieht sich darauf, daß Menschen das leicht zu verstehende Bedürfnis haben, Dinge wissen zu wollen, von denen sie annehmen können, daß sie nicht falsch sind. Man kann ganz allgemein und fast schon trivial formulieren: Menschen wollen mit ihren Aussagen und Annahmen im Recht sein. Das wird dadurch erklärbar, daß Menschen auf die sie umgebende Umwelt erfolgreich und damit angemessen reagieren wollen (und müssen).

Dieses Bedürfnis nach Gültigkeit erklärt auch die Vermeidung von Inkonsistenz, denn immer dann, wenn Wissen Widersprüche beinhaltet, kann das Wissen nicht frei von Fehlern sein. Die Wahrnehmung von Inkonsistenz führt zu Beunruhigung, die es zu vermeiden gilt. Aus den gleichen Gründen suchen Laien nach Gewißheit. Während wissenschaftliche Erkenntnissuche dem ständigen Versuch der Widerlegung entspricht - wir setzen unsere wissenschaftlichen Hypothesen ständig der kritischen Überprüfung aus - ist die laienhafte Erkenntnissuche eher eine Suche nach Gewißheit, sie ist finalistisch ausgelegt. Wissenschaftliche Erkenntnissuche akzeptiert die These, daß die Suche nach Gewißheit keinen Erkenntnisfortschritt ermöglicht, weil Gewißheit unmöglich ist. Laienhafte Erkenntnissuche ist an Gewißheit ausgerichtet: „Glauben bedeutet Nicht-Wissen". Das ist ein typisch laienhafter Ausdruck. Weil das Wahrnehmen von Irrtümern oder Widersprüchen zur Beunruhigung führt, findet auch folgender Satz weite Verbreitung: „Die Ausnahme bestätigt die Regel". Ist allen, die diesen Satz aussprechen, wirklich klar, wie unlogisch diese Aussage ist, wie offensichtlich unsinnig, ja gefährlich dieser Satz ist? Er ist gefährlich, weil er das Festhalten an Irrtümern erleichtert.

Laienhafte Erkenntnissuche ist auch durch die Verwendung sogenannter Denkschemata gekennzeichnet. Schemata sind angenommene Wissensstrukturen, die bestimmte, aber nicht alle Merkmale eines Tatbestandes beschreiben. Eine Person X möge aufgrund verschiedener (laienhafter) Beobachtungen zu der Annahme kommen, daß sich andere Personen durch die Eigenschaften: **a, b, c** und **d** beschreiben lassen. Sie nehmen nun bei einer konkreten Person die Eigenschaften **a, b** und **c** wahr. Diese Person dürfte sich ziemlich sicher sein, auch die Eigenschaft **d** wahrgenommen zu haben. Das paßt in ihr Personenschema. Was wir hier für Personenwahrnehmung aufzeigen, kann auch für Produktwahrnehmungen gelten oder für die Wahrnehmung von Organisationen. Das darf allerdings nicht dazu verführen, die Theorie der Personenwahrnehmung (vgl. *Bierhoff*, 1986, 1989) auf Produkt- und Organisationswahrnehmungen unkritisch zu übertragen, wie das in der Managementpraxis im Zusammenhang mit dem Konzept des Corporate Identity oft geschieht. Das Konzept des Corporate Identity (vgl. *Unger & Fuchs*, 1999, S. 8 bis 11) mag insgesamt für das Management von Organisationen nützlich sein. Die von vielen Praktikern und wohl auch Management-Theoretikern angenommene Parallelität zur Persönlichkeitswahrnehmung ist wohl auch lediglich ein Tatbestand der Laienpsychologie.

Eine bestimmte Form von Denkschemata sind Skripte. Ein Skript ist ein Ablauf von Ereignissen, den eine Person wahrzunehmen gelernt hat. Schemata betreffen also die Wahrnehmung von Objekten, Skripte die von Prozessen, Abläufen. Eine Person hat beispielsweise schon häufiger wahrzunehmen geglaubt: „Wenn **a** auftritt, dann folgt **b** und dann folgt **c**". Wenn sie **a** und **c** wahrgenommen hat (vielleicht auch nur geglaubt hat, **a** und **c** wahrgenommen zu haben), dann ist sie sich ziemlich sicher, dazwischen **b** wahrgenommen zu haben.

Schemata erlauben es, komplexe Sachverhalte schnell wahrzunehmen und zu verstehen zu glauben. Sie sind damit durchaus als eine Notwendigkeit menschlicher Existenz zu verstehen, vermutlich im Laufe der Evolution als sinnvolle Überlebenshilfe entstanden. Wenn wir gelernt haben, daß zu einem Sachverhalt eine große Menge von Einzelheiten gehört, dann genügt es oft, wenn wir nur einen Teil davon wahrnehmen, um sicher zu sein, alle Einzelheiten wahrgenommen zu haben.

Das Problem dabei ist, daß schon das Lernen über die dazu gehörigen Sachverhalte auf fehlerhaften Vermutungen oder auf nicht überprüften Informationen von anderer Seite (indirekte Information) beruhen kann.

Sie sind also einerseits notwendig, um sich in relativ komplexen Umwelten schnell genug zurecht zu finden. Andererseits führen sie leicht zu Wahrnehmungsfehlern. Sie beeinflussen in starkem Maße unser Erinnerungsvermögen. Wir sind uns oft sehr sicher, bestimmte Abläufe wahrgenommen zu haben, obwohl wir in Wirklichkeit nur Teile davon wahrgenommen haben. Wir sind uns diesbezüglich um so sicherer, in um so stärkerem Maße die wahrgenommenen Aspekte Teil eines sehr intensiv gelernten Skriptes sind. Da wir in der Abfolge von Ereignissen dazu neigen, Bestätigung für die gelernten Skripte zu erlangen, neigen wir auch dazu, bestimmte Ereignisse in der Abfolge von Ereignissen, die nicht in unser Skript passen, falsch oder nicht wahrzunehmen. Gleiches gilt für Personenschemata. Auch hier nehmen wir nicht passende Aspekte nicht oder falsch wahr. Wenn wir das Personenschema **a**, **b**, **c** und **d** gelernt haben, so werden wir die Wahrnehmung von **a**, **b**, **c** und **e** entweder als **a**, **b** und **c** wahrnehmen (mit der Folge, daß wir glauben **a**, **b**, **c** und **d** wahrgenommen zu haben) oder aber, wir nehmen **e** gleich als **d** wahr. So entstehen beispielsweise Vorurteile gegen Fremde. Das alles hat zur Folge, daß Schemata und Skripte (als eine besondere Form der Schemata) relativ änderungsresistent sind. Erst bei sehr stark widersprechenden Informationen ändern Personen ihre Denkschemata. Wir denken dabei an die Hypothesentheorie sozialer Wahrnehmung.

Oft wird als „Laienpsychologie" jeglicher durch Psychologie erklärbare irrationale Umgang mit Informationen aufgefaßt, so bezieht sich auch *Kruglanski* in starkem Maße auf die Attributionstheorie, ebenso wird sich auf die Dissonanztheorie oder auf Reihenfolgeeffekte bezogen. Dann wird die Laienpsychologie aber nur zu einem Oberbegriff für viele andere sozialpsychologische Theorien.

Als wirkliche Laienpsychologie gilt nicht alles, was irgendwelche sozialpsychologischen Theorien längst erklärt haben, sondern solche Verhaltensweisen, die nicht-wissenschaftliches Verhalten beinhalten:

- Suche nach Sicherheit, weil Sicherheit nicht erzielbar ist;

- Glaube an Korrelationen als Erklärung für Ursachen, weil Korrelationen keine Ursache erklären können;

- Rückführung von Effekten auf eine als plausibel geltende Ursache, weil es angemessener ist, immer nach mehreren Ursachen zu suchen;

- Glaube an Mehrheiten, weil Mehrheiten keinen Beitrag zum Erkenntnisfortschritt liefern können;

- Glaube von Experten (des Marketing, der Personalführung) selber rationales Verhalten zu zeigen, während Geführte (Konsumenten, „Untergebene") laienhaftes, irrationales Verhalten zeigen. Experten glauben Macht auszuüben, Sozialtechniken rational anzuwenden. Sie übersehen, daß die sozialpsychologischen Theorien über den unangemessenen, teilweise irrationalen Umgang mit Informationen auf sie ebenso zutreffen.

Die folgende Unterscheidung (Punkt 1 bis 6) zwischen Laien- und Wissenschafts-Theorien geht zu einem großen Teil auf *Furnham* (1988, S. 2 ff.) zurück:

1) Laien-Theorien sind eher implizit und weniger formalisiert formuliert. Demgegenüber sind Wissenschafts-Theorien explizit und formal ausgedruckt. Hyopothesen werden präzise formuliert.

2) Laien-Theorien sind widersprüchlicher und unklarer formuliert, mögliche Zusammenhänge werden weniger berücksichtigt, als es tendenziell in wissenschaftlichen Aussagensystemen der Fall ist. Es wäre sicherlich eine ziemliche Überschätzung wissenschaftlicher Aussagensysteme, ihnen grundsätzlich Klarheit, Widerspruchsfreiheit und Berücksichtigung aller Zusammenhänge zuzuschreiben. Eine derartige Aussage wäre eher als subjektiv verzerrte Wahrnehmung der Realität aus Sicht der Wissenschaft zu bezeichnen, erklärbar durch Selbstwerterhöhung oder Abbau kognitiver Dissonanz. Das wäre also eine „Laien-Theorie der Wissenschaftler/innen selber". Es geht um eine tendenzielle Unterscheidung!

3) Wissenschaft sucht Falsifikation, Laien suchen Verifikation. Wissenschaftlich wird das Erkennen von Irrtümern als Fortschritt gewertet, Laien werten Verifikation als Fortschritt.

4) In Laien-Theorien werden Ursache und Wirkung häufig verwechselt, das wird durch den Glauben an Korrelationen bei Laien verursacht. Wenn X und Y in der Realität gemeinsam auftreten, dann gehen Laien davon aus, das einer der beiden Faktoren den anderen ausgelöst hat. Wenn dann auch noch ein Faktor zeitlich vor dem anderen auftritt, dann scheint die Angelegenheit eindeutig. In Wirklichkeit kann ebenso ein Drittfaktor Z beide anderen ausgelöst haben, vielleicht hat X schneller auf Z reagiert als Y. Für naive Beobachter scheint dann aber X eindeutig Y ausgelöst zu haben.

5) Laien betrachten eher bestehende Zustände, wissenschaftliche Aussagen sind eher an Prozessen des Zustandekommens von Zuständen interessiert. Wissenschaftlicher/innen wollen wissen, warum ein bestimmter Zustand eingetreten ist. Laien versuchen eher bestehende Strukturen zu verstehen. Das aber ist aussichtslos, wenn nicht bekannt ist warum ein bestimmter Zustand eingetreten ist.

6) Wissenschaftliche Theorien sind an möglichst allgemeingültigen Aussagen orientiert, Laien sind mit sehr spezifischen Aussagen zufrieden. Laien entgegen auf allgemeingültige Aussagen oft mit der Ausrede: „Das ist in unserem Markt, in unserem Fall etc. ganz anders". Laien geben sich mit Minitheorien zufrieden, die einen einzigen bestimmten Fall erklären. Auch in der „wissenschaftsorientierten Lehre" wird oft mit solchen Minitheorien gearbeitet: Fallstudien haben ein großes Gewicht. Dabei wird verkannt, daß Fallstudien überhaupt keine Aussagekraft haben, wenn ihnen keine allgemeingültigen Theorien zugrunde gelegt werden. Was sollen Studierende aus einer Fallstudie, die einen einzigen Fall beschreibt lernen? Fallstudien haben lediglich den Nutzen, Theorien zu illustrieren.

7) Ferner wird zwischen „starken" und „schwachen" Theorien unterschieden (*Eysenck*, 1960). Starke Theorien sind dadurch gekennzeichnet, daß sie sich auf eine größere Anzahl systematisch und möglichst präzise beschriebene empirische Befunde stützen. Schwache Theorien stützen sich auf wenige, kaum oder gar nicht nachvollziehbare Daten. Laien-Theorien entsprechen tendenziell den schwachen Theorien. Wir kennen für solche schwachen Theorien im Marketing dafür ein berühmtes Beispiel: Der weit verbreitete Glaube an Beeinflussung durch unterschwellige Wahrnehmung. Die Annahme wird durch den in den 50er Jahren verbreiteten Bericht einer US-amerikanischen Werbe-

agentur gestützt, wonach durch das Einspielen von Aussagen über CocaCola oder Popcorn in Spielfilme der CocaCola- und Popcorn-Verzehr in den betreffenden Kinos gesteigert wurde. Die Einspielungen waren nur Sekundenbruchteile lang und konnten nicht bewußt wahrgenommen werden. Der Glaube an diesen Effekt ist weit verbreitet, obwohl es dafür keine seriösen wissenschaftlichen Belege gibt, obwohl über den damaligen Versuchsaufbau gar nichts bekannt ist, und obwohl es wissenschaftliche Falsifikationen gibt. Es ist ebenso denkbar und durchaus wahrscheinlich, daß die damaligen Aussagen Betrug waren.

8) Laien gehen in starkem Maße induktiv vor, sie glauben aus einzelnen Beobachtungen auf allgemeingültige Aussagen schließen zu können. Die Möglichkeit der Induktion ist durch den kritischen Rationalismus logisch widerlegt. Es gibt keinen Grund, der es uns ermöglicht, aus dem Zutreffen einer Annahme in einem Fall auf andere schließen zu können. Induktives Schlußfolgern kann nur dazu dienen, neue Hypothesen zu formulieren, nicht aber um Erkenntnis zu gewinnen (vgl. *Popper*, 1979, S. XXX bis XXXIII). Wissenschaftliche Aussagen gehen vom Verfahren der Deduktion aus, dem Aufstellen und dem Versuch der Überprüfung, die ggf. zur Falsifikation, nie jedoch zur endgültigen Verifikation führen kann.

9) Laien glauben eher an Objektivität im Sinne von Unvoreingenommenheit, wissenschaftlich gesehen, kann Objektivität lediglich Unvoreingenommenheit bedeuten.

10) In wissenschaftlich ausgerichteten Theorien wird gegen die Hypothesen getestet. Wer wissenschaftlich nach Erkenntnis sucht, formuliert seine Hypothesen und sucht diese zu widerlegen. Solange es nicht gelingt, Hypothesen zu widerlegen, werden sie als vorläufig bewährt beibehalten. In der laienhaften Erkenntnissuche wird versucht, tendenziell weniger deutlich formulierte Hypothesen zu bestätigen. Das hat etwas damit zu tun, daß Laien Sicherheit suchen. Suche nach Sicherheit ist aber irrational, weil es keine Sicherheit geben kann. Laien wollen nach einem Arztbesuch wissen (!), daß sie gesund sind, wissenschaftlich kann man ihnen nur sagen, daß bestimmte Krankheiten nicht nachgewiesen werden konnten.

Laien-Theorien sind in ein System kulturell oder gesellschaftlich relevanter Werte- oder Normensysteme eingeordnet und mit diesem konsistent. Sie werden dann geändert, wenn sich das übergreifende Werte- und Normensystem ändert. Wissenschaftliche Theorien werden dann geändert, wenn ihre Aussagen falsifiziert worden sind. Dazu kommt eine Vielzahl von „Volksweisheiten", die ungeprüft als gültig angenommen werden:

„Gefahr erkannt, Gefahr gebannt"; „Die Ausnahme bestätigt die Regel", das sind zwei solcher Weisheiten, die sogar gefährlich sind. Da es keine unvoreingenommene Problembeschreibung geben kann, und schon in der Problembeschreibung bestimmte Lösungen enthalten sind, die dann ebenso voreingenommen sind, wie die voreingenommen Problembeschreibung führt das scheinbare (!) Erkennen einer Gefahr keineswegs automatisch zu seiner Lösung. Diese „Weisheit" ist gefährlich, weil sie voreilig zu möglicherweise falschen Lösungen führt.

Die Ausnahme bestätigt keineswegs die Regel, die Ausnahme ist ein interessanter Fall der Falsifikation einer Regel. Die Ausnahme ist ein erklärungsbedürftiges Problem. Diese Volksweisheit ist gefährlich, weil sie falsche Annahmen zementiert, da jede Widerlegung als Bestätigung aufgefaßt werden kann.

Laien-Theorien sind häufig durch den Glauben an Autoritäten gekennzeichnet. Wie oft hören wir in Vorträgen (auch Vorlesungen) die Aussage: „Schon XYZ hat gesagt". Das ist dann nicht die wissenschaftlich korrekte Form des Zitierens (wogegen nichts einzuwenden ist), sondern vielmehr der Versuch eine Aussage durch Nennung einer Autorität zu erhärten. In Wirklichkeit gibt es keine Autorität, die Wahrheit verbürgen kann. Die Suche nach Autoritäten, auf die wir uns berufen können ist wahrscheinlich uralt. „Woher weißt du das?", diese Frage beantworten wir nicht mit der Beschreibung des Erwerbs von Erkenntnis, sondern mit der Nennung von Autoritäten, das mögen in Urzeiten Träumer gewesen sein. „Träumer" beriefen sich auf Mächte jeglicher Art: Geister, heilige Wölfe usw. (*Gear & O'Neal Gear*, 1990, S. 127). Heute berufen wir uns auf bekannte Persönlichkeiten, der Erkenntnisbeleg ist der gleiche. Wenn eine bedeutende Persönlichkeit eine Aussage tätigt, dann hat das mit deren Wahrheitsgehalt absolut nichts zu tun. Die Aussage selber als sprachlicher Ausdruck (aber nur als solcher) ist Teil der Realität und kann gewaltige Folgen auslösen. Im Mittelalter suchten die Menschen eine Ursache für die Pest. Ohne jeden Realitätsgehalt wurde ein Volk verdächtigt, die Brunnen vergiftet zu haben (dieser Ausdruck lebt bis heute fort). Die Verdächtigung wurde psychologische Realität und hat bis heute im Umgang der Völker untereinander ihre Wirkung. Menschen suchen also Gewißheit, sie halten sich an Autoritäten. Wenn sie einmal für etwas keine Erklärung haben, dann erfinden sie eine solche, die mangels brauchbarer Alternativen als unzweifelhaft richtige Aussage hingenommen wird. Der/Die Zweifler/in wird um so mehr verfolgt, je weniger wahrscheinlich eine bessere Erklärung ist, bzw. je mehr eine andere der Wahrheit näher kommende Erklärung kognitive Dissonanz auslöst, also die zweifelhafte, aber konsistentere Erklärung angenehmer erscheint.

Laien-Theorien sind oft oberflächlicher als wissenschaftliche Aussagen, Laien geben sich zu schnell mit einer scheinbar plausiblen Erklärung zufrieden (*Furnham*, 1988, S. 31), insbes. sind sie stärker an bestimmten Personen ausgerichtet als wissenschaftliche Aussagen. Bei letzterem wird übersehen, daß diese eine Person selber Teil des zu beschreibenden Tatbestandes war/ist, daher ist eine allgemeingültige Aussage hinsichtlich dieses Tatbestandes nicht zulässig. Als abschreckendes Beispiel mögen manche „Erfolgsgeschichten berühmter Manager" gelten.

Laien halten das für richtig, was sie verstehen.

Theoriefeindlichkeit ist ein typisches Charakteristikum für Laientum. Dabei wird übersehen, daß jede Erkenntnis nichts anderes als Theorie ist. Es wird übersehen, daß auch Praktikererfahrung nichts anderes, als das Bilden von Theorie ist. Praktikererfahrung wird lediglich weniger kritisch und weniger systematisch geprüft. Praktikererfahrung ist dadurch entstanden, indem die jeweilige Person ständig versucht hat, ihre Annahmen (die ihr weniger als Annahme eher als Wissen erscheint) zu bestätigen. Praxis ist finalistisch, am Ergebnis der Handlung orientiert, Theorie ist nie endender Prozeß der Suche nach Erkenntnis. Allerdings werden die Unterschiede zwischen laienhafter und wissenschaftlicher Erkenntnissuche nicht immer klar vollzogen. *Furnham* (1990, S. 178) zitiert (ohne Quellenangabe) *Julian Huxley*: „Science is nothing but trained and organised Common Sense, differing from the latter only as a veteran may differ from a raw recruit: and its methods differ from those of Common Sense only as far as the guardsman's cut thrust differ from the manner in which a savage wields his club". Wenn wir uns verdeutlichen, daß Wissenschaftler/innen sich durchaus (wenn vielleicht auch nur partiell) auch laienhaft verhalten, dann scheint die lediglich tendenzielle Unterscheidung folgerichtig. Das Forschungsprogramm zur Laienepistemologie beinhaltet den Versuch ein wissenschaftliches Konzept über menschliches Verhalten zu entwickeln, dieses ist dann allerdings gleichermaßen anwendbar auf Wissenschaftler/innen als ebenfalls menschliche Wesen (*Groeben*, 1990, S. 21).

Die Unterscheidung zwischen laienhaftem und wissenschaftlichem Denken soll also keineswegs als Szientismus verstanden werden. Wir (die Autoren) glauben nicht an die „grundsätzliche Überlegenheit" der Wissenschaft. Wir gehen allerdings davon aus, daß Erkenntnis sich durch kritisches Überprüfen von Hypothesen und Problemlösungen (letztere sind Hypothesen in der Realität) bilden und verbessern läßt. Das gilt für Wissenschaft und Praxis gleichermaßen. Die Gegenüberstellung von Theorie und Praxis taucht als Denkweise erst seit dem 19. Jahrhundert auf (vgl. *Luhmann*, 2000, S. 473), sie ist logisch nicht aufrecht zu halten. Es wäre für den weiteren Erkenntnisfortschritt nützlich, diese überflüssige und Fehlentwicklungen auslösende Trennung aufzugeben. Wenn wir dennoch auch in diesem Band jeder Theorie Anwendungsbeispiele (aus der Praxis) gegenüberstellen, dann dient das lediglich der Illustration und keineswegs einer „Gegenüberstellung". Praxisbeispiele können auch nicht dazu dienen, eine Theorie zu „beweisen". Sie sind (und das gilt infolge der Wahrscheinlichkeit des Vorhandenseins ungeprüfter, unbeobachteter Einflußfaktoren auch nur bedingt) als Fälle zu verstehen, in denen sich eine Theorie vorläufig bewährt hat.

19.2 Anwendungen

19.2.1 Personalführung

Menschen verhalten sich so, wie sie glauben, daß es von ihnen erwartet wird. Das bedeutet, daß Personal sich aus Sicht der Führungskräfte hypothesenkonform verhält, in Wirklichkeit tritt nur der bekannte „Self fullfilling prophecy"-Effekt auf. Die Führungskräfte kommunizieren unbewußt ihre Hypothesen über das Verhalten des Personals und dieses entspricht auf Dauer eben diesen Hypothesen.

Das ist der Ansatz von *McGregor* (1960). In Folge davon rufen die Führungskräfte selber das entsprechende Verhalten durch ihre eigene Grundeinstellung hervor, die sich auch im Verhalten der Führungskräfte gegenüber den Beschäftigten widerspiegelt (vgl. auch *Bröckermann*, 1997, S. 262). Eine negative Grundeinstellung der Führungskräfte hinsichtlich der Beschäftigten bezeichnet *McGregor* als Theorie X; eine eher positive Grundeinstellung als Theorie Y. Theorie X und Theorie Y sind also Laientheorien der Führungskräfte hinsichtlich der Einstellungen ihrer Mitarbeiterschaft zur Arbeit.

Am Ende glauben beide Typen von Führungskräften im Recht zu sein, obwohl aus psychologischer Sicht tendenziell (!) der Theorie Y zuzustimmen sein dürfte. Die jeweilige Überzeugung der Führungskräfte über die Menschen, in Verbindung mit der Tendenz, daß sich Menschen so verhalten, wie sie glauben, daß es von ihnen erwartet wird, führen dazu, daß die laienhaften Theorien der Führungskräfte am Ende zu funktionieren scheinen.

19.2.2 Marketing und Unternehmungsführung

In der Marktkommunikation betreiben Sozialtechniker/innen kommerzielle Beeinflussung unterschiedlichster Zielgruppen. Sozialtechniker/innen sind alle Personen, die sozialwissenschaftliche Erkenntnisse in der Praxis einsetzen, um damit jedwede Ziele zu realisieren. Das sind beispielsweise Marketing-Manager/innen oder im speziellen Kommunikationsmanager/innen. Diese hegen Vermutungen über das Verhalten der Personen ihrer Zielgruppen und der Möglichkeiten ihrer Beeinflussung. Nicht immer sind diese Manager/innen ausgebildete Sozialtechniker/innen. Oft haben sie eine vollkommen anders gelagerte Ausbildung genossen. Aber selbst dann, wenn es sich um ausgebildete Sozialwissenschaftler/innen (Psychologie, Soziologie, Sozialpsychologie, Wirtschaftswissenschaftler/innen) handelt, ist damit noch lange nicht gesagt, daß die betreffenden Sozialtechniken auf wissenschaftlichem Niveau realisiert werden. Mit diesen Ausführungen soll in keiner Weise zum Ausdruck gebracht werden, daß die jeweiligen praktisch eingesetzten Sozialtechniken in irgendeiner Weise von wissenschaftlichen Vorgehensweisen negativ abgegrenzt werden könnten. Es wird lediglich deutlich, daß sowohl das Verhalten der Personen von Zielgruppen derartiger Maßnahmen (z.B. Verbraucher/innen) als auch das Verhalten der die Maßnahmen zur Beeinflussung dieser Personen gestaltenden Personen Gegenstand sozialwissenschaftlicher Forschung sein können.

Die Laienepistemologie kann erklären, mit welchen Vermutungen Sozialtechniker/innen ihre Aktivitäten planen, realisieren und anschließend bewerten. Es kann gefragt werden, worin sich die Annahmen der Sozialtechniker/innen von denen der Wissenschaftler/innen unterscheiden, oder in welchem Maße sie sich ähneln. Diesbezügliche Untersuchungen von *Friestad* und *Wright* (1995) belegen, daß es sowohl viele Gemeinsamkeiten als auch Unterschiede gibt. Danach korrelieren die Annahmen von Laien und Wissenschaftler/innen hoch hinsichtlich

- der Notwendigkeit interner Ereignisse (Erregung),

- der Bedeutung der Reihenfolge von Werbeanstößen in einem Werbeblock im TV,

- der Bedeutung eigenständiger Aktivitäten der Beworbenen oder durch die Werbung ausgelöster Aktivitäten,

- der Frage, wie wichtig für die Werbewirkung ganz bestimmte psychologische Reaktionen sein können, bestimmte Assoziationen, Gedanken, Gefühle.

Diesbezüglich sind sich Laien und Wissenschaftler/innen demnach einig. Die größten Unterschiede fanden sich hinsichtlich der Beurteilung der Kaufeinflüsse der Werbung. Laien gehen davon aus, daß durch Werbung ausgelöste Ereignisse wie Gefühle, starke Emotionen, Vorstellungen und Erinnerungen oder bildhafte Werbeinhalte einen größeren Einfluß auf das Kaufverhalten ausüben, als Wissenschaftler/innen (*Friestad & Wright*, 1995, S. 69). Das läßt sich möglicherweise dadurch erklären, daß Praktiker/innen Kaufverhalten als persönliches Ziel auslösen wollen. Es scheint naheliegend, daß sie die Bedeutung ihrer eigenen Aktivitäten in dieser Hinsicht höher einschätzen, vermutlich überschätzen. Ein solcher Erklärungsversuch ist konsistenztheoretischer Art.

Wir können davon ausgehen, daß Marketing-Manager/innen vermutlich ihr Wissen über das Konsumverhalten und die Möglichkeiten der Beeinflussung überschätzen. Sie unterschätzen dabei die eigene Unwissenheit über die Wirkungsmechanismen der Kommunikation.

Diverse speziell im Management oft auftretende Denkfehler werden von *Probst* und *Gomez* (1993) dargestellt:

- Probleme sind objektiv gegeben und müssen nur noch klar formuliert werden. Dabei wird übersehen, daß schon die Formulierung eines Problems selber einen problematischen, erklärungsbedürftigen Tatbestand darstellt.

- Jedes Problem ist die direkte Konsequenz einer einzigen Ursache. Das bereits oben angesprochene Problem tritt im Management auf, weil Entscheidungen oft unter erheblichem Zeitdruck getroffen werden müssen. Ist einmal eine scheinbar plausible Ursache gefunden, so sind Manager/innen sehr stark dazu motiviert, das als die eigentliche und wesentliche Ursache des ursprünglichen Problems anzusehen.

- Um eine Situation zu verstehen, genügt eine Photographie des Ist-Zustandes. Dabei wird übersehen, daß wir keinen Zustand unvoreingenommen abbilden können. Hier kommt die positivistische Denkhaltung im Management zum Ausdruck.

- Verhalten ist prognostizierbar; notwendig ist nur eine ausreichende Informationsbasis. Dabei wird ganz einfach das eigene Informationsniveau überschätzt. Weitere mögliche, derzeit nicht bekannte Ursachen des prognostizierten Verhaltens werden nicht ausreichend beachtet.

- Problemsituationen lassen sich beherrschen, es ist lediglich eine Frage des Aufwandes, diesbezüglich wird der Einfluß eigener Aktivitäten auf die Umwelt überschätzt. Das mag eine typische Denkhaltung erfolgsorientierter Manager/innen sein. Ähnlich ist die folgende These zu erklären: Ein „Macher" kann jede Problemlösung in der Praxis durchsetzen. Es wird übersehen, daß das menschliche Problemlösungsverhalten sich in allen Bereichen in einem Kontext darstellt, der das jeweilige Problem in einer ganz bestimmten Sicht erscheinen läßt. Dieser Kontext enthält bereits wesentliche Voraussetzungen für diejenigen Lösungsmöglichkeiten, die Entscheidungsträger/innen sehen können. *Albert* (1978, S. 23, 24) verdeutlicht, daß diese Kontextabhängigkeit des Problemlösungsverhaltens in den Resultaten vieler Wissenschaften eine Rolle spielt und gleichzeitig ein wichtiges Element menschlicher Praxis überhaupt ist. Schon die Auswahl der Probleme ist oft durch Gewohnheiten, Einstellungen, Vorurteile, Ängste oder sog. Erfahrungen geprägt. „Viele der Komponenten einer solchen Problemsituation bleiben meist im Hintergrund, ohne jemals thematisiert zu werden, andere werden im Zuge der Versuche, das betreffende Problem zu lösen, explizit gemacht, und andere sind von vornherein deutlich" (*Albert*, 1978, S. 23).

- Mit der Einführung einer Lösung kann das Problem endgültig ad acta gelegt werden. Diese Einstellung resultiert aus der laienhaft angenommenen Monokausalität von Ereignissen. Wenn angenommen wird, daß ein Problem auf eine einzige Ursache zurückgeführt werden kann, dann folgt daraus die Annahme, ein Problem auch durch eine einzige Lösung zu beseitigen.

- Menschen suchen Sicherheit. Menschen scheinen ganz allgemein ein Problem damit zu haben, Unsicherheit zu akzeptieren. Das erklärt auch warum für viele Menschen positivistische Gedanken attraktiver erscheinen als kritischer Rationalismus. Auch die Attraktivität der Hermeneutik (die ja auf das „eine richtige" Verständnis hinausläuft) läßt sich aus dem Streben nach Sicherheit erklären. Diese Motivation nach Sicherheit scheint eines der ganz großen Probleme menschlicher Existenz zu sein, denn Sicherheit ist nicht erreichbar. In der Management-Praxis sind Marktforschung und Unternehmensberater willkommene Lieferanten der Illusion von Sicherheit. Führungskräfte glauben daher auch in starkem Maße, selber Sicherheit demonstrieren zu müssen. Gezeigte Unsicherheit, so glauben sie oft, wird als Schwäche wahrgenommen.

- Menschen wollen im Recht sein (das haben wir bereits angesprochen), sie glauben im Recht zu sein, wenn andere der gleichen Meinung sind. Das ist im Management ganz leicht zu realisieren, weil sich Führungskräfte oft mit solchen Menschen umgeben, die ihnen Recht geben.

- Menschen betreiben Selbstschutz, sie wollen ihr eigenes Selbstwertgefühl verteidigen und vielleicht auch noch verbessern. Das ist ein allgemeingültiges Motiv menschlichen Verhaltens. Für Führungskräfte ist das ein besonders relevanter Tatbestand, weil sie oft glauben, ihre Führungsqualität vor ihren Mitarbeitern/innen darstellen und demonstrieren zu müssen.

Aus allen diesen Beispielen wird deutlich, daß Management und insbes. die Führungskräfte einen besonders relevanten Tatbestand der Laienepistemologie darstellen. Gleiches dürfte für die Wahrnehmung des Verhaltens von Führungskräften durch die betroffenen Mitarbeiter/innen gelten. Auch diese stellen Fragen über Motive und Ziele des Führungsverhalten, auch dabei werden Skripte und Schemata eingesetzt. So werden laienhafte Hypothesen über persönliche und sachlich-berufliche Gründe des Verhaltens von Personen in Führungspositionen gebildet, die wiederum das Verhalten der Mitarbeiter/innen beeinflussen. So entsteht die seltsame Situation eines auf gegenseitigem Laienverständnis beruhenden Verhaltens aller Beteiligten.

In besonders starkem Maße ist in der Management-Praxis der Glaube an Autoritäten verbreitet. Wenn eine bekannte ehemalige Germanistik-Professorin in einer TV-Debatte die Aussage tätigt: „Qualität braucht Zeit", dann ist breite Zustimmung zu erwarten, obwohl diese Hypothese empirisch widerlegt ist. Erfolgreiche Unternehmen sind zugleich (!) schneller, besser und kostengünstiger als ihre nicht zu erfolgreichen Wettbewerber (*Rommel, Brück, Diederichs* et al.1993, S. 6). Der häufig unkritische Glaube an die Richtigkeit der Aussagen berühmter Unternehmensberater ist ein weiterer Beleg für die Autoritätsgläubigkeit im Management. Auch der Glaube an immer wechselnde Management-Lehren mutet aus erkenntnistheoretischer Sicht teilweise schon kurios an. Wer die Veröffentlichungen auf diesem Gebiet verfolgt, hat schnell den Eindruck, daß neue Management-Lehren wie Modewellen kommen und gehen. *Kieser* (1997, S. 49 ff.) zeigt, daß, gemessen an veröffentlichten Artikeln, die Bedeutung derartiger Konzepte fast dem Modell eines Markt-Lebenszyklus entspricht: Quality Circle, Lean Production, Business Process Reengineering, Total Quality Management. Die Reihe läßt sich fortsetzen: Lean Management, Kaizen, Total Profit Management. *Kieser* (1997, S. 57 ff.) belegt, daß es in der Regel eine Frage der Rhetorik ist, welche Managementlehre Mode wird. Managementlehren werden dann nach dem Gießkannenprinzip ausgeschüttet, d.h. ungeprüft von sehr vielen Organisationen übernommen. Bei einigen tritt Erfolg ein, ob infolge dieser Lehre oder nicht, bleibt ungeprüft. Der Erfolg wird aber herausgestellt und als „Nachweis" der Richtigkeit der jeweiligen Management-Lehre herausgestellt. Die immer wieder neue Suche nach Heilslehren ist der unsinnige Versuch, ein sicheres Konzept zu finden. Es fällt scheinbar schwer, zu akzeptieren, daß alle menschlichen Entscheidungen und darauf aufbauende Problemlösungen auf der Basis unvollständiger, unsicherer und mit hoher Wahrscheinlichkeit auch fehlerhafter Informationen entstanden, und damit mit hoher Wahrscheinlichkeit fehlerhaft sind. „In diesem Sinne sind alle praktizierten Problemlösungen im Grunde genommen als Provisorien und damit als revidierbar zu betrachten, auch wenn sie in noch so starkem Maße sozial verankert....sind" (*Albert*, 1978, S. 26, 27). Damit unterliegen alle Maßnahmen der Kritik, es besteht ständig die Aufgabe, bessere Alternativen zu suchen. Das würde sich nur dann erübrigen, wenn wir dazu in der Lage wären, Entscheidungen endgültig zu begründen, das aber ist unmöglich. Daher „...ist die Suche nach alternativen Lösungen und die vergleichende Bewertung konkurrierender Lösungen eine wichtige Forderung einer adäquaten Konzeption rationaler Praxis, soweit die dabei entstehenden Kosten ein solches Vorgehen als sinnvoll erscheinen lassen" (*Albert*, 1978, S. 26). Hier wird deutlich, daß der Kritik eine grundsätzlich positive Bewertung zukommt. Nur wer bestehende Problemlösungen kritisiert, trägt dazu bei diese zu verbessern. Kritik wird so zu einer notwendigen Bedingung für jeden Fortschritt. Manager/innen neigen, so wie wohl alle Menschen dazu, ihre eigenen Annahmen eher als bestätigt zu sehen, auch dann, wenn eine kritische Bewertung der vorhandenen Informationen zu einer anderen Sichtweise führen müßte. Die Denkweisen einer kritisch-rationalen lernenden Organisation werden so begründet (als derzeit bewährte Hypothese).

19.2.3 Schlußbemerkung

Die Akzeptanz der Tatsache, daß wir nichts wissen können, ist keineswegs Anlaß zu Pessimismus. Ganz im Gegenteil: Alles was wir ausprobieren, kann verbessert werden. Die Tatsache, daß wir nichts wissen können, führt direkt zu der Aufforderung, der Kreativität breiteren Raum zuzugestehen. Da wir nichts mit Sicherheit wissen können, benötigen wir immer neue Ideen, die vor keiner Autorität halt machen. Wir haben auch keinen Grund, vor pessimistischen Prognosen zu erschrecken, denn diejenigen, die diese Prognosen aufstellen, haben ebenfalls keine Sicherheit, wir können dem mit gleicher Berechtigung optimistische Prognosen entgegenstellen. Wir haben die Möglichkeit, immer neue Problemlösungen zu entwickeln und sie den bisher realisierten gegenüberzustellen. Im kritischen Vergleich relativer Vor- und Nachteile drückt sich rationale Praxis aus (im Sinne von *Albert*, 1978). Dazu benötigen wir immer neue Ideen, die als Hypothesen geprüft werden können und im Erfolgsfalle zu einer evolutionären Verbesserung menschlicher Existenz in allen (nicht nur Management-)Bereichen führen können. Wer die fertige, problemlose Lebensform sucht, wird verzweifeln, wir müssen akzeptieren, daß unser ganzes Leben aus dem Lösen von Problemen besteht. Das ist unsere Aufgabe, woraus sich die Forderung von *Popper* (1994, S. 326) ableitet: **„Optimismus ist Pflicht"**.

Literatur

Albert, H.: Traktat über rationale Praxis. Tübingen: 1978.

Bierhoff, H. W.: Personenwahrnehmung - Vom ersten Eindruck zur sozialen Interaktion. Berlin, Heidelberg, New York, Tokyo: 1986.

Bierhoff, H. W.: Person perception and attribution. Berlin, Heidelberg, New York: 1999.

Bröckermann, R.; Personalwirtschaft – Arbeitsbuch für das praxisorientierte Studium. Köln: 1997

Eysenck, H. J. (ed.): Experiments in personality. London: 1960.

Eysenck, H. J.: The place of theory in psychology. In: Eysenck H. J. (ed.): Experiments in personality. London: 1960.

Frey, D. & Irle, M. (Hrsg.): Theorien der Sozialpsychologie, Band III: Motivations- und Informationsverarbeitungstheorien. Bern, Göttingen, Toronto, Seattle: 1993.

Frey, D. & Irle, M. (Hrsg.): Theorien der Sozialpsychologie, Band III: Motivations- und Informationsverarbeitungstheorien. Bern, Göttingen, Toronto, Seattle: 1993.

Friestad, M. & Wright, P.: Persuasion knowledge: Lay people`s and researcher`s beliefs about the psychology of advertising. Journal of Consumer Research, 1995, 22, 62-74.

Furnham, A. F.: Lay theories - Everyday understanding of problems in the social sciences. Oxford, New York, Beijing: 1988.

Furnham, A. F.: Common sense theories of personality. In: Semin, G. R. & Gergen, K. J. (eds.): Everyday understanding - Social and scientific implications. London, Newbury Park, New Delhi: 1990, 176-203.

Gear, W. M. & O`Neal Gear, K.: People of the wolf. New York: 1990.

Groeben, N.: Subjective theories and the explanation of human action. In: Semin, G. R. & Gergen, K. J. (eds.): Everyday understanding - Social and scientific implications. London, Newbury Park, New Delhi: 1990, 19-44.

Kieser, A.: Rhetoric and myth in management fashion. Organization, 1997, **4**, 49-74.

Kruglanski, A. W.: Lay epistemics and human knowledge. New York, London: 1989

Kruglanski, A. W.; Baldwind, M. W. & Towson, S. M. J.: Die Theorie der Laienepistemologie. In: Frey, D. & Irle,, M. (Hrsg.): Theorien der Sozialpsychologie, Band III: Motivations- und Informationsverarbeitungstheorien. Bern, Göttingen, Toronto, Seattle: 1993, 293-314.

Luhmann, N.: Organisation und Entscheidung. Wiesbaden: 2000.

McGregor, D.: The human side of enterprise. New York: .1960.

Popper, K. R.: Die beiden Grundprobleme der Erkenntnistheorie. Tübingen: 1979.

Popper, K. R.: Alles Leben ist Problemlösen. München: 1994.

Probst, G. J. B. & Gomez, P.: Die Methodik des vernetzten Denkens zur Lösung komplexer Probleme. In: Probst, G. J. B. & Gomez, P. (Hrsg.): Vernetzes Denken - Ganzheitliches Führen in der Praxis (3. Aufl.). Wiesbaden: 1993, 3-20.

Probst, G. J. B. & Gomez, P. (Hrsg.): Vernetztes Denken - Ganzheitliches Führen in der Praxis (3. Aufl.).Wiesbaden: 1993.

Rommel, G., Brück, F., Diederichs, R., Kempis, R.-D. & Kluge, J.: Einfach überlegen. Stuttgart: 1993.

Semin, G. R. & Gergen, K. J. (eds.): Everyday understanding - Social and scientific implications. London, Newbury Park, New Delhi: 1990.

Unger, F. & Fuchs, W.: Management der Marktkommunikation (2. Aufl.). Heidelberg: 1999.

Stichwortverzeichnis

A

Ablenkung 74, 84, 99
Abwertungsprinzip 84, 86
Affe 190
Affekt 231
Aggression 66, 68, 83
Ähnlichkeit 30 f., 39 f., 173 f., 189 f., 201
Aktivierung 137, 170 f., 177, 203, 205, 216, 225 ff.
Alltagsleben 60, 77, 82, 241, 246
Änderungswiderstand 54 f.
Anerkennung 90, 204 f., 210 ff., 215 f, 277
Angleichung 189, 197
Angst 51, 112, 157, 226, 228, 231 f., 289
Anker 124 f., 127
Anreizsystem 196
Anspruchsniveau 30, 207, 209 f., 215 f, 269
Antriebsfunktion 201 f
Appetenz 185
Arbeitspsychologie 3, 78, 213
Arbeitsverhalten 1, 90, 219
Arbeitszeitregelung 220
Arbeitszufriedenheit 211, 216
Assimilation-Kontrast 22 ff., 133 ff.
Assimilation-Effekt 22 ff., 133 ff.
Assoziation 103, 105, 196, 227
Attitüden 238
Attraktivität 30, 50, 54, 67 f., 72, 74 f., 231, 287 f.
Attributionsfehler 77, 79
Attributionsmuster 80, 91
Aufgabenschwierigkeit 79, 84, 86, 91
Auftrittswahrscheinlichkeit 92, 184, 186
Aufwertungsprinzip 86
Auswahlentscheidung 53, 258

B

Basiswerturteil 10
Bedürfnispyramide 212 f
Beeinflußungsabsicht 65
Beeinflussungsdruck 71 f.
Berufserfahrung 37
Beschwerdemanagement 294 f., 298
Bestrafung 39, 48 f., 186 f., 216, 245
Bezugsgruppe 32, 38, 248

Bildbetonung 231
Bildkommunikation 99, 103, 106
Bildorientierung 236
Blickaufzeichnung 19
Börsenbericht 122 f.
Botschaftsabsender 65
Botschaftsempfänger 65
BtB-Bereich 237
Bumerangeffekt 23, 25

C

Central route to persuasion
Cognitive Response 97 f., 100 ff., 104 f., 184, 233
Commitment 56, 63, 299
Common Sense 93
Conjointanalyse 19
Corporate Identity 303

D

Dachmarkenstrategie 128
DAX 126
Denkprotokoll 105
Depression 226, 280 f.
Desinformation 263
Desinteresse 233, 256
Determinismus 6, 195
Deutungsmuster 6
Dialektik 254, 267
Directive state-Konzept 20
Diskriminierung 190
Dissonanzreduktion 45, 55, 58, 61, 69
Dissonanzstärke 48, 50, 54 f.
Dissonanzvermeidung 45
Divergenz 37, 41, 64
Dollarkurs 126
Durchsetzungsvermögen 164

E

Einkaufbequemlichkeit 177
Einkommensvergleich 36 f.
Einpersonenhaushalt 140
Ein-Speicher-Modell 107

Einstellung 72, 137, 169, 234, 254, 272, 276, 295 f., 298
Einstellungsänderung 70, 107
Ekel 226
Elaboration 97, 99, 101
Emitationslernen 194, 196 f.
E-Motiv 212
Enkodierung 109
Entität 83 f., 86
Entscheidungsprozeß 53 f, 62, 237, 257 ff.
Entscheidungsspielraum 43, 72, 258
Entscheidungszeit 114 f.
Entwicklungsphase 134
Erfahrung 6, 58, 104, 121, 126, 132, 171, 192, 209, 220, 272
Erfolg 35, 39, 51, 59, 61 f., 79 f., 90 ff., 109, 117, 142, 144, 158, 161, 169, 197, 204, 207 f., 217, 221, 237 f., 245 ff., 250, 254, 265
Erfolgsmotivation 209
Erfolgswahrscheinlichkeit 92, 207 ff.
Erinnerungsvermögen 304
Erkenntnis 3, 6, 62, 103, 112, 122, 210 f., 215, 227, 247, 257, 261, 272
Erkenntnisgewinnung 10
Erkenntnissuche 6, 9, 51, 77
Erklärung 4 ff., 8, 36, 77 ff., 95, 133, 150, 153, 159, 194, 206, 225, 228, 268, 297
Erotik 231 ff.
Erwartung 39, 60, 185, 200, 207 f.
Erwartungshaltung 185, 270
Erwünschtheit 81 f.
EURO 181
Event-Marketing 105
Existenzgründer 161, 163
Extaversion 153

F

Fähigkeit 30, 78 f., 81, 86, 90 ff., 99, 101, 107, 109 f., 114, 134, 174, 184, 217, 239, 254, 260, 263, 269, 272 ff.
Faktorenanalyse 151, 153
Fallstudie 305
Familienmarke 128
Familienzyklus 137, 139
Feldtheorie 224, 249, 267
Foot in the door-Technik 58
Forced Compliance-Paradigma 47

Formen 75, 121, 144, 160, 163, 200, 224 f., 226, 246, 254 f., 268 f., 278, 294
Freiheitseinengung 63, 65, 67 ff., 75
Freiheitsspielraum 65
Fremdbestimmtheit 213
Freude 208, 226, 231, 236, 276
Fuchs 68
Führungskraft 89, 90
Führungspsychologie 1, 3
Führungsstil 61, 75, 200, 206, 219 ff.
Furcht 207, 219, 223, 226, 231 f., 252, 266

G

Gedächtnismodell 107
Gedächtnisprotokoll 105
Gedächtnisspur 110
Gefühl 69, 180, 231, 269, 275, 278
Gemeinwohl 247
Generalisierung 189 f.
Geringschätzung 226
Geschlossenheit 174 f., 188, 197
Gestaltpsychologie 173
Gesundheitspsychologie 3
Gewalt 195, 245, 250 f., 254
Gewinngleichheit 285
Gewissen 111, 226
Gewißheit 30
Gewohnheitsstärke 193 f.
Gewöhnung 103, 255
Gleichgewicht 47 f., 101, 159, 204, 267, 284
Gleichgewichtszustand 205
G-Motiv 212
Gram 226
Grundlagenforschung 3, 7, 13, 158, 213, 231
Gruppenanreiz 220
Gruppenklima 33, 265
Gruppenkohäsion 35
Gruppenmeinung 35 f., 50
Gruppenstruktur 263
Gültigkeit 120

H

Habitualisierung 192
Handlungsabsicht 81
Handlungseffekt 80

Handlungsrevision 43, 45, 47
Hard-selling-Konzept 69
Hard-sell-Methode 75
Hemmung 172, 193
Hermeneutik 14
Herrmansche Gitter 171
Herrschaftsbeziehung 263
High Involvement 69, 99, 102
Homöostase 205
Humor 74, 219, 231 ff.
Hunger 42, 193, 204 f., 219, 228, 231
Hygienefaktor 210 ff.
Hypothese 4 9 f., 52, 55, 69, 73, 80, 200, 246, 259, 273
Hypothesenstärke 21

I

Ich-Beteiligung 24
Ideal-Punkt-Modell 17
Identifizierung 171, 190, 246, 248
Ideologie 14, 56, 266
Image 55, 105
Imitation 194 f.
Immobilienmakler 125
Induktion 10
Informationsaufnahme 47, 50, 62, 100, 119, 235, 240
Informationsgesellschaft 245, 256
Informationsgewinn 47, 101
Informationsniveau 260
Informationsüberlastung 99, 237, 263
Informationsverarbeitungskapazität 128, 165
Inhibitionfaktor 193
Intensität 54, 68, 71, 73, 97, 101, 105, 170, 191, 200, 202 ff, 225, 234, 272
Intention 81, 200
Interaktionstheorie 285
Interesse 2, 6, 35, 45, 89, 99 ff., 124, 127, 140, 144, 146, 160, 181, 187, 226 f., 231, 238, 247, 250, 255, 264, 278
Interferenztheorie 110
Internalisierung 246, 248
Introspektion 206
Involvement 99, 101f,. 106, 119

K

Kategorie 86
Kaufgewohnheit 195
Klarheit 82, 89, 114, 228
Kognition 42, 51 f., 55 f., 224, 240, 242
Kommunikationsbudget 102
Kommunikationspsychologie 3
Kommunikationsstruktur 251
Kompetenz 44, 50, 66, 150, 259, 268 f., 275, 281
Komplexität 124, 150, 249
Konditionieren 184, 186 f., 194 ff.
Konfigurationsprinzip 83 f.
Konruenz-Hypothese 232
Konsistenstheorie 42
Konsumentensouveränität 261
Konsumgewohnheit 1, 8, 32
Konsumpsychologie 3, 6, 236
Kontinuität 175, 188
Kontrollillusion 275, 277
Kontrollüberzeugung 162 f., 270 f., 277
Kontrollverlust 269, 271, 273
Konvergenz 37, 41, 64
Konversionstheorie 265
Korrespondenz 82, 89
Kovariationsprinzip 83, 201
Kummer 226, 232
Kundenzufriedenheit 159, 170, 293, 298
Kurzzeitgedächtnis 107, 110

L

Laborratte 184
Ladenatmosphäre 176 f.
Lamda-Hypothese 170
Langzeitgedächtinis 107 ff.
L-Daten 151 f.
Leistungsattribution 91
Leistungsmotiv 162, 169
Leistungsmotivation 60, 162, 204 ff., 210, 219, 223 f., 252, 266
Leistungsorientierung 269
Leistungsverhalten 37, 93, 207, 218, 238, 246, 251 f., 269
Leistungswahrnehmung 60
Lernprozeß 8, 184
Liebe 57, 224, 228, 231, 253
Likelhood Model 98 ff.

Linienmanagement 261
Löschung 186 f.
Low Involvement 99, 102

M

Machtbeziehung 254
Machtressourcen 245, 247 f., 250 f., 264
Machtstruktur 244, 247 f., 253
Manipulation 249, 254 f., 267
Marke 44, 56 f., 59, 103 f., 113, 121 f., 128, 141 f., 190, 193, 196 f., 201, 295
Markenartikel 39, 119, 130, 148, 196 f., 199, 232, 243, 255
Markenbindung 142
Markenfamilie 128
Markenführung 197
Markenimage 197
Marktinformation .114
Markentransfer 128
Marktmacht 260 f.
Medienpsychologie 3, 240, 242
Mehrdeutigkeit 81 ff.
Mehr-Speicher-Modell 107, 109
Meinungsdiskrepanz 50, 267
Menschenverstand 77, 93
Methodenzwang 4, 14
Minderheit 264 f.
Mißerfolg 62, 79 f., 83, 89, 91, 117, 163, 204, 207 ff., 217, 248, 250
Mißerfolgsmeider 209
Mißerfolgsmeidung 208
Mißerfolgsmotivation 209
Mißerfolgswahrscheinlichkeit 207 f.
Minderheitenstandpunkt 264
Mitgliedschaft 32, 36
Moral 226, 247
Motivation 30, 42 f., 55, 61 f., 66, 71, 77 ff., 86, 89, 90, 92, 99, 101 f., 112, 193, 200 ff., 217 f., 221, 223 ff., 241, 251 f., 255, 266 ff., 280, 284
Motivations-Hypothese 233
Motivator 210 ff.
Musik 58, 74, 112, 158, 230 f., 233

N

Nachkaufwerbung 59
Nähe 40, 174, 178, 188 f., 196
Naturwissenschaft 13
NEO-Fünf-Faktoren-Inventar 155, 165
Netzwerk 190
Neurotizismus 153, 155
Normalisierung 189
Nützlichkeit 47, 59

O

Objektivität 306
Organisationspsychologie 1 ff., 95 f., 210, 223, 225, 268, 272

P

Peripheral route to persuasion 97, 106
Personalanzeige 104
Personalbeurteilung 25
Personalführung 40, 59 f., 75, 88, 92, 196 f., 201, 221, 238 f., 253
Persönlichkeit 76, 149 ff., 153, 155 f., 161 f., 165, 169, 202, 224, 227, 234, 238, 270
Persönlichkeitsfaktor 248
Persönlichkeitsmodell 154
Persönlichkeitsstruktur 206
Positionierung 27
Prämie 35, 90
Preisbündelung 127
Preiskenntnis 180
Preismanagement 127, 129, 183
Preis-Qualitäts-Regel 179
Preiswahrnehmung 179 f.
Primacy-Recency-Effekt 116
Primärgruppe 264
Problemorientierung 163
Product Placement 39, 73, 105, 180, 246
Product Publicity 69, 73
Produktivgüter-Marketing 69, 237 f.
Produktmanagement 258
Produktpolitik 105
Produktwahrnehmung 25
Prognose 4 ff., 126, 153, 159
Psychotizismus 153

Q

Q-Daten 151
Qualität 4 f., 61, 74, 97, 100 f., 115, 128, 180, 197, 234, 263, 290
Qualitätsniveau 197
Quasibedürfnis 204 f., 212, 218 f.

R

Rationalismus 10 f., 14, 62
Reaktionspotential 193
Realitätsverlust 270
Realwissenschaft 8, 12
Recall 112 f.
Recognition 112 f.
Referenzgruppe 293
Reflex 185
Reproduktion 112
Reproduktionsleistung 110
Retrieval 109
Richtung 31 f., 57, 69 f., 72, 97, 100, 103, 125 ff., 175, 178, 200, 202, 204, 225, 233, 236, 249
Risikobereitschaft 157 f., 165 f., 168
Risikowahlmodell 209
R-Motiv 212
Rollenstruktur 37
Rubinsche Becherfigur 174

S

Sanktionsmacht 67
Scham 226, 231
Schemata 84, 86, 133
Schlußfolgerung 2, 83, 87, 102, 230, 235
Schmerz 226
Schreck 226
Schüchternheit 226, 231
Schuldgefühl 226
Selbstbeobachtung 48, 151, 206
Selbstbeurteilung 31
Selbstkonzept 88, 91
Selbstverwirklichung 213, 232, 238, 255
Selbstwahrnehmung 87 f., 92, 228
Selektivität 167, 249, 258
Senior 132
Sensation Seeking 136, 156 ff., 165

Sensation Seeking Scale 156 f.
Sicherheit 1, 9 ff., 55, 62, 70, 77, 82, 114, 205, 210, 212, 219 f., 232, 249, 258 f., 275, 278
Sicherheitsbedürfnis 212
Single 137
Skript 303 f., 311
Social Representation 93
Social-Marketing 1, 59, 193
Soft-selling-Methode 69
Soft-sell-Methode 75
S-O-R-Paradigma 202 f.
Sozialisation 61, 132, 187, 204
Sozialmilieu 7
Sozialwissenschaft 9, 11, 13, 15
Sparquote 138
Speicherung 107, 109 f., 115, 194
Sponsoring 105, 197, 246
Stab-Linie-Problem 256
Stabstelle 258 f.
Steuerungsfunktion 202
Steuerzufriedenheit 296, 298
Stimmung 230 f., 233 f.
Struktur 8, 12, 101, 115, 135, 138, 151, 153, 192, 208, 215, 224, 238 f., 264, 288
Subjektivität 169
Szientismus 308

T

Tauschbeziehung 285
T-Daten 151 f.
Text-Bild-Kombination 235
Theoriefeindlichkeit 307

U

Überraschung 226, 231
Überbezahlung 292 f.
Überzeugung 66, 265, 290
Überzeugungssicherheit 26
Überzeugungsstärke 26
Ultrakurzzeitgedächtnis 107
Umweltfaktor 248
Ungerechtigkeit 289, 292 f.
Ungewißheitstoleranz 164
Unsicherheit 36, 38, 120, 249
Wettbewerbsneigung 269

Unterbezahlung 292 f.
Unternehmensname 128
Unzufriedenheit 31, 37, 161, 211 f., 216, 222, 292 f.
Urteilsheuristik 120

V

Vektorstärke 191 f.
Verbrauchergewohnheit 196
Vererbung 132
Vergessen 100, 109 f., 112, 186 f., 235
Vergessenskurve 111, 113
Vergessenstheorie 110
Vergleichsniveau 287 f., 290
Verhaltensbereitschaft 84, 86 f.
Verkaufszonenwertigkeit 178
Verkehrspsychologie 3
Verknappung 75
Verschärfung 189
Verschuldung 140, 144, 146, 275 ff.
Verschuldungsbereitschaft 276
Verstärken 186 f.
Verstärkungsplan 186
Verteilungsgerechtigkeit 285, 296
Vertrauen 1, 59, 103, 133, 219, 237 f., 297
Vertrautheit 47, 122 f., 232
Vertrieb 35 ff., 74 f., 187
Volition 200
Vorbild 32, 37, 128, 195
Vorurteil 86

W

Wahlentscheidung 43, 75
Wahrheit 10 f., 247
Wahrnehmung 1, 42 f., 49, 51 f., 58, 60, 62, 66, 69, 73 f., 93, 100, 103, 105, 114, 119, 133 f., 149, 169 ff, 175 f., 178 ff., 183 ff., 188 f., 193, 202 f, 206, 227, 234 f., 248, 268, 271, 284, 289, 293 f.
Wahrnehmungsprozeß 169, 171 f.
Wahrnehmungstäuschung 171
Werbepause 102
Werte 31, 38, 52, 71, 126, 157, 264
Wertematrix 286
Werturteil 9 ff.

Widerlegbarkeit 47
Widerlegung 46 f.
Wiederholung 100 ff., 184, 264
Wirtschaftspsychologie 2, 15, 147, 170, 183, 284

Z

Zahlungssystem 119, 143, 147, 169, 272 ff., 282
Zeigarnik-Effekt 111
Zeitdruck 92, 120, 265, 269
Zielerreichung 11, 51, 200
Zielgruppe 38 ff., 59, 68, 72, 133, 137, 140, 148
Zorn 226
Zufriedenheit 31, 36, 89, 161 f., 211 f., 214 ff., 232, 286 f., 290 f., 293 ff.
Zugehörigkeitsbedürfnis 211
Zukunft 37, 67, 90 ff., 146, 156, 158, 164, 200, 271, 275
Zusammenhangshypothese 52, 55
Zwang 80, 92, 250 f, 254
Zwangsmittel 244
Zwei-Faktoren-Konzept 207
Zylinderilllusion 171

Konzepte für das neue Jahrtausend

Basisbausteine einer Marketing-Konzeption

Marketing-Organisation – Angebotspolitik – Gegenleistungspolitik – Vertriebspolitik – Kommunikationspolitik – Verkaufsförderung

Seit einigen Jahren erlebt das Marktumfeld von Unternehmen tief greifende Veränderungen. Erhebliche Zielgruppenverschiebungen auf nationalen Märkten sowie politische Umbrüche in Osteuropa und Fernost erfordern eine ständige Neudefinition des Marketing.

Busch/Dögl/Unger verstehen Marketing nicht als alleiniges Führungskonzept einer Organisation oder Unternehmung, sondern vielmehr als einen Ansatz vollständigen und vernetzten Denkens, der eine optimale Zielerreichung ermöglichen soll. Vor diesem Hintergrund setzen sich die Autoren mit allen wichtigen Facetten des Marketing auseinander. Die dritte Auflage ist vollständig überarbeitet und entspricht aktuellen Entwicklungen. Dies betrifft insbesondere die Kapitel „Verkaufsförderung" und „Internationales Marketing". Das Thema „Electronic Marketing im Vertrieb" wird ausführlich behandelt.

Rainer Busch/Rudolf Dögl/ Fritz Unger
Integriertes Marketing
Strategie – Organisation – Instrumente
3., vollst. überarb. Auflage 2001.
XVI, 774 S., Broschur
DM 82,00 / € 41,00
ISBN 3-409-33664-8

Änderungen vorbehalten. Stand: September 2001

Gabler Verlag · Abraham-Lincoln-Str. 46 · 65189 Wiesbaden · www.gabler.de